Methoden der empirischen Sozialforschung

Von

Dr. Rainer Schnell
Dr. Paul B. Hill
Dr. Elke Esser

4., überarbeitete Auflage

R. Oldenbourg Verlag München Wien

Die Deutsche Bibliothek – CIP-Einheitsaufnahme

Schnell, Rainer:
Methoden der empirischen Sozialforschung / von Rainer Schnell ; Paul B. Hill ; Elke Esser. – 4., überarb. Aufl. – München ; Wien : Oldenbourg, 1993
ISBN 3-486-22728-9

NE: Hill, Paul B.:; Esser, Elke:

Gesamtherstellung: R. Oldenbourg Graphische Betriebe GmbH, München

ISBN 3-486-22728-9

Inhaltsverzeichnis

4. Konzeptspezifikation, Operationalisierung und Messung 129

5. Untersuchungsformen 223

Vorwort zur ersten Auflage

Diese Einführung in die empirische Sozialforschung weicht von den üblichen Lehrbüchern des Faches durch eine andere Schwerpunktsetzung ab.
Das Hauptproblem bei der Vermittlung der Grundlagen unseres Faches scheint uns inzwischen weniger in Verständnisproblemen bei den technischen Details von Erhebungs- oder Analyseverfahren zu liegen, als bei den besonderen Schwierigkeiten, die die Verbindung von soziologischer Theorie und deren systematischer Überprüfung durch empirische Untersuchungen bereitet. Dieses Vermittlungsproblem von Theorie und empirischer Basis erscheint in einem Fach (und einem Land), in dem ein "Theoretiker" immer noch vorzugsweise durch seine Weigerung oder Unfähigkeit, empirisch zu arbeiten, geradezu "definiert" werden kann (so STINCHCOMBE 1968:VII), nahezu zwangsläufig als Folge einer auch institutionellen Trennung.
Um das Verständnis für die Vermittlung von empirischer Forschung und soziologischer Theoriebildung etwas zu erleichtern, haben wir daher sowohl ein Kapitel zur Geschichte empirischer Sozialforschung als auch ein relativ umfangreiches Kapitel über wissenschaftstheoretische Grundlagen der empirischen Sozialforschung vorgesehen. Auf diese einleitenden Kapitel folgen die eher traditionellen Kapitel über den Ablauf eines Forschungsprojektes, über Meßtheorie und Skalierungsverfahren, Designprobleme und Auswahlverfahren und über die wichtigsten Datenerhebungstechniken. Das Kapitel über Meßtheorie ist im Vergleich zu anderen Einführungen wesentlich umfangreicher und behandelt auch einige "neuere" Entwicklungen, die sich sonst zumindest kaum in Einführungen finden, obwohl sie uns sowohl für die weitere Entwicklung des Faches wie für ein vertieftes Verständnis von Meßproblemen bedeutsam erscheinen. Das Kapitel über Datenerhebungsverfahren betont das soziologische Forschungen dominierende Erhebungsverfahren, das mündliche Interview, in wesentlich stärkerem Ausmaß als üblich; in der Praxis eher etwas weniger verbreitete Verfahren wie z.B. die Inhaltsanalyse werden dagegen (vor allem aus Platzgründen) nur gestreift. Die beiden abschließenden Kapitel über Datenerfassung und Datenanalyse entsprechen eher den aktuellen Methoden und Techniken als die in anderen Lehrbüchern weithin noch dominierende Orientierung an Lochkartentechnik und Mittelwertberechnung. Das letzte Kapitel über Datenanalyse kann allerdings in diesem Rahmen kaum mehr als einen äußerst oberflächlichen Überblick über einige Möglichkeiten statistischer Analyse geben; ein solcher Überblick scheint uns aber weit wichtiger, als den vorhandenen Hunderten von Darlegungen, wie ein Mittelwert berechnet wird, eine weitere hinzuzufügen.
Dieses Buch stellt auf Grund des Versuchs, einige Sachverhalte nicht nur vorzustellen, sondern sie auch zu erklären (z.B. "Meßniveaus"), höhere Anforderungen an den Leser als gewöhnlich bei solchen Einführungen üblich. Diese Anforderungen beziehen sich allerdings nicht auf Vorkenntnisse der empirischen Sozialforschung oder der Statistik. Das Buch enthält so z.B. nur sehr wenige und dann kaum zum Verständnis des Textes erforderliche Gleichungen. Wir setzen nur drei statistische Begriffe als zumindest intuitiv verstanden voraus: (arithmetischer) Mittelwert,

Varianz und Korrelation. Zumeist wird Statistik unabhängig von empirischer Sozialforschung in den ersten Semestern gelehrt; diese elementaren Begriffe müßten daher auch Anfängern rasch vertraut sein. Falls ein Leser eine Erklärung dieser Begriffe suchen sollte, möchten wir ihn auf die hervorragenden Statistiklehrbücher von BENNINGHAUS (1974) und EHRENBERG (1986) hinweisen.
Um das Verständnis zu erleichtern, haben wir uns bemüht, jeden nicht-trivialen Begriff explizit zu definieren, bevor wir ihn verwenden. Zusammen mit dem Index und den kommentierten und aktualisierten Hinweisen zu weiterführender Literatur hoffen wir, Studienanfängern, aber auch denjenigen, deren Methodenausbildung schon etwas länger zurückliegt, den Zugang zu neueren empirisch orientierten Arbeiten erleichtern zu können.
Für die kritische Lektüre vorläufiger Versionen dieses Buches sind wir Jörg Blasius, Hartmut Esser, Berndt Keller und Joachim Winkler zu Dank verpflichtet. Für die Niederschrift des Manuskriptes und ihre außergewöhnliche Unterstützung beim Korrekturlesen und der Gestaltung des Textes danken wir Frau Friederike Priemer. Herrn Weigert vom Oldenbourg-Verlag danken wir für seine große Geduld bei der sich immer wieder verzögernden Abgabe des Manuskriptes.
Obgleich die einzelnen Kapitel ausführlich von uns diskutiert wurden (und weitgehender Konsens über die Inhalte besteht), ist letztlich jeder von uns nur für seine Kapitel verantwortlich (zu machen): Elke Esser verfaßte die Kapitel zur Geschichte der empirischen Sozialforschung und zu Datenerhebungstechniken; Paul B. Hill erarbeitete die Kapitel zu Wissenschaftstheorie und Untersuchungsformen; Rainer Schnell schrieb die Kapitel zum Forschungsprozeß, zu Operationalisierung und Messung, Auswahlverfahren, Datenerfassung und Datenanalyse.

E.E. P.B.H. R.S.

Vorwort zur vierten Auflage

Diese Auflage unterscheidet sich von der dritten Auflage durch die Aktualisierung zahlreicher Literaturhinweise und die Beseitigung einiger formaler Mängel. Für kritische Hinweise danken wir Walter Kristof.

E.E. P.B.H. R.S.

Kapitel 1
Historische Entwicklung der empirischen Sozialforschung

Obgleich Methodologen und Praktiker der empirischen Sozialforschung im allgemeinen eher an der konzeptionellen und technischen "Vervollkommnung" und sachgerechten Anwendung ihrer Instrumentarien als an der Geschichte ihres Faches interessiert sein sollten, erweist sich die Kenntnis der historischen Entwicklung empirischer Vorgehensweisen als durchaus hilfreich bei der Einschätzung heutiger Diskussionen um Für und Wider ihrer Ansätze und Techniken.

So läßt sich aufzeigen, daß insbesondere Befürworter eines alternativen Methodenverständnisses den historischen Rückgriff zum Beleg der Relevanz ihrer Vorschläge nutzen. "Es ist ... auffällig, daß in der aktuellen Methodendiskussion vieles nur reaktiviert wird, was in der Geschichte des Faches schon einmal vorgekommen ist und was - vorschnell oder zu Recht? - als - scheinbare oder tatsächliche? - Marginalie, wenn nicht gar Verschrobenheit ausgesondert worden war" (KERN 1982: 14). In diesem Zusammenhang sind z. B. die Kontroversen um quantitative oder qualitative Forschung, Massenumfragen oder Einzelfallstudien, Distanziertheit oder Engagement empirischer Sozialwissenschaften, Grundlagenforschung oder anwendungsorientierte Forschung (vgl. KERN 1982:16) als Resultate verschiedener Entwicklungslinien zu interpretieren.
Dabei ist die Geschichte der empirischen Sozialforschung zunächst eine Geschichte des "Datensammelns", d. h. der vielfältigen Datenerhebungsmethoden. Und diese Geschichte beginnt früher als man gemeinhin glaubt.

Nahezu jede Gesellschaft, die nur irgendeine Art von Bürokratie entwickelte, benötigte Daten, um effizient zu verwalten, um Steuern zu erheben oder auch, um genügend Bevölkerung für Kriege bereitzustellen.

Älteste Belege solcher Datenerhebungen, die sich sowohl auf die Führung von Agrar-, Gewerbe- oder Handelsstatistiken, aber auch auf **Volkszählungen** beziehen, finden sich z. B. in China, Ägypten, Persien, Griechenland oder im Römischen Reich (BERNER 1983:16f). Im Ägypten des 2. Jahrhunderts v. Chr. wurden etwa in jedem zweiten Jahr "die selbständigen Haushalte mit ihrem gesamten Personenstand aufgenommen und die Haushaltsvorstände auf die Richtigkeit ihrer Angaben vereidigt" (NOELLE 1963:13)[1].

Die stärksten Impulse in der Entwicklung der empirischen Sozialforschung gingen jedoch von England aus. Bereits 1085 ließ Wilhelm der Eroberer nach der normannischen Invasion in England die erste großangelegte, ökonomisch motivierte Untersuchung in den eroberten königlichen Domänen und den Ländereien der Lehnsherren durchführen. Ziel der Erhebungen, die von "Kommissaren", die Aussagen von unter Eid gestellten Einwohnern einholten, vor Ort durchgeführt wurden, war eine Aufnahme der Besitzverhältnisse, der Größe und des Wertes des Besitzes, der Bewohnerschaft (Anzahl von Leibeigenen, Kätnern, Sklaven und Freien), Anteile von Wald und Weide am Besitz, Anzahl von Mühlen und Fischteichen. Die Ergebnisse sind (allerdings nicht in tabellarischer Form) in den sogenannten "Domesday Books" dokumentiert (KENT 1981:12).

Diese Form der Datenerhebung, die zwar Merkmale und Ereignisse zählt, aber kein großes Gewicht auf eine sichtbare Quantifizierung legt, kann als einer der Prototypen der frühen Statistik verstanden werden. Diese frühe Statistik war zunächst "Staatsbeschreibung"; z.B. "Del governo et amministratione di diversi regni" (Francesco SANSOVINO 1562) (BERNER 1983:70). Die Darstellung der sogenannten

---

[1] Daß allerdings selbst in diesen frühen Zeiten die Praxis der Volkszählung umstritten sein konnte, dokumentiert bereits das Alte Testament. Je nach dem, ob die Zählung auf Gottes Geheiß (4. Moses 1) oder gegen seinen Ratschluß (Samuel 24; 1. Chron. 21) stattfand, war mit unterschiedlichen Folgen zu rechnen. Die Durchführung einer - nicht genehmigten - "Volkszählung durch David wurde von Gott durch eine Pest, die 70 000 Tote forderte, gestraft" (NOELLE 1963:13).

"Staatsmerkwürdigkeiten" wird allgemein als einer der Vorläufer der empirischen Sozialforschung angesehen. Sie griff mit dem Aufstreben von Merkantilismus und Absolutismus seit der 2. Hälfte des 17. Jahrhunderts in Frankreich (COLBERT, VAUBAN, LAVOIS) und in den an Frankreich orientierten deutschen Territorien (z.B. in Preußen) Raum (BONSS 1983:70).

Durch den Absolutismus als Zentralisierung und Verallgemeinerung von Herrschaft und durch das "Zurückdrängen der unberechenbaren Stände" (BONSS 1983:70) war Herrschaft in wesentlich größerem Ausmaß als in frühen Bürokratien planbar geworden (BONSS 1983:71). So ließ sich die Finanzierung des absolutistischen Hofes wie auch die beabsichtigte Landesentwicklung nur sicherstellen, wenn Informationen über die Zahl der Arbeitskräfte, das militärische Potential, die Handelsströme und über den Stand der Reichtumsbildung vorlagen (BONSS 1983:71).

Unter diesen Rahmenbedingungen ist die "deutsche Universitätsstatistik" zu sehen, die mit Statistik im heutigen Sinne allenfalls den Namen gemeinsam hat. Ihre Hauptvertreter, Hermann CONRING (1609 - 1681) und Gottfried ACHENWALL (1719 - 1772) sammelten Daten über Einnahmen und Ausgaben des Staates, militärisches Potential für Angriff und Verteidigung, landwirtschaftliche Produktion, Ex- und Import und über die Gesetzgebung (CONRING); darüber hinaus interessierte sich ACHENWALL für Ausmaß und Entwicklung des Staatsgebiets, Klima, Morphologie des Landes, Bevölkerungszahl und ihre Schichtung (BERNER 1983: 76, 78)[1].

---

[1] Die allerletzten Relikte insbesondere der ACHENWALLschen Statistik kann man heute z. B. noch auf den ersten Seiten des Statistischen Jahrbuchs der Bundesrepublik Deutschland finden: "Bodenfläche der Nordsee-Inseln, Höhe der Gipfel im Rheinischen Schiefergebirge, Zahl der Schleusen im Elbe-Lübeck-Kanal, größte Stauhöhe der wichtigsten Talsperren, Höhenlage der Luftkurorte" (SWOBODA 1974:18).

Insgesamt war jedoch die Analyse von Zusammenhängen und die quantitative Durchdringung des Materials eher schwach ausgebildet; man war durch die übersichtliche Ordnung und Darstellung der den Staat betreffenden Einzelheiten befriedigt (BERNER 1983:73). Andererseits muß jedoch betont werden, daß, obgleich z.B. in Brandenburg seit 1664 die Anzahl von Geburten, Trauungen und Todesfällen jährlich zusammengestellt wurde und Friedrich Wilhelm I. Erhebungen der Bevölkerung u. a. nach Berufsklassen durchführen ließ, die Basis für Quantifizierungen äußerst schmal war. Zum einen waren Teile der Bevölkerung aus Furcht vor Steuererhebungen (!) nur schwer zu veranlassen, Angaben über ihre Situation zu machen; zum anderen wurden die wenigen Informationen, die in den einzelnen Staaten zusammengetragen werden konnten, wegen ihres wirtschaftlichen und militärischen Wertes geheimgehalten (BRAUN/HAHN 1973:43f). Die Anwendung des Materials blieb also offiziell auf den Kontext der absolutistischen Herrschaft bezogen (BONSS 1983:71).

Die zweite Wurzel der Statistik stellt die in England zur gleichen Zeit entwickelte "politische Arithmetik" dar, deren Hauptvertreter John GRAUNT (1620 - 1674), William PETTY (1623 - 1687) und Edmund HALLEY (1656 - 1742) von den Anhängern der deutschen Universitätsstatistik als "Tabellenknechte" mißachtet wurden. Die politische Arithmetik gilt als Vorläufer der quantitativen Analyse sozialer Phänomene, die eine kausale Erklärung gesellschaftlicher Bedingungen mit Hilfe quantitativer Daten und Methoden anstrebte (BERNER 1983:90).

Grundlage der Ausführungen der politischen Arithmetik waren in der Regel Geburts- und Sterbelisten, die von den (Kirchen-) Gemeinden geführt wurden. So versuchte GRAUNT 1662 in seiner Veröffentlichung "Natural and Political Observations upon the Bills of Mortality, chiefly with Reference to the Government, Religion, Trade, Growth, Air, Disease etc. of the City of London" anhand von Sterbelisten und Geburtsverzeichnissen der Stadt London zahlenmäßige Aussagen über die Bevölkerungszahl und das Bevölkerungswachstum, die Sterbefälle in einzelnen Altersgruppen und die durchschnittliche Lebenserwartung, Geschlechterverhältnis, Selbstmordraten, die Auswirkungen des Stadtlebens auf Gesundheit und Heiratsalter sowie den Verlauf von Epidemien (BERNER 1983:91) vorzunehmen.

PETTY und HALLEY befaßten sich mit ähnlichen Untersuchungen über Dublin bzw. Breslau. Am bekanntesten ist in diesem Zusammenhang jedoch die 1672 veröffentlichte Studie "Political Anatomy of Ireland" von William PETTY, die ZEISEL (1975:113f) als "erste soziographische Untersuchung"[1] bezeichnet und die sich mit Fragen der ökonomischen Struktur, mit Landwirtschaft und Handel, aber auch mit Konsumquoten befaßte.

Als zusätzliche und verstärkende Einflüsse neben den auch für Kontinentaleuropa als Auslöser für empirische Untersuchungen benannten Faktoren der rationalen administrativen Planung, förderten in England in verstärktem Maße die Konsequenzen des frühen Übergangs zur kapitalistischen Produktionsweise den Bedarf an quantitativen Daten. Die Expansion von Gewerbe und Handel erforderte Informationen über potentielle Märkte. Gleichfalls mußte sich das in diesem Zusammenhang immer stärker entwickelnde Versicherungswesen auf eine numerische Basis beziehen können.

Darüber hinaus spiegeln sich im Interesse gerade an der "Überlebensstatistik" Neugier und Angst vor immer wieder hereinbrechenden Seuchen und Epidemien, die durch die entstehenden Bevölkerungskonzentrationen in großen Städten als Folge der neuen Produktionsweise besondere Bedeutung erhielten[2].

---

[1] Soziographie bezeichnet dabei generell den Versuch, mit Hilfe von systematisch erhobenen Daten (durch Beobachtung, Fallstudien und anderen qualitativen Methoden) auf induktivem Weg zu allgemeinen Aussagen zu gelangen (TOENNIES 1929).

[2] Ein sehr starkes Ansteigen der wöchentlichen Sterbefälle galt z. B. im frühen 17. Jh. dem englischen König als mögliches (frühes) Indiz für einen erneuten Ausbruch der Pest; er zog sich in solchen Fällen aus der Hauptstadt zurück. KENNEDY (1985:39) vermutet, daß der Erhalt der Gesundheit des Königs der Grund für die Sammlung von Sterbeziffern war.

Nicht zuletzt wurde der "rationale Geist des aufstrebenden Kapitalismus" auch durch das intellektuelle Klima der Bacon-Ära[1] und - damit verbunden - dem Versuch, an die ersten Erfolge der Naturwissenschaften anzuknüpfen, unterstützt (LAZARSFELD 1961:149).

Obgleich PETTY, der seine Bevölkerungsstudien explizit als Unterstützung rationalen Regierens sah, bereits frühzeitig auf die Notwendigkeit umfassender statistischer Erhebungen[2] hingewiesen hatte, blieben von offizieller Seite bis ins frühe 19. Jahrhundert, als die sozialen Probleme, die Kapitalismus und Verstädterung mit sich brachten, kaum noch zu übersehen waren, weitere Erhebungen aus[3].

Die erste Auseinandersetzung mit den Nöten der frühen Industrialisierung erfolgte im frühen 19. Jahrhundert mit reformerischer und/oder agitatorischer Zielsetzung zunächst in den Zeitungen, die das gebildete Publikum mit Darstellungen des Elends konfrontierten. Vertreter dieser Art von "Enthüllungsjournalismus" sammelten ihre Daten in der Regel mit Methoden, die man heute als "teilnehmende Beobachtung" bezeichnen würde: Sie tauchten in die Alltagswelt der Armen ein, nahmen an deren Leben teil und beschrieben das, was sie entdeckten, ihrem in

---

[1] Sir Francis BACON (1561-1626) als Kritiker des mittelalterlichen Aristotelismus und der Scholastik betonte die Notwendigkeit empirischer Forschung und damit die Erfahrung als Grundlage der Erkenntnis.

[2] Die gebräuchliche Form der Bevölkerungsschätzung erbrachte eher disparate Ergebnisse. Man ermittelte die Bevölkerungszahl, indem man eine Schätzung der Anzahl der Häuser aus der Anzahl derjenigen Personen, die die "window tax" (Fenster-Steuer) bezahlten, vornahm und mit der vermuteten durchschnittlichen Familiengröße multiplizierte.

[3] Allerdings wurden von Privatleuten im Rahmen der "rural statistics" nun Untersuchungen zur Lage der Landarbeiter unternommen; z. B. von Arthur YOUNG d. Ä.: "Farm Letters" (1767), "A Tour in Ireland" (1780) und Arthur YOUNG d. J.: "General View of the Agriculture of the County of Sussex" (1793); aber auch von John SINCLAIR "The Statistical Account of Scotland" (1791-1799) (vgl. MAUS 1973:26; KENT 1981:13).

besseren Verhältnissen lebenden Publikum[1].

Der Protagonist dieser Richtung, Henry MAYHEW, legte seiner Artikelserie für den "Morning Chronicle" (1861 zusammengefaßt veröffentlicht als "London Labour and the London Poor") neben den üblichen Einzelinformationen über "typische Fälle" auch quantitative Daten zugrunde, die er durch die Verteilung von Fragebögen auf Versammlungen von Geschäftsleuten erhielt.
Im allgemeinen kursierte jedoch eine Vielzahl von Groschenheften (MARSH 1982: 13), die ihre mehr als weitreichenden Ausführungen lediglich durch Einzelbeispiele begründeten und entsprechend mit geeigneten Gegenbeispielen in ihren Absichten konterkariert werden konnten.

Gleichwohl wurden in den 30er und 40er Jahren des 19. Jahrhunderts in den meisten der großen englischen Städte sogenannte "Statistical Societies" eingerichtet; in ihnen manifestierte sich am deutlichsten der - neben der bisherigen (ebenfalls zweigleisigen) Entwicklung der "Verwaltungsstatistik" - zweite Ausgangspunkt empirischer Sozialforschung. Aus den sich bei großen Teilen des Bürgertums (aus eigener Anschauung oder durch die journalistische Vermittlung) ergebenden Irritationen über die sozialen Folgen der ökonomischen Entwicklung resultierten starke Informationsbedürfnisse und verschiedene Reformbemühungen (VAGT 1975:14).
Die Mitglieder der Statistical Societies verfolgten mit Nachdruck das Ziel, auch die staatlichen Autoritäten zur Erhebung von statistischen, d. h. quantitativen Daten über Arbeitsleben, Wohnsituation und Gesundheitsprobleme der Arbeiterschaft zu veranlassen. Darüber hinaus wurden Daten über die "moralische Ausstattung" (MARSH 1982:14) der Arbeiter bezüglich Literaturkonsum/Lesestoff, religiösem Glauben, Lebenseinstellung und die Ausstattung der Wohnung mit sanitären

---

[1] Zu dieser Zeit konnte James GREENWOOD so die Leserschaft der "Pall Mall Gazette" mit seinen Erfahrungen ängstigen, die er in einer Nacht, als "Armer" verkleidet, in einem Arbeitshaus gesammelt hatte. Er wurde für diese kühne Tat für das Victoria-Kreuz vorgeschlagen (MARSH 1982:13).

Einrichtungen, über das Ausmaß an "Überbelegung" (overcrowding) und die Anzahl von Personen (unterschiedlichen Geschlechts) pro Bett (MARSH 1982:14) auf der Grundlage detaillierter Frage- und Beobachtungsbögen ermittelt. Auffällig dabei ist, daß offensichtlich in allen Untersuchungen der Statistical Societies das Thema "Arbeitslöhne" weitgehend ausgeklammert wurde. Als Grund für die pathologischen Zustände wurde entsprechend die Verstädterung, nicht aber das Fabriksystem verantwortlich gemacht. Vorschläge für eine Regulierung der Mißstände zielten somit auch nur auf gesetzliche Maßnahmen im Bereich der öffentlichen Gesundheit und des Bildungswesens ab.

Obgleich diese Bewegung der Statistical Societies in vielen ihrer Annahmen irrte und die meisten Einrichtungen ihre Arbeit einstellten[1], gelang es doch, die Regierung für die Probleme zu interessieren, Routine-Datensammlungen (über Geburten, Todesfälle und Verbrechen) einzuführen und im Laufe der 40er Jahre eine Reihe von Untersuchungskommissionen (Royal Commissions, Parlamentsausschüsse) zu etablieren (MARSH 1982:15).

Die daraus resultierenden sozialpolitischen Enqueten des britischen Parlaments basierten sowohl auf quantitativen Erhebungen wie auch auf schriftlichen Berichten von Ärzten und Fabrikinspektoren, auf Gruppenbefragungen und der mündlichen Einvernahme von Zeugen im Kreuzverhör (ZEISEL 1975:116).

Ein Teil des Materials dieser Enqueten wurde von Friedrich ENGELS in "Die Lage der arbeitenden Klasse in England" (1845) und von Karl MARX im "Kapital" innerhalb eines neuen theoretischen Bezugrahmens ausgewertet und interpretiert.

In Frankreich entstanden zu gleicher Zeit ebenfalls Arbeiten im Rahmen der "Pauperismusforschung", in denen jedoch wesentlich stärker die "enge Verbindung von

---

[1] Es konnten sich nur die Manchester Statistical Society und die London Statistical Society erhalten (MARSH 1982:145).

philanthropischem Reformeifer und dem bürgerlichen Legitimationsbedürfnis gegenüber der bestehenden Ordnung" (VAGT 1975:14) offenbar wurde. Entsprechend wurden die Empfehlungen dieser Analysen (Reiche sollen Almosen und Wohltätigkeit pflegen; Armen wird Geduld und Sparsamkeit angeraten!) heftig kritisiert und markierten den folgenschweren Bruch zwischen Sozialismus und empirischer Sozialforschung (VAGT 1975:15).

Die größte Bedeutung einer reformerisch orientierten empirischen Sozialforschung im frühen 19. Jahrhundert in Deutschland kommt nicht den vereinzelten (und nahezu aussagelosen) Sozialenqueten in Preußen oder Sachsen zu, sondern den Untersuchungen von Medizinern (z. B. VIRCHOW, NEUMANN), deren Interesse "den Lebens- und Arbeitsbedingungen des frühen, noch halb ländlichen, halb städtischen Industrieproletariats, den Elendsvierteln, den sanitären Einrichtungen, dem Zustand der Gefängnisse, nicht zuletzt der Fabrikarbeit und den Berufskrankheiten und -unfällen, schließlich einer Reform des öffentlichen Gesundheitswesens überhaupt" (MAUS 1973:27) galt.

Relativ unabhängig von diesen "Reformuntersuchungen" entwickelte sich im gleichen Zeitraum aus der eher für Verwaltungszwecke geführten Statistik die sog. "Moralstatistik". Nachdem die Verfahrensweisen der politischen Arithmetik erst 1741 durch Johann Peter SÜßMILCH im harten Kampf gegen die alte Universitätsstatistik einen ersten Erfolg in Preußen erzielen konnte, wurde SÜßMILCHs Versuch, aus den "Betrachtungen über die göttliche Ordnung in den Veränderungen des menschlichen Geschlechts, aus der Geburt, dem Tode und der Fortpflanzung desselben erwiesen" die aufgezeigten Gesetzmäßigkeiten als Resultat des weisen Willen Gottes zu interpretieren, durch den Einfluß der entwickelten Wahrscheinlichkeitstheorie[1] sehr schnell ins Weltliche gewendet.

---

[1] Vgl. zu den "Ursachen" für die Entstehung der Wahrscheinlichkeitsrechnung KENNEDY (1985:85-87).

Adolphe QUETELET (1796 - 1847) z. B. stellte auf der Grundlage seiner Datensammlungen über verschiedene Merkmale der menschlichen Gestalt und des Verhaltens (vorwiegend krimineller Art) bei Teilen der Bevölkerung fest, daß die Häufigkeitsverteilungen der verschiedenen Ausprägungen von Merkmalen (z. B. Gewicht, Größe, kriminelle Neigungen) einer Normalverteilung folgen. Aufgrund dieser Anschauung kam QUETELET zu der Auffassung, aus der Vielfalt menschlicher Individuen ließe sich der "Homme moyen", der Durchschnittsmensch, als ein von der Natur angestrebter und in unterschiedlichem Maße verfehlter Idealtyp berechnen.
Seine Ausarbeitungen stellten nicht nur einen entscheidenden Schritt für weitere statistische Entwürfe dar, sondern begründeten auch die "Moralstatistik" (oder "soziale Physik"), die aus Erfahrung gewonnene Gesetzmäßigkeiten in der moralischen und intellektuellen Entwicklung des Menschen aufzeigen wollte.

Als erbitterter Gegner des QUETELETschen quantifizierenden Ansatzes trat neben COMTE, der als Begründer oder zumindest als Namensgeber der Soziologie gilt, Frédéric LE PLAY (1806 - 1882) auf. LE PLAY war, als Reaktion auf Sozialismus und Liberalismus, an einer wissenschaftlichen Fundierung seiner sozial-konservativen Restaurationsideen gelegen. Sein umfangreiches Werk über die europäischen Arbeiter (1855) und die Ländermonographie "Constitution de l'Angleterre" (1875) stützten sich dabei hauptsächlich auf Monographien von Arbeiterfamilien. Der sachliche Ertrag dieser Monographien ist dabei ziemlich gering, weil auch hier die Auswahl "typischer Fälle" nicht gelungen ist. Der eigentliche Wert dieses Ansatzes liegt nach ZEISEL (1975:123) darin, daß LE PLAY als erster die Bedeutung des ausführlichen Details für die Soziographie erkannt hat. "Neben den Zahlenreihen der offiziellen Enquêten wirken die Le Playschen Monographien wie ein unmittelbares Abbild des Lebens selbst" (ZEISEL 1975:123).

In Großbritannien setzte sich die Kontroverse zwischen eher quantitativen Ansätzen (in der Tradition der politischen Arithmetik, der Moralstatistik und in Anlehnung an die frühen Sozialreformer) und den Detailuntersuchungen und Monographien der auch in England Fuß fassenden LE PLAY-Schule sogar in der Trennung von Institutionen fort. Die Resultate der großen Übersichtsuntersuchungen zur Jahrhundertwende zum 20. Jahrhundert sind so im "Journal of the Royal Statistical Society" dokumentiert und nicht in der "Sociological Review" als Organ der neugegründeten Sociological Society, deren frühe Vertreter Patrick GEDDES und Victor BRANFORD enthusiastische Anhänger der Ideen LE PLAYS waren.

Die großangelegten "philanthropischen" Untersuchungen insbesondere von BOOTH, ROWNTREE und BOWLEY in England zum Ende des 19. und Beginn des 20. Jahrhunderts gelten für viele Historiker als eigentliche Vorläufer der modernen Form der Übersichtsuntersuchung (empirical survey).
Obgleich diese Einschätzung die Arbeit der frühen Statistical Societies zu Unrecht schmälert, verweist sie doch darauf, daß hier zum ersten Mal eine enge Verknüpfung von Sozialforschung und Politikanwendung im Rahmen der Etablierung des Wohlfahrtsstaates erfolgte (MARSH 1982:16). MARSH sieht die ausschlaggebenden Faktoren für diese Verschiebung der Zielsetzung in der Formation einer organisierten Arbeiterbewegung, die in der Lage war, ihre Ansprüche zu formulieren und nötigenfalls auch im Kampf durchzusetzen und die notwendige Reaktion des Staates darauf, seine eigenen Belange durch die Adaption eines Teils dieser Ansprüche zu schützen (MARSH 1982:16f).

Unter diesem Gesichtspunkt ist auch der philanthropische Charakter der einflußreichen Untersuchungen von BOOTH über "The Life and Labour of the People of London" zu relativieren. Es gibt Gründe anzunehmen, daß BOOTH die Behauptungen der radikalen Presse und Literatur, in London lebe ein Viertel der Bevölkerung in tiefstem Elend, durch seine Untersuchung widerlegen wollte. Das Resultat dieses Versuchs war, daß zum Schluß seine zwischen 1892 und 1902 durchgeführten Erhebungen 80 % der Londoner Bevölkerung einbezogen und einen Prozentsatz an Armen von 30 % ermittelt hatten.

Der gesamte Untersuchungsmarathon, der in 17 Bänden dokumentiert wurde, erbrachte jedoch keine befriedigende Erklärung der Armut. Neben der mehr als offensichtlichen Beziehung zwischen Hilfs- und Gelegenheitsarbeit und niedrigem Lohn sind kaum differenziertere Ergebnisse erreicht worden.
Die untheoretische Grundlage der Erhebung war auch der Hauptgrund für das unvorstellbare Ausmaß des gesamten Projekts. Da aus den Daten der Teiluntersuchungen, die in quantitativer und qualitativer Weise das Leben der Einwohner Londons beschrieben, keine Schlüsse gezogen wurden, blieb nichts anderes übrig, als die nächsten Teilerhebungen auf den Weg zu bringen[1]. Auch die methodische Vorgehensweise von BOOTH war weit entfernt davon, einen konkreten Fortschritt in der empirischen Sozialforschung zu markieren. Er sammelte qualitative Impressionen durch sporadische Besuche bei der ihn interessierenden Gruppe - den Armen - und durch relativ unsystematische Beobachtungen. Seine quantitativen Daten stammen aus einer Vielzahl von Befragungen, die sich allerdings hauptsächlich an Experten, z. B. Polizeibeamte, Geldeintreiber, Hygieneinspektoren und Sozialfürsorger richteten (MARSH 1982:23).

Dabei wird zweierlei deutlich: Zum einen waren die methodischen Fortschritte der frühen viktorianischen Ära in Fragebogengestaltung, Fragestellung und Präzisierung von Antwortvorgaben offensichtlich in Vergessenheit geraten. Wurde 1848 noch eingehend nach der Art der vorhandenen Bücher, Bilder, Möblierung und nach der Art der Kleidung gefragt, erforschte man später nur noch "aesthetic feelings" (MARSH 1982:23; vgl. auch ELESH 1972:52,54).

Zum anderen sah speziell BOOTH ähnlich wie viele der regierungsoffiziellen Royal Commissions und Parlamentsausschüsse den einzigen Weg zum Erhalt systematischer und gültiger Informationen in der Befragung von zuverlässigeren und glaub-

---

[1] So bemerkt SELVIN (nach MARSH 1982:17) mit einiger Bitterkeit - und im Gegensatz zu den zahlreichen Bewunderern - daß BOOTH' größter Beitrag zu den Sozialwissenschaften in den von ihm in seine Untersuchung eingebrachten 30.000 Pfund Sterling bestand.

würdigeren Informanten als den Armen selbst[1]. Abgesehen davon, daß man denjenigen, die ihre Auskünfte durch direkte Befragung der Armen einholten, ohnehin nicht glaubte, kamen die meisten dieser Forscher aus dem Kreis der sozialistischen Sympathisanten mit der Arbeiterklasse.

In diesem Zusammenhang ist auf den frühen Versuch einer unmittelbaren Befragung von Betroffenen zu verweisen. Da, wie berichtet, die erstellten Sozialenqueten in Frankreich wesentlich stärker durch ideologische Beschränkungen beeinträchtigt waren als in England, versuchte MARX 1880 durch die Veröffentlichung eines Fragebogens in der Zeitschrift "Revue Socialiste", der sich unmittelbar an die Arbeiter wandte, deren konkrete Arbeits- und Lebenssituation zu beleuchten. Dieser Fragebogen ("Enquête Ouvrière") zielte mit seinen knapp 100 offenen Fragen jedoch nicht lediglich auf den Erhalt von Informationen ab ("Erhalten Sie Zeit- oder Stücklohn?"), sondern wurde auch als politisches Instrument verstanden. Einige Fragen waren, nach heutigen Maßstäben, alles andere als neutral formuliert ("Falls Sie im Stücklohn bezahlt werden: wird die Qualität des Produkts zum Vorwand genommen, um Ihren Lohn auf betrügerische Weise zu kürzen?"), um bestimmte Problemstellungen in das Bewußtsein der Befragten zu erheben. Tatsache war, daß von den 25 000 ausgegebenen Fragebogen so wenig ausgefüllt zurückgeschickt wurden, daß eine Analyse nicht lohnte[2]. Trotzdem war dieser Ansatz kein "Flop" (KENT 1981:3), sondern stellte einerseits die Abkehr von reinen Expertenbefragungen dar; andererseits wurde die Idee, daß Befragungen auch eine aktive politische Komponente enthalten können, in den "community self-surveys" vor und nach dem Ersten Weltkrieg fortgesetzt, in ähnlicher Form von Max WEBER praktiziert und heute wiederentdeckt.

---

[1] Das "Dictionnaire de l'Économie politique" (Paris 1854) vermerkte z. B. zum Stichwort "Enquêtes": "Man darf diejenigen, die befragt werden sollen, nicht an der Erhebung teilnehmen lassen" (zitiert nach WALLRAFF/KARSUNKE/MARX 1970:15).

[2] Die Methode postalischer/schriftlicher Befragung wurde seitdem deutlich verbessert; vgl. dazu Kap. 7.

Bei einer, an die BOOTHschen Untersuchungen angelehnten Darstellung der ökonomischen Bedingungen der Arbeiterschaft in York (1899 - 1901) bediente sich B. Seebohm ROWNTREE dann der direkten Befragung von Arbeiterfamilien anhand strukturierter Leitfäden (vgl. dazu KENT 1981:74-80). ROWNTREE war darüber hinaus wahrscheinlich der erste, der die Methode der Sammlung detaillierter Familienbudgets nach LE PLAY mit systematischen Interviews kombinierte[1].

Die bedeutendsten methodischen Durchbrüche in dieser Phase gelangen jedoch Arthur L. BOWLEY mit seinen Ausführungen "The Measurement of Social Phenomena" (1915). Auf BOWLEY geht neben der auch heute noch akzeptierten rigorosen Haltung bezüglich der Präzision der zu stellenden Fragen (vgl. Kap. 7) und der Definition des Gegenstandsbereichs (vgl. Kap. 2) die Verwendung von Auswahlverfahren (vgl. Kap. 6) zurück. Um das bei BOOTH auftretende Problem schierer Masse zu lösen, benutzte BOWLEY bei seiner Studie über die Armut in fünf englischen Städten zum ersten Mal eine Zufallsstichprobe. Diese Art der Untersuchung konnte sich jedoch - wie noch zu zeigen ist - erst später allgemein durchsetzen[2].

In Deutschland vollzog sich die Umbildung zur kapitalistischen Industriegesellschaft mit erheblicher Zeitverzögerung gegenüber England eigentlich erst im letzten Viertel des 19. Jahrhunderts. Aber auch hier teilte das Bürgertum in weiten Teilen die Einschätzung, daß die "soziale Frage" mit den Mitteln staatlicher Sozialpolitik und sozialen Reformen anzugehen sei und daß eine empirische Sozialforschung als Erkenntnisgrundlage dieser Sozialpolitik dienen könne (KERN 1982:84).

---

[1] Die Wiederholung dieser Erhebung in den Jahren 1936 und 1951 machte das Aufzeigen von Entwicklungstendenzen in der sozio-ökonomischen Situation möglich (MAUS 1973:38).

[2] Im Rahmen der Verwaltungsstatistik wurde die Notwendigkeit, Informationen über jeden zu haben, sehr früh akzeptiert. Die ersten Sozialforscher konnten sich nicht vorstellen, nur einen Teil der Realität - eine Stichprobe - zu erforschen.

Seit 1873 und verstärkt seit 1881 führte der "Verein für Socialpolitik", der seine Mitglieder vorwiegend unter den Sympathisanten der sogenannten jüngeren historischen Schule um Gustav SCHMOLLER und Lujo BRENTANO fand, eine Fülle von Untersuchungen in Anlehnung an die Enqueten der Royal Commissions in England durch: 1873 über die Fabrikgesetzgebung, 1875 über das Lehrlingswesen, 1879 über die gewerbliche Fortbildung, 1883 über die Situation der Landwirtschaft, 1886 über die Wohnungsnot, 1887 über den Wucher, 1889/1899 über Hausindustrie bzw. Heimarbeit, 1892 über die Verhältnisse der Landarbeiter. Diese Enquete von 1892 über "Die Verhältnisse der Landarbeiter im ostelbischen Deutschland" wurde Max WEBER zur Auswertung übertragen.

Die dieser Auswertung zugrundeliegende Untersuchung arbeitete mit zwei Fragebögen. Der ausführlichere Fragebogen wandte sich an die einzelnen Gutsbesitzer als Auskunftspersonen und erfragte (in Form eines Leitfadens) Angaben über die Größe der Güter und die Art des Anbaus, die Art der Arbeiter (z.B. Wanderarbeiter), Arbeitszeiten, Frauen- und Kinderarbeit, Alters-, Invaliden- und Krankheitsversorgung, Einkommensverhältnisse der Arbeiter, Sparverhalten und Bildungsinstitutionen (HECKMANN 1979:52). Bemerkenswert erscheint, daß der Fragebogen bei der Abfrage komplexerer Sachverhalte dezidierte Antwortkategorien vorgab, um die Vergleichbarkeit der Antworten zu sichern.
Der zweite Fragebogen, der sich an "Generalberichterstatter" für größere Bezirke richtete, stellte Fragen nach der Einschätzung und Bewertung von Problembereichen.
Von den 3 180 Exemplaren des ersten Typs und 562 des zweiten Typs, die der Verein für Socialpolitik verschickte, wurden 2 277 bzw. 291 ausgefüllt zurückgesandt (HECKMANN 1979:53).

Im Auftrag und mit Unterstützung des evangelisch-sozialen Kongresses, der sich als Reaktion der Kirche auf die soziale Frage ähnlich wie der Verein für Socialpolitik konstituierte, unternahm WEBER eine zweite Landarbeiteruntersuchung. Sie sollte zur Kontrolle der Vereinsenquete dienen und zusätzlich Fragen zur geistigen, sittlichen und religiösen Lage der Landarbeiter enthalten. Der von WEBER gekürzte und präzisierte Fragebogen wurde jedoch nicht mehr den Gutsbesitzern vorgelegt, sondern Landpfarrern als "parteiloser Instanz", die zur sozialen Arbeit motiviert werden sollten. Die "Befragung sollte nicht auf den Vorgang der Informationssammlung beschränkt bleiben, sondern zugleich für bestimmte soziale Probleme sensitivieren und bewußt machen" (HECKMANN 1979:55). Diese Untersuchung wurde allerdings nicht systematisch ausgewertet.

Die auf die Industriearbeiterschaft bezogene "soziale Frage" griff der Verein für Socialpolitik erst spät auf. SCHMOLLER und Alfred WEBER wurden 1907 mit der Durchführung einer Untersuchung der Arbeits- und Lebenssituation der Arbeiter in der Großindustrie beauftragt. Nach Vorarbeiten, die auf eine der üblichen beschreibenden ("deskriptiven") Vereinsenqueten hinausliefen, interessierte sich Max WEBER für diese Arbeit und gab ihr eine andere Zielsetzung. Zweck der Untersuchung sollte nicht mehr eine sozialpolitische Verwertung, sondern sozialwissenschaftliche Analyse sein. Zur Unterstützung dieser Zielsetzung verfaßte M. WEBER 1908 eine "methodologische Einleitung" und führte in den Jahren 1908/1909 eine Voruntersuchung zur theoretischen und empirischen Fundierung durch ("Zur Psychophysik der industriellen Arbeit") (HECKMANN 1979:56).
Die Hauptuntersuchung, die eine schriftliche Befragung der Industriearbeiter vorsah, sowie die Beschaffung von Informationen durch Beobachtungen und Gespräche in den Betrieben, wurde insgesamt jedoch ein Fehlschlag, weil die Arbeiter sich in fast jedem Untersuchungsbetrieb weigerten zu kooperieren.

Die Ergebnisse der Feldphase waren deprimierend: in den einzelnen Betrieben wurden von 3 500 verteilten Fragebogen 181 beantwortet, von 1 800 173, von 2 500 283, von 4 000 100, (vgl. zur Auswirkung von Ausfällen bei Befragungen Kap. 6.7 und Kap. 7.1.1.4). Nur die beteiligte Forscherin Marie BERNAYS konnte durch eine andere Vorgehensweise eine größere Datenbasis sicherstellen: Sie arbeitete mehrere Monate als Arbeiterin in einem Betrieb (teilnehmende Beobachtung), bevor sie ihre Fragebogen verteilte (KERN 1982:98).

Die eigentliche Schwäche dieser Untersuchung, die trotz allem einen enormen Niederschlag in Veröffentlichungen fand[1] lag jedoch eher im Nichterreichen der anspruchsvollen Zielsetzung. Es fehlte an einer konsequenten Analyse im Hinblick

---

[1] Schriften des Vereins für Socialpolitik, Band 133, 3 Bde., Leipzig 1910-1912.

auf die Fragestellung der Enquete, nämlich "der Tendenzen der Entwicklung der Arbeits- und Lebensverhältnisse der Arbeiter, die Formen subjektiver Verarbeitung dieser objektiven Bedingungen durch die Arbeiter sowie die Bedeutung der Persönlichkeitseigenschaften und Verhaltensweisen der Arbeiter für die Entwicklung des Kapitals" (KERN 1982:99). Daß diese Analyse im gewünschten Ausmaß auch kaum erfolgen konnte, wird durch zwei Sachverhalte verständlich. Zum einen waren dringend benötigte statistische Verfahren kaum entwickelt oder in den Sozialwissenschaften noch weitgehend unbekannt; zum anderen stellte die Erfassung/Messung subjektiver Einstellungen und Orientierungen ein weites Feld ungelöster Probleme dar (vgl. auch Kap. 4).

Allerdings fand auch in Deutschland empirische Forschung zu dieser Zeit nicht nur im (halb-) institutionalisierten Rahmen der Sozialpolitik statt. Paul GÖHRE, ein Theologiestudent, erkundete in teilnehmender Beobachtung als Arbeiter in einer Werkzeugmaschinenfabrik die Verhaltensweisen von Industriearbeitern (MAUS 1973:35). Sein 1891 erschienenes Buch "Drei Monate Fabrikarbeiter und Handwerksbursche" bildete dabei den Anfang einer Sammlung von Arbeiterbiographien, die später durch ähnliche Versuche ergänzt wurden (z. B. E. ROSENSTOCK "Werkstattaussiedlung. Untersuchungen über den Lebensraum des Industriearbeiters" von 1922) und die als frühe Formen der soziobiographischen bzw. "biographischen Methode" (vgl. Kap. 5) gelten können (KERN 1982:102). Ein anderer Außenseiter, der Pfarrer Max RADE, arbeitete bei seiner Befragung von 48 Arbeitern zum Thema Religion und Moral zum ersten Mal mit Kontrollgruppen. Er unterteilte die Befragten von vornherein in "Sozialisten", d. h. in seinem Sinne "Atheisten" und "Gottesfürchtige" (MAUS 1973:35).

Zu einem ersten größeren Industrialisierungsschub kam es dann in Deutschland in der Weimarer Republik. Die institutionelle Anbindung der empirischen Sozialforschung erfolgte jedoch nicht im Zusammenhang mit der Entwicklung der Soziologie als Universitätswissenschaft. Die neue Universitätssoziologie war zu schwach (geringe Lehrkapazität, kaum Lehrstühle, wenig Nachwuchs), zu zersplittert (kein gemeinsames Grundverständnis, Abgrenzungskämpfe zu anderen Wissenschaften) und zu wenig im Kreis gesellschaftlich relevanter Kräfte eingebunden (fehlender "Praxisdruck", fehlende Förderung), als daß sie die notwendigen Rahmenbedingungen an Stabilität und Kontinuität für umfangreichere empirische Aktivitäten hätte bereitstellen können (KERN 1982:119). Auch der Versuch, über die 1909 gegründete "Deutsche Gesellschaft für Soziologie" ein Verbindungsgremium zu schaffen, das satzungsgemäß der Durchführung von soziologisch-empirischen Forschungsarbeiten gewidmet sein sollte, schlug fehl. Zum einen konnte - ähnlich wie beim Verein für Socialpolitik (zu dem eine Reihe von Doppelmitgliedschaften bestanden) - keine auf Dauer angelegte forschungsadäquate Infrastruktur ausgebildet werden; andererseits konterkarierten die in den 20er Jahren z. B. von TÖNNIES formulierten Abgrenzungen und Arbeitsteilungen - hier "theorielose" Empirie, dort abstrakte Sozialtheorie - die ursprünglichen Absichten und zementierten zum ersten Mal in dieser Deutlichkeit die tragische und (noch immer) folgenreiche Trennung der beiden Bereiche (KERN 1982:126).

Die eigentliche Institutionalisierung erfolgte mit erheblicher Zeitverzögerung gegenüber den Naturwissenschaften[1] im Bereich der empirischen Sozialforschung dann durch Initiativen zur Gründung reiner Forschungsinstitute: dem 1918 durch die Stadtverordnetenversammlung der Stadt Köln beschlossenen und an der Universität zu Köln 1919 etablierten "Forschungsinstitut für Sozialwissenschaft" (LINDEMANN, SCHELER, VON WIESE, BRAUER) und dem von einem privaten Mäzen 1924 eingerichteten und unterstützten "Institut für Sozialforschung" an der Universität Frankfurt/Main (GRÜNBERG, POLLOCK, WITTFOGEL, HORKHEIMER, FROMM, LÖWENTHAL, MARCUSE, ADORNO). Obgleich beide Einrichtungen ihre Arbeit mit dem Beginn der nationalsozialistischen Diktatur einstellten und viele der Mitarbeiter emigrieren mußten, stellten diese Institutionen nach dem 2. Weltkrieg

---

[1] Für die Naturwissenschaften wurde diese Funktion seit 1911 von der Kaiser-Wilhelm-Gesellschaft, der heutigen Max-Planck-Gesellschaft, übernommen, deren Aufgabe Bau und Unterhaltung naturwissenschaftlicher Forschungsinstitute war.

jeweils einen ersten Kristallisationspunkt der nun mehr ("Kölner Schule") oder weniger ("Frankfurter Schule") empirisch orientierten Soziologie in der Bundesrepublik dar.

Die nachhaltigste Weiterentwicklung der empirischen Sozialforschung in der Zwischenkriegszeit ging jedoch wohl von der "Österreichischen Wirtschaftspsychologischen Forschungsstelle" im Wien der 30er Jahre um Paul F. LAZARSFELD aus. Die politische Konzeption der Forschungsstelle umfaßte die Hoffnung, durch (sozial-) psychologische Untersuchungen die Schwierigkeiten des sozialistischen "Wiener Modells" zu erklären und seine politische Praxis (gegenüber den wachsenden Einflüssen des Faschismus) zu fundieren und zu unterstützen. Wissenschaftliche Grundlage war die Prägung LAZARSFELDs durch die (induktive) Erkenntnistheorie des "Wiener Kreises" (vgl. Kap. 2.1) um MACH, CARNAP und NEURATH[1].

Darüber hinaus entwickelte sich auch im Kontakt mit der empirisch ausgerichteten Psychologie von Charlotte und Karl BÜHLER der Anspruch, "gesellschaftliche Probleme ohne Substanzverlust unter Anwendung der verschiedensten Erhebungstechniken - von der quantifizierenden Statistik bis zur qualitativen Beobachtung - zu studieren und zu begreifen" (KERN 1982:163).

Die erstaunliche Vielfalt von einsetzbaren Erhebungstechniken und die Bedeutung von Kreativität bei der Konstruktion von Datenerhebunghebungsinstrumenten, dem Ersinnen von Erhebungssituationen und - am wichtigsten - bei der theoretischen Fundierung und Interpretation einer Untersuchung dokumentiert sich in eindrucksvoller Weise in der noch immer lesenswerten Studie "Die Arbeitslosen von Marienthal. Ein soziographischer Versuch über die Wirkungen langandauernder Arbeits-

[1] Wie nah wissenschaftliches und politisches Engagement speziell in diesem Fall zusammenlagen, vermittelt NEURATH (1979:288; zuerst 1928): **"Statistik ist Werkzeug** des proletarischen Kampfes! **Bestandteil sozialistischer Wirtschaftsweise, Freude** des siegreich vordringenden Proletariats und nicht zuletzt Grundlage **menschlichen Mitgefühls!"**

losigkeit" (1933) von Marie JAHODA, Paul F. LAZARSFELD und Hans ZEISEL. Hier wurde vom Untersuchungsteam versucht, das Phänomen Arbeitslosigkeit und seine psycho-sozialen Auswirkungen im mehrwöchigen Aufenthalt in Marienthal von möglichst vielen Seiten zu beleuchten.

Dazu wurden für 478 Familien "Katasterblätter" geführt, die neben Personaldaten alle Beobachtungen über Wohnverhältnisse, Familienleben und Haushaltsführung enthielten. Hinzu traten ausführliche Aufnahmen von Lebensgeschichten von 32 Männern und 30 Frauen; 80 Personen haben "Zeitverwendungsbögen" ausgefüllt; in 40 Familien wurden für die Dauer einer Woche Aufzeichnungen über die Mahlzeiten gemacht. Darüber hinaus werteten die Forscher Schulaufsätze aus Volks- und Hauptschulklassen aus zu den Themen "Mein Lieblingswunsch", "Was will ich werden", "Was ich mir zu Weihnachten wünsche" und ein unter Jugendlichen veranstaltetes Preisausschreiben "Wie stelle ich mir meine Zukunft vor". Protokolliert wurden Weihnachtsgeschenke von 80 Kleinkindern, Gesprächsthemen in öffentlichen Lokalen, ärztliche Untersuchungen und auf Grundlage von "Leitfäden" Auskünfte der Lehrer über Schulleistungen, Auskünfte über Fürsorgetätigkeiten und Umsätze im Gasthaus und weiteren Geschäften.

Als statistische Daten wurden die Geschäftsbücher des Konsumvereins, Ausleihlisten der Bibliothek, Zeitungsabonnentenlisten, Vereinsmitgliederlisten und Wahlergebnisse sowie die Bevölkerungsstatistik herangezogen (JAHODA, LAZARSFELD, ZEISEL 1975:26f.).

Da es die Grundlage der Untersuchung war, "daß kein einziger unserer Mitarbeiter in der Rolle des Reporters und Beobachters sein durfte, sondern daß sich jeder durch irgendeine, auch für die Bevölkerung nützliche Funktion in das Gesamtleben natürlich einzufügen hatte" (JAHODA, LAZARSFELD, ZEISEL 1975:28), wurde ein Teil der Informationen über die Einrichtung eines Schnittmusterzeichenkurses, Mädchenturnkurses, die Einrichtung einer ärztlichen Sprechstunde und der Gelegenheit zur Erziehungsberatung eingeholt. Das Vertrauen für die notwendigen Befragungsaktionen, insbesondere zur Aufnahme der Biographien, wurde durch Mitarbeit in politischen Vereinen und durch die Durchführung einer "Kleideraktion" (Ausgabe von in Wien gesammelter Kleidung an die Marienthaler Bevölkerung) erworben.

Vom Gesichtspunkt der Methodenentwicklung ist diese Monographie ein frühes Beispiel des "multitrait-multimethod"-Ansatzes, d. h. der Verwendung unterschiedlicher Ansätze und Meßmethoden, um die "Gültigkeit" der Ergebnisse zu sichern (vgl. Kap. 4).

Diese Art von engagierter Forschung war jedoch nur möglich, weil die Forschungsstelle durch die Finanzierungspolitik LAZARSFELDs, die in der Folge mitunter auf populistische Kritik gestoßen ist (vgl. z. B. KERN 1982:166-170), ihre knappen Finanzmittel durch die Anfertigung von "Marktstudien" (Market Research) für verschiedene Artikel und Auftraggeber (Erstellen eines "Radio-Barometers" über Hörerwünsche und Hörermeinungen zu den angebotenen Sendungen; Marktuntersuchungen für Schokolade, Bier, Molkereiprodukte, Herrenanzüge usw.) sicherten.

Nach Zerschlagung und Plünderung des Instituts durch die Polizei 1936 sowie nach der Arrestierung Marie JAHODAs[1] wurde die Forschungsstelle 1938 nach der nationalsozialistischen Machtübernahme geschlossen (KERN 1982:174). Der bereits 1936 emigrierte Paul F. LAZARSFELD führte jedoch die in Wien begonnene Arbeit in den Vereinigten Staaten weiter. Nach dem Prinzip der Wiener Forschungsstelle richtete er 1936 zunächst an der Universität Newark ein Forschungszentrum ein; wurde ab 1937 in der Leitung des von der Rockefeller Foundation geförderten "radio research project" an der Universität Princeton tätig und überführte dieses - nach Schließung des Forschungszentrums Newark - 1939 an die Columbia-Universität. Diese Forschungsstelle bildete den Ausgangspunkt des renommierten "Bureau of Applied Social Research" (ab 1944).

Dies verweist auf die Situation der empirischen Sozialforschung in den USA, die in ihrer spezifischen Ausprägung dann auch für die Entwicklung des Faches in der Bundesrepublik Deutschland nach 1945 entscheidend wurde.

Die Entwicklung der empirischen Sozialforschung in den Vereinigten Staaten vollzog sich auch dort auf der Grundlage der konkreten politischen und wirtschaftlichen Bedingungen der zweiten Hälfte des 19. Jahrhunderts. Die ökonomische Expansion (Eisenbahnkapitalismus), die mit dem stetigen Vorantreiben der Sied-

---

[1] Sie wurde erst 1937 durch die Vermittlung englischer Leser der "Marienthal-Studie" freigelassen (KERN 1982:174).

lungsgrenze nach Westen verknüpft war, stagnierte in den 1880er und 90er Jahren. Die folgende Zeit war nun durch den Versuch geprägt, die z. T. anarchischen Entwicklungen zu kontrollieren und zu stabilisieren. Darüber hinaus stellten sich die Probleme der Stabilisierung auch in sozialen Bezügen: durch die notwendige Integration verschiedener Nationalitätengruppen, die den ökonomischen und räumlichen Ausbau der amerikanischen Gesellschaft erst möglich gemacht hatten (vgl. KERN 1982:180).

Ähnlich wie in Großbritannien gingen vor diesem Hintergrund die sich entwickelnden sozialwissenschaftlichen Forschungsaktivitäten zunächst aus journalistischen Beschreibungen über die Lebensbedingungen und Probleme im Zuge der planlosen Verstädterung hauptsächlich des Ostens und Nordostens der Vereinigten Staaten hervor. Die sogenannten "muckrakers" (Dreckschleudern) stellten jedoch nur den Auslöser für die sich schnell verbreitende Überzeugung dar, daß mit Hilfe sozialer Daten die gesellschaftlichen Probleme genauer definiert, öffentliches Interesse schneller erweckt und Mittel für Problemlösungen effektiver mobilisiert werden könnten (KERN 1982:180f.).

Unter diesen Bedingungen entstanden in den ersten Jahrzehnten des 20. Jahrhunderts die Übersichtsstudien ("social surveys"), die sich mit mehr oder weniger stark ausgeprägter karitativer Zielsetzung zunächst allgemeinen Problemen des städtischen (und ländlichen) Lebens annahmen. Der von Paul KELLOGG u. a. 1909 durchgeführte "Pittsburgh Survey" (KELLOGG 1909) behandelte entsprechend Effekte der Urbanisierung; der 1914 unter Leitung von Shelby HARRISON begonnene "Springfield Survey" (HARRISON 1920) stellte zum einen eine Bestandsaufnahme der kommunalen Infrastruktur im sozialen Bereich dar, liefert allerdings andererseits auch eine Vielzahl von Vorschlägen zur Situationsverbesserung.
Die späteren Surveys bezogen sich vorwiegend auf Einzelaspekte: Gesundheits- und Erziehungswesen, Wohnsituation und Arbeitsverhältnisse, Freizeit und Erholung, Jugendkriminalität und Rechtspflege usw. Dies verdeutlicht, daß es für Surveys keine festen inhaltlichen oder organisatorischen Regeln gab. Zum einen

entsprang ihre inhaltliche Bestimmung den konkreten, lokalen Problemkonstellationen, zum anderen wurden sie von sehr unterschiedlichen Institutionen getragen und gefördert (z. B. durch speziell eingerichtete Komitees, Wohlfahrtsverbände, kommunale oder staatliche Behörden und durch Universitätsinstitute (KERN 1982:182).

Ähnlich heterogen waren die Methoden der Datengewinnung. Griffen die ersten Surveys - ähnlich wie aus den frühen europäischen Untersuchungen bekannt - zunächst auf bereits verfügbares Material der allgemeinen Verwaltungsstatistik zurück, so fanden in späteren Surveys spezielle Erhebungen direkt im Untersuchungsgebiet statt. Hierbei wurde anfangs an die Erhebungsmethoden der Fabrikinspektoren angeknüpft. Die weitere Ausarbeitung der Survey-Technik liegt dann jedoch in der Nutzung vielfältiger Erhebungsmethoden und Daten. "Indem der soziale Prozeß nicht mehr nur dort erfaßt wird, wo er mit dem Verwaltungsapparat in Berührung kommt, sondern durch die selbständigen Erhebungsmethoden ein detaillierter Überblick über den Gesamtablauf (biographisches Material usw.) gewonnen wird, ist die Auswahl der Probleme nicht an zufällig vorhandene Daten gebunden; aus dem reicheren Fond lassen sich diejenigen Merkmale auswählen, die dem Problemgebiet adäquat sind" (ZEISEL 1975:134).

Bei aller Unterschiedlichkeit der Untersuchungsanlage hatten die 2775 zwischen 1910 und dem 1. Januar 1928 abgeschlossenen Surveys jedoch weitgehend ein gemeinsames Grundverständnis: die Notwendigkeit der Verknüpfung des "social fact-finding" der empirischen Untersuchung mit der pädagogisch-karitativen Initiative zum Ausgleich sozialer Mißstände und Disparitäten.
Andererseits jedoch lösten sich viele der späteren Surveys von diesen sozialpolitisch orientierten und engagierten Untersuchungen. Die wegen der Kombination vielfältiger Erhebungstechniken und der Verknüpfung von Gesamtüberblick und Detailbeschreibung berühmte Studie "Middletown" (Survey der Kleinstadt Muncie im Staat Indiana) von LYND und LYND (1927) zeichnet sich z. B. gerade durch das Fehlen jedes Zusammenhangs mit sozialpolitischen Problemen aus. So kritisiert

ZEISEL (1975:134), daß dieser Survey trotz seiner scheinbaren Vollständigkeit "nur ein Bild der gesunden Oberschicht der Stadt" nachzeichne; "von Krankheit, Verbrechen und Selbstmord, kurz von allen Zerfallerscheinungen der Stadt, die den Ausgangspunkt der alten Surveys bildeten, wird in Middletown wenig berichtet" (ZEISEL 1975:134). In der Weiterentwicklung und Ablösung der alten Survey-Tradition konstituierten sich in den USA zwei unterschiedliche Konzeptionen von Sozialforschung. Dabei erfolgte der Übergang vom Social Survey zur "modernen" eigentlichen Sozialforschung nach dem Ersten Weltkrieg durch die "Chicagoer Schule" und die Verwendung vielfältiger Methoden qualitativer Art, sowie seit Ende der 20er Jahre (und hauptsächlich seit den 30er Jahren) durch die Entwicklung und Anwendung neuer quantitativer Techniken. In beiden Fällen wurde versucht, durch die Verknüpfung der Sozialforschung mit der theoretischen Soziologie der "Gefahr der Erstarrung dieser Survey-Maschinerie" (ZEISEL 1975:137) zu entgehen (MAUS 1973:40).

Die "Chicagoer Schule" (William I. THOMAS, Robert E. PARK, William F. OGBURN, William F. WHYTE) wurde in ihrem methodischen Verständnis stark von den Vorstellungen der Ethnologie und Sozialanthropologie (Feldforschung) geprägt und folgte ausdrücklich der "geduldige(n) Methode der Beobachtung", wie sie von amerikanischen Anthropologen proklamiert wurde (NOWOTNY/KNORR 1975:88). Chicago wird zum sozialen Laboratorium. Wohngegenden, Arbeitsstätten, Vergnügungsviertel, Polizeidienststellen, Tanzsäle und das Katasteramt, Zeitungsredaktionen und Clubs werden zum Arbeitsfeld für Soziologen (MAUS 1973:41). Die Feldstudien werden durch den Bezug zur Problemorientierung der Sozialarbeit mit der dort üblichen Methode der Einzelfallstudien ("case studies") verbunden. Zu den kennzeichnenden Arbeiten dieser Zeit gehören z. B. Louis WIRTHs "The Ghetto" (1929), F. M. TRASHERs "The Gang" (1927), H. W. ZORBAUGHs "The Gold Coast and the Slum" (1929) oder Paul CRESSEYs "The Taxi Dance Hall" (1932).

Das vielleicht eindrucksvollste Beispiel einer Chicago-Studie, die auf teilnehmender Beobachtung basiert, ist allerdings William F. WHYTEs "Street Corner Society - The Social Structure of an Italian Slum" (1943). Neben den substantiellen Ergebnissen der 3 1/2jährigen Forschungsarbeit in "Cornerville" über den Zusammenhang zwischen Mitgliedschaften in verschiedenen Gangs, Führerschaft in der Politik und der Sozialstruktur des Viertels ist die seit der 2. Auflage zusätzlich aufgenommene Beschreibung des Ablaufs der Feldarbeit von Interesse. Hier gibt Whyte eine anregende Einführung in die Probleme der teilnehmenden Beobachtung: Kontaktaufnahme, Aufbau von Vertrauensverhältnissen und Freundschaften, Offenheit bezüglich der Untersuchungsziele gegenüber ausgewählten Informanten usw.

Den Auftakt der Chicagoer Studien stellte jedoch die monumentale Untersuchung "The Polish Peasant" von William I. THOMAS und Florian ZNANIECKY (1919/21) dar. Dort wird der Zerfall der ursprünglichen polnischen Bauernfamilie unter dem Einfluß der Auswanderung in die Vereinigten Staaten und der dort mehr oder weniger gelingende Anpassungsprozeß in die fremde Gesellschaft dargestellt.

Grundlage der Untersuchung sind 15 000 Briefe, Lebensberichte, Tagebücher, Zeitungsausschnitte, Dokumente von Experten, Selbstdarstellungen von Immigranten-Organisationen und Kirchengemeinden und Gerichtsakten.
Bemerkenswert in diesem Zusammenhang ist die Darstellung des Materials. Der Abdruck kompletter Briefserien macht die Interaktion zwischen dem polnischen Auswanderer und seiner im Heimatland verbliebenen Familie deutlich und nachvollziehbar. Von dieser Präsentation des "Rohdatenmaterials" getrennt erfolgen Analyse und Interpretation in den Einleitungen zu den Briefserien z. T. als kurze Notizen, z. T. aber auch als ausführliche Schilderungen der Familiengeschichte, geographischem und sozialem Herkunftskontext und als Einschätzungen des Persönlichkeitsbildes.

Die Weiterführung der Methode der "Autobiographie" zur Analyse von Attitüden und Situationsdefinitionen erfolgte von THOMAS 1923 in seiner Untersuchung "The Unadjusted Girl".

Alle diese Untersuchungen sind jedoch charakteristisch in ihrem Verständnis von Empirie als konkreter Detailforschung.

Darüber hinaus regten jedoch die großen Anstrengungen, die zur empirischen Aufarbeitung der interessierenden Themen unternommen wurden, auch zu methodischen Neuerungen quantitativer Art an.
Insbesondere von der Idee, nicht direkt "zählbare" oder "meßbare" Phänomene einer Quantifizierung zuzuführen, zählbar zu machen, ging Faszination aus, da eine solche Verfahrensweise durch die dann mögliche Anwendung mathematischer Verfahren Verbesserungen bei der Datenaufnahme und -auswertung versprach. So entwickelte Emory S. BOGARDUS (1926) für den von Robert E. PARK organisierten "Pacific Race Relations Survey" zum ersten Mal "Skalen", "um qualitative Unterschiede von Meinungen, Attitüden und sozialen Beziehungen in quantifizierbare umzuformen" (MAUS 1973:42).

Dieser Survey stand jedoch trotz der Einbeziehung der BOGARDUS-Skala zur Messung sozialer Distanz ganz in den "Methoden-Traditionen" der Chicagoer Schule: Ermittlung von Lebensgeschichten, Auswertung von Tagebüchern und Briefmaterialien und Gruppengesprächen.

Ein weiterer Ausgangspunkt moderner Surveys und ihrer Methoden waren in den USA die sogenannten "Pre-election surveys" oder "Polls", die seit den dreißiger Jahren in aller Regel von Zeitungen durchgeführt wurden, um eine Vorhersage der Wahlergebnisse (z. B. bei Präsidentschaftswahlen) zu ermöglichen[1]. Die Vorhersagen der Zeitschrift "Literary Digest" basierten dabei z. B. auf den Rücksendungen von Millionen von (Vor-) Wahlzetteln aus den gesamten Vereinigten Staaten, die zuvor an alle Telefonbesitzer versandt worden waren. Andere Zeitungen ließen Reporter oder bezahlte Befrager mit Stimmzetteln und Wahlurnen Probewahlen

[1] Zu den Anfängen und zur Entwicklung des Survey-Research in den USA vgl. ausführlich CONVERSE (1987).

durchführen. Hinter diesem Vorgehen stand immer die an der Praxis der Volkszählung orientierte Vermutung, daß die Vorhersage-Genauigkeit einer Umfrage eine unmittelbare Funktion der Anzahl der Befragten sei.

Obgleich seit geraumer Zeit die Möglichkeit von Zufallsstichproben als Abbildung einer Grundgesamtheit mathematisch diskutiert worden war, bereitete die "Zufallsauswahl" von Personen aus einer nicht durch Einwohnermelderegister erfaßten Bevölkerung erheblich mehr Schwierigkeiten, als schwarze oder weiße Kugeln aus einer Urne zu ziehen (vgl. zum Problem der Stichprobenziehung Kap. 6). Die fehlenden institutionellen Voraussetzungen für die Ziehung von Zufallsstichproben ließ die sich in den dreißiger Jahren etablierenden professionellen "Political Pollsters", die wie z. B. GALLUP oder CROSSLEY nun nicht mehr nur die Wahlabsicht, sondern auch politische Einstellungen erhoben, nach anderen Lösungswegen zur Durchführung von Stichprobenuntersuchungen suchen. Die Vorstellung, zwar nicht alle, aber doch die "wichtigsten" Charakteristika der amerikanischen Wahlbevölkerung in einer Stichprobe "abbilden" zu können, führte zur Vorgabe von "Quoten" bestimmter Merkmale, die in einer Stichprobe erfüllt sein mußten. In Erweiterung der Zeitungsumfragen wurden nun Befrager angewiesen, darauf zu achten, in ihren Stichproben z. B. den gleichen Anteil von Frauen, wie er auch in der amerikanischen Gesamtbevölkerung bestand, einzubeziehen. Als weiteres Quotierungsmerkmal wurde in der Regel nur noch die Zugehörigkeit zu einer bestimmten Altersgruppe vorgegeben.
Ähnlich unzulänglich wie die Lösung des Auswahlproblems waren auch Interviewtechnik und Fragebogenkonstruktion: Interviews waren kurz (5 bis 10 Minuten), Themen wurden nur oberflächlich abgehandelt, Hintergrundinformationen z.B. über den sozioökonomischen Status der Befragten oder die Haushaltsgröße kaum aufgenommen.
Trotzdem waren die frühen Polls ein Schritt in die Richtung moderner Umfrageforschung. Obgleich aus heutiger Sicht die Quotenauswahl zur Sicherung von Repräsentativität inadäquat erscheint, war sie, wie ROSSI/WRIGHT/ANDERSON ausführen, dazu zweifelsohne besser geeignet als die Praxis, Untersuchungs-

personen in Erstsemesterkursen oder Vereinen zu rekrutieren. Antworten zu einer oder zwei schlecht gestellten Fragen waren vielleicht auch ein besseres Maß für Einstellungen zu einem politischen Thema als das Auszählen von Pro- und Kontrabriefen, die Kongreßabgeordnete erhielten (ROSSI/WRIGHT/ANDERSON 1983:5).

Die Umfragen der GALLUP-Organisation oder des CROSSLEY-Polls waren allerdings nicht die einzigen Stichprobenuntersuchungen, die in dieser Zeit durchgeführt wurden. Eine Reihe anderer Unternehmen untersuchte im Bereich der sich etablierenden Marktforschung Konsumgewohnheiten, Marktanteile von Produkten usw. auf der Grundlage von Stichproben.

Polls und mit ihnen auch andere Stichprobenuntersuchungen kamen jedoch erst zu Ansehen, als die Ergebnisse der Präsidentschaftswahl 1936 die Vorhersage der Pollsters bestätigten, der Probewahl des "Literary Digest" jedoch widersprachen. Im sogenannten "Literary Digest Desaster" dokumentiert sich die Überlegenheit der alters- und geschlechtsquotierten Auswahl von 1 500 Personen gegenüber der Befragung von Millionen von Telefonbesitzern in einer schriftlichen Umfrage, von der nur 15 % ihre Antwortscheine zurückschickten (vgl. BRYSON 1976:184-185).

Gegen Ende der dreißiger Jahre etablierte sich dieser stichprobenbasierte "Survey Research" an den Universitäten (CANTRIL gründete das "Office of Public Opinion Research" in Princeton, LAZARSFELD sein Office of Radio Research, das später an der Columbia-Universität in das Bureau of Applied Social Research überging) und diente als "systematische" Basis für politische Entscheidungen.
So kommt im akademischen Bereich LAZARSFELDs Sandusky-(Ohio)-Studie ("The People's Choice", LAZARSFELD/BERELSON/GAUDET 1944) über die Präsidentschaftswahl von 1940 für den Fortschritt moderner Surveys erhebliche Bedeutung zu. Sie stellt zum einen die Einbeziehung akademischer Sozialwissenschaft in die empirische Untersuchung von Wahlverhalten auf Grundlage von Stichprobenerhebungen dar. Dabei sah das Auswahlverfahren in Anwendung der vom Bureau of the Census entwickelten Flächenstichprobe die Befragung in jedem vierten Haus

vor. Andererseits wurden die bisherigen Befragungstechniken elaborierter. Die Interviews wurden länger und die in Frage stehenden Themen in größerer Tiefe abgehandelt. Der größte Verdienst kommt dieser Studie jedoch in bezug auf die Weiterentwicklung der Analyseverfahren zu. LAZARSFELD entwickelte in diesem Zusammenhang die mehrdimensionale Tabellenanalyse als erste multivariate sozialwissenschaftliche Analysetechnik (vgl. Kap. 9).

Im politischen Bereich gewann der neue "Survey Research" durch die Berufung von CANTRIL zum Berater des Präsidenten der Vereinigten Staaten an Bedeutung. Der Zweite Weltkrieg und das amerikanische Engagement in Europa waren Ausgangspunkt einer Reihe von "politikberatenden" Surveys z. B. über die zu erwartende Akzeptanz von Lebensmittelrationierungen, über landwirtschaftliche Produktivität, aber auch über Einstellungen bezüglich der amerikanischen Außenpolitik. Hierbei kooperierten einzelne Ministerien insbesondere mit dem neu gegründeten National Opinion Research Center (NORC) (vgl. ROSSI/WRIGHT/ANDERSON 1983:6f.).
Die bedeutendste Anwendung der Umfrageforschung erfolgte jedoch durch das Department of the Army's Information and Education Branch unter der Leitung von Samuel A. STOUFFER. Die von STOUFFER und seinen Mitarbeitern in vier monumentalen Bänden (1947/1950) niedergelegte Studie "Studies in Social Psychology in World War II" (Band I: The American Soldier: Adjustment during Army Life; Band II: The American Soldier: Combat and its Aftermath; Band III: Experiments in Mass Communication; Band IV: Measurement and Prediction) stellte insbesondere in bezug auf die Analysemethoden das Modell für jede Art von Survey Research in der Nachkriegszeit dar.

Die Präsidentschaftswahl von 1948 lenkte noch einmal die Aufmerksamkeit auf methodische Probleme der Stichprobenauswahl der Political Polls, als das GALLUP-Institut bei der Vorhersage der Wiederwahl Harry Trumans versagte. Das Verfahren der Quotenauswahl zeigte seine Schwächen gegenüber der vom Bureau of the Census in den vierziger Jahren entwickelten Flächenstichprobe. Die Flächenstichprobe wurde zum Standardverfahren der Stichprobenziehung in allen großen amerikanischen Umfrageinstituten[1]. Damit stand spätestens Ende der 50er Jahre der Prototyp der modernen Umfrageforschung fest.

Die Entwicklung der empirischen Sozialforschung in Deutschland setzte erst nach dem Zweiten Weltkrieg erneut ein, nachdem unter den Bedingungen des Nazi-Regimes Forschungsansätze aus der Zeit vor 1933 ausgemerzt worden waren und unter dem Zwang nationalsozialistischer Formierung Entwicklungen im Ausland unberücksichtigt blieben (vgl. KERN 1982:215).

Die Probleme der Nachkriegssituation lieferten jedoch dann günstige Entwicklungsbedingungen für Soziologie und empirische Sozialforschung, insbesondere unter drei Aspekten (vgl. KERN 1982:217ff.). Erstens galt Soziologie bei Landesregierungen und Besatzungsmächten als relativ unbelastetes Fach. Dies hatte Konsequenzen für die Bereitschaft zur Förderung soziologischer Studien. Zweitens wurde die Soziologie insbesondere von seiten der Amerikaner als Hilfsmittel zur "Reeducation" betrachtet[2]. Drittens hatte die Soziologie in den hochschulbestimmenden Kreisen das Image, nützliche Arbeit zu leisten. Unter der besonderen Problemlage der Nachkriegszeit (zerstörte Infrastruktur, massenhafte Zuwanderung von Heimkehrern und Flüchtlingen) resultierten immense Planungs- und Verwaltungsprobleme, und natürlich bestand unter diesen Umständen ein beträchtliches Interesse an wissenschaftlichen Daten, die einer vernünftigen Steuerung dieses Integrationsprozesses nützlich sein konnten (KERN 1982:218). Probleme der Neuordnung der

---

[1] "Das in den USA allgemein akzeptierte Resultat, jedenfalls im Umkreis der Wissenschaft: Quoten-Auswahlen führen zu nicht im Vorhinein korrigierbaren Verzerrungen. Es gibt Statistik-Lehrbücher, die für alle Präsidentschaftswahlen seither zeigen: In jeder einzelnen Wahl irrte Gallup, der bei Quota blieb, auf der republikanischen Seite. Doch die Lektion: Quota ist out, Random in - in Deutschland kam sie nicht recht an; ihre Verbreitung ist noch zu fördern." (ALLERBECK 1985:56).

[2] KERN (1982:217) sieht als Beleg für diesen Trend die relativ schnelle Reaktivierung der Deutschen Gesellschaft für Soziologie im Frühjahr 1946 mit Unterstützung des amerikanischen Universitätsoffiziers Edward J. HARTSHORNE.

Wirtschaft und der veränderte politische Aufbau der Gesellschaft initiierten Studien im Bereich der Betriebssoziologie und Verbandssoziologie. Alle diese Entwicklungen liefen auf eine praktisch-politische, administrativ verwertbare Soziologie hinaus.

Andererseits allerdings wurde mit der Soziologie auch eine sinngebende Funktion verknüpft. Soweit sich Soziologie empirisch verstand, trug sie dem, wie KERN (1982:219) es ausdrückt, "Wirklichkeitshunger" der Kriegsgeneration Rechnung. Soweit sie sich als Gesellschaftsanalyse verstand, konnte sie auf der Grundlage des verbreiteten Widerwillens gegenüber überkommenen Weltanschauungen zugleich Ansätze für eine Universalerklärung der Welt- und Sozialzusammenhänge leisten. Gleichzeitig bildete jedoch diese Doppelorientierung den Ansatz für die zentralen Konflikte innerhalb des Faches bis heute. Dabei stand bereits in den 50er Jahren das Verhältnis von Theorie und Empirie zur Diskussion. Dabei kristallisierte sich mit der sogenannten "Frankfurter Schule" um das 1950 wiedereröffnete Frankfurter Institut für Sozialforschung ein eher kulturkritisches Verständnis von Soziologie und die Skepsis gegenüber einem unvermittelten Praxisbezug empirischer Forschung heraus. Insbesondere HORKHEIMER und ADORNO wollten verhindern, daß sich eine einzelwissenschaftliche empirische Soziologie aus der geschichtsphilosophischen Reflexion der Totalität der menschlichen Existenz verselbständigt (LEPSIUS 1979:38).

Andererseits leistete René KÖNIG als Begründer der sogenannten "Kölner Schule" den Brückenschlag zur amerikanischen Soziologie und betrachtete die empirische Sozialforschung als integralen Teil der Entwicklung soziologischer Aussagensysteme. "Ansonsten wurde zwar der empirischen Forschung eine wichtige Funktion zugeschrieben, als Korrektur gegen Ideologiebildung (ADORNO), als Tatsachenbeschreibung der Gegenwartsgesellschaft (SCHELSKY), als Aufweis der mangelnden Geltung von Normen (PLESSNER), doch im ganzen erschien sie nachrangig und bloß ergänzend gegenüber der historisch-philosophischen Reflexion der menschlichen Existenz. So tritt schon am Anfang eine eher abwehrende als

fördernde Haltung der akademischen Soziologie gegenüber der empirischen Sozialforschung ein, die für die Entwicklung der Soziologie im ganzen retardierend gewirkt hat" (LEPSIUS 1979:41). So fand die Entwicklung der empirischen Sozialforschung in der Bundesrepublik vorwiegend außerhalb der Universitäten statt.
Mit Unterstützung der Rockefeller Foundation wurde 1946 die "Sozialforschungsstelle Dortmund" an der Universität Münster gegründet, die sich in den 50er Jahren zu einem bedeutenden soziologischen Forschungsinstitut entwickelte, wobei im Vordergrund empirische Untersuchungen zur Betriebs- und Gemeindesoziologie standen[1]. 1949 gründete ein Zivilbeamter der amerikanischen Militärregierung, Nels ANDERSON, das Institut für sozialwissenschaftliche Forschung in Darmstadt. Sein Ziel war es, die Methoden der empirischen Sozialforschung in Deutschland bekanntzumachen und gleichzeitig die Lebensbedingungen der Arbeiterschaft zu untersuchen. Als bedeutendstes Ergebnis des Instituts, das nur 4 Jahre finanziert werden konnte, ist die "Darmstadt-Studie" zu nennen, deren Ergebnisse jedoch nur in einer unvollständigen Reihe von Monographien vorliegen[2]. Auch die UNESCO unterstützte den Aufbau der empirischen Forschung durch die Einrichtung des Instituts für Jugendforschung in Hamburg, des Instituts für Sozialarbeit in Gauting bei München und des UNESCO-Instituts für Sozialwissenschaften in Köln[3].
Alle diese Anfangsinvestitionen gingen jedoch nach deren Auslaufen für die Soziologie verloren; es fand keine Vermittlung mit den Hochschulen statt. Im weiteren Verlauf konnten größere Forschungsprojekte immer nur durch die zeitlich begrenzte Etablierung von fremdfinanzierten Forschungsgruppen betrieben werden, ohne eine hinreichende thematische Konzentration und langfristige Forschungsplanung zu ermöglichen (LEPSIUS 1979:57). Insgesamt blieb die akademische Soziologie weitgehend auf kleine Befragungen zu Spezialthemen beschränkt. Ebenfalls abseits der universitären Forschung hatten sich jedoch auch in den

---

[1] Als am meisten beachteter Beitrag aus der Arbeit der Sozialforschungsstelle gilt die Studie "Das Gesellschaftsbild des Arbeiters" (POPITZ u.a. 1957).
[2] Vgl. zur Darstellung der Arbeit des Instituts ANDERSON (1956).
[3] Vgl. dazu MAYNTZ (1958).

vierziger und fünfziger Jahren neue Meinungsforschungsinstitute (z. B. das EMNID-Institut in Bielefeld; das Institut für Demoskopie in Allensbach) etabliert.

Die Arbeit von Meinungsforschungsinstituten führte jedoch zu einer immer stärkeren Polarisierung in bezug auf das Verhältnis von Theorie und Empirie in den Sozialwissenschaften. So setzte sich René KÖNIG 1965 mit der Identifizierung von empirischer Sozialforschung als Meinungsforschung auseinander: "Ungeachtet der zahlreichen methodologischen Probleme, die mit diesen positiven oder negativen Ergebnissen verbunden waren, müssen wir nochmals hervorheben, daß die besonderen Umstände, unter denen seit 1948 auch in weiteren Kreisen der europäischen Öffentlichkeit über die praktische Sozialforschung diskutiert wurde, keineswegs als glücklich zu bezeichnen sind. Denn sie wurden zur unmittelbaren Ursache einer höchst fragwürdigen Identifizierung, als beschränke sich nämlich die praktische Sozialforschung darauf, 'Meinungsforschung' im eigentlichen Sinne zu sein. Schon dies ist vollkommen untragbar. Dazu aber kamen nun noch einige ungemein oberflächliche Kenntnisse über keineswegs als seriös anzusprechende 'Institute' der Meinungsforschung (sowohl in Europa als auch in Amerika); so zeichnet sich jene Gefahr immer deutlicher ab, gegen die heute alle Beteiligten anzukämpfen haben: Daß nämlich der simpelste (und oft auch einfältigste) 'Pollster' als Prototyp der praktischen Sozialforschung angesehen wurde. Die schwere Belastung der praktischen Sozialforschung kommt ihr also nicht aus ihr selber zu, sondern von seiten jener, die sie durch unzulängliche Arbeiten kompromittieren" (KÖNIG 1965:18f.).

Ab Mitte der 60er Jahre entwickelte sich jedoch trotz des Theorienstreits (Positivismusstreit) eine neue Konstellation, die empirisch-soziologische Untersuchungstätigkeit in der Bundesrepublik anregte. Den politischen Hintergrund bildete die sozialdemokratisch-gewerkschaftliche Reformpolitik, die in der sogenannten sozialliberalen Koalition ab 1969 zum Tragen kam. Eine Reihe von Institutsneugründungen (Institut für sozialwissenschaftliche Forschung, München, 1965, Soziologisches Forschungsinstitut Göttingen, 1968) sowie Institutsbelebungen (Sozialforschungsstelle Dortmund, 1972 als Landesinstitut wiedererrichtet) sind Beispiele für

Bemühungen, die institutionellen Defizite empirischer Sozialforschung auszugleichen. LEPSIUS sieht in der Einrichtung des Zentrums für Umfragen, Methoden und Analysen (ZUMA) 1973 einen gelungenen Versuch, die akademisch verfaßte Sozialforschung und die Umfrageforschung methodisch und inhaltlich zu vermitteln. Einen weiteren Schritt auf dem Weg zu einer Institutionalisierung der empirischen Sozialforschung stellt die 1986 erfolgte Gründung von GESIS (Gesellschaft Sozialwissenschaftlicher Infrastruktureinrichtungen e.V.) dar. GESIS gliedert sich in drei regionale Zentren: das Zentralarchiv für empirische Sozialforschung an der Universität zu Köln (ZA) mit dem Zentrum für Historische Sozialforschung (ZHSF) als Abteilung, das Informationszentrum Sozialwissenschaften Bonn (IZ) und ZUMA, Mannheim (mit der Projektgruppe Allgemeine Bevölkerungsumfrage (ALLBUS), dem Zentrum für Sozialindikatorenforschung (ZFS) und dem Zentrum für Mikrodaten (ZMD)). In diesen drei Einrichtungen mit einem Jahresetat von rd. 12 Mio. DM arbeiten ca. 100 Mitarbeiter. Der Zusammenschluß erfolgte mit der Zielsetzung, in den Bereichen von Gesellschaft und Politik grundlegende sozialwissenschaftliche Dienste (wie z.B. die Bereitstellung und Akquisition von Beständen quantitativer Daten und ihre kontinuierliche Aufbereitung; Methodenentwicklung und -beratung; Dauerbeobachtung gesellschaftlicher Entwicklungen) bereitzustellen.

Allerdings muß abschließend betont werden, daß die gegenwärtige Sozialforschung kaum noch das einheitliche Bild repräsentiert, wie es für die unbestrittene Orientierung am Survey Research in den 50er Jahren galt. Zwar sind eine Reihe wichtiger methodologischer Entwicklungen in den 60er Jahren erfolgt, die sich jedoch insbesondere auf den Auswertungsaspekt von Umfrageforschung bezogen; im Bereich der Erhebungstechniken spiegelt sich im wesentlichen der Diskussionsstand der 40er Jahre. Intensivere, auch institutionalisierte Methodenforschung in diesem Bereich gehört sicherlich zu den Zukunftsaufgaben des Faches.

Kapitel 2
Wissenschaftstheorie und empirische Sozialforschung

Im folgenden Kapitel sollen wissenschaftstheoretische Grundlagen der empirischen Sozialforschung angesprochen werden. Obgleich dies hier nur in vereinfachender Form geschehen kann, erscheint es unabdingbar, sich zumindest in Grundzügen mit wissenschaftstheoretischen Fragen zu beschäftigen, da nur so eine Einordnung der praktischen Sozialforschung in den Gesamtkontext der Sozialwissenschaften möglich ist. Darüber hinaus bewahrt die Beschäftigung mit den Fragen, was eine Wissenschaft prinzipiell leisten kann und welchen grundsätzlichen Problemen "Wissenschaft" gegenübersteht, vor einer naiven "Datengläubigkeit", die dem Anliegen der Sozialforschung nur abträglich sein kann.

Die Darstellung gliedert sich in zwei Teile. In Kapitel 2.1 bis 2.1.4.2 werden die zentralen Konzepte der wissenschaftlichen Arbeit dargestellt. Im wesentlichen wird geklärt, wie Begriffe definiert werden, was eine Erklärung ist und auf welche Schwierigkeiten man trifft, wenn theoretische Überlegungen mit der empirischen Realität konfrontiert werden.
Im zweiten Teil, Kap. 2.2 bis 2.2.3.4, sollen einige wichtige Kontroversen innerhalb der Wissenschaftstheorie angesprochen werden. Dies sind die Fragen nach der Wertfreiheit von wissenschaftlicher Erkenntnis, der Erklärung sozialen Handelns und den Möglichkeiten des wissenschaftlichen Fortschritts.

2.1. Wissenschaftstheoretische Grundlagen

Jede Wissenschaft bemüht sich darum, die vielfältigen Ereignisse in der Natur oder im menschlichen Zusammenleben zu sammeln, zu ordnen und Aussagen über ihre innere Verbundenheit zu machen. Auf der Grundlage des Wissens über die Vielfalt, Ordnung und Verbundenheit von empirischen Fakten ist eine planende Gestaltung des Lebens möglich. Diese Tätigkeit unterscheidet sich zunächst nicht vom alltäglichen menschlichen Handeln. Wissenschaft erhebt jedoch darüber hinaus den Anspruch, daß die Resultate dieser Tätigkeit nicht nur von demjenigen als richtig anerkannt werden, der sie erbringt, sondern sie sollen für alle Beteiligten und Interessierten akzeptierbar sein, d.h. sie sollen "wahr" sein. Wenn Wissenschaft Aussagen über Realität macht, dann bedeutet "Wahrheit" die Übereinstimmung dieser Aussagen mit der Realität.

Die Wissenschaftstheorie versucht ihrerseits, Vorschläge zu entwickeln, wie Wissenschaftler zur Erreichung dieses Zieles vorgehen sollen. Sie ist somit, in einem ihrer wichtigsten Teile, eine Lehre von der Vorgehensweise bei der wissenschaftlichen Tätigkeit: Sie ist eine "Methodologie".

2.1.1. Zur Definition von Begriffen

Eine notwendige Voraussetzung zur Beschreibung und Erklärung eines sozialen Zustandes oder eines sozialen Ereignisses ist seine begriffliche Präzisierung. Wissenschaften - gleich welcher Richtung - arbeiten nie mit konkreten Ereignissen an sich, sondern immer mit in Sprache gefaßter Realität, mit Aussagen über die Realität. Wenn solche Aussagen nicht nur von einer einzigen oder einigen ausgewählten Personen verstanden werden, sondern allen Interessierten zugänglich sein sollen, dann ist es unumgänglich, daß der "gemeinte Sinn" der verwendeten Begriffe von allen erfaßt und geteilt werden kann: Man muß wissen, worüber geredet wird. Die am Kommunikationsprozeß Beteiligten sollen den verwendeten Begriffen weitestgehend die gleichen Bedeutungen, die gleichen Vorstellungsinhalte zuschreiben[1].

---

[1] Zur Bedeutung von Definitionen sowie für praktische Hinweise (samt sozialwissenschaftlichen Beispielen) vgl. PAWLOWSKI (1980).

Im allgemeinen unterscheidet man zwischen zwei Begriffsarten, den **logischen** (z.B. und, oder, nicht, wenn ..., dann ... usw.), die keine realen Dinge (Personen, Eigenschaften usw.) bezeichnen und deren Bedeutung als bekannt vorausgesetzt wird, und **empirischen**, also außerlogischen Begriffen (PRIM/TILMANN 1975:40f.), die in der Forschung zu präzisieren sind. Diese Präzisierung geschieht mit Hilfe von "Nominaldefinitionen". Sie beinhalten zwei Komponenten: 1. das "Definiendum", jener "neue" Begriff, dessen Bedeutung festgelegt wird und 2. das "Definiens", jene Begriffe, die den Inhalt des Definiendums darstellen.
So kann z.B. "Ausländerfeindlichkeit" (das Definiendum) als das gemeinsame Vorliegen von "Diskriminierung am Arbeitsplatz und Wohnungsmarkt", von "rechtlicher Schlechterstellung" und "Gewalttätigkeiten zwischen Einheimischen und Ausländern" (den Bestandteilen des Definiens) definiert werden.
Bei kritischer Betrachtung einer so vorgenommenen Nominaldefinition kann sich herausstellen, daß die im Definiens enthaltenen Begriffe selbst nicht eindeutig sind. Sollte unklar sein, was "Diskriminierung am Arbeitsplatz" oder "Gewalttätigkeit" bedeutet, so müssen beide Ausdrücke selbst zum Definiendum erhoben werden. Dies führt dann zu zwei weiteren Definitionen: "Diskriminierung am Arbeitsplatz" sei definiert durch "geringere Bezahlung von Ausländern bei gleicher Leistung, Qualifikation, Geschlecht, Alters- und Betriebszugehörigkeit wie Einheimische" und "Gewalttätigkeit" wird definiert als "Anwendung von körperlicher Gewalt, deren physische Folgen einer medizinischen Behandlung bedürfen". Diese Art des Definierens führt zu immer weiteren Definitionen ("definitorischer Regreß"). Um einen "infinitiven Regreß" zu vermeiden, muß dieser Definitionsprozeß an einer Stelle abgebrochen werden, d.h. bestimmte Begriffe müssen in ihrer Bedeutung als allgemein klar verständlich akzeptiert werden. So können zwar unter Umständen zur Sicherstellung eines gemeinsamen Vorstellungsinhaltes ausgeprägte Definitionsketten notwendig werden, die aber letztlich doch die Existenz einer Sprachgemeinschaft voraussetzen.

Definitionen sichern jedoch nicht nur ein gemeinsames Verständnis, sondern sie erfüllen auch eine wichtige **sprachökonomische Funktion**. Da Definiens und Definiendum prinzipiell immer austauschbar sind, können (bei Kenntnis der Definition) mit Hilfe eines "kurzen" Begriffes oder Zeichens unter Umständen ausgedehnte sprachliche Formulierungen umgangen werden. Die meisten wissenschaftlichen Fachsprachen bedienen sich eines umfangreichen Repertoires an Nominaldefinitionen[1].

Nominaldefinitionen sind also lediglich tautologische Transformationen[2] auf rein sprachlicher Ebene. Insbesondere erheben sie keinen Anspruch darauf, das "Wesen" einer Sache (z.B. der Ausländerfeindlichkeit) zu treffen, wie dies für sogenannte Wesens- oder "Realdefinitionen" beansprucht wird[3].

Ein nominal definierter Begriff gibt weiterhin keinerlei Auskunft, ob die in ihm erfaßten Phänomene auch eine empirische Entsprechung besitzen: Die Existenz von Begriffen (z.B. Ausländerfeindlichkeit, Diskriminierung, Engel, Zeus) ist nicht gleichzusetzen mit ihrer nachprüfbaren empirischen Gegebenheit.

In diesem Zusammenhang wird häufig zwischen der "intensionalen Bedeutung" und der "extensionalen Bedeutung" eines Begriffes unterschieden. Die intensionale Bedeutung ("Intension", "Begriffsinhalt") eines Begriffes umfaßt die **Menge der Merkmale** (Attribute, Eigenschaften), die gegeben sein müssen, damit Objekte (Personen, Gegenstände) mit diesem Begriff bezeichnet werden können. Die extensionale Bedeutung ("Extension", "Begriffsumfang") eines Begriffes umfaßt

---

[1] Im Zusammenhang verschiedener Definitionsarten werden gelegentlich auch sogenannte "operationale Definitionen" und Definitionen mit Hilfe von sog. Korrespondenzregeln erwähnt. Eine operationale Definition gibt ein Meßverfahren für einen Begriff an (z.B. wird "Intelligenz" operational mit einem bestimmten Intelligenztest gemessen und damit definiert). Operationale Definitionen sind also im Gegensatz zu Nominaldefinitionen keine sprachlichen Transformationen, sondern schaffen eine Verbindung zwischen Begriffen bzw. Aussagen und der Realität, vgl. Kap. 2.1.4.).

[2] Tautologische Sätze (wie "Wenn der Hahn kräht auf dem Mist, dann ändert sich das Wetter oder es bleibt, wie es ist") haben keinen Informationsgehalt (vgl. Kap. 2.1.3.1).

[3] "Realdefinitionen" sind für wissenschaftliches Arbeiten untauglich, da keine Kriterien angegeben werden können, inwieweit das "Wesen" einer Sache durch die Definition erfaßt wird, zur Kritik vgl. ESSER u.a. (1977a:83ff).

die **Menge aller Objekte**, die die Intension des Begriffs erfüllen. Die Extension beschreibt also den Anwendungsbereich des Begriffes.
Im obigen Beispiel stellt die Diskriminierung in den genannten Lebensbereichen die Intension dar, während die Menge der Personen, die demgemäß handeln, der Extension entspricht. Damit wird auch deutlich, daß Begriffe sowohl keine, eine bestimmte als auch eine empirisch unbestimmte Extension haben können. Der Begriff "Engel" mit dem intensionalen Gehalt "allgegenwärtiges, unsichtbares und den Menschen beschützendes Wesen" hat eine äußerst vage bzw. unpräzise Extension, da die Menge der Objekte, auf die der Begriff "Engel" anwendbar ist, empirisch unbestimmt ist. Mit der Festlegung der Intension eines Begriffes ist somit noch keinesfalls etwas über die Begriffsextension gesagt. Anders gesagt: Aus der Existenz eines Begriffes folgt nicht, daß dem Begriff empirisch etwas entsprechen muß, z.B. kann die Anzahl der Engel Null sein.

Um nützliche Definitionen zu erreichen, müssen vage und unbestimmte Intensionen von Begriffen durch entsprechende Definitionsprozesse so weit wie möglich vermieden werden (GROEBEN/WESTMEYER 1981:48-50). Die unbestimmte Extension empirischer deskriptiver Begriffe ist hingegen Anlaß zur empirisch exakten Bestimmung der Menge der Objekte, die die Intension des Begriffs erfüllen.

Die nominale Definition eines Begriffes besitzt weitreichende Konsequenzen für alle weiteren Schritte einer empirischen Untersuchung. Durch die definitorischen Festlegungen wird zugleich auch der inhaltliche Gehalt der Hypothesen und damit der potentielle Erklärungswert festgelegt.

So kann man z.B. den Begriff "soziale Norm" einmal definieren als "von Individuen geäußerte Verhaltenserwartung" (Definition A) und zum anderen als "von Individuen geäußerte Verhaltenserwartungen, die bei Nichtbefolgung negativ sanktioniert werden" (Definition B). Der durch A definierte Begriff kann auf weit mehr konkrete Ereignisse angewendet werden als der Begriff mit der Definition B: Negativ sanktionierte Erwartungen stellen zweifellos nur eine Teilmenge aller Erwartungsäußerungen dar. Definition B bedingt also eine kleinere Extension als Definition A. Entsprechend ist eine Normentstehungstheorie, die die Definition A ("geäußerte Verhaltenserwartung") verwendet, auf mehr Phänomene anwendbar, als eine Theorie, die die Definition B ("geäußerte Verhaltenserwartung + negative Sanktion") verwendet (vgl. zu diesem Beispiel OPP 1983:1-20).

2.1.2. Hypothesen, Theorien und Gesetze

In der soziologischen Literatur wird häufig nicht klar zwischen Definitionen einerseits und Hypothesen, Theorien und Gesetzen andererseits unterschieden. Im Gegensatz zu Definitionen sind Hypothesen, Gesetze und Theorien allgemeine Aussagen über Zusammenhänge zwischen empirischen oder logischen Sachverhalten und keine sprachlichen Konventionen. Zwischen Hypothesen, Gesetzen und Theorien kann nicht aufgrund eines eindeutigen Abgrenzungskriteriums klar unterschieden werden[1].

Allgemein bezeichnet man diejenigen Aussagen als "Hypothesen", die einen Zusammenhang zwischen mindestens zwei Variablen postulieren. Unter einer "Variablen" versteht man einen Namen (z.B. "Geschlecht", "V1", "Var 134") für die Menge von Merkmalsausprägungen, die Objekten (z.B. Personen) zugeschrieben werden.

Die Variable "Geschlecht" besitzt die Variablen- bzw. Merkmalsausprägungen "männlich" und "weiblich", die Variable "Haushaltsgröße" z.B. die Ausprägungen "1","2" usw., die Variable "Mathematikangst" kann die Ausprägungen "sehr groß", "groß" usw. besitzen.

Hypothesen können sowohl als "Wenn-Dann-Aussagen" (z.B. "Wenn man Gase erhitzt, dann dehnen sie sich aus"), als auch als "Je-Desto-Aussagen" (z.B. "Je häufiger Personen interagieren, desto sympathischer sind sie sich") formuliert

---

[1] POPPER (1976:31-46) verwendet die drei Ausdrücke weitgehend synonym zur Kennzeichnung von Allsätzen.

werden[1]. Der von der Hypothese behauptete Zusammenhang kann prinzipiell jede beliebige mathematische Form annehmen; es sind sowohl lineare als auch nichtlineare Funktionen als Zusammenhangsform möglich[2]. Wird der Verlauf dieser Funktionen nicht nur annäherungsweise charakterisiert, sondern auch die konkrete Funktionsgleichung mit den entsprechenden mathematischen Parametern angegeben, so spricht man von "quantitativen Hypothesen" bzw. quantitativen Gesetzen.

"Gesetze" sind strukturell identisch mit Hypothesen. Man verwendet den Gesetzesbegriff jedoch vor allem dann, wenn sich die entsprechende Aussage bereits häufig an der Realität "bewährt" hat[3].

Im strengen Sinn ist eine "Theorie" ein System von Aussagen, das mehrere Hypothesen oder Gesetze umfaßt[4].
Innerhalb einer solchen Theorie unterscheidet man zwischen verschiedenen Komponenten[5]. Grundlegend sind zunächst die Definitionen. Unter Verwendung dieser Definitionen werden Aussagen formuliert, die die logische Form von Hypothesen bzw. von Gesetzen haben. Diese sind nach dem Grad ihrer Allgemeinheit geordnet. Die Aussagen mit der höchsten Allgemeinheit heißen "Axiome". Die Axiome müssen untereinander widerpruchsfrei und logisch unabhängig voneinander sein. Die Richtigkeit der Axiome wird innerhalb eines theoretischen Systems als gegeben angesehen, sie werden als "selbstevident" betrachtet. Schließlich gehören zu der Theorie die aus den Axiomen zusammen mit den Definitionen ableitbaren Aussagen, die sog. "Theoreme" bzw. "Propositionen".

---

[1] Vgl. OPP (1970:198ff) und Kap. 2.1.3.
[2] Neben monotonen Funktionen ("Je - desto") sind auch kurvilineare Zusammenhänge möglich: So besteht z.B. zwischen dem Heiratsalter von Personen und deren Scheidungsrisiko eine U-förmige Beziehung.
[3] Alle Versuche, Kriterien für die "Gesetzesartigkeit" von Aussagen anzugeben, sind bisher gescheitert (vgl. ESSER u.a. 1977:106-114).
[4] Beinhaltet ein solches System nur allgemeine Zeichen (wie z.B. in der Mathematik), spricht man von einem (uninterpretierten) Kalkül.
[5] vgl. TURNER (1991:7ff), COHEN (1980:178ff).

Als Beispiel für eine solche Theorie legen STARK/BAINBRIDGE (1987) eine axiomatisierte Theorie der Religion vor, die auch eine Reihe anderer Phänomene zu erklären versucht. STARK/BAINBRIDGE führen in ihrem Buch sieben Axiome (A), 106 Definitionen (D) und 344 Propositionen (P) ein. Versucht man die wichtigsten Axiome, Definitionen und Propositionen für die Entstehung sozialer Klassen zusammenzustellen, erhält man folgende Liste[1]:

A2 Menschen streben nach dem, was sie als Belohnungen empfinden und vermeiden, was sie als Kosten ansehen.
A6 Die meisten von Menschen angestrebten Belohnungen werden durch ihren Gebrauch vernichtet.
P6 Um die gewünschten Belohnungen zu erreichen, tauschen Menschen mit anderen Menschen Belohnungen aus.
P7 Menschen streben nach Tauschgewinnen.
A7 Individuelle und soziale Eigenschaften, die die Macht eines Individuums bestimmen, sind unter den Personen und Gruppen jeder Gesellschaft ungleich verteilt.
D15 Macht ist das Ausmaß der Kontrolle über seine eigenen Tauschgewinne.
P8 Tauschgewinne variieren zwischen den Personen und Gruppen jeder Gesellschaft.
D25 Eine Beziehung existiert zwischen zwei Personen dann, wenn nach einer Anzahl von Tauschhandlungen sie sich als Tauschpartner schätzen und nach weiteren Interaktionen in der Zukunft streben.
D26 Eine Gesellschaft ist eine Struktur sozialer Tauschbeziehungen.
D10 Erklärungen sind Aussagen darüber, wie und warum Belohnungen erreicht werden und Kosten entstehen können.
D30 Kultur ist die Gesamtheit aller Erklärungen, die Menschen austauschen.
P43 Je komplexer eine Kultur, desto weniger Teile davon können von einem gegebenen Individuum beherrscht werden.
D32 Die Komplexität einer Kultur bezieht sich auf die Zahl, die Reichweite und die Detailliertheit der Erklärungen und auf das Ausmaß der Technologie.
P44 In komplexeren Kulturen müssen erwachsene Mitglieder der Gesellschaft Kultur austauschen.
P45 Je komplexer die Kultur, desto größer das Ausmaß kultureller Spezialisierung.
P53 Einige kulturelle Spezialisierungen bedingen größere Macht.
D37 Eine Klasse ist eine Menge von Personen aller Altersgruppen und beiderlei Geschlechts, die eine relativ ähnliche Kontrolle über ihre Tauschbeziehungen mit anderen Personenmengen besitzen.
P54 Kulturelle Spezialisierung und Differenzierung verstärkt die Schichtung einer Gesellschaft in dem Ausmaß, daß Klassen entstehen.

---

[1] STARK/BAINBRIDGE (1987) definieren die meisten der hier erwähnten nichttrivialen Begriffe; aus Platzgründen werden hier nicht alle Definitionen zitiert. Um die Ableitung zu erleichtern, wurden hier die Definitionen und Axiome so angeordnet, daß die Propositionen aus den (in der Regel) unmittelbar davor stehenden Sätzen und Definitionen ableitbar sind.

Obwohl diese Erklärung der Entstehung von Klassen (P54 mit D37) nicht tatsächlich logisch vollständig ist, stellt sie dennoch einen für Sozialwissenschaftler ungewöhnlich präzisen und damit vorbildlichen Erklärungsversuch dar.

Diese Art der Formulierung von Theorien hat eine Reihe positiver Konsequenzen[1]: Die Forderung nach deduktiver Ableitbarkeit erzwingt die explizite Nennung aller Annahmen und Hypothesen, die zur Erklärung eines Phänomens notwendig sind. Dadurch wird anderen der intellektuelle Zugang zu den Überlegungen erleichtert, die Kritisierbarkeit der Theorie gesteigert und dient damit dem Wissensschaftsfortschritt. Darüber hinaus können durch einen solchen Aufbau relativ einfach neue, bisher nicht beachtete Hypothesen (Theoreme) abgeleitet werden, die zur Erklärung bislang unerklärter Phänomene beitragen können.

Abgesehen von dieser relativ präzisen Bedeutung wird der Theoriebegriff in den Sozialwissenschaften sehr extensiv verwendet. Ausgearbeitete Theorien wie von STARK/BAINBRIDGE sind innerhalb der Sozialwissenschaften eher die Ausnahme. Viel häufiger sind Ausführungen, deren methodologischer Status weitgehend unklar ist. Neben unvollständigen Erklärungen (vgl. Kap. 2.1.3.3.) werden häufig auch reine Definitionen, Typologien (vgl. Kap. 4.4.1.1.) und Vermischungen von Definitionen mit empirischen Hypothesen fälschlich als "Theorien" bezeichnet.

Ein Beispiel für die Vermischungen von Definitionen mit empirischen Hypothesen zitiert OPP (1970:93,99) mit einer Textpassage zum Begriff der "sozialen Rolle", in dem folgende Aussagen zu finden sind:

a) "soziale Rollen bezeichnen Ansprüche der Gesellschaft an die Träger von Positionen",
b) "soziale Rollen sind gleich Positionen quasi-objektive, vom Einzelnen prinzipiell unabhängige Komplexe von Verhaltensvorschriften",
c) "ihr besonderer Inhalt wird nicht von irgendeinem Einzelnen, sondern von der Gesellschaft bestimmt und verändert" und
d) "die in Rollen gebündelten Verhaltenserwartungen begegnen dem Einzelnen mit einer gewissen Verbindlichkeit ...".

---

[1] vgl. COHEN (1980:184ff) und TURNER (1991:13f).

Es ist offensichtlich äußerst schwierig, hier zwischen Definitionen und empirischen Hypothesen zu unterscheiden. Wahrscheinlich ist a) als Definition zu verstehen, während b), c) und d) Hypothesen sind, die einer Überprüfung bedürfen.

2.1.3. Erklärung und naive Falsifikation

Da die Hauptaufgabe der empirischen Sozialforschung in der Erklärung von sozialen Ereignissen bzw. Tatsachen liegt, ist es notwendig, sich zunächst Klarheit darüber zu verschaffen, was unter einer Erklärung zu verstehen ist.
In der Alltagssprache werden sehr vielfältige Bedeutungen mit diesem Begriff verbunden: So z.B. die Übersetzung eines Fachbegriffs in die Alltagssprache, Beschreibungen der Funktion oder Bedienung einer Maschine, Schilderung einer Tätigkeit, Auslegung eines Textes u.a. (STEGMÜLLER 1974a:72ff.). Von wissenschaftlichen Erklärungen wird hingegen nur dann gesprochen, wenn sie bestimmten Standards genügen: Sie müssen eine eindeutige Struktur der Argumentation aufweisen, sie müssen logisch korrekt und empirisch begründet sein.

2.1.3.1. Deduktiv-nomologische Erklärung

Die **Argumentationsstruktur** einer wissenschaftlichen Erklärung soll an einem Beispiel verdeutlicht werden. In den öffentlichen Medien wird von Diskriminierung von Ausländern durch Einheimische berichtet: Diskriminierung am Arbeitsplatz, auf dem Wohnungsmarkt, juristische Schlechterstellung usw. All diese Symptome können zunächst unter dem Begriff "Ausländerfeindlichkeit" zusammengefaßt werden und bilden für Privatpersonen, Wissenschaftler oder Institutionen Anlaß für die Frage: Warum kommt es zu Ausländerfeindlichkeit? Wissenschaftliche Forschung versucht, diese Frage durch die Angabe bzw. Aufdeckung der Ursache für dieses Phänomen zu beantworten. Eine wissenschaftliche Erklärung würde dann vorliegen, wenn (1.) ein **Gesetz** (Nomos) benennbar wäre, in dem Ausländerfeindlichkeit als die Auswirkung eines anderen Faktors (Ursache) vorkommt[1]. Im Beispiel könnte ein entsprechendes Gesetz lauten: "Wenn die einheimischen Mitglieder einer multinationalen Gesellschaft sich auf dem Arbeitsmarkt in Konkurrenz zu Ausländern sehen, dann neigen sie zu Ausländerfeindlichkeit". Gleichzeitig muß jedoch auch (2.) die im Gesetz genannte Ursache (hier: "Konkurrenz") empirisch, d.h. tatsächlich in der Lebenswelt, und nicht nur als sprachliche Aussage, vorliegen. Die korrekte Erklärung des zu erklärenden Phänomens ("Explanandum") "Ausländerfeindlichkeit" erfolgt nun über eine logische Deduktion (Ableitung) aus dem Gesetz ("Wenn ..., dann ...") und der Kontrolle des empirischen Vorliegens der Ursache ("Randbedingung" oder "Antezedenzbedingung").

Allgemein formuliert gilt: Bei - hier unterstellter - Wahrheit des Gesetzes und der realen Existenz der Randbedingungen ergibt sich logisch deduktiv das Explanandum. Man spricht deshalb von einer "deduktiv-nomologischen Erklärung[2]", kurz: D-N-Erklärung[3].

---

[1] Ein Gesetz bzw. eine Hypothese postuliert eine kausale Verknüpfung von zwei Ereignissen bzw. Zuständen in Form eines Ursache-Wirkungs-Verhältnisses. "Kausalität an sich" ist nicht beobachtbar oder prüfbar, sondern nach Kant ein synthetisches Urteil a priori, d.h. eine nicht auf Erfahrung beruhende Annahme, mit deren Hilfe man die Ereignisse ordnet und strukturiert (STEGMÜLLER 1974a: 444f.). Um von einem kausalen Verhältnis zwischen zwei Zuständen, x (Ursache) und y (Wirkung), reden zu können, müssen **empirisch** vier Bedingungen erfüllt sein: 1. x und y müssen miteinander korrelieren (d.h. ein statistischer Zusammenhang muß erkennbar sein); 2. zwischen x und y muß eine zeitliche Reihenfolge bestehen (d.h. die Ursache muß der Wirkung vorangehen); 3. x und y müssen ein isoliertes System bilden (d.h. der Einfluß von möglichen Störfaktoren muß eliminiert werden) und 4. bei der Messung von x und y dürfen keine systematischen Fehler auftreten (vgl. ZIMMERMANN 1972:39ff.; HUMMELL/ZIEGLER 1976:E31-E34).

[2] Die deduktiv-nomologische Erklärung wird häufig auch als Erklärung nach dem H-O-Schema bezeichnet. H-O steht dabei für Carl G. HEMPEL und Paul OPPENHEIM (1948), die die logische Struktur der Erklärung aufgearbeitet haben. Häufig wird auch vom "covering-law-model" der Erklärung gesprochen, womit angedeutet wird, daß singuläre Ereignisse unter ein umfassendes Gesetz bzw. Theorie subsumiert werden.

[3] Die Kennzeichnung "deduktiv-nomologische Erklärung" ruft dann Konfusion hervor, wenn sie in einen scheinbaren Gegensatz zum sogenannten "induktiven Verfahren" gesetzt wird. Das D-N-Modell gibt die logische Form einer Erklärung (im

Abbildung 2-1: Struktur und Komponenten einer D-N-Erklärung

Explanans	Gesetz (Allaussage)	Wenn Konkurrenz, dann Ausländerfeindlichkeit
	Randbedingung	In Gesellschaft x besteht Konkurrenz
Explanandum	zu erklärendes Phänomen	In Gesellschaft X existiert Ausländerfeindlichkeit

Die genannten Komponenten der Erklärung haben offensichtlich einen unterschiedlichen raum-zeitlichen Geltungsbereich: Das Gesetz ist als Allaussage formuliert, d.h. es erhebt Anspruch auf Gültigkeit an allen Orten und zu allen Zeiten (auch in der Zukunft)[1]. Die empirische Überprüfung des Vorliegens der Randbedingung und des Explanandums hingegen bezieht sich auf eine konkrete Situation, etwa Arbeitnehmer einer Gesellschaft x zum Zeitpunkt t_1, d.h. es sind singuläre, historisch variierende Ereignisse, da eine empirische Bestandsaufnahme nur an bestimmten Orten und zu bestimmten Zeiten möglich ist.

So einleuchtend diese Struktur der Erklärung theoretisch auch sein mag, so verbergen sich für die sozialwissenschaftliche Forschung dahinter jedoch eine Reihe von grundsätzlichen und praktischen Problemen. Zunächst wird man feststellen, daß in den Sozialwissenschaften keine Gesetze im obigen Sinne bekannt sind und

---

Begründungszusammenhang) an, das sogenannte "induktive Vorgehen" ist lediglich eine Bezeichnung für psychologische Mechanismen bei der Generierung von Hypothesen (im Entdeckungszusammenhang).

[1] Wäre dem nicht so, so könnte die Erklärung des Explanandums auch nur innerhalb des im "Gesetz" umrissenen Raum-Zeit-Bezugs gesehen werden. Jedes Explanandum außerhalb des beschränkten Geltungsbereichs wäre nicht mehr deduzierbar. Solche Aussagen, die sich zumeist auf bestimmte Gesellschaften bzw. Gesellschaftsformen (z. B. Industriegesellschaften, frühkapitalistische Gesellschaften usw.) beziehen, werden häufig auch als "Quasi-Theorien" bezeichnet (vgl. ALBERT 1972a:130ff.).

deshalb die ideale Form der Erklärung zur Zeit kaum möglich ist[1]. Gerade aus dem Mangel an sozialwissenschaftlichen Gesetzen ergibt sich die zentrale Aufgabe der empirischen Sozialforschung als die **Suche** nach Gesetzen zur Erklärung sozialen Handelns. Entsprechend ist es sinnvoll, bei den bisher bekannten Theorien von "hypothetischen Erklärungen" bzw. potentiellen Erklärungen zu sprechen (HEMPEL 1977:8). Im Unterschied zu Gesetzen sind potentielle Erklärungen als Vermutungen, deren empirischer Wahrheitsgehalt bzw. Bestätigungsgrad noch weitgehend unklar ist, zu charakterisieren.

Daran knüpft sich dann die Frage an, ob Hypothesen und auch Gesetze durch Forschung endgültig bestätigt, d.h. **verifiziert**, werden können. Da Gesetze einen prinzipiell unendlichen Geltungsbereich implizieren, können auch noch so viele vergangene oder gegenwärtige Ereignisse, die mit der Aussage übereinstimmen, nicht zu dem Schluß berechtigen, daß auch alle zukünftigen Ereignisse gesetzeskonform sein werden. Gesetze können somit niemals verifiziert, sondern bestenfalls nur **vorläufig bestätigt** werden.

---

[1] Dies ist nicht gleichbedeutend mit der Annahme, Erklärung könnte es prinzipiell für soziales Handeln nicht geben, da es nicht kausal determiniert sei. Die Frage wird noch eingehend zu behandeln sein (vgl. Kap. 2.2.2). An dieser Stelle sei darauf hingewiesen, daß die Wahl einer wissenschaftstheoretischen Position, wie die hier vertretene, als Entscheidung auf metaphysischer Basis anzusehen ist, die praktische Konsequenzen hat. Dahinter verbirgt sich ein nicht "beweisbares" Weltbild, welches prinzipiell von der Determiniertheit aller natur- und sozialwissenschaftlichen Phänomene ausgeht. Diese Annahme steht **nicht** im Widerspruch zu den Erkenntnissen der modernen Physik: Die Resultate um die Heisenbergsche Unschärferelation in der Teilchenphysik und ihre unterschiedlichen Interpretationen vor allem durch EINSTEIN (als Verfechter des Determinismusprinzips) und BOHR (als Vertreter des Indeterminismusprinzips) im Zusammenhang der "Kopenhagener Interpretation der Quantentheorie"(vgl. dazu HÜBNER 1979:34-54, 134-167) lassen beide Interpretationen zu (vgl. STEGMÜLLER 1974a:486-517). Darüber hinaus ist vor allzu schnellen Analogieschlüssen von der Quantenphysik auf die Sozialwissenschaften (wie z. B. bei LOHAUS 1983:20), die im Hinblick auf die Entwicklung von Meßtheorien noch in den Kinderschuhen stecken, eindringlich zu warnen, vgl. so z.B. BIEDERMANN (1991).

Im Beispiel umfaßt die Wenn-Komponente **alle einheimischen Personen** in **allen multinationalen Gesellschaften** an **allen Orten** und **zu allen Zeiten**. Eine entsprechende Verifikation müßte dann auch alle diese Personen einschließen. Ein solches Unterfangen ist weder praktisch noch prinzipiell (Zeitbezug) durchführbar. Somit verbleibt nur die Möglichkeit, von einer notwendigerweise begrenzten Anzahl von empirischen Überprüfungen auf die gesamten (vergangenen und auch zukünftigen) Eigenschaften der Untersuchungsobjekte zu schließen, also von speziellen Ereignissen auf allgemeine zu schließen ("Induktion" bzw. "Induktionsschluß").

POPPER (1934, 1976:3-5) legt in diesem Zusammenhang jedoch überzeugend dar, daß **keine entsprechende allgemeine Induktionsregel** existiert; die Angemessenheit eines Induktionsschlusses also nicht begründet werden kann[1]. Obwohl wir im alltäglichen Handeln häufig induktive Schlüsse ziehen, z.B. unsere persönlichen Erfahrungen mit einigen wenigen Lehrern auf alle Lehrer verallgemeinern und dabei vielleicht auch Handlungserfolge erzielen, ist dies logisch nicht korrekt (CHALMERS 1986:15ff.)[2].

Damit gilt aber auch für alle bekannten (Natur-)Gesetze, daß sie nicht **endgültig** verifiziert sind, d.h. für immer und ewig Gültigkeit beanspruchen können. So schwerlich es vorstellbar ist, daß sich etwa das Newtonsche Gravitationsgesetz als falsch erweisen könnte, so gibt es trotzdem keinen logischen Grund für die Annahme, daß es **immer** Geltung haben wird. Und in der Tat existiert kaum ein

---

[1] POPPER zeigt, daß lediglich zwei Möglichkeiten zur Begründung eines Induktionsschlusses (gehaltserweiternder Schluß) existieren. Dabei entsteht jedoch im einen Fall notwendigerweise ein unendlicher Regreß; im anderen Fall muß eine a priori-Setzung erfolgen. Beide Möglichkeiten sind nach POPPERs Ansicht ungeeignet, das Induktionsproblem zu lösen.

[2] In der Ablehnung jeder Induktionslogik unterscheidet sich die Methodologie des sogenannten "Kritischen Rationalismus" - bei sonst vielfältigen Übereinstimmungen - von den Auffassungen des sog. "**Logischen Empirismus**". Der Logische Empirismus wurde vor allem im "Wiener Kreis", einem Forum von überwiegend in Wien zwischen den Weltkriegen arbeitenden Wissenschaftlern, entwickelt. Zu den prominentesten Vertretern gehörten M. SCHLICK, O. NEURATH, E. ZILSEL und R. CARNAP (vgl. KRAFT 1968).

naturwissenschaftliches Gesetz, welches nicht auch Anomalien (Fälle, die im Widerspruch zu diesem Gesetz stehen) aufweist. Insofern ist der Unterschied zwischen naturwissenschaftlichen Gesetzen und sozialwissenschaftlichen Theorien im Prinzip **nur graduell.**

Obgleich die Verifikation von Allaussagen also ausgeschlossen ist, bleibt die Möglichkeit, allgemeine Aussagen zu widerlegen (zu "falsifizieren"). Dies geschieht logisch durch den empirischen Nachweis eines einzigen Falles bzw. Ereignisses, welches im Widerspruch zur Hypothese steht. Um die Hypothese zu widerlegen, genügt in unserem Beispiel eine Person, die trotz wahrgenommener Konkurrenz zu Ausländern nicht ausländerfeindlich reagiert.

Das "Falsifikationsprinzip" wird damit zum Motor jeglichen Erkenntniszuwachses, der damit nicht mehr als kumulative Ansammlung **wahren Wissens**, sondern als systematische Eliminierung von falschen Aussagen durch die empirische Falsifikation strukturiert ist.

Eine ganz entscheidende Voraussetzung für die Falsifikation von Aussagen ist aber die hier immer unterstellte richtige Erfassung bzw. Messung der empirischen Wirklichkeit (vgl. Kap. 2.1.4). Konkret bedeutet dies, daß es keinerlei Zweifel am realen Vorliegen der singulären Ereignisse (Randbedingung und Explanandum) gibt; d.h., daß z.B. bei einer sozialwissenschaftlichen Befragung alle Interviewer die entsprechenden Fragen vollständig und korrekt stellen und alle Befragten "wahrheitsgemäß" antworten. Dies ist sicherlich eine naive Vorstellung, die im weiteren zu revidieren sein wird. Sie bezieht sich aber auf empirische Fragen, die zunächst die **Logik** der Falsifikation nicht tangieren, ihre Praxis hingegen sehr.

Mit der prinzipiellen Möglichkeit der Falsifikation von empirischen Aussagen wird gleichzeitig ein Kriterium zur Beurteilung von Hypothesen und dem Vergleich von Hypothesen geliefert.

Eine Hypothese besteht im einfachsten Fall

- aus der Angabe ihres Geltungsbereiches, der idealerweise keinen spezifischen Raum-Zeit-Bezug hat (d.h. daß die Hypothese immer und überall Geltung beansprucht),
- einem Objektbereich oder Individuenbereich (Menschen, Frauen, Männer unter 30 Jahren usw.),
- dem Allquantor, der besagt, daß die Aussage für alle Objekte des Objektbereiches Geltung haben soll
- und zwei Prädikaten, d.h. Eigenschaften der im Objektbereich angegebenen Individuen (z.B. Ausländerfeindlichkeit, wahrgenommene Konkurrenz).

Ein wichtiges Merkmal von Hypothesen liegt in ihrem Objektbereich, der die Menge der "potentiellen Falsifikatoren" umschreibt. Potentielle Falsifikatoren sind zum Beispiel Individuen mit Eigenschaften, die der Theorie widersprechen können.

Da in der **naiven** Konzeption des Falsifikationismus allein mit Hilfe der Widerlegung von Theorien ein Erkenntnisfortschritt möglich ist, sollen zu prüfende Hypothesen so formuliert werden, daß diese Widerlegung möglichst "einfach" ist. Dies erreicht man durch einen möglichst weiten Objektbereich: eine Theorie, die sich lediglich auf das Verhalten von Kindern im Alter von 9-11 Jahren bezieht und die dann widerlegt wird, läßt offen, wie sich z.B. die jüngeren Kinder verhalten. Umfaßt eine Theorie alle Kinder und wird widerlegt, **so informiert sie insofern mehr über die Realität, als sie eine Aussage über ein bestimmtes Verhalten für alle Kinder endgültig als falsch nachweist.** Somit gilt: Je größer die Anzahl der potentiellen Falsifikatoren, desto höher ist ihr "Informationsgehalt"[1].

Der Informationsgehalt der Gesamtaussage wird durch die Präzision der Wenn- bzw. Dann-Komponente der Hypothese bestimmt. **Präzisiert, d.h. steigert man den**

[1] vgl. POPPER (1976:77f); PRIM/TILMANN (1975:70f). Nicht nur Tautologien, sondern auch normative (präskriptive) Aussagen sind in **diesem Sinne** informationslos: Die Behauptungen "Professoren sollen viel wissen" oder "Wenn Angestellte viel Verantwortung tragen, dann sollen sie auch gut bezahlt werden" lassen sich nicht empirisch verifizieren oder falsifizieren; sie sind im günstigsten Fall unter Darlegung von ideologischen Gründen pragmatisch zu rechtfertigen. Hingegen sind die Aussagen "Professoren wissen viel" und "Wenn Angestellte viel Verantwortung tragen, dann werden sie gut bezahlt" durchaus mit Hilfe empirischer Verfahren bestätigungs- bzw. widerlegungsfähig.

inhaltlichen Gehalt der Wenn-Komponente durch die Berücksichtigung weitere Einzelheiten, dann sinkt (bei gleichbleibender Dann-Komponente) der Informationsgehalt.

Eine Präzisierung der Wenn-Komponente kann durch unterschiedliche Maßnahmen vorgenommen werden. Beispielsweise kann man die Objektmenge verkleinern (etwa von allen Gesellschaftsmitgliedern auf Erwerbstätige oder Angestellte), oder man führt eine raum-zeitliche Einschränkung des Geltungsbereiches ein (etwa durch Hinzunahme von Bestimmungen wie 'im Mittelalter', 'in Industriegesellschaften' oder 'auf dem Gebiet der BRD'). Eine verbreitete (aber methodologisch unerwünschte) Form der Präzisierung liegt im Einschluß einer sogenannten "Ceteris-paribus-Klausel" (also der Einschränkung 'unter sonst gleichbleibenden Bedingungen') in die Wenn-Komponente. Eine entsprechende Hypothese könnte z.B. lauten: 'Wenn unter sonst gleichen Bedingungen der Preis eines Konsumgutes steigt, dann sinkt die nachgefragte Menge nach ihm'. Zu dieser Aussage kann kein empirisches Gegenbeispiel gefunden werden, da sich die Vertreter dieser Aussage immer auf veränderte Bedingungen berufen können. Entsprechend haben solche Aussagen keinen Informationsgehalt (ALBERT 1972d:412).

Steigert man den inhaltlichen Gehalt der Dann-Komponente durch die Berücksichtigung weitere Einzelheiten, dann steigt (bei gleichbleibender Wenn-Komponente) der Informationsgehalt.

Der Gehalt der Dann-Komponente kann z.B. durch die Einführung einer Konjunktion gesteigert werden. Beispiel: 'Wenn menschliches Handeln belohnt wird, dann stellen sich positive Gefühle <u>und</u> physiologische Erregung ein'. Durch die Konjunktion ('und') wird der Informationsgehalt erhöht, da sich die Anzahl der potentiellen Falsifikatoren erhöht. Ohne die Konjunktion wäre im Beispielsatz diejenige Menge von Menschen potentielle Falsifikatoren, die trotz Belohnung keine positive Gefühle entwickeln. Durch Hinzunahme der Konjunktion sind jedoch nicht nur diejenigen potentielle Falsifikatoren, die keine positiven Emotionen erleben, sondern zusätzlich auch diejenigen Personen, die keine physiologische Erregung verspüren. Genauso wirkt sich auch die inhaltliche Spezifikation der Dann-Komponente aus. Verändert man die Dann-Komponente von 'positive Gefühle' in 'starke positive Gefühle', so steigt auch hier die Menge der potentiellen Falsifikatoren. Bei unveränderter Dann-Komponente sind alle Menschen, die keine positive Gefühle empfinden, potentielle Falsifikatoren. Bei der veränderten Aussage ('starke positive Gefühle') sind zusätzlich auch diejenigen potentielle Falsifikatoren, die nur leichte positive Gefühle erleben[1].

---

[1] vgl. PRIM/TILLMANN (1975:70-78); OPP (1975:176f).

Eine Wissenschaft, die die empirische Kritik von Theorien zum Postulat erhebt und den Theorienpluralismus fördert, muß aber auch bei Konkurrenz von Theorien, welche die gleichen Sachverhalte erklären wollen, Entscheidungshilfe geben. In einer Situation, in der mehrere Theorien vorliegen, die gleich gut bestätigt sind, also vielen Widerlegungsversuchen standgehalten haben, sollte für die weitere Arbeit diejenige Theorie bevorzugt werden, deren Informationsgehalt am höchsten ist, da sie über einen weiteren Objektbereich informiert[1]. Theorien mit hohem Informationsgehalt erlauben darüber hinaus auch weitergehende Prognosen als Theorien mit nur geringem Informationsgehalt.

Die für rationales, planvolles Handeln bedeutsame "Prognose" von Ereignissen unterliegt der gleichen logischen Struktur wie die Erklärung. Es ist also möglich, mit Hilfe der gleichen Denkfigur ein weiteres wissenschaftliches Ziel zu erreichen: das Aufzeigen von Konsequenzen bestimmter Zustände. In bezug auf das vorgestellte Beispiel könnte also bei noch nicht vorliegender Ausländerfeindlichkeit deren zukünftiges Auftreten bei Gültigkeit der Hypothese ("Wenn wahrgenommene Konkurrenz auf dem Arbeitsmarkt, dann Neigung zu Ausländerfeindlichkeit") und dem empirischen Vorhandensein der Randbedingung ("wahrgenommene Konkurrenz auf dem Arbeitsmarkt") prognostiziert werden. Mit Hilfe eines weiteren Gesetzes wäre es z.B. auch möglich, die Folgen der Ausländerfeindlichkeit vorauszusagen. Ein solches Gesetz müßte dann das Phänomen "Ausländerfeindlichkeit" als Randbedingung aufweisen. Es könnte lauten: "Je größer die Ausländerfeindlichkeit in einer multinationalen Gesellschaft, desto höher die Ghettoisierung der Ausländer". Ein solches Gesetz und die beobachtete Randbedingung "Ausländerfeindlichkeit" ermöglicht dann eine Vorhersage bezüglich der zu erwartenden räumlichen Segregation von Ausländern. Erklärung und Prognose sind also **strukturell** identisch (HEMPEL 1977:43), d.h. ihre (deduktive) Logik unterscheidet sich nicht[2].

---

[1] Zu den Problemen dieser Konzeption vgl. ESSER u.a. (1977a:122-135).

[2] Die These der strukturellen Identität von Erklärung und Prognose ist nicht unwidersprochen geblieben; vgl. hierzu SCHEFFLER (1964:43ff.); HEMPEL (1977: 43ff.); LENK (1989).

Der Unterschied zwischen Erklärung und Prognose ist also eher praktischer Natur. Während bei einer Erklärung das Explanandum als "Forschungsfrage" vorgegeben ist und aufgrund dieser Vorgabe eine Hypothese gesucht bzw. aufgestellt wird und danach die in der Hypothese spezifizierten Randbedingungen kontrolliert werden, wird bei einer Prognose die Randbedingung als geltend angenommen und die der Hypothese entsprechende - zeitlich versetzte - Wirkung (Explanandum) kontrolliert.

Abbildung 2-2: Erklärung und Prognose

	Gesetz	Randbedingung	Explanandum
Erklärung	gesucht	gesucht	gegeben
Prognose	gegeben	gegeben	gesucht

Die strukturelle Gleichheit von Erklärung und Prognose spielt eine entscheidende Rolle bei der Überprüfung von Theorien, insbesondere durch wissenschaftliche Experimente. Denn durch die Realisation der Randbedingungen in einem Experiment kann auf der Ebene der beobachtbaren (singulären) Ereignisse das Eintreten der im Gesetz postulierten Konsequenzen, die bei Richtigkeit der Theorie logisch ableitbar sind, beurteilt werden. "Echte" Experimente bemühen sich dabei, durch Herstellung einer idealen Versuchsanordnung mögliche Störfaktoren auszuschließen. Diese Kontrolle von Störfaktoren hat hierbei (wie auch bei allen anderen wissenschaftlichen Untersuchungen) eine zentrale Bedeutung. Treten nämlich z.B. die aus einer Theorie abgeleiteten Beobachtungssätze (Ereignisse) **nicht** auf, so kann zur "Rettung" der Theorie immer auf Störungen hingewiesen werden, die das Eintreten des erwarteten Ereignisses verhindert haben. Bei einer solchen "<u>konventionalistischen Strategie</u>" wird bei Widersprüchen zwischen Theorie und Beobachtung zunächst immer die sog. ceteris-paribus-Klausel, die die Konstanz der Randbedingungen postuliert, bezweifelt (vgl. Kap. 2.2.3).

Während die bisherigen Ausführungen lediglich die Logik der Erklärung verdeutlichen sollten, sind im folgenden die Bedingungen, unter denen eine korrekte Erklärung erst möglich ist, zu spezifizieren. ESSER u.a. (1977a:105) fassen die von HEMPEL/OPPENHEIM (1948:245ff.) ausgearbeiteten Kriterien zusammen:

1. Das Explanandum muß logisch korrekt aus dem Explanans abgeleitet sein.
2. Im Explanans muß ein Gesetz enthalten sein.
3. Das Explanans muß wahr sein.
4. Das Explanans muß empirischen Gehalt haben.

Betrachtet man die beiden ersten Bedingungen aufgrund der Logik der Erklärung als unmittelbar plausibel (auch eingedenk der sehr viel weitergehenden Differenzierungen der formalen Logik), so verbleiben die dritte und vierte Bedingung, die von Bedeutung für die praktische Sozialforschung sind. Durch die Probleme, die durch die Kriterien 3 und 4 entstehen, wurde in der Praxis die "naive Logik" der Falsifikation sukzessive durch eine verfeinerte Methodologie der Falsifikation ersetzt (vgl. dazu Kap. 2.1.4). Dabei wird auch deutlich, warum in allen Wissenschaften häufig an Hypothesen festgehalten wird, obwohl sie nach der Logik der Falsifikation eigentlich verworfen werden müßten.

2.1.3.2. Induktiv-statistische Erklärung

Da in den Sozialwissenschaften keine deterministischen Gesetze zur Erklärung eines Sachverhaltes bekannt sind, wird in der Forschungspraxis zumeist die sogenannte "induktiv-statistische" oder "probabilistische" Erklärung[1] verwendet. Die Komponenten einer solchen I-S-Erklärung sind denen der D-N-Erklärung gleich, jedoch wird an Stelle eines deterministischen Gesetzes im Explanans eine probabilistische Aussage verwendet (vgl. Abb. 2-3). Im Vergleich zu D-N-Erklärungen ergeben sich dadurch zwei Unterschiede:

[1] Zu probabilistischen Erklärungen vgl. HEMPEL (1977:55-123).

- eine logische Deduktion von der probabilistischen Aussage auf das Explanandum ist ausgeschlossen,

- falls verschiedene probabilistische Aussagen zur Erklärung desselben Sachverhaltes verwendet werden, können sich logische Widerspüche ergeben, da den Objekten dann mehrere verschiedene Wahrscheinlichkeiten gleichzeitig zugesprochen werden.

Abbildung 2-3: Struktur und Komponenten einer I-S-Erklärung

Gesetz G1	Für 90% aller Fälle gilt: Wenn Personen ein Monatseinkommen über DM 3.000 haben, dann besuchen sie regelmäßig die Oper	
Randbedingung	Person X hat ein Einkommen von DM 3.200	I=.90
Explanandum	Person X besucht regelmäßig die Oper	

Im Beispiel stellt G1 eine statistische Aussage dar, die auf 90% der Fälle beschränkt ist. Diese 90% geben eine statistische Wahrscheinlichkeit bzw. eine relative Häufigkeit wieder. Die Angabe I = .90 gibt die "**induktive** Wahrscheinlichkeit"[1] an, mit der das Explanans das Explanandum stützt bzw. das Ausmaß, in dem es rational ist, zu erwarten, daß das Explanandum aus dem Explanans folgt.

Offensichtlich kann aus dem probabilistischen Gesetz G1 **nicht** das Verhalten der Person X **deduziert** werden. Man könnte zwar **vermuten**, daß X regelmäßig die Oper besucht, aber das Gesetz läßt auch die Möglichkeit zu, daß sie es nicht tut. Je höher die induktive Wahrscheinlichkeit ist, umso eher würde man zwar das Explanandum **vernünftigerweise erwarten**, aber es ist weder logisch deduzierbar noch mit Sicherheit prognostizierbar (HEMPEL 1977:70).

Abgesehen davon, daß auch die probabilistische Hypothese aufgrund ihres Allsatzcharakters genau wie deterministische Gesetze nicht verifizierbar ist, bleibt hier die Frage nach einer möglichen Falsifikation. Man muß sich also fragen, welche

---

[1] Für die statistische und die "induktive Wahrscheinlichkeit" werden hier gleiche Werte angenommen (vgl. HEMPEL 1977:70ff.). Zwischen beiden muß aber inhaltlich unterschieden werden. Da sich diese "induktiven" Wahrscheinlichkeiten nicht objektiv quantifizieren lassen, können sie nicht mit den statistischen Wahrscheinlichkeiten gleichgesetzt werden.

Untersuchungsergebnisse die Hypothese widerlegen könnten. Denkbar wäre eine Untersuchung, in der 1.000 Personen (mit einem Einkommen über 3.000 DM) befragt werden und dabei 400 (= 40 %) angeben, nicht regelmäßig die Oper zu besuchen. Dieses Ergebnis widerspricht zwar auf den ersten Blick der Hypothese, jedoch bezieht sich dieses Resultat auf einen bestimmten **endlichen** Personenkreis. Die Hypothese aber macht eine Aussage über eine potentiell unendliche Population und insofern können auch noch so viele konkrete Untersuchungen, die immer nur eine endliche Menge umfassen, nie die Hypothese letztlich widerlegen, da ja in der nicht berücksichtigten Population andere Verhältnisse gelten können (OPP 1977:36ff.). Bei der I-S-Erklärung entfallen somit sowohl Verifikation als auch Falsifikation als Überprüfungsoptionen.
Das zweite Problem von I-S-Erklärungen läßt sich verdeutlichen, wenn man annimmt, daß neben der Aussage G1 eine weitere Aussage (G2) vorliegt, die ebenfalls den Besuch der Oper thematisiert. G2 könnte lauten: Wenn Personen Mitglied der "Grünen" sind, dann besuchen sie mit einer Wahrscheinlichkeit von 95% nicht regelmäßig die Oper. Ferner beträgt die entsprechende induktive Wahrscheinlichkeit I=0.95. Wenn nun Person X nicht nur ein Einkommen von über 3.000 DM hat, sondern auch Mitglied der "Grünen" ist, so ergeben sich Widersprüche: Bezüglich der Aussage G1 würde X "wahrscheinlich" die Oper besuchen, bezüglich G2 würde sie es "wahrscheinlich" nicht tun. Da nun zu einer gegebenen und daher bekannten probabilistischen Aussage immer auch andere probabilistische Aussagen denkbar sind, kann man ein Explanandum immer nur **relativ** zu den bekannten probabilistischen Aussagen erklären oder prognostizieren[1].

I-S-Erklärungen weisen somit aus logischer Sicht deutliche Mängel auf. Entsprechend wird in der Literatur für I-S-Erklärung der Begriff "Erklärung" häufig abgelehnt und statt dessen der Begriff der "Begründung" vorgeschlagen[2]. Trotz der Mängel können I-S-Erklärungen bzw. statistische Begründungen jedoch schon aus pragmatischen Gründen nicht gänzlich abgelehnt werden.

Zur Vermeidung von denkbaren Mißverständnissen sei in diesem Zusammenhang noch auf zwei Aspekte aufmerksam gemacht. Zunächst ist die Kritik an induktivstatistischen Erklärungen nicht gleichzusetzen mit Vorbehalten gegenüber der sogenannten induktiven Statistik. Hier werden völlig verschiedene Themenkomplexe angesprochen. Bei einer Erklärung liegt ein logischer Schluß vor, der (nach Maßgabe der zweiwertigen Logik) nur wahr oder falsch sein kann. In der induktiven Statistik hingegen, die von der Verteilung von Merkmalen in der Stichprobe auf

---

[1] Zur der nicht abgeschlossenen Diskussion um mögliche Lösungen dieses Problems vgl. HEMPEL (1977:61-123) und GROEBEN/WESTMEYER (1981:84-90).
[2] Vgl. HEMPEL (1977:98-123), neuere Literatur findet sich bei SCHURZ (1988).

die Verteilung von Merkmalen in der Grundgesamtheit schließt (vgl. Kap. 6), wird nicht ein logisches Argument beurteilt, sondern eine empirische Verallgemeinerung, deren Gültigkeit prinzipiell auch empirisch testbar ist (STEGMÜLLER 1974a:491).

Weiter soll darauf verwiesen werden, daß das Vorherrschen probabilistischer Aussagen in den Sozialwissenschaften kein Beleg für die Annahme eines "Indeterminismus" ist (STEGMÜLLER 1974a:486-517). Wenn in den Sozialwissenschaften deterministische Hypothesen bisher kaum bestätigt werden konnten, so liegt dies möglicherweise neben der Verwendung untauglicher Theorien auch am Entwicklungsstand der angewendeten Meßverfahren (vgl. Kap. 4). Zur Veranschaulichung der Problematik von fälschlicherweise angenommener Indeterminiertheit aufgrund mangelhafter Meßverfahren, sei auf ein Beispiel von STEGMÜLLER (1974a:491) zurückgegriffen: Die probabilistische Aussage, daß bei einem Münzwurf mit 50 %iger Wahrscheinlichkeit "Zahl" oben liegt, ist zwar sicher richtig, aber kein Beleg dafür, daß dieses Ereignis "Zahl" nicht vom Wurf (als Ursache) determiniert ist. Denn unterzöge man den Münzabwurf und Münzflug einer genauen Analyse und besäße man alle relevanten Informationen, d.h. könnte man Abwurfgeschwindigkeit, -richtung, Luftwiderstand usw. exakt ermitteln, so ließe sich exakt das Ereignis "Zahl" deduzieren. Insofern können statistische Erklärungen auch Ausdruck einer noch nicht hinreichend genauen Meßtechnik sein[1].

2.1.3.3. Unvollständige Erklärungen

In der Praxis wird vom dargestellten Modell der D-N-Erklärung häufig abgewichen. Diese Abweichungen werden als "unvollständige Erklärungen" bezeichnet (HEMPEL 1977:124-142, STEGMÜLLER 1974a:105-116). Im allgemeinen können drei Formen solcher unvollständigen Erklärungen unterschieden werden.

Ein Großteil dessen, was als "soziologische Theorie" bezeichnet wird, besteht aus "ad-hoc-Erklärungen" (auch: "hypothetische Erklärungen"): Singuläre Ereignisse (bzw. unerwartete Ereignisse einer Untersuchung) werden mit Hilfe von Gesetzen "erklärt", deren empirische Bestätigung (noch) aussteht. Da jedoch prinzipiell zu

[1] Eine solche Sichtweise betrachtet statistische Erklärungen somit als "Vorstufe" für deterministische. Letztlich ist es jedoch eine offene empirische Frage, ob es nicht auch statistische "Grundgesetze" (also nicht nur durch Unkenntnis, ungenaue Messung u. ä. bedingte) gibt.

jedem Ereignis (bzw. empirischem Befund) ad-hoc beliebig viele "passende" Theorien konstruiert werden können, ist diese Vorgehensweise ungeeignet, bestehende Theorien systematisch zu überprüfen und ihre Anwendungsbedingungen zu spezifizieren. Ad-hoc-Erklärungen führen nur zur Aufstellung immer neuer Theorien mit niedrigem Informationsgehalt, über deren empirische Gültigkeit nur wenig bekannt ist.

Eine andere Form der unvollständigen Erklärung ist die "partielle Erklärung". Hierbei werden aus einer sehr unpräzisen Dann-Komponente mehrere verschiedene Ereignisse abgeleitet. So könnte z.B. die Gründung einer Selbsthilfegruppe von Drogenabhängigen (zur Zeit t_1, am Ort X), durch folgende Theorie erklärt werden: "Wenn die öffentliche medizinische Versorgung in einer Gesellschaft nicht zur Zufriedenheit der Bürger funktioniert, so schließen sich Bürger zu privaten Initiativgruppen zusammen".
Hier umfaßt die Dann-Komponente eine weit größere Klasse von Fällen als das konkrete Explanandum: D.h. die Selbsthilfegruppengründung von Drogenabhängigen ist nur eine Teilmenge von allen Selbsthilfegruppengründungen. Somit erklärt das Explanans das "Explanandum-Phänomen nicht mit der Bestimmtheit, mit der es durch den Explanandum-Satz beschrieben wird, und deshalb ist das Erklärungsvermögen des Argumentes kleiner, als es zu sein scheint bzw. zu sein vorgibt" (HEMPEL 1977:129f.). Solche partiellen Erklärungen sind weitverbreitet und wurden intensiv im Zusammenhang mit sog. funktionalistischen und systemfunktionalistischen Theorien (bzw. teleologischen Erklärungen) diskutiert und kritisiert (HEMPEL 1975; NAGEL 1975).

Die dritte Form unvollständiger Erklärungen - und die in der Praxis der empirischen Sozialforschung am weitesten verbreitete Form - ist die "Erklärung mit impliziten Gesetzen" (OPP 1970:58ff.). Insbesondere in populärwissenschaftlichen Darlegungen aus dem Bereich der Meinungsforschung finden sich Beispiele für diese unangemessene Vorgehensweise. Empirische Ergebnisse wie "Frauen wählen häufiger als Männer christliche Parteien", "Landbewohner sind weniger suizidgefährdet als

Stadtbewohner" oder "Unterschichtsangehörige sind religiöser als Oberschichtsangehörige" werden dort als Ursache-Wirkungs-Verhältnisse interpretiert, die z.B. Geschlecht und Wahlverhalten, Wohnort und Suizidanfälligkeit, Schichtzugehörigkeit und Religiosität kausal in Beziehung setzen.

Obgleich z.B. die Variable "Geschlecht" im allgemeinen über die Feststellung der biologischen Geschlechtszugehörigkeit ermittelt wird (Frage: Sind Sie weiblich oder männlich?), würde jedoch kein Sozialwissenschaftler argumentieren, daß diese biologische Geschlechtszugehörigkeit das Wahlverhalten determiniert. Dies würde nämlich bedeuten, daß die Ausstattung mit bestimmten primären und sekundären Geschlechtsmerkmalen eine bestimmte politische Wahlentscheidung verursacht. Vielmehr würde man argumentieren, daß das weibliche Rollenverständnis, die weibliche Identität, die männlichen Wertvorstellungen o. a. die Ursache für eine bestimmte Handlung (hier: eine Wahlentscheidung) darstellen.
Dies bedeutet aber, daß implizit ein drittes Element (neben Geschlecht (G) und Wahlverhalten (W), z.B. die konservative Einstellung (K), in die Argumentation aufgenommen wird. Dann wird aber unterstellt, daß G unter allen Bedingungen zu K führt. Im Beispiel: Alle weiblichen Personen sind konservativ. Für den Fall, daß K tatsächlich kausal von G abhängig ist, und aus K auch W (nämlich: alle konservativen Personen wählen CDU) folgt, wäre eine implizite Erklärung (G—>W) unproblematisch.
Wird die Geltung der Verbindung G—K jedoch nur unterstellt und nicht explizit überprüft, so ist diese Erklärung unbrauchbar, weil beliebige andere implizite Erklärungen als K (etwa K': Attraktivität eines Politikers) möglich sind, solange das vermittelte, implizite Element K (oder K') nicht expliziert wird, sondern eben implizit bleibt. Auf diesen Fall trifft man häufig bei der Verwendung von sog. Globalvariablen[1] (z.B. Schicht, Wohnort, Alter etc.) als Wenn-Komponente einer Erklärung. Solche Variablen werden dann häufig mit den unterschiedlichsten Handlungsdispositionen der Akteure verknüpft. Je nach Kontext wird z.B. angenommen, daß ein hohes Alter mit viel Lebenserfahrung, kognitiver Verfestigung oder sozialer Isolation verbunden ist. Insbesondere aber unter den Bedingungen zunehmender gesellschaftlicher Differenzierung werden Erklärungen aufgrund impliziter Gesetze problematisch. So mag die Verknüpfung von beruflicher Stellung und politischer Präferenz um die Jahrhundertwende noch sehr eng gewesen sein und insofern konnte man über die Erfahrung der beruflichen Stellung mit relativ

---

[1] Der Begriff "Globalvariable" hat keine feste Bedeutung. Zumeist wird er verwendet, um Variablen zu kennzeichnen, bei denen jede einzelne Ausprägung jeweils ein ganzes Bündel unterschiedlicher empirischer Phänomene umfaßt. So wird z. B. durch die Ausprägung "weiblich" der Globalvariablen "Geschlecht" ein Sammelsurium empirischer Befunde (und entsprechender theoretischer Konzepte) angesprochen: Gefühlsbetontheit, Konservatismus, Hysterie, Frauensolidarität, Mütterlichkeit, aber auch eine spezifische Arbeits- und Lebenssituation (vgl. z.B. LANGENHEDER 1975:61).

hoher Sicherheit auf die politische Präferenz schließen. Für das Mittelalter scheint es gerechtfertigt, von der Standeszugehörigkeit auf Bildung zu schließen. Moderne Gesellschaften jedoch zeichnen sich u.a. gerade durch eine zunehmende Entkopplung von individuellen Handlungsmöglichkeiten und kategorialen Merkmalen aus.

Das Problem impliziter Erklärungen liegt in der möglichen Verkennung von u. U. vorhandenen empirischen Zusammenhängen. Falls man z.B. Geschlecht in hergebrachter Form mit den Ausprägungen "männlich/weiblich" erfaßt, aber eigentlich die Handlungsorientierung "berufliches Engagement/familiäres Engagement" als verursachendes Moment für das z.B. zu erklärende Ereignis "Abbruch des Studiums" vermutet, **kann** es sein, daß man nur deshalb keinen empirischen Zusammenhang zwischen Geschlecht und Studienabbruch findet, weil Geschlecht und Handlungsorientierung nicht in dem Maße zusammenhängen, wie man unterschwellig vermutete: Das implizite Gesetz "Wenn Personen männlichen Geschlechts sind, dann haben sie ein starkes berufliches Engagement" ist empirisch falsch. Würde man hingegen den "direkten" Weg gehen, nämlich die "eigentliche" soziologische Ursache empirisch messen, dann könnte sich die Hypothese u. U. bestätigen.
Einer theoretisch reflektiert verfahrenden Sozialforschung bleibt somit nur die Möglichkeit der theoretischen Explikation von Globalvariablen. Im Kontext einer Theorie ist dabei zu überlegen und empirisch zu überprüfen, "was" solche Merkmale im soziologischen Sinne bedeuten können. Anders gesagt: Es ist zu fragen, welcher dieser vielfältigen Aspekte, die sich hinter den Globalvariablen verbergen können und die **irgendwie** zusammenhängen, für einen Akteur bei einer konkreten Handlung relevant sind (LANGENHEDER 1975:60ff.).

2.1.4. Die empirische Signifikanz von Theorien

Mitunter besitzen Erklärungen, obwohl sie der angestrebten D-N-Struktur genügen, keinen wissenschaftlichen Wert, weil sie sich nicht mit der Realität konfrontieren lassen. Beispiele für solche Erklärungen operieren häufig mit Begriffen wie "Unbewußtes", "gesellschaftliche Totalitäten", "Seele", "System" usw. als Ursache (oder Folge) für bestimmte Ereignisse, wobei die Begriffsinhalte so definiert sind, daß sie sich der **direkten Wahrnehmung** entziehen.

Es ist nun in der Tat das Credo aller empirisch orientierten Wissenschaft, daß metaphysische Erklärungen als wissenschaftliche Erklärungen abzulehnen sind. D.h. jedoch nicht, daß metaphysische Erklärungen nicht häufig dem Handeln von Individuen zugrundeliegen. Da metaphysische Argumente allerdings immer auch Bestand des gesellschaftlichen Lebens sind, geht es in der Wissenschaftstheorie keineswegs um einen allgemeinen Kampf gegen jegliche Metaphysik, sondern nur darum, solche Aussagen nicht als Begründung für Theorien zuzulassen[1]. Der Anspruch, zu einer Realerkenntnis a priori gelangen zu können, wird von Empirikern geleugnet (STEGMÜLLER 1974b, 1.HB:183). Dies bedeutet natürlich nicht, daß Wissenschaftler nicht auch Anhänger von religiösen, sozialen oder politischen Ideologien sein können, aber wissenschaftliche Aussagen können ihre Geltung nicht aus präskriptiven oder metaphysischen Annahmen ableiten (vgl. Kap. 2.2.1). Es wird damit zum zentralen Problem, wie empirisch sinnvoll zu interpretierende Aussagen von empirisch "sinnlosen Aussagen" zu trennen sind ("Abgrenzungsproblem"). Sofern nicht jeglicher empirische Bezug per Definition ausgeschlossen wird, ist es nicht immer klar, ob verwendete Begriffe empirisch interpretierbar sind bzw. es einmal sein werden. POPPER löst das Problem auf denkbar einfache Art: wenn Aussagen potentiell falsifizierbar und nicht rein analytisch sind (wie die Sätze der Logik oder Mathematik, die ja nichts über die Wirklichkeit aussagen, also keinen empirischen Bezug vorgeben), dann sind es empirisch sinnvoll begründbare Sätze. Die potentielle Falsifikation ist also identisch mit dem Abgrenzungskriterium: "Ein empirisch wissenschaftliches System muß an der Erfahrung scheitern können" (POPPER 1976:15).

---

[1] Hierzu sind jedoch (letztlich) auch gewisse metaphysische Annahmen unumgänglich, z.B. jene, daß es eine reale Welt gibt, die unabhängig vom erkennenden Subjekt existiert: POPPERs sog. "erste Welt" (vgl. POPPER 1974:88, 172ff.).

So einleuchtend dieses Argument im Rahmen der D-N-Erklärung sein mag, so gering erscheint seine praktische Relevanz. Es setzt bereits eindeutige Regeln für die empirische Interpretation von theoretischen Aussagen (genauer: einem theoretischen Konstrukt) durch empirische Tatsachen (also Beobachtungen im weitesten Sinne) voraus. Genau diese Verknüpfung ist allerdings ein noch nicht zufriedenstellend gelöstes Problem innerhalb der Wissenschaftstheorie.
An einem Beispiel soll dies verdeutlicht werden. Ist die Aussage "Wenn die Götter ärgerlich sind, dann folgt Blitz und Donner" empirisch sinnvoll oder unwiderlegbar? Diese Aussage erfüllt alle bisher genannten Kriterien einer Theorie. Sie ist logisch korrekt, hat einen unbeschränkten Geltungsbereich, verknüpft Ursache und Wirkung und ermöglicht eine korrekte Deduktion auf ein singuläres Ereignis (Blitz und Donner an einem bestimmten Raum-Zeitpunkt). Es verbleibt aber die Frage nach ihrer Falsifizierbarkeit, dem empirischen Nachweis, daß der Ärger der Götter nicht die Ursache für Blitz und Donner ist. Sieht man einmal davon ab, daß uns derzeit sicher geeignetere Erklärungen vorliegen, so kann die Frage nach der Widerlegbarkeit dieser Aussage nur dadurch beantwortet werden, inwieweit es uns möglich ist, für den Ärger der Götter beobachtbare Phänomene (**empirische Indikatoren**) - vielleicht sich schnell bewegende dunkle Haufenwolkenmassen - anzugeben. Nur unter dieser Bedingung (Vorliegen von empirischen Indikatoren) und der Angabe von Kriterien, die es erlauben, diese Indikatoren sicher nur mit dem theoretischen Konstrukt (Ärger) in Verbindung zu setzen und die dunklen Wolkenmassen eben nicht einem anderen Konstrukt (z.B. dem Tanzen der Engel) zuzuordnen, ist eine Falsifikation möglich.

2.1.4.1. Das Korrespondenzproblem

Zur Lösung dieses Problems sind verschiedene Verfahrensweisen vorgeschlagen worden, von denen hier lediglich die beiden wichtigsten, der sogenannte "Operationalismus" und das Konzept der "bilateralen Reduktionssätze", erörtert werden.

Um diese beiden Lösungsansätze genauer zu kennzeichnen, ist es jedoch zweckmäßig, eine Differenzierung, die bisher nur implizit vollzogen wurde, etwas deutlicher herauszustellen. Theorien bestehen nach der "Zweisprachentheorie" aus logischen Ausdrücken (Zeichen) und allgemeinen Grundausdrücken, sogenannten theoretischen Konstrukten, die mit Hilfe von "Korrespondenzregeln" (auch: Zuordnungsregeln) mit konkreten Beobachtungssätzen in Verbindung gesetzt werden. Entsprechend kann man zwischen einer theoretischen Sprache (L_t) mit dem zugehörigen Vokabular (V_t) und einer Beobachtungssprache (L_o) sowie dem dazugehörigen Vokabular (V_o) unterscheiden (vgl. CARNAP 1960; 1974:225ff.)

Abbildung 2-4: Theorie, Indikatoren und Korrespondenzregeln

Kerntheorie (Hypothese) in L_t

Korrespondenzproblem bzw. -regeln

Empirische Indikatoren in L_o
Empirisch beobachtbarer Zusammenhang

X und Y in L_t (Ursache und Wirkung), sowie deren logische Verknüpfung (Wenn ... dann; symbolisiert durch Pfeil nach rechts) stellen die sogenannte Kerntheorie dar. Z.B.: Wenn die einheimischen Mitglieder einer multinationalen Gesellschaft sich auf dem Arbeitsmarkt in Konkurrenz zu Ausländern sehen, dann neigen sie zu Ausländerfeindlichkeit.

Allerdings handelt es sich dabei zunächst nur um sprachliche Aussagen über Tatbestände und deren Zusammenhang. Sie bedürfen der **Übersetzung in konkrete, beobachtbare Eigenschaften bzw. Zustände** (empirische Indikatoren), die in der Beobachtungssprache (L_o) formuliert sind: z.B. Person A ist ein einheimisches Mitglied einer multinationalen Gesellschaft und nimmt Konkurrenz wahr (x); Person A neigt zu Ausländerfeindlichkeit (y). Diese Beobachtungsaussagen sind je nach Verträglichkeit (Konsistenz) mit der Kerntheorie Konfirmatoren, d.h. Beobachtungen, die im Einklang mit der Theorie stehen (also bei Vorliegen von x liegt auch y vor) oder Falsifikatoren.

Das "Korrespondenzproblem" betrifft nun die Zuordnung dieser empirischen Indikatoren zu den theoretischen Konstrukten. Dabei entstehen zwei Fragen:

1. Was sind, welchen Status haben die Korrespondenzregeln? Sind es "willkürliche" Definitionen, die festgelegt werden? Sind es logische Ableitungen oder sind es empirische Hypothesen, die selbst wahr oder falsch sein können?
2. Wie kann man sicherstellen, daß bestimmte Indikatoren zu einem bestimmten theoretischen Konstrukt gehören?[1]

Der bekannteste und vielleicht auch heute noch am weitesten verbreitete Lösungsvorschlag zum ersten Fragenkomplex wird als **Operationalismus** bezeichnet (BRIDGMAN 1927). Dieser Ansatz wurde zunächst in der modernen Physik diskutiert. Der Operationalismus wurde von den Sozialwissenschaften (vor allem in der Psychologie) adaptiert und von behavioristisch[2] orientierten Wissenschaftlern zum Programm erhoben. Das Korrespondenzproblem wird dabei so gelöst, daß das theoretische Konstrukt durch Beobachtungsbegriffe und Beobachtungsverfahren **definiert** wird. Operationalismus bedeutet: "Die Forderung, daß die für die Beschreibung benutzten Begriffe oder Terme in Form von Operationen verfaßt sind, die eindeutig nachvollzogen werden können" (HEMPEL 1974:43; vgl. auch BRIDGMAN 1927), d.h.: alle Konstrukte werden in konkrete Meß- bzw. Beobachtungsanleitungen (Operationen) übersetzt. Konkret bedeutet dies: eine beobachtbare Wolkenbildung bestimmter Art wird **definitorisch** gleichgesetzt mit dem theoretischen Ausdruck "Ärger der Götter". Weniger esoterische Beispiele könnten lauten: "Intelligenz" (als Ausdruck in V_t) ist, was der Intelligenztest mißt, oder "Geschlecht" wird definiert durch die Frage im Fragebogen "Welches Geschlecht haben Sie?". Dabei können - und dies ist auch im allgemeinen die Praxis - einem theoretischen Konstrukt durchaus mehrere Indikatoren definitorisch zugeordnet werden. Soziale Schicht kann etwa durch Fragen nach dem Einkommen, der formalen Schulbildung, der Berufsposition u.a. operational definiert werden.
Diese Lösung kann faktisch auf die beschriebene Unterscheidung von L_t und L_o verzichten. Man könnte anstelle der theoretischen Konstrukte jeweils auch eine bzw. mehrere Fragen aus einem Fragebogen einsetzen; also Meßvorschriften bzw. Verfahrensweisen, Operationen, die (verbale oder nonverbale) beobachtbare Reaktionen hervorrufen, welche es dann erlauben, einem Objekt eine bestimmte Eigenschaft zuzuweisen.

[1] Diese Frage wird in Kap. 4 behandelt.
[2] Behaviorismus bezeichnet die Richtung in den Verhaltenswissenschaften, die die Verwendung aller Begriffe, die auf mentale Zustände (Bewußtseinsphänomene) Bezug nehmen, für die Erklärung von Verhalten ablehnt. Der Schwerpunkt der theoretischen Ausrichtung lag in der Entwicklung von Reiz-Reaktions-Theorien.

Diese **definitorische Gleichsetzung** hat **Vor- und Nachteile.** Ihr gewichtigster Vorteil liegt sicher darin, daß Wissenschaftler dazu angehalten werden, bei der Verwendung theoretischer Terme immer auch an ihre mögliche Operationalisierung zu denken und entsprechend auch immer in Anlehnung an empirisch prüfbare Sachverhalte Theorien zu formulieren.

Die Nachteile des Operationalismus sind jedoch schwerwiegend. Ein Nachteil drückt sich in der Trivialität aus, daß man zwei Untersuchungen nicht miteinander vergleichen kann, sofern unterschiedliche Fragen (zum gleichen theoretischen Konstrukt) gestellt wurden. Der Operationalismus erlaubt dies in der Tat nicht. Theorievergleich wäre damit lediglich bei identischen Meßverfahren möglich. Anders gesagt: in einer solchen Konzeption stellen unterschiedliche Datenerhebungsverfahren auch unterschiedliche Theorien dar, auch wenn gelegentlich die gleichen theoretischen Terme verwendet werden.
Nimmt man dieses Konzept ernst, so erweitert sich die ohnehin ausgeprägte Theorienvielfalt zu einer völlig unübersichtlichen und unvergleichbaren Theorienmenge, die faktisch so umfangreich wäre, wie die Anzahl der Operationalisierungen. Die ordnende, vergleichende und systematisierende Funktion von Theorien ist nicht mehr erfüllbar.

Schwerwiegender noch sind die Einwände gegen einen extremen Operationalismus, der von operationalen Definitionen verlangt, daß sich die Definitionen auf **direkt** beobachtbare Eigenschaften oder Ereignisse beziehen, die mit Hilfe der fünf Sinne erfahrbar sind und nicht erst unter Zuhilfenahme von (komplizierten) Meßgeräten. Diese Auffassung führt zu gravierenden Problemen in bezug auf die sogenannten "Dispositionsbegriffe". Solche Begriffe bezeichnen Eigenschaften, die sich nur unter bestimmten Bedingungen ermitteln lassen. So zeigt Zucker seine Disposition "löslich" nur, wenn man ihn in Wasser gibt. Der Dispositionsbegriff "Löslichkeit" läßt sich also nur durch die zusätzliche Angabe bestimmter Bedingungen bzw. Situationen operationalisieren. Die überwiegende Mehrzahl der sozialwissenschaftlich relevanten theoretischen Begriffe dürfte zur Klasse der Dispositionsmerkmale gehören. "Politische Einstellung", "Vorurteile", "soziale Schicht", "soziale Mobilität", "Religiosität" sind nur einige Beispiele für die Vielzahl von Merkmalen, die nicht direkt beobachtbar sind. Im Regelfall sieht man niemandem an, welche politische Einstellung er hat oder ob er sozial mobil ist. Diese Eigenschaften werden zwar in bestimmten Situationen, z.B. bei Bundestagswahlen oder beim Wechsel der Bezugsgruppen, des Berufs usw. sichtbar, jedoch kaum in einer Interviewsituation. Hier müssen mit Hilfe von Fragen solche Situationen, in denen sich dispositionale Eigenschaften zeigen, generiert werden.

Die Probleme des Operationalismus im Umgang mit Dispositionsbegriffen führten zur Korrektur dieser radikalen Position und mündeten in die sogenannten expliziten bzw. operationalen Definitionen (im engeren Sinne), mit deren Hilfe auch Dispositionsmerkmale Berücksichtigung finden sollten[1]. Diese Versuche bemühten sich darum, die Bedingungen, unter denen sich eine dispositionale Eigenschaft eines Objektes zeigt, zum Mitbestandteil der Definition zu machen. Dieses Unterfangen ist an gravierenden logischen Widersprüchen gescheitert und soll hier nicht näher beschrieben werden (ESSER u.a. 1977a:190ff.; OPP 1977:118f.).

Die Möglichkeit, die Probleme des Operationalismus bei der Berücksichtigung von Dispositionstermen zu vermeiden, liegt darin, solche nur situational ermittelbare, zur Beobachtungssprache gehörenden Begriffe mit Hilfe von sogenannten **bilateralen Reduktionssätzen** zu erfassen[2]. Ohne auf deren logischen Aufbau näher einzugehen, soll die Vorgehensweise an einem Beispiel verdeutlicht werden.
Geht man davon aus, daß die Eigenschaft "Ausländerfeindlichkeit" nicht immer direkt beobachtbar ist (also als Dispositionsbegriff gelten kann), so muß zunächst eine Meßsituation hergestellt werden, in welcher Ausländerfeindlichkeit beobachtbar wird. Bei Befragungen geschieht dies in der Regel dadurch, daß ein Interviewer einem Befragten eine auf die Ermittlung dieser Eigenschaft zielende Frage stellt, z.B.: "Sollten Ausländer bei gleicher Leistung geringeren Lohn als Inländer erhalten?" Dabei wird - der Einfachheit halber - hier als Antwortmöglichkeit "ja" oder "nein" angenommen. In einer Erhebungssituation ergäben sich dann bestimmte beobachtbare Reaktionen: im einfachsten Fall die des Ja-Sagens und die des Nein-Sagens. Mit Hilfe dieser Reaktionen ist es möglich festzustellen, ob die Disposition "Ausländerfeindlichkeit" vorliegt oder nicht. Im Kontext der Theorie, in der diese Eigenschaft Bestandteil der Dann-Komponente war, ist je nach Beantwortung der Frage (bei Vorliegen der unter Umständen ähnlich ermittelten Wenn-Komponente) dieses Einzelereignis nun ein Konfirmator oder Falsifikator der Theorie.
Allgemeiner formuliert besagt der bilaterale Reduktionssatz: "Wenn ... eine Person einem Stimulus ausgesetzt wird, dann wird ihr das Prädikat 'A' dann, und nur dann, zugeschrieben, wenn sie die Reaktion R äußert; äußert sie die Reaktion R nicht ..., dann wird ihr 'nicht A' zugeschrieben" (OPP 1970:120). Personen, die nicht befragt wurden, wird somit auch kein Wert zugeschrieben, weder 'A' für ausländerfeindlich, noch 'nicht A' für nicht ausländerfeindlich.

---

[1] In der wissenschaftstheoretischen Literatur werden im Zusammenhang mit der Korrespondenzproblematik eine Reihe von "Definitionsarten" (operationale Definition, explizite Definition, Definition mit Hilfe von Reduktionssätzen) genannt. Dabei handelt es sich jedoch nicht um Definitionen im üblichen Sinne, die eine Zuordnung von Bedeutungsinhalten zu einem Zeichen oder Begriff regeln, wie dies bei nominalen Definitionen der Fall ist, die weder wahr noch falsch sein können, da hier nur sprachliche Regelungen getroffen werden. Die hier wiedergegebenen "Korrespondenzdefinitionen" haben jedoch einen anderen Zweck und Stellenwert. Sie setzen Nominaldefinitionen der theoretischen Konstrukte voraus und verbinden diese in logisch korrekter Form und unter Angabe von empirischen Ereignissen und Verfahrensvorschriften mit der Beobachtungssprache.
[2] vgl. OPP (1970:120), PAWLOWSKI (1980:125-156).

Ein theoretisches Konstrukt kann aber nicht nur mit **einem Indikator** korrespondieren, sondern mit einer im Prinzip beliebig großen Zahl von Indikatoren. In der Praxis sind häufig ganze Fragebatterien - etwa bei psychologischen Tests - einem einzigen Konstrukt zugeordnet. Grundsätzlich können aber nie alle denkbaren Indikatoren Anwendung finden, da diese Menge prinzipiell unendlich ist (man spricht auch vom "Indikatorenuniversum", vgl. Kap. 4).

Wieviele Indikatoren zur Messung eines Konstruktes in einer Untersuchung notwendig sind, läßt sich nicht allgemein festlegen. Ihre Anzahl ist von verschiedenen forschungstechnischen Kriterien abhängig (vgl. Kap. 4). Allerdings sind mehrfache Operationalisierungen einfachen immer vorzuziehen, da sie den empirischen Gehalt eines theoretischen Begriffes erweitern und die Prüfung der Zugehörigkeit eines Indikators zu einem Konstrukt erleichtern.
Trotzdem bleibt es prinzipiell bei einer **partiellen empirischen Interpretation** des Begriffes in V_t, insofern praktisch nie alle möglichen Indikatoren eines theoretischen Konstruktes angewendet werden können. Im Beispiel "Ausländerfeindlichkeit" können Fragen nach der Entlohnung, juristischen Gleichstellung, Wahlrecht usw. zur Messung formuliert werden. Diese Praxis hat u.a. den Vorteil, daß ein Befragter, der auf eine Frage (aus welchen Gründen auch immer) keine Antwort gibt, auf einem anderen Indikator vielleicht auskunftsfähig bzw. -willig ist. Der Nachteil besteht jedoch darin, daß sich die Antworten inhaltlich auch widersprechen können. So könnte eine Person für völlige juristische Gleichstellung sein, aber gegen gleiche Entlohnung von In- und Ausländern.
Dies führt direkt zu der Frage nach dem methodologischen Status von Korrespondenzregeln. Wenn es Definitionen, also logisch angemessene Festlegungen sind, wären solche möglichen Widersprüche nicht hinnehmbar. Eine andere Lösung anstelle der bilateralen Reduktionssätze müßte gesucht werden.

Somit müssen diese Korrespondenzregeln selbst als **empirische Hypothesen** betrachtet werden, die wie alle anderen Hypothesen nicht endgültig wahr sein können. Dies wird besonders deutlich, wenn man das Verhältnis Konstrukt-Indikator kausal interpretiert. Es dürfte leicht einsehbar sein, daß die Reaktion eines Befragten, z.B. die Verneinung der Frage "Sollte Ausländern das allgemeine Wahlrecht zugestanden werden?", nicht nur durch die latente Eigenschaft "Ausländerfeindlichkeit" bedingt sein kann, sondern vielleicht Ausdruck der Ablehnung jeglichen Wahlrechts und somit Folge einer anti-demokratischen Disposition unabhängig von Ausländerfeindlichkeit ist. Die Zuordnung eines Indikators zu einem theoretischen Konstrukt ist also nicht endgültig beweisbar, sondern nur empirisch mehr oder weniger gut bestätigt. Die Beurteilung von Theorien, ihre Bestätigung bzw. Widerlegung, muß somit **immer auch Annahmen über die Gültigkeit der empirischen Korrespondenzregeln**, die als "Hilfstheorien" oder "Instrumententheorie" bezeichnet werden können, machen. Sie erfolgt aufgrund der lediglich partiellen empirischen Interpretation der theoretischen Konstrukte immer nur in bezug auf bestimmte Prüfsituationen, wie sie eben in den Korrespondenzregeln angegeben werden. So können mit Hilfe des gleichen theoretischen Vokabulars, also sprachlich identischer Kerntheorie, je nach Operationalisierung Bedeutungsverschärfungen (durch Hinzunahme zusätzlicher neuer Indikatoren) und Bedeutungsänderungen (durch Weglassen alter und Einführung neuer Indikatoren) entstehen (STEGMÜLLER 1974b, 1.HB:310f.). Der empirische **Bedeutungsgehalt** theoretischer Terme kann sich also mit der Art und Anzahl der empirischen Indikatoren ändern.

Betrachten wir vor diesem Hintergrund nochmals die Frage nach der Abgrenzbarkeit von "metaphysischen" und empirisch sinnvollen Sätzen, so kann es nur eine sehr zurückhaltende Antwort geben. Ein eindeutiges Kriterium liegt **nicht** vor; die Abgrenzbarkeit ist ebenfalls eine empirische Frage.

Solange man an der empirischen Verknüpfung von theoretischem Konstrukt ("Ärger der Götter") und dem zugehörigen Indikator für diese Eigenschaft (dunkle Haufenwolken) festhält und zusätzlich als Folge dieser Ursache immer auch Blitz und Donner beobachtet, ist diese Theorie vorläufig bestätigt. Allerdings kann die Verknüpfung von Konstrukt und Indikator beim Vorliegen einer alternativen Theorie empirisch kritisiert werden, wobei dann gezeigt werden muß, daß die Korrespondenzhypothese "Ärger - Haufenwolken" nicht gültig ist. Es bietet sich z.B. die alternative Verknüpfung "labile Temperaturunterschichtung der Atmosphäre" als Ausdruck in L_t, d.h. eine alternative Instrumententheorie mit dem Indikator "dunkle Haufenwolken", an. Es liegt nahe anzunehmen, daß der Konflikt zwischen beiden Auffassungen durch ein Experiment entschieden werden könnte. Die Anhänger der Götter-Version müßten dabei die Götter ärgerlich stimmen, die Vertreter der Temperaturunterschichtungs-Version könnten in Laborversuchen eine künstliche Wolkenbildung nachvollziehen. Es würde sich zeigen, ob infolge dieser Wolkenbildung auch Blitz und Donner auftreten bzw. ob immer, wenn die Götter geärgert werden, Wolken und Blitz und Donner auftreten.

Ein solches **entscheidendes Experiment** (experimentum crucis) kann allerdings strenggenommen auch **keinen sicheren Beweis** für eine der beiden Theorien erbringen. So könnten die Anhänger der Götter-Version bei einem - in ihrem Sinne - Nichtgelingen des Experiments darauf hinweisen, daß die Götter gerade geschlafen haben, als sie ihre Manipulationsversuche unternahmen, oder daß die Haufenwolken ein falscher Indikator für den Ärger der Götter seien. Es wird also das Vorliegen einer Störbedingung angenommen. Eine solche Rettungsstrategie (**konventionalistische Strategie**) zugunsten einer Theorie ist immer möglich. Mit ihrer Hilfe kann auch immer einer Falsifikation entgangen werden. Die **reine Logik** der Falsifikation hilft hier nicht weiter, sondern man muß hier auf normative methodologische Entscheidungsregeln zurückgreifen. POPPER (1976: 50f.) empfiehlt (weil er **kein** naiver Falsifikationist ist), die möglichen Störbedingungen explizit in die Theorie aufzunehmen bzw. die empirischen Korrespondenzregeln zum Gegenstand von empirischen Tests zu machen und eine erneute Untersuchung vorzunehmen[1].

[1] Dieser Hinweis reicht jedoch nicht aus und wird im Zusammenhang mit der "Methodologie von Forschungsprogrammen" (vgl. Kap. 2.2.3.4) weiter ausgeführt.

2.1.4.2. Das Basissatzproblem

Während sich die Korrespondenzregel auf die Verbindung von Indikator und theoretischem Konstrukt und die Abgrenzung von Indikatoren bezieht, stellt das "Basissatzproblem" **die Frage nach der korrekten Erfassung des Beobachteten.**

Lange Zeit ging man dabei von einer völlig unproblematischen Tatsachenfeststellung aus. Der klassische Empirismus etwa zweifelte nicht daran, daß die intersubjektive Beobachtung von Phänomenen eine sichere Basis der Theorieprüfung sei. Der - historisch folgende - logische Empirismus (Wiener Kreis) stellte erstmals deutlich die zentrale Rolle der Sprache heraus. Das Beobachtete selbst könne nicht mit Theorien verglichen werden; mit Theorien können nur Sätze über das Beobachtete, sogenannte Protokollsätze, verglichen werden. Es war POPPERs Verdienst, deutlich hervorzuheben, daß Protokollsätze bzw. Basissätze, wie er sie im Hinblick auf ihre methodologische Bedeutung (die Basis der Falsifikation) nennt, keineswegs unproblematische Tatsachen oder Realitätsbeschreibungen sind[1]. In der Tat sind Zweifel an der naiven Vorstellung, Basissätze seien immer wahr, angebracht. Bei der Erhebung von Daten, also der Feststellung der empirischen Basis, ergeben sich vielfältige Fehlermöglichkeiten. Interviewer befragen z.B. nicht die Personen, die befragt werden sollen; sie vergessen, Fragen zu stellen; sie protokollieren Antworten falsch; Beobachter täuschen sich in ihren Wahrnehmungen; Vercodern von Daten unterlaufen Übertragungsfehler usw.

[1] Aus diesem Grunde ist es falsch, POPPER als Positivisten zu bezeichnen. Im Gegenteil, der Positivismus wurde durch POPPER mit seiner Kritik an der Verifikation und seiner Behandlung des Basissatzproblems endgültig überwunden. Der Nachweis, daß Basissätze selbst "theoriegeleitet" sind, steht im diametralen Gegensatz zu positivistischen Auffassungen, die davon ausgingen, daß sich "Realität" unzweifelhaft in unserer sinnlichen Wahrnehmung widerspiegelt, Erkennen der Wirklichkeit somit ein rein passiver Akt ist. POPPER hingegen betont ausdrücklich eine "aktivistische" Erkenntnistheorie, unsere Wahrnehmungen sind selektiv theoriegeleitet (POPPER 1976:60ff.).

Dies sind nur einige Beispiele, wie Basissätze unter Umständen nicht die "wahren" Werte der Befragten widerspiegeln. Aber selbst, wenn alle Beteiligten korrekt arbeiten, kann man nicht davon ausgehen, daß die Basis der Theoriebeurteilung absolut sicher ist. Genau dies zeigt POPPER an einem einfachen Beispiel, das den prinzipiell nur hypothetischen Charakter von Beobachtungssätzen verdeutlicht. "Der Satz: 'Hier steht ein Glas Wasser' kann durch keine Erlebnisse verifiziert werden, weil die auftretenden Universalien nicht bestimmten Erlebnissen zugeordnet werden können (die 'unmittelbaren Erlebnisse' sind nur **einmal** 'unmittelbar gegeben', sie sind einmalig). Mit dem Wort 'Glas' z.B. bezeichnen wir physikalische Körper von bestimmten **gesetzmäßigen** Verhalten und gleiches gilt von dem Wort 'Wasser'" (POPPER 1976:61).
Auch bei einfachen Beobachtungssätzen aus der Sozialforschung, wie z.B. "Der Befragte X antwortete auf die Frage Y des Interviewers Z mit 'Ja'" oder "In der Gesellschaft Y kam es zu politischen Unruhen" ist die Sachlage nicht anders. Solche Feststellungen verweisen u.a. auf allgemeine Kognitionstheorien, die sich mit den Wahrnehmungen, Interpretationen und Rekonstruktionen von Interviewern oder Beobachtern befassen (vgl. Kap. 7). Würde man Basissätze immer kritiklos akzeptieren, so würde man zugleich die ihnen zugrundeliegenden 'Hintergrundtheorien' (bzw. Instrumententheorien) als wahr anerkennen: Dies würde im Widerspruch zu allen bisherigen Überlegungen bezüglich der Verifikation von Theorien stehen. Solche Hilfstheorien sind selbstverständlich ebenfalls nicht verifizierbar, sie können nur gut bestätigt sein[1].

---

[1] In der Literatur existieren verschiedene Termini: Hilfstheorien, Meßtheorien, Korrespondenzhypothesen, Korrespondenztheorien, Beobachtungstheorien, Instrumententheorien u.a. Im hier diskutierten Zusammenhang können auch Bezeichnungen wie Befragtentheorien, Befragungstheorie, Interviewtheorie u.a. gewählt werden. Gemeinsam ist all diesen Bezeichnungen, daß sie den grundsätzlich hypothetischen Charakter von Korrespondenzregeln und Basissätzen hervorheben, die in der Forschungspraxis gemeinsam unter den technischen Begriffen der Gültigkeit (Validität) und Zuverlässigkeit (Reliabilität) (vgl. Kap. 4) erörtert werden. Im Anschluß an ESSER (1984a:70f.) soll im folgenden "Instrumententheorie" und "Hilfstheorie" synonym verwendet werden.

Es erhebt sich nun hier die Frage, ob man vor diesem Hintergrund noch mit der Konzeption des Falsifikationismus als regulativer Idee des Theorienfortschritts argumentieren kann. Wenn die Verbindung von theoretischem Konstrukt und Indikator nicht logischer, sondern empirischer Natur ist (Korrespondenzproblem) und die Wahrheit der beobachteten singulären Ereignisse, die ja als Prüfinstanz für die allgemeine Theorie dienen soll, nicht garantiert werden kann, dann ist prinzipiell auch keine "naive" Falsifikation möglich (CHALMERS 1986:72ff.).
POPPER unterbreitet zur Lösung des Basissatzproblems den Vorschlag, die Beobachtungssätze durch Beschluß anzuerkennen und von ihrer vorläufigen Gültigkeit auszugehen. "Logisch betrachtet geht die Prüfung der Theorie auf Basissätze zurück, und diese werden durch Festsetzung anerkannt. Festsetzungen sind es somit, die über das Schicksal der Theorie entscheiden" (POPPER 1976:73). "So ist die empirische Basis der objektiven Wissenschaft nichts 'Absolutes'; die Wissenschaft baut nicht auf Felsengrund. Es ist eher ein Sumpfland ..." (POPPER 1976:75).
Allerdings sind die Festsetzungen nicht willkürlich oder individuelle Angelegenheit, sondern sie müssen sich auf intersubjektiv beobachtbare Ereignisse beziehen, dürfen nicht mit anderen anerkannten Basissätzen in Widerstreit stehen und müssen unter Berücksichtigung allen methodischen Fachwissens einer wissenschaftlichen Disziplin gewonnen werden (ESSER u.a. 1977a:149). Erst vor diesem Hintergrund werden sie vorläufig akzeptiert. Wenn Zweifel an ihrer Gültigkeit bestehen, muß ihre Berechtigung überprüft werden und, unter Umständen, die vormalige Festsetzung durch eine neue, besser begründete korrigiert werden. Man kann dieses Vorgehen mit einem Gerichtsverfahren vergleichen, in dem über die vorläufige Akzeptierung von Basissätzen **entschieden** wird (POPPER 1972:180).

Nicht zuletzt diese Konzeption der Anerkennung von Basissätzen hat ausführliche Kritik herausgefordert. HABERMAS (1972a:177ff.; 1972b:243ff.) glaubt, darin eine zirkuläre Argumentation erblicken zu können: Basissätze, die als Prüfstein für eine Kerntheorie dienen sollen, würden selbst bereits im Lichte der noch zu prüfenden Theorie erhoben. Es ist zwar richtig, daß Operationalisierungen aus den theoretischen Konstrukten der Theorie abgeleitet werden, jedoch wird nicht das **Resultat** dieser Messungen (z.B. das Antwortverhalten von Befragten) abgeleitet. Anders gesagt: zwar werden die Basissätze aus der Theorie abgeleitet; das **Vorliegen** des in der Theorie postulierten Zusammenhangs zwischen den Konstrukten jedoch nicht. Die Überprüfung des empirischen Zusammenhangs ist logisch unabhängig von den theoriegeleiteten Operationalisierungen (ALBERT 1972b:14f.; 1972c:278). Hier existiert kein Zirkel.

Die Argumentation von HABERMAS bezüglich eines angeblichen (methodologischen) Zirkels ist jedoch nicht eindeutig. Es könnte auch ein zweiter Zirkel gemeint sein: Nämlich, daß die Anerkennung oder Verwerfung eines Basissatzes in dem Sinne theorieabhängig sei, als man ein solches Prozedere aus dem Blickwinkel einer **Methodologie** verstanden haben muß (HABERMAS 1972b:244), wenn sich das Problem überhaupt erst stellen soll. Dies wiederum ist richtig. Für jemanden, der nicht primär an der empirischen Überprüfung von Theorien interessiert ist, stellt sich diese Frage nicht bzw. nur am Rande. Und genau dies ist bei HABERMAS der Fall. Ihm geht es um die Rechtfertigung von Handlungen und nicht um deren Erklärung. Seine Einlassungen zum Basissatzproblem verfolgen das Ziel, die analytisch-nomologische Methodologie als bloßes Werkzeug des technischen Erkenntnisinteresses zu entlarven, indem durch die Suche nach Regelmäßigkeiten des sozialen Handelns die Grundlage für die Beherrschbarkeit des Menschen durch Menschen gelegt wird. Dieses Argument ist jedoch ein "Kurzschluß": Gesicherte Hypothesen können sehr wohl als Mittel der Machtausübung dienen. Diese Möglichkeit ist allerdings keine **logische** Konsequenz des kritischen Rationalismus. Gesicherte Hypothesen können genausogut der Emanzipation und Freiheit dienen. Die empirische Begründung einer Theorie ist logisch **unabhängig** von der sozialen und politischen Verwertung. Und daß der jeweilige Wissenschaftler bei der Verwertungsdiskussion kein passives Element ist, dürfte wohl die Geschichte der empirischen Sozialforschung (vgl. Kap. 1) gezeigt haben. Methodologisch allerdings helfen solche Kritiken keinen Schritt weiter.

Wenn Basissätze, wie POPPER zeigte, prinzipiell selbst theoretische Annahmen implizieren, und sich damit nicht endgültig verifizieren lassen, dann wird auch verständlich, daß die Logik des naiven Falsifikationismus (wie sie von POPPER eben nie vertreten wurde) durch einen methodologischen Falsifikationismus, der die prinzipielle Widerlegbarkeit von Basissätzen anerkennt, ersetzt werden muß. Ein einzelner, isolierter Basissatz, der einer Theorie widerspricht, führt nicht automatisch zur Falsifikation einer ansonsten bewährten Theorie (POPPER 1976:54f.). Der Charakter der Basissätze, die eben keine reinen Beobachtungen sind, sondern aus der Perspektive einer Instrumententheorie gewonnene Aussagen, zwingt dazu, diese häufig implizit bleibende Theorie selbst zu problematisieren. Diese Aufforderung gilt für **alle** Arten von empirischen Fragestellungen: Ob nun eine Theorie systematisch getestet werden soll oder ob "lediglich" eine beschreibende (deskriptive) Untersuchung erfolgt.

Eine empirisch gültige (valide) Beschreibung muß immer auch eine korrekte Zuordnung von Indikatoren zu Konstrukten vornehmen (vgl. auch Kap. 4) und auf die möglichst fehlerfreie Erhebung von Daten achten. Korrespondenz- und Basissatzproblem kommen auch hier ohne Einschränkungen zum Tragen. Damit ist aber auch klar, daß Deskriptionen nicht theoriefrei sind. Im Gegenteil: notwendigerweise muß auch hier auf eine Instrumententheorie zurückgegriffen werden. Darüber hinaus kann wohl niemand einen sozialen Sachverhalt beschreiben, ohne sich eine gedankliche Vorstellung davon zu machen und Ideen darüber zu entwickeln, wie sich dieses konkrete Phänomen von anderen unterscheidet. Auch dies sind natürlich Hypothesen, wenngleich sie nicht unbedingt direkt als solche zu erkennen sind. Wenn jemand z.B. die Einstellung der Bevölkerung gegenüber "neuen Medien" beschreiben will, so setzt dies zumindest die "Existenzhypothese" voraus, daß eine solche Einstellung existiert und diese für "irgendwelche" anderen Sachverhalte relevant ist. Daß solche Hypothesen nur selten explizit gemacht werden, spricht nicht gegen ihr prinzipielles Vorhandensein und die Notwendigkeit ihrer Prüfung.

Die Problematik der Instrumententheorie trifft weiter auch in **vollem Umfang für jegliche Datenerhebungsverfahren** zu. Gleich, ob teilnehmende Beobachtung im Alltagskontext, nichtstandardisierte "offene" Befragung oder standardisierte Interviews, Laborexperimente u.a., also eher "weiche" qualitative oder tendenziell "harte" quantitative Verfahren gewählt werden: sofern man an einer möglichst exakten empirischen Analyse interessiert ist, und nicht **primär** andere Ziele (politische "Emanzipation", "Schaffung eines kritischen Bewußtseins" und andere **wissenschaftlich** nicht begründbare Absichten verfolgt, d.h. Forschung **nicht** als Mittel zur empirischen Begründung von theoretischen Aussagen begreift) verfolgt, so sind diese Probleme nicht zu umgehen. Die Zuordnung einer sprachlichen Äußerung (gleichgültig, ob sie einem "lockeren" Gespräch oder einem standardisierten Interview mit vorgegebenen Fragestellungen und Antwortmöglichkeiten entstammt) zu einem theoretischen Begriff muß möglichst gesichert erfolgen. Die jeweiligen Instrumententheorien variieren zwar, aber es sind in jedem Fall Theorien, deren Gültigkeit nicht a priori unterstellt werden kann. Das gleiche gilt für die Basissatzproblematik. Ob mit qualitativen Verfahren, die intimer, lebensweltlicher und informativer sein können, auch weniger Datenerhebungsfehler (bezüglich korrekter Fragestellung, sinnadäquater Antworten, wahrheitsgemäßer Antworten usw.) gemacht werden, ist ebenfalls eine empirische Frage, die nicht a priori zu beantworten ist (vgl. Kap. 7).

Mit der Anerkennung von Instrumententheorien als empirische Theorien zeigt sich das **Gesamtproblem der Prüfbarkeit von Theorien**. Sätze der Beobachtungssprache (Indikatoren) und ihre Zuordnung zu theoretischen Konstrukten sind keine absolut sichere Basis zur Theoriebeurteilung. Auch solche Sätze haben prinzipiell einen empirisch-hypothetischen Charakter, insofern sie von der Gültigkeit der Instrumententheorie abhängig sind. Damit ergibt sich logisch auch die Möglichkeit, auf der Grundlage einer fälschlicherweise als richtig angenommenen Basis eine richtige Theorie zu widerlegen bzw. eine falsche Theorie zu bestätigen.

Wissenschaftstheoretisch kann dies nur eine Konsequenz haben, nämlich Kerntheorie und Instrumententheorie den gleichen Vermutungscharakter zuzuschreiben und sie **gemeinsam** als zu prüfendes Theoriesystem aufzufassen. Kerntheorie und Instrumententheorie bilden zusammen eine ganzheitliche (holistische) Einheit, die zu testen ist. Anders gesagt: "Beobachtungssätze lassen sich meist nicht aus einzelnen wissenschaftlichen Hypothesen ableiten, sondern nur aus Satzsystemen" (KUTSCHERA 1982:475)[1]. POPPERs Vorschlag, nach kritischer Prüfung einen

---

[1] Dieses Argument stammt von P. DUHEM bzw. W. V. QUINE, man spricht deshalb auch von der DUHEM-QUINE-These, vgl. KUTSCHERA (1982:475f.).

vorläufigen Konsens über die Akzeptierung der Basis herbeizuführen und auf dieser Grundlage die Kerntheorie zu falsifizieren bzw. vorläufig zu bestätigen, muß deshalb als methodologische Regel (als Verfahrensvorschlag) aufgefaßt werden, welche die Probleme einer holistischen Theorieninterpretation sieht und trotzdem deshalb nicht kapituliert[1]. Wie trotz Basissatz- und Korrespondenzproblem Theorien beurteilt werden können, wird im Zusammenhang mit der Kontroverse um den wissenschaftlichen Fortschritt (Kap. 2.2.3) gezeigt. Dabei verliert jedoch die Frage nach der "endgültigen" Wahrheit oder Falschheit von Theorien bzw. Hypothesen zunehmend an Bedeutung, und pragmatische Aspekte treten in den Vordergrund. Jedoch bleibt das Streben nach "Wahrheit" als regulative Idee für die Theorieprüfung unverzichtbar[2].

2.2. Wissenschaftstheoretische Kontroversen

Der kurze Abriß der Geschichte der empirischen Sozialforschung und die Darstellung der wissenschaftstheoretischen Grundlagen wiesen bereits implizit auf unterschiedliche Positionen hinsichtlich Ziel, Aufgaben und Methodologie der Sozialwissenschaften hin. Von den vielen Kontroversen in diesem Bereich sollen hier drei aufgegriffen werden: Erstens die Frage nach der Wertfreiheit von Wissenschaft, zweitens die Debatte um die Anwendbarkeit des D-N-Erklärungsschemas in den Sozialwissenschaften und drittens die Kontroverse um den wissenschaftlichen Fortschritt.

---

[1] POPPER akzeptiert die DUHEM-QUINE-These durchaus, sieht die Logik der Falsifikation jedoch dadurch nicht direkt tangiert (vgl. POPPER 1976:47, Fußnote 1; POPPER 1974:386f.).

[2] Zu Wahrheitstheorien und deren Bedeutung vgl. MUSGRAVE (1993:251-307).

2.2.1. Der Werturteilsstreit

Im sogenannten "Werturteilsstreit" geht es um die Frage, welchen Einfluß Werte (persönliche Meinungen, politische Anschauungen oder ideologische Ziele) auf die wissenschaftliche Arbeit haben. Zentral ist dabei vor allem die Frage, ob solche normativen Vorstellungen Relevanz für die Begründung von Theorien besitzen. Gibt es also für die vorläufige Akzeptierung einer Theorie andere Gründe als die Übereinstimmung einer Theorie mit der Realität?
Die Disziplinen Philosophie und Ökonomie, aus denen die Soziologie teilweise entstanden ist, befaßten sich um die Jahrhundertwende traditionsgemäß nicht nur mit der Beschreibung und Erklärung von sozialen Ereignissen, sondern auch mit ihrer Wünschbarkeit und Durchsetzbarkeit. Seins- und Sollensfragen wurden nur selten explizit getrennt. Es war Max WEBER, der damals diese Verknüpfung aufgriff, massiv bekämpfte und eine Kontroverse entfachte, die bis heute weiterwirkt[1]. WEBER wandte sich zunächst vor allem gegen die sog. Kathedersozialisten (z.B. Wilhelm ROSCHER, Gustav SCHMOLLER), eine einflußreiche Gruppe von Ökonomen, die die Realisierung sozialer Reformen als wissenschaftliche Aufgabe begriffen. WEBERs Position kann dabei im wesentlichen in vier Punkten zusammengefaßt werden (WEBER 1968:229-277).

1. Jegliche wissenschaftliche Beschreibung und Erklärung von sozialen Tatbeständen ist insofern **wertend**, als sie aus einer schier unendlichen Menge von denkbaren Forschungsfragen bestimmte aussucht, die Gegenstand der Bearbeitung werden sollen. Die Auswahl einer Fragestellung stellt also eine Wertung dar, die der Wissenschaftler notwendigerweise vollziehen muß.
2. Die Beschreibung und Erklärung von Tatsachen soll **objektiv**, d.h. wertfrei und damit für jedermann, der über das Fachwissen der Disziplinen verfügt, nachvoll-

[1] Zu der wichtigsten öffentlichen Debatte um die Werturteilsfreiheit kam es 1908 auf einer Tagung des "Vereins für Socialpolitik" (zum historischen Hintergrund vgl. FEIX 1978).

ziehbar sein. Wissenschaftliche Aussagen über die Realität dürfen nicht durch die Wunschvorstellungen des Wissenschaftlers beeinflußt sein.
3. Die Ergebnisse der Wissenschaft werden zur Erreichung von Zielen der Politik, der Wirtschaft u.a. verwendet, sie werden verwertet. Aus den wissenschaftlichen Erkenntnissen folgt jedoch (logisch) keinerlei Hinweis, wie ein bestimmtes Wissen zu verwerten ist: Aus Seins-Aussagen folgen keine Sollens-Aussagen; d.h. ein Wissenschaftler kann nicht in **seiner Funktion als Wissenschaftler** die Verwirklichung von Zielvorstellungen bestimmen. Er sollte aber als **politisch denkender und handelnder Mensch** für seine Ziele eintreten. Dabei hat seine Meinung jedoch nicht mehr Gewicht als die der übrigen Staatsbürger auch.
4. Wertungen können Gegenstand der wissenschaftlichen Arbeit sein. So kann man z.B wertende Aussagen auf ihre logische Konsistenz prüfen, die Werthaltungen von Personen (gegenüber politischen, ethischen und praktischen Problemen) beschreiben und erklären.

Der bis heute anhaltende Werturteilsstreit betrifft dabei **nur** die zweite Forderung, nämlich daß wissenschaftliche Aussagen über die Realität nicht durch subjektive Werthaltungen beeinflußt werden sollen. In der gängigen Terminologie spricht man auch vom Postulat der Wertfreiheit im **Begründungszusammenhang**. Sowohl von Max WEBER als auch von den Vertretern des nomologisch-analytischen Wissenschaftsverständnisses wurde nie der zwangsläufig wertende Charakter des **Entdeckungszusammenhangs** (Auswahl von Forschungsfragen) und **Verwertungszusammenhangs** (Verwertung von wissenschaftlichen Ergebnissen) bezweifelt. Kritiker der WEBERschen Position leiten ihr wichtigstes Gegenargument aus der besonderen Qualität des sozialwissenschaftlichen Objektbereiches ab. Vereinfachend wird behauptet, der Wissenschaftler stehe bei der Analyse sozialer Phänomene nicht "außerhalb" des Untersuchungsgegenstandes (wie ein Naturwissenschaftler), sondern sei selbst als Mitglied der Gesellschaft notwendigerweise Teil des Untersuchungsgegenstandes. Der Sozialwissenschaftler teile mit seinen Untersuchungs-"Objekten" u.a. die Sprache und die darin enthaltenen Sinn- und Wertverweise - eine wertfreie Beschreibung von sozialen Tatsachen sei also nicht möglich, da die Wahl der Begriffe, mit denen Beschreibung und Erklärung erfolgt, immer auch, gewollt oder ungewollt, Wertungen impliziert. Z.B. habe die Entscheidung, ob man die gegenwärtige Wirtschaftsform als "spätkapitalistisch" oder "marktwirtschaftlich" beschreibt, unabhängig von der inhaltlichen Darstellung und lediglich durch die Wahl der Begriffe einen wertenden Charakter, da mit den Begriffen immer auch historische, politische u.a. Wertbezüge eingebunden seien. Die Unterscheidbarkeit von "nur" beschreibenden und bewertenden Aussagen wird bestritten, bzw. die Möglichkeit "nur" beschreibender Aussagen in Frage gestellt. Die Wahrheit einer Aussage beträfe dann nicht nur den Grad der Übereinstimmung mit der Realität ("absolutes Wahrheitskriterium"), sondern die Wahrheit einer Aussage bezöge sich dann auch immer auf wertende (politische, moralische oder allgemein-praktische) Vorstellungen. Dies hat dann allerdings zur Konsequenz, daß die Sozialwissenschaften ein Kriterium finden müßten, nachdem Aussagen im wertenden Sinn als wahr oder falsch erkannt werden könnten, also moralisch, ethisch wünschenswert oder verwerflich sind (sogenanntes "pragmatisches Wahrheitskriterium"[1]).

Die Diskussion um die beiden Positionen, Werturteilsfreiheit vs. Parteilichkeit als methodologisches Prinzip, hat seit dem ersten "Werturteilsstreit" um die Jahrhundertwende nie an Brisanz verloren, obgleich die Debatte solcher metatheoretischer Fragestellungen zeitweise an Relevanz verlor. Zu Beginn der 60er Jahre kam es

---

[1] Im wesentlichen kann sich die Wahrheit einer Aussage auf drei Aspekte beziehen. Erstens: Eine Aussage kann logisch wahr sein, d.h. sie ist nicht kontradiktorisch. Die logische Korrektheit einer Aussage besagt nichts darüber, ob sie mit irgendwelchen Sachverhalten in der Realität - sofern solche überhaupt angesprochen werden - übereinstimmt. Zweitens kann eine Aussage empirisch wahr sein, d.h. die sprachliche Aussage steht in Übereinstimmung mit den realen Dingen, die in der Aussage angesprochen werden. Dies ist das zentrale Problem aller empirischen Wissenschaften. Diese Korrespondenztheorie der Wahrheit setzt eine unabhängig vom Beobachter existierende Realität voraus. Drittens kann eine Aussage **pragmatisch** wahr sein, d.h. sie ist sinnvoll, zweckmäßig im Hinblick auf ein bestimmtes Handlungsziel. Damit verlagert sie jedoch das Problem auf die Angabe und Begründung von Handlungszielen, also auf normative Elemente (zu allen Aspekten der Thematik vgl. SKIRBEKK 1977, MUSGRAVE 1993:251-307).

diesbezüglich erneut zu öffentlichen Diskussionen, dem "Positivismusstreit"[1], wobei neben der Kontroverse um Werturteilsfreiheit oder Parteilichkeit auch die unterschiedlichen Vorstellungen des Methodenmonismus und -dualismus (s. u.) im Mittelpunkt standen. Die Vertreter der analytischen Wissenschaftstheorie verlangten in Übereinstimmung mit den Thesen Max WEBERs eine Trennung von Begründungszusammenhang einerseits und Entdeckungs- und Verwertungszusammenhang andererseits. Die Position des Parteilichkeitspostulates und des Methodendualismus wurde von Theodor W. ADORNO und Jürgen HABERMAS, Vertretern der sog. "Frankfurter Schule" eingenommen.

Bei dieser Auseinandersetzung betont POPPER die strikte Anerkennung des Wertfreiheitspostulats für den Begründungszusammenhang: Wertungen oder Wunschvorstellungen von Wissenschaftlern dürfen nicht die Beschreibung und Erklärung von Tatsachen (den Prozeß der Datenerhebung) beeinflussen. Die alleinige Prüfinstanz von Theorien ist die Erhebung der faktischen Realität.
Andererseits wird die Position WEBERs auf eine soziale, im Wissenschaftsbetrieb verankerte Grundlage gestellt. "Wir können dem Wissenschaftler nicht seine Parteilichkeit rauben, ohne ihm auch seine Menschlichkeit zu rauben. Ganz ähnlich können wir nicht seine Wertungen verbieten oder zerstören, ohne ihn als Mensch **und als Wissenschaftler** zu zerstören. Unsere Motive und unsere rein wissenschaftlichen Ideale ... sind zutiefst in außerwissenschaftlichen und zum Teil religiösen Wertungen verankert. Der objektive und der wertfreie Wissenschaftler ist nicht der ideale Wissenschaftler. Ohne Leidenschaft geht es nicht, und schon gar nicht in der reinen Wissenschaft" (POPPER 1972:114). Wertfreiheit ist somit **kein** individuelles Merkmal von Personen, sondern ein Postulat, welches nur im sozialen Kontext des Wissenschaftsbetriebs realisierbar wird, in dem **Kritik** und **Gegenkritik, freie Diskussion** und **Toleranz** möglich sind.

Von seiten ADORNOs und verschärft von HABERMAS wurde hingegen eingewandt, daß durch die Erhebung der faktischen Realität zur alleinigen Prüfinstanz von Theorien der Verdinglichung, Unfreiheit und Ausbeutung des Menschen Vorschub geleistet werde; eine darauf basierende Wissenschaft verkenne ihre

---

[1] Der Vorwurf des "Positivismus", den die Anhänger der "Frankfurter Schule" gegen den Kritischen Rationalismus erheben, zielt weniger auf die philosophische Tradition, die eine Abkehr von der Metaphysik und ein Primat des "Realen" forderte, als vielmehr auf die (wie HABERMAS glaubt) herrschaftsstabilisierende Funktion der analytisch-nomologischen Methodologie. Der klassische Positivismus wurde von den Vertretern des Wiener Kreises und POPPER gänzlich überwunden, ohne jedoch empirische Tatsachen als Prüfinstanz für Theorien aufzugeben.

Zugehörigkeit zur gesellschaftlichen Totalität. Sie übersähe, daß sie durch ihre unreflektierte Zugehörigkeit zu gesamtgesellschaftlichen Produktions- und Herrschaftsverhältnissen selbst zum stabilisierenden Moment des Status quo werde. Sie diene dem technischen Erkenntnisinteresse, welches Kontrolle und Verfügbarkeit über Menschen ermögliche - ganz nach dem zweifelhaften Vorbild der Naturwissenschaften, deren Erkenntnisse lediglich auf die Beherrschbarkeit der nicht-sozialen Umwelt zielten - ohne nach historischem und lebenspraktischem Sinn und Wünschbarkeit zu fragen, wozu nur eine hermeneutisch-dialektisch orientierte Sozialwissenschaft in der Lage sei (HABERMAS 1972a, 1972b). Entsprechend dieser Kritik müssen Theorien nicht nur auf ihre Übereinstimmung mit der Realität, sondern auch in Hinsicht auf übergeordnete Kriterien, z.B. Emanzipation beurteilt werden. Empirie ist damit ein nützliches Kriterium, nicht aber das entscheidende.

Es entsteht dann allerdings ein anderes Problem: gleichgültig, welches übergeordnete Kriterium - Freiheit, Gleichheit, Emanzipation, Gottgefälligkeit - als Prüfinstanz für die pragmatische Wahrheit von Theorien verwandt werden soll, seine Geltung muß begründet werden, damit es einen verbindlichen Charakter erhält. Normative Begründungen sind jedoch objektiv **nicht** begründbar. Zumeist ist ihre Grundlage eine a priori-Setzung, eine mehr oder weniger plausible Wertsetzung, die jedoch **keineswegs logisch zwingend** ist (ALBERT 1969, 1972a)[1].

Letztlich hat der Positivismusstreit insofern auch Konsequenzen für die konkrete Forschungspraxis gehabt, als sich aus den verschiedenen methodologischen Positionen auch verschiedene Vorlieben für konkrete Forschungsmethoden ableiten lassen. Während die analytisch-monologische Position eher zur Verwendung quantitativer Verfahren tendiert, haben sich im hermeneutisch-dialektischen Spektrum neben der traditionellen marxistischen empirischen Sozialforschung (FRIEDRICH/HENNIG 1975:23) vorwiegend qualitative Forschungsstrategien entwickelt, wie z.B. die Aktionsforschung (MOSER 1975, MOSER/ORNAUER 1978). Letztere will innerhalb des Forschungsprozesses die Handlungsweisen von Personen in politisch-moralischer Hinsicht aktiv beeinflussen. Damit wird Wissenschaft jedoch selbst zur Ideologie und entzieht sich ihre legitime Existenzgrundlage.

---

[1] ALBERT nennt das Begründungsproblem auch Münchhausen-Trilemma: Entweder gerät man bei der Suche nach einer **zureichenden** Begründung in einen infiniten Regreß, einen logischen Zirkel oder man muß das Verfahren an irgendeinem Punkt abbrechen (1969:13ff.).

2.2.2. Zur Erklärung sozialen Handelns

Gelegentlich wird die Möglichkeit der Erklärung sozialen Handelns in deduktiv-nomologischer Form bestritten. Dabei wird darauf verwiesen, daß die Sozialwissenschaften sich **grundsätzlich** in ihrer Vorgehensweise von den Naturwissenschaften unterscheiden müssen, da ihr Gegenstandsbereich denkende und reflektiert handelnde Individuen seien, die sich eben aufgrund dieser Eigenschaften von den Objekten der Naturwissenschaften unterscheiden. Wenn soziales Handeln - so wird argumentiert - im Gegensatz zu den Bewegungen von physikalischen Körpern oder dem Molekularaufbau von Kristallen durch (zumindest gelegentliche) überlegte, planvolle Absicht geleitet sei, also auf Gründen, Motiven oder Intentionen beruht, so habe die Sozialwissenschaft einen **qualitativ** anderen Gegenstandsbereich als die Naturwissenschaft und benötige dann auch eine **prinzipiell** andere Methodologie. Eine solche Methodologie könne entsprechend auch nicht in der Suche nach Gesetzmäßigkeiten (z.B. des menschlichen Handelns) bestehen, sondern müßte Handlungen nach ihren Intentionen rekonstruieren, ihren Sinnzusammenhang aufzeigen und damit "verstehbar" machen[1]. Somit wäre für die Sozialwissenschaft eine andere Methodologie als für die Naturwissenschaften erforderlich ("Methodendualismus"). Diese prinzipielle Differenz dient zur Begründung des Methodendualismus und zur Legitimation qualitativer Forschungsmethoden, deren zentrale Aufgabe in der Rekonstruktion sinnhaften Handelns liegt.

---

[1] Häufig wird in diesem Zusammenhang auch von teleologischer versus kausaler Erklärung gesprochen. Die Bezeichnung "teleologisch" verweist auf die Zielgerichtetheit sozialen Handelns. Auch die Differenzierung zwischen menschlichem Handeln und Verhalten knüpft hier an. "Handeln" hat (definitionsgemäß) immer **auch** einen "inneren" (intentionalen) Aspekt, es ist nicht **nur** von außen (durch Mitakteure) bestimmt (STEGMÜLLER 1979:109). In diesem Kapitel wird zwar vor allem auf den sog. Symbolischen Interaktionismus Bezug genommen, aber die Argumente, die hier zugunsten einer besonderen Methodologie der Sozialwissenschaften angeführt sind, sind zumeist sehr viel älter und spielen in fast allen Auseinandersetzungen zum Methodendualismus bzw. -monismus eine zentrale Rolle. Insofern dient der Symbolische Interaktionismus hier eher als Aufhänger. Zudem werden seine Argumente an einigen Stellen sehr pointiert dargestellt, um dadurch die Position strikter Dualisten mit einbeziehen zu können.

Diese dualistische Position wird innerhalb der Soziologie gegenwärtig vor allem von Vertretern des Symbolischen Interaktionismus[1] bzw. der Ethnomethodologie[2] eingenommen. T. WILSON (1973) hat sich darum bemüht, die methodologischen Konsequenzen dieses Theorieansatzes explizit von dem deduktiv-analytischen Vorgehen abzugrenzen und seine methodologische Eigenständigkeit zu belegen. Im folgenden soll diese Begründung kurz referiert und diskutiert werden.

Zunächst kennzeichnet WILSON die "herkömmliche" soziologische Erklärungsstrategie als "normatives Paradigma", welches auf bestimmte Dispositionen (Einstellungen, Motive, Kognitionen) des Akteurs und Erwartungen (Normen, Werte etc.) seiner sanktionsfähigen sozialen Umgebung zurückgreift. Soziales Handeln wird dort erklärt aus dem Wechselspiel von personalen und situationalen Merkmalen, wobei die Gültigkeit einiger psychologischer Annahmen (etwa aus der Lerntheorie) über den Einfluß von Sanktionen unterstellt wird. Schließlich "muß" nach WILSON das normative Paradigma auch annehmen, "daß Handelnde ein gemeinsames System von Symbolen teilen, eingeschlossen Sprache und Gestik, - ein System, das als allgemein zugängliches kommunikatives Medium für die Interaktion dient" (WILSON 1973:56). Letzteres werde im normativen Paradigma häufig als unproblematische Annahme gesehen. Die Problematisierung dieser Annahme wird deshalb zu einem zentralen Bestandteil der Theorie des Symbolischen Interaktionismus und seiner Kritik an der "normativen" Vorgehensweise.

---

[1] Der Symbolische Interaktionismus knüpft in vielen Punkten an die HUSSERLsche Phänomenologie an, die als eine Art 'Wissenschaft vom Wesen der Dinge' konzipiert ist. Von Wichtigkeit für die sozialwissenschaftliche Adaption von Teilen der Phänomenologie - die bei HUSSERL im wesentlichen noch Erkenntnistheorie war - ist das Postulat einer nur subjektiv möglichen Erkenntnis. Einen Überblick über die HUSSERLsche Philosophie gibt z.B. STEGMÜLLER (1976:49-95); zum Weiterwirken dieser Denkrichtung in die Sozialwissenschaften, z.B. über A. SCHÜTZ und G. H. MEAD vgl. BERNSTEIN (1979:205-288).

[2] Die Ethnomethodologie, die in den 60er Jahren in der amerikanischen Soziologie entstand, versteht sich als Forschungsprogramm, das sich mit den verwendeten Methoden zur Konstituierung sozialer Wirklichkeit und Ordnung im Alltagshandeln der Mitglieder einer Gesellschaft beschäftigt (vgl. z.B. GARFINKEL 1967).

Dem "normativen Paradigma" wird das "interpretative Paradigma" entgegengesetzt.

Nach dem interpretativen Paradigma sollen Erklärungen beim Medium der Kommunikation (Sprache oder Gesten) ansetzen. Akteure müssen demnach zunächst die Handlungen anderer Akteure identifizieren und interpretieren, ihnen einen Sinn zuschreiben. Sprache und Gestik haben eben nicht immer einen zweifelsfreien Bedeutungsgehalt, sondern soziale Interaktion ist zunächst ein interdependenter Prozeß, in dem Ego und Alter probeweise ihre Motive, Erwartungen und Ziele deutend zu erkennen geben, verändern und/ oder abstimmen. Soziales Handeln ist also dadurch charakterisiert, daß die beteiligten Akteure jeweils die verbalen und nicht-verbalen Symbole interpretieren und gemeinsame Deutungen entwickeln. Aus den prinzipiell variablen Situationsinterpretationen ergeben sich dann auch variable Handlungen, Freiräume für aktive, kreative Handlungsplanung und ihren Vollzug. "Nach dem interpretativen Paradigma können daher, im Unterschied zum normativen Paradigma, Situationsdefinitionen und Handlungen nicht als ein für allemal, explizit oder implizit, getroffen und festgelegt angesehen werden ... Vielmehr müssen Situationsdefinitionen und Handlungen angesehen werden als Interpretationen, die von den an der Interaktion Beteiligten an den einzelnen 'Ereignisstellen' der Überarbeitung und Neuformulierung unterworfen sind" (WILSON 1973:61)[1].

---

[1] Diese sicher nicht unberechtigten Annahmen von WILSON weisen auf ein "typisches" Problem des Symbolischen Interaktionismus hin. An "Ereignisstellen" eines Interaktionsverlaufs werden Festlegungen über Situationsdefinitionen und Handlungen zwar getroffen, jedoch geschieht dies ja kaum **willkürlich** bzw. **wahllos**. Die Prinzipien, nach denen solche Entscheidungen fallen bzw. ausgehandelt werden, werden zumeist gar nicht thematisiert. Weiter ist zu sehen, daß jede dieser Ereignisstellen, in der eine Situationsdefinition oder Handlung erfolgt, prinzipiell als Explanandum betrachtet werden kann, auch dann, wenn nur sehr kurze Zeitintervalle dazwischen liegen. So kann sich in einem Gespräch zwischen zwei Personen mit jedem Satz oder gar jedem Wort, welches die Person A an B richtet, die Antwortsituation für B ändern. Dies geschieht aber nicht zufällig, sondern hier werden neue Informationen wahrgenommen und im weiteren berücksichtigt.

Als erste, eher forschungstechnische Konsequenz formuliert WILSON (im Anschluß an BLUMER 1973): "Um den Verlauf der Interaktion verstehen und ihm folgen zu können, muß der Forscher sich selbst auf dokumentarische Interpretation einlassen, ... wenn er herausfinden soll, welche Handlung zu jedem gegebenen Moment des Handlungsverlaufs ausgeführt wird" (WILSON 1973:62).
Die zweite methodologische Konsequenz betrifft die deduktiv-nomologische Erklärung: sie wird als völlig inadäquat betrachtet. Da Beschreibungen von sozialer Interaktion (wie sie notwendigerweise in jede Erklärung, etwa als Beobachtungssätze, eingehen) nicht als "bloß abbildende" möglich sind, sondern nur als variierende sinnhafte Rekonstruktionen, die prozeßhaft, revidierbar und situationsabhängig sind, entfällt die Möglichkeit einer deduktiven Erklärung.
"Wird nun soziale Interaktion als ein interpretativer Prozeß angesehen, dann können solche Erklärungen sinnvoll nicht in deduktiver Weise konstruiert werden, sondern sie müssen aufgefaßt werden als Akte, mit denen den Handelnden Absichten und Umstände zugeschrieben werden, die geeignet sind, dem Beobachter das beobachtete Handeln verständlich zu machen. Dieses Vorgehen, das Handeln nach den Absichten und Situationen der Handelnden zu deuten, ist ... eine durchaus sinnvolle und signifikante Art der Erklärung. Unsere Folgerung lautet daher nicht, daß soziologische Erklärungen von Handlungsmustern unmöglich sind, sondern vielmehr, daß sie sich grundlegend unterscheiden von Erklärungen, die sich auf Phänomene beziehen, die ihrerseits nicht durch Bedeutungen und Sinn konstituiert sind" (WILSON 1973:69).

Im wesentlichen sind es zwei Besonderheiten, die sozialem Handeln im Rahmen des Symbolischen Interaktionismus zugesprochen werden:

1. Soziales Handeln ist symbolisch strukturiert, prozeßhaft und situativ bzw. individuell variabel.

2. Intentionale Handlungen können und müssen verstehend rekonstruiert werden.

Beiden Prämissen kann zunächst zugestimmt werden. Die Schlußfolgerung, daß sich daraus eine Ablehnung der deduktiv-nomologischen Orientierung in den Sozialwissenschaften ableiten läßt, braucht jedoch **nicht** nachvollzogen zu werden. Denn alle Merkmale sind mit Hilfe eines deduktiv-nomologischen Zugangs bearbeitbar, wie im folgenden zu zeigen sein wird.

2.2.2.1. Interaktionismus und D-N-Erklärung

Mit der Charakterisierung von sozialem Handeln als symbolisch strukturiert, prozeßhaft und variabel (die im übrigen nie von den Vertretern des sog. normativen Paradigmas bestritten wurde) werden verschiedene Aspekte angesprochen, die auf der Objektebene zwar kaum trennbar sind, aber im Hinblick auf die methodologische Diskussion sinnvollerweise zu unterscheiden sind. So kann die Tatsache der symbolischen Strukturiertheit von Handlungen, also die Orientierung des Handelns von Ego an den **gedeuteten** verbalen und nonverbalen Äußerungen von Alter, zunächst als eigenständiges Explanandum aufgegriffen werden, welches u. U. zeitlich vor der "eigentlichen" Handlung von Ego liegt.

Im Beispiel: Person X nimmt in Kneipe A das an sie gerichtete Lächeln einer Person Y wahr, worauf X näher auf Y zugeht, Y zu einem Bier einlädt usw. In der Tat löst das Lächeln von Y nicht "mechanisch" ein Hingehen, Einladen etc. bei X aus, wie etwa eine Temperaturerhöhung das Volumen eines Gases ansteigen läßt, sondern die Geste "Lächeln" wird z.B. interpretiert als ein Zeichen von Sympathie und Gesprächsbereitschaft. Diese Interpretation einer Geste ist Voraussetzung für die folgende Handlungswahl von X. Zudem ist es meist nicht ein einzelnes Symbol, sondern eine Vielzahl von interpretierten Symbolen, die bei X eine subjektive Situationsdefinition generieren. Das Lächeln zu abendlicher Stunde in einem Lokal unterscheidet sich von dem Schadensfreude symbolisierenden Lächeln eines unsympathischen Kollegen am Arbeitsplatz nach einer mißlungenen Tätigkeit von X. Die gleiche Geste hat also je nach Situation unterschiedliche Bedeutung.

Im sozialen Kontext gibt es sicher sowohl die Möglichkeit, daß Symbole, Situationen bzw. Lebenswelten relativ verfestigt sind und damit nicht ständig einer neuen Interpretation ausgesetzt sind, als auch die (vom symbolischen Interaktionismus immer hervorgehobene) Möglichkeit und Notwendigkeit der Neu-Deutung und Neu-Interpretation von Symbolen. Letztere ist aber selbstverständlich auch einer deduktiv-nomologischen Erklärung zugänglich. Denn die Frage, warum X das Lächeln von Y als Zeichen der Sympathie interpretiert, kann z.B. das Explanandum einer Lerntheorie darstellen[1]. Auch die Tatsache, daß die Bedeutungszuschreibungen von Akteur zu Akteur nie völlig identisch sind, ändert nichts an ihrer prinzipiellen Erklärbarkeit. Diese Abweichungen stellen nur unterschiedliche Explananda einer Theorie dar, die solche variierende Interpretation zu erklären versucht, wie es z.B. im Rahmen der Sozio-Linguistik geschieht.

Weiter kann das interaktionistische Argument auf ein forschungstechnisches Problem hinweisen: Will man das Lächeln von Y erklären, so könnte dies durch eine Hypothese geschehen, die in der Dann-Komponente das theoretische Konstrukt "Symbolisierung von Kommunikationsbereitschaft" enthält. Ein empirischer Indikator für dieses Konstrukt kann "Lächeln" sein. Das Argument des variierenden Bedeutungsgehaltes eines Symbols wird dann zur Frage nach der Validität des Indikators für das Konstrukt, die (wie in Kap. 4 dargestellt) geklärt werden muß, gleichgültig, ob eine sozial- oder naturwissenschaftliche Theorie geprüft wird.
Wenn die Zuschreibung von Symbol und Bedeutung und die empirische valide Zuordnung von Symbolen zu theoretischen Konstrukten offensichtlich keinen Dualismus begründen, so bleibt - und dies ist WILSONs zentrales Argument - die Behauptung, daß ein Symbol, das eine Person "sendet", nicht deterministisch die Folgen dieser sozialen Handlung bestimmt.

---

[1] Dies wird im übrigen auch von Vertretern des Symbolischen Interaktionismus nicht bestritten (vgl. z.B. ROSE 1973). Nur am Rande sei erwähnt, daß Lerntheorien sich nicht auf simple Stimulus-Response-Mechanismen beschränken, sondern eine Reihe von gut bestätigten komplexen Erklärungsmodellen umfassen.

Dies ist sicher richtig: So kann X auf Y zugehen, ihn ansprechen, aber Y reagiert abweisend. Oder aber X und Y kommen ins Gespräch, es offenbaren sich jedoch völlig verschiedene Interessen oder Lebensauffassungen und die Kommunikation wird abgebrochen. Oder aber das Interesse aneinander nimmt infolge des Gesprächs zu und es entsteht ein dauerhafter Kontakt. Also - so könnte man sehr ungenau formulieren - erweist sich erst im Laufe der Interaktion, ob ein bestimmtes Symbol auch zu einem bestimmten Ergebnis führt.

Hieraus zieht der Symbolische Interaktionismus die Konsequenz, daß es nicht möglich (oder nicht sinnvoll) sei, eine Hypothese zu prüfen, die z.B. das Lächeln von Y mit dem "Ende" der Kneipeninteraktion (etwa dauerhafte Freundschaft) in Verbindung bringt. Entsprechend - so die Behauptung - versagt das deduktiv-nomologische Erklärungsschema bei der Erklärung sozialen Handelns. Diese Annahme ist jedoch nicht haltbar. Natürlich wird das Ergebnis der Kneipenkommunikation nicht ausschließlich von dem verursachenden Faktor "Lächeln" abhängig sein, sondern von den jeweiligen Resultaten der einzelnen Ereignisstellen des Prozesses. Jede Ereignisstelle wiederum kann und muß jedoch als ein eigenständiges Explanandum betrachtet werden, d.h. der gesamte Prozeß muß in (viele) Teilereignisse zerlegt werden, die zeitlich aufeinander aufbauen und die theoretisch und empirisch miteinander verbunden sind. Solche Erklärungen werden auch als "genetische Erklärungen" bezeichnet[1].

---

[1] Eine ausführlichere Darstellung der genetischen Erklärung (und ihrer unterschiedlichen Formen) geben STEGMÜLLER (1974a: 346-360) und HEMPEL (1977:170-177). Allgemein kann eine genetische Erklärung definiert werden "... als komplexer Vorgang, der zwei Erklärungskategorien miteinander verknüpft: Erklärungen von Ereignissen (nach dem deduktiv-nomologischen oder statistischen Erklärungsschema) und Erklärungen, d.h. Ableitungen, von Gesetzen aus anderen" (STEGMÜLLER 1974a:353).

Abbildung 2-5: Genetische Erklärung

$$S_1 \longrightarrow S_2 \longrightarrow S_3 \longrightarrow \ldots \longrightarrow S_n$$

Im konkreten Beispiel kann das Lächeln von Y als Ereignis S_1 angesehen werden, darauf folgt eine Reaktion von X auf die von ihm wahrgenommene Geste von Y, z.B. geht X zu Y und eröffnet ein Gespräch mit der Frage, ob er sich zu Y setzen dürfe (S_2); darauf antwortet Y bejahend (S_3) usw. Jedes einzelne dieser Ereignisse ist dabei ein erklärungsbedürftiges Phänomen, dessen exakte Erklärung jeweils einer empirisch gut bestätigten allgemeinen Theorie bedarf. Der Globalhypothese vom Zusammenhang einer symbolischen Geste und einer dauerhaften sozialen Interaktion liegt eine Erklärungskette zugrunde.

Der gleiche Erklärungstyp liegt auch bei vielen naturwissenschaftlichen Ereignissen vor. So wird etwa die Hypothese, daß ein Leck in der Ölwanne eines ansonsten funktionstüchtigen PKW zum Versagen des Motors führt, von einer Reihe gut bestätigter Theorien, die verschiedene Zustände kausal miteinander verbinden, gestützt: Durch das Leck rinnt Öl auf die Straße, das verlorene Öl kann nicht mehr durch die Pumpe an die Zylinderwände befördert werden, zuwenig Öl an den Zylinderwänden erhöht die Reibung zwischen Zylinder und Kolben, zunehmende Reibung erzeugt Reibungshitze, diese bewirkt die Ausdehnung des Kolbens, usw. bis hin zum Endereignis "Kolbenfresser". Jedes einzelne Ereignis wird durch physikalische Gesetze erklärt: Gesetze der Mechanik, der Thermodynamik, der Reibung etc.

Das grundlegende Prinzip, das solchen genetischen Erklärungen gemeinsam ist, kann als "Aneinanderreihung" von einzelnen deduktiv-nomologischen Erklärungen aufgefaßt werden, wobei die Dann-Komponente des Gesetzes, welches S_1 erklärt, zugleich Wenn-Komponente des Gesetzes ist, welches S_2 erklärt usw.

Obwohl hier nur das Prinzip einer genetischen Erklärung verdeutlicht werden kann, sollte doch klar sein, daß die Charakterisierung von sozialem Handeln als **wechselseitig, interdependent** oder (im naiven Sinne) **dialektisch** keineswegs im Widerspruch zur kausalen Erklärung steht. Auch die Prozeßhaftigkeit sozialen Handelns erweist sich nicht als Trennungslinie zwischen Sozial- und Naturwissenschaften.

Als wichtig hingegen stellt sich die präzise Formulierung von Forschungsfragen heraus, d.h. es ist zu überlegen, welches Ereignis, an welchem Ort, zu welcher Zeit erklärt werden soll. Denn häufig verbergen sich hinter Umschreibungen wie "wechselseitig" u.a. lediglich unpräzise Formulierungen oder resignative Einstellungen gegenüber der Vielschichtigkeit von Forschungsfragen. Hier sind jedoch pragmatische Entscheidungen zu treffen; auch genetische Erklärungen können nicht beim Beginn der Welt einsetzen und bei deren Ende aufhören, sondern es sind immer nur Teilstücke zu bearbeiten und diese auch nur in gewissen Aspekten.

Die Rekonstruktion der Argumente des Symbolischen Interaktionismus im Lichte der D-N-Erklärung läßt auch deutlich werden, wie sozialwissenschaftliche Kollektivhypothesen letztlich interpretierbar sind, nämlich als verkürzende Aussagen über individuelles Handeln. Hypothesen z.B. über gesellschaftliche Differenzierung und Reduktion von Komplexität, über den Grad von sozialer Ungleichheit in Gesellschaften und die Akzeptanz von politischen Ideologien sind als abstrakte Aussagen über Individuen und deren Handlungen genetisch rekonstruierbar und erklärbar.

Das heißt nicht, daß Makrophänomene wissenschaftlich nicht bedeutsam und prüfenswert sind, im Gegenteil: Wenn sie empirisch bestätigt sind, ermöglichen sie eine bewußte und planvolle Gestaltung des gesellschaftlichen Lebens. Auch dies ist in den Naturwissenschaften nicht anders: Das Boyle-Mariottesche Gesetz, das bekanntlich Druck, Temperatur und Volumen von Gasen in Beziehung setzt, war in vielfältiger Hinsicht nützlich, aber die Anomalien dieser Theorie konnten erst durch die kinetische Gastheorie, die Bewegungen der Gasmoleküle entdeckte und erklärte, beseitigt werden. Obgleich Moleküle und handelnde Individuen sicherlich nicht gleichgesetzt werden können, ist jedoch die **Struktur** der Erklärung in beiden Fällen dieselbe - und nur darum geht es in der hier vertretenen Position des Methodenmonismus.

Schließlich sei noch auf ein anderes denkbares Mißverständnis hingewiesen. Das Argument der situativen Interpretation oder Handlung kann auch so aufgefaßt werden, daß jede Handlung oder Deutung individuell verschieden ist, also z.B. kein Lächeln mit einem anderen Lächeln völlig identisch ist. Dann wäre der behauptete Unterschied zwischen Natur und Sozialwissenschaften in der "Individualität und Einzigartigkeit" von sozialen Phänomenen zu sehen. Richtig ist sicherlich, daß Menschen oder ihre Handlungen im Hinblick auf physische, psychische, räumliche oder zeitliche Parameter nicht völlig identisch und insofern individuell bzw. einzigartig sind. Dieser Sachverhalt trifft in gleicher Weise jedoch auch auf alle naturwissenschaftlichen Ereignisse zu: Kein Stein, kein Gas, kein Molekül ist identisch mit einem anderen Objekt der gleichen Klasse und entsprechend ist auch jedes naturwissenschaftliche Ereignis durch eine einmalige Konstellation von Randbedingungen gekennzeichnet. Jeder Fall eines Steines zur Erde unterscheidet sich von einem anderen Steinfall insofern, als Ort, Zeit, Sternenkonstellation, Luftdruck etc. variieren. Hier muß man sich jedoch verdeutlichen, daß eine Erklärung immer nur bestimmte Aspekte eines Phänomens betrifft und nie ein Ereignis in seiner Totalität zum Gegenstand hat; letzteres ist unmöglich.
Betrachtet man z.B. das Lächeln der Person X, so zeigt sich, daß hier "lediglich" die soziale Komponente dieser Handlung tangiert wird. Daneben hat das Ereignis eine Vielzahl weiterer Aspekte, die von den vorgeschlagenen Erklärungen nicht berührt werden: physiologische (z.B. Stoffwechselaktivierung), physikalische (z.B. Muskelkontraktionen), neurologische (z. B. Neuronenerregung) u.a., wobei jeweils wiederum speziellere Dimensionen gesondert erklärt werden können. Eine vollständige Erklärung eines Ereignisses würde zunächst eine vollständige Beschreibung voraussetzen. Bereits diese kann jedoch nicht geleistet werden, da der Vollständigkeitsanspruch "die Angabe sämtlicher Relationen zu allen übrigen Ereignissen des Universums" (STEGMÜLLER 1974a:337; HEMPEL 1977:137f.) enthält. Insofern können immer nur bestimmte Aspekte eines Phänomens beschrieben und erklärt werden.

Weiter ist zu beachten, "wie" solche - gleichgültig, ob natur- oder sozialwissenschaftliche - Ereignisse erklärt werden: Die singulären Ereignisse als Bestandteile einer Erklärung oder Prognose werden nicht in ihrer Individualität **an sich** erklärt, sondern stellen konkrete Fälle **einer Klasse** von Ereignissen dar (STEGMÜLLER 1974a:337; HEMPEL 1977:139). So sind der Feldzug Napoleons gegen Preußen, der Auftritt von Janis Joplin in Woodstock, die Stimmabgabe des Arbeitnehmers Müller bei der Bundestagswahl zwar individuell und einzigartig, aber sie können potentiell durch Gesetze erklärt werden, deren Objektbereich (z. B. feudale Herrscher, Rockmusikerinnen, Arbeitnehmer) diese Individuen einschließt und die Feldzüge, Konzerte und Stimmabgaben als Dann-Komponente enthalten.

Damit bleibt festzuhalten, daß weder die unbestrittene symbolische Orientierung, noch die Prozeßhaftigkeit, noch die Individualität von sozialem Handeln eine Ablehnung des allgemeinen Erklärungsmodells bzw. einen Methodendualismus begründen.

2.2.2.2. Verstehen statt Erklären?

Auch die zweite zentrale Annahme interaktionistischer Ansätze, die Intentionalität von sozialem Handeln, ist der Erklärung zugänglich. Selbstverständlich verfolgen Menschen in ihren Handlungen bestimmte Ziele, sie haben bestimmte Motive und handeln aus ethischen und ökonomischen Gründen etc. Bei der Handlungsauswahl spielen Situationsinterpretationen eine entscheidende Rolle: Man überlegt, ob in der gegebenen, d.h. subjektiv gedeuteten, Situation zweckmäßigerweise die Handlung A durchzuführen sei, um einen gewünschten Zustand herzustellen. Der Akteur legt sich sozusagen eine eigene "Handlungstheorie" zurecht, in der er verschiedene, nach seiner Erfahrung relevante Faktoren abwägt. So mag sich obige Person Y eine Reihe von Punkten überlegt haben, bevor sie sich zu einem 'Anlächeln' von X entschieden hat: Sie weiß, daß ein Lächeln Gesprächsbereitschaft symbolisiert, sie möchte mit X in Kontakt kommen, sie schätzt die Situation ein (ist X allein oder in Begleitung, die hinderlich sein könnte?), sie bedenkt mögliche andere Strategien (direktes Ansprechen, räumliches Näherrücken etc.) und vergleicht alternative Handlungsziele (Kinobesuch statt Kontaktaufnahme u.a.). Danach wird sie sich dann u. U. zur Handlung entschließen. Bei diesem Entschluß wird sie davon ausgehen, daß ihre "Handlungstheorie" bzw. Alltagstheorie richtig ist und zum Erfolg führt. Einer sozialen Handlung können also sehr komplexe Überlegungen und Einschätzungen vorausgehen, deren Ergebnis die Ursache für eine Handlung darstellt.

Eine sozialwissenschaftliche Erklärung muß dies mit berücksichtigen und ist deshalb häufig auch komplexer, als es in Lehrbuchbeispielen zum Ausdruck kommt. Entscheidend ist jedoch, daß auch diese Erklärung selbst gänzlich mit dem

H-O-Schema übereinstimmt[1]. Zur Erklärung der Handlung in obigem Beispiel benötigt man dazu noch eine allgemeine Theorie, denn die Alltagstheorie des Akteurs ist ja u. U. nur eine "Theorie", die für diesen speziellen Akteur mit speziellen Motiven und Kenntnissen in einer speziellen Situation gilt; sie ist also je nach Fragestellung Explanandum oder Randbedingung. In Abbildung 2-6 wird eine solche einfache allgemeine Handlungstheorie angenommen (ESSER u.a. 1977b: 126; STEGMÜLLER 1979:109-122).

Abbildung 2-6: Erklärung intentionaler Handlungen

Gesetze:

G 1. Wenn Akteure annehmen, daß Handlung A eine notwendige Bedingung für die Realisierung eines Zielzustandes Z ist, und wenn Akteure Z anstreben, dann werden die Akteure nach A handeln.

G 2. Akteure handeln nach 1, wenn sie kein Hindernis für die Handlung A wahrnehmen.

G 3. Akteure handeln nach 1 und 2, wenn es zur Handlung A nach ihrer Meinung keine sicherere Handlungsalternative gibt.

G 4. Akteure handeln nach 1, 2 und 3, wenn es in der Situation S keine attraktiveren Zielzustände als Z gibt, die ihnen erreichbar scheinen.

Randbedingungen:

- Person Y glaubt, daß sie Person X anlächeln muß, um mit ihr ins Gespräch zu kommen.
- Person Y will mit Person X ins Gespräch kommen.
- Person Y sieht keine Hindernisse für das Anlächeln von X.
- Person Y glaubt, daß es kein sichereres Mittel als das Anlächeln zur Einleitung eines Gesprächs gibt.
- Person Y schätzt den Wert eines Gesprächs mit X höher ein als andere denkbare Zielzustände in der Situation S.

Explanandum: Person Y lächelt X an.

---

[1] Die Diskussion um die Frage der Subsumierbarkeit von intentionalen Handlungen unter das H-O-Schema der Erklärung wurde vor allem von G.H. v. WRIGHT (1974) beeinflußt. Er versuchte, ausgehend von der Idee des sog. praktischen Syllogismus, ein eigenständiges Erklärungsmodell für soziales Handeln zu entwickeln, welches ohne allgemeine Theorien arbeitet. Es zeigte sich jedoch, daß WRIGHTs Vorschläge dies **nicht** leisten, sondern eine angemessene Interpretation wieder zum H-O-Schema führt (STEGMÜLLER 1979:103-122; ABEL 1983:125ff; BECKERMANN 1985:48-55; CHURCHLAND 1985).

Für die konkrete Erklärung dieser Handlung muß **die allgemeine Handlungstheorie (G1 bis G4)** empirisch bestätigt sein und **nicht die subjektiven Annahmen** des Akteurs, die ihn zu einer Aktion bewegen. Ob **seine** Annahmen objektiv richtig oder falsch sind, ist für die Geltung des allgemeinen Gesetzes und die korrekte Erklärung irrelevant (allerdings für das Erreichen seines Zieles möglicherweise ausschlaggebend). Entscheidend ist, daß der Akteur "seine Theorie" für wahr hält und sein Handeln darauf aufbaut.

Handlungen müssen aber keineswegs immer als zweckrational angesehen werden, wie diese Beispiele vielleicht nahelegen könnten, um nomologisch erklärbar zu sein. Ein großer Teil des Alltagshandelns mag auf den ersten Blick einem Modell des bewußt planenden Akteurs widersprechen, insofern es sich gerade einerseits durch eine gewisse "Mechanik" oder andererseits "Spontaneität" kennzeichnen läßt. So laufen viele Handlungen geradezu routiniert ab, kein beteiligter Akteur wägt jede Aktion bewußt ab, von geplanten und kalkulierten Handlungen kann kaum geredet werden. Gelegentlich wäre eine solche Handlungsplanung auch mit fatalen Konsequenzen behaftet, wie ein Beispiel aus dem Straßenverkehr verdeutlicht: Ein Autofahrer, der in einer schwierigen Verkehrssituation anstelle einer Notbremsung zuerst eine ausgiebige Handlungskalkulation vornimmt, kann sich und anderen großen Schaden zufügen. Aber die Vollbremsung als "spontane" Handlung geschieht ja andererseits nicht "unüberlegt", denn in der Fahrschule lernt ein Fahrer diese Verhaltensweise in bestimmten Verkehrssituationen als zweckrationale kennen. Durch Lernprozesse (Internalisierung, Generalisierung) können Handlungstendenzen zu Verhaltensdispositionen werden, deren rationaler Hintergrund dem Akteur gar nicht mehr bewußt ist. Durch den Rückgriff auf eine so erlernte Disposition bleibt die Struktur der entsprechenden Erklärung völlig erhalten, lediglich die Anzahl der zu berücksichtigenden Komponenten im Explanans wird dadurch verringert, daß die angenommene Disposition als alleinige Ursache in Betracht kommt (HEMPEL 1977:216ff.). Beide - "unbewußte" und "bewußte" Handlungen - sind lediglich theoretisch extreme Handlungstypen, empirisch existieren vielfältige Mischformen, deren Erklärung jedoch **keines** eigenständigen Erklärungsmodells bedarf. Denn nicht zuletzt im Anschluß an M. WEBER sind sozialwissenschaftliche Handlungstheorien entwickelt worden, die eine Reihe von handlungsdeterminierenden Faktoren berücksichtigen: Motive, Wünsche, Kognitionen, Attribuierungsstile, Haupt- und Nebenfolgen u.a. (vgl. z.B. LANGENHEDER 1975).

Vor einem möglichen Mißverständnis sei an dieser Stelle ausdrücklich gewarnt. Man könnte handlungstheoretische Erklärungen leicht für trivial oder gar tautologisch halten. Aussagen wie "ein Akteur handelte so und nicht anders, weil es für ihn zweckmäßig, kostengünstig oder die beste Alternative war" sind nur dann trivial, wenn sie ex post einem Handeln unterstellt werden. Sehr viele Handlungen lassen sich im nachhinein als subjektiv rationale Aktionen rekonstruieren. Aber solche Aussagen sind noch keine Theorien bzw. Erklärungen (auch wenn der Hinweis auf rationales Handeln gelegentlich als Kurzformel einer Erklärung gemeint ist), sondern sie dienen eher zur Kennzeichnung eines theoretisch angenommenen Entscheidungsaktes eines Akteurs für oder gegen eine bestimmte Handlung, die erklärt werden soll. Sie umschreiben somit den Kern jener subjektiven Alltagstheorien (die Koordination und Beurteilung von Motiven, Situationen, Folgenabwägungen etc.), die die Ursache einer Handlung sein können. Daß gerade handlungstheoretische Erklärungen keineswegs einfach sind, tritt deutlich zutage, wenn ein exakter Theorietest bzw. eine Prognose auf ihrer Grundlage vorgenommen werden soll. Es genügt ja offensichtlich nicht "vorherzusagen", daß Handlungen kostengünstig, subjektiv rational etc. sein werden.

Vielmehr ist es notwendig, die in der Handlungstheorie als relevant angenommenen Faktoren zu operationalisieren und zu erheben. Von zentraler Bedeutung ist dabei, daß die theoretisch vermuteten Intentionen bzw. subjektiven Alltagstheorien logisch und empirisch-operational **unabhängig** von der Handlung ermittelt werden. Würde hingegen eine Handlung **als Indikator** für eine Intention angenommen, wäre die Argumentation in der Tat zirkulär und trivial. Eine solche unangemessene "Selbsterklärung" würde Ursache und Wirkung **logisch** verknüpfen, was selbstverständlich unzulässig ist und was bei der Diskussion um intentionale Erklärungen eine Reihe von Mißverständnissen ausgelöst hat. Dieses (Schein-)Argument liegt einer Reihe von Begründungsversuchen für eine eigenständige sozialwissenschaftliche Methodologie zugrunde (ABEL 1983:125ff.; BECKERMANN 1985:38-47). Im vorhergehenden Beispiel sind zur Überprüfung der Theorie (Gesetze 1 bis 4) alle in den Randbedingungen und im Explanandum angegebenen Zustände der Person Y (als Operationalisierung der Theorie) empirisch zu ermitteln. Behält man dabei weiter im Auge, daß dieses Beispiel nicht alle u. U. relevanten Variablen berücksichtigt (so wurde z.B. die Frage, wie verschiedene Handlungsstrategien subjektiv nach ihrer "Sicherheit bezüglich der Zielerreichung" abgewägt werden, gar nicht thematisiert), so kann wohl kaum von Trivialitäten geredet werden. Grundsätzlich unterscheidet sich somit die theoretische Erklärung und empirische Überprüfung von Handlungstheorien nicht von der Vorgehensweise bei anderen Phänomenen.

Anstelle deduktiver Erklärung beschränkt sich der Symbolische Interaktionismus weitgehend auf eine Methodologie, die ihre Hauptaufgabe im verstehenden Nachvollzug von sozialen Handlungen sieht. Dabei orientiert sich diese Richtung an der völlig unstrittigen Erkenntnis, nach der soziales Handeln im empathischen Sinne verstehensfähig ist, anders als naturwissenschaftliche Phänomene. Es macht schlicht keinen "Sinn", sich in die Rolle von Molekülen oder Planeten zu versetzen und ihre Bewegungen nachzuvollziehen, da diesen Objekten keine Intentionalität, die die Bewegungen verursachen könnte, zugeschrieben werden kann. Für eine sozialwissenschaftliche Theorierichtung, die gerade diesen Aspekt sozialen Handelns besonders betont, ist dann eine hohe Affinität zu qualitativen empirischen Methoden verständlich[1]. Dabei wird **unterstellt**, daß die besondere Lebensnähe qualitativer Verfahren in exponierter Weise zur Rekonstruktion des Handlungssinns geeignet sei.

---

[1] WILSON selbst nimmt seine Favorisierung qualitativer Verfahren 1982 zumindest teilweise wieder zurück. Qualitative und quantitative Verfahren werden - ebenso wie die unzulässige Konfrontation zwischen Erklären und Verstehen - deutlich relativiert (WILSON 1982).

Aber die Annahme, daß die Methode des Sinnverstehens sich gänzlich von einer Erklärung unterscheidet, ist nicht haltbar, wie eine Explikation dieses Vorgehens zeigt. Die Forderung an den Sozialforscher, den Standpunkt des Akteurs (mental) zu übernehmen, seine Motive, Ziele, Situationsinterpretationen nachzuvollziehen (WILSON 1973:61f.), sich in seine Lage zu versetzen etc., kommt **nicht** ohne die Verwendung von allgemeinen Theorien aus. Der gegenteilige Eindruck entsteht lediglich deshalb, weil die hierfür notwendigen allgemeinen Theorien nicht explizit gemacht werden und ihre kritische Diskussion zumeist unterbleibt.

Auch dies sei an einem einfachen Beispiel gezeigt: In einer Parteiversammlung votiert eine Person X gegen einen Leitantrag, der den weiteren Ausbau der friedlichen Nutzung der Atomenergie enthält. Sichtbar ist für den Beobachter (Forscher) dabei lediglich das Handheben der Person X auf eine entsprechende Frage des Versammlungsleiters. Was bedeutet es nun, diese Handlung zu verstehen, ihren Sinn zu rekonstruieren? Der Forscher "versetzt" sich in die Situation von X; er sammelt Informationen (durch Befragen von Freunden von X, ein persönliches Gespräch mit X, oder er prüft das Abstimmungsverhalten, die Redebeiträge etc. von X in früheren oder folgenden Parteiversammlungen). Diese Informationen setzt er zu einem Bild zusammen, welches die Motive, Kenntnisse, subjektiven Situationsinterpretationen u.a. von X wiedergibt, und bringt diese "Gründe" in Verbindung mit dem konkreten Abstimmungsverhalten von X in der speziellen Situation. So wird das Handeln verständlich: X lehnt den Antrag z.B. ab, weil er sich intensiv mit dieser Technologie beschäftigt hat und große Risiken in ihr erblickt oder weil er von einflußreichen Parteifreunden dazu überredet wurde, die ihn in anderen Bereichen protegieren, o. ä. Bei einer solchen Vorgehensweise wird aber die Geltung allgemeiner Hypothesen (Theorien) angenommen. Wenn man sich in die Lage eines Akteurs versetzt, seine Motive, Kognitionen und situativen Handlungsalternativen mental übernimmt, so besteht der Verstehensakt, das Evidenzerlebnis des Verstehenden, ja gerade in der Tatsache, daß jeder Akteur, der die gleichen psychischen Zustände in einer handlungsbezogenen Situation aufweist, auch genauso handeln würde. Und diese Annahme entspricht einer allgemeinen Theorie.

Zu der Frage, ob solche "verstehenden Erklärungen" eine besondere Logik bzw. Methodologie der Sozialwissenschaften erfordern, schreibt E. NAGEL:

"Mit dem Risiko, Selbstverständliches zu sagen, will ich doch die Gründe dafür angeben, daß die Antwort negativ ist. Die Unterstellung von Gefühlen, Attitüden und Zwecken zur Erklärung von beobachtbarem Verhalten beinhaltet zwei Hypothesen und sie ist nicht selbstverständlich, sondern bedarf eines Beweises, der in Übereinstimmung mit den üblichen Regeln empirischer Forschung erbracht werden muß. Es handelt sich um zwei Hypothesen, da einerseits angenommen wird, daß die an einem sozialen Phänomen beteiligten Akteure sich in bestimmten psychischen Zuständen befinden, und andererseits, daß zwischen diesen Zuständen und bestimmten beobachtbaren Verhaltensweisen ganz bestimmte Zusammenhänge bestehen. Wie aber die weniger naiven Exponenten 'sinnhafter' Erklärungen selbst betonen, ist es im allgemeinen nicht leicht, sowohl für die eine als auch für die andere Annahme zuverlässiges Beweismaterial zu gewinnen. Wir können uns zwar in der Vorstellung mit einem Weizenhändler identifizieren und uns überlegen, wie wir uns angesichts der Probleme eines fluktuierenden Marktes verhalten würden. Aber Vermutungen - wie notwendig sie für den Prozeß der Tatsachenforschung auch immer sein mögen - sind keine Tatsachen. Keine der psychischen Konstellationen, mit denen wir die Subjekte unserer Untersuchung in der Vorstellung ausstatten, mag in Wirklichkeit zutreffen. Sollten unsere Unterstellungen aber sogar richtig sein, so mag uns dennoch keine der beobachtbaren Verhaltensweisen, die angeblich aus diesen Unterstellungen folgen, im Lichte unserer eigenen Erfahrungen 'verständlich' oder 'begründet' erscheinen. Wenn die Geschichte der anthropologischen Forschung irgend etwas bestätigt, so sind es die Fehler, die von Forschern begangen werden, wenn sie menschliche Verhaltensweisen im Rahmen fremder Kulturen in Kategorien interpretieren, die sie unkritisch aus ihrem begrenzten persönlichen Leben abstrahieren" (NAGEL 1972:79).

Wenn also solche Erklärungen nicht auf dem Stand einer (vom Forscher aus gesehenen) "subjektiven Erklärung" bleiben sollen, so müssen sie allgemein formuliert und geprüft werden. Damit ergeben sich aber auch alle grundsätzlichen wissenschaftstheoretischen Probleme einer korrekten Erklärung (vgl. Kap. 2.1). Ganz ohne Zweifel ist die Technik des "Verstehens" eine äußerst wichtige heuristische Quelle für Hypothesen und Theorien in den Sozialwissenschaften. Die objektive empirische Überprüfung der so gewonnenen Vermutungen kann jedoch nicht durch den Hinweis darauf ersetzt werden, daß ein bestimmtes Handeln sinnvoll, plausibel oder nachvollziehbar ist. Denn durch die (ungeprüfte) Unterstellung von Verhaltensdispositionen (und sei es die, daß ein Akteur "verrückt" sei) kann jede Handlung verstehbar gemacht werden (STEGMÜLLER 1974a:365).

Darüber hinaus ist die Methode des Verstehens ungeeignet zur Erklärung von nicht-intendierten Konsequenzen von Handlungen, die im Grunde die interessanteste und wichtigste Aufgabe der Sozialwissenschaften darstellt (BOUDON 1979, 1980). Als Beispiel kann der bekannte sogenannte "Schweinezyklus" aus der Ökonomie herangezogen werden: Wenn die Preise für Schweinefleisch zu einem Zeitpunkt t_1 hoch sind, produzieren (züchten) Landwirte in der Folgezeit t_2 vermehrt Schweine, um an den hohen Preisen zu partizipieren. Dies führt dazu, daß zum Zeitpunkt t_3 ein wesentlich größeres Angebot von Fleisch auf dem Markt ist, wodurch (bei konstanter Nachfrage) die Preise zum Zeitpunkt t_4 fallen. Die Landwirte, die bei t_2 die Produktion ausweiteten, machen also zur Verkaufszeit t_4 nicht die erhofften Gewinne, sondern u. U. Verluste. Als Folge wird die Produktion reduziert, dadurch steigen die Preise wieder.

Eine verstehende Analyse des Verhaltens eines solchen Landwirtes käme ohne Zweifel zu dem Ergebnis, daß sich ein solcher Akteur zweckrational verhält. Seine **subjektive** Alltagstheorie ist verständlich: Er nimmt den hohen Preis für ein Produkt wahr, er hofft, bei diesen Preisen einen hohen Gewinn machen zu können, und nimmt die Produktion auf. Eine nur verstehende Theorie kann auch **nicht mehr** als diese Erkenntnis über das Handeln feststellen. Was der Landwirt übersieht, genau wie der **nur verstehende** Sozialwissenschaftler, ist die Geltung der allgemeinen Theorie: Wenn auf freien Märkten das Angebot steigt, sinken bei gleichbleibender Nachfrage die Preise. Da dieses Wissen nicht Bestandteil der Alltagstheorie ist, wird von den Akteuren auch nicht das Verhalten der anderen Marktteilnehmer antizipiert, welches zu dem paradoxen Effekt führt, daß alle Akteure subjektiv vernünftig ein Ziel anstreben und gerade dadurch die Zielerreichung unmöglich wird[1]. Hier wird dann aber auch ein zentraler Unterschied zwischen sozial- und

---

[1] Schließlich ist an dieser Stelle auf eine weitere Art des Verstehens hinzuweisen. Das bisher skizzierte Verstehen wird im Anschluß an Wilhelm DILTHEY auch als sekundäres Verstehen bezeichnet. Daneben gibt es ein hermeneutisches Verstehen im engeren Sinne (Hermeneutik ist die Lehre von der Interpretation von (fixierten) Kulturerzeugnissen, Texten, Kunstwerken, Bauten etc.). Bei DILTHEY zielen solche Interpretationen - im Anschluß an die Hegelsche Philosophie - darauf, die Manifestationen des "objektiven Geistes" (eines endgültigen Geschichtstelos) zu erfassen.

naturwissenschaftlichen Objekten deutlich. Individuen können (wissenschaftliche) Theorien über ihr Handeln zum Bestandteil ihrer handlungsrelevanten Alltagstheorien machen. Genau dieser Vorgang liegt z.B. dem Phänomen "sich selbst bestätigender Vorhersagen" (self-fulfilling prophecy) zugrunde (MERTON 1972). So kann sich ein falsches alltägliches Gerücht über Zukünftiges oder eine falsche wissenschaftliche Vorhersage faktisch bewahrheiten, wenn sie von den Akteuren für richtig gehalten wird und in ihre Handlungsplanung eingeht: Prophezeit man einem Studenten, der objektiv die Fähigkeiten zum Bestehen einer Statistikprüfung hat, daß er diese niemals bestehen werde, und glaubt er dieser Prophezeihung, so stellt er unter Umständen alle seine Bemühungen ein und fällt deshalb unnötigerweise tatsächlich durch die Prüfung.

Die Methode des Verstehens kann somit keine Alternative zur Erklärung in den Sozialwissenschaften sein. Die mentale Übernahme des Standpunktes eines handelnden Individuums und die sinnhafte Rekonstruktion seiner Handlung bedarf, wenn sie nicht nur die Qualität einer subjektiven Interpretation des Forschers haben soll, der objektiven, d.h. intersubjektiven empirischen Überprüfung mit Hilfe der Techniken der empirischen Sozialforschung.

Solche metaphysischen Vorstellungen, daß die Geschichte zu einem "Ende" drängt, und die gesellschaftliche Entwicklung weitgehend unabhängig von individuellen Handlungen einem übergeordneten Ziel zustrebt, sind auch in den Sozialwissenschaften noch nicht überwunden. Nicht zuletzt in einigen makrosoziologischen Theorien existieren **ähnliche** Vorstellungen weiter. Man spricht von 'holistischen' bzw. 'kollektivistischen' Theorieansätzen. All diesen Theorien ist der (Aber-)Glaube gemeinsam, daß gesellschaftliche Strukturen und deren Veränderung nicht allein aus individuellen Handlungen **und** den sich hieraus ergebenden Effekten erklärbar sind. Ein klassisches Beispiel hierfür ist DURKHEIMs "conscience collective" (zur Kritik geschichtsteleologischer Weltbilder vgl. POPPER 1971; eine Analyse der kollektivistischen sozialwissenschaftlichen Theorien und ihres Gegenstücks einer individualistischen Orientierung gibt VANBERG 1975).

2.2.3. Konstruktivismus, Anarchismus und die Methodologie von Forschungsprogrammen

Die aufgezeigten Probleme bei der empirischen Begründung von Theorien haben in der wissenschaftstheoretischen Diskussion verschiedene Reaktionen ausgelöst, die mit den Schlagworten "Konstruktivismus" (bzw. "Konventionalismus"), "methodologischer Anarchismus" und "Methodologie von Forschungsprogrammen" umschrieben werden. Diese Konzeptionen können alle als Reaktionen auf das Zusammenspiel von Beobachtungen, Instrumententheorien und Kerntheorie bei der Theorieprüfung begriffen werden.

2.2.3.1. Konstruktivismus

Als Vertreter einer konstruktivistischen[1] Methodologie, der insbesondere auch die praktische Sozialforschung im Auge hat, kann K. HOLZKAMP (1968, 1972, 1981) gelten. HOLZKAMP schließt sich zunächst POPPERs Meinung an, Verifikation von Theorien sei nicht möglich. Er bestreitet jedoch auch die Möglichkeit einer Falsifikation und knüpft dabei an das Basissatzproblem an. Vor allem beklagt er die Forschungspraxis, die offensichtlich nicht nach Widerlegung strebt, sondern bei Widersprüchen von Beobachtungen und Theorien weiterhin an der Theorie festhält und diese Widersprüche Störvariablen (nicht kontrollierten Zusatzfaktoren, also Verletzungen der ceteris-paribus-Klausel) zuschreibt. Diese gängige Praxis wird als Exhaustion von Theorien bezeichnet und zur Methodologie, d.h. zur Verfahrensregel der Theorieprüfung, ausgebaut, wodurch der Antagonismus von praktischer Sozialforschung und Wissenschaftstheorie beseitigt werden soll (HOLZKAMP

---

[1] Als Konstruktivismus bezeichnet man jene Denkrichtung, die alles Wissen über die Welt als Funktion der begrifflichen und sprachlichen Möglichkeiten des Menschen betrachtet. Erkenntnis beruht dabei nicht auf der Prüfung von Vermutungen (Theorien), sondern auf der Herstellung von Übereinstimmung zwischen Denken (Theorie) und Realität (ESSER u.a. 1977a:227f.). Der Konstruktivismus als philosophische Tradition existiert in vielerlei Schattierungen, HOLZKAMP bezieht sich explizit auf DINGLER (1928).

1972:89ff.). Ausgehend von einem Primat der Theorie, aus dem heraus Ereignisse, Gegenstände nicht beschrieben oder erklärt, sondern nach Regeln erzeugt, konstruiert werden sollen, ist der "Wille zur Eindeutigkeit" das Motiv wissenschaftlicher Arbeiten. Das Streben nach Eindeutigkeit (der Konstruktion der Welt) ist unterscheidbar nach einer "systemimmanenten" und "systemtransparenten" Eindeutigkeit. Immanent sind Theorien nach dem Grade ihrer logischen Konsistenz (von allgemeinen zu speziellen Aussagen). Wissenschaft entwickelt allgemeine Aussagen, aus denen sich spezielle Aussagen (über konkrete Ereignisse) ableiten lassen. Je mehr "Jetzt-und-Hier-Aussagen" möglich sind, um so höher ist die systemimmanente Eindeutigkeit, auch Integrationsgrad genannt (HOLZKAMP 1972:92f.). Transparenz bezeichnet hingegen den Grad, in dem aus einer Theorie (deduktiv folgend) reale Verhältnisse abgeleitet oder hergestellt werden können. Eine Theorie beschreibt und erklärt also weniger, als daß sie zur Realisation von konkreten Zuständen auffordert. Das Gelingen einer Realisation ist dabei immer auch von der Abwesenheit von Störvariablen abhängig. Je nach dem Maß der Übereinstimmung von praktischer Realisation (Daten, Beobachtungssätze) mit den theoretisch deduzierten Ereignissen erfolgt Exhaustion (bei Widersprüchen) oder nicht (bei völliger Übereinstimmung). Die Exhaustion ist jedoch nur dann möglich, wenn die Annahme von störenden Bedingungen auch begründet werden kann. Ist dies nicht möglich, gilt die Theorie als "belastet" (HOLZKAMP 1968:159ff.). Die echte Belastetheit von Theorien wiederum verringert ihren Realisationsgrad. Der Gesamtwert einer Theorie ist dann gleich dem Produkt aus Integrationsgrad und Realisationsgrad (HOLZKAMP 1972:95ff.).

HOLZKAMP gibt danach alle herkömmlichen Ansprüche der Wissenschaft auf: "reine Wahrheit", "sichere Erkenntnis", "Bestätigung von Theorien" und auch den Gedanken der Falsifikation. Er stellt dann konsequenterweise die Frage nach dem "Wozu" von Wissenschaft überhaupt. Wenn die Idee von der objektiven empirischen Begründung von Theorien aufgegeben wird, braucht die Forschungsarbeit eine andere, außerwissenschaftliche Legitimation. HOLZKAMP findet sie in der sogenannten kritisch-emanzipatorischen Wende (HOLZKAMP 1972:99ff.) bzw. in

der (auf sein Fachgebiet bezogenen) kritischen Psychologie. Das neue Ziel heißt dann: "Die Verkehrung zwischen Konkretheit und Abstraktheit menschlicher Verhältnisse aufzuheben" (HOLZKAMP 1972:110), "Überwindung der bestehenden Herrschaftsverhältnisse", "Entschleierung der Klassenantagonismen" usw. (HOLZKAMP 1972:99-120). Damit werden normative Fragmente des Marxismus zur Begründung von Theorien oder - wenn man so will - zum Kriterium von Realisation herangezogen. Nicht mehr die Übereinstimmung von Theorie und Realität ist ausschlaggebend, sondern die "wissenschaftliche" Unterstützung oder Verhinderung von gesellschaftlichen Zuständen. Mit Hilfe der gleichen Argumentation sind freilich auch alle anderen gesellschaftspolitischen Ideologien (religiöse, totalitäre, demokratische) zu rechtfertigen. Nochmals sei hier darauf hingewiesen, daß es nicht darum geht, marxistische, sozialistische oder andere Ideen als überflüssig, unsinnig oder nicht wünschenswert zu kennzeichnen - im Gegenteil. Aber wer Theorien so begründen will, läuft - trotz guter Absichten - Gefahr, das Gegenteil zu erreichen (ALBERT 1973:38ff.).
Hält man an der Idee der Begründung von Theorien durch Konfrontation mit der Realität fest, so bleibt zu fragen, wie das Basissatzproblem bei HOLZKAMP gelöst wird. Theorien werden nach dem Konstruktivismus erst dann revidiert bzw. verworfen, wenn sie "echt belastet" sind, d.h. wenn sie sich hartnäckigen Realisationsversuchen entziehen und dies nicht an mangelnden Realisationsmöglichkeiten (z.B. keine Option zur experimentellen Umsetzung in der Lebenswelt, fehlende Meßinstrumente) und/oder dem Unvermögen des Forschers liegt (HOLZKAMP 1968:159). Es fehlt jedoch ein Kriterium, mit dessen Hilfe zu entscheiden ist, ob die Realisation nun an den Störbedingungen (z.B. falsche Instrumententheorie) oder an der fehlerhaften Kerntheorie scheitert (MÜNCH/SCHMIDT 1973).

Neben der Position von HOLZKAMP gibt es zwei weitere, sich selbst als "Konstruktivismus" bezeichnende Ansätze: der "Radikale Konstruktivismus"[1] und die

---

[1] Theorien werden nicht als "wahr" oder "falsch", sondern als mehr oder weniger "nützlich" interpretiert: Basierend auf neurophysiologischen Theorien wird die

sogenannte "Erlanger Schule"[1]. Beide können hier nicht erörtert werden.

2.2.3.2. Zur Struktur wissenschaftlicher Revolutionen

Wesentlich einflußreicher als die Arbeiten von HOLZKAMP war und ist die Analyse von T. S. KUHN zur "Struktur wissenschaftlicher Revolutionen", in der das Verhältnis von Falsifikation und praktischem Forschungsbetrieb zum Gegenstand einer historischen Analyse wird. Diese Untersuchung hat eine breite und noch anhaltende Diskussion um die Idee des wissenschaftlichen Fortschritts entfacht, die nicht als abgeschlossen gelten kann. KUHN versucht, in seiner Analyse zu zeigen, daß - historisch betrachtet - Theorien nicht falsifiziert werden und dann durch neue, bessere, d.h. besser bestätigte, ersetzt werden, es also in der Praxis keine kumulative Wissensvermehrung gibt. KUHN glaubt, zwei verschiedene Phasen des wissenschaftlichen Arbeitens charakterisieren zu können: "Phasen normaler Wissenschaft" und Perioden "wissenschaftlicher Revolution". Erstere ist dadurch charakterisiert, daß innerhalb eines nicht bezweifelten sog. theoretischen "Paradigmas" praktische Probleme ("Rätsel") gelöst werden. Ein Paradigma beinhaltet eine Theorie, praktische Anwendungsmöglichkeiten dieser Theorie und häufig nicht explizit genannte Hintergrundannahmen. "Rätsellösen" heißt, aufgrund eines Paradigmas Anwendungsfälle suchen, erweiternde und spezifizierende Theoriemodifikationen vornehmen usw. (KUHN 1976:39ff.)[2]. Diese Art "normaler Wissen-

---

objektive Erkennbarkeit der Welt prinzipiell bestritten (einführend: GUMIN/MEIER 1992, kritisch WENDEL 1992 und NUESE u.a. 1991).

[1] Die Erlanger Schule um P.LORENZEN und E.KAMBARTEL bemüht sich um die sprachphilosophische Begründung bzw. Wahrheit normativer und deskriptiver Aussagen. Als Verfahren zur Begründung wird ein Diskurs vorgeschlagen, in dem die Diskutanten zu einem wahren (vernünftigen, qualifizierten) Konsens gelangen (können). Von den Diskursteilnehmern wird dabei Unvoreingenommenheit, Aufrichtigkeit, Nichtpersuasivität u.a. erwartet. Zur analytischen Kritik vgl.ABEL (1983).

[2] Ein Paradigma ist mehr als eine bewährte Theorie. Es besitzt auch eine sozialpsychologische Komponente, die die Wissenschaftlergemeinschaft durch einen gemeinsamen "Glauben" an eine theoretische Interpretation der Dinge verbindet.

schaft" wird betrieben, obwohl Beobachtungssätze bekannt sind, die nach den Regeln des "logischen" oder "naiven" Falsifikationismus die Theorie widerlegen. Es wird also nicht nach einer neuen besseren Theorie gesucht, sondern vielmehr von "irgendwelchen Störungen" ausgegangen. Die Kerntheorie bleibt unberührt, bestenfalls wird die Instrumententheorie bearbeitet. "Die Unfähigkeit, eine Lösung zu finden, diskreditiert nur den Wissenschaftler und nicht die Theorie" (KUHN 1976:93). In direkter Ansprechung von POPPER bestreitet KUHN, daß Anomalien zur Falsifikation führen; wenn dem so wäre, "müßten alle Theorien allzeit abgelehnt werden" (KUHN 1976:157). Entsprechend erfolge ein Paradigmenwechsel (Theorieverdrängung) nicht durch Widerlegung im POPPERschen Sinne[1].

Ein solcher Wechsel wird von KUHN als **wissenschaftliche Revolution** bzw. außergewöhnliche Wissenschaft gekennzeichnet. Erst sehr hartnäckige Probleme, die sich nicht mit Hilfe der alten Theorie lösen lassen ("Anomalien"), bewirken eine Krise des Paradigmas, ein Gefühl der Unsicherheit breitet sich aus und ein neues, bereits bestehendes Paradigma wird übernommen. Altes und neues Paradigma bauen aber **nicht** aufeinander auf, indem das neue alle Phänomene, die das alte ebenfalls erklären konnte, und andere zusätzlich erklärt, sondern sie sind unvergleichbar, "inkommensurabel"[2]. Es etabliert sich eine neue Theorie, neue Instrumententheorien **und** ein neues Weltbild. Dies geschieht auch in der Form, daß Wissenschaftler ihren Beruf wechseln bzw. die Vertreter des alten Paradigmas sterben.

---

[1] Diese Interpretation durch KUHN ist umstritten. Nach Auffassung von Vertretern des kritischen Rationalismus müssen einzelne einer Theorie widersprechende Ergebnisse keinesfalls zu einer sofortigen Falsifikation der Theorie führen (vgl. ANDERSSON 1988:144ff; KIM 1991:112ff).

[2] Der Begriff der Inkommensurabilität hat zentralen Stellenwert in der Auseinandersetzung zwischen POPPER/LAKATOS und KUHN/FEYERABEND. Vereinfachend rührt die Unvergleichbarkeit von Theorien daher, daß sie u. U. zwar die gleichen theoretischen Terme verwenden, jedoch diese unterschiedlich operationalisieren (Korrespondenzregeln sind unterschiedlich, der empirische Gehalt variiert) und (oder) es werden andere Beobachtungstheorien angewendet, die Interpretation der Daten ändert sich.

Diese Darstellung KUHNs ist natürlich eine Provokation für den Falsifikationismus, denn der Wissenschaftsfortschritt stellt sich als irrational dar: Die Praxis der Wissenschaft verfährt im allgemeinen nicht nach den Regeln des methodologischen Falsifikationismus. Wenn Theorien jedoch (gänzlich) inkommensurabel sind, dann kann auch nicht von einer Annäherung an die Wahrheit durch Falsifikation bzw. Paradigmenwechsel gesprochen werden.

Es gibt vielerlei schwerwiegende Kritik an KUHNs Thesen, an ihrer historischen Haltbarkeit und an der Inkommensurabilitätsthese (vgl. STEGMÜLLER 1973, Bd. II, 2. HB, 169ff.; KUTSCHERA 1982:509ff.) auf die hier nicht eingegangen werden kann. Jedoch wurde kaum ernsthaft bestritten, daß die Existenz eines Falsifikators nicht immer zur Falsifikation einer Theorie führt, sondern häufig waren Exhaustionen, Kritik an den Instrumententheorien und ein "Klammern" an die Kerntheorie gängige Praxis. Und wenn Wissenschaftsgeschichte bzw. -gegenwart und Wissenschaftstheorie so weit auseinanderklaffen, "so muß dies ein Symptom dafür sein, daß irgend etwas nicht stimmt" (STEGMÜLLER 1973, Bd. II, 2. HB, 6).

2.2.3.3. Methodologischer Anarchismus

Paul FEYERABEND (1974, 1976) greift die Analyse von KUHN auf und bezieht daraus wesentliche Argumente für seine Position des "methodologischen Anarchismus" bzw. der "dadaistischen Erkenntnistheorie". Neben vielen Gemeinsamkeiten zwischen KUHN und FEYERABEND (1974) in der Beurteilung der Wissenschaftsgeschichte existieren jedoch auch starke Differenzen. Die wichtigsten Argumente von Feyerabend (1976) lassen sich in drei Punkten zusammenfassen[1]: Erstens gibt es nach Feyerabend keine methodologische Regeln - wie plausibel sie auch erkenntnistheoretisch begründet sein mögen - gegen die nicht in der Geschichte der Wissenschaft produktiv verstoßen wurde.

---

[1] vgl. BLAUG (1986:43).

Zweitens ist laut Feyerabend die These, nach der wissenschaftlicher Fortschritt durch die Integration von alten Theorien in neue Theorien abläuft, ein Mythos. Der Überlappungsbereich von rivalisierenden alten und neuen Theorien sei im allgemeinen so schmal, daß hier nicht mit dem Modell eines fortschreitenden Falsifikationismus argumentiert werden könne.

Drittens, behauptet Feyerabend, tritt wissenschaftlicher Fortschritt, wie auch immer er definiert wird[1], nur dann auf, wenn sich die Wissenschaftler von den Fesseln der etablierten Wissenschaftstheorie und des konventionellen Wissenschaftsbetriebs befreit haben.

Letzteres betrifft den Wert der sogenannten normalen Wissenschaft. Während KUHN diese als sinnvolle und notwendige Vorbedingung für wissenschaftliche Revolutionen begreift, wird dies von FEYERABEND gänzlich abgelehnt. Die Tätigkeit innerhalb eines Paradigmas ist für FEYERABEND stumpfsinnige, kreativitätslose, unmenschliche Arbeit, die eben durch das Festhalten an wissenschaftlichen Methoden bedingt ist (FEYERABEND 1974:203). Normalwissenschaft verhindere den Fortschritt, in dem sie den natürlichen Theorienpluralismus untergräbt, der erst in einer anarchistischen Methodologie (Grundsatz: Anything goes) erblühen könne (FEYERABEND 1976). Den Hintergrund für die Forderung nach einer anderen Methodologie stellt ebenfalls die Inkommensurabilitätsthese dar. Wenn sich Beobachtungsverfahren, Beobachtungstheorie und/oder Korrespondenzregeln unter Verwendung gleicher theoretischer Konstrukte verändern, dann sind Theorien aus seiner Sicht unvergleichbar. Daß man trotzdem solange an einen kumulativen Fortschritt glauben konnte, geht auf die Vernachlässigung des Aspektes der Instrumententheorie zurück (FEYERABEND 1976:310ff.). Wissenschaft verläuft nach FEYERABEND irrational und jede Reglementierung ist dabei unzweckmäßig.

Der wichtigste Ratschlag ("Antiregel"), den FEYERABEND gibt, lautet: Gehe kontrainduktiv vor, d.h. führe Hypothesen ein, welche gut bestätigten Theorien und/oder Tatsachen widersprechen (1981: 47). Die Entwicklung und Prüfung von solchen Kontrast-Hypothesen verfolgt den Zweck, die formalen Eigenschaften und

---

[1] Obwohl FEYERABEND permanent von Fortschritt, Verbesserung, etc. redet, weigert er sich explizit, diese Begriffe auch nur implizit zu definieren: "Jeder kann die Ausdrücke auf seine Art verstehen und gemäß der Tradition, der er angehört" (FEYERABEND 1976:44). Und "meine These ist, daß der Anarchismus zum Fortschritt in jedem Sinne beiträgt, den man sich aussuchen mag" (FEYERABEND 1976:44).

Hintergrundannahmen der etablierten Theorien aufzudecken und einer umfangreichen Kritik zuzuführen. Ferner entwickelt sich so nach FEYERABEND ein Theorienpluralismus, der die gesamte Theoriendiskussion in Bewegung hält. Alternative Hypothesen sollten dabei nicht erst dann diskutiert werden, wenn gut bestätigte in eine Krise geraten, sondern immer von "Anfang" an. Das gleiche gilt für die Erfassung von Tatsachen (Beobachtungsaussagen, Beobachtungstheorien). Analog zu POPPERs Beispiel des "Glases Wasser auf einem Tisch" wird an einem Beispielsatz "Der Tisch ist braun" die Theoriengetränktheit aller Beobachtung dargestellt. Die entsprechende "Antiregel" lautet: "Man braucht eine Traumwelt, um die Eigenschaften der wirklichen Welt zu erkennen, in der wir zu leben glauben" (FEYERABEND 1976:51).
Interpretiert man diese Forderungen zurückhaltend, so wiederholen sie nichts anderes als die von POPPER u.a. geforderte permanente Kritik von Theorien und Instrumententheorien. FEYERABEND aber geht weiter: Es gibt für ihn keine Annäherung an die Realität, er ist Relativist und Subjektivist (FEYERABEND 1981:68f.). Vor dem grundsätzlichen Problem der Bewertung von Theorien vor dem Hintergrund letztlich nicht beweisbarer Beobachtungstheorien kapituliert er. Wenn keine sichere, endgültige Erkenntnis möglich ist, dann haben alle Paradigmen (Weltanschauungen, Traditionen) den gleichen Status: Es gibt keinen Grund - es sei denn Intoleranz, Arroganz oder Kurzsichtigkeit - zur Bevorzugung eines theoretischen Systems. Dem (methodologischen) Anarchismus und dem Konstruktivismus ist somit - bei aller Verschiedenheit - der resignative Rückzug von der Idee der Wahrheit von Aussagen über die Realität gemeinsam.

Dieses Resultat folgt selbstverständlich **nicht zwangsläufig** aus der Analyse von FEYERABEND, denn es kann - bei unterstellter Richtigkeit der Inkommensurabilitätsthese - trotzdem noch gute Gründe für die Fortführung wissenschaftlicher Arbeit geben. FEYERABENDs Konsequenz, Wissenschaft - und insbesondere Wissenschaftstheorie - zu einer weitgehend unnützen, die Menschen in Denken und Handeln unfrei machenden Unternehmung zu erklären (FEYERABEND 1981: 113ff.), ist lediglich ein politisch-moralisches Urteil, das wie alle Werturteile nicht

wissenschaftlich zu begründen ist (ESSER u.a. 1977a:250)[1].
Neuerdings formuliert FEYERABEND (1989) seine Position zumindest in einem Punkt deutlich zurückhaltender. Er erkennt die positive Funktion von methodologischen Regeln durchaus an, besteht aber darauf, daß diese nach Maßgabe der Forschungslage flexibel eingesetzt und gedeutet werden (FEYERABEND 1989: 411ff.). Diese Empfehlung zur undogmatische Handhabung methodologischer Regeln widerspricht aber dem kritischen Rationalismus nicht. Damit relativiert FEYERABEND deutlich seine vormalige Position des 'anythings goes', die er nunmehr keinesfalls als 'Abschaffung aller Methoden' verstanden haben möchte (FEYERABEND 1989:415).

2.2.3.4. Die Methodologie von Forschungsprogrammen

I. LAKATOS entwickelte die sog. "Methodologie von Forschungsprogrammen", in der er - wenn auch in radikaler Uminterpretation - die Gedanken POPPERs weiterführt. Zunächst akzeptiert er einige Teile der Analyse KUHNs, etwa die Tatsache, daß viele Theorien trotz bekannter Anomalien nicht verworfen werden, was wiederum dem dogmatischen bzw. naiven Falsifikationismus widerspricht (LAKATOS 1974:93ff.). Auch vom methodologischen Falsifikationismus, der zwar die Problematik der Instrumententheorie anerkennt, aber trotzdem nach deren kritischer Prüfung eine Falsifikation vorschlägt, distanziert er sich (LAKATOS 1974:103ff.). Er verfällt jedoch nicht ins andere Extrem, den Konventionalismus bzw. Konstruktivismus, welcher prinzipiell die Beibehaltung der Kerntheorie vorschlägt.

Sein zentraler Gedanke bei der Methodologie von Forschungsprogrammen zielt auf den **rationalen Vergleich zwischen alternativen Theorien**, bei dem die Falsifikation

---

[1] Zur Affinität der FEYERABENDschen Ausführungen zum "Klassischen Liberalismus" vgl. CHALMERS (1986:167ff.).

nur noch ein (wichtiges) Hilfsmittel zur Beurteilung von Theorien darstellt, jedoch nicht mehr den alleinigen Beurteilungsmaßstab[1]. In einer Entscheidungssituation zwischen zwei alternativen Erklärungen T und T' soll T' dann, und nur dann, T vorgezogen werden, wenn drei Bedingungen erfüllt sind: 1. T' hat einen Gehaltsüberschuß gegenüber T (d.h. mit T' können neue Phänomene erklärt bzw. prognostiziert werden), 2. T' erklärt auch die Tatsachen, die von T erklärt wurden, 3. der Gehaltsüberschuß von T' ist bewährt (d.h. formal erkennbar und empirisch bestätigt bzw. kann in Zukunft bestätigt werden), d.h. es muß eine "progressive Problemverschiebung" eintreten (LAKATOS 1974:114).

Mit dieser Regel gelingt es LAKATOS, näher an den tatsächlichen historischen Verlauf der Wissenschaft zu kommen, viele Beispiele KUHNs für irrationale, bestenfalls sozialpsychologisch begründete "Paradigmenwechsel" lassen sich so rational rekonstruieren. Für einen Paradigmenwechsel sind in erster Linie **nicht die Anomalien einer Theorie** wichtig, sondern **die Leistungsfähigkeit alternativer Theorien.** Solche alternative Theorien können durchaus auch inkommensurabel gegenüber den alten sein. Dies ist der Übergang von einer "monotheoretischen" zu einer "pluralistischen" Methodologie (LAKATOS 1974:125ff.).

Für LAKATOS stellt ein **Forschungsprogramm eine kontinuierliche Theorienabfolge dar,** die einen "harten Kern", d.h. eine **zentrale Kerntheorie** und eine **Reihe von Hilfstheorien,** wie Instrumententheorien und Annahmen über mögliche Störfaktoren (Verletzungen der ceteris-paribus-Klausel, Drittvariablen), besitzt. Der harte Kern eines Programms wird zunächst durch keinerlei empirische Daten falsifiziert, sondern solche widerlegenden Ereignisse werden auf den "Schutzgürtel" der Hilfstheorien umgelenkt (sog. "negative Heuristik", vgl. CHALMERS 1986:94ff.). Damit soll die Kerntheorie vor einer voreiligen Falsifikation aufgrund falscher Instrumententheorien geschützt werden. Bei Widersprüchen zwischen Empirie und

---

[1] LAKATOS führt hierzu aus: "Es gibt keine Falsifikation vor dem Auftauchen einer besseren Theorie" (LAKATOS 1974:117). d.h. die u. U. festgestellten Widersprüche zwischen Theorie und Realität sind solange methodologisch irrelevant, bis eine alternative Theorie bereitsteht.

Theorie wird man also zunächst die Beobachtungsdaten und deren theoretischen Hintergrund problematisieren; neue Meßtechniken entwickeln und/oder zusätzliche Störvariablen spezifizieren, d.h. eine inhaltliche Spezifikation vornehmen (LAKATOS 1974:129ff.). Damit dieser Schritt nicht wieder zu einer konventionalistischen Strategie entgleist, muß jeder neue Schritt des Forschungsprogramms konsequent gehaltsvermehrend sein. "Jeder Schritt muß eine konsequent progressive theoretische Problemverschiebung darstellen. Die einzige weitere Forderung ist, daß der Zuwachs an Gehalt sich zumindest gelegentlich im nachhinein bewährt. Das Programm als Ganzes soll auch eine gelegentlich progressive empirische Verschiebung aufweisen. Wir verlangen nicht, daß jeder Schritt sogleich eine beobachtete neue Tatsache produziere. Der Ausdruck 'gelegentlich' gibt genügend rationalen Spielraum für ein dogmatisches Festhalten an einem Programm, auch angesichts von prima facie 'widerlegenden' Instanzen" (LAKATOS 1974:131).

Wissenschaft kann so als eine **Konkurrenz von Forschungsprogrammen** aufgefaßt werden. Die Ablösung eines Programmes bzw. (bei entsprechender begrifflicher Präzisierung) eines Paradigmas kann dann sehr wohl als rationaler Prozeß gedeutet werden. Unabdingbar für die Methodologie der Forschungsprogramme ist dabei Theorienpluralismus: die gleichzeitige progressive Forschung an Kerntheorien, abgeleiteten Hypothesen und Instrumententheorien. Theorienpluralismus heißt aber auch Theorientoleranz. Neue Programme, die in Konkurrenz zu bewährten "alten" stehen, müssen sich entwickeln können, ohne dabei schon zu Beginn ihrer Erarbeitung den alten überlegen zu sein; aber sie sollen interne Progressivität aufweisen. Fragen nach der deduktiven oder induktiven Erklärung, nach Determiniertheit oder Indeterminiertheit der Welt geraten in LAKATOS' Methodologie zu Nebenfragen. Es gibt keine (endgültige) Widerlegung von Theorien, jedoch wird nach dem **Vergleich von Forschungsprogrammen** in bezug auf ihre **Leistungsfähigkeit** die Arbeit an einigen eingestellt und an anderen fortgesetzt.
Sicher ist der Vorschlag von LAKATOS verbesserungs- und präzisionsbedürftig. Obwohl z.B. Fragen danach, wie lange ein Programm zu fördern ist, wieviele Rückschläge es hinnehmen kann, ohne eingestellt zu werden, offen bleiben,

werden **hier normative Empfehlungen** gegeben, die nicht im Relativismus, Konstruktivismus oder Irrationalismus enden[1].

Die Debatte um den Wissenschaftsfortschritt ist zwar auch für die Sozialwissenschaften von großem Interesse, jedoch sollte nicht übersehen werden, daß sie für die Praxis der Sozialwissenschaften von eher geringer Relevanz ist. Den Hintergrund dieser Diskussion bilden im wesentlichen die Theorien der Physik und ihre historische Abfolge. Diese Theorien zeigen aber alle (auch die "frühen" von KOPERNIKUS, KEPPLER u.a.) einen unvergleichbar größeren Grad an Reife als die derzeitigen sozialwissenschaftlichen Theorien. Erstere waren und sind gekennzeichnet durch ihre hohe Allgemeinheit, logische Korrektheit und (daraus resultierend) der Möglichkeit der "eindeutigen" Deduktion von singulären Ereignissen sowie deren exakte (auch quantitative) Prognose auf bestimmte Raum-Zeit-Stellen. Alle diese Merkmale treffen bestenfalls partiell auf sozialwissenschaftliche Theorien zu. Funktionalismus, Interaktionismus, Systemtheorie, u.a. **theoretische Orientierungen** sind bestenfalls Vorstufen zu Theorien im strikten Sinne (vgl. Kap. 2.1). Obwohl es Mode geworden ist, solche Orientierungen "Paradigma" zu nennen, ist dies falsch. Sie füllen lediglich die zweite Komponente des KUHNschen Paradigmabegriffs, die sozialpsychologische. Die erste (wichtigere) Komponente: eine allgemeine Theorie, die Erklärung und Prognose ermöglicht, steht noch aus. Ein Grund für diesen Zustand mag auch in der Tatsache zu sehen sein, daß das D-N-Modell der Erklärung in den Sozialwissenschaften (unverständlicherweise) immer noch umstritten ist.

---

[1] Abschließend sei noch auf einen weiteren Vorschlag zur rationalen Rekonstruktion und Fortführung der wissenschaftstheoretischen Debatte durch W.STEGMÜLLER hingewiesen (STEGMÜLLER 1973, Bd.II, 2.HB, STEGMÜLLER 1986a, 1986b, BALZER 1982). Unter Zugrundelegung des sog. RAMSEY-SNEED-Satzes wird hier ein Ansatz diskutiert, der in seiner Intention dem Anliegen von LAKATOS gleicht. Diese Strategie, die allgemein als "Strukturalismus" bezeichnet wird, spielt in der Methodologie der Sozialwissenschaften jedoch (noch) keine Rolle. Eine Einführung (und Kritik) geben GADENNE (1984:143-163), STEPHAN (1990) und vor allem KIM (1991).

2.3. Weiterführende Literatur

CHALMERS (1986) gibt eine sehr verständliche Einführung in die Wissenschaftstheorie. Hier werden alle grundlegenden Probleme sehr anschaulich dargestellt und die Kontroverse um den Wissenschaftsfortschritt (KUHN, FEYERABEND, LAKATOS) auf den Punkt gebracht. Eine knappe Darstellung dieser Kontroverse bietet BLAUG (1986), eine ausführlichere Diskussion gibt ANDERSSON (1988).

Während CHALMERS allgemeine Grundlagen vermittelt, sind OPP (1970), RYAN (1973) und ESSER/KLENOVITS/ZEHNPFENNIG (1977) speziell auf die der Sozialwissenschaften zugeschnitten. Die Arbeit von OPP ist dabei sehr praxisnah, d.h. hier werden vor allem jene Aspekte der Wissenschaftstheorie behandelt, die für die sozialwissenschaftliche Theorienbildung und -prüfung relevant sind. RYAN gibt eine äußerst leicht verständliche Einführung und Kritik soziologischer Theorien aus wissenschaftstheoretischer Sicht.

ESSER/KLENOVITS/ZEHNPFENNIG stellen in Band 1 die Grundkonzeption der Analytischen Wissenschaftstheorie dar und analysieren in Band 2 die zentralen, in den Sozialwissenschaften weit verbreiteten "alternativen" wissenschaftstheoretischen Konzeptionen.

Die Arbeiten von Wolfgang STEGMÜLLER (1973, 1974) nehmen (zumindest im deutschsprachigen Raum) eine exponierte Stellung ein. Eine Beschäftigung mit Wissenschaftstheorie ist ohne Bezug auf STEGMÜLLER kaum denkbar.

Kapitel 3
Ziel und Ablauf empirischer Sozialforschung

Trotz aller theoretischer und methodischer Kontroversen innerhalb der Soziologie scheint das "Motiv der Aufklärung des Menschen über Prozesse, die außerhalb und innerhalb seiner jeweiligen Sozialorganisation ablaufen, und deren Unkenntnis ihn an der Befreiung von Zwängen und Entbehrungen hindert" (ESSER u. a. 1977:164) allen Ansätzen gemein zu sein. Neben dem daraus resultierenden **praktischen** Ziel, nämlich durch Problemlösungen ein rationales und humaneres Leben der Menschen zu ermöglichen (FRIEDRICHS 1973:14), verfolgen die meisten der als Wissenschaftler angesehenen Personen vor allem das **theoretische** Ziel der Konstruktion eines objektiv nachprüfbaren theoretischen Modells der Realität (FRIEDRICHS 1973:14).

Im Rahmen einer **erklärenden** Sozialwissenschaft kann empirische Forschung als Teil der **Theoriebegründung** gesehen werden. Empirische Sozialforschung wird hier als **Überprüfungsinstrument** theoretischer Modelle dargestellt. Dahinter steht die Einschätzung der Vorteile einer Einbindung empirischer Forschung in einen zunächst deduktiven Ansatz: Aus der Formulierung theoretischer Modelle müssen sich empirische Konsequenzen ableiten lassen, zu deren Aufweis oder dem Aufweis ihrer Nicht-Existenz Techniken der empirischen Forschung notwendig sind.
Die Betonung der Notwendigkeit explizit theoriegeleiteter Forschung enthebt z.B. von der Fixierung auf die Verwendung **einzelner** empirischer Methoden (z.B. des "narrativen Interviews" bei einigen Vertretern "qualitativer Sozialforschung"): So kann z.B. auch eine Einzelfallstudie zur Widerlegung einer Theorie benutzt werden, da bekanntlich ein Gegenbeispiel zur Rückweisung eines allgemeinen Satzes führen kann.
Die Bezugnahme auf Theoriebegründung und Modellüberprüfung als Aufgabe empirischer Sozialforschung erlaubt vor allem die Abgrenzung der hier vertretenen quantitativen empirischen Sozialforschung von Varianten "qualitativer Sozialfor-

schung" über die bei quantitativen Methoden gegebenen Möglichkeiten der Reproduzierbarkeit, der intersubjektiven Überprüfbarkeit und der Systematik in der Verknüpfung zum theoretischen Modell (vgl. z.B. BOUDON 1980: 182f.). Anders formuliert: Nur für quantitative Sozialforschung sind objektive Gütekriterien jenseits subjektiver Evidenzerlebnisse formulier- und überprüfbar.

3.1. Der Forschungsprozeß

Bei der Durchführung eines empirischen Forschungsprojektes lassen sich einige typische Arbeitsschritte unterscheiden (vgl. Abbildung 3-1).

Abbildung 3-1: Phasen des Forschungsprozesses

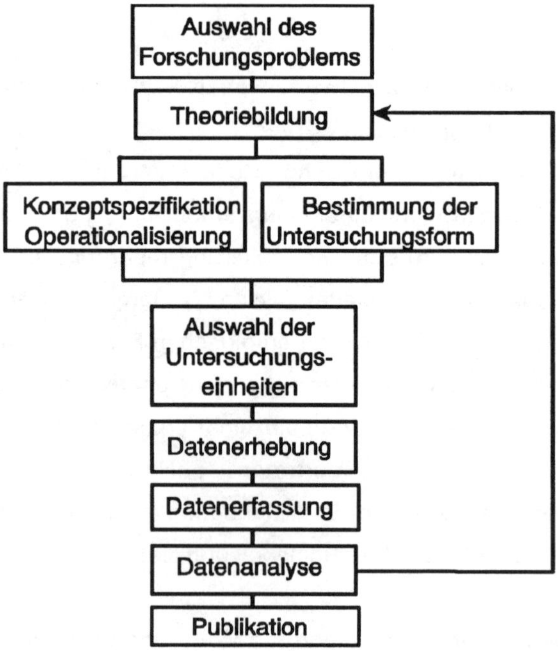

3.1.1. Die Wahl des Forschungsproblems

In der Regel beginnt ein Forschungsprojekt mit der Festlegung des Gegenstandes der Forschung, der Formulierung des Forschungsproblems. Man kann hier danach unterscheiden, ob es sich um von den Forschern selbst initiierte Forschung oder um Auftragsforschung handelt.

Bei Auftragsforschung wird das Thema bzw. das Forschungsproblem mehr oder weniger exakt durch den Auftraggeber (z.B. Landes- und Bundesministerien und -behörden, Verbände, Gemeinden, Gewerkschaften und andere Organisationen) vorgegeben. Meist beschränkt sich hier der Spielraum der Forscher bei der Bestimmung des Untersuchungsgegenstands auf eine engere Definition des Forschungsgegenstands. Gelegentlich wird aber eine Ausweitung des Themas erforderlich, so z.B. wenn die Teilnahmebereitschaft an Volkszählungen untersucht werden soll, aus theoretischen Gründen aber die Untersuchung der Teilnahmebereitschaft an sozialwissenschaftlichen Erhebungen allgemein geboten erscheint.
Bei von den Forschern initiierten Projekten ist der Spielraum bei der Bestimmung des Untersuchungsgegenstandes sehr viel größer, zumeist basiert die Entscheidung für einen bestimmten Untersuchungsgegenstand entweder auf irgendeiner Art der Betroffenheit durch soziale Probleme (z.B. Armut, Jugenddelinquenz, Ausländerfeindlichkeit, "Frauenforschung") oder auf einer mehr oder weniger langen theoretischen Problemgeschichte, einer Forschungstradition (wie z.B. im Bereich sozialer Schichtung oder sozialen Wandels).

Die konkrete Wahl eines bestimmten Untersuchungsgegenstands hängt im Fall einer Forschungstradition stark von der jeweils aktuellen Forschungssituation, wie sie sich in der Fachliteratur zeigt, ab. Kaum zu überschätzen ist bei solchen Entscheidungen der Einfluß objektiver Möglichkeiten, ein bestimmtes zunächst abstrakt interessierendes Thema auch praktisch untersuchen zu können: Themen, deren empirische Untersuchung ausgesprochene Probleme bereitet, werden selten angegangen (z.B. Elitestudien, Verhalten in Kriegssituation). Manchmal bieten sich ungewöhnliche Gelegenheiten, um bestimmte Fragestellungen untersuchen zu können. FESTINGER/RIECKEN/SCHACHTER (1956) konnten z.B. die sozialpsychologischen Mechanismen in einer Gruppe beobachten, die einen unmittelbar bevorstehenden Weltuntergang vorhergesagt hatte - der, wie wir wissen, dann nicht eintrat.

3.1.2. Theoriebildung

Nach der Entscheidung, was untersucht werden soll, beginnt die Phase der Theoriebildung. Entweder liegen für einen bestimmten Gegenstandsbereich bereits ausgearbeitete Theorien in der Literatur vor, oder eine neue Theorie zur Erklärung des ausgewählten Gegenstandsbereichs muß erst entwickelt werden.

Falls keine explizite Theorie für den ausgewählten Gegenstandsbereich existiert, läßt sich häufig eine Übertragung von Theorien verwandter Gegenstandsbereiche vornehmen, z.B. wenn der Austausch von Freundschaftsnetzwerken durch eine Theorie erklärt werden kann, die ursprünglich für den Wechsel religiöser Überzeugungssysteme entwickelt wurde. Falls keine Adaption von Theorien anderer Gegenstandsbereiche möglich ist, so bieten die verschiedenen theoretischen Ansätze in der Soziologie[1] zumeist Ansatzpunkte für eine Theoriebildung. Obwohl bisher selten eine direkte theoretische Ableitung spezieller Theorien aus den Axiomen einer allgemeinen Theorie menschlichen Verhaltens erfolgt, erscheint dieses Vorgehen vielversprechend[2].

---

[1] Einen ausgezeichneten Überblick bietet TURNER (1991).

[2] Vgl. hierzu die Arbeiten von OPP (1972, 1979) und ferner BOUDON (1979, 1980). Einige sehr einfache Beispiele finden sich bei McKENZIE/TULLOCK (1984). STARK/BAINBRIDGE (1987) geben eine deduktiv aufgebaute individualistische Theorie der Religion, vgl. hierzu auch Kapitel 2.1.2.

Ein großer Teil[1] der Arbeit in der Phase der Theoriebildung besteht aus der Literaturanalyse, also der Sichtung und Bewertung der zum Thema existierenden Fachliteratur[2], insbesondere in Form der Zeitschriftenaufsätze.

3.1.3. Konzeptspezifikation und Operationalisierung

Die meisten Theorien in den Sozialwissenschaften sind relativ ungenau formuliert und beziehen sich auf nicht exakt definierte Begriffe. Eine empirische Untersuchung setzt eine Präzisierung der zur Erklärung verwendeten Konzepte und Begriffe voraus. Wenn die Theorie z. B. einen so schillernden Begriff wie "Ethnische Identität" verwendet, ist meist völlig unklar, was unter "ethnisch" oder "Identität" verstanden wird, und wie sich "Ethnische Identität" von anderen Begriffen (z. B. "Ethnizität") unterscheidet. Die Phase im Forschungsprozeß, in der solche theoretischen Klärungen erfolgen, wird hier als "Konzeptspezifikation" bezeichnet.

Wenn geklärt ist, welche Aspekte eines theoretischen Begriffs bei einer empirischen Prüfung der Theorie berücksichtigt werden sollen, bleibt die Frage, wie den theoretischen Begriffen und Konstrukten beobachtbare Sachverhalte ("Indikatoren") zugeordnet werden können, so daß Messungen möglich werden. Als "Operationalisierung" bezeichnet man die Angabe, wie einem theoretischen Begriff beob-

---

[1] Die Dauer dieser Phase sollte bei der Planung nicht unterschätzt werden. Z.B. kann es im wissenschaftlichen Leihverkehr der Bibliotheken bis zu drei Monaten dauern, bis feststeht, daß ein bestimmter Titel in den Bibliotheken der BRD nicht vorhanden ist.

[2] Hinweise darauf, wo und wie man Literatur in den Sozialwissenschaften findet, geben ALEMANN (1977), HOWARD/SHARP (1983:67-96) und HEIDTMANN (1985). Für eine intensive Literatursuche stehen mehrere Datenbanksysteme zur Verfügung, z.B. wird die deutschsprachige sozialwissenschaftliche Literatur ab 1945 vom Informationszentrum Sozialwissenschaften (IZ, Bonn) in der Datenbank SOLIS erfaßt. Solche Datenbanken werden z.B. vom Deutschen Institut für Medizinische Dokumentation und Information (DIMDI, Köln) angeboten. Nach Abschluß eines Nutzervertrags mit den Anbietern können solche Datenbanken kostenpflichtig über Rechnernetze bzw. Modems abgefragt werden.

achtbare Indikatoren zugeordnet werden. Operationalisierungen bestehen aus der Angabe, wie Messungen für einen bestimmten Begriff vorgenommen werden können. Erst anhand der erhobenen Messungen lassen sich Aussagen über den Gegenstandsbereich und damit auch über die vorläufige Akzeptierung oder Verwerfung der zu prüfenden Theorie machen. In dieser Phase des Forschungsprozesses werden auch die "Meßinstrumente" der Sozialwissenschaften konstruiert, meistens Fragebögen oder Beobachtungskategorien. Hierzu gehören auch Voruntersuchungen ("Pretests"), in denen die erstellten Meßinstrumente daraufhin überprüft werden, ob sie gültige (valide) und zuverlässige (reliable) Messungen ermöglichen. Das Kapitel 4 dieses Buches enthält sowohl einige Grundüberlegungen zur Konzeptspezifikation als auch eine Einführung in sozialwissenschaftliche Meßtechniken allgemein. Technische Einzelheiten zur Erstellung von Erhebungsinstrumenten finden sich im Kapitel 7.

3.1.4. Forschungsdesign

Die Art der Operationalisierung ist nicht unabhängig davon, für welche "Untersuchungsform" man sich entscheidet. Zu der Festlegung der Untersuchungsformen gehören Entscheidungen darüber, ob Daten zu einem oder mehreren Meßzeitpunkten an denselben Personen oder an verschiedenen Personengruppen zu unterschiedlichen Meßzeitpunkten erhoben werden sollen, ob z. B. Laborexperimente oder Befragungen durchgeführt werden sollen, usw. Solche Entscheidungen hängen zum einen von der jeweiligen Erwünschtheit der Eigenschaften der entsprechenden Untersuchungsform (dem "Design") ab, zum anderen von den zur Verfügung stehenden finanziellen Mitteln. Das Kapitel 5 stellt die wichtigsten Untersuchungsformen mit ihren Vor- und Nachteilen vor.

3.1.5. Auswahl der Untersuchungsobjekte

Zu den notwendigen Entscheidungen im Forschungsprozeß gehört die Frage, ob alle Elemente des Gegenstandsbereichs oder nur einige ausgewählte Elemente untersucht werden sollen oder untersucht werden können. Es ist z.B. nur in Ausnahmefällen, nämlich Volkszählungen, möglich, alle Einwohner der BRD zu einem Thema zu befragen. Will oder kann man nicht alle Einwohner befragen und trotzdem gültige Aussagen über alle Einwohner machen, so benötigt man Verfahren, die es erlauben, bestimmte Einwohner für eine Befragung auszuwählen. Das Kapitel 6 enthält eine knappe Einführung in diese "Auswahlverfahren". In der Forschungspraxis besteht diese Phase der Auswahl der Untersuchungsobjekte meist aus der exakten Definition des Gegenstandsbereichs (z.B. "Einwohner der Stadt Großkleinheim"), der Erstellung von Listen der Elemente des Gegenstandsbereichs (z.B. eine Adressenliste aller Einwohner von Großkleinheim) und der durch ein exakt definiertes und reproduzierbares Auswahlverfahren durchgeführten Auswahl der tatsächlich zu untersuchenden Elemente. In der Praxis empirischer Sozialforschung muß in dieser Phase häufig mit Behörden oder Organisationen kooperiert werden, um die Auswahl durchführen zu können. Aufgrund vieler kleiner technischer Probleme und des Aufwands zur Einhaltung aller Datenschutzbestimmungen sollte der Zeitaufwand für diese Arbeiten nicht unterschätzt werden.

3.1.6. Datenerhebung

Die nächste Phase des Forschungsprozesses ist die eigentliche Datenerhebung. In den Sozialwissenschaften existieren eine Reihe verschiedener Datenerhebungsmethoden, unter anderem Interviews, Beobachtungen, Inhaltsanalysen, sogenannte "nicht-reaktive Meßverfahren" usw, über die das Kapitel 7 eine Übersicht bietet. Je nach Datenerhebungstechnik sehen die Arbeiten in der Datenerhebungsphase anders aus. Bei einer Befragung müssen z.B. die Fragebögen entworfen und gedruckt, Interviewer ausgewählt, geschult und vor allem kontrolliert werden.

Aufgrund der Vielzahl der damit verbundenen Arbeiten wird in zunehmendem Ausmaß zumindest für Befragungen die Datenerhebung Instituten außerhalb der Universitäten, den "Meinungsforschungsinstituten" (z.B. GETAS, INFAS, Allensbach, INFRATEST) übertragen[1].

3.1.7. Datenerfassung

Erhobene Daten müssen gespeichert, niedergeschrieben oder auf andere Art festgehalten und aufbereitet werden. Eine Datensammlung muß auf bestimmte Art und Weise strukturiert werden, bevor eine Auswertung möglich ist. Am deutlichsten wird dies, wenn die Datenauswertung quantitativ mit Hilfe eines Computers erfolgt[2]. In diesem Fall müssen z.B. bei einer Befragung zur Zeit noch meistens die Angaben aus einem Fragebogen in standardisierter Art und Weise nach den in einem "Codebuch" festgelegten Regeln auf ein Datenblatt übertragen ("codiert") und in einem weiteren Arbeitsgang von den Datenblättern auf einen maschinenlesbaren Datenträger (z.B. ein Magnetband) übertragen werden (Einzelheiten hierzu finden sich in Kapitel 8). An die Erfassung und Eingabe der Daten in einen Computer schließt sich meist eine umfangreiche "Datenbereinigung" an, bei der Fehler in den Daten (z.B. durch Schreib-, Codier- oder Übertragungsfehler) gesucht und beseitigt werden. Diese eher technische Phase der Datenerfassung und Datenaufbereitung als notwendige Vorstufe für die Datenanalyse kann insbesondere bei größeren Datenmengen mehrere Monate beanspruchen.

---

[1] Das von der "European Society of Marketing and Research" (ESOMAR, Amsterdam) herausgegebene "Handbook of Marketing Research 1986/1987" enthält Namen, Anschriften, Zahl der Mitarbeiter und Höhe des Umsatzes für die wichtigsten Institute.

[2] Quantitative Auswertung ohne einen Computer ist zwar prinzipiell möglich, aber bei mehr als zwei Fällen unökonomisch. Eine Strukturierung der erhobenen Daten ist allerdings auch bei "qualitativer Auswertung" unumgänglich.

3.1.8. Datenanalyse

Datenanalyse in der empirischen Sozialforschung besteht überwiegend aus dem Einsatz statistischer Methoden unter Verwendung von Computern[1] und speziellen Programmen, den "Datenanalysesystemen". Theorien bestehen u. a. aus Aussagen über Zusammenhänge zwischen bestimmten Aspekten des Gegenstandsbereichs der Theorie. Mit Hilfe von statistischen Verfahren kann geprüft werden, ob diese theoretisch vorhergesagten Beziehungen in den erhobenen Daten nachweisbar sind oder nicht. Hierzu existiert eine Vielzahl unterschiedlichster statistischer Auswertungstechniken, eine sehr knappe Übersicht über einige Grundtechniken findet sich im Kapitel 9. In den Sozialwissenschaften zwingen die Ergebnisse der Datenanalyse häufig mindestens zu einer teilweisen Revision der ursprünglichen Theorie. An dieser Stelle findet also die "Rückkopplung" zwischen Theorie und empirischen Resultaten statt. Je klarer die zu prüfende Theorie vor Beginn der Datenanalyse formuliert und spezifiziert wurde, desto einfacher gestaltet sich die Datenanalyse. Aber selbst wenn die Theorie exakt spezifiziert wurde, kann die Datenanalysephase bei hohen theoretischen Ansprüchen (und bei großen Datenmengen auch aufgrund technischer und vor allem organisatorischer Probleme[2]) mehrere Monate dauern.

---

[1] Mittlerweile werden die meisten Analyseprobleme mit leistungsfähigen Microcomputern gelöst. In der Regel wird nur bei sehr großen Datensätzen (z.B. mit mehr als 60.000 Befragten) auf Großrechner zurückgegriffen; selbst dies ist keine technische Notwendigkeit (einige "Mikrocomputer" haben sowohl höhere Rechenleistungen als auch höhere Speicherkapazitäten als die "Großrechner" einiger Rechenzentren), sondern hat organisatorische und administrative Gründe.

[2] Viele Rechenzentren verstehen sich kaum als Dienstleistungseinrichtung. Dies ist einer der Gründe für die Verlagerung der Datenanalyse von den Großrechnern auf die Mikrocomputer.

3.1.9. Publikation

Damit eine Forschungsarbeit zum wissenschaftlichen Fortschritt und zu praktischen Veränderungen beitragen kann, sollten die Ergebnisse eines Projekts veröffentlicht werden. Dies geschieht in der Regel - sofern es sich um einen Forschungsauftrag handelt - zum einen durch einen Endbericht für den Geldgeber der Studie und zum anderen durch eine oder mehrere Buch- oder Zeitschriftenveröffentlichungen. Bis zur Veröffentlichung eines Forschungsergebnisses können vom eigentlichen Projektende an gerechnet mehrere Jahre vergehen.

3.1.10. Dauer sozialwissenschaftlicher Forschungsprojekte

Ein Forschungsprojekt in den Sozialwissenschaften dauert von der Festlegung des Untersuchungsgegenstands bis zur Publikation zwischen 6 Monaten und mehreren Jahren. Allgemein läßt sich mit FRIEDRICHS (1973:119) festhalten: "Außer der Erfahrung, daß eine Studie immer länger dauert als man maximal veranschlagt, läßt sich generell wenig über die Dauer eines Forschungsprozesses sagen". Ebensowenig lassen sich ohne Bezugnahme auf konkrete Projekte kaum Aussagen über die Kosten eines Projektes machen. Als grobe Orientierung soll erwähnt werden, daß ein "typisches" 3-Jahre-Projekt mit einer Befragung von ca. 2000 Personen kaum unter 750000 DM abzuwickeln ist. Andere Forschungsformen als eine Befragung verursachen nicht unbedingt weniger Kosten.

3.2. Weiterführende Literatur

Um einen ersten Eindruck von der tatsächlichen Praxis sozialwissenschaftlicher Forschungsprojekte zu erhalten, sollte man zuerst das spannende Buch von HUNT (1991) lesen. Neben einer elementaren Einführung in einige Techniken der empirischen Sozialforschung finden sich viele Beispiele für empirische Forschungsprojekte. Fünf Projekte werden genauer dargestellt. Da das Buch auch die technischen, finanziellen, sozialen und sonstigen Probleme der Projekte beschreibt, erhält man einen Art des Einblicks in die Forschungspraxis, die bisher nur durch "teilnehmende Beobachtung" möglich war.

Nicht so unterhaltsam, dafür aber hilfreicher bei der Lösung eigener Forschungsprobleme ist die Fachliteratur. Zu den in diesem Kapitel nur kurz angesprochenen einzelnen Arbeitsschritten findet sich weitere Literatur in den folgenden Kapiteln. Obwohl kaum konkrete Anweisungen zur Theoriekonstruktion gegeben werden können, finden sich einige allgemeine Hilfen und Orientierungen bei TURNER (1991:1-29). Ausführliche Erläuterungen zur Erklärung soziologischer Phänomene finden sich bei LINDENBERG (1977, 1985, 1989), WIPPLER/LINDENBERG (1987), COLEMAN (1990:1-44) und ESSER (1989, 1990).

STINCHCOMBE (1968) gibt einige Beispiele für die Entwicklung und Präzisierung von Theorien, BLALOCK (1969) gibt eine Einführung in die Übersetzungsmöglichkeiten umgangssprachlicher soziologischer Theorien in mathematische Gleichungen. Eine kritische Darstellung dieser Art der Formalisierung in den Sozialwissenschaften gibt FREESE (1980). Eine häufig leichter anzuwendende Art der Formalisierung sozialwissenschaftlicher Theorien bieten Computersimulationen, ein Überblick findet sich bei SCHNELL (1990), einfache Beispiele finden sich bei BAINBRIDGE (1987).

Einen ausgezeichneten knappen Überblick über fast alle praktischen Aspekte des Forschungsprozesses (einschließlich der Finanzierung) findet man in dem mittlerweile etwas veralteten Buch von ALEMANN (1977). Viele praktische Hinweise zur Durchführung aller Phasen von empirischen Forschungen im Rahmen von Diplomarbeiten und Dissertationen finden sich bei HOWARD/SHARP (1983). Das Buch von CAPLOVITS (1983) enthält u.a. zwei besonders nützliche Kapitel über die Beantragung von Forschungsmitteln und die Abfassung des Endberichts.

Da ein großer Teil sozialwissenschaftlicher Untersuchungen in Form von Umfrageforschung ("Survey-Research") erfolgt, soll noch auf die sehr einfachen, praxisnahen Darstellungen elementarer Methoden des Survey-Research bei DE VAUS (1990) und vor allem BACKSTROM/HURSH-CÉSAR (1981) hingewiesen werden. Eine sehr lesenswerte Replik auf die bekannten Einwände gegen "Survey-Research" findet sich in einem brillanten Buch von MARSH (1982).

Kapitel 4

Konzeptspezifikation, Operationalisierung und Messung

Theorien beschreiben Zusammenhänge zwischen theoretischen Begriffen. Theoretische Begriffe als Bestandteile von Theorien (oder "Konstrukte") sind nicht direkt beobachtbar. In Kapitel 2 wurde gezeigt, daß zur Überprüfung einer Theorie die Angabe von Korrespondenzregeln für theoretische Begriffe notwendig ist. Korrespondenzregeln wurden als Hypothesen mit empirischem Gehalt gekennzeichnet. Im Rahmen der Praxis empirischer Sozialforschung wird die Angabe von Korrespondenzregeln als "Operationalisierung" bezeichnet. Die Operationalisierung eines Begriffes besteht in der Angabe einer Anweisung, wie Sachverhalte, die der Begriff bezeichnet, gemessen werden können. Um eine Operationalisierung (und damit schließlich eine Messung) durchführen zu können, muß eindeutig geklärt sein, auf welche Objekte oder Sachverhalte sich der Begriff bezieht: Ohne zu wissen, was gemessen werden soll, kann keine sinnvolle Messung erfolgen[1].

In diesem Kapitel werden einige Techniken und Probleme von Messungen in den Sozialwissenschaften erläutert. Vor jedem Versuch einer Messung müssen die verwendeten Konstrukte spezifiziert (Kap. 4.1) und anschließend Meßanweisungen für die theoretischen Begriffe angegeben (Kap. 4.2) werden. Die Beurteilung der Güte sozialwissenschaftlicher Messungen erfordert neben Grundkenntnissen der allgemeinen Meßtheorie (Kap. 4.3) die Kenntnis der wichtigsten Gütekriterien und ihrer Berechnungsmethoden (Kap. 4.4). Die Ergebnisse konkreter Messungen werden meist zu "Skalen" oder "Indizes" kombiniert, um die Auswertung zu erleichtern. Die wichtigsten dieser Kombinationstechniken werden in einem Abschnitt über Indexbildung und Skalierungsverfahren vorgestellt (Kap 4.4).

---

[1] Aus diesem Grund sind auch alle Diskussionen der Art "Ist der Mensch meßbar?" oder "Sind Messungen in den Sozialwissenschaften überhaupt möglich?" blanker Unsinn. Niemand kann Fragen dieser Art sinnvoll beantworten. Schließlich mißt niemand "einen Tisch" oder "einen LKW", sondern immer nur einen speziellen Aspekt: z.B. "die Höhe des Tisches" und "das Gewicht des LKW's".

4.1. Konzeptspezifikation

Zumindest zu Beginn eines Forschungsprojektes sind Theorien in den Sozialwissenschaften häufig weder explizit und eindeutig formuliert, noch sind die verwendeten Begriffe eindeutig definiert und von anderen Begriffen abgegrenzt. Die "Theorien" für einen bestimmten Gegenstandsbereich bestehen gelegentlich nur aus vagen Vorstellungen und Ideen, die die Auffassung des Gegenstandsbereichs strukturieren. Beispiele für solche strukturierenden Begriffe oder "Konzepte" sind z.B. "Macht", "Herrschaft", "Integration" oder "Identität".

Die meisten allgemeinen Konzepte sind viel zu unklar, als daß direkt Meßanweisungen gegeben werden können[1]. Aus diesem Grund beginnt die Operationalisierung eines theoretischen Begriffs meist mit der Klärung, welche theoretischen Aspekte eines bestimmten Gegenstandsbereichs ("Dimensionen") durch den theoretischen Begriff bezeichnet werden, bzw. welche Dimensionen das Konzept anspricht. Dieser rein theoretische Klärungsprozeß wird in der deutschsprachigen Literatur etwas überschwenglich in Anlehnung an ZETTERBERG (1973) meist als "dimensionale Analyse" bezeichnet. Da der Begriff "dimensionale Analyse" in den Naturwissenschaften eine andere Bedeutung besitzt[2], nämlich die Bestimmung der "Dimension" einer physikalischen Größe (z.B. besitzt die Fallbeschleunigung die Dimension m/s^2), verwenden wir den Begriff "Konzeptspezifikation" in Anlehnung an die angelsächsischen Begriffe "conceptualization" und "concept specification".

Konzeptspezifikation kann als eine spezielle Art der Nominaldefinition aufgefaßt werden. Da es sich bei der Konzeptspezifikation um eine rein theoretische Klärung handelt, welche verschiedenen Aspekte des Gegenstandsbereichs durch ein Konzept angesprochen werden, existieren, abgesehen von der empirischen Er-

---

[1] Daher wird hier zwischen "Konzepten" und "Konstrukten" deutlich unterschieden: Konstrukte sind klar definiert, Konzepte sind dagegen lediglich eine unklare Vorstufe.

[2] vgl. z.B. DUNCAN (1984c:160-163).

klärungskraft der aus der Konzeptspezifikation resultierenden theoretischen Erklärungen[1] und deren theoretischer Fruchtbarkeit, keine objektiven Kriterien, ob die Spezifikation "gelungen" ist oder nicht.

Als Beispiel für eine Konzeptspezifikation soll der Begriff "Ethnische Identität" betrachtet werden. Die Klärung von "Ethnischer Identität" setzt die Klärung des Begriffs "Ethnie" voraus. Eine berühmte Ethnie-Definition geht auf Max Weber (1980:237) zurück:

> "Wir wollen solche Menschengruppen, welche auf Grund von Aehnlichkeiten (sic!) des äußeren Habitus oder der Sitten oder beider oder von Erinnerungen an Kolonisation und Wanderung einen subjektiven Glauben an eine Abstammungsgemeinsamkeit hegen, derart, daß dieser für die Propagierung von Vergemeinschaftungen wichtig wird, dann, wenn sie nicht 'Sippen' darstellen, 'ethnische' Gruppen nennen, ganz einerlei, ob eine Blutsgemeinsamkeit objektiv vorliegt oder nicht."

Der Begriff "Ethnische Identität" ist bisher aber immer noch nicht vollständig deutlich, da bisher lediglich der Begriff "Ethnie", nicht aber "Identität" geklärt worden ist.

JACKSON (1984:227-228) legt eine Konzeptspezifikation vor, in der er als "Identität" das Ausmaß des Bewußtseins und der Wertschätzung der Zugehörigkeit einer Person zu einer Kategorie bezeichnet. "Ethnische Identität" bezieht sich auf das Bewußtsein und die Wertschätzung einer Person in Hinsicht auf ihre eigene Zugehörigkeit zu einer ethnischen Gruppe.

Welche Kriterien verwenden aber nun Personen zur ihrer subjektiven Abgrenzung "ihrer" Ethnie gegenüber anderen Ethnien? WEBER (1980:238-239) erwähnt hier u.a. "die in die Augen fallenden Unterschiede in der **Lebensführung des Alltags**", wie die "wirklich starken Differenzen der ökonomischen Lebensführung", "Unterschiede der typischen Kleidung, der typischen Wohn- und Ernährungsweise, der üblichen Art der Arbeitsteilung zwischen den Geschlechtern" sowie die Sprachgemeinschaft und "die durch ähnliche religiöse Vorstellungen bedingte Gleichartigkeit der rituellen Lebensreglementierung". Weber hat damit praktisch alle Dimensionen genannt, die bei der subjektiven Abgrenzung ethnischer Identifikationen eine Rolle spielen können.

---

[1] Ein sehr einfacher Vergleich der empirischen Bewährung unterschiedlicher theoretischer Konzepte ist in der Praxis der empirischen Sozialforschung der Vergleich der "erklärten Varianz" unterschiedlicher Erklärungsmodelle, vgl. z.B. OPP u.a. (1984:266-267).

Nach der exakten Definition aller verwendeten Begriffe und der Angabe der Dimensionen, auf die sich diese Begriffe beziehen, kann die Konzeptspezifikation als abgeschlossen angesehen werden.

4.2. Operationalisierung

Die "Operationalisierung" eines theoretischen Begriffes besteht aus der Angabe einer Anweisung, wie Objekten mit Eigenschaften (Merkmalen), die der theoretische Begriff bezeichnet, beobachtbare Sachverhalte zugeordnet werden können. Ein theoretischer Begriff behauptet die Existenz (mindestens) einer Dimension, auf der Objekte unterschieden werden können. Im einfachsten Fall können Objekte ("Merkmalsträger", z.B. Moleküle, Computer, Personen, Gesellschaften, Sonnensysteme etc.) lediglich danach unterschieden werden, ob ihnen ein bestimmtes Merkmal (oder eine bestimmte Eigenschaft) zukommt oder nicht. Welche Merkmale der theoretische Begriff bezeichnet, liegt als Ergebnis der Konzeptspezifikation vor. Man kann Merkmale danach klassifizieren, ob sie allen oder nur einigen Objekten des Gegenstandsbereichs zukommen.

Als "Konstante" bezeichnet man Eigenschaften, die allen jeweils betrachteten Objekten zukommen; z.B. die Eigenschaft "enthält mindestens ein Kohlenstoffatom" ist für alle lebenden Organismen eine Konstante. Eigenschaften, die bei verschiedenen Merkmalsträgern in mehr als einer Ausprägung vorkommen, werden als "Variablen" bezeichnet.

4.2.1. Variablen

Variablen können als zusammenfassender Begriff für verschiedene Ausprägungen einer Eigenschaft (den "Variablenwerten") angesehen werden; z.B. die Variable "Ampelfarbe" kann die Variablenwerte "rot, gelb, grün" annehmen.

Die **Anzahl der möglichen** Ausprägungen einer Variablen hängt nicht von den Objekten, sondern von den verwendeten Begriffen ab: Wäre mit "Farbe" die Wellenlänge des emittierten Lichtes in Nanometern gemeint, so könnte die Variable "Ampelfarbe" (je nach Ampel) alle Werte im Zahlenbereich 390 bis 750 annehmen[1]. Die **Anzahl der tatsächlichen** Ausprägungen hängt allerdings von den untersuchten Objekten ab.

Variablen können nach einer Reihe verschiedener Gesichtspunkte unterschieden werden. So kann zwischen "dichotomen Variablen", die nur zwei verschiedene Werte annehmen können ("lebend-tot", "schwanger-nicht schwanger"), "diskreten Variablen", die nur wenige verschiedene Werte annehmen können ("Herz-Karo-Pik-Kreuz", "rot-gelb-grün") und "kontinuierlichen", bzw. "stetigen Variablen"[2], die jeden beliebigen Wert (aus der Menge der reellen Zahlen) annehmen können, unterschieden werden. Eine andere Unterscheidung basiert auf der Möglichkeit, ob die Ausprägungen der Variablen bei bestimmten Objekten "direkt" wahrnehmbar sind oder nicht. "Direkt" beobachtbare Variablen werden als "manifeste Variablen", nicht direkt beobachtbare Variablen als "latente Variablen" bezeichnet. So kann die Variable "Körpergröße" als manifeste Variable, die Variable "Abstraktionsvermögen" als latente Variable aufgefaßt werden.

4.2.2. Indikatoren

Wie in Kapitel 2 gezeigt wurde, sind theoretische Begriffe nicht direkt beobachtbar. Die Verknüpfung eines theoretischen Begriffs mit beobachtbaren Sachverhalten erfolgt durch die Angabe von Korrespondenzregeln. In der Praxis empirischer Sozialforschung wird die Angabe von Korrespondenzregeln als Operationalisierung

[1] Wellenlänge des sichtbaren Lichtes; violett mit 390-430 nm ist zwar unwahrscheinlich, aber nicht unmöglich.
[2] Aufgrund der beschränkten Meßgenauigkeit sind praktisch alle tatsächlichen Messungen "diskret" und nicht "stetig".

bezeichnet. Operationalisierungen bestehen aus der Angabe von Meßanweisungen. Die Meßanweisungen müssen sich auf direkt beobachtbare Sachverhalte beziehen. Diese direkt beobachtbaren Sachverhalte werden als Ausprägungen bestimmter Merkmale auf einer Dimension betrachtet, stellen also Variablen dar. Diese direkt beobachtbaren (manifesten) Variablen werden als "Indikatoren" bezeichnet.

Beispielsweise werden häufig die Variablen "Anzahl der Schuljahre" und "Höhe des Schulabschlusses" als Indikatoren für den in vielen sozialwissenschaftlichen Theorien vorkommenden Begriff "kognitive Kompetenz", der meist als "formale Bildung" spezifiziert wird, verwendet.

Das zentrale Problem einer Operationalisierung besteht darin, wie die Zuordnung eines Indikators zu einem theoretischen Begriff gerechtfertigt werden kann. BESOZZI/ZEHNPFENNIG (1976:21) unterscheiden drei Ansätze, um das Problem der Zuordnung von theoretischen Begriffen zu beobachtbaren Indikatoren zu lösen:

- die operationalistische Lösung
- die typologisch-induktive Lösung
- die kausalanalytische Lösung

Die operationalistische Lösung besteht in der definitorischen Gleichsetzung des Indikators mit dem theoretischen Konstrukt. Bei dieser Lösung kann das Problem der Zuordnung der Indikatoren zu einem theoretischen Konstrukt nicht entstehen: Der theoretische Begriff wird durch die Meßanweisung erst definiert. Das berühmteste Beispiel hierfür ist die Definition von Intelligenz als das, was ein Intelligenztest mißt. Solche Indikatoren werden gelegentlich etwas ungenau als "definitorische Indikatoren" oder "logische Indikatoren" bezeichnet. Wie die Ausführungen im Kapitel 2 zeigen, wird dieser operationalistische Ansatz heute weitgehend auf Grund der damit verbundenen wissenschaftstheoretischen Probleme verworfen.

Die typologisch-induktive Lösung geht vor allem auf Arbeiten von Paul LAZARSFELD zurück. Die Grundidee des Ansatzes basiert auf der Annahme, daß die beobachtbaren Zusammenhänge zwischen verschiedenen Indikatoren durch die Annahme latenter Variablen bzw. sogenannter "latenter Klassen" erklärt werden können[1].
Bei diesem Ansatz werden die interessierenden theoretischen Konzepte soweit spezifiziert, daß die Dimensionen, auf die die Begriffe bezogen sind, angebbar werden. Für jede Dimension wird eine Menge von Indikatoren bestimmt, von der eine Teilmenge zur tatsächlichen Messung ausgewählt wird. Schließlich werden die mit diesen Indikatoren gewonnenen Daten einer bestimmten statistischen Datenanalysetechnik, der "latenten Strukturanalyse" (LSA), unterworfen. Die LSA besteht aus einer Reihe mathematischer Modelle, die alle auf dem sogenannten "Axiom der lokalen Unabhängigkeit" basieren. Das Axiom besagt, daß die empirischen Zusammenhänge zwischen den beobachteten Indikatoren durch die Einführung einer latenten Variablen erklärt werden können; mit anderen Worten: Innerhalb einer "latenten Klasse" sind die Korrelationen der Indikatoren gleich Null.

Als Beispiel sei ein Test für "Rechenfertigkeit" erwähnt, dessen Aufgaben als Indikatoren angesehen werden. Die Lösung der einzelnen Aufgaben sind nicht unabhängig voneinander, da jemand mit sehr großen Rechenfähigkeiten vermutlich alle, jemand ohne Rechenfertigkeiten vermutlich keine Aufgabe lösen wird. Stellt man sich Gruppen von Personen mit gleicher Rechenfertigkeit vor, so existiert innerhalb dieser Gruppe kein Zusammenhang zwischen der Beantwortung verschiedener Aufgaben. Diese Gruppe mit gleichen Rechenfertigkeiten bildet eine "latente Klasse".

Mit der LSA wird versucht, die Gleichungen zu bestimmen, die angeben, wie die latenten Variablen auf die beobachtbaren Indikatoren wirken, d.h., es wird versucht, die latenten Klassen zu bestimmen.

---

[1] Das Vorgehen bei diesem Ansatz ist vergleichsweise kompliziert, und kann daher hier nur angerissen werden. Nähere Einzelheiten finden sich bei DENZ (1982) und McCUTCHEON (1987).

Die Kritik an der typologisch-induktiven Lösung, die sich auf die mögliche theoretische Irrelevanz der induktiv ermittelten latenten Variablen und eine generelle Kritik induktiver Ansätze stützt, führt unmittelbar zum dritten Lösungsansatz, dem kausal-analytischen Ansatz.

Der kausal-analytische Ansatz basiert ebenfalls auf der Annahme latenter Variablen[1]. Indikatoren werden in diesem Ansatz aber als beobachtbare "Folgen" der latenten Variablen aufgefaßt. Theorien werden als Aussagen über die kausalen (ursächlichen) Wirkungen latenter Variablen aufeinander interpretiert. Indikatoren für die latenten Variablen können aus solchen Theorien theoretisch gefolgert werden, da angenommen wird, daß die Phänomene, die durch die Indikatoren erfaßt werden, durch die latenten Variablen tatsächlich verursacht werden.

Der grundlegende Gedanke dieses Ansatzes besteht darin, zusätzlich zur "eigentlich" zu testenden Theorie ("Kerntheorie") eine Hilfstheorie zu spezifizieren, die die Beziehung zwischen den latenten Variablen und den beobachtbaren Indikatoren angibt. Diese Hilfstheorie kann u.a. auch explizit Annahmen über die Entstehung von Meßfehlern enthalten (vgl. hierzu die Ausführungen zur Verwendung multipler Indikatoren).

Der Test einer Theorie umfaßt also **immer** den Test der Kerntheorie **und** den Test der Hilfstheorie. Unter bestimmten Bedingungen kann an die beobachteten Daten ein mathematisches Modell angepaßt werden, das auf der Kerntheorie und der Hilfstheorie basiert[2]. Wenn eine solche Anpassung gelingt, werden sowohl Kern- als auch Hilfstheorie vorläufig akzeptiert.

---

[1] Der Ansatz bezieht sich somit auf die wissenschaftstheoretische Unterscheidung zwischen L_t und L_o, vgl. Kapitel 2.
[2] Für Einzelheiten sei auf ESSER (1984d) oder SULLIVAN/FELDMAN (1979) verwiesen.

Obwohl alle drei Ansätze in der empirischen Sozialforschung angewendet werden, wobei insbesondere in deskriptiven Arbeiten ein relativ unreflektierter "Operationalismus" vorherrscht, scheint der kausal-analytische Ansatz z.Z. der fruchtbarste Ansatz zu sein.

4.2.3. Auswahl von Indikatoren

Die Auswahl von Indikatoren berührt einige grundlegende methodologische Probleme. In diesem Zusammenhang sollen nur zwei Konzepte aus der Diskussion dieser Probleme erwähnt werden, das "Konzept des Indikatorenuniversums" und das "Konzept der multiplen Indikatoren".

Auf GUTTMAN (1950) geht das Konzept des Indikatorenuniversums zurück. Im Idealfall ließe sich die Menge aller Eigenschaften, die ein Begriff bezeichnet, angeben. Wird angenommen, daß die Indikatoren für diese Eigenschaften unabhängige Messungen desselben Gegenstandes darstellen (dies wird als "Homogenität des Indikatorenuniversums" bezeichnet), so ließe sich für jeden Begriff eine zufällige Auswahl aus denjenigen Indikatoren ziehen, die dessen Attribute erfassen. Zwar kann praktisch weder das Indikatorenuniversum angegeben noch von der Homogenität des Indikatorenuniversums ausgegangen werden, aber zwei methodologische Prinzipien können mit Hilfe des Konzepts erläutert werden: Zum einen das "Prinzip der Austauschbarkeit von Indikatoren", zum anderen das Konzept der multiplen Indikatoren.

Besteht ein homogenes Indikatorenuniversum, so besagt das Prinzip der Austauschbarkeit der Indikatorenmengen, daß es völlig gleichgültig ist, welche Indikatoren aus dem entsprechenden Universum für die Messung des theoretischen Begriffs tatsächlich verwendet werden. Mit anderen Worten: Werden mehrere Indikatoren ("multiple Indikatoren)" verwendet, um einen bestimmten Begriff zu messen, dann müssen vergleichbare Ergebnisse resultieren. Ist dies nicht der Fall, so liegt kein homogenes Indikatorenuniversum vor, die Ergebnisse der Untersuchung basieren somit auf der Verwendung spezieller Indikatoren, wodurch die Gefahr besteht, daß die Ergebnisse lediglich etwas über die tatsächliche Messung der manifesten Variablen aussagen, aber nichts über die Messung der latenten Variablen[1].

Als Beispiel soll erwähnt werden, daß in der BRD eine Reihe verschiedener Instrumente zur Messung von sozialem Status entwickelt wurden. Diese Statusindikatoren basieren auf so verschiedenen Meßmethoden wie der Berechnung einer gewichteten Summe (z.B. aus Bildung, beruflicher Stellung, Einkommen und Hausbesitz), der Analyse von Heiratsmustern oder der subjektiven Rangordnung von Berufen. Da zwischen allen Instrumenten sehr starke Zusammenhänge bestehen, und inhaltliche Ergebnisse unabhängig davon sind, welcher dieser Indikatoren zur Messung von Status verwendet wird, kann für diese Indikatoren die Austauschbarkeit angenommen werden (MAYER 1979:111).

Schon um die Ergebnisse verschiedener Operationalisierungen vergleichen zu können, empfiehlt sich die Verwendung multipler Indikatoren, d.h. für jeden Begriff wird nicht nur eine Operationalisierung verwendet, sondern mehrere.

Als Beispiel für die Anwendung multipler Indikatoren sollen für die Hypothese "Je höher der Modernisierungsgrad einer Region, desto niedriger die Bindung an die Kirche (Kirchlichkeit)" die Konstrukte "Modernisierung" und "Kirchlichkeit" mit multiplen Indikatoren operationalisiert werden (vgl. Abb. 4-1).

Die Verwendung multipler Indikatoren kann aber auch anders begründet werden. Messungen sind immer mit mehr oder weniger großen Fehlern behaftet (vgl. hierzu ausführlich das Kapitel 4.3.2). Man kann zwischen zufälligen und systematischen Meßfehlern unterscheiden.

---

[1] KRIZ (1981:126-131) konstruiert ein entsprechendes Beispiel, in dem "Angst" einerseits über die Körpertemperatur und andererseits über die Pulsfrequenz von Versuchspersonen operationalisiert wird.

Abbildung 4-1: Beispiel für multiple Indikatoren

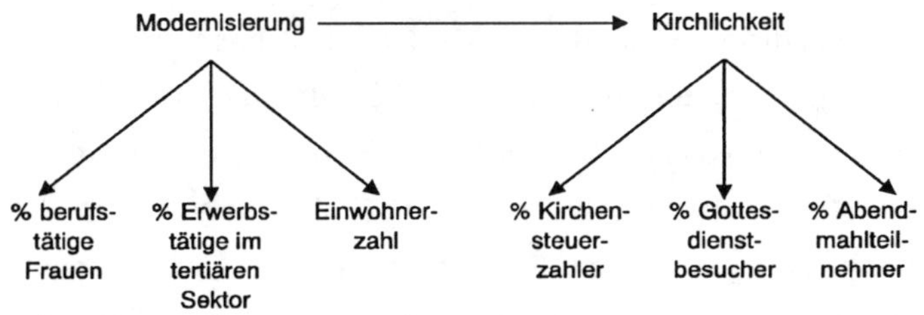

Bei einer ungenauen Uhr kann es vorkommen, daß sie mal vor- und mal nachgeht. Die Abweichungen von der wirklichen Uhrzeit können als zufällig, weil nicht systematisch, aufgefaßt werden. Geht eine Uhr allerdings ständig nach, so liegt ein systematischer Meßfehler vor.

Ein sozialwissenschaftliches Beispiel wäre eine direkte Frage nach dem Einkommen von Personen. Die Angaben, die die Personen machen, können korrekt sein, sie können aber auch überhöht oder untertrieben sein. Ein Teil der Abweichungen der Angaben kann als rein zufällig, z.B. durch Erinnerungsfehler verursacht, aufgefaßt werden. Ein anderer Teil der Abweichungen kann durch systematische Meßfehler entstehen, z.B. wenn Personen nicht durch extrem hohes oder extrem niedriges Einkommen auffallen möchten.

Erbringen die Indikatoren Messungen, die lediglich durch kleine zufällige Störungen vom "wahren Wert" des Objektes abweichen, so kann die Genauigkeit der Messung dadurch erhöht werden, daß mehrere unabhängige Messungen zusammengefaßt werden. Da über eine große Zahl von unabhängigen Messungen die zufälligen Meßfehler unsystematisch schwanken, kann durch eine Zusammenfassung der Meßergebnisse, z.B. durch die Berechnung des Mittelwertes der Messungen, ein Ausgleich der Meßfehler erwartet werden.

Liegen keine zufälligen Meßfehler, sondern systematische Meßfehler vor, werden also die "wahren Werte" systematisch unterschätzt oder systematisch überschätzt, so sind die zusammengefaßten Messungen ungenauer als die Einzelmessungen, da die Fehler sich z.B. addieren können (vgl. BESOZZI/ZEHNPFENNIG 1976:35-40).

Liegen allerdings systematische Meßfehler vor, so ist es prinzipiell möglich, eine Hilfstheorie zu spezifizieren, die die Meßfehler selbst beschreibt. Um das Beispiel mit der Uhr zu bemühen, könnte man annehmen, daß die Uhr nur dann nachgeht, wenn es sehr kalt ist. Diese Hilfstheorie bedarf zu ihrer Überprüfung selbst zusätzlicher Indikatoren (im Beispiel für die Temperatur), über deren Meßfehler wieder Annahmen gemacht werden müssen. Für das Beispiel der Einkommensfrage könnte versucht werden, die individuell wahrgenommene Wünschbarkeit extrem hoher oder extrem niedriger Einkommen und das individuelle Bedürfnis des Befragten "nicht aufzufallen" zu messen. Eine sehr einfache Meßfehlertheorie würde Meßfehler dann erwarten lassen, wenn das Bedürfnis "nicht aufzufallen" sehr hoch ist, die Wünschbarkeit extremer Einkommen als niedrig betrachtet wird und tatsächlich ein extremes Einkommen vorliegt. Sozialwissenschaftliche Fehlertheorien sind meist wesentlich komplizierter[1]. Die Spezifizierung solcher Meßfehlermodelle ist eine theoretisch und praktisch aufwendige Operation, die allerdings beim Vorliegen systematischer Meßfehler nicht vermieden werden kann.

Zusammenfassend läßt sich feststellen, daß zur Operationalisierung eines Begriffs mehrere Indikatoren benutzt werden sollten. Beim Vorliegen unsystematischer Meßfehler sind Messungen mit mehreren Indikatoren genauer als Einzelmessungen. Liegen dagegen systematische Meßfehler vor, so muß ein Meßfehlermodell spezifiziert werden, das zu seiner Überprüfung zusätzlicher Indikatoren bedarf. Allerdings sollte vermieden werden, theorielos einfach mehrere Indikatoren zu suchen: "...multiple measures without a theory will only lead to chaotic results" (BLALOCK 1982:263).

---

[1] Einzelheiten solcher Meßfehlermodelle finden sich bei ESSER (1984d).

4.2.4. Interpretationsprobleme von Operationalisierungen

Sozialwissenschaftliche Messungen verbinden drei verschiedene Ebenen miteinander: Konzepte, Indikatoren und die empirische Realität (vgl. BAILEY 1986, 1988). Die empirische Realität existiert unabhängig von unseren Konzepten und Indikatoren; die Indikatoren beziehen sich auf bestimmte Aspekte der Realität, wobei die Auswahl dieser Aspekte u.a. von theoretischen Konzepten, die ausschließlich abstrakte Vorstellungen sind, abhängt. Eine Reihe von Mißverständnissen resultieren daraus, daß diese drei Ebenen verwechselt werden.

So sind für sehr viele sozialwissenschaftliche Variablen einfache Operationalisierungen naheliegend. Beispiele sind die Variablen Bevölkerungsdichte, Alter, Geschlecht usw. Bei Variablen wie "Geschlecht" und "Alter" muß bedacht werden, daß sie lediglich sehr indirekte Messungen für die "eigentlich" interessierenden Dimensionen, wie z.B. "Erfahrung in sozialen Kontakten" oder "spezielle Sozialisationsform" sind. Häufig können die interessierenden Dimensionen direkter gemessen werden, als es durch solche "Globalvariablen" möglich ist[1]. Probleme entstehen hier dadurch, daß empirische Aussagen ohne Vorbehalte auf Konzepte übertragen werden. Ergebnisse liegen aber immer nur für bestimmte Indikatoren vor.
Ein anderes Problem ist das "Reifizierungsproblem": Sozialwissenschaftliche Konzepte wie "Identität" oder "Vorurteile" werden, nachdem bestimmte Operationalisierungen gefunden wurden, für "tatsächlich" existierende Phänomene gehalten. Sozialwissenschaftliche Konzepte, wie z.B. "Vorurteile", sind abstrakte geistige Vorstellungen, keine "wirklichen" Phänomene. "Vorurteil" ist ein theoretischer Begriff, der von Personen verwendet wird, um eine Klasse von konkreten Beobachtungen mit einem Symbol zu bezeichnen. "Vorurteile" existieren nicht in demselben Sinne, wie materielle Gegenstände (Bücher, Schrauben, Ziegelsteine) existieren.

---

[1] Vgl. hierzu z.B. LANGENHEDER (1975:60-62).

So kann z.B. nach der Durchführung einer Messung eines relativ abstrakten Konzepts, wie "Sozialprestige", der Eindruck entstehen, daß es so etwas wie "Sozialprestige" selbst gibt[1]. "Sozialprestige" ist allerdings nichts anderes als ein theoretischer Begriff; die konkrete Operationalisierung ist etwas anderes als der Begriff.

Sozialwissenschaftliche Theorien verführen häufig dazu, den Konstrukten der Theorie einen Wirklichkeitscharakter zuzuschreiben, den sie nicht besitzen können. Eine Aussage, wie "Autoritarismus führt zu Dogmatismus und Vorurteilen", impliziert, daß "Autoritarismus" überhaupt etwas anderes ist als "Dogmatismus" oder eine "Vorurteilsneigung". Solange der Unterschied zwischen den Konstrukten nicht mit geeigneten Techniken[2] nachgewiesen wird, besagt ein solcher Satz kaum mehr, als daß wir bestimmte Verhaltensweisen mit leicht unterschiedlichen Begriffen belegen; eine "substantielle" Aussage ist das nicht.

4.3. Messen in der empirischen Sozialforschung

Empirische Sozialforschung dient der Beschreibung sozialer Sachverhalte und der Überprüfung sozialwissenschaftlicher Theorien zur Erklärung sozialer Sachverhalte. Beide Aufgaben können nur mit Hilfe von "Messungen" erfüllt werden, d.h. durch die Zuordnung von Zahlen zu Objekten (STEVENS 1946).

Messungen werden u.a. für die Überprüfung von Theorien verwendet. Meßergebnisse sind die Kriterien, anhand derer über Beibehaltung oder Verwerfung von Theorien entschieden wird. Unter sonst gleichen Bedingungen sind Entscheidungen um so besser, je präziser die Informationen sind, auf denen sie beruhen (SIXTL 1982:438). Der Wunsch, möglichst genaue Informationen zu erhalten, führt zur

---

[1] Vgl. hierzu auch WEGENER (1985).
[2] vgl. hierzu Kap. 4.3.2.2.

Forderung nach möglichst präzisen "Messungen". In diesem Kapitel soll daher zunächst geklärt werden, was unter "präzisen Messungen" verstanden wird, bevor die wichtigsten Meßtechniken in der empirischen Sozialforschung dargestellt werden.

4.3.1. Messen

Unter "Messen" wird allgemein die Zuordnung von Zahlen ("Meßwerten") zu Objekten gemäß festgelegten Regeln verstanden. Die Mängel dieser Definition werden bereits dadurch deutlich, daß die Zuweisung von Schulnoten durch Würfeln eine definitionsgemäße Messung wäre. Eine brauchbarere Definition muß für eine Messung fordern, daß die Meßwerte zueinander Beziehungen aufweisen, die den Beziehungen der gemessenenen Objekte entsprechen. So wird z.B. für eine sinnvolle Längenmessung gefordert, daß der "größte" Meßwert dem "längsten" Objekt entspricht, der "kleinste" Meßwert dem "kürzesten" Objekt. Eine Messung in diesem Sinne ist eine "strukturtreue Abbildung": Die Beziehungen der Objekte ("kürzer"- "länger") werden durch die Beziehungen der zugeordneten Zahlen ("kleiner"-"größer") korrekt wiedergegeben. Die Definition der Messung als strukturtreue Abbildung erfordert für die Angabe einer Meßanweisung eines Begriffes die Möglichkeit, daß Objekte nach der bezeichneten Eigenschaft geordnet werden können. So setzt z.B. die sinnvolle Verwendung des Begriffs "Länge" die Möglichkeit voraus, Objekte nach dieser Eigenschaft sortieren zu können. Der Begriff definiert auf diese Weise **eine** bestimmte Möglichkeit, wie die Objekte geordnet werden können. Eine abgegrenzte Ansammlung von Objekten (eine "Menge", z.B. eine Ansammlung von Büchern) kann jedoch durch mehrere Kriterien unterschiedlich sortiert werden. Die Verwendung eines **bestimmten** Kriteriums, z.B. Länge, definiert eine **bestimmte** Beziehung ("Relation") der Objekte zueinander. Eine Menge von Objekten, über die eine Relation definiert wurde, bezeichnet man als "empirisches Relativ", eine Menge von Zahlen, über die eine Relation definiert wurde, als "numerisches Relativ".

Beim Beispiel der Längenmessung besteht das empirische Relativ aus einer nach der Länge sortierten Menge von Objekten und das numerische Relativ aus einer nach der Größe der Zahlen sortierten Menge von Zahlen. Das Problem der Messung besteht nun darin, eine Zuordnung der Zahlen zu den Objekten zu finden, so daß die Ordnung im numerischen Relativ der Ordnung im empirischen Relativ entspricht: Das Problem besteht in der Angabe einer Regel, die eine strukturtreue Abbildung ermöglicht.

Objekte können zwar mit völlig verschiedenen Regeln auf eine Zahlenmenge abgebildet werden, aber nur bestimmte Regeln liefern eine Abfolge der Zahlen, die der Abfolge der Objekte hinsichtlich der zu messenden Eigenschaft entspricht: Nur ganz bestimmte Regeln liefern "strukturtreue Abbildungen". Am Beispiel der Schulnoten läßt sich das deutlich zeigen: Der theoretische Begriff "Leistung in einem bestimmten Fach" erfordert die Möglichkeit, Schüler nach ihrer "Leistung" zu ordnen. Die Abbildung dieser Reihenfolge der Schüler in eine Zahlenmenge durch Würfeln erbringt aber keine Abfolge der Zahlen, die der Reihenfolge der Schüler nach Leistung entspricht (das ist zwar möglich, aber dann ein zufälliges und sehr seltenes Ereignis). Wäre es hingegen möglich, eine Regel (eine Meßtechnik) anzugeben, die eine Abfolge der Zahlen erbringt, die der Reihenfolge der "Leistung" der Schüler entspricht (so daß z.B gilt: hohe "Leistung" = große Zahl, kleine "Leistung" = kleine Zahl), so wäre eine strukturtreue Abbildung, eben eine "Messung", gelungen. Läßt sich aus einer nach einer Messung zugeordneten Zahl eindeutig bestimmen, welches Objekt durch die Zahl bezeichnet wird, so handelt es sich um eine "umkehrbar eindeutige Abbildung", eine "<u>isomorphe</u>" Abbildung; sind einer Zahl hingegen mehrere Objekte zugeordnet, so handelt es sich um eine "nicht umkehrbar eindeutige" Abbildung, die als "<u>homomorphe</u>" Abbildung bezeichnet wird. Allgemein werden strukturtreue Abbildungen als "<u>Morphismen</u>" bezeichnet.

Abbildung 4-2: Morphismen

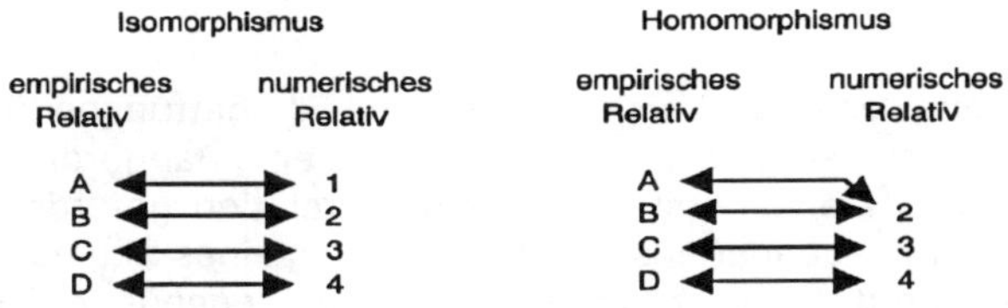

4.3.1.1. Skalen

Eine "Skala" ist eine homomorphe Abbildung eines empirischen Relativs in ein numerisches Relativ[1]. Im Beispiel der Längenmessung besteht die Skala aus einer homomorphen Abbildung der unterschiedlichen "Länge" von Objekten in unterschiedlich "große" Zahlen.

Wie das Schulnotenbeispiel zeigt, ist nicht jede Abbildung eine homomorphe Abbildung: Die Existenz einer Skala muß erst **bewiesen** werden. Dieser Beweis wird mit einem "Repräsentationstheorem" geführt. Ein Repräsentationstheorem gibt die Bedingungen im empirischen Relativ an, die erfüllt sein müssen, damit eine homomorphe Abbildung möglich ist. Diese Bedingungen werden in diesem Zusammenhang als "Axiome" bezeichnet.

Um zu zeigen, daß eine gegebene Messung tatsächlich eine strukturtreue Abbildung erbringt, muß in einem zweiten Schritt der Nachweis geführt werden, daß die Axiome eines bestimmten Repräsentationstheorems tatsächlich erfüllt sind. Die

[1] Da Isomorphismen nur einen speziellen Fall von Homomorphismen darstellen, sind auch isomorphe Abbildungen Skalen. Der Begriff "Skala" wird in der Literatur sehr unklar verwendet. Sowohl homomorphe Abbildungen als auch vollständige Erhebungsinstrumente, wie z.B. Ansammlungen von Einstellungsfragen, werden als "Skalen" bezeichnet. Hier sind "Skalen" im Sinne der Meßtheorie gemeint.

Axiome werden empirisch überprüft, indem die Beziehungen zwischen den Objekten daraufhin untersucht werden, ob die in den Axiomen geforderten Eigenschaften zwischen den Objekten bestehen.

Soll z.B. die Vorliebe des Publikums für bestimmte Filmgattungen (Science-Fiction, Krimi, Heimatfilm usw.) so gemessen werden, daß eine Rangordnung entsteht, so muß als Axiom die "Transitivität" der Präferenzrelation gefordert werden. Das heißt, daß für jeden Zuschauer aus der Bevorzugung eines Science-Fiction gegenüber einem Krimi und der Bevorzugung eines Krimis gegenüber einem Heimatfilm folgen muß, daß er einen Science-Fiction einem Heimatfilm vorzieht. Zieht der Zuschauer aber doch einen Heimatfilm einem Science-Fiction vor, so ist das Axiom der Transitivität der Präferenzrelation nicht erfüllt, somit kann keine Messung erfolgen, die eine Rangordnungsmöglichkeit erlaubt.

Lassen sich für eine konkrete Messung die Axiome des Repräsentationstheorems empirisch nachweisen, so ist die tatsächliche Existenz einer Skala nachgewiesen.

Selbst wenn eine strukturtreue Abbildung durch eine Messung gelingt, so sind durch die tatsächlichen Beziehungen der Objekte und deren strukturtreuer Abbildung zwar bestimmte Beziehungen zwischen den Meßwerten definiert, aber die Einheit der Messung wird nicht durch die Messung selbst festgelegt[1]. Beispielsweise kann man Temperaturen in Celsius, Fahrenheit und Kelvin messen. Allgemein kann es für ein Repräsentationstheorem verschiedene Skalen geben. Die Klärung, welche Beziehungen zwischen verschiedenen Skalen bestehen, erfolgt durch ein "<u>Eindeutigkeitstheorem</u>". Das Eindeutigkeitstheorem gibt an, welche mathematischen Operationen im numerischen Relativ "<u>zulässig</u>" sind, d.h. durchgeführt werden können, ohne daß die Strukturtreue der Abbildung verlorengeht.

Das empirische Relativ in Abbildung 4-3 besteht aus den neun Objekten A-I. Jeweils 3 Objekte sind in einer bestimmten Hinsicht gleich und können daher zu sogenannten "Äquivalenzklassen" zusammengefaßt werden. Die Äquivalenzklassen

---

[1] Nur bei sogenannten "Absolutskalen", die z.B. durch Abzählen von Objekten entstehen, ist auch die Einheit festgelegt.

lassen sich in dieser Abbildung ordnen. Die Elemente A,B und C sind in bestimmter Hinsicht gleich und sind in bestimmter Hinsicht "größer" als die Elemente D, E und F. Die Abbildung in das numerische Relativ in Abbildung 4-3 ist strukturtreu: Alle jeweils gleichen Elemente besitzen denselben "Meßwert", empirisch größere Elemente besitzen numerisch größere Meßwerte.

Abbildung 4-3: Transformationen

empirisches Relativ	{A=B=C}	>	{D=E=F}	>	{G=H=I}
numerisches Relativ	2	>	0	>	-2
Transformation					
a) y=x+2 (zulässig)	4	>	2	>	0
b) y=x*x (unzulässig)	4	>	0	<	4

Die Transformation a, bei der nur eine Konstante addiert wird, erhält hier die Strukturtreue der Abbildung. Die Addition einer Konstanten ist also hier eine "zulässige Transformation". Die Transformation b, bei der die "Meßwerte" quadriert werden, erhält die Strukturtreue hier nicht, damit ist die Quadrierung hier eine "unzulässige Transformation".

Die Wahl zwischen unterschiedlichen Skalen desselben Repräsentationstheorems ist willkürlich; man spricht von "äquivalenten Skalen". Bei äquivalenten Skalen ist die Wahl der Einheit (z.B. "Grad Celsius" oder "Grad Fahrenheit" bei der Temperaturmessung) beliebig. Innerhalb der durch die zulässigen Transformationen bestimmten Grenzen ist die Zuweisung von Zahlen zu den Objekten frei wählbar.

So sind z.B. für die Temperaturmessung in Celsius und Fahrenheit nur sogenannte "positiv lineare" Transformationen zulässig, d.h., die Meßwerte dürfen mit einer Konstanten multipliziert werden, und es darf eine Konstante addiert werden. So ist z.B. x' = 3.1415 * (x + 900) eine zulässige Transformation. Bei dieser neuen "Temperaturskala" liegt der Siedepunkt des Wassers bei 3141.5 Grad, 0 Grad Celsius entspricht hier 2827.35 Grad. Der Meßwert allein sagt somit überhaupt nichts über "die Realität" aus. Bei einer Temperaturmessung, die nicht in Kelvin erfolgt, ist die **absolute** Größe der Meßwerte bedeutungslos.

Die Beziehungen der Meßwerte von äquivalenten Skalen zueinander entsprechen bis auf die zulässigen Transformationen den Beziehungen der Objekte im empirischen Relativ. Hierher rührt auch der Name des Eindeutigkeitstheorems: Eine Skala ist **eindeutig** bis auf ihre zulässigen Transformationen, d.h., je weniger Transformationen zulässig sind, desto "eindeutiger" ist die Skala, desto kleiner ist der willkürliche Spielraum der Zuweisung der Zahlen zu den Objekten.

4.3.1.2. Skalentypen

Skalen können danach klassifiziert werden, welche Transformationen für sie zulässig sind[1]. Solche Klassifikationen werden als "Skalenniveaus" oder "Meßniveaus" bezeichnet. Da es unendlich viele zulässige Transformationen einer bestimmten Skala gibt, könnten prinzipiell auch unendlich viele verschiedene Skalenniveaus unterschieden werden. Die meist verwendete Klassifikation geht auf STEVENS (1946) zurück; STEVENS unterscheidet Nominal-, Ordinal-, Intervall- und Ratioskalen[2].

"Nominalskalen" erfordern auf der Ebene der Objekte lediglich die Möglichkeit, die Objekte auf Gleichheit in bezug auf die interessierende Dimension zu unterscheiden. Die Zuordnung der Zahlen stellt hier dann lediglich eine Benennung dar. Nominale Messung besteht also in der Erstellung einer einfachen Klasseneinteilung, die jedes Objekt genau einer Klasse zuordnet: Weder darf ein bestimmtes Objekt

[1] Diese Klassifikation von Skalen ist nicht unumstritten. Zur Kritik vgl. vor allem PRYTULAK (1975) und DUNCAN (1984c:119-156).

[2] Eine detailliertere Klassifikation (z.B. NARENS/LUCE 1986:168; ORTH 1974:27) enthält meist noch eine "Log-Intervallskala" zwischen der Intervall und der Ratioskala sowie eine "Absolutskala" oberhalb der Ratioskala. Bei einer Log-Intervallskala sind noch Potenztransformationen ($x' = s * x^r$; mit s und r größer 0) zulässig. Bei einer Absolutskala sind überhaupt keine Transformationen der Meßwerte zulässig. Bei einer Absolutskala ist sowohl der Nullpunkt als auch die Einheit der Messung eindeutig festgelegt. Als Beispiele werden meist alle auf "Abzählen" basierenden Messungen genannt, so z.B. Häufigkeiten.

überhaupt nicht zugeordnet werden, noch darf ein Objekt mehreren Klassen zugeordnet werden.
Den verschiedenen Klassen können beliebige, unterschiedliche Zahlen zugeordnet werden, da sie ja nur eine Kennzeichnung darstellen. Demzufolge können mit den Zahlen nur mathematische Transformationen durchgeführt werden, die die Eindeutigkeit der Zuordnung einer Klasse zu einer Zahl erhalten. Beispiele für Nominalskalen sind Klassifikationen, z.B. Krankheitsklassifikationen.

"Ordinalskalen" erfordern zusätzlich zur Möglichkeit, Objekte auf ihre Gleichheit zu untersuchen, die Möglichkeit der Rangordnung der Objekte in bezug auf die interessierende Dimension. Die entsprechend zugeordneten Zahlen müssen diese Rangordnung wiedergeben. Demzufolge sind keine mathematischen Transformationen zulässig, die die Abfolge der Zahlen verändern. Beispiele für Ordinalskalen können z.B. Rangordnungen von Lehrbüchern nach ihrer Langweiligkeit sein. Das traditionelle Beispiel sind Schulnoten, bei denen man (angeblich[1]) zwar sagen kann, daß eine "2" besser als eine "4", jedoch nicht, daß eine "2" doppelt so gut wie eine "4" ist.

"Intervallskalen" erfordern zusätzlich zur Unterscheidungsmöglichkeit und zur Rangordnungsmöglichkeit die Möglichkeit der Angabe, daß die Unterschiede zwischen zwei beliebigen aufeinanderfolgenden Objekten jeweils gleich groß sind; mit anderen Worten: Die Intervalle müssen die gleiche Größe besitzen. Die entsprechenden Zahlen müssen daher stets dieselbe Differenz besitzen. Damit sind nur mathematische Transformationen zulässig, die die Größe der Intervalle nicht oder alle Intervalle im selben Maß verändern. Das beliebteste Beispiel für Intervallskalen sind Temperaturmessungen in Celsius, Fahrenheit und Reaumur.

---

[1] Es muß natürlich erst nachgewiesen werden, daß die Axiome der Ordinalskala in diesem Fall tatsächlich erfüllt sind.

"Ratioskalen" erfordern zusätzlich zur Unterscheidungs- und Rangordnungsmöglichkeit und der gleichen Intervallgröße die Möglichkeit, die Existenz eines "natürlichen Nullpunktes"[1] zu zeigen: Der Meßwert "Null" entspricht der tatsächlichen Abwesenheit des gemessenen Merkmals. Bei einer Ratioskala werden Aussagen, wie "Objekt A besitzt doppelt so viel X wie das Objekt B", sinnvoll, mit anderen Worten, es sind Aussagen über Quotienten jeweils zweier beliebiger Objekte möglich. Damit ist als einzige mathematische Transformation nur noch die Multiplikation mit einer Konstanten (ungleich Null) zulässig. Bei einer Ratioskala sind die Meßwerte bis auf die Wahl der Einheit festgelegt. Beispiele sind Messungen der Temperatur in Kelvin und des elektrischen Widerstandes in Ohm.

Abbildung 4-4: Eindeutigkeit von Skalentypen

	Festgelegte Eigenschaften				
	Nullpunkt	Abstände	Ränge	Identität	Beispiel
Nominal	nein	nein	nein	ja	Familienstand
Ordinal	nein	nein	ja	ja	Zufriedenheit
Intervall	nein	ja	ja	ja	Temperatur C°
Ratio	ja	ja	ja	ja	Länge

Das Meßniveau einer Skala wird um so höher, je weniger Transformationen der Meßwerte zulässig sind. Je höher das Meßniveau einer Skala wird, um so mehr mathematische Verfahren können auf die gewonnenen Daten angewendet werden. Im allgemeinen wird der Informationsgehalt einer Messung um so höher, je höher

---

[1] Der Name "Ratio-Skala" beruht auf der Möglichkeit, Quotienten von Meßwerten sinnvoll interpretieren zu können. Dies setzt einen "natürlichen" Nullpunkt voraus. Wird der Nullpunkt der Skala verschoben, so sind die Quotienten von Meßwerten nicht mehr interpretierbar. So ist z.B. bei der Celsius-Skala der Nullpunkt um 273.16 gegenüber dem (natürlichen) Nullpunkt der Kelvin-Skala verschoben. Ergibt eine Messung 100° Kelvin, eine andere Messung 200° Kelvin, so besitzt das zweite Objekt doppelt so viel Bewegungsenergie der Moleküle. Die entsprechenden Messungen in Celsius hätten -173.16°C und -73.16°C erbracht. Der Quotient -73.16/-173.16 ist ungleich dem Quotienten 200/100; daher ist der Quotient der Celsius-Messung nicht sinnvoll interpretierbar.

das Meßniveau wird. Daher wird zumeist ein möglichst hohes Meßniveau angestrebt.

Damit stellt sich die Frage nach dem Meßniveau einer gegebenen Messung. Streng genommen kann diese Frage **nur** durch die Angabe des Repräsentations- und Eindeutigkeitstheorems **und** durch den **Beweis**, daß die in den Theoremen geforderten Axiome **empirisch** erfüllt sind, beantwortet werden. Ein solcher empirischer Beweis ist mit außerordentlich großem Aufwand verbunden[1]. Schon allein aus diesem Grund erfolgt ein solcher Nachweis kaum jemals in der Forschungspraxis. Weitaus wichtiger als dieses pragmatische Argument ist die Tatsache, daß für die meisten sozialwissenschaftlichen Meßverfahren keine Repräsentations- und Eindeutigkeitstheoreme vorliegen, also kein Beweis geführt werden kann, daß tatsächlich eine Messung (im Sinne der axiomatischen Meßtheorie) erfolgt. Das liegt u.a. darin begründet, daß die meisten Messungen in den Sozialwissenschaften auf **vermuteteten** Zusammenhängen zwischen Indikatoren und den eigentlich interessierenden Konstrukten basieren. Diese Art der Messung wird als "vereinbartes Messen" oder als "measurement per fiat" bezeichnet. Die Frage nach dem Skalenniveau solcher Messungen kann - streng genommen - nicht beantwortet werden.

4.3.1.3. Meßniveau und "zulässige" statistische Verfahren

Die axiomatische Meßtheorie behandelt neben dem Repräsentations- und Eindeutigkeitsproblem noch das sogenannte "Bedeutsamkeitsproblem". Das Bedeutsamkeitsproblem besteht in der Feststellung, welche mathematischen und statistischen Verfahren bei einem gegebenen Meßniveau "zulässig" sind.

---

[1] Eine ausführliche Demonstration des Tests der Axiome der Messung des Sozialprestiges auf Intervallskalenniveau gibt DIEKMANN (1982). WESTERMANN (1985) demonstriert die erfolgreiche empirische Prüfung der Axiome einer Intervallskala zur Ermittlung des Skalenniveaus der in der Forschungspraxis sehr häufig verwendeten sogenannten "Rating"-Skalen.

Als zulässig gilt ein statistisches Verfahren dann, wenn die Wahrheit oder Falschheit einer statistischen Aussage unter allen zulässigen Transformationen der Skalenwerte unverändert bleibt.
In diesem Sinn ist z.B. die Berechnung eines Mittelwertes einer ordinal gemessenen Variablen kein zulässiges statistisches Verfahren.

Nehmen wir an, eine Person A hätte die Abiturnoten (2,2,2,3,3) und somit eine Durchschnittsnote von 2.4, eine Person B hätte die Abiturnoten (1,1,1,4,4) und damit eine Durchschnittsnote von 2.2. Person B besitzt also einen niedrigeren Durchschnittswert[1]. Allgemein werden Schulnoten als lediglich ordinal skaliert aufgefaßt. Da die Abfolge nicht negativer Zahlen durch Quadrieren nicht verändert wird, ist das Quadrieren der Daten eine zulässige Transformation bei Ordinalskalen. Das Quadrieren der Abiturnoten ergibt hier für Person A (4,4,4,9,9), für Person B (1,1,1,16,16). Damit ergibt sich für Person A ein neuer Mittelwert (4+4+4+9+9)/5 = 6.0; für Person B ein neuer Mittelwert von (1+1+1+16+16)/5 = 7.0. Durch eine zulässige Transformation (das Quadrieren von ordinal gemessenen Daten) ist der **Wahrheitswert** der Aussage "Person B besitzt einen niedrigeren Durchschnittswert" **verändert** worden. Der Wahrheitswert der Aussage ist somit nicht invariant gegenüber erlaubten Transformationen, das statistische Verfahren ist damit nicht zulässig.

Obgleich die Anwendung einer Reihe von besonders leistungsfähigen statistischen Verfahren nur dann zulässig ist, wenn eine Messung mit Intervallskalenniveau erfolgt ist (z.B. Faktorenanalysen und Regressionsmodelle)[2], bedeutet dies nicht, daß die **Verfahren** Intervallskalen voraussetzen.
Vielmehr sind die **Aussagen**, die mit diesen Verfahren gemacht werden können, nicht invariant gegenüber allen zulässigen Transformationen unterhalb des Intervallskalenniveaus. Dieses Problem führt zu der Frage: Gibt es überhaupt Intervallskalen in den Sozialwissenschaften? Um diese Frage beantworten zu können, müssen noch einige Begriffe eingeführt werden.

---

[1] Das Beispiel findet sich bei KROMREY (1986a:122).
[2] Es muß allerdings betont werden, daß auch für Daten, die nicht mindestens intervallskaliert sind (<u>"qualitative Daten"</u> im Gegensatz zu "<u>metrischen Daten</u>"), leistungsfähige multivariate Analyseverfahren zur Verfügung stehen. Ein Überblick über diese Techniken findet man bei LANGEHEINE (1986). Das Meßniveau kann daher **keinen** Grund darstellen, lediglich beschreibende Studien zu erstellen.

Zentral ist hierbei der Begriff der "extensiven Meßstruktur". Ein empirisches Relativ, zusammen mit den für das entsprechende Repräsentations- und Eindeutigkeitstheorem erforderlichen Axiomen, wird als "Meßstruktur" bezeichnet. Eine **extensive Meßstruktur** verlangt die Existenz einer empirischen "Verkettungsoperation" zweier Objekte derart, daß das Ergebnis der Verkettungsoperation zweier Objekte der Addition zweier Zahlen entspricht.

Bei einer Längenmessung können die Meßwerte zweier Objekte einfach addiert werden, die rechnerische Summe entspricht dem Meßwert, den man erhält, wenn die beiden Objekte hintereinandergelegt werden. Das "Hintereinanderlegen" ist hier die Verkettungsoperation.

Existiert eine solche Verkettungsoperation, so läßt sich zeigen, daß die Messung eine Ratioskala erbringt. Viele Variablen der Physik können auf Grund der Existenz einer Verkettungsoperation auf dem Niveau einer Ratioskala gemessen werden. Aus der Tatsache, daß solche (empirischen) Verkettungsoperationen für die theoretischen Begriffe der Sozialwissenschaften nicht existieren, wird gelegentlich gefolgert, daß eine Messung in den Sozialwissenschaften nur auf ordinalem Niveau möglich sei. Dieser Schluß basiert auf der falschen Prämisse, daß Intervallskalenniveau **nur** durch die Existenz einer Verkettungsoperation erreicht werden kann. Es läßt sich (allerdings nicht sehr leicht) beweisen, daß u.a. durch sogenannte "additiv verbundene Meßstrukturen" ("additive conjoint measurement") Intervallskalen auch in den Sozialwissenschaften erreichbar sind. Diese Meßstrukturen basieren auf der simultanen Messung der Komponenten eines "zusammengesetzten" Merkmals. So läßt sich z.B. die Leistung in einem Test als aus der "Fähigkeit" des Getesteten (Probanden) und der "Schwierigkeit" der einzelnen Fragen "zusammengesetzt" denken. Falls bestimmte Annahmen erfüllt sind, lassen sich sowohl die "Schwierigkeit" der einzelnen Fragen als auch die "Fähigkeit" des Probanden errechnen[1] (vgl. auch Kapitel 4.4.2.4).

---

[1] Zum "additive conjoint measurement" vgl. ORTH (1974:58-68).

Neben dem "formalen" Nachweis des Intervallskalenniveaus einer Messung über die Angabe des Repräsentations- und Eindeutigkeitstheorems und des Beweises der Gültigkeit der geforderten Axiome gibt es allerdings ein weiteres Problem mit Intervallskalen in den Sozialwissenschaften[1].
In den meisten Fällen wird bei einer Messung in den Sozialwissenschaften nicht das interessierende Konstrukt gemessen, sondern lediglich ein Indikator, von dem angenommen wird, daß er eng mit dem Konstrukt zusammenhängt ("measurement per fiat"). So wird z.B. die Variable "Alter" als Indikator für sehr viele verschiedene theoretische Begriffe verwendet, so z.B. für "Lebenserfahrung", "Lebenszyklus", "Kontaktchancen", "Erfahrung mit sekundären sozialen Kontakten" usw. In solchen Fällen mag - formal - eine Messung auf "Intervallskalenniveau" gelungen sein, doch bezieht sich das Skalenniveau auf den gemessenen Indikator "Alter", nicht hingegen auf das Konstrukt "Lebenserfahrung". Die zu prüfenden theoretischen Sätze beziehen sich **letztlich also nicht** auf die **gemessene** Variable: Quantitative Gesetze, in denen "Alter" eine Rolle spielt, sind in den Sozialwissenschaften nicht bekannt.

Die weitaus meisten theoretischen Begriffe in den Sozialwissenschaften beziehen sich auf kontinuierliche "latente", (also nicht direkt meßbare) Variablen, wie z.B. "Intelligenz", "Prestige", "Dogmatismus", "Anomie", "Legitimität" usw..

Theorien, in denen solche theoretischen Begriffe als latente Variablen enthalten sind, machen meist jedoch keine Aussage darüber, daß die entsprechenden Eigenschaften nur immer als ganzzahliges Vielfaches einer Einheit vorkommen können. Somit können latente Variablen in der Regel als **kontinuierlich** aufgefaßt werden, d.h., zwischen zwei Punkten auf der entsprechenden Dimension liegen immer unendlich viele Punkte.
Weiterhin können latente Variablen meist als näherungsweise **normalverteilt** angesehen werden, d.h. (stark vereinfacht), die meisten Objekte liegen nahe am Mittelwert, und die Zahl der Objekte, die vom Mittelwert abweichen, wird um so geringer, je stärker sie vom Mittelwert abweichen.

---

[1] Die folgenden Ausführungen basieren auf den Arbeiten von DUNCAN (1984), BLALOCK (1982), WOLINS (1978) und BORGATTA/BOHRNSTEDT (1981). Vgl. dazu kritisch PAWSON (1986), der jedoch zu ähnlichen Schlußfolgerungen kommt.

Nach einer sorgfältigen Konstruktion des Indikators sollte auch angenommen werden können, daß die **"Monotoniebedingung"** erfüllt ist, d.h., daß einem positiven Unterschied zwischen zwei Objekten auf dem Indikator auch ein positiver Unterschied zwischen den Objekten auf der latenten Variablen entspricht[1]. Trotz Geltung der Monotoniebedingung werden die Abstände auf dem Indikator vermutlich kaum den Abständen auf der latenten Variablen exakt entsprechen. Dieser Fehler wird als "Transformationsfehler" bezeichnet. In der empirischen Sozialforschung erbringen die weitaus meisten "Messungen" "Meßwerte" in Form von ganzen Zahlen zwischen (in der Regel) eins und elf. Diese Messungen fassen **viele verschiedene** Werte der latenten Variablen in **einem** Wert der gemessenen Variablen zusammen. Die durch diese Zusammenfassung bedingten Fehler werden als "Kategorisierungsfehler" bezeichnet.
Das Ausmaß der Fehler hängt u.a. von der Verteilung der latenten Variablen und der Zahl der Ausprägungen der gemessenen Variablen ab. Ist die latente Variable tatsächlich "normalverteilt", dann sind nur kleine Transformations- und Kategorisierungsfehler zu erwarten[2]. Die empirische Verteilung der latenten Variablen ist allerdings unbekannt.

Auf Grund der Möglichkeit, die meisten sozialwissenschaftlichen Variablen als kontinuierliche, normalverteilte latente Variablen, die durch Indikatoren mit geringen Meßfehlern gemessen wurden, auffassen zu können, kann die Anwendung von statistischen Verfahren, deren Ergebnisse nicht invariant gegenüber unterhalb des Intervallskalenniveaus erlaubten Transformationen sind, **pragmatisch** gerechtfertigt werden[3]. In der Forschungspraxis werden die genannten Verfahren fast immer auch dann angewendet, wenn die Daten allgemein nicht als "intervall-" sondern als "ordinalskaliert" angesehen werden. Natürlich können durch dieses

---

[1] KRIZ (1981:120-132) konstruiert ein Beispiel, in dem **ohne** Verletzung der Monotonieannahme zwei Indikatoren zu widersprüchlichen Aussagen führen. KRIZ fordert daher die Beschränkung auf Analyseverfahren, die nur Nominal- und Ordinalskalenniveau voraussetzen.
[2] Die Arbeit von O'BRIEN (1985) bietet neben einem ausgezeichneten Überblick über die verschiedenen Formen der hier entstehenden "Meßfehler" eine kurze Bibliographie der wichtigsten Arbeiten in diesem Zusammenhang.
[3] Die hier vertretene Auffassung ist in der Literatur nicht unumstritten. Die "unendliche Geschichte" der Debatte um Meßniveau und erlaubte statistische Verfahren läßt sich von STEVENS (1946) ausgehend bis derzeit zu GAITO (1986; 1987) einerseits und TOWNSEND/ASHBY (1984) andererseits verfolgen. MICHELL (1986) klärt einige Mißverständnisse in der Diskussion auf und führt die unterschiedlichen Auffassungen auf drei verschiedene Theorietraditionen des Messens zurück. Weitere Literaturangaben findet man bei O'BRIEN (1985).

Vorgehen Fehler entstehen. Fehlerquellen bleiben aber dadurch kontrollierbar, daß die entsprechenden Analysen mit anderen, aber weniger informationsreichen Verfahren, die auf anderen Voraussetzungen basieren, wiederholt werden.

4.3.2. Gütekriterien der Messung

Das Ziel eines Meßvorgangs besteht in der Erhebung möglichst exakter und fehlerfreier Meßwerte. Dieses Ziel wird bei kaum einem Meßvorgang vollständig erreicht. Die tatsächlichen Meßwerte geben meist nicht nur die tatsächliche Ausprägung eines Merkmals wieder, sondern enthalten auch Meßfehler. Beispielsweise enthält eine Messung mit einer mechanischen Stoppuhr Meßfehler, die aus der Reaktionszeit des Zeitnehmers und eventuellen Laufungenauigkeiten der Stoppuhr resultieren.

Um trotz der Meßfehler die erhobenen Daten sinnvoll interpretieren zu können, wird eine statistische Theorie der Entstehung von Meßwerten benötigt. Für viele Verfahren zum Umgang mit Meßfehlern bildet eine aus wenigen Axiomen bestehende statistische Theorie die Grundlage: die sogenannte "klassische Testtheorie".

Fast jeder hat schon einmal - vermutlich ohne es zu wissen - das Grundmodell der klassischen Testtheorie angewendet: War man sich bei einer Messung (z.B. der Geschwindigkeit eines Läufers, der Länge eines Brettes oder der Leistung eines Schülers) unsicher, so wiederholte man die Messung mehrere Male und bildete dann den Mittelwert der Messungen. Den Mittelwert betrachtet man als den vermutlich einer korrekten Messung entsprechenden Wert. Dieses Vorgehen gibt nur dann Sinn, wenn man die Voraussetzungen des Grundmodells der klassischen Testtheorie akzeptiert.

Das Grundmodell der klassischen Testtheorie basiert auf der Annahme, daß ein realisierter Meßwert aus der Summe eines "wahren Wertes" und einem Meßfehler basiert; Meßfehler sind also Differenzen zwischen "wahren Werten" und beobachteten Werten. Ein "wahrer Wert" kann als der Mittelwert einer großer Zahl unabhängiger Messungen desselben Objektes aufgefaßt werden.

Zusätzlich nimmt die klassische Testtheorie vier weitere Annahmen als erfüllt an:

1. Der Mittelwert der Meßfehler ist gleich Null.
   Wäre der Mittelwert der Meßfehler ungleich Null, so entspräche der Mittelwert der Messungen nicht dem Wert einer korrekten Messung. Beispiel: Bei einem Thermometer, das stets zuviel anzeigt, ist der Mittelwert der Meßfehler nicht Null, sondern gleich dem Betrag, den das Thermometer zuviel anzeigt. Wird bei der Frage nach dem Einkommen stets untertrieben, so ist auch hier der Mittelwert der Meßfehler ungleich Null.

2. Die Meßfehler korrelieren nicht mit den wahren Werten einer Messung.
   Die Größe der Meßfehler darf somit nicht von den wahren Werten abhängen: Die Meßfehler eines Thermometers dürfen bei steigender Temperatur weder größer noch kleiner werden; die Größe der Untertreibung des Einkommens darf nicht vom Einkommen abhängen.

3. Die Meßfehler zweier Meßwertreihen sind unkorreliert.
   Wird nach der Wohndauer und Beschäftigungsdauer gefragt, so dürfen die Meßfehler bei der Wohndauer und die Meßfehler bei der Beschäftigungsdauer nicht miteinander korrelieren (eine solche Korrelation könnte z.B. durch eine allgemeine Erinnerungsschwäche bedingt sein).

4. Die Meßfehler einer Meßwertreihe korrelieren nicht mit den "wahren Werten" einer anderen Messung.
   So dürfte die Größe der Untertreibung des Einkommens nicht mit der wahrgenommenen Erwünschtheit eines hohen Einkommens korrelieren.

Aus diesen Axiomen lassen sich eine große Zahl von Aussagen über Meßgenauigkeiten usw. ableiten[1]. Die Axiome der klassischen Meßtheorie gestatten zudem sehr einfache Definitionen von Gütekriterien für Messungen.

---

[1] Für eine vertiefte Einarbeitung in die klassische Testtheorie eignet sich das leicht verständliche Werk von KRANZ (1979). Das Standardwerk ist das Buch von LORD/NOVICK (1968).

Für Messungen sind eine Reihe von Gütekriterien denkbar. An psychologische Tests werden z.B. von LIENERT (1969:12-21) unter anderem die Anforderung von Objektivität, Vergleichbarkeit, Ökonomie und Nützlichkeit gestellt. Sieht man von den auf die praktische Durchführung bezogenen Kriterien ab, so sind zwei Gütekriterien von zentraler Bedeutung: Die Zuverlässigkeit einer Messung (Reliabilität) und die Gültigkeit (Validität) einer Messung.

4.3.2.1. Reliabilität

Als "Reliabilität" oder "Zuverlässigkeit" kann das Ausmaß bezeichnet werden, in dem wiederholte Messungen eines Objektes mit einem Meßinstrument die gleichen Werte liefern. Offensichtlich ist ein Meßinstrument, das bei wiederholten Messungen desselben Objektes völlig verschiedene Meßwerte liefert, nicht zuverlässig.

"Reliabilität" wird in der klassischen Testtheorie als der Quotient der Varianz der wahren Werte und der Varianz der beobachteten Werte definiert[1]. Das heißt: Die Reliabilität eines Meßinstrumentes ist das Quadrat der Korrelation zwischen den beobachteten Werten und den wahren Werten[2]. Je höher der Zusammenhang zwischen den gemessenen Werten und den tatsächlichen Werten ist, um so höher ist die Reliabilität. Die Reliabilität kann mit verschiedenen Methoden geschätzt werden. Man kann bei diesen Methoden zwischen Messungen der zeitlichen Stabilität von Meßergebnissen und äquivalenten Messungen unterscheiden[3].

---

[1] Wenn x die gemessenen Werte und τ die wahren Werte darstellen, dann ist die Reliabilität ρ definiert als

$$\rho_x = \sigma_\tau^2 / \sigma_x^2$$

[2] vgl. ausführlich BOHRNSTEDT (1983:73) oder ESSER (1984b:33-38).

[3] Eine ausführliche Übersicht über verschiedene statistische Techniken zur Schätzung der Reliabilität findet sich bei FELDT/BRENNAN (1989:109-116).

Die zeitliche Stabilität von Meßergebnissen als ein Aspekt der Reliabilität ließe sich am einfachsten dadurch messen, daß dasselbe Meßinstrument zweimal auf dasselbe Objekt angewendet würde. Die Korrelation zwischen beiden Messungen wäre dann eine Schätzung der Reliabilität. Diese "Test-Retest-Methode" basiert auf der Annahme, daß die wahren Werte zwischen den beiden Messungen unverändert bleiben. Verändern sich die wahren Werte der Objekte nach der oder durch die erste Messung, so wird die Reliabilität unterschätzt. Allerdings ist auch eine Überschätzung der Reliabilität möglich. Beispielsweise können Befragte sich an die erste Messung erinnern und übereinstimmende Angaben machen, um konsistent zu erscheinen. Die Test-Retest-Methode wird aufgrund der zweifelhaften Annahme unveränderter wahrer Werte in der Praxis nur selten verwendet.

Recht naheliegend zur Vermeidung der Veränderung der "wahren Werte" ist der Gedanke, zum selben Zeitpunkt zwei vergleichbare Messungen vorzunehmen: die "Paralleltestmethode". Hierbei werden zwei verschiedene Meßinstrumente verwendet, die dieselbe Dimension messen sollen und sich möglichst ähneln (sogenannte "parallele Tests[1]"). Die Korrelation der Ergebnisse der beiden Meßinstrumente kann für eine Schätzung der Reliabilität verwendet werden. Das Problem besteht natürlich darin, wirklich parallele Tests zu finden. Die Paralleltestmethode ist daher in der Praxis kaum verwendbar.

Ein Meßinstrument aus mehreren Indikatoren ("Items"[2]) kann dann als eine Ansammlung äquivalenter Tests interpretiert werden, wenn alle Indikatoren des Instrumentes dieselbe Dimension messen. Diese Eigenschaft wird als "interne Konsistenz" bezeichnet. Können die Items als unabhängige Meßwiederholungen

---

[1] Es wird zwischen parallelen, tau-äquivalenten und essentiell tau-äquivalenten Tests unterschieden, vgl. hierzu ausführlich Anhang A. Die genauen Definitionen finden sich z.B. bei FISCHER (1974:32-34). Die Annahmen über die "Ähnlichkeit" der Messung werden von parallelen zu essentiell tau-äquivalenten Tests immer weiter gelockert. Grob läßt sich nach FISCHER (1974) folgendes festhalten: Parallele Tests messen dieselbe Eigenschaft gleich gut; tau-äquivalente Tests messen unterschiedlich genau dieselbe Eigenschaft tau; essentiell tau-äquivalente Tests messen bis auf eine additive Konstante dieselbe Eigenschaft tau.

[2] Zum Begriff "Item" vgl. ausführlich Kapitel 4.4.2.

aufgefaßt werden, so kann eine Reliabilitätsschätzung auf der Basis der internen Konsistenz erfolgen. "Maße der internen Konsistenz" versuchen anzugeben, in welchem Umfang alle Einzelindikatoren dasselbe Konstrukt messen. Zwei Maße der internen Konsistenz sollen erwähnt werden[1].

Eine vor allem in der älteren Literatur zu findende Methode basiert darauf, daß das Instrument in zwei Hälften gespalten wird ("splithalf-method"), so daß zwei Instrumente mit jeweils der Hälfte der Items entstehen. Aus der Korrelation der beiden Testhälften läßt sich dann mit der "Spearman-Brown-Formel"[2] die Reliabilität schätzen. Da die Aufspaltung in zwei Testhälften auf verschiedene Weise möglich ist, können mit denselben Daten je nach der Aufteilung der Items auf die Testhälften unterschiedliche Koeffizienten berechnet werden.

Dieser Nachteil wird durch die Verwendung eines anderen Koeffizienten vermieden: "Cronbachs Alpha-Koeffizient"[3]. Alpha entspricht dem Mittelwert aller möglichen "split-half"-Koeffizienten. Alpha kann leicht aus den Korrelationen aller Items untereinander berechnet werden und ist auch auf "dichotome Items" anwendbar,

---

[1] Die Definition der internen Konsistenz legt die Verwendung faktorenanalytischer Techniken (vgl. Kapitel 4.3.2.2.3) zur Schätzung nahe. Zwei Koeffizienten mit dieser Basis finden zunehmend Verwendung: Omega und Theta (vgl. BOHRNSTEDT 1983:89-96). In der Regel liefern der weiter unten erörterte Koeffizient Alpha sowie Omega und Theta sehr ähnliche numerische Werte, wobei Alpha kleiner als Theta und Theta kleiner als Omega ist (ZELLER/CARMINES 1980:63).

[2] Die von Charles Spearman und William Brown im Jahre 1910 unabhängig voneinander entwickelte Formel lautet:

$$r = \frac{2r_{12}}{1 + r_{12}}$$

wobei r der Reliabilitätsschätzung und r_{12} der Korrelation der beiden Testhälften entspricht (vgl. ZELLER/CARMINES 1980:54-56).

[3] Die Formel für Cronbachs Alpha lautet:

$$\alpha = \frac{n}{n-1}\left[1 - \frac{\sum \sigma_i^2}{\sigma_x^2}\right]$$

wobei n der Anzahl der Items, σ_i^2 der Varianz jedes einzelnen Items und σ_x^2 der Varianz des Tests entspricht (vgl. FELDT/BRENNAN 1989:113).

also auf Items, die nur zwei Antworten zulassen (z.B. "richtig-falsch"). Alpha kann Werte zwischen Null und Eins annehmen, empirische Werte über 0.8 können als akzeptabel betrachtet werden. In der Praxis werden meist weit niedrigere Koeffizienten noch akzeptiert.

Alpha ist eine Funktion der Anzahl der Items und der Interkorrelation der Items. Durch eine große Zahl von Indikatoren kann somit trotz unsystematischer Meßfehler[1] eine hohe Reliabilität erreicht werden. Ein hoher Wert von Alpha kann also auch bei niedriger mittlerer Interkorrelation mit einer großen Anzahl von Items erzielt werden: 10 Items mit einer mittleren Interkorrelation von 0.5 können ein Alpha von 0.9 produzieren. Allgemein (aber nicht notwendigerweise) steigt die Reliabilität eines Instrumentes mit der Zahl der Items an. Weiterhin wird im Rahmen einer "Itemanalyse" meist versucht, Items aus dem Instrument auszuschließen, die nur sehr niedrig mit den verbleibenden Items korrelieren[2]. Durch Ausschluß solcher Items steigt die Reliabilität an.

Zusammenfassend bleibt für alle Reliabilitätsschätzungen festzuhalten, daß die Schätzung der Reliabilität nicht nur von dem jeweiligen Instrument, sondern auch von den untersuchten Objekten abhängt. Ändert sich die Zusammensetzung der Menge der Untersuchungsobjekte, so ändert sich vermutlich auch die Reliabilitätsschätzung. Bei einer Untersuchung mit einem bereits als "reliabel" geltenden Instrument muß berücksichtigt werden, daß sich die Schätzung schon allein aufgrund der veränderten Zusammensetzung der Menge der Untersuchungsobjekte ändern kann.

---

[1] Auf die möglichen Auswirkungen systematischer Meßfehler wird im nächsten Abschnitt eingegangen.
[2] Zur technischen Durchführung von Itemanalysen vgl. Kapitel 4.4.2.2.

4.3.2.2. Validität

Unter "Validität" (Gültigkeit) eines Meßinstrumentes versteht man das Ausmaß, in dem das Meßinstrument tatsächlich das mißt, was es messen sollte. Neben Reliabilität ist Validität das zentrale Gütekriterium einer Messung.

Die Abgrenzung gegenüber Reliabilität kann an einem Beispiel verdeutlicht werden: Nehmen wir an, die Einstellung gegenüber einem bestimmten sozialen Sachverhalt soll gemessen werden. Als Meßinstrumente werden eine Reihe von Fragen zum Gegenstand benutzt. Alle Fragen seien so formuliert, daß eine Zustimmung zur Aussage der Frage als positive Einstellung zum Gegenstand interpretiert wird. Ein Teil der Befragten kann unter Umständen dazu neigen, in einer Befragung stets bejahende Antworten zu geben, ohne daß der Inhalt der Frage eine Rolle spielt[1]. In diesem Fall ist es möglich, daß das Meßinstrument zwar eine hohe Reliabilität besitzt (weil stets zugestimmt wird), aber mit Sicherheit keine Validität: Allenfalls wird die Zustimmungstendenz gemessen, aber nicht die Einstellung gegenüber einem bestimmten Sachverhalt. Systematische Meßfehler können so zu einer hohen Reliabilität führen.

Es ist möglich, daß wiederholte Messungen zwar stets dasselbe Resultat erbringen (also reliabel sind), aber dennoch etwas anderes messen als beabsichtigt ist (und somit nicht valide sind). Andererseits ist es nicht möglich, daß ein Instrument tatsächlich das mißt, was es messen soll, ohne daß zugleich wiederholte Messungen nahezu dasselbe Ergebnis zeigen. Die Validität eines Instruments kann nicht größer sein als die Quadratwurzel aus der Reliabilität des Instruments, wohl aber kann die Reliabilität größer sein als die Validität. Die beiden Gütekriterien lassen sich auch so umschreiben: Ein Instrument ist um so reliabler, je weniger zufällige

---

[1] Solche "Antwort-Stile" werden als "inhaltsunabhängige Zustimmungstendenz" bezeichnet und lassen sich gelegentlich tatsächlich nachweisen (vgl. Kap. 7.1.1.4.2.).

Fehler die Messung beeinflussen; ein Instrument ist um so valider, je weniger systematische Fehler die Messung beeinflussen.
Unter "empirischer Validität" eines Instrumentes versteht man die Korrelation zwischen diesem Instrument und einer anderen beobachteten Variablen, die als Kriterium dient[1]. Es ist also sinnlos, von "der" Validität eines Instrumentes zu sprechen: Die Validität kann nur in bezug auf bestimmte andere Messungen beurteilt werden.
Damit stellt sich die Frage danach, wie die Validität eines Instrumentes in der Praxis beurteilt werden kann. Die "American Psychological Association" unterschied 1974 drei Formen der Validität; diese Unterscheidung nach Inhaltsvalidität, Kriteriumsvalidität und Konstruktvalidität ist in der Literatur allgemein verbreitet.

4.3.2.2.1. Inhaltsvalidität

"Inhaltsvalidität" bezieht sich darauf, daß möglichst alle Aspekte der Dimension, die gemessen werden sollte, berücksichtigt wurden. Diese schwammige Definition kann etwas verdeutlicht werden, wenn noch einmal auf die Konzeptualisierung eines theoretischen Begriffs Bezug genommen wird. Eine "gültige" Messung kann natürlich nur erfolgen, wenn jeder Aspekt des theoretischen Begriffs in den Operationalisierungen berücksichtigt wird. Würde z.B. der Begriff "Intelligenz" als "Problemlösungskapazität" aufgefaßt, aber dann nur über einen Test, der lediglich "Rechenfertigkeit" mißt, operationalisiert, so besäße der Test in Hinsicht auf "Intelligenz" keine Inhaltsgültigkeit. Für die Beurteilung der Inhaltsvalidität existieren keinerlei objektive Kriterien. Inhaltsvalidität sollte deshalb nicht als Validitätskriterium aufgefaßt werden, sondern als Idee, die bei der Konstruktion eines Instrumentes nützlich sein kann.

---

[1] Von der empirischen wird die "theoretische Validität" unterschieden (LORD/ NOVICK 1968:261). Die theoretische Validität eines Instrumentes ist definiert als die Korrelation zwischen beobachteten und wahren Werten (und entspricht damit der Quadratwurzel der Reliabilität, vgl. BOHRNSTEDT 1983:73).

4.3.2.2.2. Kriteriumsvalidität

"Kriteriumsvalidität" bezieht sich auf den Zusammenhang zwischen den empirisch gemessenen Ergebnissen des Meßinstrumentes und einem anders gemessenen empirischen ("externen") Kriterium.
Allgemein werden zwei Formen der Kriteriumsvalidität unterschieden: "predictive validity" und "concurrent validity". Prädiktive Validität besitzt ein Instrument dann, wenn Voraussagen, die auf einer ersten Messung mit dem Instrument beruhen, durch spätere Messungen mit einem anderen Instrument bestätigt werden können. Z.B. kann ein Test, der "Wissenschaftliches Interesse" von Gymnasiasten messen soll, dann prädiktive Validität besitzen, wenn aufgrund des Tests die Aufnahme eines Studiums erfolgreich vorhergesagt werden kann. Prädiktive Validität kann sich also immer nur auf ein bestimmtes Kriterium beziehen. Weiterhin zeigt das Beispiel, daß solche Überprüfungen fehlerhaft sein können, wenn zwar der Test valide ist, aber das Außenkriterium entweder falsch gemessen oder inadäquat bestimmt wird: Das Außenkriterium "Aufnahme eines Studiums" hängt nicht nur vom wissenschaftlichen Interesse ab, sondern auch von anderen Faktoren, z.B. NC, Möglichkeiten der Studienfinanzierung, usw.
Der Unterschied zwischen prädiktiver Validität und "concurrent validity" liegt darin, daß "Vorhersagen" bei der "concurrent validity" auf Messungen zum selben Zeitpunkt bezogen sind. Die zu beurteilende Messung erfolgt also zum selben Zeitpunkt wie die Messung des Kriteriums. Z.B. kann eine "Links-Rechts-Skala" dann "concurrent validity" besitzen, wenn die Ergebnisse dieser Messung mit dem berichteten Wahlverhalten übereinstimmen. Die Bestimmung der "concurrent validity" muß also ebenfalls die korrekte Messung des Kriteriums voraussetzen, da die Validität der Kriteriumsvariablen nur selten bekannt ist.

Eine Form der Bestimmung der "concurrent validity" besteht in der "Methode der bekannten Gruppen" ("known groups"). Sind zwei Gruppen bekannt, die auf der interessierenden Dimension Unterschiede aufweisen, so muß ein Meßinstrument diese beiden Gruppen deutlich unterscheiden können, um "concurrent validity" zu besitzen. Eine "Konservatismus-Skala" müßte also z.B. unterschiedliche Werte für Mitglieder der "Marxistischen Gruppe" einerseits und Mitglieder der "Nationaldemokraten" andererseits zeigen (falls man Mitglieder beider Gruppen zur Teilnahme an einer Untersuchung bewegen könnte). In den meisten Fällen hängen allerdings die Ursachen für eine Mitgliedschaft in einer "bekannten" Gruppe nur sehr vermittelt mit der zu validierenden Messung zusammen. Bei einer solchen Validierung sind daher in der Regel nur schwache Zusammenhänge zwischen dem Kriterium (Mitgliedschaft) und dem Meßinstrument nachweisbar. Weiterhin lassen sich für viele sozialwissenschaftliche Instrumente keine bekannten Gruppen angeben. Trotzdem kann diese Validierungstechnik gelegentlich sinnvoll eingesetzt werden.

WEGENER (1983:95-96) faßt die Probleme der Kriteriumsvalidität folgendermaßen zusammen: "Es gibt sehr häufig keine hinreichend genau gemessene Kriteriumsvariable für die Validierung einer Messung, und sofern es sie doch gibt, ist fraglich, worin eigentlich der Anlaß für die neue Messung besteht."

4.3.2.2.3. Konstruktvalidität

Inhaltsvalidität und Kriteriumsvalidität sind nach dem bisher gesagten entweder kaum aussagekräftig oder nur selten anwendbar. In den Sozialwissenschaften ist daher die "Konstruktvalidierung" von großer Bedeutung. Unter dem Begriff "Konstrukt" werden theoretische Eigenschaftsdimensionen (latente Variablen) verstanden. "Konstruktvalidität" liegt dann vor, wenn aus dem Konstrukt empirisch überprüfbare Aussagen über Zusammenhänge dieses Konstruktes mit anderen Konstrukten theoretisch hergeleitet werden können und sich diese Zusammenhänge empirisch nachweisen lassen.
Im Gegensatz zur Kriteriumsvalidität sind bei der Konstruktvalidität explizit theoretische Annahmen über die Zusammenhänge zwischen theoretischen Dimensionen Bestandteil des Validierungsprozesses. Konstruktvalidierung besteht aus drei Arbeitsschritten:

- zunächst müssen die theoretischen Beziehungen zwischen den Konstrukten festgestellt werden;
- dann müssen die empirischen Beziehungen zwischen den Operationalisierungen der Konstrukte festgestellt werden;
- schließlich müssen die empirisch festgestellten Zusammenhänge daraufhin untersucht werden, ob sie die Hypothese der Validität der Konstrukte stützen oder nicht.

Beispielsweise könnten die Konstrukte "Entfremdung vom politischen System" und "Unzufriedenheit mit dem politischen System" erhoben werden. Es ist zu vermuten, daß bei vorhandenem politischen Interesse zwischen den beiden Konstrukten ein Zusammenhang besteht. Kann ein solcher Zusammenhang empirisch nachgewiesen werden, so kann die Hypothese der Konstruktvalidität akzeptiert werden. Kann ein solcher Zusammenhang hingegen nicht festgestellt werden, so sind verschiedene Ursachen für dieses Ergebnis möglich (vgl. ZELLER/CARMINES 1980:82-84):

- erstens kann tatsächlich keine Konstruktvalidität vorliegen;
- zweitens kann die zur Validierung verwendete Hypothese falsch sein;
- drittens kann die empirische Untersuchung fehlerhaft sein (z.B. durch Rechenfehler);
- viertens kann das neu zu validierende Instrument Konstruktvalidität besitzen, aber die anderen Instrumente im Validierungsprozeß sind selbst nicht valide.

Ohne weitere Untersuchungen kann nicht festgestellt werden, welche der Erklärungen zutreffen.

Die Konstruktvalidität wird anhand von zwei Kriterien beurteilt: "convergent validity" einerseits und "discriminant validity" andererseits. "Konvergenz" oder "convergent validity" besitzt ein Konstrukt dann, wenn verschiedene Operationalisierungen dieses Konstruktes einander sehr ähnlich und somit im Prinzip austauschbar sind. Läßt sich für ein Instrument empirisch zeigen, daß es andere Sachverhalte erfaßt als andere Instrumente, so spricht man von "Diskriminanz" oder "discriminant validity".

Mit der Forderung nach Diskriminanz der Konstrukte wird lediglich gefordert, daß ein neu eingeführtes Konstrukt und das entsprechende Meßinstrument etwas anderes bezeichnen und messen soll als Sachverhalte, die schon mit anderen Konstrukten erfaßt und den entsprechenden Instrumenten gemessen werden. Die bloße Behauptung, daß zwei verschiedene Instrumente unterschiedliche Sachverhalte messen, reicht nicht aus; vielmehr muß empirisch gezeigt werden, daß tatsächlich unterschiedliche Sachverhalte gemessen wurden. Der Grund für die Notwendigkeit dieses Nachweises ist offensichtlich: Messen beide Instrumente denselben Sachverhalt, so ist eine Aussage über den Zusammenhang der beiden Messungen keine informative Aussage über die Realität.

Beispielsweise könnten bei einer Untersuchung über die Bedingungen der Teilnahme an Volkszählungen die Konstrukte "Furcht vor Datenmißbrauch" und "Einstellung zu staatlichen Erhebungen" verwendet werden. Bestehen die Instrumente zur Operationalisierung der beiden Konstrukte dann aus sehr ähnlichen Fragen, so ist zwar ein sehr starker Zusammenhang zwischen den beiden Instrumenten erwartbar, aber dieser Zusammenhang sagt vermutlich überhaupt nichts über die Beziehung zwischen "Furcht vor Datenmißbrauch" und der "Einstellung zu staatlichen Erhebungen" aus, sondern lediglich etwas über die Konsistenz der Antworten zu nahezu gleichen Fragen. Die beiden Konstrukte besitzen keine Diskriminanz.

Nun zum zweiten Kriterium der Konstruktvalidität, der "convergent validity". Eine erfolgreiche Operationalisierung eines theoretischen Begriffs soll eine Meßanweisung für den Begriff darstellen. Operationalisierungen desselben Begriffs müssen also vergleichbare Ergebnisse bringen, falls sie "gültige" Operationalisierungen darstellen. So müssen z.B. die Antworten auf ähnliche Fragen vergleichbar sein. Nichts anderes besagt das Kriterium der Konvergenz: Verschiedene Indikatoren desselben Konstruktes müssen austauschbar sein. Sind sie es nicht, so sind vermutlich zumindest einige der Indikatoren keine gültigen Indikatoren für den beabsichtigten Begriff.

Die Überprüfung auf Diskriminanz und Konvergenz kann in der Praxis z.B. durch Multitrait-Multimethod-Matrizen erfolgen.

CAMPBELL/FISKE (1959) schlugen vor, Konstruktvalidierungen mit "Multitrait-Multimethod-Matrizen" (MTMM) zu untersuchen. Bei einer solchen Konstruktvalidierung mit einer Multitrait-Multimethod-Matrix[1] werden verschiedene Datenerhebungsmethoden für jedes Konstrukt ("Trait") angewendet.
Beispielsweise könnte man die Konstrukte "Anomie", "Dogmatismus" und "Konservatismus" mit jeweils einem Meßinstrument an denselben Personen einmal in einem mündlichen Interview, dann in einer schriftlichen Befragung und schließlich in einem Telefoninterview erheben. Für jede Kombination von Methode und Konstrukt erhalten wir eine Messung, in diesem Beispiel die Messungen Anomie-mündlich, Dogmatismus-mündlich, Konservatismus-mündlich, Anomie-schriftlich, Dogmatismus-schriftlich usw.. Die aus den Korrelationen zwischen den gemessenen Variablen bestehende Tabelle ist die Multitrait-Multimethod-Matrix.

Tabelle 4-1: Beispiel für eine Multitrait-Multimethod-Matrix[2]

		mündlich			schriftlich			telefonisch		
		A_m	D_m	K_m	A_s	D_s	K_s	A_t	D_t	K_t
mündl.	A_m	(.89)								
	D_m	.51	(.89)							
	K_m	.38	.37	(.76)						
schriftl.	A_s	.57	.22	.09	(.93)					
	D_s	.22	.57	.10	.68	(.94)				
	K_s	.11	.11	.46	.59	.58	(.84)			
tel.	A_t	.56	.22	.11	.67	.42	.33	(.94)		
	D_t	.23	.58	.12	.43	.66	.34	.67	(.92)	
	K_t	.11	.11	.45	.34	.32	.58	.58	.60	(.85)

Die Matrix enthält alle Korrelationskoeffizienten zwischen den mit drei verschiedenen Methoden gemessenen Konstrukten. Korrelationsmatrizen sind symmetrisch, d.h., in den entsprechenden Feldern oberhalb und unterhalb der Diagonalen von links oben nach rechts unten stehen jeweils dieselben Werte: Indikator A_1 korreliert mit Indikator D_2 genauso stark wie Indikator D_2 mit Indikator A_1. Da jeder Indikator mit sich selbst stets perfekt korreliert (also die Korrelation den Wert "1.0" annimmt), werden meist nur die "unteren Dreiecksmatrizen" (also ohne die Diagonale, in der nur Einsen stehen würden) berichtet, da alle notwendigen Informationen

---

[1] Neben dem klassischen Aufsatz von CAMPBELL/FISKE (1959) sollte die aktuellere Darstellung bei SULLIVAN/FELDMAN (1979:17-55) herangezogen werden.
[2] Das Beispiel ist fiktiv; die Zahlen entstammen CAMPBELL/FISKE (1959:82).

über die gesamte Matrix enthalten sind. Häufig gibt die sonst uninformative Diagonale andere Werte als die Korrelationen wieder, hier besteht die Diagonale aus den Reliabilitätsschätzungen der Messungen (in Klammern).
Diese Multitrait-Multimethod-Matrix muß drei[1] Bedingungen erfüllen, damit den Instrumenten Konstruktvalidität zugesprochen werden kann:

1. Die Messungen eines Konstruktes müssen sehr stark untereinander zusammenhängen.
2. Die Zusammenhänge zwischen den Messungen verschiedener Konstrukte müssen schwächer sein als die Zusammenhänge zwischen den Messungen desselben Konstruktes.
3. Die Messungen eines Konstruktes müssen jeweils ähnliche Zusammenhänge zu den Messungen anderer Konstrukte besitzen.

Das erste Kriterium entspricht der "convergent validity": Sind die Operationalisierungen eines Konstruktes austauschbar, dann müssen die entsprechenden Messungen sehr eng untereinander zusammenhängen. Das zweite Kriterium entspricht der "discriminant validity"; das dritte Kriterium entspricht dem gemeinsamen Vorliegen von Konvergenz und Diskriminanz. Nur wenn diese Bedingungen erfüllt sind, kann davon ausgegangen werden, daß ein bestimmtes Konstrukt etwas anderes erfaßt als die anderen Konstrukte[2].

Multitrait-Multimethod-Matrizen werden in der vorgestellten Art aufgrund des extrem hohen Arbeits- und Kostenaufwandes nur selten erhoben[3]. In der Praxis wird häufig eine Abwandlung verwendet, bei der statt vollständig verschiedenen Methoden lediglich mehrere Indikatoren für dasselbe Konstrukt erhoben werden. Die Indikatoren werden aber alle mit derselben Methode gemessen (vgl. Tab. 4-2).

Tabelle 4-2 zeigt die Korrelation von 7 Indikatoren für die drei Konstrukte Anomie, Dogmatismus und Konservatismus. Die Matrix ist in drei Dreiecke und drei Rechtecke eingeteilt. Die Dreiecke enthalten die Korrelationen der Indikatoren gleicher Konstrukte; folglich gibt es für jedes Konstrukt ein solches Dreieck. Die Rechtecke enthalten die Korrelationen der Indikatoren verschiedener Konstrukte; folglich gibt es drei Rechtecke (allgemein sind es $(n*(n-1))/2$).

---

[1] CAMPBELL/FISKE (1959:82-83) unterscheiden vier Kriterien. Zwei ihrer Kriterien wurden hier zusammengefaßt.
[2] MTMM sind bedingt zur Entdeckung von "Methodeneffekten" geeignet. Methodeneffekte entstehen durch die Auswirkung der Datenerhebungsmethode auf die Ergebnisse der Messungen (vgl. Kap. 7.1). Allerdings **garantiert** auch die erfolgreiche Anwendung von MTMM weder die Konstruktvalidität noch die Abwesenheit von Methodeneffekten; vgl. ESSER (1984b) und SULLIVAN/FELDMAN (1979:47-55).
[3] COTE/BUCKLEY (1987:316) konnten in der gesamten sozialwissenschaftlichen Literatur nur ca. 200 Arbeiten mit MTMM nachweisen.

Tabelle 4-2: Indikatoren-Korrelationsmatrix bei der Konstruktvalidierung[1]

	A1	A2	A3	D1	D2	K1	K2
A1	1.0						
A2	.80	1.0					
A3	.90	.85	1.00				
D1	.30	.20	.15	1.0			
D2	.40	.25	.20	.45	1.0		
K1	.12	.14	.15	.25	.24	1.0	
K2	.30	.15	.36	.22	.23	.95	1.0

Die erste Bedingung wäre erfüllt, wenn die Korrelationen in den Dreiecken relativ hohe Werte besäßen. Allgemein gelten Werte über 0.8 als akzeptabel - in der Praxis werden allerdings auch weit niedrigere Werte in Kauf genommen. Da die Dreiecke die Korrelationen von Indikatoren desselben Konstruktes enthalten, muß nach dem Postulat der Austauschbarkeit der Indikatoren ein hoher Zusammenhang resultieren, falls Konstruktvalidität vorliegen soll. Dies entspricht dem Kriterium der Konvergenz. Im Beispiel ist diese Bedingung für die Konstrukte Anomie und Konservatismus erfüllt, nicht hingegen für Dogmatismus: Die beiden D-Indikatoren korrelieren nur zu 0.45.

Die zweite Bedingung wäre erfüllt, wenn kein Wert in den Rechtecken größer als die Werte in den Dreiecken wäre. Die Indikatoren eines Konstruktes müssen untereinander höher korrelieren als mit Indikatoren anderer Konstrukte. Dieses entspricht dem Kriterium der Diskriminanz. Im Beispiel wird dieses Kriterium von allen Indikatoren erfüllt.

Die dritte Bedingung wäre dann erfüllt, wenn die Korrelationen in den Rechtecken jeweils dasselbe Muster zeigen würden: Wenn z.B. D_1 mit A_1 höher als mit A_2 korreliert, dann müßte auch D_2 höher mit A_1 korrelieren als mit A_2. Auch diese Bedingung folgt offensichtlich aus dem Postulat der Austauschbarkeit der Indikatoren. Diese Bedingung entspricht dem gemeinsamen Auftreten von Konvergenz und Diskriminanz. Im Beispiel wird dieses Kriterium zweimal durch den Indikator K_2 verletzt: K_2 korreliert im Gegensatz zu K_1 sowohl höher mit A_1 (.30) als mit A_2 (.15) als auch höher mit D_2 (.23) als mit D_1 (.22).

[1] Das hier modifizierte Beispiel wurde ESSER (1984b:15-17) entnommen.

Die statistische Auswertung von Konstruktvalidierungen werden häufig mit Hilfe von "Faktorenanalysen" vorgenommen[1]. Grob gesprochen stellen Faktorenanalysen[2] eine Reihe von statistischen Verfahren dar, mit denen versucht wird, eine große Zahl von Untersuchungsvariablen durch eine weit kleinere Zahl von Faktoren zu "erklären". Die Faktoren werden als unbeobachtete Hintergrundgrößen aufgefaßt, die die Zusammenhänge zwischen den beobachteten Variablen hervorrufen. Man unterscheidet zwischen "explorativen" und "konfirmatorischen" Faktorenanalysen. Bei explorativen Faktorenanalysen wird versucht, sowohl die Anzahl der Faktoren als auch die Zusammenhänge zwischen den Faktoren einerseits ("Faktorenkorrelationen") und zwischen den Faktoren und den Variablen andererseits ("Faktorladungen") aus den Daten zu errechnen. Bei einer explorativen Faktorenanalyse liegen vor der Durchführung keine Hypothesen über das zu erwartende Ergebnis der Analyse vor. Im Gegensatz dazu erlaubt eine konfirmatorische Faktorenanalyse[3] einen statistischen Test, ob exakt spezifizierte Hypothesen über die zu erwartenden Ergebnisse durch die Daten gestützt werden. Konfirmatorische Faktorenanalysen erfordern die vorherige Festlegung einiger Größen, wie z.B. der Anzahl der Faktoren, der Beziehungen zwischen den Faktoren und der Beziehungen zwischen den Faktoren und den beobachteten Variablen.

Die Anwendung der Faktorenanalyse auf das Problem der Konstruktvalidierung ist zumindest konzeptuell sehr einfach. Die Konstrukte werden als die zugrundeliegenden Faktoren aufgefaßt, die die beobachteten Zusammenhänge "erklären". Für eine konfirmatorische Faktorenanalyse werden genauso viele Faktoren postuliert, wie Konstrukte vorausgesetzt werden. Die Zusammenhänge zwischen den Faktoren (die "Faktorkorrelationen") entsprechen den vermuteten Zusammenhängen zwischen den Konstrukten. Nach dem Kriterium der "discriminant validity" sollte ein Indikator nur mit demjenigen Konstrukt zusammenhängen, für den dieser Indikator die Operationalisierung darstellt. Also wird nur für das entsprechende Konstrukt dieses Indikators eine "Faktorladung", also ein Zusammenhang erwartet. Mit allen anderen Konstrukten sollte dieser Indikator nicht oder nur schwach zusammenhängen. Alle anderen Faktorladungen eines Indikators werden daher gleich Null gesetzt.

Durch diese theoretischen Festlegungen vor der Durchführung der Faktorenanalyse wird ein sogenanntes "Meßmodell" definiert. Die konfirmatorische Faktorenanalyse liefert einen statistischen Test dieses Meßmodells anhand der erhobenen Daten. Fällt der Test so aus, daß das Meßmodell akzeptiert werden kann, so kann Konstruktvalidität zumindest vorläufig angenommen werden.

---

[1] Eine Übersicht über die statistische Analyse von MTMM geben SCHMITT/STULTS (1986).

[2] Zur Faktorenanalyse allgemein vgl. z.B. TABACHNICK/FIDELL (1989:597-677).

[3] Zur konfirmatorischen Faktorenanalyse vgl. LONG (1983) und BYRNE (1989) sowie einführend WEEDE/JAGODZINSKI (1977).

Abbildung 4-5: Meßmodell für ein Modell mit 3 Faktoren und 8 Indikatoren

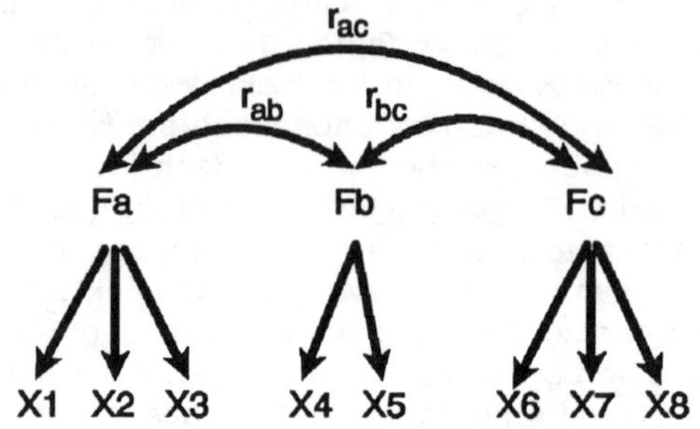

Ein solches Meßmodell könnte z.B. so aussehen wie die Abbildung 4-5. Hier wird theoretisch von den drei Faktoren F_a, F_b und F_c ausgegangen, die die Korrelationen zwischen den 8 Indikatoren X_1 bis X_8 "erklären" sollen. Das Meßmodell gibt an, daß die Indikatoren X_1, X_2 und X_3 mit dem Faktor F_a korrelieren, die Indikatoren X_4 und X_5 mit dem Faktor F_b und die Indikatoren X_6, X_7 und X_8 mit dem Faktor F_c. Weiterhin werden Zusammenhänge zwischen den Faktoren (die Faktorkorrelationen r_{ac}, r_{ab} und r_{bc}) angenommen. Das Modell gibt weiterhin an, daß es keine Zusammenhänge zwischen den Indikatoren der drei Faktoren gibt, die nicht allein durch die Korrelation der Faktoren hervorgerufen werden. Eine Matrix der Faktorenladungen[1] des Modells 4-5 darf also nur so ähnlich[2] aussehen wie die Tabelle 4-3.

Die leergelassenenen Felder entsprechen der Annahme, daß keine Beziehung zwischen dem jeweiligen Indikator und dem jeweiligen Faktor besteht.

Neben der Zahl der Faktoren und den Beziehungen zwischen den Indikatoren und den Faktoren (der Ladungsmatrix) gibt das Meßmodell die Matrix der Faktorkorrelationen vor, also die Zusammenhänge zwischen den Faktoren. Eine solche Matrix[3] zeigt die Tabelle 4-4.

---

[1] Faktorladungen können nur in speziellen Fällen so interpretiert werden wie Korrelationskoeffizienten. Trotzdem kann hier eine große Faktorladung als starker Zusammenhang und eine kleine Faktorladung als schwacher Zusammenhang interpretiert werden.

[2] Meist liegen keine Vermutungen darüber vor, ob die Indikatoren eines Faktors unterschiedliche Ladungen aufweisen. Daher werden zumeist gleiche Ladungen vorgegeben.

[3] Faktorkorrelationsmatrizen sind symmetrisch (wie jede andere Korrelationsmatrix), vgl. den Abschnitt über MTMM.

Tabelle 4-3: Faktorenladungen des Modells 4-5

	F_a	F_b	F_c
X_1	0.7		
X_2	0.6		
X_3	0.9		
X_4		0.8	
X_5		0.7	
X_6			0.7
X_7			0.9
X_8			0.6

Der stärkste Zusammenhang wird hier zwischen dem Faktor F_a und dem Faktor F_b erwartet. Die beiden anderen Zusammenhänge sind vergleichsweise niedrig. Sollte ein Meßmodell vorsehen, daß kein Zusammenhang zwischen den Faktoren besteht, so müßte diese Matrix außerhalb der Diagonalen nur Nullen enthalten.

Tabelle 4-4: Faktorkorrelationen des Modells 4-5

	F_a	F_b	F_c
F_a	1.0		
F_b	0.6	1.0	
F_c	0.2	0.3	1.0

Solche Meßmodelle können mit Computerprogrammen[1] dahingehend beurteilt werden, ob sie die beobachteten Zusammenhänge zwischen den Variablen einer Untersuchung hinreichend genau wiedergeben. Bei einer Konstruktvalidierung muß die Ladungsmatrix im allgemeinen so aussehen wie die Ladungsmatrix des Beispiels (Tabelle 4-3): Die Indikatoren eines Konstruktes sollten nur mit diesem

---

[1] Diese Programme sind auch für Mikrocomputer verfügbar. Das am weitesten verbreitete Programm heißt "LISREL" (für "Linear Structural Relationships", JÖRESKOG/SÖRBOM 1988), einfacher zu bedienen ist z.B. "EzPATH" (STEIGER 1989). Zur Analysetechnik vgl. z.B. SCHWARZER (1983) und BYRNE (1989).

Konstrukt zusammenhängen. Kann ein solches Meßmodell nicht akzeptiert werden, weil z.B. mehrere Indikatoren mit mehr als einem Faktor zusammenhängen, so kann den Messungen keine Konstruktvalidität zugesprochen werden. Mit anderen Worten: Nur bei einer deutlichen Trennung der Indikatoren in der Faktorladungsmatrix kann davon ausgegangen werden, daß überhaupt verschiedene Dimensionen gemessen wurden.

In der Praxis werden häufig "näherungsweise" konfirmatorische Faktorenanalysen durchgeführt, indem alle Indikatoren einer zu überprüfenden Theorie in eine gemeinsame Faktorenanalyse eingegeben werden[1].

Bei dieser Art der Faktorenanalyse werden dann Korrelationen zwischen den Faktoren zugelassen (d.h. die Achsen des resultierenden Raumes stehen nicht senkrecht aufeinander), man spricht daher von "schiefwinkligen" oder auch "obliquen" Rotationen[2]. Die Resultate solcher Analysen sind den "eigentlichen" konfirmatorischen Faktorenanalysen meist sehr ähnlich: Auch hier werden die höchsten Zusammenhänge zwischen den Indikatoren jeweils eines Konstrukts erwartet, Indikatoren sollten keine hohen "Fehlladungen" zu anderen Konstrukten aufweisen, die Zusammenhänge zwischen den Faktoren sollten den theoretischen Erwartungen entsprechen.

Als Beispiel soll die Faktorenanalyse von 12 Indikatoren zum ethnischen Milieu im Elternhaus bei Kindern von Arbeitsmigranten dargestellt werden[3]. Theoretisch wurden drei Faktoren erwartet: Religiöses Milieu (R), Kulturelles Milieu (K), Soziales Milieu (S).

Das Resultat der Faktorenanalyse (vgl. Tab. 4-5) entsprach den theoretischen Erwartungen. Lediglich der Indikator "Kochgewohnheiten" weist eine relativ kleine Fehlladung von .227 auf dem Faktor R auf. Da aber alle anderen Ladungen den Erwartungen entsprechen und der Indikator "Kochgewohnheiten" seine höchste Ladung (.613) auf dem "richtigen" Faktor K besitzt und die Faktorkorrelationen (vgl. Tab. 4-6) nicht zu hoch liegen, wird trotzdem Konstruktvalidität für die Indikatoren angenommen.

---

[1] Zur Durchführung vgl. auch BOHRNSTEDT (1983:102-105).

[2] "Rotationen" sind lediglich mathematische Transformationen des resultierenden Raums, die durchgeführt werden, um die Interpretation der Ergebnisse zu erleichtern, vgl. BORTZ (1977:679-689).

[3] Die Daten stammen aus dem DFG-Projekt "Kulturelle und ethnische Identität von Arbeitsmigranten im interkontextuellen und intergenerationalen Vergleich". Der Datensatz ist vom Zentralarchiv für empirische Sozialforschung (Köln) unter der Nummer 1580 erhältlich.

Tabelle 4-5: Faktorenladungen[1] eines 12 Indikatoren-Modells

	Faktor		
	R	S	K
INDIKATOR:			
Kochgewohnheiten	.227		.613
Musikgeschmack			.669
Sprachgebrauch Eltern untereinander			.870
Sprachgebrauch gegenüber Kindern			.834
Besuch von Deutschen		.925	
Besuch bei Deutschen		.904	
Nachbarschaftskontakte zu Deutschen		.835	
Kontakte außerhalb zu Deutschen		.683	
Religiöses Verhalten Vater	.894		
Religiöses Verhalten Mutter	.887		
Religiöse Erwartungen Vater	.922		
Religiöse Erwartungen Mutter	.903		

Tabelle 4-6: Faktorkorrelationen des Modells

	R	S	K
R	1.00		
S	.25	1.00	
K	.33	.38	1.00

Die tatsächliche Durchführung einer "echten" konfirmatorischen Faktorenanalyse ist mit modernen Statistikprogrammen sehr einfach geworden. Die nebenstehenden Befehle sind die direkte Umsetzung eines Meßmodells in die Kommando-

[1] dargestellt werden nur Faktorenladungen über 0.2.

sprache eines modernen Statistikprogramms für solche Modelle ("EzPATH", STEIGER 1989). Dem Programm wird mitgeteilt, wo es die Daten finden kann (in der Datei "KFACORR"), daß es alle verfügbaren Ergebnisse ausgeben soll (PRINT= LONG), daß es die Ergebnisse auf zwei verschiedene Arten berechnen soll (Method= DUAL) und daß die Ausgabe in die Datei "KFAL" erfolgen soll. Danach wird das Modell beschrieben: Es wird von den drei Faktoren R, S und K ausgegangen (Syntax: die nichtbeobachteten Variablen in runden Klammern), die in jeweils unterschiedlicher Stärke auf die beobachteten Variablen (V67-V70, V79, V82, V85, V86, V88-V91; Syntax: beobachtete Variablen in eckigen Klammern) wirken. Die Unterschiedlichkeit der Wirkungen ("Parameter") wird durch die unterschiedlichen, willkürlich gewählten ganzen Zahlen ausgedrückt. Nach der Durchführung der KFA wird das Programm in der Druckausgabe an die Stelle der Parameternummern die tatsächlich geschätzten Parameter einsetzen. Weiterhin werden die vermuteten unsystematischen Meßfehler durch die Angabe von Restgrößen (R1-R12), die mit unterschiedlicher Stärke auf die beobachteten Variablen wirken, berücksichtigt. Schließlich werden noch die drei möglichen Faktorkorrelationen als unterschiedlich stark vorgegeben. Das Kommando "ESTIMATE" veranlaßt das Programm dann zur tatsächlichen Schätzung der Parameter. Neben den geschätzten Parametern gibt das Programm verschiedene Indizes aus, die das Ausmaß der Güte des Modells angeben. Diese "Fit-Indizes" geben an, inwieweit das theoretische, durch unsere Anweisungen spezifizierte Modell den tatsächlich beobachteten Beziehungen entspricht.

```
USE KFACORR
PRINT=LONG
METHOD=DUAL
NUMBER=675
OUTPUT KFAL
MODEL
(R)-1->[V67]
   -2->[V68]
   -3->[V69]
   -4->[V70]

(S)-5->[V88]
   -6->[V89]
   -7->[V90]
   -8->[V91]

(K)- 9->[V79]
   -10->[V82]
   -11->[V85]
   -12->[V86]

* Unexplained *

(R1)- 13->[V67]
(R2)- 14->[V68]
(R3)- 15->[V69]
(R4)- 16->[V70]
(R5)- 17->[V88]
(R6)- 18->[V89]
(R7)- 19->[V90]
(R8)- 20->[V91]
(R9)- 21->[V79]
(R10)-22->[V82]
(R11)-23->[V85]
(R12)-24->[V86]

* Factor Correlations *

(R)-25-(K)
(R)-26-(S)
(K)-27-(S)

ESTIMATE
```

4.4. Indexbildung und Skalierungsverfahren

Zur Operationalisierung eines theoretischen Begriffs reicht ein einzelner Indikator dann nicht aus, wenn entweder ein einzelner Indikator die interessierende Dimension nicht mit ausreichender Genauigkeit mißt oder die Begriffe einer sozialwissenschaftlichen Theorie mehrere Dimensionen ansprechen. Beide Probleme können zum Teil dadurch gelöst werden, daß mehrere Indikatoren zu einer neuen Variablen zusammengefaßt werden. Solche Zusammenfassungen erfolgen entweder durch Indexbildung oder durch Skalierungsverfahren[1]. Sowohl die Indexbildung als auch Skalierungsverfahren sind Auswertungsverfahren, keine Datenerhebungs- oder Meßverfahren.

4.4.1. Indizes

Unter einem "Index" wird eine Zusammenfassung von mehreren Einzelindikatoren zu einer neuen Variablen verstanden[2]. Indizes werden vor allem dann verwendet, wenn die Begriffe einer sozialwissenschaftlichen Theorie mehrere Dimensionen ansprechen. Ein Index kann dann aus Indikatoren für jede einzelne Dimension gebildet werden.

Viele theoretische Begriffe in der Soziologie beziehen sich auf mehr als eine Dimension, so z.B. der Begriff der sozialen Schicht. Eine mögliche Explikation des Begriffs könnte die Dimensionen "Bildung", "Einkommen" und "Berufsposition" umfassen. Zur Operationalisierung des Begriffs "Soziale Schicht" können die drei

---

[1] Die Begriffe "Skala" und "Index" werden in der Literatur uneinheitlich definiert, vgl. SCHEUCH/ZEHNPFENNIG (1974:104-106, 177, 179). In Anlehnung an HOLM (1970:356) können Skalen als Spezialfälle von Indizes angesehen werden; ein prinzipieller Unterschied besteht nicht. Im Gegensatz zur Indexbildung existieren für Skalierungsverfahren Kriterien zur Beurteilung, ob ein gegebener Indikator zu einer Skala gehört oder nicht (vgl. Kap. 4.4.2.).

[2] Für eine exakte Definition vgl. BESOZZI/ZEHNPFENNIG (1976:12-13).

genannten Dimensionen getrennt gemessen und dann zu einer neuen Variablen, einem Schichtindex[1], zusammengefaßt werden.

Allgemein müssen bei einer Indexkonstruktion zwei verschiedene Probleme gelöst werden:

1. Welche Dimensionen sollen in den Index eingehen ?
2. Wie sollen die Dimensionen kombiniert werden ?

4.4.1.1. Indexkonstruktion I: Festlegung der Dimensionen des Index

Man kann sich vorstellen, daß die Dimensionen eines Begriffs die Achsen eines Raums bilden. Dieser Raum wird als "Merkmalraum" bezeichnet. Läßt sich ein theoretischer Begriff z.B. in drei Dimensionen zerlegen, so wird durch diese drei Dimensionen ein drei-dimensionaler Merkmalraum "aufgespannt". Im Beispiel "Soziale Schicht" wird der Merkmalraum durch die Achsen "Berufsposition", "Einkommen" und "Schulbildung" aufgespannt (vgl. Abbildung 4-6).

Abbildung 4-6: Merkmalraum des Schichtindex

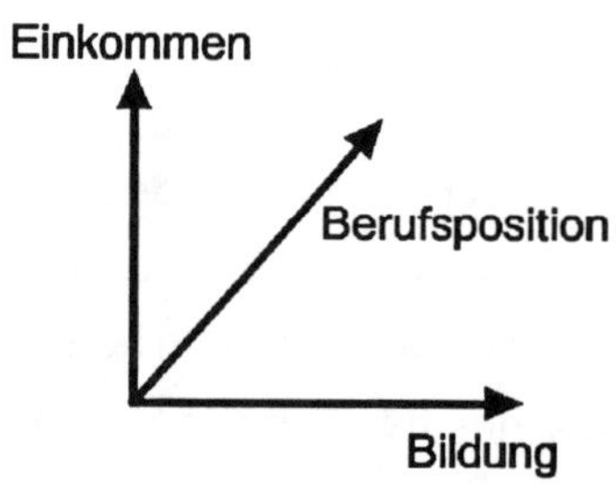

Jedes Objekt, auf das ein bestimmter theoretischer Begriff anwendbar ist, läßt sich in dem zugehörigen Merkmalraum lokalisieren. Im Beispiel des Schichtungsindex (für den theoretischen Begriff "Schicht") läßt sich jede Person durch die Kom-

---

[1] Literatur zu den in der Praxis verwendeten Schichtungsindizes findet sich bei HARTMANN (1985:51-77); vgl. auch MAYER (1979) sowie WEGENER (1985).

bination der drei Variablen Einkommen, Bildung und Berufsposition einem Punkt im Merkmalraum zuordnen[1].

Können die Variablen, die den Merkmalraum aufspannen, nur wenige verschiedene Werte annehmen, so kann man die Kombinationen der Variablen auch in einer Tabelle darstellen. Eine solche mehrdimensionale Tabelle, die durch die Kombination aller Kategorien zweier oder mehrerer Variablen entsteht, bezeichnet man als "Typologie"[2]. Eine Typologie besteht aus der Gesamtheit aller verschiedenen Kombinationen (Typen) der zugrundeliegenden Variablen (vgl. Abb. 4-7).

Abbildung 4-7: Allgemeiner Aufbau einer Typologie mit zwei Dimensionen mit je zwei Ausprägungen

		Dimension 1	
		Ausprägung 1	Ausprägung 2
Dimension 2	Ausprägung 1	Typ_{11}	Typ_{12}
	Ausprägung 2	Typ_{21}	Typ_{22}

Abb. 4-8 zeigt ein Beispiel für eine Typologie politischen Engagements.

Abbildung 4-8: Beispiel für eine Typologie

		politisch aktiv	
		ja	nein
Partei-Mitglied	ja	"Funktionär"	"Karteileiche"
	nein	"Aktivist"	"Apathischer"

[1] Zumindest sollte jedes Objekt zugeordnet werden können, auf das der theoretische Begriff anwendbar ist.

[2] Diese Definition stammt von BAILEY (1982:382), vgl. dagegen ZIEGLER (1973:13). Einzelheiten verschiedener Formen von Typologien finden sich bei BAILEY (1973).

"Funktionär", "Apathischer" usw. werden hier als Namen für bestimmte Typen, also bestimmte Kombinationen der zugrundeliegenden Variablen aufgefaßt. Ähnliche Typenbegriffe wie "totale Institutionen", "Feudalismus" usw. werden in der soziologischen Theoriebildung sehr häufig verwendet. Solche Begriffe lassen sich als Elemente nicht explizierter Typologien auffassen, da die Dimensionen, die der Typologie zugrundeliegen, meist nicht eindeutig angegeben werden. Um solche Begriffe für die empirische Forschung nutzbar zu machen, müssen die zugrundeliegenden Dimensionen erst theoretisch hergeleitet werden. Diese theoretische Herleitung der einer Typologie zugrundeliegenden Dimensionen wird als "Rekonstruktion des Merkmalraumes" (vgl. ZIEGLER 1973:15) oder "Substruktion" (LAZARSFELD 1937:132) bezeichnet[1].

Die Bestimmung der Dimensionen, die in den Index eingehen sollen, ist eine rein theoretische Arbeit. Es gibt keine objektiven Gütekriterien, die eine Beurteilung erlauben würden, ob alle relevanten Dimensionen eines Begriffs berücksichtigt wurden bzw. ob die berücksichtigten Dimensionen tatsächlich relevant sind. Lediglich die theoretische Fruchtbarkeit einer solchen Analyse läßt sich manchmal beurteilen.

4.4.1.2. Indexkonstruktion II: Kombination der Dimensionen

Wenn durch die theoretischen Analysen festgelegt wurde, welche Dimensionen in den Index eingehen sollen und Indikatoren für alle diese Dimensionen bestimmt wurden, stellt sich die Frage, wie die Werte der verschiedenen Indikatoren zu einem Index zusammengefaßt werden können. Die Notwendigkeit, bestimmte Kombinationen der Indikatorvariablen zusammenzufassen, zeigt sich bei dem Beispiel des Schichtungsindex deutlich.

---

[1] Ein Beispiel findet sich bei BARTON (1955:51-52), vgl. auch ZIEGLER (1973:15). Für ein aktuelleres Beispiel einer Substruktion sei auf ESSER (1980:251) verwiesen, der eine Rekonstruktion des Merkmalraums einiger Typenbegriffe gesellschaftlicher Differenzierung vornimmt.

SCHEUCH/DAHEIM (1970:102-103) verwendeten für ihren 1961 zuerst eingesetzten Schichtungsindex die genannten drei Dimensionen Bildung, Einkommen und Berufsposition. SCHEUCH/DAHEIM unterschieden bei der Berufsposition 17 verschiedene Ausprägungen, 12 Nettoeinkommensgruppen und 11 verschiedene Ausprägungen der Schulbildung. Damit sind 17*12*11=2244 verschiedene Kombinationen möglich. Diese 2244 Kombinationen sollen durch den Index so zusammengefaßt werden, daß erstens nur wenige verschiedene Indexwerte entstehen und zweitens die Abfolge der Indexwerte der theoretischen Variablen "Sozialprestige" entspricht.

Allgemein faßt ein Index einige Kombinationen des Merkmalraumes (Typen) zu neuen Kombinationen zusammen[1]. Indexkonstruktion kann daher als "<u>Reduktion des Merkmalraumes</u>" aufgefaßt werden. Für die Zusammenfassung verschiedener Typen zu einem Indexwert unterscheidet LAZARSFELD (1937:127-128) drei Gründe:

1. Bestimmte Typen kommen gar nicht oder so selten vor, daß eine getrennte Behandlung nicht gerechtfertigt werden kann ("functional reduction");
2. Durch unterschiedliche Gewichtung der Indexvariablen werden verschiedene Kombinationen zusammengefaßt ("arbitrary numerical reduction");
3. Die Zusammenfassung erscheint theoretisch sinnvoll ("pragmatic reduction").

Als SCHEUCH/DAHEIM ihren Index konstruierten, gab es noch kaum Akademikerarbeitslosigkeit. Die Kombination "Abgeschlossenes Hochschulstudium, angelernter Arbeiter, Nettoeinkommen 700-799 DM" dürfte kaum aufgetreten sein und liefert damit ein Beispiel für "functional reduction".
Auch ein Beispiel für "arbitrary numerical reduction" läßt sich bei der Konstruktion des Schichtindex finden. Die drei Variablen des Index wurden klassifiziert und je nach Ausprägung mit verschiedenen Punktwerten[2] versehen. Da SCHEUCH/

[1] Ein Index kann daher auch als Abbildung eines n-dimensionalen Merkmalraums auf eine Variable definiert werden (vgl. GALTUNG 1969:240).
[2] SCHEUCH/DAHEIM ermittelten die Punktwerte durch den Vergleich des Index mit "typischen Fällen". Die Details der Zuordnung bleiben allerdings im Original unklar,

DAHEIM (1970:70) die Variable "Berufsprestige" für die Bestimmung des Sozialprestige für wichtiger als die beiden anderen Variablen hielten, konnten durch Berufsprestige maximal 30 Punkte und durch die beiden anderen Variablen jeweils maximal 20 Punkte erreicht werden. Sie unterschieden 17 Berufspositionen von "ungelernter Arbeiter" (=1 Punkt) bis "führende Selbständige" (=30 Punkte), 12 Nettoeinkommensgruppen[1] von "unter 149 DM" (=1 Punkt) bis "2000 DM und mehr" (=20 Punkte) sowie 11 Schulbildungsniveaus von "Volksschule, unvollständig" (= 0 Punkte) bis "Hochschule mit Abschluß" (=20 Punkte)[2]. Die Punkte auf diesen drei Dimensionen wurden zum Schichtindex addiert. Der Index wurde in 6 Gruppen von "untere Unterschicht" (=0-14 Punkte) bis "Oberschicht" (=50 und mehr Punkte) eingeteilt.

Durch die Konstruktion eines Index werden allgemein verschiedene Kombinationen der Indikatorvariablen gleichgesetzt. Bei dem Schichtungsindex kann z.B. der Wert "38" (= mittlere Mittelschicht) sowohl durch einen höchstqualifizierten Facharbeiter (=13 Punkte) mit einem Nettoeinkommen zwischen 1000 und 1499 DM (=16 Punkte) und mittlerer Reife (=9 Punkte) als auch durch einen kleinen Selbständigen (=15 Punkte) mit einem Einkommen zwischen 1500 und 1999 DM (=19 Punkte) und Volksschule mit Lehre (=4 Punkte) erreicht werden. Durch die unterschiedliche Gewichtung der Variablen erreichen also verschiedene Kombinationen der Indikatorvariablen dieselben Punktwerte: Ebendies ist "arbitrary numerical reduction".

Als Beispiel für eine Zusammenfassung aus theoretischen Gründen könnte ein Index der "Zufriedenheit mit der Lebenssituation" aus einem Indikator zur "Zufriedenheit im Beruf" und einem Indikator zur "Zufriedenheit mit privaten Lebensverhältnissen" gebildet werden. Die beiden Kombinationen "beruflich zufrieden, privat unzufrieden" und "beruflich unzufrieden, privat zufrieden" könnten zu "teilweise unzufrieden" zusammengefaßt werden. Der "theoretische" Grund für die Zusammenfassung besteht hier lediglich aus der Unfähigkeit, ohne weitere Informationen (z.B. ob subjektiv eher Zufriedenheit im Beruf oder privat wichtig ist), eine Unterscheidung zwischen den beiden Typen in Hinsicht auf "allgemeine Zufriedenheit" vornehmen zu können.

---

vgl. HARTMANN (1985:74-75).

[1] Bei den DM-Beträgen sollte beachtet werden, daß sich von 1960 bis 1984 der Reallohn der Industriearbeiter verdoppelte und der Preisindex für die Lebenshaltung von Vierpersonen-Arbeitnehmerhaushalten etwas mehr als verdoppelte; vgl. Statistisches Bundesamt (1985:299, 308).

[2] Einkommen und Berufsposition beziehen sich bei Familienmitgliedern auf den Beruf des Haupternährers.

Die Beispiele sollten verdeutlicht haben, daß für ein gegebenes Indexproblem in der Regel mehr als eine Lösung existiert. Die Festlegung der Abfolge der Merkmalkombinationen erfolgt willkürlich und kann nur durch Außenkriterien legitimiert werden (Messungen mit Indizes werden auch als "willkürliche Messung" bezeichnet). Am Beispiel des Schicht-Index kann das Außenkriterium z.B. in einem Vergleich zwischen dem Index und einer Einschätzung durch "Experten" bestehen. In der Regel kann ein Index allerdings selten formal "validiert", sondern nur mit seiner theoretischen oder empirischen Nützlichkeit legitimiert werden.

Die Zusammenfassung verschiedener Typen zu einem Indexwert ist also überwiegend ebenfalls eine rein theoretische Arbeit. Bisher ist nur ansatzweise erwähnt worden, wie eine Zuordnung von Zahlenwerten zu Objekten technisch erfolgt.

Man kann Indizes dadurch bilden, daß man tatsächlich für jede mögliche Kombination der Werte der Indexvariablen explizit einen Indexwert durch eine Tabelle festlegt ("Einem XYZ-Typ entspricht ein Indexwert von 23"). Einfacher ist es, wenn eine einfache Zuordnungsregel angegeben werden kann, mit der den Elementen des Merkmalraums Zahlen zugeordnet werden können. Nach der Form der Zuordnungsregel werden u.a. additive, multiplikative und gewichtete Indizes unterschieden.

4.4.1.2.1. Additive Indizes

Die meisten Indizes werden einfach durch Addition der Indikatorenwerte berechnet. Bei einem additiven Index müssen die Indikatoren alle denselben Wertebereich besitzen (z.B. 0-1 oder 1-3), andernfalls gehen die Indikatoren ungleichgewichtig in den Index ein.
Ein Beispiel für einen additiven Index stellt ein "Wohnungsausstattungs-Index" dar, bei dem für eine Reihe von Einrichtungen (Bad, Zentralheizung, etc.) oder auch eine Reihe von Geräten (Telefon, TV, PC etc.), deren Vorhandensein erhoben und

für jedes Vorhandensein ein Punkt vergeben wird. Ein additiver Index besteht dann lediglich aus der Summe der vergebenen Punkte.

Additive Indizes basieren auf der (meist nicht geprüften) Annahme, daß die Einzelindikatoren weitgehend unabhängig voneinander auf die Zieldimension wirken. Bei einem additiven Index kann ein niedriger Punktwert auf einem Indikator durch einen hohen Punktwert auf einem anderen Indikator ausgeglichen werden.

4.4.1.2.2. Multiplikative Indizes

Gelegentlich ist die gerade erwähnte Eigenschaft additiver Indizes unerwünscht, z.B. wenn die Abwesenheit eines einzigen Merkmals den niedrigsten Wert auf dem Index bedingen soll. In solchen Fällen können multiplikative Indizes verwendet werden: So bald einer der Indikatoren den Wert Null annimmt, wird das Produkt gleich null und damit auf dem Index das Minimum erreicht.
Ein lediglich zur Veranschaulichung gedachter einfacher multiplikativer Index zur Vorhersage des Studienerfolges könnte Indikatoren für die beiden Variablen "Begabung" und "Fleiß" miteinander multiplizieren: Sowohl völlig ohne "Begabung" als auch ohne jeden "Fleiß" erscheint ein Studienerfolg fraglich.

Ein etwas realistischerer Index für die Bereitschaft zur Teilnahme an einer Demonstration oder Blockade könnte auf der Überlegung basieren, daß eine bestimmte Handlung nur dann auftritt, wenn der Handelnde das Ziel, das durch die Handlung erreicht werden soll, für subjektiv wichtig hält und glaubt, daß die Handlung zum gewünschten Ziel führt. Wenn das Ziel z.B. in der Verhinderung des Baus einer Wiederaufbereitungsanlage besteht, könnte man Personen danach befragen, wie wichtig ihnen die Verhinderung des Baus der Anlage ist. Fragt man dann noch nach der subjektiven Einschätzung der Personen, inwieweit durch ihre eigene Teilnahme an einer Demonstration oder Blockade der Bau verhindert werden kann, so verfügt man über zwei Indikatoren, die miteinander multipliziert werden können.

Dieser Multiplikation der beiden Indikatoren entspricht die Hypothese, daß ein bestimmtes Verhalten nur dann auftritt, wenn das Ziel der Handlung wichtig erscheint und die Handlung als geeignet angesehen wird, um dieses Ziel zu erreichen: Das Verhalten tritt dann nicht auf, wenn eine der beiden Variablen den Wert Null annimmt[1].

4.4.1.2.3. Gewichtete additive Indizes

Manchmal ist es möglich, den "Beitrag" eines Indikators zu einem Index sinnvoll zu gewichten. Die Ausprägung eines bestimmten Indikators geht durch die Gewichtung dann stärker in den Index ein als die Ausprägungen der anderen Indikatoren. Gewichtete additive Indizes besitzen die Form

$$\text{Index} = a * \text{Indikator}_1 + b * \text{Indikator}_2 + c * \text{Indikator}_3 \ldots$$

Die Konstanten a,b und c sind hierbei die Gewichte. Die Gewichte können in seltenen Fällen "empirisch" gewonnen werden, nämlich dann, wenn ein Außenkriterium, z.B. Expertenschätzungen, zur Verfügung steht. So könnte man die Gewichte der Indikatoren eines Schicht-Index so bestimmen, daß die Werte des gewichteten Index den Schätzungen der Schichtzugehörigkeit durch Experten entsprechen[2]. Wenn die Erhebung des Außenkriteriums aufwendig ist, bietet sich ein solcher gewichteter Index an. Die Gewichte werden in einer Untersuchung berechnet und stehen für andere Untersuchungen zur Verfügung. Allerdings ist es fraglich, ob empirisch ermittelte Gewichte bei anderen Erhebungen als unverändert angesehen werden können.

---

[1] OPP u.a (1984) haben ein ähnliches Problem mit ähnlichen, aber weit differenzierteren Hypothesen und Meßtechniken untersucht.

[2] Dies läßt sich z.B. mit dem statistischen Verfahren der multiplen Regression (vgl. z.B. URBAN 1982 oder TABACHNICK/FIDELL 1989) durchführen.

Ebenso können Faktorenanalysen zur Gewichtung verwendet werden. Indizes werden hierbei als sogenannte "Faktorenwerte" bzw. "Factor Scores" berechnet (zur Berechnung vgl. z.B. ÜBERLA 1971:235-253). Faktorenwerte sind nichts anderes als Werte gewichteter additiver Indizes, wobei die Gewichte durch die Faktorenanalyse geschätzt wurden. Die Gewichte geben dabei die Stärke der Beziehung zwischen dem jeweiligen Item und der zugehörigen latenten Variablen wieder. Damit werden diejenigen Indikatoren stärker gewichtet, die am stärksten mit dem Gesamtindex zusammenhängen. Bei dieser Art der Indexkonstruktion muß beachtet werden, daß das Resultat einer Faktorenanalyse (und damit auch die Faktorenwerte) in besonderem Maße von vielen, zum Teil willkürlichen Entscheidungen bei der Durchführung der Analyse beeinflußt werden.

In seltenen Fällen können die Gewichte für die Indikatoren aus theoretischen Überlegungen hergeleitet werden. So könnte z.B. ein Index zur Messung von Protestpotential Angaben über gerichtliche Verurteilungen wegen Landfriedensbruch stärker gewichten als verbale Bekundungen größeren Unmutes.

Auf Grund der erwähnten Probleme sollten daher die Indikatoren in der Regel gleich gewichtet werden. Nur bei starken theoretischen Gegenargumenten sollte von der Möglichkeit unterschiedlicher Gewichtung Gebrauch gemacht werden.

4.4.1.2.4. Indizes aus kontinuierlichen Variablen

Bisher wurden nur Indizes besprochen, bei denen die Indikatorvariablen meist nur sehr wenige verschiedene Werte (z.B. 0-1, 1-5 usw.) annehmen. Ein Merkmalraum kann aber auch durch Variablen gebildet werden, die jeden beliebigen Wert annehmen können (kontinuierliche Variablen). Indizes können auch aus solchen Variablen gebildet werden. Die Regel, nach der die verschiedenen Kombinationen zu einem Index zusammengefaßt werden, ist bei solchen Variablen meist als einfache Formel angebbar.

Eine einfache Formel ist z.B. der Mittelwert als die Summe einer Reihe von Beobachtungen, dividiert durch die Anzahl der Beobachtungen. Ein Mittelwert als Index findet sich z.B. in einer Untersuchung des Zusammenhangs zwischen sozialer Integration und Protestverhalten durch OPP und seine Mitarbeiter (1984:222). Für die Konstruktion eines Index der durchschnittlichen Aktivität in Organisationen wurde jeder Befragte nach der Anzahl seiner Mitgliedschaften in Organisationen befragt. Dann wurde für jede der Organisationen mit einer Frage mit 5 Antwortkategorien (sehr aktiv, ziemlich aktiv, teils aktiv/teils inaktiv, ziemlich inaktiv, sehr inaktiv) das Ausmaß seiner Aktivität erhoben. Der Index der durchschnittlichen Aktivität in Organisationen wurde als die Summe aller Aktivitätsangaben, dividiert durch die Anzahl der Organisationsmitgliedschaften, berechnet.

Häufig besteht eine Indexkonstruktion lediglich darin, daß eine Reihe von Zahlen durch den Bezug auf eine gemeinsame Basis vergleichbar gemacht wird[1]. Ein Beispiel stellt die sogenannte Fruchtbarkeitsziffer (Anzahl der Lebendgeborenen bezogen auf 1000 Frauen im Alter zwischen 15 und 45 Jahren) dar. Dieser Index ist weitgehend unempfindlich gegenüber Veränderungen der Bevölkerungszahl und des Altersaufbaus der Bevölkerung. Der Index erlaubt unter anderem den Vergleich des generativen Verhaltens über sehr lange Zeiträume. So sank die Fruchtbarkeitsziffer von 167 im Jahre 1880 bis auf 44 im Jahr 1983[2].
Neben solchen einfachen Indizes werden auch etwas kompliziertere Konstruktionen (z.B. Differenzen zwischen verschiedenen Quotienten) als Indizes verwendet. Allerdings ergeben sich mit zunehmender Komplexität sehr rasch Interpretationsprobleme[3].

Das allgemeine Prinzip der Indexkonstruktion findet sich auch bei zwei speziellen Techniken der empirischen Sozialforschung: beim semantischen Differential (das lediglich eine spezielle Form der Indexkonstruktion darstellt) und bei der sogenannten "Soziometrie" (deren Auswertungstechniken auf einfachen Indizes basieren).

---

[1] Weitere Einzelheiten zu solchen "Standardisierungen" finden sich bei MUELLER/SCHUESSLER/COSTNER (1977:124-149).
[2] Vgl. Statistisches Bundesamt (1985:43).
[3] Zu Problemen des Zusammenhangs zwischen sogenannten "Ratiovariablen" vgl. FIREBAUGH/GIBBS (1985). "Ratiovariablen" sind Indizes, die durch Division zweier Variablen gebildet wurden, also z.B. Y/X.

4.4.1.2.5. Semantisches Differential

OSGOOD/SUCI/TANNENBAUM (1957) schlugen zur Erfassung der Konnotation von Begriffen eine Methode vor, die als "semantisches Differential" oder "Eindrucksdifferential" bezeichnet wird. Bei dieser Technik werden die Befragten darum gebeten, ein Einstellungsobjekt mit einer Reihe von Adjektiven zu beschreiben. Hierfür wird eine Liste von Adjektiven verwendet, die jeweils Gegensatzpaare bilden, z.B. sicher-unsicher, gut-schlecht, schön-häßlich.
Jeweils ein solches Gegensatzpaar kann als eine einfache "Skala" aufgefaßt werden, wobei die Adjektive die Endpunkte markieren. Sowohl die Endpunkte als auch die Zwischenstufen sind numeriert, verwendet werden meistens die Zahlen 1 bis 7.

Abbildung 4-9: Semantisches Differential[1]

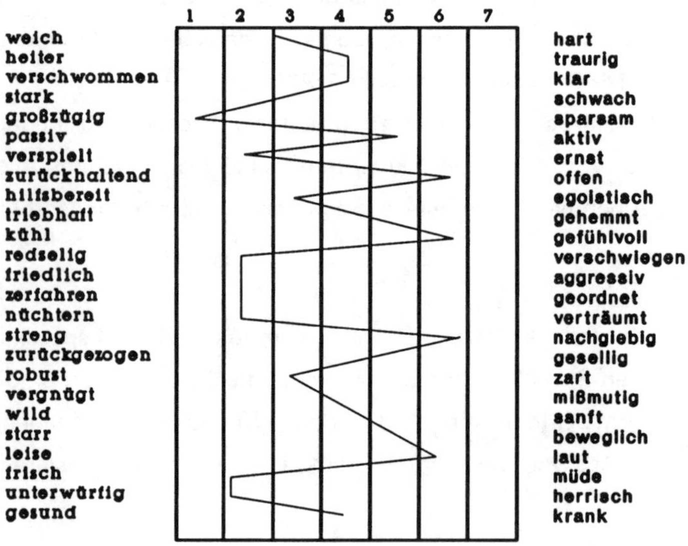

[1] nach HOFSTÄTTER (1966:259). Die eingezeichnete Linie verbindet die Mittelwerte einer Befragtengruppe zu einem Profil, vgl. weiter unten im Text.

Jedem Befragten wird für jedes zu bewertende Objekt oder Konzept eine solche Liste bi-polarer Adjektive (vgl. Abb. 4-9) vorgelegt. Auf jeder Skala sollen diejenigen Punkte angekreuzt werden, die am besten die Reaktion des Befragten auf das zu bewertende Objekt wiedergeben.

Die Auswertung des semantischen Differentials kann auf mehrfache Weise erfolgen. Im einfachsten Fall liegen für mehrere Objekte, die mit je einem semantischen Differential bewertet wurden, Ergebnisse vor. Wird für jedes Gegensatzpaar der Mittelwert über alle Befragte berechnet, so ergibt sich für jedes Objekt ein "Profil" auf dem Differential (in die Abbildung 4-9 wurde ein solches Profil eingezeichnet). Um mehrere Objekte zu vergleichen, können Ähnlichkeitsmaße der sich ergebenden Profile berechnet werden.

Andere Auswertungstechniken[1] verwenden Faktorenanalysen, die in der Regel zeigen, daß den Bewertungen drei Dimensionen zugrundeliegen. Diese Dimensionen wurden mehr oder weniger willkürlich als "evaluation" (z.B. "gut-schlecht"), "potency" (z.B. "stark-schwach") und "activity" (z.B. "aktiv-passiv") bezeichnet. Diese häufig gefundene Struktur wird die "EPA-Struktur" des semantischen Differentials genannt. Ob den Reaktionen auf ein semantisches Differential tatsächlich eine EPA-Struktur zugrundeliegt, ist eine Frage, die bei jeder Erhebung neu geklärt werden muß. Bei Einstellungsmessungen werden häufig nur die Skalen des als "evaluation" bezeichneten Faktors zur Auswertung verwendet.

Als Vorzug des semantischen Differentials wird häufig vor allem die stark vereinfachte Instrumentenentwicklung erwähnt. Das semantische Differential wird als fertiges Instrument angesehen, das ohne Probleme auf jedes denkbare Einstellungsobjekt angewendet werden kann. Dieser populären Auffassung stehen zumindest zwei methodische Probleme gegenüber.

---

[1] Zu den Auswertungstechniken des semantischen Differentials vgl. DIEHL/SCHÄFER (1975).

Wird ein allgemeiner Skalensatz, wie z.B. der in Abbildung 4-9 wiedergegebene von HOFSTÄTTER verwendet, so sind insbesondere in Hinsicht auf abstrakte Konzepte vermutlich einige Skalen für eine Beurteilung irrelevant. Was mögen z.B. die Adjektive "wild-sanft" oder "triebhaft-gehemmt" für das Einstellungsobjekt "Volkszählung" bedeuten? Bestenfalls erhält man als Reaktion auf solche Skalen Antworten, die nichts mit den Antworten auf andere Skalen gemein haben. Solche Skalen fallen aus der EPA-Struktur heraus, "gemessen" wird überhaupt nichts. Daraus läßt sich die Forderung nach "Relevanz der Skalen" ableiten: Die Skalen müssen für die Befragten in bezug auf die Einstellungsobjekte eine klare Bedeutung besitzen[1].

Weiterhin besteht die Möglichkeit, daß die Befragten die verwendeten Adjektive je nach Einstellungsobjekt unterschiedlich interpretieren. Als (extremes) Beispiel für eine solche Interaktion zwischen den Einstellungsobjekten und den Adjektiven erwähnen DIEHL/SCHÄFER (1975:206) die wechselnde Interpretation der Adjektive "süß-sauer" hinsichtlich der Einstellungsobjekte "Liebe", "Mitmensch" und "Hering". Diese sogenannten "Skalen-Konzept-Interaktionseffekte" sind zwar mit statistischen Mitteln entdeckbar und auch korrigierbar, aber der entsprechende Aufwand macht den Vorzug des semantischen Differentials, die vereinfachte Instrumentenentwicklung, zunichte.

Insgesamt stellt das semantische Differential zwar eine sehr flexible, aber keineswegs problemlose Methode dar[2]. Sollen präzise Messungen erfolgen, so bedarf das semantische Differential ebenso einer sorgfältigen Instrumentenentwicklung wie alle anderen Meßtechniken.

---

[1] HEISE (1969:418) definiert irrelevante Skalen als Skalen mit niedriger "Kommunalität" in der Faktorenanalyse. Kommunalität bezeichnet das Ausmaß, in dem eine Variable durch die Faktoren erklärt werden kann. Die Kommunalität einer Variablen ist gleich der Summe der quadrierten Faktorladungen dieser Variablen über alle Faktoren (vgl. z.B. BORTZ 1977:637).

[2] Für eine ausführliche Behandlung sei auf die Arbeiten in dem von BERGLER (1975) herausgegebenen Sammelband verwiesen. Nahezu alle methodischen Probleme des semantischen Differentials werden in den beiden kurzen Aufsätzen von HEISE (1969; 1970) erwähnt; vgl. auch SCHÄFER (1983).

4.4.1.2.6. Soziometrie

Während das Postfix "-metrie" zumeist überaus anspruchsvolle exakte mathematische Subdisziplinen von Fachwissenschaften wie der Ökonomie oder Biologie bezeichnet, wird das entsprechende Wort "Soziometrie" in den Sozialwissenschaften meist als Benennung für eine weitgehend anspruchslose Sammlung einfacher Erhebungstechniken und Indexbildungen verwendet. Diese mehr als unglückliche Bezeichnung geht zurück auf Jacob MORENO (1967, zuerst 1934). Das Vorgehen bei den sogenannten "soziometrischen Techniken" besteht im wesentlichen darin, daß alle Personen einer Gruppe nach ihrer gegenseitigen Bevorzugung, Gleichgültigkeit und Ablehnung in bezug auf bestimmte Wahlsituationen gefragt werden. Als Beispiele für solche Fragen nennt FRIEDRICHS (1973: 257):

> "Mit wem möchten Sie am liebsten zusammenarbeiten?
> Neben wem möchten Sie sitzen?
> Mit welchen Nachbarn unterhalten Sie sich am meisten?
> Welchen Kollegen aus Ihrer Arbeitsgruppe würden Sie gern einmal nach Hause einladen?"

Die Antworten (die soziometrischen "Wahlen") auf diese Fragen werden in eine Tabelle eingetragen, die sogenannte "Soziomatrix".

Abbildung 4-10: Soziomatrix

		Gewählter					
		A	B	C	D	Σ+	Σ-
Wähler	A		+	-	-	1	2
	B	+		-	-	1	2
	C	-	-		+	1	2
	D	+	-	+		2	1
	Σ+	2	1	1	1		
	Σ-	1	2	2	2		

Die Soziomatrix der Abbildung 4-10 gibt die Antworten der vier Personen A-D wieder. A "wählt" B, aber nicht D. A wird aber von D "gewählt". Die Spalten- und Zeilensummen ($\Sigma +$, $\Sigma -$) geben die Gesamtzahl der positiven und negativen "Wahlen", die eine Person selbst vornimmt (zeilenweise) bzw. die eine Person erhält (spaltenweise), wieder. Die Angaben in dieser Tabelle können zu "soziometrischen Indizes"[1] verrechnet werden, die z.B. Eigenschaften der untersuchten Gruppierung quantifizieren sollen. Der einfachste dieser prinzipiell willkürlichen Indizes ist der sogenannte "positive soziometrische Status" einer Person. Dieser ist definiert als die Anzahl der erhaltenen positiven Wahlen, dividiert durch die um eins verringerte Anzahl der Personen. Beispielsweise erhält A den Wert 2/ (4-1) = 0.67.

Die Soziometrie wird in der empirischen Sozialforschung kaum, in der erziehungswissenschaftlichen Forschung hingegen häufig angewendet. In den letzten Jahren hat sich der Schwerpunkt der Anwendung, die Erhebungstechnik und vor allem die Analyse der erhobenen Daten stark verändert. Diese anspruchsvolleren neueren Anwendungen, als deren Vorläufer (und Spezialfall) die Soziometrie angesehen werden kann, werden zumeist als "Netzwerkanalyse" bezeichnet (vgl. Kapitel 5.2.4.). Netzwerkanalysen[2] wurden beispielsweise bei der Erforschung politischer Eliten (LAUMANN/PAPPI 1976) und Bürgerinitiativen (SCHENK 1982; vgl. auch SCHENK 1984) eingesetzt.

---

[1] Einen Überblick über diese Indizes und sonstige Einzelheiten der Soziometrie gibt DOLLASE (1973:151-176).

[2] Eine leicht verständliche Einführung bieten KNOKE/KUKLINSKI (1982). Eine vertiefte Einarbeitung ermöglichen die Beiträge in dem von PAPPI (1987) herausgegebenen Band.

4.4.2. Skalierungsverfahren

"Skalierungsverfahren" sind Methoden zur Konstruktion von Meßinstrumenten[1]. Das Resultat der Durchführung eines Skalierungsverfahrens ist eine "Skala". Unter "Skala" wird in der Praxis empirischer Sozialforschung eine Reihe von "Items" verstanden, die entlang einer Dimension mißt (HOLM 1970:356). "Items" sind in der Regel Fragen, bzw. Aussagen ("Statements"), denen die Befragten zustimmen oder die die Befragten ablehnen sollen. Leider gibt es keine formalen Regeln, wie man Items für eine Skala entdeckt oder auch nur formuliert. In der Regel werden Items aus bereits verwendeten Skalen entnommen, gelegentlich werden Aussagen von Befragten in Vorstudien oder schriftliche Äußerungen zu Items umformuliert. Meist entspringen die Items allerdings der ungebremsten Phantasie der Skalenkonstrukteure. Im Laufe der Jahre haben sich einige Faustregeln für die Formulierung von Statements einer Einstellungsskala bewährt. EDWARDS (1957a:14ff.) stellt einige dieser Regeln zusammen[2]:

Vermieden werden sollen Statements,

1. die sich auf die Vergangenheit statt auf die Gegenwart beziehen;
2. die Tatsachen beschreiben oder als Tatsachenbeschreibung aufgefaßt werden können;

---

[1] Die Definitionen von "Skalierungsverfahren" in der Literatur sind uneinheitlich, vgl. z.B. SCHEUCH/ZEHNPFENNIG (1974:104-106), HEIDENREICH (1987:417). "Skalieren" wird gelegentlich mit "messen" gleichgesetzt (z.B. VEN 1980:306); vgl. dazu aber COOMBS/DAWES/TVERSKY (1975:45). Skalierung kann auch als Modellbildung aufgefaßt werden (vgl. hierzu vor allem HENNING 1987). Explizite Skalierungsmodelle enthalten eine Reihe von theoretischen Annahmen über die Entstehung von Meßwerten. Solche Skalierungsmodelle können mit statistischen Verfahren an Hand von erhobenen Daten überprüft werden. Skalierungsmodelle werden auf diese Weise ein Bestandteil der Theoriebildung. Ein Beispiel für ein solches Skalierungsmodell ist das weiter unten dargestellte Rasch-Modell.

[2] Diese Zusammenstellung beruht auf Regeln, die von verschiedenen Skalenkonstrukteuren zwischen 1929 und 1948 vorgeschlagen wurden (EDWARDS 1957a:13).

3. die vom Befragten nicht eindeutig interpretiert werden können;
4. die sich nicht auf die Einstellung beziehen, um die es geht;
5. denen alle oder keine Befragten zustimmen.

Statements sollten

6. den gesamten affektiven Bereich der interessierenden Einstellung abdecken;
7. einfach, klar und direkt formuliert sein;
8. kurz sein und nur selten mehr als 20 Worte umfassen;
9. immer nur einen vollständigen Gedanken enthalten;
10. keine Worte wie "alle", "immer", "niemand" und "niemals" enthalten;
11. Worte wie "nur", "gerade" und "kaum" nur in Ausnahmefällen enthalten;
12. aus einfachen Sätzen und nicht aus Satzgefügen oder Satzverbindungen bestehen;
13. keine Worte enthalten, die den Befragten unverständlich sein könnten;
14. keine doppelten Verneinungen enthalten.

Alle Items einer Skala sollten nur eine Dimension (z.B. eine zu messende Einstellung) erfassen, die resultierende Skala sollte also "eindimensional" sein.

Beispiel: In einer Untersuchung[1] türkischer und jugoslawischer Arbeitsmigranten in der BRD war das Item "Eine Frau sollte verheiratet sein, wenn sie ein Kind bekommt" Bestandteil einer Skala zur Messung von Geschlechtsrollenorientierungen. Es ließ sich durch eine Faktorenanalyse zeigen, daß dieses Item zwei verschiedene Dimensionen erfaßt: Dem Item wurde sowohl von traditional orientierten Personen als auch von Personen mit einer kritischen Einschätzung der materiellen Sicherung alleinerziehender Mütter zugestimmt. Das Item war damit für die Messung der Geschlechtsrollenorientierung unbrauchbar.

Daß eine Skala eindimensional sein muß, wenn sie brauchbar sein soll[2], läßt sich an einem Beispiel von HOLM (1976) verdeutlichen. Würde eine Skala zwei verschiedene Dimensionen A und B messen, so ergäbe ein Skalenwert von "100" weder eine Information über die Dimension A noch über die Dimension B. HOLM

---

[1] DFG-Projekt "Kulturelle und ethnische Identität bei Arbeitsmigranten im interkontextuellen und intergenerationalen Vergleich", Essen/Hamburg 1986.

[2] Eine ausgezeichnete Übersicht über die formale Definition von "Eindimensionalität" und vor allem über verschiedene technische Verfahren zur Beurteilung der Eindimensionalität von Skalen findet sich bei HATTIE (1985).

(1976:125) schreibt dazu: "Es ist, wie wenn man die Frage stellt: Auf einem Schiff stellt der Kapitän insgesamt 100 Grad fest. Auf dem wievielten Längengrad befindet sich das Schiff und wieviel Grad Celsius herrschen an Bord (wenn beide zusammen 100 ergeben)?".

Die verschiedenen Skalierungsverfahren können als unterschiedliche Methoden aufgefaßt werden, um aus mehreren vorliegenden Meßwerten, z.B. den Antworten auf einzelne Fragen, einen Skalenwert zu gewinnen. Skalierungsverfahren können auch als Technik bei der Datenauswertung angesehen werden, da nicht mehr viele einzelne Variablen, sondern nur noch eine Variable ausgewertet werden muß. Damit stellt sich die Frage nach dem Unterschied zwischen "Skala" und "Index". In Anlehnung an HOLM (1970:356) können Skalen als Spezialfälle von Indizes angesehen werden; ein prinzipieller Unterschied besteht nicht[1]. Jedes Skalierungsverfahren stellt spezifische Anforderungen an ein Item, die erfüllt sein müssen, damit das Item Bestandteil einer Skala werden kann. Gegenüber der Indexkonstruktion erlauben Skalierungsverfahren Überprüfungen, ob ein bestimmtes Item Bestandteil der Skala ist oder nicht. Die Konstruktion eines Index erfolgt weitgehend unabhängig von erhobenen Daten, somit kann immer ein Index konstruiert werden. Bei einem Skalierungsverfahren kann es sich anhand der erhobenen Daten herausstellen, daß keine Messung (im Sinne des Skalierungsverfahrens) erfolgte (vgl. z.B. Kap. 4.4.2.3).

Skalierungsverfahren werden in der empirischen Sozialforschung überwiegend zur Messung von Einstellungen[2] verwendet. Einstellungen werden dabei als latente Variablen aufgefaßt. Ziel der Einstellungsmessung ist die Feststellung der Aus-

---

[1] Die Begriffe "Skala" und "Index" werden in der Literatur uneinheitlich definiert, vgl. SCHEUCH/ZEHNPFENNIG (1974:104-106, 177, 179).

[2] "Wenn Sozialpsychologen von Einstellung sprechen, dann meinen sie damit **im allgemeinen** ein Gefühl, eine Bereitschaft, auf ein soziales Objekt oder Phänomen in bestimmter Art und Weise zu reagieren. Außerdem stimmen sie auch meist darin überein, Einstellungen eine evaluative Komponente zuzuschreiben" (DAWES 1977:44). Für nähere Einzelheiten zum Einstellungsbegriff und zur Einstellungsmessung vgl. DAWES (1977) und TRIANDIS (1975), vgl. auch Kapitel 7.1.1.1.1.

prägung der latenten Variablen bei den Befragten. Zur Messung werden den Befragten Aussagen (Statements, Items) vorgelegt, auf die die Befragten mit Zustimmung oder Ablehnung reagieren sollen. Die Items geben in der Regel bestimmten Auffassungen zum Einstellungsgegenstand Ausdruck. Angenommen wird hierbei, daß die Reaktionen auf die Items nur mit der zu messenden Einstellung systematisch zusammenhängen und nicht z.B. mit der Art der Frageformulierung oder anderen Spezifika der Erhebungssituation.

Einstellungen gegenüber einem Objekt lassen sich genauso wie Fähigkeiten, z.B. Rechenfertigkeiten, als latente Variablen interpretieren. Um meßbar zu sein, müssen latente Variablen sich auf irgendeine Weise auf beobachtbares Verhalten auswirken. Beobachtbar ist z.B. das Antwortverhalten in einem Test oder die Beantwortung von Einstellungsfragen. Das Antwortverhalten in einem Test besteht aus der Lösung oder Nicht-Lösung der einzelnen Aufgaben; bei einer Einstellungsmessung aus der Zustimmung oder Ablehnung zu den einzelnen Items (Items mit nur zwei Antwortmöglichkeiten werden als "dichotome Items" bezeichnet). Aufgaben eines Tests oder auch Einstellungsfragen können unterschiedliche "Schwierigkeit" besitzen. Die Schwierigkeit eines Items kann als der Anteil der falschen Lösungen oder als Anteil von Ablehnungen zu diesem Item aufgefaßt werden.

Wenn es einen Zusammenhang zwischen der latenten Variablen und dem Antwortverhalten gibt, so muß die Wahrscheinlichkeit, daß einem bestimmten Item zugestimmt wird, eine Funktion der Itemschwierigkeit und der Ausprägung der latenten Variablen sein. Der Zusammenhang zwischen der Ausprägung der latenten Variablen und der Beantwortungswahrscheinlichkeit kann durch Abbildungen (vgl. Abb. 4-11) verdeutlicht werden. Solche Funktionen werden als "Itemcharakteristiken" bezeichnet.

Abbildung 4-11: Itemcharakteristiken

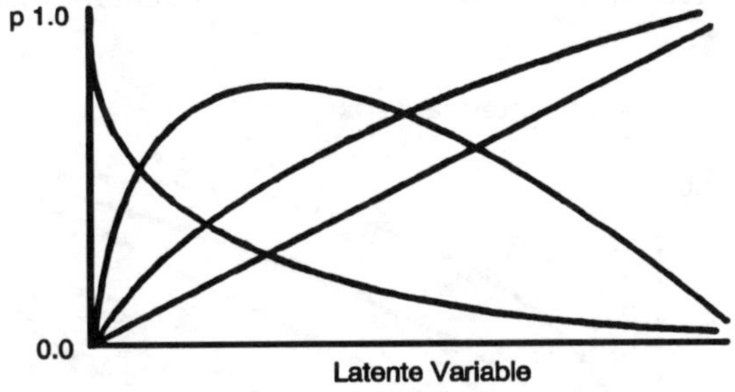

Wird z.B. die politische Einstellung auf einem Links-Rechts-Kontinuum als latente Variable aufgefaßt, so wird einer Aussage, die die Verstaatlichung der Schlüsselindustrien fordert, eher von Personen mit "linker" Einstellung zugestimmt werden als von Personen mit "rechter" Einstellung. Die Zustimmung einer Person zu einem Item hängt aber nicht nur von der individuellen Einstellung ab, sondern auch von der in der Aussage formulierten Ausprägung der Einstellung. Einem Item, das lediglich die soziale Bindung des Eigentums betont, wird vermutlich nicht nur von "Linken" zugestimmt, sondern auch von "Rechten": Die "Schwierigkeit" des Items ist geringer.

Skalierungsverfahren unterscheiden sich unter anderem durch die Annahmen über die Entstehung der Reaktion (Zustimmung oder Ablehnung) der Items durch die Befragten und die Art der Verrechnung der einzelnen Antworten zu **einem** Skalenwert. **Skalierungsverfahren lassen sich daher als theoretische Modelle auffassen.** Unterschiedlichen Skalierungsmodellen liegen u.a. unterschiedliche Annahmen über die Form der Itemcharakteristik zugrunde.

Von besonderer theoretischer Bedeutung sind Skalierungsmodelle mit "monotonen Itemcharakteristiken", bei denen mit jedem Ansteigen der latenten Variablen die Wahrscheinlichkeit einer positiven Antwort für jedes Item steigt. Nur monotone

Itemcharakteristiken (vgl. Abb. 4-12) erlauben einen eindeutigen[1] Schluß von einer bekannten Antwortwahrscheinlichkeit auf die latente Variable.

Abbildung 4-12: Monotone Itemcharakteristiken

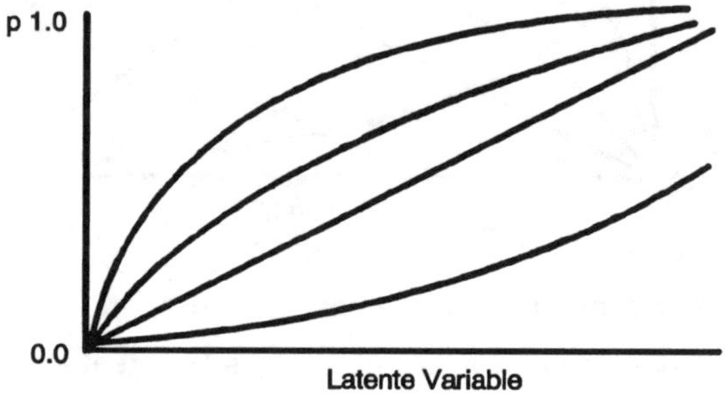

Einige Skalierungsverfahren mit unterschiedlichen Itemcharakteristiken sollen kurz vorgestellt werden[2].

4.4.2.1. Thurstone-Skalen

Auf die Arbeiten des Psychologen Louis THURSTONE gegen Ende der zwanziger Jahre gehen mehrere Meßmethoden zurück. Die "Methode der gleicherscheinenden Intervalle" ist die bekannteste Methode[3] THURSTONEs und soll hier kurz dargestellt werden.

---

[1] Man vergleiche dazu die Abbildung der Itemcharakteristik der Thurstone-Skala in Abbildung 4.14. Diese Itemcharakteristik ist nicht monoton: Für eine bestimmte Antwortwahrscheinlichkeit gibt es zwei Ausprägungen der latenten Variablen.

[2] Neben den im folgenden dargestellten Verfahren existieren eine Reihe weiterer Verfahren, die allerdings in der Praxis empirischer Sozialforschung kaum angewendet werden. Zu diesen Techniken vgl. vor allem TORGERSEN (1958), DAWES (1977), VEN (1980), SIXTL (1982) und HENNING (1987).

[3] Eine Darstellung der beiden anderen bekannten Methoden (Methode des Paarvergleichs; Methode der sukzessiven Intervalle) findet sich bei EDWARDS (1957a).

Die Konstruktion einer Thurstone-Skala, z.B. zur Einstellung gegenüber der Kirche, beginnt mit der Sammlung einer großen Zahl von Items; mehr als hundert Items sind üblich. Die Items sollen sowohl "neutrale" als auch extreme Aussagen über das Einstellungsobjekt, also z.B. die Kirche, enthalten: Das gesamte Kontinuum der Einstellung soll durch die Items wiedergegeben werden. Diese Items werden im zweiten Schritt einer großen Anzahl von Beurteilern vorgelegt. THURSTONE selbst verwendete 300 Beurteiler, in der Folge wurden häufig 25-50 Beurteiler eingesetzt. Diese Beurteiler sollen das Spektrum möglicher Einstellungen wiedergeben können. Die Beurteiler werden zunächst gebeten, alle Items der Sammlung zu lesen und dann jedes Item in eine von 11 Kategorien einzuordnen (vgl. Abb. 4-13), wobei die Intervalle zwischen den Einstellungen den Beurteilern gleich groß erscheinen sollen.

Abbildung 4-13: Kategorienvorgabe für die Beurteilung eines Items bei der Methode der gleicherscheinenden Intervalle

ungünstig neutral günstig

1	2	3	4	5	6	7	8	9	10	11

Die Beurteiler werden dabei aufgefordert, nicht ihre eigene Einstellung zu markieren, sondern das Item nach dem Ausmaß der in der Aussage des Items zum Ausdruck kommenden Einstellung zu bewerten. Jedes Item enthält als Skalenwert den Mittelwert der Beurteilungen. So wird z.B. ein extremes Item aus der Skala von THURSTONE/CHAVE (1964, zuerst 1929) zur Einstellung gegenüber der Kirche, wie z.B. "Ich habe nichts als Verachtung für die Kirche", einen niedrigen Skalenwert, z.B. 1.4, erhalten. Ein Item wie "Ich halte die Kirche für eine göttliche Institution, der ich Achtung und Ehrerbietung zolle" wird dagegen im Mittel über alle Beurteilungen einen hohen Skalenwert, z.B. 10.3, erhalten.

Als letzter Schritt für die Konstruktion einer Thurstone-Skala werden aus der umfangreichen Itemsammlung diejenigen Items ausgewählt, über deren Einschätzung die Beurteiler sich einig sind. Als Kriterium für die Übereinstimmung der

Beurteiler wird die Varianz[1] der Beurteilereinschätzungen verwendet. Die aus den ausgewählten Items bestehende Skala sollte zwischen 20 und 30 Items umfassen und aus Items bestehen, deren Mittelwerte die gesamte Spannweite von 1 bis 11 umfassen. Auch die endgültige Skala sollte also neben neutralen auch extreme Aussagen enthalten.

Diese endgültige Skala stellt das Meßinstrument dar, das anderen Befragten zur Beantwortung vorgelegt wird. Die Befragten werden dabei gebeten, diejenigen Items auszuwählen, mit deren Aussagen sie übereinstimmen, bzw. zu allen vorgelegten Items einzeln entweder ihre Zustimmung oder Ablehnung zu bekunden. Der Meßwert eines Befragten ergibt sich dann als Mittelwert der Skalenwerte der von ihm ausgewählten (bzw. zugestimmten) Items.

Die Thurstone-Skalierung läßt sich aus mehreren Gründen kritisieren.

Bei der Beantwortung der endgültigen Skala wird angenommen, daß ein Befragter alle Items ablehnen wird, die extremere Ansichten wiedergeben, als er selbst besitzt. Dabei müßte es für die Ablehnung des Items gleichgültig sein, ob der Befragte eine stärkere oder schwächere Einstellung gegenüber dem Objekt besitzt, als es das Item zum Ausdruck bringt. Die Itemcharakteristik eines Items einer Thurstone-Skala müßte also so aussehen wie die Abbildung 4-14.

Die Wahrscheinlichkeit, einem "mittleren" Item zuzustimmen, ist bei niedriger Ausprägung der latenten Variablen zunächst niedrig, steigt dann an und fällt für hohe Ausprägungen der latenten Variablen wieder ab. Items, die solche Reaktionen bei den Befragten hervorrufen, sind sehr schwer zu finden.

---

[1] Thurstone verwendete nicht das arithmetische Mittel und die Varianz zur Itemauswahl, sondern Median und Quartilsabstand. Die Berechnung des Medians und des Quartilsabstands wird bei BENNINGHAUS (1974:40-41; bzw. 51-53) erläutert.

Abbildung 4-14: Itemcharakteristik eines Items einer Thurstone-Skala

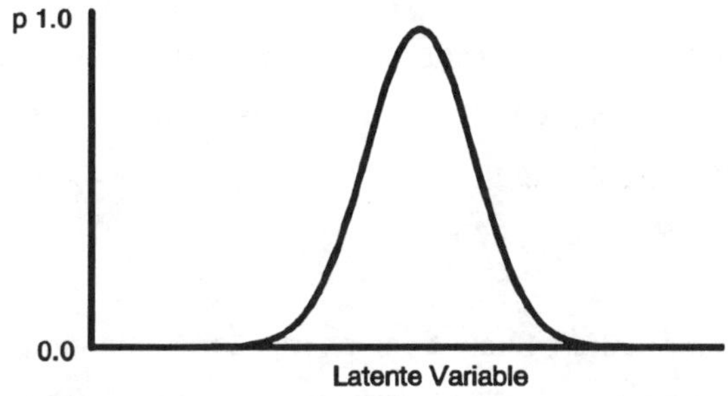

Der Hauptkritikpunkt der Thurstone-Skalierung liegt in der Verwendung von Beurteilern, die ihre eigene Meinung nicht in den Skalierungsprozeß einbringen sollen. Für die Gültigkeit der Methode ist es entscheidend, daß es keine Zusammenhänge zwischen den Beurteilungen der Items und den Eigenschaften der Beurteiler geben darf. Es läßt sich aber u.a. zeigen, daß Beurteiler mit extremen Ansichten nicht genügend zwischen Items, die eine mittlere Position auf dem Einstellungskontinuum einnehmen, unterscheiden. Allgemein scheint die Möglichkeit, daß Beurteiler unabhängig von ihrer eigenen Einstellung Items beurteilen sollen, höchst fraglich.

Die Konstruktion einer Thurstone-Skala[1] ist vergleichsweise aufwendig und die Methode mit einigen Problemen behaftet. Im Gegensatz zu ihrer weiten Verbreitung bis in vierziger Jahre wird die Methode der gleicherscheinenden Intervalle in der Praxis empirischer Sozialforschung heute fast nicht mehr eingesetzt.

---

[1] Bei EDWARDS (1957a:84-119) und SIXTL (1982:152-160) finden sich weitere Einzelheiten zur Konstruktion von Thurstone-Skalen.

4.4.2.2. Likert-Skalen

Die in der empirischen Sozialforschung am häufigsten verwendete Skalierungsmethode wurde von Rensis LIKERT 1932 vorgeschlagen. Die Methode wird als "Methode der summierten Ratings" bezeichnet. Mit dieser Methode konstruierte Skalen werden "Likert-Skalen" genannt.

Die Konstruktion einer Likert-Skala beginnt mit der Sammlung einer großen Zahl von Items (üblich sind ca. 100). Die Items stellen hierbei Aussagen dar, von denen angenommen wird, daß sie die interessierende Einstellung wiedergeben. Es empfiehlt sich, nicht nur Items zu verwenden, bei denen eine Zustimmung eine positive Einstellung ausdrückt, sondern auch Items, bei denen die Ablehnung des Statements eine positive Einstellung wiedergibt. Dies dient in erster Linie der Abschwächung von Antworttendenzen, bei denen Befragte einem Item zustimmen, ohne dessen Inhalt zu berücksichtigen (vgl. Kap. 7.1.1.4). Eine Skala zur Messung von "Sozialer Isolation"[1] sollte daher neben Items wie "Im Grunde ist man in dieser Welt ziemlich allein" auch "gedrehte" Items wie z.B. "Ich komme mit Menschen eigentlich meistens leicht in Kontakt" enthalten.

Diese Items werden einer Stichprobe von Personen vorgelegt. Die Befragten sollen zu jedem Item ihre Zustimmung oder Ablehnung angeben. Angenommen wird dabei, daß der Zustimmung oder Ablehnung der Items nur eine Dimension zugrunde liegt und daß die Wahrscheinlichkeit für die Zustimmung zu einem Item mit steigender Ausprägung der latenten Variablen zunimmt: Die Itemcharakteristiken einer Likert-Skala müssen monoton sein (Abb. 4-15).

---

[1] Die im folgenden genannten Beispiele stammen aus der Skala von FISCHER/ KOHR (1980:105).

Abbildung 4-15: Itemcharakteristik eines Items einer Likert-Skala

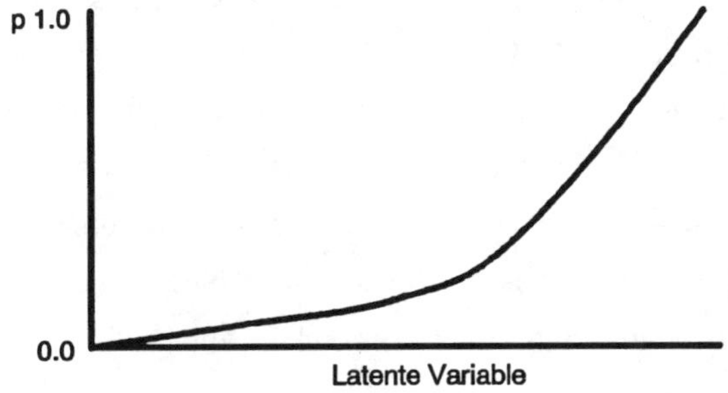

Der Grad der Zustimmung oder Ablehnung wird in der Regel durch Antwortvorgaben ausgedrückt (vgl. Abb. 4-16).

Abbildung 4-16: Antwortvorgaben bei einer Likert-Skala

stimme stark zu	stimme zu	teils, teils	lehne ab	lehne stark ab
1	2	3	4	5

Nach der Datenerhebung sollte für jeden Befragten für jedes Item ein Zahlenwert vorliegen. Der Skalenwert ("score") jedes Befragten wird als die Summe der Einschätzungen der Items berechnet[1], daher die Bezeichnung "Methode der summierten Ratings".

Falls auch negativ formulierte Items verwendet wurden, muß bei der Berechnung der Summe der Items natürlich die Richtung des "gedrehten" Items beachtet werden, so daß für "gedrehte" Items nicht der Wert 5 eine negative Einstellung wiedergibt, sondern der Wert 1 usw.

---

[1] Dies ist die vereinfachte Berechnungsart der Likert-Skala. LIKERT arbeitete ursprünglich mit einer wesentlich komplizierteren, auf THORNDIKE (vgl. ENGELHARD 1984) zurückgehenden Berechnungsweise, der sogenannten "Sigma-Methode" (vgl. z.B. SCHUESSLER 1971:321-325), die aber nahezu dieselben Ergebnisse zeigte (vgl. aber GIGERENZER 1981:317-319). In der Praxis wird stets die vereinfachte Berechnung verwendet.

Die Items dieser Roh-Skala werden dann einer "Item-Analyse" unterzogen. Die Item-Analyse soll ungeeignete Items aus der Roh-Skala aussondern. Als ungeeignet kann ein Item dann aufgefaßt werden, wenn entweder Personen mit sehr unterschiedlichen Einstellungen dieses Item ähnlich beantworten oder die Antworten auf dieses Item nichts mit den Antworten auf die anderen Items der Skala gemein haben. Beide Aspekte beziehen sich direkt auf die gewünschte Eigenschaft der Skala: Sie soll nur eine Dimension erfassen, also eindimensional messen. Für die Item-Analyse werden vor allem zwei[1] Techniken benutzt[2].

Insbesondere in der älteren Literatur basieren Itemanalysen auf "Trennschärfe-Indizes". Hierbei werden aus den Befragten zwei Gruppen ausgewählt. Eine Gruppe besteht aus den 25% der Versuchspersonen mit den niedrigsten Skalenwerten; die andere Gruppe besteht aus den 25% der Versuchspersonen mit den höchsten Skalenwerten. Für jedes Item wird der Mittelwert und die Varianz des Items in beiden Gruppen berechnet. Die Differenz dieser Mittelwerte wird mit den Varianzen zum "Trennschärfe-Index" dieses Items umgerechnet[3]. Ein hoher Trennschärfe-Index besagt nichts anderes, als daß die beiden Gruppen dieses Item unterschied-

---

[1] Sehr häufig wird neben den beiden im folgenden beschriebenen Techniken die Faktorenanalyse zur Itemanalyse herangezogen, vgl. z.B. DENZ (1976:102-105).

[2] Für die Durchführung von Item-Analysen existieren eine Reihe von Computerprogrammen. Das weit verbreitete Statistikprogramm SPSS (vgl. Kapitel 8) enthält die Prozedur "RELIABILITY", mit der u.a. Alpha und die Item-Skala-Interkorrelationen berechnet werden können. Eine solche Itemanalyse (für die Items mit den Namen "ITEM1", "ITEM2" usw.) kann mit dem SPSS-PC-Kommando "RELIABILITY /VARIABLES ITEM1 ITEM2 ITEM3 ITEM4 /SCALE (MYSCALE) ALL /SUMMARY TOTAL." angefordert werden.

[3] Wenn n_1 die Zahl der Fälle in der oberen Extremgruppe und n_2 die Zahl der Fälle in der unteren Extremgruppe bezeichnet und die entsprechenden Mittelwerte und Varianzen mit m_1, m_2 und s_1^2 und s_2^2 bezeichnet werden, dann ist der Trennschärfe-Index

$$t=\frac{m_1-m_2}{\sqrt{s_1^2/n_1+s_2^2/n_2}}$$

und entspricht damit dem t-Test für unabhängige Stichproben BORTZ (1977:160-164).

lich beantworteten. Für die endgültige Likert-Skala werden meist Items mit einer Trennschärfeindex größer als 1.65 ausgewählt. Es werden also diejenigen Items ausgewählt, die zwischen Personen mit einer negativen Einstellung und Personen mit einer positiven Einstellung zu einem gegebenen Objekt zu unterscheiden (diskriminieren) vermögen.

Die heute üblichere Technik der Item-Analyse besteht in der Berechnung der Korrelation jedes Items mit der Gesamtskala[1]. Diese Koeffizienten werden als "Trennschärfe-Koeffizienten" bezeichnet. In die endgültige Likert-Skala werden nur Items mit einer hohen Korrelation mit der Gesamtskala aufgenommen.

Die beiden Techniken müssen nicht zu denselben Resultaten führen, allerdings sind die Ergebnisse meist sehr ähnlich. Die durch die Itemanalyse ausgewählten Items bilden die endgültige Likert-Skala. Likert-Skalen in der empirischen Sozialforschung weisen bis zu 20 oder auch 30 Items auf.

Die Itemanalyse erfolgt an einer bestimmten "Eich-Stichprobe". In der Regel zeigt sich bei der Überprüfung einer Likert-Skala an einer anderen Stichprobe, daß die Trennschärfe-Indizes bzw. die Interkorrelationen der Items niedriger liegen als in der Eich-Stichprobe. Bei einer hohen Zahl von Items und vergleichbaren Stichproben ist der Genauigkeitsverlust allerdings meist nicht gravierend.

Ein "typisches" Beispiel für eine Likert-Skala stellt die Skala zur Messung der "Entfremdung von der Arbeit" von FISCHER/KOHR (1980) dar. Die für Berufstätige konzipierte Skala ist eine der Skalen zur Messung der zentralen Arbeitsperzeptionen (vgl. ZUMA- Skalenhandbuch 1983:H02-H06). Einer Stichprobe von 2505 Personen wurden 1976 die folgenden Items vorgelegt:

---

[1] Da in die Berechnung der Summe aller Items ein bestimmtes Item mit eingeht, ist die Korrelation zwischen dem Item und der Summe aller Items künstlich überhöht. Daher werden meist "korrigierte Trennschärfe-Koeffizienten" verwendet, bei denen die Korrelation zwischen einem Item und der Summe aller anderen Items berechnet wird.

1 - Irgendwie, meine ich, ist meine Arbeit doch wichtig
2 - Bei meiner Arbeit fühle ich mich oft irgendwie leer
3 - Ich habe das Gefühl, bei meiner Arbeit etwas Sinnvolles zu tun
4 - Ohne Arbeit hat das Leben wenig Sinn
5 - Meine Arbeit ist eine einzige Tretmühle
6 - Ich sehe kaum, welchen Sinn meine Arbeit hat
7 - Bei meiner Arbeit kann man immer noch etwas dazulernen
8 - Meine Arbeit bietet mir kaum Abwechslung
9 - Mir fehlt der Überblick über das, was ich bei meiner Arbeit tue
10 - Manchmal ist es mir fast unangenehm, zu sagen, was ich arbeite

Die Antwortvorgaben bestanden aus: zutreffend, eher zutreffend, weder/noch, eher unzutreffend, unzutreffend. Den Vorgaben wurden die Zahlen 1 bis 5 zugeordnet, der Gesamtpunktwert ergibt sich durch Addition, wobei natürlich beachtet werden muß, daß die Items 1, 3, 4 und 7 negativ im Sinne der Skala formuliert wurden. Ein hoher Punktwert soll Entfremdung von der eigenen Arbeit wiedergeben.

Der Mittelwert der Skala ergab sich bei dieser Untersuchung mit 19.12 und einer Varianz von 35.05. Die mittlere Interkorrelation der Items lag bei 0.27, die Korrelationen zwischen den Items und der Gesamtskala zwischen 0.39 und 0.68. Die Reliabilität wurde mit Cronbachs Alpha als 0.77 berechnet.

Zusammenfassend soll festgehalten werden, daß die Likert-Skala derzeit die in den Sozialwissenschaften am meisten verbreitete Skalierungsmethode darstellt[1]. Trotz ihrer extrem einfachen Konstruktion und Anwendung stellt die Likert-Skala meist eine brauchbare Lösung für eine Operationalisierung dar.

---

[1] Leider wird darüber hinaus in der Praxis nahezu jede Ansammlung von Items, auf die mit 5 oder auch 7 Antwortkategorien geantwortet werden kann, auch ohne Itemanalyse als "Likert-Skala" bezeichnet, falls der "Skalenwert" durch Addition berechnet wird. Die Bezeichnung "Likert-Skala" bei diesen simplen additiven Indizes ist irreführend.

4.4.2.3. Guttman-Skala

Louis GUTTMAN schlug in den vierziger Jahren ein Skalierungsverfahren vor, das sich stark von den bisher erörterten Methoden unterscheidet. Die "Guttman-Skala" basiert auf der Vorgabe einer Reihe von Aussagen, die in bezug auf die interessierende Einstellung immer extremer werden. Es wird angenommen, das ein Befragter mit einer bestimmten Einstellung allen Aussagen, die weniger extreme Anschauungen ausdrücken als er selbst besitzt, zustimmt und alle extremeren Anschauungen ablehnt. Die Itemcharakteristik eines Items einer Guttman-Skala muß so aussehen:

Abbildung 4-17: Itemcharakteristik eines Items einer Guttman-Skala

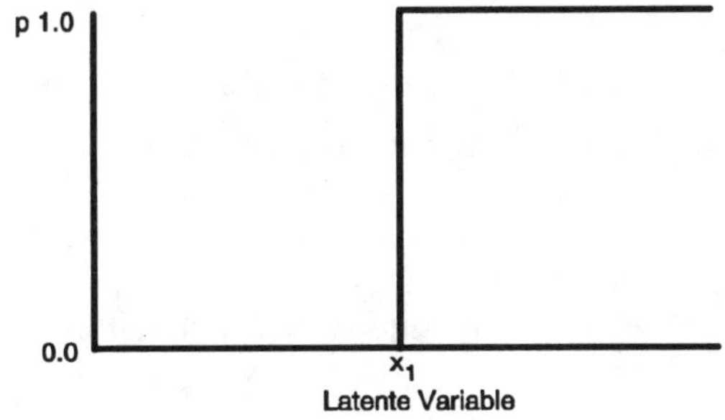

Bis zum Schwellenwert x_1 auf der latenten Variablen wird das Item mit Sicherheit ($p=0.0$) nicht positiv beantwortet. Erst wenn eine Person auf der latenten Variablen x_1 überschreitet, beantwortet sie mit Sicherheit ($p=1.0$) das Item positiv. Da die positive Beantwortung mit Sicherheit erfolgt, zeigt die Itemcharakteristik einen abrupten Sprung der Beantwortungswahrscheinlichkeit von 0.0 auf 1.0[1].

[1] Skalierungsmodelle, in denen nur die Wahrscheinlichkeiten 0.0 und 1.0 vorkommen, bezeichnet man als "deterministische Testmodelle". Die Guttman-Skala ist also ein deterministisches Modell. Realistischer erscheinen Testmodelle, die nicht verlangen, daß jemand mit Sicherheit ein bestimmtes Item löst, sondern nur Wahrscheinlichkeiten für die Lösung angeben. Solche Testmodelle werden als "probabilistische Testmodelle" bezeichnet. Beispiele für probabilistische Skalie-

Sind die Items nach der Stärke der Ablehnung geordnet, so ergibt sich der Skalenwert des Befragten als die Nummer desjenigen Items, das er zuletzt akzeptiert.

Das Prinzip der Guttman-Skala läßt sich an einem einfachen Beispiel verdeutlichen. Angenommen, die unterschiedliche Stärke der Ablehnung von Atomkraftwerken sollte mit einer Guttman-Skala gemessen werden. Die drei Items könnten z.B. folgendermaßen aussehen:

1. Es sollten keine weiteren Atomkraftwerke geplant werden.
2. Es sollten keine weiteren Atomkraftwerke in Betrieb genommen werden.
3. Alle Atomkraftwerke sollten sofort abgeschaltet werden.

Wenn die Ablehnung von Atomkraftwerken mit diesen drei Items eindimensional gemessen werden könnte, so müßte die Zustimmung zum Item 2 die Zustimmung zu Item 1 bedingen. Folglich müßte die Zustimmung zu Item 3 die Zustimmung zu Item 2 und zu Item 1 bedingen; andererseits müßte ein entschiedener Befürworter der Kernenergie alle Items ablehnen.

Etwas allgemeiner läßt sich festhalten, daß bei 3 Fragen zwar insgesamt 8 Antwortmuster möglich, aber nur 4 dieser Antwortmuster mit einer Guttman-Skala vereinbar sind (vgl. Abb. 4-18).

Abbildung 4-18: Mögliche und zulässige Antwortmuster bei einer Guttman-Skala mit 3 Items

a) Mögliche Antwortmuster bei 3 Items

1	-	-	-
2	-	-	+
3	-	+	-
4	+	-	-
5	+	+	-
6	-	+	+
7	+	-	+
8	+	+	+

b) Zulässige Antwortmuster bei 3 Items

0	-	-	-
1	+	-	-
2	+	+	-
3	+	+	+

Muster 1 (---) bedeutet dabei, daß alle Items abgelehnt wurden, Muster 8 (+ + +) gibt an, daß allen drei Items zugestimmt wurde.

---

rungsmodelle sind z.B. die Thurstone-Skala und die Rasch-Skala.

Sollten bei einer Befragung tatsächlich nur die zulässigen Antwortmuster (vgl. Abbildung 4-18b) auftreten, so bilden die 3 Items eine "perfekte Guttman-Skala". Bei einer perfekten Guttman-Skala läßt sich allein aus der Angabe des Skalenwertes das Antwortmuster wiedergeben. Bei drei Items gibt z.B. der Wert 2 wieder, daß den beiden schwächeren Items zugestimmt, daß dritte Item aber abgelehnt wurde (+ +-).
Außer in Lehrbüchern existieren allerdings kaum perfekte Guttman-Skalen: Neben den "zulässigen" Antwortmustern treten fast immer auch einige der anderen Antwortmuster auf. Im Beispiel könnten z.B. einzelne Befragte zwar dem Item 3 zustimmen (sofortige Abschaltung aller Kernkraftwerke), aber trotzdem weiterhin die Nutzung der Kernenergie befürworten und die Items 1 und 2 ablehnen. Solche Antwortmuster können durch den Skalenwert allein nicht mehr fehlerfrei reproduziert werden: Der Skalenwert 3 impliziert bei der Guttman-Skala das Muster (+ + +), tatsächlich liegt aber das Muster (-- +) vor. Die Reproduktion (+ + +) enthält also gegenüber dem tatsächlichen Antwortverhalten (-- +) zwei "Fehler".
Um trotz der fast immer vorkommenden "Fehler" das Skalierungsverfahren anwenden zu können, hat GUTTMAN ein Gütekriterium vorgeschlagen, den "Reproduzierbarkeits-Koeffizienten". Der Reproduzierbarkeits-Koeffizient[1] einer Guttman-Skala gibt den Anteil derjenigen Antworten an, die ohne "Fehler" vorhergesagt werden können, wenn der Skalenwert bekannt ist. Eine perfekte Guttman-Skala besitzt einen Reproduzierbarkeits-Koeffizienten von 1.00, GUTTMAN betrachtet Skalen mit bis zu 10% Fehlern als akzeptabel (Reproduzierbarkeitskoeffizient > 0.9).

Zur Konstruktion einer Guttman-Skala werden zunächst die tatsächlichen Antwortmuster auf geeignet erscheinende Items einer Untersuchung in einer Tabelle ähnlich der Abbildung 4-19 eingetragen. Diese Tabelle wird als "Skalogramm" und die Skalierungsmethode auch als "Skalogramm-Analyse" bezeichnet. Für die

---

[1] Der Reproduzierbarkeitskoeffient wird berechnet als:
rep = 1 - Zahl der Fehler / (Zahl der Items * Zahl der Befragten).
Eine ausführliche Behandlung der verschiedenen Möglichkeiten der Zählung der Fehler findet man bei McIVER/CARMINES (1981:47-51).

Durchführung[1] der Analyse existieren zwei Techniken: die Cornell-Technik von GUTTMAN (GUTTMAN 1947; GUTTMAN arbeitete damals an der Universität Cornell) und die Technik von GOODENOUGH und EDWARDS (EDWARDS 1957a: 184-188). Letztere soll kurz beschrieben werden.

Abbildung 4-19: Skalogramm-Analyse

a) ursprüngliche Datenmatrix

Person	Item 1	Item 2	Item 3	Summe
A	0	1	0	1
B	1	1	0	2
C	1	1	1	3
D	0	1	1	2
E	1	1	1	3
F	0	0	1	1
Summe	3	5	4	12

b) nach Vertauschen der Items

Person	Item 2	Item 3	Item 1	Summe
A	1	0	0	1
B	1	0	1	2
C	1	1	1	3
D	1	1	0	2
E	1	1	1	3
F	0	1	0	1
Summe	5	4	3	12

c) nach Vertauschen der Personen

Person	Item 2	Item 3	Item 1	Summe	Fehler
C	1	1	1	3	0
E	1	1	1	3	0
B	1	0	1	2	2
D	1	1	0	2	0
A	1	0	0	1	0
F	0	1	0	1	2
Summe	5	4	3	12	4

Den Personen A-F seien 3 Items vorgelegt worden. Ihre Antwortmuster wurden in die Tabelle der Abbildung 4-19a eingetragen. Eine "0" bedeutet hierbei, daß das Item abgelehnt wurde, eine "1", daß dem Item zugestimmt wurde. Sowohl die Anzahl der Personen, die einem Item zustimmten, als auch die Anzahl der zugestimmten Items pro Person werden berechnet.

---

[1] Die tatsächliche Analyse läßt sich mit Computer-Programmen durchführen. Eines der Standard-Programme für Sozialwissenschaftler (SPSS) enthielt ein geeignetes Programm, das aber aus neueren Programmversionen herausgenommen wurde, weil diese Art der Skalierung kaum je angewendet wurde. Praktische Hinweise für die Durchführung finden sich bei GORDON (1977).

Die Spalten dieser Tabelle werden dann so umgeordnet, daß die erste Spalte das Item enthält, dem die meisten Befragten zustimmten. Entsprechend enthält die zweite Spalte das Item, dem am zweithäufigsten zugestimmt wurde. Damit ergibt sich als Itemreihenfolge 2-3-1 (vgl. Abb. 4-19b).
Schließlich werden die Zeilen der Tabelle (also die Personen) so vertauscht, daß die erste Zeile der Tabelle die Person enthält, die den meisten Items zustimmte und die letzte Zeile die Person, die den wenigsten Items zustimmte. Damit ergibt sich die Personenreihenfolge C-E-B-D-A-F.
Person C stimmte allen drei Items zu und erhielt daher den Skalenwert 3. Da dieses Reaktionsmuster eines der zulässigen Muster darstellt, liegen keine Vorhersagefehler vor. Person B dagegen stimmte 2 Items zu und erhielt daher den Skalenwert 2. Allerdings ist das Reaktionsmuster (1-0-1) kein zulässiges Muster. Das zulässige Muster für den Skalenwert 2 ist (1-1-0), wie es z.B. bei Person D zu finden ist. Das Muster (1-0-1) weicht an zwei Stellen vom Muster (1-1-0) ab, daher werden für die Person B zwei Fehler vermerkt.
Schließlich wird die Summe aller Fehler berechnet, im Beispiel sind es 4 Fehler. Der Reproduzierbarkeitskoeffizient wird dann folgendermaßen berechnet:

Rep = 1.0 - Fehler / (Anzahl der Befragten * Anzahl der Items),

also 1.0 - 4 / (6 * 3) = 0.78. Da der Wert 0.78 deutlich unter 0.90 liegt, kann aus den drei Items dieses Beispiels keine Guttman-Skala gebildet werden.

Die Guttman-Skala wird nur sehr selten verwendet. Ein Grund dafür liegt darin, daß nur sehr selten Items gefunden werden, die in bezug auf eine bestimmte Einstellung den Anforderungen der Skalierungstechnik genügen. Trotzdem finden sich einige Beispiele für Guttman-Skalen. So wird z.B. die "Bogardus-Skala" ("Skala der sozialen Distanz", BOGARDUS 1925) häufig als Guttman-Skala aufgefaßt. Die Skala basiert auf der Annahme, daß Personen mit Vorurteilen gegenüber Mitgliedern bestimmter sozialer Gruppen (z.B. Ostfriesen) um so mehr soziale Distanz zu den Mitgliedern dieser Gruppen wünschen, je stärker ihre Vorurteile sind. Skalen der sozialen Distanz bestehen aus einer Reihe von Items, zu denen der Befragte seine Zustimmung oder Ablehnung äußern soll. Die Items bestehen aus Fragen danach, ob Mitglieder einer bestimmten Gruppe als Ehepartner, gute Freunde, Nachbarn, Mitarbeiter, Bekannte oder als Besucher des Landes akzeptiert werden (vgl. TRIANDIS 1975:82-83; DAWES 1977:106-111). Formen der Bogardus-Skala sollten nicht ungeprüft als eindimensional oder als Guttmanskala aufgefaßt werden.

Zusammenfassend soll festgehalten werden, daß Guttman-Skalen ein anderes Skalierungsmodell zugrundeliegt als Likert- oder Thurstoneskalen. Die Interpretation eines Skalenwertes ist eindeutig, aus dem Skalenwert läßt sich das Reaktionsmuster vollständig reproduzieren. Das Gütekriterium für Guttman-Skalen ist der Reproduzierbarkeitskoeffizient, er sollte über 0.90 liegen. Die Konstruktion der Guttman-Skala läßt leichter als bei anderen Skalierungsverfahren die Anbindung an eine Stichprobe erkennen: Daraus, daß für eine bestimmte Untersuchung gezeigt wurde, daß bestimmte Items eine (nahezu) perfekte Guttman-Skala bilden, folgt nicht, daß dies in allen Untersuchungen so sein muß. Die Guttman-Skala wird mit sehr, sehr wenigen Ausnahmen in der Praxis kaum angewendet. Obwohl es eine Reihe von interessanten Weiterentwicklungen der Guttman-Skala gibt[1], wurden auch diese kaum aufgegriffen.

4.4.2.4. Rasch-Skalen

Das von G.RASCH (1960) vorgestellte Skalierungsmodell wird als "Rasch-Modell" bezeichnet. Dieses bisher in der empirischen Sozialforschung nur selten angewendete Modell besitzt einige höchst wünschenswerte Eigenschaften und wird daher hier dargestellt. Da das Rasch-Modell etwas komplizierter ist als die bisher erörterten Skalierungsverfahren, muß die Darstellung etwas weiter ausholen[2].

Dem Rasch-Modell liegt eine besondere Form monotoner Itemcharakteristiken zugrunde. Die Wahrscheinlichkeit einer positiven Beantwortung eines Items wird als "logistische Funktion" (vgl. Abb. 4-20) der Ausprägung der latenten Variablen

---

[1] So z.B. mehrdimensionale Guttman-Skalen (ZVULUN 1978) und die Einführung von Zufallselementen in die Beantwortungsmuster (COOMBS/COOMBS/LINGOES 1978), vgl. auch McIVER/CARMINES (1981:69-70).

[2] Allgemein zum Rasch-Modell vgl. WRIGHT/STONE (1979) und ANDRICH (1988). ANDRICH gibt u.a. eine einfache Ableitung des Modells aus den Grundannahmen. Eine leicht verständliche Einführung geben HAMBLETON u.a.(1991).

und der Schwierigkeit des Items betrachtet[1]. Da das Rasch-Modell sich auf dichotome Items[2] bezieht, wird es daher auch als "dichotomes logistisches Modell" bezeichnet.

Alle Items einer Rasch-Skala besitzen dieselbe Form der Itemcharakteristik, die Items unterscheiden sich nur in ihrer Schwierigkeit voneinander: In der Abbildung 4-20 wird dies durch die lediglich auf der x-Achse verschobenen Itemcharakteristiken deutlich.

Abbildung 4-20: Itemcharakteristiken des Rasch-Modells

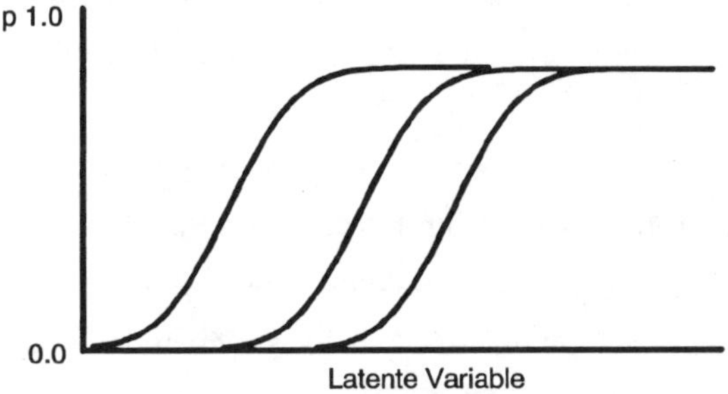

Die Grundgleichung des Modells gibt an, daß die Wahrscheinlichkeit der positiven Beantwortung eines Items **ausschließlich** durch die Schwierigkeit des Items und die Ausprägung der latenten Variablen bei dem Befragten bestimmt wird. Dies bedeutet unter anderem, daß bei Berücksichtigung der Ausprägung der latenten Variablen bei dem Befragten die Antwort auf jedes beliebige Item unabhängig davon erfolgt, wie alle anderen Items beantwortet wurden. Diese Annahme des Modells wird als "lokale stochastische Unabhängigkeit" bezeichnet.

---

[1] Bezeichnet man mit p die Wahrscheinlichkeit, ein Item mit der Schwierigkeit s auf Grund der Fähigkeit f richtig zu lösen, so liegt dem Rasch-Modell die logistische Funktion $p = e^{(f-s)}/(1 + e^{(f-s)})$ zugrunde.

[2] Falls nicht bereits ursprünglich dichotome Items verwendet wurden, werden in der Praxis polytome Items nachträglich dichotomisiert.

Die Anzahl der positiv beantworteten Items wird als "erschöpfende Statistik"[1] für die Ausprägung der latenten Variablen beim Befragten angesehen, d.h., jede Information über die Ausprägung der latenten Variablen, die im gesamten Antwortverhalten vorhanden ist, wird schon allein durch die Anzahl der gelösten Aufgaben (bzw. durch die Anzahl der zugestimmten Items) wiedergegeben. Daher sind Angaben darüber, welche Aufgaben tatsächlich gelöst wurden, für die Schätzung der latenten Variablen irrelevant.

Erst diese Annahmen der monotonen Itemcharakteristiken, der lokalen stochastischen Unabhängigkeit und die Auffassung der Anzahl der positiv beantworteten Items als erschöpfende Statistik ermöglicht die mathematische Schätzung der Schwierigkeiten der Items und die Schätzung der Ausprägungen der latenten Variablen.
Die mathematischen Schätzungen für ein Rasch-Modell werden mit Hilfe von Computern durchgeführt[2]. Als Resultat erhält man Schätzungen der "Itemparameter" und der "Personenparameter". Für jedes Item existiert im Rasch-Modell nur ein Itemparameter: seine Schwierigkeit. Alle Personen mit demselben Rohwert der Skala (der Anzahl der positiv beantworteten Items) erhalten denselben Schätzwert ihrer Ausprägung der latenten Variablen, den Personenparameter. Es gibt also zwar für jede Person einen Personenparameter, allerdings (da die Anzahl der "gelösten" Items eine erschöpfende Statistik ist) insgesamt nur so viele verschiedene Personenparameter, wie es verschiedene Rohwerte der Skala gibt. Das Rasch-Modell erlaubt also eine klare Trennung zwischen den Eigenschaften der Personen (in Form der Personenparameter) und den Eigenschaften der Items (in Form der Itemparameter).

---

[1] Dieses etwas mißverständliche Wort läßt sich mit der Übersetzung des entsprechenden englischen Fachausdrucks "sufficient" als "ausreichend" besser verdeutlichen.

[2] Die Schätzungen des Modells werden von vielen verschiedenen Programmen berechnet; ein einfaches Computerprogramm findet sich bei SIXTL (1982:474-484). HAMBLETON/SWAMINATHAN/ROGERS (1991:46-50,159f) stellen die verfügbaren Standardprogramme dar. Einfach zu bedienen ist TESTAT (STENSON 1990). ANDRICH (1988:44-61) behandelt verschiedene Schätzmethoden.

Das Rasch-Modell bietet gegenüber anderen Skalierungsverfahren eine Reihe von Vorteilen. Der größte Vorteil des Rasch-Modells liegt darin, daß Messungen mit einer Rasch-Skala "spezifisch objektiv" sind. Spezifisch objektive Messungen erlauben den Vergleich von Items unabhängig von Personen und den Vergleich von Personen unabhängig von Items. Um dies zu erklären, muß noch einmal auf die Guttman-Skala zurückgekommen werden.

Treten für eine Reihe von Items in einer bestimmten Gruppe von Personen nur Antwortmuster auf, die mit einer Guttman-Skala vereinbar sind, so kann auch in einer beliebigen Teilmenge dieser Personengruppe kein unvereinbares Antwortmuster auftreten. Aussagen über Items, wie z.B. "Das Item Nr.1 wurde von weniger Personen bejaht als Item Nr.2", hängen in diesem Sinne nicht von der Zusammensetzung der Menge der untersuchten Personen ab. Modelle mit dieser Eigenschaft werden als "stichprobenunabhängig" bezeichnet. Stichprobenunabhängigkeit bedeutet hingegen **nicht**, daß ein für eine bestimmte Gruppe von Personen gefundenes Ergebnis beliebig zu verallgemeinern wäre[1].

Gilt das Skalierungsmodell für eine bestimmte Menge von Personen und Items, dann ist der Vergleich von Personen auch unabhängig von der Auswahl der Items. Angenommen, es werden z.B. 10 Fragen gestellt und eine Person A bejaht davon 6, Person B dagegen nur 5. Dann kann nur durch das Weglassen eines Items Person A nicht weniger bejahte Items erhalten als Person B[2]. Unabhängigkeit des Vergleichs von Personen von der Itemauswahl bedeutet **nicht**, daß beliebige Items stets zu demselben Resultat führen, sondern nur, daß Vergleiche auf der Basis von Items, für die das Modell gilt, dieselben Resultate zeigen.

---

[1] WOTTAWA (1980:53) schlägt daher den anschaulicheren Ausdruck "teilgruppenkonstant" statt "stichprobenunabhängig" vor.
[2] Allerdings könnte A genauso viele bejahte Items erhalten wie B.

Ein Meßinstrument, daß sowohl "stichprobenunabhängig" ist, als auch Messungen liefert, die unabhängig davon sind, welche Items für einen Vergleich ausgewählt werden, wird als "spezifisch objektiv" bezeichnet. Messungen mit einer Rasch-Skala sind in diesem Sinn spezifisch objektiv.

Ein weiterer Vorteil des Rasch-Modells liegt in der Möglichkeit, daß ein bestimmter Itemsatz sich in einer Untersuchung als nicht skalierbar erweisen kann. Im Gegensatz zu den meist willkürlichen Meßverfahren in der empirischen Sozialforschung ist es möglich, daß das Modell zeigt, daß keine "Messung" (zumindest im Sinne des Modells) stattgefunden hat. Eine Testmöglichkeit[1] besteht darin, die untersuchten Personen in zwei Gruppen einzuteilen und in jeder dieser Gruppen das Modell getrennt zu berechnen. Gilt das Modell in der gesamten Gruppe, dann müssen in allen Teilgruppen nahezu dieselben Schätzungen für die Itemparameter resultieren.

Abbildung 4-21: Graphischer Test der Itemparameter I_1-I_4 eines Rasch-Modells mit 4 Items

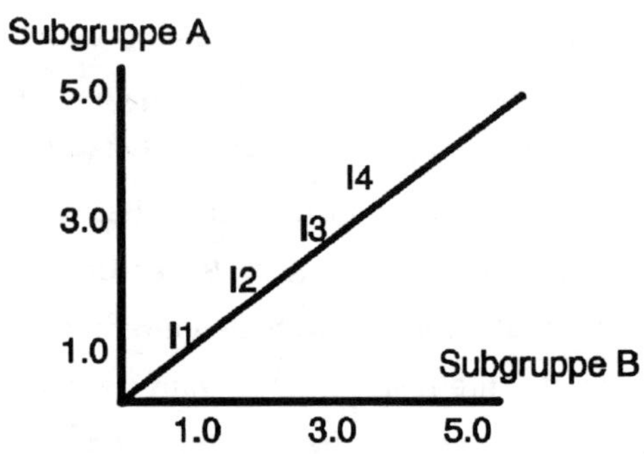

Gilt das Modell, so müssen die Itemparameter auf einer durch den Ursprung liegenden 45-Grad-Linie liegen.

[1] Eine Übersicht über andere Testmöglichkeiten findet sich bei MOLENAAR (1983). Der bekannteste Test ist der Test von ANDERSEN (1973). Eine ausführliche Behandlung verschiedener Testmöglichkeiten bietet ANDRICH (1988:62-86).

Im Gegensatz zu fast allen anderen Meßverfahren in der empirischen Sozialforschung gibt es für das Rasch-Modell eine explizite meßtheoretische Begründung[1]: Repräsentations- und Eindeutigkeitssätze liegen vor. Häufig wird die Rasch-Skala als geeignet angesehen, um Ratioskalen-Niveau zu erreichen. Dieses Meßniveau ist allerdings nur innerhalb des geschätzten Modells erreichbar[2].

Die beschriebenen Vorteile des Rasch-Modells erlauben die Untersuchung von Fragestellungen, die mit anderen Skalierungstechniken kaum angegangen werden können. DUNCAN (1984a; 1984b) erörtert so z.B. die Untersuchung, ob die Frageform sich auf die wahrgenommene Bedeutung einer Frage auswirkt sowie die Möglichkeit, Items, bei denen sich die Bedeutung im Zeitablauf änderte, von solchen Items zu unterscheiden, bei denen die Bedeutung sich nicht veränderte.

Die Rasch-Skalierung ist ebenso wie die Likert- oder Guttman-Skalierung nachträglich bei einer vorliegenden Fragebatterie möglich, die Items unterscheiden sich in keiner Weise von den Items anderer Skalen. Eine ausführliche Darstellung der Entwicklung einer Rasch-Skala zur Messung von "Loneliness" findet sich bei DE JONG-GIERVELD/KAMPHUIS (1985).
Das Rasch-Modell wurde in mehrfacher Hinsicht[3] verallgemeinert und ausgebaut, insbesondere gibt es Modelle, die mit mehr als zwei Antwortkategorien arbeiten (vgl. hierzu FISCHER 1974; 1983).

---

[1] Das Rasch-Modell kann als Beispiel für "additive conjoint measurement" angesehen werden (vgl. PERLINE/WRIGHT/WAINER 1979).
[2] vgl. WOTTAWA (1979:70-74), HAMERLE (1979) und FISCHER (1983:623).
[3] In diesem Zusammenhang soll noch die nach MOKKEN (1971) benannte "Mokken-Skala" erwähnt werden. Die Mokken-Skala stellt eine probabilistische Verallgemeinerung der Guttman-Skala dar. Die Mokken-Skala basiert auf weit schwächeren Annahmen als die Rasch-Skala, besitzt aber auch kein axiomatisches Meßmodell wie die Rasch-Skala. Einzelheiten finden sich z.B. bei HENNING (1976) und RUDINGER u.a. (1985:57-96).

4.4.2.5. Magnitude-Skalen

Einen bisher in der empirischen Sozialforschung kaum angewendeten Ansatz stellt die sogenannte "Magnitude-Skalierung" dar. Die Magnitudeskalierung wurde in der Psychophysik entwickelt. Gegenstand der Psychophysik sind die Beziehungen zwischen physischen und psychischen Prozessen, z.B. Untersuchungen der subjektiven Wahrnehmung von Lautstärke[1].

Die Magnitude-Skalierung basiert auf der Annahme, daß eine Person die Größe einer Empfindungsintensität unmittelbar angeben kann, z.B. durch eine Zahlenangabe. Wird z.B. ein Kreis als Stimulus vorgegeben, so können Personen ihre subjektive Wahrnehmung der Größe der Kreisfläche z.B. als Zahlenangabe wiedergeben. Für eine Messung muß zunächst ein Vergleichsmaßstab etabliert werden. Bei der ersten Darbietung eines Kreises wird der Befragte gebeten, eine beliebige Zahl zu nennen, die seiner Wahrnehmung der Größe des Kreisflächeninhalts entspricht. Diese Zahl wird als Vergleichszahl für alle folgenden Bewertungen verwendet. Wird z.B. vom Befragten der Wert "10" für einen bestimmten Kreis genannt, so müßte er den Wert "20" für einen Kreis angeben, der ihm doppelt so groß wie der Vergleichskreis erscheint.

Die Grundlage für die Magnitude-Skalierung liefert das sogenannte "psychophysische Potenzgesetz". Das Potenzgesetz gibt an, in welcher Weise sich eine Veränderung der Stimulusstärke auf die subjektive Empfindung auswirkt. Wenn die Reaktion, z.B. die Angabe einer Zahl, mit R bezeichnet wird und S für die Stärke des physikalischen Stimulus, z.B. die Lautstärke, steht, so lautet das Potenzgesetz $R = k * S^b$, wobei k eine Konstante und b den sogenannten "charakteristischen Exponenten" des physikalischen Stimulus darstellt. Jede "Modalität" (Lautstärke, Helligkeit, Kälte usw.) besitzt einen speziellen charakteristischen Exponenten.

---

[1] vgl. einführend z.B. GESCHEIDER (1985).

Neben physikalischen Stimuli können auch Einstellungen mit der Magnitudeskalierung gemessen werden. Für Einstellungsmessungen werden vor allem zwei verschiedene Antwortmöglichkeiten ("Reaktionsmodalitäten") angewendet: Zahlenangaben und das Zeichnen von Linien. Beide Modalitäten besitzen einen Exponenten von 1.0. Bei der numerischen Messung (NM) werden die Befragten für jeden Stimulus aufgefordert, eine Zahl zu nennen, deren Höhe die Empfindungsstärke im Vergleich zu einer Vergleichszahl (NMV) ausdrückt. Bei der Messung durch Linienzeichnen (LZ) werden die Befragten gebeten, eine Linie zu zeichnen, deren Länge der Empfindungsintensität im Vergleich zu einer Vergleichslinie (LZV) entsprechen soll. Häufig werden bei einer Einstellungsmessung mit Magnitude-Skalierung für jeden Stimulus beide Reaktionsmodalitäten erhoben.

Die Berechnung von Skalenwerten aus den Messungen ist einfach. Wenn zwei Modalitäten, z.B. LZ und NM, gemessen wurden, so liegen neben den zwei Messungen LZ und NM die beiden Vergleichsmessungen LZV und NMV vor. Der Skalenwert ergibt sich als Mittelwert der beiden Quotienten:
Magnitude-Wert = (NM / NMV + LZ / LZV) / 2.

Ein Vorteil der Magnitudeskalierung mit zwei Reaktionsmodalitäten besteht darin, daß ein Gütekriterium berechnet[1] werden kann. Wenn sowohl den Zahlenangaben als auch den Linienzeichnungen Verhältnisurteile zugrundeliegen, dann müßten die beiden Reaktionen proportional erfolgen: Verdoppelt sich z.B. die Zahlenangabe gegenüber der Vergleichszahl, so muß sich auch die Länge der gezeichneten Linie gegenüber der Vergleichslinie verdoppeln. Dieses Gütekriterium der Magnitudeskalierung ist auf jede einzelne Messung jeder Person anwendbar; es läßt sich angeben, bei wie vielen Personen den Angaben Verhältnisurteile zugrunde liegen.

---

[1] Vgl. WEGENER (1978:10-13); zur praktischen Durchführung vgl. ausführlich OPP u.a. (1984:298-303).

Die Magnitudeskalierung ist auch in standardisierten Befragungen, wie sie in der empirischen Sozialforschung üblich sind, einsetzbar[1]. Nach einer Trainingsphase von nur 6-8 Minuten, bei denen die Befragten z.B. um numerische Schätzungen und entsprechende Zeichnungen unterschiedlich langer Linien für die geschätzte Größe von Kreisflächen gebeten werden, sind nach Angaben von LODGE (1981: 45) zwischen 95 und 97% der Befragten in der Lage, Magnitude-Schätzungen abzugeben. WEGENER (1978:19) gibt für 40 Items bei Magnitude-Messung eine Verlängerung der Erhebung gegenüber einer Ratingsskala um 5-7 Minuten (einschließlich der Trainingsphase) an.

Die theoretischen Vorteile[2] der Magnitudemessung sind offensichtlich:

1. Das Antwortverhalten der Befragten wird nicht durch verbale Vorgaben (z.B. "Stimme überwiegend zu" bei Likert-Skalen) beeinflußt.

2. Die Befragten können ihre Antworten so fein abstufen, wie es ihnen angemessen erscheint, es stehen beliebig viele Zwischenstufen zur Verfügung und nicht nur 5 oder 7 wie z.B. bei Likert-Skalen.

3. Die Befragten können zwischen extremen Antworten, die bei anderen Verfahren in dieselbe Kategorie fallen würden, unterscheiden.

Inwieweit sich Magnitudeskalen gegenüber anderen Skalierungsverfahren in der Praxis als überlegen erweisen lassen, ist zur Zeit noch unklar. Für Hinweise für die Anwendung von Magnitudeskalen muß auf die Literatur verwiesen werden[3].

---

[1] Die Magnitude-Skalierung wurde von WEGENER (1985) für die Konstruktion einer Berufsprestigeskala eingesetzt. OPP u.a. (1984) verwendeten Magnitudemessungen für erwartete Sanktionsstärken in einer Untersuchung von KKW-Gegnern.

[2] Daneben wird noch das erreichbare Skalenniveau erwähnt: Die resultierenden Skalen sind eindeutig bis auf Transformationen durch Potenzfunktionen ($x' = u * x^r$), erreichen also das Niveau einer Log-Intervallskala.

[3] Eine kurze Einführung in die theoretischen Grundlagen der Magnitudeskalierung bietet WEGENER (1978); praktische Probleme diskutieren WEGENER (1980) und LODGE (1981). Weiterführende Arbeiten finden sich in einem von WEGENER (1982) herausgegebenen Sammelband.

4.5. Weiterführende Literatur

Die wissenschaftstheoretischen Hintergründe des Messens blieben hier vollständig unbeachtet. Einen fundierten Überblick gewinnt man durch die Lektüre von STEGMÜLLER (1974b); für eine Einordnung der Rolle des Messens in der Wissenschaftsentwicklung sollte KUHN (1978) herangezogen werden.

Die axiomatische Meßtheorie konnte hier nur angerissen werden. Ihre praktische Bedeutung in der empirischen Sozialforschung (außerhalb der Kontroverse um "angemessene" statistische Verfahren) ist z.Z. sehr gering. Trotzdem sollen als deutschsprachige Einführungen (mit zunehmendem Schwierigkeitsgrad und Umfang) COOMBS/DAWES/TVERSKY (1975:19-44), ORTH (1983) und ORTH (1974) genannt werden. Eine erschöpfende Behandlung für mathematisch geschulte Leser bietet ROBERTS (1979).

Meßverfahren in den Sozialwissenschaften werden sehr häufig von Vertretern "qualitativer Sozialforschung" kritisiert, vgl. z.B. BERGER (1985), CICOUREL (1974), LOHAUS (1983). Bei der Rezeption der Kritiken werden die vorhandenen Repliken (vgl. z.B. MARSH 1982:53-59, SIX 1977:58-61) häufig übersehen (z.B. von BERGER 1985:203).
Ein Teil dieser Kritiken (insbesondere bei BERGER) beruht auf groben Mißverständnissen: Die Kritik sozialwissenschaftlicher Meßverfahren setzt eine fundierte Kenntnis der Verfahren voraus, die nicht allein durch die Lektüre allgemeiner Einführungswerke erworben werden kann. In dieser Hinsicht sei auf die hervorragenden Bücher von DAWES (1977) und SIXTL (1982) hingewiesen, die eine korrekte Darstellung aller wichtigen Skalierungsverfahren enthalten. Eine didaktisch gelungene Einführung in die Testtheorie bietet WOTTAWA (1980).

Eine vorzügliche Darstellung wissenschaftstheoretischer Implikationen und der statistischen Behandlung von "Meßfehlern" bei der Datenerhebung gibt ESSER (1984a). Weitaus technischer in bezug auf statistische Verfahren bei der Untersuchung von Reliabilität und Validität ist die Arbeit von ZELLER/CARMINES (1980).

Eine Sammlung von bereits in der empirischen Sozialforschung verwendeten (aber nicht immer empfehlenswerten) Skalen stellt das "ZUMA-Skalenhandbuch" (1983) dar.

Die Arbeiten von BLALOCK (1982) und DUNCAN (1984c) diskutieren Probleme des Messens in den Sozialwissenschaften unter anderen Gesichtspunkten als die axiomatische Meßtheorie. Die beiden genannten Arbeiten stellen höchst wichtige Vorarbeiten für die notwendige Verbesserung der Meßverfahren in den Sozialwissenschaften dar. Beide Arbeiten sind bei einer intensiven Beschäftigung mit Fragen des Messens in den Sozialwissenschaften absolut unverzichtbar.

Kapitel 5
Untersuchungsformen

Das Ziel sozialwissenschaftlicher Arbeit besteht in der Erklärung bzw. Prognose von sozialen Ereignissen. Das bedeutet, daß sich die empirische Arbeit des Wissenschaftlers im wesentlichen auf die Überprüfung von Hypothesen bzw. Theorien konzentriert. Dieser Nachweis von theoretisch vermuteten Zusammenhängen erfolgt auf der Ebene von beobachtbaren Indikatoren. Dabei muß jeder Forscher eine Entscheidung darüber treffen, wann, wo, wie und wie oft die empirischen Indikatoren an welchen Objekten erfaßt werden sollen. Die Gesamtheit dieser Entscheidungen bezeichnet man als Untersuchungsform, Untersuchungsanordnung oder "Forschungsdesign". Der (logische) Aufbau des Forschungsdesigns ist mitentscheidend für den Grad an Gewißheit, mit dem die Frage nach dem Zusammenhang zwischen zwei Ereignissen (Ursache und Wirkung; unabhängige und abhängige Variable) beantwortet werden kann.

5.1. Forschungsdesigns

Bei der konkreten Ausarbeitung eines Untersuchungsdesigns besteht das Ziel darin, möglichst viele **alternative Erklärungen** durch die Wahl des Designs auszuschließen. Für jedes Phänomen, und für alle diesbezüglich gesammelten Daten, gibt es nicht nur die vom Forscher vermutete Erklärung, sondern darüber hinaus unendlich viele weitere Erklärungsmöglichkeiten. Mit der Realisierung der gewählten Untersuchungsanordnung werden jedoch bestimmte alternative Erklärungen geprüft und gegebenenfalls ausgeschlossen.

Beispielsweise verschreibt ein Arzt allen Patienten, die ihn innerhalb eines bestimmten Zeitraums aufsuchen und über Müdigkeit und Niedergeschlagenheit klagen, ohne nähere Untersuchung ein Vitaminpräparat. Bei einer nach vier Wochen erfolgten Nachuntersuchung stellt er fest, daß sich die Patienten besser fühlen. Er folgert daraus, daß die Vitamineinnahme einen positiven Effekt bei Müdigkeit und Niedergeschlagenheit hat. Es stellt sich die Frage, ob seine Vorgehensweise ihn zu diesem Schluß berechtigt. Dies ist sicher nicht der Fall, denn neben der Vitamineinnahme können auch andere Faktoren das Wohlbefinden gesteigert haben. Etwa: mehr Bewegung, andere Kost, Wetterbesserung, der pure Glauben der Patienten an das Präparat, das fürsorgliche Gespräch mit dem Arzt. Um die Glaubwürdigkeit dieser alternativen Erklärungen zu entkräften, hätte der Arzt eine Reihe von Vorkehrungen treffen müssen, z.B.: einem Teil der Patienten ein Placebo verabreichen, Veränderungen im Eßverhalten und in den körperlichen Aktivitäten erfassen usw. Es wäre also ein Untersuchungsdesign zu entwickeln gewesen, das eine Kontrolle der alternativen Erklärungsfaktoren erlaubt.

Im folgenden werden nun die wichtigsten Forschungsdesigns aufgezeigt und ihre typischen Vor- und Nachteile diskutiert.

5.1.1. Experimentelle Anordnungen

Ganz allgemein kann man Untersuchungsanordnungen, die der Überprüfung von Hypothesen dienen, **Experimente** nennen. Die Verwendung des Begriffs "Experiment" nimmt somit keinen Bezug auf den Ort (Labor oder Alltagsumgebung bzw. Feld) oder die Art der Datenerhebung (z.B. Beobachtung, Interview, Gruppendiskussion). Ein Experiment ist somit keineswegs an ein "Labor", an "Versuchspersonen" und "Versuchsleiter" gebunden, sondern kann auch eine Umfrage mit 1500 Befragten sein. Jedoch wird an einem Beispiel schnell klar, daß Designs in unterschiedlichem Maße zur Beurteilung von Hypothesen geeignet sind, so daß die weite Definition des Begriffs "Experiment" anhand von bestimmten Kriterien zu spezifizieren sein wird (vgl. Kap. 5.1.2).

Vermutet ein Forscher zum Beispiel einen Zusammenhang zwischen dem Konsum von Filmen einer bestimmten Gattung (z.B. Kriegs-, Kung-Fu-, pornographische Filme) und der Tendenz zu aggressivem Verhalten[1], so könnte er sich zur Prüfung der Hypothese verschiedener Untersuchungsanordnungen bedienen[2]:

1. Er kann sich z.B. entschließen, einer Gruppe von (Versuchs-) Personen (Vp bzw. Vpn) Filme vorzuführen und danach die Neigung zu aggressivem Verhalten mit Hilfe einer Reihe von Fragen zu messen[3]. Eine solche Versuchsanordnung kann schematisch so dargestellt werden:

Abbildung 5-1: Einmalige Messung

X	O
t_1	t_2

Dabei steht X für das Einwirken des experimentellen Stimulus (auch Treatment, Treatmentfaktor oder unabhängige Variable genannt) und O (von "Observation") für die Messung der möglichen Wirkung von X (die abhängige Variable). Im Beispiel ist das Betrachten der Filme der Stimulus und beobachtetes aggressives Verhalten die abhängige Variable.

---

[1] Ein ähnliches Experiment wurde z.B. von EBERLE/GROSSMANN (1978) durchgeführt.

[2] Wir gehen hier von einer (vereinfachenden) Dichotomie "Film gesehen/Film nicht gesehen" aus. Erweiterung bzw. Verfeinerung dieser Vorgehensweise ist in der Forschungspraxis die Regel. So könnte man z.B. mehrere Experimentalgruppen bilden, die jeweils einer unterschiedlichen Anzahl von Filmen "ausgesetzt" werden oder die jeweils Filmen unterschiedlicher Darstellungsintensität (z.B. sehr brutale und weniger brutale) betrachten. Solche in ihrer Logik auf das hier zu demonstrierende Grundprinzip zurückgehende Designs werden dann als "faktorielle bzw. hierarchische" Versuchspläne bezeichnet (vgl. STELZL 1984:227-233; BORTZ 1984:410-430; KERLINGER 1975:351-413).

[3] Für die Aussagekraft einer solchen Untersuchung sind die hier nicht weiter präzisierte Definition und Operationalisierung der Aggressivität von zentraler Bedeutung. Je nach den verwendeten Meßtechniken (Itembatterie, physiologische Erregungsmessung, direkt beobachtete aggressive Handlungen o.a.) sind ggf. unterschiedliche Ergebnisse möglich.

Zur Überprüfung seiner Hypothese müßte der Forscher nunmehr verschiedene Vergleiche vornehmen. Bei dem Design mit einmaliger Messung müßte er im Prinzip den gemessenen Durchschnittswert der Neigung zu aggressivem Verhalten mit einem unbekannten Vorherwert vergleichen. Da dieser Wert jedoch nicht für die Versuchspersonen vor der Einwirkung von X gemessen wurde, muß sich der Forscher einen anderen Bezugspunkt für den Vergleich mit dem Nachherwert suchen. Ein solcher kann günstigstenfalls aus einer anderen Untersuchung bekannt sein, häufig muß jedoch auf zweifelhaftere Quellen zurückgegriffen werden: auf Alltagswissen, auf "allgemein Bekanntes" (CAMPBELL/STANLEY 1963:177). Wie die Verhältnisse in der Praxis auch immer sein mögen: Liegt der gemessene Wert "signifikant"[1] über dem herangezogenen Vergleichswert, so **könnte** daraus der Schluß gezogen werden, daß X die Neigung zu aggressivem Verhalten erhöht.

2. Es wäre auch möglich, zwei Gruppen von Personen zu bilden, die nach dem Zufallsprinzip einer Experimentalgruppe und einer Kontrollgruppe zugeordnet werden. Diese zufällige Zuweisung zu den Gruppen wird auch "Randomisierung" (R) genannt.

In beiden Gruppen wird **vor** der folgenden experimentellen Manipulation (Setzung des Treatments) die Neigung zu aggressivem Verhalten gemessen. Diese erste Messung wird allgemein als "Pretest" oder Vorhermessung bezeichnet. Danach werden nur der Experimentalgruppe (Kriegs-, Kung-Fu- oder pornographische) Filme gezeigt, worauf dann eine erneute zweite Messung der abhängigen Variable (in beiden Gruppen) erfolgt. Diese wird zumeist "Posttest" oder Nachhermessung genannt.

---

[1] Der Vergleich solcher Durchschnittswerte wird üblicherweise mit Hilfe statistischer Signifikanztests (vgl. z.B. BORTZ 1977) durchgeführt. Etwas vereinfachend gesagt, geben diese Verfahren Aufschluß darüber, ob diese Differenzen der jeweiligen Stichprobenkennwerte (Statistiken) durch reinen Zufall zustandegekommen sein können oder nicht.

Abbildung 5-2: Vorher-Nachher-Messung mit Kontrollgruppe

R:	O	X	O	Experimentalgruppe
R:	O		O	Kontrollgruppe
	t_1	t_2	t_3	

Das Design der Vorher-Nachher-Messung mit Kontrollgruppe verbessert im Vergleich zur einmaligen Messung die Beurteilungssituation für den Forscher deutlich. Da sowohl ein Vorher- als auch ein Nachherwert existiert, ist ein direkter Vergleich für die Experimentalgruppe möglich. Wenn das Treatment die vermutete Wirkung besitzt, so muß der zweite Meßwert deutlich über dem ersten liegen. Zusätzliche Sicherheit gewinnt dieser Vergleich durch die Messungen in der Kontrollgruppe, die ja während des Experiments bis auf den Filmkonsum gleichen Bedingungen ausgesetzt war wie die Experimentalgruppe. Wenn in der Experimentalgruppe eine klare Meßwerterhöhung vorliegt, kann (zunächst) mit großer Sicherheit auf eine Wirkung von X geschlossen werden.

3. Der Forscher läßt eine zufällig ausgewählte (hinreichend) große Zahl von Personen hinsichtlich ihres Konsums von bestimmten Filmen befragen und mißt **in der gleichen Befragung** ihre Neigung zu aggressivem Verhalten und hofft, daß sich bei entsprechender Analyse der Daten die Befragten dann nachträglich (ex post) in mindestens zwei Gruppen einteilen lassen: Personen, die häufig die entsprechenden Filme sehen, und Personen, die dies selten (oder nie) tun. Erstere könnten dann als Experimentalgruppe und die zweiten als Kontrollgruppe dienen:

Abbildung 5-3: Survey-Design

X	O	Experimentalgruppe
	O	Kontrollgruppe
t_1	t_1	

(gemeinsam zu t_1 gemessen)

Das Symbol (X) steht auch hier für den Stimulus, der jedoch bei dieser Vorgehensweise nicht vom Forscher gezielt gesetzt wird und somit auch nicht kontrolliert werden kann, sondern bereits ohne das Zutun des Forschers bei den Befragten und ihren Lebensgewohnheiten vorliegt.
Bei dieser Versuchsanordnung liegen die Verhältnisse wiederum ungünstiger, als bei der Anordnung mit Vorher-Nachher-Messung plus Kontrollgruppe. Denn auch hier fehlt (wie bei der einmaligen Messung) eine explizite erste Messung vor der Manipulation durch X. Jedoch existiert hier eine Kontrollgruppe, deren Durchschnittswert niedriger sein müßte als der der Experimentalgruppe. Dies gilt jedoch nur, wenn sich tatsächlich nachträglich zwei Gruppen bilden lassen. Eine Schwäche dieses Designs liegt nun darin, daß sich die beiden nachträglich gebildeten Gruppen auch bei einer eben nicht stattgefundenen ersten Messung unterschieden haben könnten. Dadurch ist auch hier (trotz einer Vergleichsgruppe) der forschungspraktische Schluß auf die Wirksamkeit von X bei unterschiedlichen Mittelwerten zwar möglich, aber wie im Design der einmaligen Messung nicht sehr sicher.

Allen drei Designs ist das Bemühen gemeinsam, eine vorliegende Hypothese zu beurteilen. Sie erlauben ein solches Urteil jedoch nicht mit gleicher Sicherheit. Der Grund hierfür liegt in ihrer unterschiedlichen Anfälligkeit für "Störfaktoren", die neben dem Treatment ebenfalls für eine Veränderung der Ausprägungen in der abhängigen Variablen verantwortlich sein können. Diese Störfaktoren sollen im folgenden in Anlehnung an CAMPBELL (1957) und CAMPBELL/STANLEY (1963) genauer bestimmt werden.

5.1.1.1. Störfaktoren und Versuchsanordnungen

Die mit Hilfe der vorgestellten Designs gemessene (oder im Fall des Designs mit einmaliger Messung eher erschlossene) Differenz der Meßwerte muß nicht zwangsläufig durch die unabhängige Variable verursacht worden sein. Es gibt eine Reihe

von Störfaktoren, die u.U. ebenso für die Unterschiede verantwortlich sein können. Sie bilden in diesem Sinne alternative Erklärungshypothesen für die Veränderung in der Ausprägung der abhängigen Variablen. Die Güte eines Designs bemißt sich nun daran, inwieweit solche Alternativerklärungen bzw. der Einfluß von Störfaktoren möglichst weitgehend ausgeschlossen werden können.
Im einzelnen sind folgende Störfaktoren[1] benennbar:

- Zwischenzeitliches Geschehen (history, Zeiteinflüsse)

  Hierunter sind alle Ereignisse zu subsumieren, die zusätzlich zum Stimulus die abhängige Variable beeinflussen können. So wäre es im genannten Beispiel denkbar, daß zwischen Pre- und Posttest (bzw. vor der einzigen Messung) die Versuchspersonen von einem besonders abscheulichen Verbrechen (z.B. Kindesmord) Kenntnis erlangen und **dieses** Ereignis - und eben nicht die unabhängige Variable - die Tendenz zu aggressivem Handeln erhöht.

- Reifungsprozesse der Probanden (maturation bzw. decay, biologisch-psychologische Veränderungen)

  Die Varianz in der abhängigen Variablen wird durch "intrapersonale" Prozesse bedingt, also nicht durch die Einwirkung des Stimulus. So könnten die Versuchspersonen z.B. nicht nur aufgrund der Filme aggressiver werden, sondern auch, weil sie während des Experiments hungrig oder müde werden und die entsprechenden Bedürfnisse nicht befriedigen können. Oder aber es kann, wenn relativ lange Zeitabstände zwischen den Messungen liegen, durch "normale" biologisch--psychologische Reifung eine Änderung der Meßwerte erfolgen. Diese sind besonders bei Untersuchungen von Kindern und Jugendlichen möglich, jedoch auch bei Erwachsenen keineswegs auszuschließen.

- Meßeffekte (testing, Testen)

  Die Veränderungen werden als Auswirkung des ersten Meßvorgangs auf den zweiten erzeugt. In unserem Beispiel ist dieser Effekt weniger wahrscheinlich, jedoch sind derartige Auswirkungen bei kognitiven Tests häufig zu erwarten. Wird zum Beispiel in einem Experiment die Wirkung einer Variablen auf den Intelligenz-

---

[1] Die hier wiedergegebene Auflistung von möglichen Störfaktoren ist nicht vollständig. CAMPBELL/STANLEY (1963), die erstmals systematisch diese Problematik aufarbeiteten, benennen eine Reihe weiterer Störfaktoren, die hier nicht berücksichtigt wurden. Insbesondere ist auch auf die Möglichkeit hinzuweisen, daß verschiedene Störeffekte zusammenwirken können und zusätzliche, über die reine Addition der einzelnen Störeffekte hinausgehende, neue Effekte, sog. "Interaktionseffekte", entstehen.

quotienten (IQ) von Versuchspersonen ermittelt und dabei die Intelligenz in Pretest und Posttest mit dem gleichen IQ-Test gemessen, so können die Probanden aus dem ersten Meßvorgang lernen. Sie denken über die Richtigkeit der gegebenen Antworten nach, merken sich richtige Lösungen o.ä. und verbessern so ihr Resultat bei der zweiten Messung - unabhängig vom Stimulus.

- Hilfsmittel (instrumentation, Veränderung im Meßinstrument)

Durch Verwendung von unterschiedlichen Meßinstrumenten, z.B. geänderte Tests, anders formulierte Fragen, ungleiche Antwortvorgaben o.a., und variierende "Hilfsmittel", etwa verschiedene Versuchsleiter, Beobachter, Interviewer usw., können Effekte auf die abhängige Variable möglich werden, die nicht durch die unabhängige Variable bedingt sind. So könnte etwa das betont arrogante oder devote Verhalten eines Versuchsleiters die Aggressivität der Versuchspersonen steigern oder mildern. In der sozialwissenschaftlichen Forschung sind eine Reihe solcher Effekte bekannt. So haben Versuchsleiter, aber auch Interviewer, Vercoder, Beobachter etc. (vgl. Kap. 7.1.1.4) bestimmte Erwartungen (z.B. Hypothesenbestätigung) bezüglich des Ergebnisses einer Untersuchung. Diese Erwartungen können dazu führen, daß Versuchsleiter **unbewußt** z.B. durch Gestik, Mimik oder Wortwahl die Versuchspersonen in ihrer Reaktion auf die unabhängige Variable beeinflussen[1].

- Verzerrte Auswahlen und Ausfälle (selection, mortality)

Wenn sich die Experimental- und die Kontrollgruppe nicht nur hinsichtlich des Stimulus unterscheiden, sondern sich auch im Hinblick auf andere Merkmale, die **ebenfalls** Einfluß auf die abhängige Variable ausüben, heterogen zusammensetzen, so sind hierdurch Differenzen zwischen Pre- und Posttest möglich. Sollten etwa in der Experimentalgruppe deutlich mehr Männer vertreten sein, welche aggressives Verhalten als adäquate Reaktionsform während der Sozialisation erlernt haben, als in der Kontrollgruppe, so könnte die Differenz zwischen beiden Gruppen auf die unterschiedliche Erziehung zurückgeführt werden.
Neben solchen "verzerrten" Auswahlen können Ausfälle die Resultate des Experiments beeinflussen. Solche Ausfälle entstehen durch Personen, die nur am Pretest teilnehmen und danach zum Posttest nicht mehr zur Verfügung stehen. Ausfalleffekte sind dann möglich, wenn die Ausfälle nicht zufällig zustande kommen, sondern systematisch. Dies wäre etwa dann der Fall, wenn Personen mit besonders geringer Neigung zu aggressivem Verhalten von der Brutalität der gezeigten Filme so angewidert sind, daß sie den Versuch abbrechen und somit nicht mehr am Posttest teilnehmen[2]. Dadurch würde sich der Mittelwert der Experimentalgruppe erhöhen.

---

[1] Dieser wichtige Bereich der experimentellen und nicht-experimentellen Forschung ist zu einem eigenständigen Forschungsgebiet geworden, der sogenannten "Artefaktforschung", vgl. Kapitel 7.1.1.4.

[2] Zur Auswahl von Versuchspersonen sowie zu Ausfällen vgl. ausführlich Kap. 6.

Die aufgezeigten Faktoren werden allgemein im Anschluß an CAMPBELL/STANLEY als Beeinflussungsfaktoren der "internen Validität" bezeichnet (auch interne Gültigkeit bzw. bei mangelnder Gültigkeit auch interner Fehler genannt)[1]. Interne Gültigkeit ist dann gegeben, wenn das Treatment tatsächlich für die Variation der abhängigen Variable verantwortlich ist. Entsteht hingegen die Veränderung der Meßwerte durch einen oder mehrere Störfaktoren, dann ist die interne Gültigkeit verletzt. Sind sowohl Störfaktoren als auch der Stimulus verantwortlich, so spricht man von einer "Konfundierung" der Effekte. Auch dann ist selbstverständlich die interne Gültigkeit nicht gegeben.

An die Frage nach der internen Validität schließt sich die zweite Frage nach der "äußeren Validität" (auch externe oder ökologische Validität bzw. bei mangelnder Gültigkeit auch externer Fehler genannt) an[2]. Diese ist definiert als Möglichkeit der Generalisierung der experimentellen Resultate auf andere Personen(-gruppen) und Situationen. Externe Validität liegt bei einem Design demzufolge vor, wenn die ermittelten Ergebnisse auf andere Personen in anderen Kontexten übertragen werden können. Diese Möglichkeit kann ebenfalls durch verschiedene Störfaktoren beeinträchtigt werden, von denen hier nur zwei genannt werden:

- Reaktivität oder reaktive Effekte des Messens

  Durch die Durchführung des Pretests kann die Empfänglichkeit der Versuchspersonen für den Stimulus angeregt werden. Durch diese Sensibilisierung wird dann der Einfluß des Stimulus zusätzlich verstärkt oder verringert. Bei der Anordnung mit Vorher-Nachher-Messung und Kontrollgruppe kann durch den Pretest die Intensität des Filmbetrachtens gesteigert und damit die Auswirkung von X im

---

[1] Die interne Validität (sowie die noch darzustellende externe Validität) ist von der Konstrukt-, Inhalts- und Kriteriumsvalidität (vgl. Kap. 4) deutlich zu trennen. Letztere beziehen sich auf die exakte Messung bzw. Operationalisierung der abhängigen und der unabhängigen Variablen.

[2] COOK/CAMPBELL (1976) erweiterten die ursprüngliche Konzeption von interner und externer Validität, indem sie zusätzlich die statistische Schlußfolgerungsvalidität und die Konstruktvalidität spezifizierten. Beide Fassungen sind nicht ohne Kritik geblieben (GADENNE 1976; KRUGLANSKI/KROY 1976); sie tangieren jedoch die Pragmatik der experimentellen Forschung kaum (STROEBE 1978:24-26; BUNGARD 1984:22f.).

Vergleich zu nicht-experimentellen Situationen erhöht werden. Die Ergebnisse wären dann nur auf Gruppen übertragbar, die vorher an einem entsprechenden Pretest teilgenommen haben.

- Reaktive Effekte der experimentellen Situation (effects of experimental arrangements)

Die experimentelle Situation kann gravierend von "der" Alltagssituation abweichen, wodurch zwar intern gültige Effekte nachweisbar sind, die aber u.U. im Alltagskontext ausbleiben. Wird etwa die Überprüfung der Film-Aggressivitäts-Hypothese in einem Universitätsinstitut durchgeführt, so kann es fraglich sein, ob die Ergebnisse auf den Alltagskontext übertragbar sind. Denn beim Fernsehkonsum im heimischen Wohnzimmer spielen möglicherweise eine ganze Reihe weiterer Variablen (Aufmerksamkeit, Anwesenheit Dritter, soziale Atmosphäre etc.) eine Rolle, die in einem Labor vielleicht nicht berücksichtigt wurden.
Häufig spricht man der experimentellen Situation einen "Aufforderungscharakter" zu (demand characteristic; ORNE 1969): Versuchspersonen überlegen, was der Forscher von ihnen erwarten mag, welchen Zweck die Untersuchung hat usw. Sie definieren die Situation und reagieren nicht nur auf den Stimulus, sondern handeln immer auch vor dem Hintergrund ihrer eigenen Situationsdefinition, was u.U. einen Effekt auf die abhängige Variable produziert (BUNGARD 1984: 116-123).

5.1.1.2. Techniken der Kontrolle von Störfaktoren

Ziel eines jeden Experiments ist es nunmehr, alle genannten Störfaktoren soweit irgend möglich auszuschließen bzw., da dies kaum zu realisieren ist, sie zu kontrollieren. Hierzu bedient man sich verschiedener Techniken: Elimination, Konstanthaltung, Matching bzw. Parallelisierung und Randomisierung.

Unter "Elimination" versteht man die Ausschaltung denkbarer Störgrößen bei der Durchführung des Experiments. Alle Einflüsse, die auf die Messung bzw. Stimulation der unabhängigen und abhängigen Variablen störend einwirken **könnten**, werden nach Möglichkeit eliminiert. Da die Eliminationsmöglichkeiten in speziell für das Experiment hergestellten Örtlichkeiten (Labors) sehr gut sind, wurde das Laborexperiment häufig als ideale Vorgehensweise betrachtet. Der Versuchsleiter kann hier die Setzung des Stimulus und die Gesamtsituation weitgehend kontrollieren, störende Einflüsse optimal ausschalten und die aus der Theorie bzw. Hypothese abgeleiteten Untersuchungsbedingungen realisieren. In unserem Beispiel ist es dem Forscher so möglich, geeignete Filme auszuwählen, die Dauer der Filmbetrachtung zu steuern, Störungen durch andere Personen zu verhindern, Umgebungslärm zu minimieren usw., wodurch insgesamt die Aussagekraft der experimentellen Untersuchung steigt, weil Alternativerklärungen unwahrscheinlicher werden. Dies bedeutet jedoch nicht, daß Experimente immer im Labor stattfinden sollen. Dieses Vorgehen hat auch Nachteile (vgl. Kap. 5.1.1.3) und darüber hinaus ist Kontrolle und Elimination auch in Alltagssituationen möglich (s.u.). Festzuhalten bleibt daher, daß man sich bei der Durchführung von Experimenten um eine maximale Kontrolle des Stimulus und seiner Variation bemühen muß.

Nicht immer können alle möglichen Störeinflüsse eliminiert werden. So kann kaum ein Versuch durchgeführt werden, ohne daß man den Versuchspersonen bestimmte Verhaltensinstruktionen gibt: sei es durch anwesende Versuchsleiter, über Lautsprecher, Handzettel oder sei es per Computermonitor. Somit werden aber auch bestimmte "Nebeneffekte" bei der Setzung der unabhängigen und der Messung der abhängigen Variablen erzeugt - z.B. durch die Qualität der Sitzposition bei der Filmbetrachtung, die Form des Meßinstrumentes (Fragebogen), das Anlegen von Elektroden oder die Verabreichung von Medikamenten. "Konstanthaltung" bedeutet nun, solche (mitunter unvermeidliche) Einflüsse in beiden Gruppen möglichst gleichartig wirken zu lassen, d.h. die Versuchsbedingungen für beide Gruppen bis auf das Treatment maximal anzugleichen. Im Beispiel wird man also auch der Kontrollgruppe Filme vorführen, jedoch natürlich keine einschlägigen Kung-Fu-, Kriegs- oder pornographischen Filme, deren Auswirkungen ja Gegenstand der Untersuchung sind.

Die Bildung von Kontrollgruppen stellt eine weitere, entscheidende Forderung an jede experimentelle Vorgehensweise dar. Nur der Vergleich zwischen den beiden Gruppen, die bis auf den Treatmentfaktor weitestgehend ähnlichen Randbedingungen ausgesetzt sein sollen, ermöglicht relativ sichere Schlüsse auf die Effekte der unabhängigen Variable. Zur Rekrutierung vergleichbarer Gruppen dienen zwei Techniken: Matching bzw. Parallelisierung und Randomisierung.

Beim "Matching" versucht man, bezüglich **bestimmter** Merkmalsausprägungen "gleiche" Personen der Experimental- und Kontrollgruppe zuzuordnen[1]. Vermutet man beispielsweise, daß das Verhältnis von Filmkonsum und Aggressivität auch von "dritten" Variablen, wie "geschlechtsspezifische Sozialisation" und "Bildung" der Probanden, abhängig ist, so wird man die Gruppenzugehörigkeit so matchen, daß von den Personenpaaren (matched pairs) mit jeweils den gleichen Merkmalsausprägungen je eine Person zur Experimental- und eine zur Kontrollgruppe gehört.

In der Praxis wäre z.B. für jeden Versuchsgruppenangehörigen ein hinsichtlich Sozialisation und Bildung "gleiches" Kontrollgruppenmitglied zu bestimmen. Würde dies nicht geschehen, so wäre es z.B. möglich, daß in der einen Gruppe ganz überwiegend Männer mit niedriger Bildung und in der anderen fast nur Frauen mit hoher Bildung vertreten sind, wodurch die Differenzen hinsichtlich des Merkmals "Aggressivität" nicht mehr mit hoher Sicherheit allein auf den Stimulus zurückgeführt werden könnten, sondern eben auch durch die Variablen "Sozialisation" und "Bildung" bedingt sein könnten.

Die Bildung von gleichen Paaren ist in der Praxis jedoch mit großen Schwierigkeiten verbunden - vor allem dann, wenn man die Paare nicht nur nach einem oder zwei Merkmalen bildet, sondern mehrere Variablen berücksichtigen will. Solche aus theoretischen Gründen beachtenswerte Variablen, die neben der unabhängigen Variable ebenfalls einen Einfluß auf die abhängige Variable haben könnten, nennt man allgemein "Drittvariablen". Inhaltlich sind auch sie als alternative oder konkurrierende Erklärungen zur Ausgangshypothese zu sehen. Denn es besteht zumindest hypothetisch die Möglichkeit, daß auch sie neben der unabhängigen Variable und den Störfaktoren auf die abhängige Variable einwirken. Hält man z.B.

[1] Zu den klassischen Überlegungen zum Problem der gleichen Paare bei J. St. MILL und dessen Überwindung vor allem durch R. A. FISCHER vgl. die Darstellung bei GREENWOOD (1972:191-203).

neben der Sozialisation und der Bildung auch noch die materielle Zufriedenheit und das Alter der Versuchspersonen für relevante Drittvariablen, so muß für jede Versuchsperson in der Experimentalgruppe mit einer spezifischen Kombination von Merkmalsausprägungen innerhalb dieser vier Variablen eine äquivalente Person für die Kontrollgruppe gefunden werden[1]. Dies bedeutet, daß entsprechende Messungen durchgeführt werden müssen und daß häufig aus einer großen Anzahl von bereitwilligen Versuchspersonen nur wenige vergleichbare Paare resultieren. Weiter ist es selten unproblematisch, die für das Matching relevanten Drittvariablen zu bestimmen. Vor allem auf noch wenig erforschten Gebieten ist die Anzahl der möglichen Drittvariablen sehr groß, so daß eine Eingrenzung der Parallelisierungsmerkmale schwierig ist. Darüber hinaus besteht immer eine gewisse Gefahr der Nicht-Berücksichtigung letztlich doch relevanter Variablen (KERLINGER 1975: 476f.).

Als **die** Kontrolltechnik schlechthin wird deshalb die Randomisierung ("Zufallszuweisung") betrachtet[2]. Das Prinzip der "Randomisierung" besteht in der rein zufälligen Zuweisung der Versuchspersonen zu Versuchs- oder Kontrollgruppe. Oder anders gesagt: Jede Versuchsperson hat die gleiche Chance, einer der beiden Gruppen zugewiesen zu werden. Der Zuweisungsprozeß wird also nicht von soziologischen, psychologischen oder biologischen Kriterien, sondern mittels eines zufallsbedingten Verfahrens (per Münzwurf, Losentscheid, Zufallszahlentabelle etc.) gesteuert. Stehen z.B. 200 Personen für die Aufteilung in Versuchs- und Kontrollgruppe zur Verfügung und läßt man jede Person ein Los aus einer Trommel mit 200 gut gemischten Losen ziehen, von denen 100 den Buchstaben V (für Ver-

---

[1] Von dieser Art der matched pairs (auch Präzisionskontrolle genannt) unterscheidet sich die weniger strenge Technik der parallelisierten Gruppen (matched groups). Dabei wird lediglich verlangt, daß die Häufigkeitsverteilungen bezüglich der parallelisierten Merkmale in den Gruppen identisch sind. Es sind also keine gleichen Paare notwendig, aber in beiden Gruppen muß z.B. der Prozentsatz von "jungen" Versuchspersonen, von Versuchspersonen mit hoher Bildung etc. gleich sein (ZIMMERMANN 1972:69ff.).

[2] vgl. STAPF (1987:251), FREY/FRENZ (1982:231).

suchsgruppe) und 100 den Buchstaben K (für Kontrollgruppe) tragen, so führt dieses Vorgehen dazu, daß ein systematischer Zusammenhang zwischen den personalen Merkmalen (Sozialisation, Bildung, Zufriedenheit u.a.) der Versuchspersonen und ihrer Zugehörigkeit zu einer der beiden Gruppen praktisch ausgeschlossen werden kann. Daher sind **systematische Unterschiede** in der Gruppenzusammensetzung höchst unwahrscheinlich. Damit wirken dann aber auch alle Drittvariablen in beiden Gruppen gleichartig und die gegebenenfalls vorliegende Veränderung in der abhängigen Variablen ist mit großer Sicherheit auf den Stimulus zurückzuführen[1].

Die Ausführungen zu den möglichen Störvariablen und den Techniken der experimentellen Kontrolle haben verdeutlicht, wie sehr das Gelingen eines Experiments von der Beachtung solcher Störmöglichkeiten und ihrer Ausschaltung abhängig ist. Entsprechend ist es sinnvoll und üblich, nur solche Untersuchungen als (echte) Experimente zu bezeichnen, die:

- eine Hypothese prüfen,
- für diesen Test durch die Setzung des Treatments unterschiedliche Situationen für Versuchs- und Kontrollgruppe herstellen
- und diese Versuchsbedingungen mit Hilfe der Techniken der Elimination, Konstanthaltung und Randomisierung kontrollieren (vgl. GREENWOOD 1972:178)[2].

Betrachtet man vor dem Hintergrund dieser Definition nochmals die drei oben genannten Designs, so wird lediglich das Design mit Vorher-Nachher-Messung und Kontrollgruppe den genannten Kriterien völlig gerecht. Das Survey-Design stellt kein echtes Experiment dar, da die Kontrolle nur bedingt möglich ist (der Stimulus wird nicht vom Forscher gesetzt, es findet nur eine Ex-post-Randomisierung statt). Solche Anordnungen werden allgemein als quasi-experimentelle oder Ex-post-

---

[1] vgl. z.B. CRANO/BREWER (1975:44-46) oder RIECKEN/BORUCH (1974:53-57).
[2] Einen kurzen Überblick über die verschiedenen Definitionen des Experimentes gibt STAPF (1987:240-243).

facto-Anordnungen bezeichnet[1]. Sie sind im Gegensatz zu Experimenten Anordnungen, die Hypothesen prüfen, ohne die unabhängige Variable manipulieren zu können (bzw. zu wollen) und ohne eine Randomisierung der unabhängigen Variablen auf die Versuchspersonen vorzunehmen. Jedoch sind sowohl Quasi-Experimente als auch Ex-post-facto-Designs wissenschaftlich sinnvoll und deshalb im weiteren näher zu besprechen. Anders die Anordnung mit einmaliger Messung: Sie ist ein typischer Vertreter sogenannter "vorexperimenteller Designs". Solche Untersuchungen sind durch mangelhafte Kontrolle (keine Randomisierung, keine Kontrollgruppe, kein Pretest) gekennzeichnet, wodurch letztlich sowohl interne wie externe Validität stark gefährdet sind. Somit taugen solche Vorgehensweisen nicht als wissenschaftliche Strategien[2].

5.1.1.3. Labor- und Feldexperiment

Mit Hilfe von echten Experimenten lassen sich alle genannten Störfaktoren der (internen) Validität kontrollieren. Sollte z.B. der Faktor "Reifung" einen Einfluß auf die unabhängige Variable haben, so wirkt er in beiden Gruppen; eine (Mittelwert-)Differenz zwischen Versuchs- und Kontrollgruppe vermag er dann jedoch nicht (isoliert) zu begründen. Das gleiche gilt für den Faktor "zwischenzeitliches Geschehen"; denn je gleichartiger die Situation für beide Gruppen ist (Konstanthaltung), desto geringer ist die Chance, daß zwischenzeitliche Ereignisse (außer dem Stimulus) eine Differenz erzeugen können.

---

[1] CAMPBELL/STANLEY (1963) differenzieren zwischen quasi-experimentellen, Ex-post-facto- und Korrelationsanordnungen, die sich jedoch nur durch graduelle Abstufungen hinsichtlich der allgemein nicht ausgeprägten Kontrolle des Stimulus und der Randomisierungsmöglichkeiten unterscheiden. Diese Differenzierung wird hier nicht weiter verfolgt, sondern die Begriffe werden synonym verwendet.

[2] Die drei hier besprochenen Designs repräsentieren drei Gruppen von Anordnungen, nämlich: vorexperimentelle, experimentelle und Ex-post-facto-Anordnungen. Innerhalb jeder Gruppe gibt es viele weitere konkrete Designs, die im Detail z.B. von CAMPBELL/STANLEY (1963) und SPECTOR (1982) diskutiert werden.

Dies trifft auch für den Faktor "Hilfsmittel" zu: Die möglichst weitreichende Standardisierung von Meßinstrumenten, Versuchsleiterverhalten etc. bedingt - wenn diese Hilfsmittel überhaupt einen Einfluß haben sollten - nur eine gleichförmige Veränderung in beiden Gruppen.
Schließlich sind auch die denkbaren Probleme durch verzerrte Auswahlen und selektive Ausfälle zumindest partiell lösbar (vgl. Kap. 6.7). Die interne Validität kann also in Experimenten weitgehend gesichert werden.

Da in der Praxis andererseits der notwendige Einsatz der Kontrolltechniken zumeist mit einer Durchführung des Experiments im Labor einhergeht, leidet die externe Validität. Wenn (wie im Design der Vorher-Nachher-Messung mit Kontrollgruppe) beide Gruppen am Pretest teilgenommen haben, können Interaktionseffekte von Pretest und Stimulus nicht mehr ausgeschlossen werden[1]. Und selbstverständlich können Störeffekte durch die experimentelle (Labor-)Situation auftreten. Es ist somit möglich, daß die intern validen Resultate eines Laborexperimentes nicht auf das soziale Handeln von Personen außerhalb des experimentellen Kontextes generalisierbar sind. Hier knüpft dann auch die gängige Kritik an jeder Art von Forschung an, die im Labor betrieben wird, wobei - überspitzt formuliert - behauptet wird: Niemand verhält sich in einem Laborexperiment so wie im "richtigen" Leben.

---

[1] Dieser Effekt läßt sich jedoch prinzipiell auch im Experiment kontrollieren. Erweitert man das Design der Vorher-Nachher-Messung mit Kontrollgruppe um zwei weitere Gruppen, die beide keinem Pretest unterzogen wurden und von denen nur eine X ausgesetzt wurde, erhält man den klassischen SOLOMON-Viergruppenversuchsplan:

O	X	O	Experimentalgruppe 1
O		O	Kontrollgruppe 1
	X	O	Experimentalgruppe 2
		O	Kontrollgruppe 2
t_1	t_2	t_3	

der auch diesen Effekt identifizierbar macht (CAMPBELL/STANLEY 1963:178).

Hingegen wird dem Feldexperiment, das in einer für die Versuchspersonen gewohnten Umgebung stattfindet, eine tendenziell höhere externe Validität zugute gehalten, da die Versuchspersonen in ihrer Alltagsumgebung verbleiben und der Forscher (inklusive aller zur Stimulussetzung und Messung der abhängigen Variablen erforderlichen Hilfsmittel) vor Ort erscheint. Die Versuchspersonen - so die gängige Vorstellung - (re)agieren dann in ihrer "natürlichen" Umgebung, wodurch Reaktivitätseffekte der experimentellen Situation minimiert werden und zugleich generalisierbare, praxisrelevante Resultate gewonnen werden. Verbunden mit dieser Strategie ist im allgemeinen ein gesteigerter praktischer Aufwand. Unter Umständen müssen die Versuchspersonen an vielen verschiedenen Orten aufgesucht werden, es sind Hilfsmittel zu transportieren usw., d.h. es wird ein hoher personeller und materieller Aufwand nötig. Außerdem sind die praktischen Möglichkeiten, Störeffekte zu eliminieren bzw. konstant zu halten, ohne Eingriffe in die Lebensgewohnheiten der Versuchspersonen vorzunehmen, kaum gegeben und insofern werden Einbußen an externer Validität bei Feldexperimenten erwartbar[1].

So einsichtig die Kurzformel "Labor = künstlich und intern valide, Feld = natürlich und extern valide" auch sein mag, sie kann doch nicht überzeugen. Die Artefaktforschung, also jenes spezielle Forschungsgebiet, das die Relevanz von Störeffekten jeder Art in experimentellen Studien thematisiert, hat gezeigt, daß auch Labor-

---

[1] Vgl. ZIMMERMANN (1972:200-203); KERLINGER (1979:610-617); GACHOWETZ (1984:263). Dieses **praxisbedingte** Dilemma (BUNGARD 1984:19-23) zwischen Feld- und Laborexperiment bzw. interner und externer Validität hat sich vor allem in der Sozialpsychologie in der Debatte um "Labor- vs. Feldforschung" niedergeschlagen. **Laborforschung** steht dabei zumeist als Synonym für Laborexperiment, **Feldforschung** hingegen für Untersuchungen im Alltagskontext. Obwohl diese Wortwahl weit verbreitet ist, vermischt sie unzulässigerweise verschiedene Untersuchungskriterien: das Design und den Ort der Durchführung. Zwischen beiden Merkmalen besteht jedoch keine zwangsläufige Verbindung (zu den vielfältigen Definitionen der Begriffe "Laborexperiment" und "Feldexperiment", "Laborforschung" und "Feldforschung" vgl. STAPF 1987:241f.; GACHOWETZ 1984: 255ff; PATRY 1979:317-335). Dementsprechend gibt es prinzipiell und praktisch auch Feldexperimente, die trotz praktischer Probleme als intern valide gelten (BREDENKAMP 1969:363f.; ZIMMERMANN 1972: 201-203).

experimente keineswegs eine Gewähr für intern valide Resultate bieten. Meßeffekte, Versuchsleitereffekte und andere Einflüsse wurden trotz der gegebenen Kontrollmöglichkeiten auch für Laborexperimente nachgewiesen. Ebenso sind Feldexperimente nicht schon deshalb extern valide, weil sie "im Feld" durchgeführt werden (BUNGARD/BAY 1982:192-194); denn auch hier greift der Forscher aktiv - sofern keine nicht-reaktiven Meßverfahren angewendet werden (vgl. Kap. 7.4) - in die "natürliche" Lebenswelt ein und verändert sie zumindest situational, wodurch "Verzerrungen" entstehen können. Es ist im wesentlichen eine forschungspraktische Frage, ob die logischen Möglichkeiten einer experimentellen Anordnung auch genutzt werden können (BUNGARD 1984:21). Interne und externe Validität sind somit **nicht als quantifizierbare Konzepte** zu begreifen, mit deren Hilfe bestimmten Experimenten eindeutig bestimmte "Validitätskoeffizienten" zuzuschreiben sind, sondern als regulative Prinzipien zur Fehlerminimierung in der empirischen Sozialforschung. Die Idee der internen und externen Validität macht auf Schwachstellen von Forschungsdesigns aufmerksam und ist eine wertvolle Hilfe bei der Versuchsplanung und der kritischen Diskussion von Forschungsergebnissen.

Auch der Aspekt der Künstlichkeit bzw. Natürlichkeit von Experimenten (und auch von Ex-post-facto-Anordnungen) sollte nicht dichotom begriffen werden. Zunächst kann gefragt werden, welcher Aspekt der experimentellen Gesamtsituation denn in welchem Grade "natürlich" ist (TUNNELL 1977; PATRY 1979). Im Prinzip völlig unabhängig von der Frage, ob Feld- oder Laborexperimente vorzuziehen sind, kann die Umgebung, in der das Experiment stattfindet (das sogenannte setting), mehr oder weniger natürlich sein. "Wohnzimmeratmosphäre" kann in einem Labor hergestellt werden, ebenso wie der Arbeitsplatz einer Versuchsperson durch die experimentellen Hilfsmittel einen "künstlichen" Charakter annehmen kann. Die Verhaltensweisen, die durch die unabhängige Variable gemessen werden, können zum alltäglichen Repertoire des Probanden gehören (Medienkonsum, Sozialkontakte etc.) oder auch extrem außergewöhnlich sein (z.B. die Instruktion, andere Personen mit elektrischen Schlägen zu malträtieren); das gilt auch für die durch die abhängige Variable erfaßten Handlungen bzw. Handlungstendenzen. Aus der Kombination dieser Aspekte ergeben sich bereits vielfältige Möglichkeiten, die nicht mehr eindeutig als natürlich oder künstlich charakterisiert werden können.

Letztlich stellt sich das Problem unter Umständen für jede Versuchsperson anders dar. Ein Stahlarbeiter empfindet wahrscheinlich andere Settings und Variablen als natürlicher als ein Student der Sozialwissenschaften (CRANO/BREWER 1975:68f.; PATRY 1982:33f.). Dies sind empirische Fragen, die nur empirisch beantwortbar sind und bei denen a priori-Klassifikationen wie "Feld vs. Labor" wenig nützlich sind. Die subjektiven Wahrnehmungen der Versuchspersonen in einer Forschungssituation sollten somit selbst zum Gegenstand theoretischer und empirischer Bearbeitung werden und in eine allgemeine Theorie des Experiments bzw. der Datenerhebung integriert werden (vgl. Kap. 7.1.1.4.).

5.1.2. Ex-post-facto-Anordnungen

Obwohl Experimente unter allen vorhandenen Möglichkeiten der Prüfung von Hypothesen sicher die beste Vorgehensweise darstellen, sind sie in der Soziologie und Politologie relativ selten anzutreffen. Dies hat mehrere Gründe: Will man experimentelle Resultate auf größere Personengruppen (Grundgesamtheiten) generalisieren, so sind spezielle Auswahlverfahren (insbesondere Zufallsauswahlen) zur Rekrutierung der Versuchspersonen unumgänglich. Sollen die Ergebnisse eines Experiments z.B. für die gesamte Bevölkerung der Bundesrepublik verallgemeinert werden, so ist es ratsam, eine entsprechende Auswahl (etwa eine Stichprobe mit vielleicht 1500 Personen) dem Experiment zugrunde zu legen (zu Auswahlverfahren vgl. Kap. 6.). Dies wäre mit großem Aufwand verbunden, da entweder die ausgewählten Personen in ein Labor kommen müßten oder aber die oft umfangreichen Hilfsmittel ins Feld zu transportieren wären.
Schwerwiegender jedoch als dieses technische Problem ist die Tatsache, daß sich viele sozialwissenschaftlich relevante Merkmale nicht gezielt und kontrolliert in ihren Ausprägungen verändern lassen, sofern selbstverständliche ethische und

moralische Grundsätze von den Wissenschaftlern akzeptiert werden. Sollten z.B. Sozialisationsvariablen, Intelligenz, Schichtzugehörigkeit, Höhe des Bruttosozialproduktes, Grad der gesellschaftlichen Differenzierung, Straffälligkeit und andere Merkmale als unabhängige Variablen in einem Experiment eingesetzt werden, so können diese nicht zufällig den Versuchspersonen zugewiesen werden. Denn die Veränderung und zufällige Zuweisung dieser Merkmale entzieht sich weitgehend den Einflußmöglichkeiten des Forschers.

Gelegentlich ergeben sich jedoch Situationen, z.B. politisch-administrative Veränderungen (Einführung eines neuen Schultyps, Erlaß von Geschwindigkeitsbegrenzungen für Pkws, Implementierung zusätzlicher Fernsehprogramme oder soziale Reformen im weitesten Sinne), die als Manipulation der abhängigen Variable angesehen werden können, auch wenn sie nicht wie im Experiment bewußt durch den Forscher bedingt sind. Sind solche Änderungen abzusehen, so können sie für ein "Quasi-Experiment" genutzt werden[1]. Darunter versteht man Anordnungen, die mit einem Experiment bis auf die Stimuli-Kontrolle durch den Forscher vergleichbar sind (CAMPBELL/STANLEY 1963:142).

Ein besonderes Beispiel für ein solches Quasi-Experiment stellen die **New Jersey Negative Income Tax Experiments** dar. Dabei wurden die Auswirkungen eines garantierten Mindesteinkommens bei ca. 4800 Familien auf das Arbeitsverhalten, Einstellungen u.a. über einen Zeitraum von sechs Jahren untersucht. Das Groß-Projekt kostete ca. 70 Mill. Dollar (vgl. FEICK 1980, HUNT 1991).

Innerhalb der "Evaluationsforschung", die inhaltlich auf die Überprüfung der Auswirkungen politisch-administrativer Maßnahmen ausgerichtet ist, besitzen Quasi-Experimente eine große Bedeutung (vgl. CAPORASO/ROOS 1973; COOK/LEVINTON/SHADISH 1985; ROSSI/FREEMAN/HOFMANN 1988).

[1] Zum Entwurf und zur statistischen Auswertung solcher Quasi-Experimente vgl. COOK/CAMPBELL (1979).

Häufig sind jedoch auch die Bedingungen für ein Quasi-Experiment nicht gegeben. Dann muß der Forscher die soziale Realität hinnehmen wie sie ist und versuchen, sie mit Hilfe eines Ex-post-facto-Designs nachträglich zu ordnen (KERLINGER 1979:589), ohne daß irgendwelche experimentellen Kontrolltechniken eingesetzt werden können[1].

Das Survey-Design stellt hierfür eine typische Vorgehensweise dar. In einem Datenerhebungsprozeß - zumeist einer Befragung[2] - werden unabhängige und abhängige Variablen gemessen. Dies ist zunächst mit Vorteilen verbunden: Mit relativ geringem finanziellen und personellen Aufwand können Daten für eine große Anzahl von Versuchspersonen erhoben werden, wodurch bei Anwendung entsprechender Auswahlverfahren Generalisierungen möglich werden.

Andererseits ergeben sich aus dieser Strategie vor allem drei schwerwiegende, aber unvermeidliche methodologische Probleme:

- das Problem der Varianz auf der unabhängigen Variablen,
- das Problem der kausalen Reihenfolge der Variablen,
- das Problem der Kontrolle von Stör- und Drittvariablen.

---

[1] Aus diesem Grund wird die Qualifizierung dieser Vorgehensweise als Ex-post-facto-**Experiment** häufig abgelehnt. Stattdessen wird auf Bezeichnungen wie "Ex-post-facto-Anordnung" oder "Ex-post-facto-Design" oder "Korrelationsanordnung" zurückgegriffen.

[2] Es können natürlich auch andere Erhebungstechniken (z.B. Beobachtung) angewandt werden. Da jedoch die Befragung das am häufigsten verwendete Instrument ist, werden Ex-post-facto-Designs gelegentlich mit der Umfrageforschung gleichgesetzt. Dies ist jedoch nicht korrekt, da Umfragen nicht immer Hypothesen testen.

5.1.2.1. Das Problem der Varianz der unabhängigen Variable

Varianz auf der unabhängigen Variable bedeutet, daß sich die Befragten in den Ausprägungen dieser Variablen unterscheiden. Ein Problem bei der nachträglichen Klassifizierung der Daten in eine (Quasi-) Experimental- und Kontrollgruppe tritt vor allem dann auf, wenn (mindestens) eine der interessierenden Merkmalsausprägungen nur relativ selten anzutreffen ist. Will man beispielsweise überprüfen, ob die Nichtseßhaftigkeit einen Einfluß auf das Gesundheitsverhalten hat oder ob Absolventen von Gesamtschulen einen größeren beruflichen Erfolg haben als Gymnasiasten, dann muß man sicherstellen, daß in der Befragtengruppe sowohl eine hinreichende Zahl von Nichtseßhaften wie auch von Seßhaften bzw. von ehemaligen Gesamtschülern als auch von Gymnasiasten vertreten ist. Mit anderen Worten, bei dieser besonderen Designform muß die Varianz in den unabhängigen Merkmalen nach Möglichkeit maximiert werden.
Würde man bei solchen Fragestellungen keine besonderen Vorkehrungen bei der Auswahl der Untersuchungspersonen treffen, dann wären in einer (einfachen) Zufallsauswahl, aufgrund der relativen Seltenheit (bzw. erschwerten Erreichbarkeit der entsprechenden Personen) der Merkmalsausprägungen "Nichtseßhaftigkeit" oder "Gesamtschüler" nicht genügend Fälle (Nichtseßhafte bzw. Gesamtschüler) vertreten, um einen sinnvollen Vergleich der Gruppen durchzuführen. Einer der Grundgedanken jeden Experimentes, daß die unabhängige Variable eben durch die Bildung von Kontroll- und Versuchgruppen in ihrer Ausprägung variiert, wäre insofern verletzt als lediglich eine sehr geringe Anzahl von Personen mit einer bestimmten Merkmalsausprägung vorhanden wäre. Wenn diese Variation aber nicht gesichert ist, kann man auch kaum überprüfen, ob die unabhängige Variable systematisch mit den Ausprägungen der abhängigen Variablen korreliert. Der Forscher muß also, bevor er die konkrete Auswahl der Personen festlegt, überlegen, wie er im konkreten Fall durch ein entsprechendes (disproportional geschichtetes) Auswahlverfahren die erforderliche Variation erreichen kann (vgl. dazu Kap.

6.4.2.)[1]. Um ein angemessenes Untersuchungsdesign zu entwickeln, benötigt man Informationen über die Verteilung der unabhängigen Variablen in der potentiellen Befragtengruppe. Solche Kenntnisse können häufig aus anderen sozialwissenschaftlichen Untersuchungen oder auch aus der amtlichen Statistik gewonnen werden. Helfen beide Quellen nicht weiter, dann sind entsprechende Voruntersuchungen notwendig.

5.1.2.2. Das Problem der kausalen Reihenfolge von Variablen

Das Problem der kausalen Reihenfolge ergibt sich aus der Tatsache der einmaligen, gleichzeitigen Erhebung aller Daten[2]: Mißt man in der gleichen Befragung den Konsum von bestimmten Filmen und die Aggressivität, so ist völlig offen, ob der Filmkonsum die Aggressivität bedingt oder ob eine - wie auch immer erworbene - Tendenz zu aggressivem Verhalten den Konsum von bestimmten Filmarten nach sich zieht. Ein notwendiges Kriterium für die Kennzeichnung eines Zusammenhangs als kausal liegt in der Zeitdifferenz von Ursache und Wirkung, die in Ex-post-facto-Designs eben nicht nachgewiesen werden kann. Damit sind die auf solchen Anordnungen basierenden Daten mit verschiedenen Hypothesen vereinbar.

Häufig versucht man, dieses Problem durch die Erhebung explizit zeitbezogener Variablen zu lösen: D.h. man versucht, durch geeignete Fragestellungen quasi eine Vorhermessung nachträglich vorzunehmen.

---

[1] Die Situation kann u. U. komplizierter werden, wenn zusätzlich relevante Drittvariablen mit den unabhängigen Variablen systematisch kovariieren. Vermutet man etwa, daß auch die regionalen Arbeitsmarktbedingungen (gemessen in der Arbeitslosenquote) als Drittvariable Einfluß auf den beruflichen Erfolg haben, dann muß auch dieses Merkmal entsprechend variiert werden.

[2] Zwar werden in einer Befragung nicht alle Variablen "gleichzeitig" erhoben, sondern es ergeben sich natürlich durch die Reihenfolge der Fragen Zeitunterschiede, aber diese können nicht als Indikator für ein Kausalitätsverhältnis dienen, da der konkrete Beantwortungszeitpunkt in keiner eindeutigen Beziehung zu dem interessierenden Ursache-Wirkung-Mechanismus steht.

So könnten z.B. die Fragen, die Aggressivität messen, zweimal gestellt werden. Zusätzlich zu den Fragen, die Aggressivität zum Jetzt-Zeitpunkt erfassen sollen, nimmt man äquivalente Fragen oder Items in den Fragebogen auf, die sich auf einen früheren Zeitpunkt beziehen, zu dem vermutlich die unabhängige Variable noch nicht einwirken konnte. Solche retrospektiven Fragen ("Wie war das als Kind ...", "Als es solche Filme noch nicht zu sehen gab, ...") sind jedoch mit großen Problemen verbunden. Erinnerungstrübungen, nachträgliche Rationalisierung von Erfahrungen durch die Befragten bilden Fehlerquellen, die zu erheblichen Verzerrungen der Ergebnisse führen können. Dies gilt insbesondere für retrospektive Fragen, die Meinungen bzw. Einstellungen erfassen. Als weniger kritisch gelten hingegen "Faktfragen[1]" (absolvierte Schule, Berufsausbildung, Größe des elterlichen Haushalts etc.). Häufig sind retrospektive Fragestellungen jedoch unvermeidlich, auch wenn sie mit Sicherheit nie experimentelle Bedingungen ersetzen können[2].

Die zweite Frage nach der Kontrolle von Stör- und Drittvariablen ist nicht weniger schwerwiegend. Für die Validität von Ex-post-facto-Anordnungen sind in der Regel alle genannten Störvariablen von Bedeutung, wenngleich Effekte des "zwischenzeitlichen Geschehens" und der "Reifung" aufgrund der geringen Zeitspanne, in der die Datenerhebung erfolgt, kaum Bedeutung haben. Dagegen sind Meßeffekte durch die Art der Frageformulierung und des Fragebogenaufbaus nicht auszuschließen (vgl. Kap. 7): Externe und interne Validität sind schon von der Logik des Designs her gefährdet.

---

[1] Allerdings lassen sich auch hier Fehler nachweisen. SUDMAN/BRADBURN (1974:67-92) entwickeln hierfür ein Modell zur Beschreibung von Erinnerungsfehlern. Im Zusammenhang mit Paneldesigns (vgl. Kap. 5.1.3) läßt sich die Technik des "Bounded Recall" verwenden, bei der mit einer ersten Befragung ein Referenzzeitpunkt etabliert wird. Wird die Frage demselben Befragten in einer erneuten Untersuchung nochmals vorgelegt, so läßt sich die Differenz in den Angaben auf die verstrichene Zeit beziehen, vgl. SUDMAN/BRADBURN (1982:45).

[2] BERNARD u.a. (1984), HANEFELD (1987:24-27) und PREISENDÖRFER (1987) referieren einige der Arbeiten zur Validität von Retrospektivfragen.

5.1.2.3. Das Problem der Kontrolle von Drittvariablen

Auch die Kontrolle von Drittvariablen ist in Ex-post-facto-Anordnungen wesentlich schwieriger zu gewährleisten als in Experimenten. Da die Einwirkung der unabhängigen Variablen nicht nach dem Zufallsprinzip auf die Versuchspersonen verteilt werden kann, sondern ohne Zutun des Forschers bereits vorliegt (oder nicht), muß damit gerechnet werden, daß nicht nur die unabhängige Variable, sondern **auch** Drittvariablen mit der abhängigen Variablen (stark) korrelieren. Somit kann folgende Situation eintreten: Diejenigen Befragten, die Filme einer bestimmten Gattung sehen, zeigen zugleich eine ausgeprägte Aggressivitätstendenz; Befragte, die keine dieser Filme sehen, zeigen auch nur geringe Aggressivitätstendenz. Dies würde sich in einer Korrelation zwischen Filmkonsum und Aggressivität niederschlagen. Nimmt man nun weiter an, daß der Forscher die Möglichkeit bedachte, daß die abhängige Variable nicht (nur) vom Filmkonsum abhängig sein könnte, sondern auch vom elterlichen Erziehungsstil - der demokratisch oder repressiv war -, und zeigt es sich, daß tatsächlich diejenigen, bei denen Konsum bestimmter Filme und Aggressivität sehr ausgeprägt sind, auch besonders repressiv erzogen wurden, so gibt es mehrere Interpretationsmöglichkeiten über das Verhältnis der drei Variablen zueinander (vgl. LAZARSFELD 1976; ZEISEL 1970:113-142)[1]:

1. Unterstellt man aus theoretischen Gründen, daß die Drittvariable "Erziehungsstil" zeitlich sowohl "Filmkonsum" als auch "Aggressivität" vorangeht, so nennt man sie "antezedierende Variable".

Abbildung 5-4: Antezedierende Variable Z

$$\underset{t_1}{Z} \longrightarrow \underset{t_2}{X} \longrightarrow \underset{t_3}{Y}$$

---

[1] Damit wird deutlich, daß die Bezeichnungen "unabhängige Variable", "abhängige Variable", "Drittvariable" sich lediglich aus der theoretischen Sichtweise einer Fragestellung ableiten. Wie die empirische Reihenfolge tatsächlich ist, wird nicht durch diese Bezeichnungen festgeschrieben.

In einem solchen Fall kann sich bei der Datenanalyse ergeben, daß "Erziehungsstil" jeweils mit "Filmkonsum" und "Aggressivität" stark korreliert, aber die ursprünglich starke Beziehung zwischen "Filmkonsum" und "Aggressivität" bei gleichzeitiger Berücksichtigung von "Erziehungsstil" "verschwindet". Die Beziehung "Filmkonsum"/"Aggressivität" wird durch "Erziehungsstil" erklärt bzw. "Filmkonsum"/"Aggressivität" erweist sich als "Scheinbeziehung (-korrelation)". Andere Beispiele für Scheinbeziehungen sind der Zusammenhang zwischen der Anzahl von Löschzügen und den Wasserschäden, der durch die Größe des Brandes als antezedierende Variable erklärt wird, oder die Korrelation zwischen der Anzahl von Störchen und der Geburtenrate, welche über den regionalen Urbanisierungsgrad erklärbar wird.

Eine Korrelation von "Filmkonsum" und "Aggressivität" kann auch durch eine Drittvariable **spezifiziert** werden, etwa wenn diese Beziehung bei einer spezifischen Ausprägung von "Erziehungsstil" (z.B. repressive Erziehung) noch stärker wird und unter der anderen Ausprägung von "Erziehungsstil" (demokratisch) geringer wird oder ganz verschwindet. Es gibt also nur dann eine starke Verbindung von "Filmkonsum" und "Aggressivität", wenn eine spezifische antezedierende Ausprägung von "Erziehungsstil" vorliegt.

2. Tritt die Drittvariable nicht als antezedierende auf, sondern als **intervenierende**, d.h. tritt sie zeitlich zwischen "Filmkonsum" und "Aggressivität", so können zwei weitere Fälle unterschieden werden. Eine solche "intervenierende Variable" könnte im Beispiel die Konflikthäufigkeit mit dem (Ehe-)Partner sein.

Abbildung 5-5: Intervenierende Variable Z

$$\begin{array}{ccccc} X & \longrightarrow & Z & \longrightarrow & Y \\ t_1 & & t_2 & & t_3 \end{array}$$

Der Zusammenhang "Filmkonsum"/"Aggressivität" könnte durch "Konflikthäufigkeit" **"interpretiert"** werden, wenn "Filmkonsum" "nur" auf "Konflikthäufigkeit" wirkt und "Konflikthäufigkeit" wiederum auf "Aggressivität". Das heißt, wer häufig bestimmte Filme sieht, kommt häufig in Konflikte mit dem Partner, die dann wiederum "Aggressivität" verursachen. "Filmkonsum" und "Aggressivität" stehen also in keinem direkten kausalen Verhältnis, wie ihre Korrelation nahelegen könnte. Vielmehr ist der Zusammenhang über die "zwischengeschaltete" Variable "Konflikthäufigkeit" vermittelt. Ein anderes Beispiel wäre der Zusammenhang zwischen dem Geschlecht und der Unfallhäufigkeit mit dem PKW (Frauen verursachen weniger Unfälle als Männer), bei dem die Drittvariable "durchschnittliche jährliche Fahrleistung in km" interveniert: Das Geschlecht hat keinen Einfluß auf die Unfallhäufigkeit (trotz hoher Korrelation), sondern nur auf die Fahrleistung und diese beeinflußt die Unfallhäufigkeit. Oder anders gesagt: Männer und Frauen, die gleich viele Kilometer fahren, haben auch die gleiche Anzahl von Unfällen. Diese Konstellation nennt man "Interpretation".

Als "Vorhersage" bezeichnet man jenen Fall, in dem "Konflikthäufigkeit" interveniert und (ähnlich wie bei der Spezifikation) in den Gruppen je nach Ausprägung von "Konflikthäufigkeit" unterschiedlich starke Zusammenhänge zwischen "Filmkonsum" und "Aggressivität" zu beobachten sind: In der Gruppe mit hoher "Konflikthäufigkeit" wäre z.B. die Beziehung "Filmkonsum"/"Aggressivität" sehr stark, in der Gruppe mit niedriger "Konflikthäufigkeit" würde die Korrelation schwächer werden.

3. Schließlich sei noch auf die Möglichkeit der "verdeckten Beziehung" bzw. scheinbaren Nicht-Korrelation hingewiesen. Dabei liegt zwischen abhängiger und unabhängiger Variablen keine bivariate Korrelation vor. Diese wird "verdeckt" von einer Drittvariablen (wobei hier nicht weiter nach deren antezedierenden oder intervenierenden Status unterschieden wird).

   So wäre es möglich, daß "Filmkonsum" und "Aggressivität" zunächst in keinem korrelativen Verhältnis stehen, ein solches jedoch entdeckt wird, wenn die Drittvariable "Selbstvertrauen" berücksichtigt wird. Für Personen mit ausgeprägtem Selbstvertrauen besteht ein negativer Zusammenhang zwischen "Filmkonsum" und "Aggressivität", d.h. bei ihnen bewirkt "Filmkonsum" eine Verringerung von aggressiven Tendenzen; sie sind amüsiert oder gelangweilt. Anders hingegen für Personen mit schwachem Selbstvertrauen; sie reagieren aggressiv auf "Filmkonsum". Es gibt hier eine positive Beziehung von "Filmkonsum" und "Aggressivität". Hinter der Nicht-Korrelation der Ausgangsvariablen verbergen sich somit gegenläufige Zusammenhänge, die sich kompensieren und erst durch eine Drittvariablenkontrolle entdeckt werden.

Die Diagramme der Abbildung 5-6 zeigen die Beziehung von X, Y und Z anhand sog. "Punktewolken". Jeder Punkt entspricht einer Meßwertkombination für eine bestimmte Person. Eine enge, gestreckte (fast eine gerade Linie bildende) Wolkenform zeigt, daß niedrige, mittlere und hohe X-Werte durchgängig mit niedrigen, mittleren und hohen Y-Werten einhergehen; sie kovariieren positiv. Es besteht ein (starker) Zusammenhang zwischen X und Y. Nimmt die Wolke eher eine Kreisform an, so besteht nur ein geringer oder gar kein Zusammenhang. Denn dieses "Streudiagramm" ("Scatterplot") zeigt, daß hohe X-Werte sowohl mit hohen als auch mit niedrigen Y-Werten korrespondieren und umgekehrt. Es gibt keine systematische Variation, keinen Zusammenhang zwischen X und Y.

Abbildung 5-6: Mögliche Beziehungen zwischen X, Y und Z

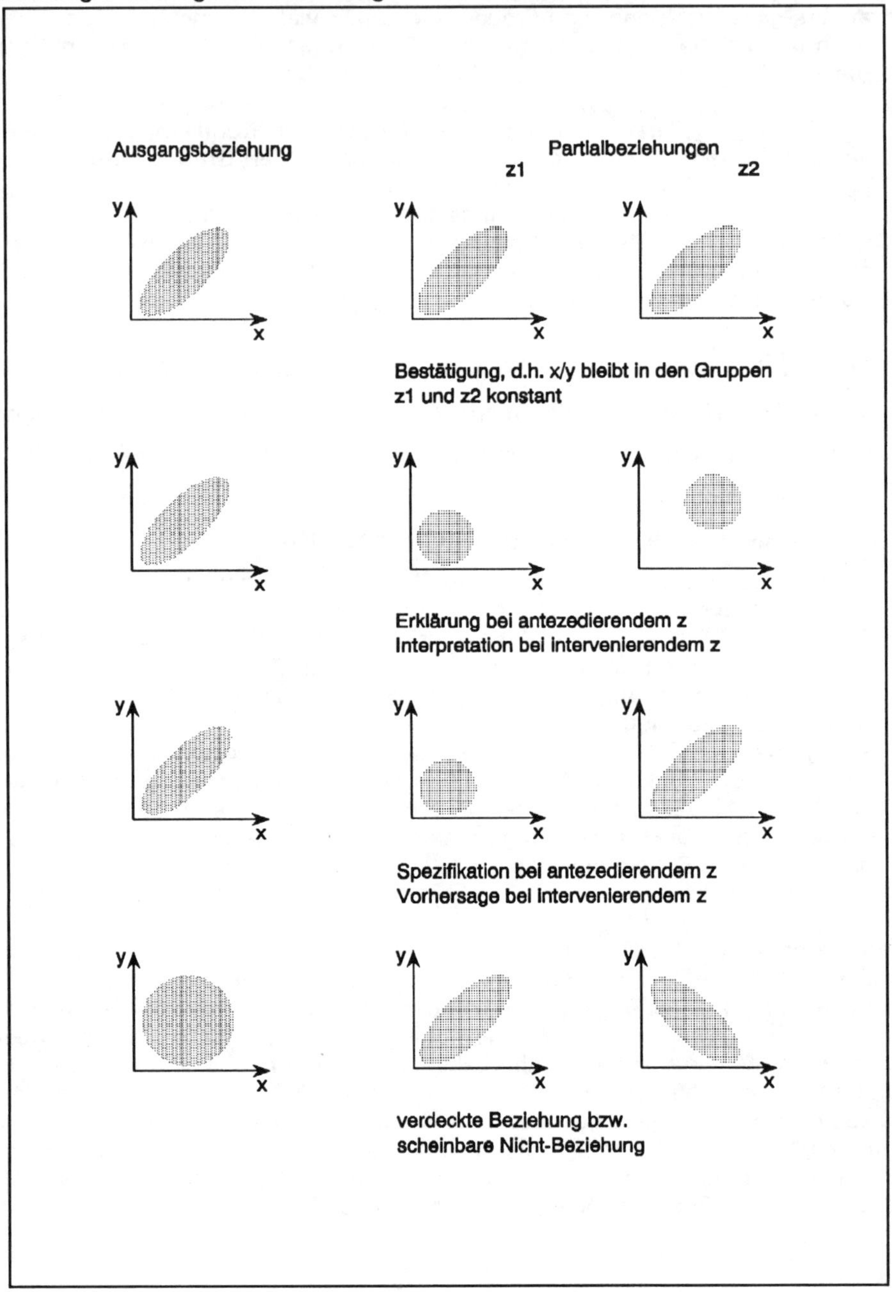

Die Diagramme unter Z_1 und Z_2 zeigen die Punktewolken, die entstehen, wenn man die ursprüngliche X/Y-Wolke nach den Ausprägungen von Z unterteilt, wobei hier lediglich eine dichotome Ausprägung (Z_1 und Z_2) von Z angenommen wird. Unter Z_1 stehen also die X/Y-Meßpunkte derjenigen Personen, die in Z eine bestimmte Ausprägung haben. Etwa: Z_1 gleich ES-repressiv oder Z_2 gleich ES-demokratisch. Man teilt also alle Vpn (Befragten) nach den Ausprägungen in der Drittvariablen auf und erhält den Zusammenhang von X und Y unter den speziellen Bedingungen von Z_1 und Z_2. Die Ausgangsbeziehung X/Y wird auch "Marginalbeziehung" und die beiden "neuen" Beziehungen unter Z "Partialbeziehungen" genannt.

Dies sind nur einige Beispiele, wie sich bivariate Korrelationen bei der Einbeziehung von Drittvariablen verändern können. Sie zeigen jedoch die Bedeutung, die bei Ex-post-facto-Studien der Drittvariablenkontrolle zukommt, und machen deutlich, daß bivariate Korrelationen keineswegs immer ein Indiz für kausale Abhängigkeit sein müssen[1].

Für die Planung, Durchführung und Auswertung von Ex-post- facto-Studien ist es somit von überragender Bedeutung, ein Maximum der theoretisch sinnvollen Drittvariablen zu operationalisieren und zu erheben. Am Beispiel des Survey-Designs wird jedoch schnell deutlich, wie dadurch die Zahl der zu erfassenden Variablen ansteigt. Fragt man sich - ohne hier die jeweiligen theoretischen Hintergründe zu explizieren -, welche Variablen außer dem Konsum spezieller Filme die Aggressivität bedingen könnten, so lassen sich ad hoc eine ganze Reihe nennen: Schichtzugehörigkeit, Lebenszufriedenheit, geschlechtsspezifische Sozialisation, beruflicher Erfolg etc. Da die Anzahl theoretisch kaum zu begrenzen ist, aus forschungsökonomischen Gründen aber begrenzt werden muß, sollte man jedoch nicht "ad hoc Drittvariablen sammeln" - nach dem Motto "sie könnten alle interessant sein" -, wie dies leider häufig in der Forschungspraxis zu beobachten ist. Die einzig erfolgversprechende Strategie liegt aber in der systematischen und

[1] Zur Aufdeckung von Scheinbeziehungen sind eine Reihe von sog. "multivariaten Analysetechniken" entwickelt worden, die von einfachen Tabellenanalysen (vgl. z.B. LAZARSFELD 1976; SIMON 1976; ZEISEL 1970:113-142; BENNINGHAUS 1976:257-270; HELLEVIK 1984) über Partialkorrelationen (vgl. z.B. BORTZ 1977:583-601; KENNY 1979) zur Pfadanalyse reichen (vgl. z.B. HUMMELL/ ZIEGLER 1976, LOEHLIN 1987), wobei nicht nur drei, sondern theoretisch beliebig viele Variablen berücksichtigt werden können (vgl. Kap. 9).

konsequenten Überprüfung einer theoretischen Argumentation, die bewußt eben nicht "alle denkbaren" Drittvariablen berücksichtigt, sondern "nur" jene, die einer stringenten Argumentation entspringen. Als Beispiel kann die hier anstehende Hypothese vom Zusammenhang zwischen Filmkonsum und aggressiven Handlungstendenzen in eine Theorie der Informationsaufnahme und -verarbeitung integriert werden. Aus einem solchen theoretischen Blickwinkel wird die abhängige Variable als Reaktion auf eine bestimmte Bedingungskonstellation gesehen, die bestimmte (Dritt-) Variablen nahelegt: Informationsquelle (personale Kommunikation, Film, Fernsehen etc.), Glaubwürdigkeit der Informationsquelle, Dauer der Informationsaufnahme etc. In diesem Kontext wird die unabhängige Variable zu einer integrierten Variablen innerhalb eines Theoriegebildes, welches zugleich eine Reihe spezifischer Drittvariablen nahelegt. Eine entsprechende Studie gibt dann nicht nur Aufschluß über das Verhältnis zwischen dem Konsum von Filmen einer bestimmten Gattung und der daraus resultierenden Aggressivität, sondern auch über die Leistungsfähigkeit der gesamten Theorie.

Die Qualität einer Ex-post-facto-Untersuchung läßt sich somit vor allem an der Kontrolle von Drittvariablen erkennen, wobei keineswegs allein deren Anzahl entscheidend ist, sondern auch ihre theoretische Integration. Die theorielose Sammlung von Drittvariablen führt nicht selten zu schwer interpretierbaren Resultaten. So kann eine "theorielose" Vorgehensweise z.B. ergeben, daß das Bruttosozialprodukt eines Bundeslandes, der Zigarettenkonsum und auch der Filmkonsum in einem statistischen Zusammenhang zur abhängigen Variablen stehen. Dieses Resultat mag man zwar interessant finden, aber es dürfte auch schwierig sein, ein theoretisch sinnvolles Erklärungsmodell für diese Zusammenhänge zu entwickeln.

5.1.3. Paneldesigns

Die Aussagekraft von Ex-post-facto-Designs wird durch die einmalige, gleichzeitige Messung aller relevanten Variablen gravierend eingeschränkt. Die dadurch implizierten Probleme der kausalen Stellung der Variablen kann jedoch durch wiederholte Anwendung dieses Designs abgeschwächt werden. Führt man z.B. zwei oder mehr Datenerhebungen, man spricht auch von "Erhebungswellen" oder "Wellen", zu unterschiedlichen Zeitpunkten (t_1, t_2, ..., t_n) auf der Grundlage des Survey-Designs durch, so kann man über den Vergleich der Meßwerte aus der ersten und zweiten (bzw. n-ten) Messung feststellen, ob und wie sich die Variablen verändert haben und welche statistischen Zusammenhänge zwischen den Variablen (gemessen an t_1) und den (vermutlich) abhängigen Variablen (gemessen an t_2) bestehen. Umgekehrt ist es nicht möglich, daß Variablen, die z.B. zum Zeitpunkt t_2 gemessen wurden, Einfluß haben auf die Variablenausprägungen, die bei der ersten Welle gemessen wurden. So kann das Problem der kausalen Reihenfolge weit besser bearbeitet werden als bei einer Ex-post-facto-Anordnung. Sind Veränderungen zwischen t_1 und t_2 eingetreten, so können diese mit Hilfe multivariater Analysetechniken untersucht werden[1].

Damit gleicht diese Vorgehensweise sehr einem Experiment, ohne jedoch die entscheidenden Kriterien hierfür (gezielte Manipulation der unabhängigen Variablen, Randomisierung) zu erfüllen. In der Praxis werden Panel-, Trend- und Kohortenanalyse zusammenfassend auch häufig "Längsschnittuntersuchungen" genannt und sind meist an die Befragung als Erhebungstechnik gekoppelt. Prinzipiell sind jedoch auch alle anderen Erhebungstechniken (vgl. Kap. 7) einsetzbar.

---

[1] Auf diese Techniken kann hier nicht eingegangen werden. ZEISEL (1970:182-214) zeigt die Grundlagen der Techniken anhand der Tabellenanalyse. Vertiefende Darstellungen geben MARKUS (1979), KESSLER/GREENBERG (1981) und sehr verständlich PLEWIS (1985). Einen umfassenden Überblick über die verschiedenen Auswertungsverfahren gibt FAULBAUM (1988).

5.1.3.1. Grundmodell des Panels

Als "Panel" bezeichnet man Untersuchungsanordnungen, die an denselben Personen dieselben Variablen (mit derselben Operationalisierung) zu verschiedenen Zeitpunkten erheben (LAZARSFELD 1962:253; GALTUNG 1967:85). Z.B. würde man die Tendenz zu aggressivem Verhalten, den Konsum von bestimmten Filmen und auch alle theoretisch relevanten Drittvariablen (z.B. Konflikte mit dem Partner, berufliche Zufriedenheit etc.) mindestens zweimal - im Abstand von vielleicht vier Monaten - an denselben Personen erheben[1].
Durch den Vergleich der Messungen lassen sich dann intraindividuelle und interindividuelle Veränderungen festmachen. "Intraindividuell" bezeichnet die Veränderung **eines** Individuums auf einer Variablen zwischen den Zeitpunkten der Messungen; dieser Wandel wird "interne Fluktuation" oder "turnover" genannt. Die interindividuelle Veränderung bezieht sich auf die Änderung in der **Gesamtheit der Gruppe** der Versuchspersonen. Diese wird z.B. ermittelt durch Veränderung der Mittelwerte und/oder der Varianz der Variablen zwischen den verschiedenen Zeitpunkten. Eine solche Veränderung einer "Aggregatstatistik" wird als "Nettoveränderung" bzw. "net change" bezeichnet.

Ein fiktives Beispiel aus der Wahlforschung (MEYER/HERMANNS 1984:293) verdeutlicht die beiden Veränderungsarten: Im Juli und August eines Jahres wurden 1000 Personen im Hinblick auf ihre Wahlbeteiligung bei einer anstehenden Wahl befragt. Die Tabelle 5-1 zeigt die Nettoveränderung: Insgesamt hat sich die Verteilung zwischen Juli und August um 30 Personen verändert.

---

[1] KREBS (1981) untersuchte mit einem Paneldesign den Einfluß von Gewaltdarstellungen im Fernsehen auf aggressive Handlungen bei 12- bis 15jährigen Kindern.

Tabelle 5-1: Nettoveränderung

	Juli	August
gehe zur Wahl	870	900
gehe nicht zur Wahl	130	100
Summe	1000	1000

Aus dieser Tabelle geht jedoch nicht hervor, wieviele und welche Personen ihre Einstellung geändert haben. Dies zeigt erst die interne Fluktuation (Tabelle 5-2). Dabei wird deutlich, daß der Nettoveränderung von 30 Personen insgesamt 70 individuelle Einstellungsänderungen zugrunde liegen. 20 Personen, die im Juli noch wählen wollten, beabsichtigen dies im August nicht mehr; 50 Personen, die im Juli nicht wählen wollten, geben im August jedoch eine Wahlabsicht bekannt.

Tabelle 5-2: Interne Fluktuation

		August		
		gehe zur Wahl	gehe nicht zur Wahl	Summe Juli
Juli	gehe zur Wahl	850	(20)	870
	gehe nicht zur Wahl	(50)	80	130
Summe August		900	100	1000

Panelstudien vereinigen einerseits die bekannten Vorteile des Ex-post-facto-Designs, können aber **zusätzlich** individuelle Veränderungen anzeigen (wie ein Experiment) und erleichtern die kausale Rekonstruktion von Ereignissen (Prozessen). Für die interne und externe Validität von Paneluntersuchungen gilt das gleiche wie für Ex-post-facto-Designs: Insbesondere ergeben sich Probleme mit den Faktoren "zwischenzeitliches Geschehen" und "Reifung", vor allem dann, wenn die Abstände zwischen t_1 und t_2 (bzw. t_n) relativ groß sind; Meßeffekte hingegen sind vor allem bei eher kürzeren Abständen zu erwarten (DIERKES 1977:130).

Bei der Planung und Durchführung von Panels ist die Wahl der "richtigen" Zeitabstände von zentraler Bedeutung (LAZARSFELD 1962:263-265). Hierfür kann man keine allgemein gültigen Regeln angeben, sondern hier muß nach inhaltlich-theoretischen Gesichtspunkten und ausgiebigen Vorüberlegungen entschieden werden. Untersucht man z.B. den Einfluß der Wählerwerbung durch die Parteien (Versammlungen, Plakatierung etc.) auf die Wahlentscheidung der Bürger, so sollte die gesamte Wahlkampfphase in verschiedene Intervalle zerlegt werden, und die Versuchspersonen (Befragten) sollten alle 14 Tage oder alle 4 Wochen befragt werden. Bei langfristigen Prozessen - etwa der Auswirkung der schulischen Sozialisation auf berufliche Aufstiegsmöglichkeiten - können zwischen den Meßzeitpunkten mehrere Jahre vergehen.

Bei dem seit 1984 laufenden (wahrscheinlich) umfangreichsten bundesdeutschen Panel, dem sog. Sozio-ökonomischen Panel[1], werden im Abstand von je einem Jahr alle über 16jährigen Haushaltsangehörigen von ca. 6.000 Haushalten, das sind über 12.000 Personen, befragt. Bei diesem Panel wechselt ein geringer Teil der Fragen von Welle zu Welle, um thematische Schwerpunkte setzen zu können. Diese Schwerpunkte betreffen z.B. Erwerbsbiographie, Ehebiographie, soziale Herkunft u.a. Die Daten, die zur wissenschaftlichen Bearbeitung jedermann zur Verfügung gestellt werden können, erlauben somit eine detaillierte Analyse von individuellen und gesellschaftlichen Wandlungsprozessen zu einer Vielzahl sozio-ökonomischer Fragestellungen.

Abgesehen von ihren Vorteilen besitzen Panelstudien aber auch besondere methodische Probleme:

- die Sicherstellung der Konstanz der Meßinstrumente,
- die Ausfallrate bzw. Panelmortalität,
- die Veränderung der Teilnehmer des Panels durch die Teilnahme ("Paneleffekt").

[1] Das Sozio-ökonomische Panel wird von der DFG (Deutsche Forschungsgemeinschaft) gefördert und vom SFB 3 (Sonderforschungsbereich 3) und DIW (Deutsches Institut für Wirtschaftsforschung) geleitet. Die Feldarbeiten werden von INFRATEST (München) durchgeführt; vgl. zu Einzelheiten HANEFELD (1987).

Die Konstanz der angewendeten Meßinstrumente ist insofern problematisch, als sich bei Befragungen der semantische Gehalt von Begriffen (Frageformulierungen etc.) infolge des allgemeinen sozio-kulturellen Wandels verändern kann. Repliziert man Untersuchungen nach 10, 20 oder 30 Jahren, so ergeben sich u.U. gravierende Bedeutungsverschiebungen von sprachlichen Ausdrücken. Zum anderen ergeben sich in so langen Zeiträumen auch Verbesserungen der sozialwissenschaftlichen Meß- und Auswahlverfahren, die eine Entscheidung zwischen "alten" und neuen Techniken erfordern[1].

Die Ausfallrate bei Panels, also der Anteil der Teilnehmer, die im Verlauf des Panels als Befragte ausfallen ("Panelmortalität") ist das schwerwiegendste praktische Problem. Häufig sind Personen, die von der ersten Welle erfaßt wurden, nicht mehr bereit oder fähig, an weiteren Messungen teilzunehmen. Diese Panelmortalität hat verschiedene Ursachen: Verlust der Teilnahmemotivation, Umzug (Adreßänderung)[2], Krankheit, Tod etc.

Das Ausmaß der Panelmortalität ist natürlich stark vom Zeitabstand und der Anzahl der Wellen sowie der Panelpflege (s.u.) abhängig. Dementsprechend schwanken die Ausfallquoten stark: So werden für das sozio-ökonomische Panel je nach Welle Ausfälle zwischen 6% und 12.5% erreicht, bei anderen Panels wurden Ausfallquoten bis über 60% berichtet (vgl. HOAG 1981; RENDTEL 1990). Die Ausfälle sind vor allem deshalb sehr problematisch, weil es häufig keine zufälligen Ausfälle, sondern systematische sind. Die "ausgefallenen" Personen zeigen also bestimmte Eigenschaften, die mit den abhängigen Variablen zusammenhängen[3]. Bei der Planung muß die hohe Mortalität berücksichtigt werden. Ein höherer Stichprobenumfang als bei entsprechenden Querschnittserhebungen sollte deshalb nach Möglichkeit realisiert werden. Diese Empfehlung löst zwar **nicht** das Ausfallproblem, aber es gewährleistet die für eine sinnvolle Datenanalyse notwendige Fallzahl, die dann jedoch unter den selektiven Ausfällen leiden kann.

---

[1] vgl. PORST (1983:26-27). Einen Überblick über die Probleme vergleichender Studien über große Zeiträume gibt MARTIN (1983).

[2] Pro Jahr wechseln 7-10% der Wohnbevölkerung der BRD die Wohnung (HANEFELD 1987:116).

[3] Vgl. z.B. HOAG (1981) und Kap. 6.7.

Daher muß eine intensive Panelpflege betrieben werden (CRIDER u.a. 1973), d.h. man muß den Kontakt zu den Befragten zwischen den Messungen aufrecht erhalten, um so Adreßänderungen, Motivationsverluste u.a. feststellen und ihnen entgegenwirken zu können[1]. Alle diese (notwendigen) Maßnahmen erhöhen natürlich die Kosten für Panelstudien, die deshalb eher selten durchgeführt werden[2].

Unter Paneleffekten versteht man die Veränderung der Teilnehmer durch die wiederholte Befragung. Hierzu gehören Effekte wie die Ausbildung von vor der Befragung noch nicht bestehender Einstellungen, die Veränderung oder die Verfestigung bestehender Einstellungen und Verhaltensweisen durch die wiederholte Befragung. Weiterhin gehören hierzu Veränderungen des Verhaltens der Befragten während der Interviews: Den Befragten ist der Ablauf und der Inhalt der Interviews bekannt; ihr Verhalten in der Interviewsituation wird daher von demjenigen von Erstbefragten abweichen. Gelegentlich bilden sich zwischen Interviewern und Befragten aufgrund wiederholter Befragung freundschaftliche Beziehungen, die das Antwortverhalten ebenfalls beeinflussen können.

5.1.3.2. Panelvarianten

Zur Kontrolle des Einflusses von Panelmortalität und Paneleffekten auf die Ergebnisse des Panels sind mehrere Design-Varianten entwickelt worden (vgl. DUNCAN/KALTON 1987:100).

Das "alternierende Panel" teilt die gesamte Stichprobe in Subgruppen (G_1, G_2 ...) ein, die dann abwechselnd in den Panel-Wellen (t_1, t_2 ...) befragt werden (Ab-

---

[1] Im Falle des Sozio-ökonomischen Panels erhalten die Befragten nach jeder Erhebung ein Dankschreiben, dem ein Los der ZDF-Lotterie "Der große Preis" beigefügt ist. Eine neue Erhebungswelle wird den Befragten zuvor in einem Schreiben angekündigt, vgl. INFRATEST (1986:25f) und HANEFELD (1987:263-268).

[2] Ein Verzeichnis der verfügbaren (überwiegend) amerikanischen Panelstudien findet sich bei YOUNG/SAVOLA/PHELPS (1991).

bildung 5-7). So wird z.B. eine Gruppe (G_1) in der ersten, dritten und fünften Welle und eine andere Gruppe (G_2) in der zweiten und vierten Welle befragt. Damit wird zum einen der Gesamtaufwand der Erhebungen verringert (jeweils weniger Befragte), zum anderen lassen sich eventuell Ausfälle aufgrund von Belastungs- und Gewöhnungseffekten ("Warum fragen Sie das denn schon zum dritten mal?") verringern. Darüber hinaus wird u.U. durch die längeren Zwischenräume zwischen zwei Befragungszeitpunkten die Gefahr von Paneleffekten verringert. Bei einer geringen Stichprobengröße ist dieses Design allerdings nicht angebracht, da bei mehrwelligen Panels durch die Ausfälle pro Welle Gruppengrößen erreicht werden, mit denen eine Analyse nicht mehr sinnvoll möglich ist. Da aufgrund der unterschiedlichen Erhebungszeitpunkte für die verschiedenen Gruppen von einer eingeschränkten Vergleichbarkeit der Ergebnisse ausgegangen werden muß, ist eine erneute Zusammenfassung der geteilten Stichprobe in den letzten Wellen nicht möglich; somit birgt dieses Verfahren die Gefahr des "Verlusts" der letzten Wellen mit sich.

Abbildung 5-7: Alternierendes Panel

	t_1	t_2	t_3	t_4	t_5
G1	X		X		X
G2		X		X	

Abbildung 5-8: Rotierendes Panel

G1	X	X	X	X	X
G2	X	X	X	X	
G3	X	X	X		
G4	X	X			
G5	X				
G6		X	X	X	X
G7			X	X	X
G8				X	X
G9					X

Eine andere Design-Variante bildet das "<u>rotierende Panel</u>". Dabei sind nicht alle Befragten über alle Wellen im Panel; das Sample wird in Gruppen unterteilt (bei fünf Wellen z.B. fünf Gruppen), und bei jeder Welle scheidet eine der bisherigen

Gruppen aus und wird durch eine nacherhobene neue Gruppe ersetzt (DUNCAN/ KALTON 1987:103). Im Falle eines Fünf-Wellen-Panels würde dies (bei fünf Subgruppen) bedeuten, daß nur eine Befragtengruppe alle fünf Wellen durchläuft, je zwei Befragtengruppen durchlaufen vier, drei, zwei und nur eine Welle (Abb. 5-8). Neben einer vergleichsweise kleinen Panelkomponenten bedingt dieses Design einen erheblichen Nacherhebungsaufwand, da zu jeder Welle eine Nacherhebung stattfinden muß. Schließlich besteht die Gefahr, daß insbesondere die interessanteste Gruppe (die fünf-Wellen-Gruppe) unter hoher Panelmortalität leidet. Darüber hinaus müssen die Gruppen, die nur an einer Welle teilnehmen (G_5 und G_9 in Abb. 5-8) aus der Längsschnittanalyse ausgeschlossen werden, wodurch sich erneut eine Verringerung des Samples ergibt.

Abbildung 5-9: Geteiltes Panel

G1	X	X	X	X	X
Q1	X				
Q2		X			
Q3			X		
Q4				X	
Q5					X

Eine weitere Design-Variante ist das "geteilte Panel" (split panel survey, DUNCAN/ KALTON 1987). Dieses Design impliziert die Bildung von zwei Gruppen; eine Gruppe durchläuft dabei eine "normale" Panel-Untersuchung (G_1 in Abb 5-9), die zweite Gruppe wird als rotierendes Panel oder auch nur als wiederholte Querschnittsuntersuchung (Q_1 - Q_5 in Abb. 5-9) in die Erhebung aufgenommen. Diese Variante bietet zwar den Vorteil, für die Panel-Komponente jeweils eine Kontrollgruppe in der Untersuchung zu haben, ist allerdings mit dem Nachteil eines erheblich höheren Aufwands bei der Auswahl (bei jeder Welle muß eine neue Gruppe gezogen werden) sowie einer erheblichen Reduzierung der Stichprobengröße in der Panelkomponente verbunden.

5.1.4. Trend- und Kohortendesign

Als eine spezielle Abwandlung des Paneldesigns kann die "Trendanalyse" (gelegentlich auch unechtes Panel oder "replikativer Survey" genannt) gesehen werden[1]. Auch hier werden Variablen durch dieselben Operationalisierungen zu verschiedenen Zeitpunkten gemessen, jedoch an anderen Personen, die aber über dasselbe Auswahlverfahren ermittelt werden[2]. Trendanalysen bzw. replikative Surveys sind sozusagen genaue "Nachbauten" vormals durchgeführter Studien.

Gegenüber dem Panel entfällt jedoch die Möglichkeit, Veränderungen an einzelnen Individuen identifizieren zu können. Lediglich Veränderungen zwischen den beiden Gesamtheiten der Befragten, also Veränderungen der Aggregatstatistik, sind feststellbar. Diesem Nachteil in der Aussagekraft stehen jedoch erhebliche forschungsökonomische Vorteile gegenüber, da der Aufwand zum Ausgleich der Panelmortalität durch Panelpflege entfällt. "Trendanalysen" sind also im allgemeinen mit geringeren Kosten verbunden als Panelstudien.

Beispiele für Trendstudien sind Untersuchungen des Instituts für Demoskopie Allensbach, von ALLERBECK/HOAG (1985a) und der ALLBUS. Die erstgenannte Studie repliziert eine Befragung aus dem Jahre 1953 im Jahre 1979 wieder. Dabei wurden 1953 ca. 3.000 Interviews und 1979 ca. 2.000 zu den Themen Politik, Freizeit, Religion u.a. durchgeführt (NOELLE-NEUMANN/PIEL 1983:75ff.). Die Studie versucht, den Wandel von Einstellungen in der Bevölkerung über einen Zeitraum von 26 Jahren darzustellen. Zwar wurde dabei die Frageformulierung weitestgehend beibehalten, jedoch wurde das Auswahlverfahren geändert (vgl. NOELLE-NEUMANN/PIEL 1983:224ff.), was die direkte Vergleichbarkeit der beiden Erhebungen beeinträchtigen kann. ALLERBECK/HOAG replizieren eine Studie von 1962 im Jahre 1983. Dabei wurden mit einem nahezu identischen Fragebogen und nach den gleichen Auswahlprinzipien die Veränderungen von politischen Einstellungen, Berufswünschen u.a. von Jugendlichen ermittelt.

---

[1] Gelegentlich werden auch Trend- und Panel-Untersuchungen kombiniert. Ein Beispiel geben JENNINGS/v.DETH et al. (1990). Bei dieser Studie zur politischen Partizipation wurden in drei Ländern in zwei Wellen Daten erhoben, wobei jeweils nur ein Teil der Befragten aus der ersten und zweiten Welle identisch war.
[2] Vgl. GALTUNG (1967:85); MEYER/HERMANNS (1984:282-284) und MARTIN (1983:677-679).

Auf eine häufigere und in kürzeren Abständen erfolgende Datenerhebung ist der ALLBUS ausgelegt. Diese Trendstudie wird seit 1980 im Abstand von je zwei Jahren wiederholt. "Seiner Konzeption nach ist der ALLBUS ... ein Forschungsprogramm zur Erhebung und Verbreitung aktueller und repräsentativer Daten über Einstellungen und Verhaltensweisen der Bevölkerung der Bundesrepublik Deutschland. Er soll vornehmlich dem Ziel dienen, für Forschung und Lehre in den Sozialwissenschaften eine kontinuierliche, inhaltlich fruchtbare und methodisch anspruchsvolle Informationsgrundlage zu schaffen, die allgemein zugänglich ist" (PORST 1983:37). Der ALLBUS hat einen festen Kern von Fragestellungen, welcher in jeder Welle an ca. 3 000 Personen, die jeweils nach dem gleichen Auswahlverfahren rekrutiert werden, erneut erhoben wird. Dieser Kern kann für Trendstudien genutzt werden. Der ALLBUS ist als Mehrthemen-Befragung konzipiert (d.h., es werden verschiedene soziologische Bereiche, z.B. Umwelt, Arbeit, Politik etc. thematisiert). Der ALLBUS erlaubt sowohl aktuelle Querschnittsanalysen als auch Studien zum sozialen Wandel (PORST 1983, 1985)[1].

Schließlich sei noch auf eine weitere Art der Längsschnittuntersuchung hingewiesen: die "Kohortenanalyse". Kohorten werden durch Personen gebildet, bei denen annähernd zum gleichen Zeitpunkt ein spezielles Ereignis in ihrem Lebenslauf eingetreten ist (RYDER 1968:546; PORST 1983:29-30). Am bekanntesten sind Geburtskohorten (Jahrgänge), aber auch andere Ereignisse können Kohorten definieren: Scheidungskohorten, Pensionierungskohorten, Einschulungskohorten, etc. Bei diesem Design rekrutieren sich die Versuchspersonen dann aus bestimmten Kohorten. Dabei kann man prinzipiell zwei Vorgehensweisen unterscheiden (GLENN 1977:9-10): Vergleich zwischen verschiedenen Kohorten oder innerhalb einer Kohorte.

Beim Intra-Kohorten-Vergleich sind die untersuchten Versuchspersonen zu verschiedenen Meßzeitpunkten dieselben, z.B. werden Personen des Geburtsjahrgangs 1940 auf verschiedene Variablen hin untersucht, etwa in den Jahren 1960, 1970 und 1980. Beim Inter-Kohorten-Vergleich werden Mitglieder verschiedener Kohorten untersucht, die aber zu den jeweiligen Meßzeitpunkten den gleichen zeitlichen

---

[1] Der Datensatz des ALLBUS kann von Interessenten über das Zentralarchiv für empirische Sozialforschung, Universität zu Köln, bezogen und für eigene Analysen genutzt werden.

Abstand zu dem die Kohorte definierenden Ereignis haben, z.B. Rentner verschiedener Altersgruppen jeweils 5 Jahre nach der Pensionierung.

Ein typisches Beispiel für eine Kohortenanalyse stellt die **British National Child Study** dar. Dabei wurden über 12.000 in Großbritannien im Zeitraum vom 3. bis 9. März 1958 geborene Kinder im Hinblick auf Gesundheit, Ausbildung, Einkommen und verschiedene Einstellungen über eine Zeitspanne von 23 Jahren hinweg in vier Wellen untersucht (vgl. GOLDSTEIN/WEDGE 1975).

Kohortenstudien gelten als das typische Design für entwicklungspsychologische und generationssoziologische Fragestellungen[1].

5.2. Andere Untersuchungsformen

Üblicherweise firmieren in den Sozialwissenschaften unter dem Label "Untersuchungsformen" neben den vorgängig dargestellten Forschungsdesigns weitere Forschungsstrategien, die spezielle Untersuchungsformen und Vorgehensweisen bezeichnen[2]. Die wichtigsten sind Einzelfallstudie, Sekundäranalyse, Ereignisdatenanalyse und Netzwerkanalyse. Die Einzelfallstudie" - auch Einzelfallanalyse, case study oder Fallstudie - nimmt **ein** bestimmtes Objekt zum Untersuchungs- bzw. Analysegegenstand. Die "Sekundäranalyse" greift zur Deskription bzw. zum Hypothesentest auf bereits vorhandene Daten(-bestände) zurück. Innerhalb des

[1] Der Ansatz des Kohortendesigns kann in verschiedener Hinsicht ausgeweitet werden und führt zu den sog. Sequenzplänen (vgl. DAUMENLANG 1984 sowie die dort angegebene Literatur).

[2] Je nachdem, welche Kriterien man für die Kennzeichnung einer Vorgehensweise als Untersuchungsform anlegt, kann man weitere Strategien charakterisieren und mit Namen benennen: z.B die "qualitative Sozialforschung", die zumeist auf der Grundlage von Einzelfällen unstandardisierte Interviews verwendet, die "oral history", die sich auf die Analyse mündlich wiedergegebener Biographien konzentiert, u.a. Diese häufig als Untersuchungsformen gekennzeichneten Vorgehensweisen stellen jedoch kaum eigenständige Forschungsstrategien, wie etwa das Experiment oder das Panel, dar. Es sind vielmehr spezielle Kombinationen von unterschiedlichen Techniken bei der Operationalisierung, Bestimmung der Auswahlelemente oder der Datenerhebung.

Forschungsprozesses entfällt somit der Datenerhebungsprozeß. Bei der Ereignisdatenanalyse und der Netzwerkanalyse handelt es sich in erster Linie um Datenanalyseverfahren, die jedoch einer bestimmten Datenstruktur bedürfen, die bereits bei der Planung der Untersuchung berücksichtigt werden muß. In allen Fällen ist jeweils zu prüfen, welches Design im engeren Sinne Anwendung findet. Hier sind prinzipiell alle Möglichkeiten gegeben[1].

5.2.1. Einzelfallanalyse

Eine Einzelfallanalyse als Betrachtung einer singulären Untersuchungseinheit muß sich nicht zwangsläufig auf die Analyse eines einzigen Individuums beziehen, sondern sie kann auch mehrere Individuen, die zusammen **einen Untersuchungsgegenstand** bzw. **eine Analyseeinheit** bilden, umfassen. Häufig wird nach folgenden typischen Untersuchungseinheiten unterschieden (PETERMANN/HEHL 1979:3; von ALEMANN/ORTLIEB 1975:167-169):

- Eine einzelne Person ist Gegenstand der Analyse.

Dieser Fall ist z.B. im Bereich der Psychologie und Medizin häufig anzutreffen. Untersuchungen einer bestimmten Krankheit oder psychischen Störung werden an einem Patienten vorgenommen. Aber auch im Bereich der Sozialwissenschaften können einzelne Personen Analysegegenstand sein, z.B. bei einer Analyse der politischen Einflußmöglichkeiten des Bundespräsidenten, der Rolle des Vorsitzenden der Tarifkommission u.a. In der Soziologie war es vor allem die Chicagoer Schule, die Einzelfallstudien unter dem Begriff "life histories" zu einer spezifischen Untersuchungsform entwickelt hat (HAKIM 1987:63f.).

- Eine Personengruppe bildet die Analyseeinheit.

Häufig genannte Beispiele hierfür sind die Studien von FESTINGER et al. (1956) über eine Sekte, die den Weltuntergang voraussagte oder die Gemeindestudie von MAYNTZ (1958) über die soziale Schichtung und den sozialen Wandel in einer Industriegemeinde.

---

[1] Zu der Vielzahl der möglichen Kombinationen von Design und Erhebungstechnik im Rahmen von Einzelfallstudien vgl. YIN (1985:27-54).

- Eine Organisation ist Gegenstand der Untersuchung.

So wird z.B. von WINKLER et al. (1985) die Organisationsstruktur und Funktion des Deutschen Sportbundes (DSB) und seiner Einzelverbände zum Objekt einer Fallstudie.

- Schließlich werden in Soziologie und Politologie (ganze) Gesellschaften oder Kulturen als Einzelfälle behandelt.

So kann z.B. die (klassische) Analyse von GEIGER (1967), welche die "soziale Schichtung des deutschen Volkes" untersucht, als Einzelfallstudie betrachtet werden.

Einzelfallstudien können somit auf der Auswahlebene und auf der Analyseebene auf **ein** Individuum als Gegenstand zurückgreifen oder auf der Auswahlebene mehrere oder gar sehr viele Individuen umfassen, die jedoch im Hinblick auf das Untersuchungsziel als eine Einheit aufgefaßt werden. Dies ist in der Regel der Fall bei Studien, die Erklärungen von Gruppen-, Organisations- oder Gesamtgesellschaftsphänomenen geben wollen. Die entsprechenden Hypothesen beinhalten dann zumeist Aussagen über Vernetzung, Arbeitsteilung, Informationsfluß, Entscheidungsprozesse u.a. zwischen und über Individuen hinweg. Auch wenn die Aussagen solcher Studien im allgemeinen überindividuelle Sachverhalte betreffen, wird bei der Datenerhebung auf Individuen als Merkmalsträger zurückgegriffen[1].
Es gibt verschiedene Gründe für die Festlegung auf eine Einzelfallstudie (HUBER 1973:38-43): Zu erklärende soziale Ereignisse können raum-zeitlich und personell sehr selten sein, so daß sich praktisch keine Alternative zu einer Einzelfallstudie ergibt. Sowohl für Personen in bestimmten Positionen (Bundespräsident), Gruppen (Verfassungsrichter, Fußballnationalmannschaft der BRD), Organistionen (UN, IBM, Weltbank) als auch Gesamtgesellschaften kann dies zutreffen. In diesen Fällen

---

[1] Innerhalb einer solchen Fallstudie können aber auch Aussagen für die als Informationsträger benutzten Individuen gemacht werden. In diesem Fall wäre dann korrekterweise nicht mehr von einer Einzelfallstudie zu sprechen. D.h. eine Studie kann je nach den Einheiten, über welche Aussagen erfolgen, sowohl den Charakter einer Einzelfallstudie als auch den einer "Vielzahl"-Studie haben.

stellt sich gar nicht erst die Frage nach einem möglichen Auswahlverfahren (vgl. Kap. 6), da die Analyseeinheit zugleich die Gesamtheit der möglichen Auswahlelemente darstellt.

In den Fällen, in denen es praktisch möglich wäre, mehrere vergleichbare Analyseeinheiten (Gruppen, Gemeinden, Unternehmen) zu untersuchen, führt oft ein Mangel an ökonomischen Forschungsmitteln zu einer Beschränkung auf Einzelfälle. Wenn aus diesen Gründen auf den Einsatz von Auswahlverfahren verzichtet wird, so ergibt sich daraus ein gravierender Mangel bezüglich der Generalisierungsfähigkeit der ermittelten Forschungsresultate.
Andererseits kann dieser Nachteil auch bewußt zugunsten einer differenzierteren Datenerhebung und -analyse in Kauf genommen werden (BARTON/LAZARSFELD 1979:72-77). Die Untersuchung von MAYNTZ (1958) beschränkte sich zwar bewußt auf eine Gemeinde, umfaßte dafür jedoch eine Vielzahl von Aspekten der sozialen Schichtung und Mobilität und hatte zudem "Pilotcharakter" für zahlreiche darauf aufbauende Untersuchungen. Eine generelle Empfehlung für oder gegen solche Fallstudien kann es nicht geben. Hier ist immer eine Abwägung zwischen der Vielschichtigkeit der interessierenden theoretischen Aspekte, dem bisherigen Kenntnisstand in dem betreffenden Forschungsgebiet und den Forschungsressourcen zu treffen. Schließlich können ethische Kriterien eine Beschränkung auf eine Einzelfallstudie nahelegen. Etwa wenn ein Drogenabhängiger in eine neue, bisher nicht bewährte Therapie eintritt[1].

Einzelfallanalysen werden in den Sozialwissenschaften unter zwei unterschiedlichen Aspekten vorgenommen. Einmal, wie bisher unterstellt, als Mittel der Beschreibung und Erklärung bzw. des Hypothesentests. Dabei unterscheiden sich die einzelnen Schritte des Forschungsprozesses abgesehen von der Realisierung eines

---

[1] Dieser Einsatzbereich von Fallstudien, für den auch spezielle (experimentelle) Designs entwickelt wurden, wird z.B. von PETERMANN (1989) detailliert dargestellt.

Auswahlverfahrens nicht von anderen Forschungsstrategien. Zum anderen werden Fallstudien häufig in einer explorativen Absicht unternommen. Dabei verfolgt die Einzelfallstudie nicht das Ziel einer Theorieprüfung, sondern dient der Hypothesengenerierung. Unter dieser Zielsetzung wird die Einzelfallstudie zumeist in Verbindung mit weniger standardisierten Datenerhebungsverfahren (offenes Interview, teilnehmende Beobachtung) eingesetzt. Das so gewonnene Material liefert neben anderen Quellen dann wichtige Informationen zur Theoriebildung und Konzeptspezifikation. Dabei können, wie für den gesamten Entdeckungszusammenhang von Hypothesen und Theorien, keine allgemein verbindlichen Regeln angegeben werden.

5.2.2. Sekundäranalyse

Bei der Sekundäranalyse greift der Forscher zur Überprüfung seiner Hypothesen auf bereits vorhandene Daten(-bestände) zurück. Der große Vorteil dieser Vorgehensweise liegt in der u.U. erheblichen Einsparung an finanziellen Mitteln, die ansonsten für eine Datenerhebung notwendig wären. Das Hauptproblem der Sekundäranalyse besteht darin, die adäquaten Daten zu beschaffen. Die Beschaffung der Daten kann sich vergleichsweise einfach gestalten, wenn die Sekundäranalyse "lediglich" eine zweite Auswertung eines vorhandenen Datensatzes unter Zugrundelegung der gleichen Theorie anstrebt. So überprüften HUMMELL/OPP (1969) die Untersuchung von LIPSET et al. (1956) zum "ehernen Gesetz der Oligarchie" mit teilweise anderen Analysemethoden.

Deutlich schwieriger ist die Datenbeschaffung für eine Sekundäranalyse, wenn bisher nicht geprüfte Theorien mit Hilfe von Daten getestet werden, die aus einem anderen theoretischen Blickwinkel bzw. zum Test einer anderen Theorie erhoben wurden. Es müssen dann Indikatoren bzw. Variablen aus vorhandenen Datenbeständen für die nunmehr interessierenden Konstrukte gefunden werden. Zugleich muß das Auswahlverfahren, welches für die bei der Sekundäranalyse benutzten

Daten angewendet wurde, auch mit dem nunmehr angestrebten Aussagebereich kompatibel sein. So nützt es wenig, wenn geeignete Indikatoren vorliegen, diese jedoch nur an männlichen Jugendlichen erhoben wurden und die Sekundäranalyse Aussagen über Erwachsene anstrebt. Für eine erfolgreiche Datensuche hinsichtlich Variablen und Auswahlverfahren leisten die sozialwissenschaftlichen Datenarchive[1] sehr nützliche Dienste. Sie stellen gegen ein geringes Entgelt vorhandene Datensätze zur wissenschaftlichen Bearbeitung zur Verfügung. Dabei sind die Daten zumeist bereits in maschinenlesbarer Form und auf den gängigen Datenträgern (Magnetbänder oder Disketten) zu erhalten, wodurch die Datenaufbereitung (vgl. Kap. 8) entfällt.

Daneben existieren jedoch vielfältige andere mögliche Datenquellen: Die amtliche Statistik (Statistisches Bundesamt, statistische Landesämter und kommunale statistische Ämter), andere staatliche oder halbstaatliche Einrichtungen (Bundesversicherungsanstalt, Krankenkassen, sonstige Behörden)[2], internationale Organisationen (EG, UN, OECD u.a) und auch kommerzielle Institutionen (Banken, Kaufhauskonzerne, Versicherungen u.a.). Innerhalb solcher Einrichtungen fallen zumeist sog. "prozeß-produzierte Daten" (ROKKAN 1976:454) an, d.h. es sind im weitesten Sinne Aufzeichnungen, die nicht zum Zwecke der wissenschaftlichen Analyse, sondern in Rahmen der jeweiligen Arbeitsbereiche dieser Organisationen gesammelt werden (BICK/MÜLLER 1984:123). Beispiele für die Nutzung solcher Daten sind vor allem im Bereich der Rechtssoziologie (Analyse von Akten aus Gerichtsverfahren) und in der historischen Sozialforschung (Analyse vielfältigster Dokumente) zu finden. Ein Beispiel, in dem inhaltlich beide Bereiche thematisiert werden, stellt die Arbeit von MANN (1987) dar. Dabei wird als Quelle für die

---

[1] In der Bundesrepublik hat das Zentralarchiv für empirische Sozialforschung an der Universität zu Köln diese Aufgabe übernommen. Dort sind derzeit über 1500 Datensätze inclusive der entsprechenden Zusatzinformationen (Bericht über Anlage und Durchführung der Untersuchung, Codepläne etc.) verfügbar. Die Anschriften der wichtigsten Archive in den USA und in Europa findet man in Anhang D.

[2] Einen umfassenden Einblick in die Möglichkeiten und Probleme der Nutzung von Verwaltungsdaten geben BICK/MANN/MÜLLER (1984).

Untersuchung von "Protest und Kontrolle im Dritten Reich" auf Gestapo-Akten, Gerichtsakten, Adreßbücher u.a. zurückgegriffen.
Solche prozeß-produzierten Daten sind nicht frei von Verzerrungen. Auch wenn hier z.B. keine Versuchsleiter- oder Interviewereffekte zu erwarten sind, so haben doch auch diese Daten einen Entstehungsprozeß, der sich auf die Güte des Materials auswirkt. So verfügen Behördenmitarbeiter als Aktenbearbeiter und damit Datenproduzenten z.B. über bestimmte Ermessensspielräume bei ihrer Dokumentation, Klienten verfolgen mit ihren Angaben gewisse Ziele, die das Verschweigen oder Betonen von bestimmten Sachverhalten nahelegen u.a. (vgl. dazu BICK/MÜLLER 1984:130-147). Die genaue Kenntnis des Entstehungsprozesses der Daten, der Operationalisierung und Messung und die Bestimmung der Güte der Messung gehören somit selbstverständlich zu einer Sekundäranalyse (KIECOLT/NATHAN 1985:52-62).
Die Möglichkeiten der Sekundäranalyse können beträchtlich erweitert werden, wenn mehrere Datensätze bzw. Datenquellen verknüpft werden. Man spricht in diesem Fall von "record-linkage". So könnte man den Zusammenhang zwischen Konsumgewohnheiten und Erkrankungen überprüfen, wenn z.B. die Kundenkarteien von Versandhäusern mit den Akten von Krankenkassen verknüpft würden. Um dabei auch Aussagen über einzelne Individuen machen zu können, benötigt man mindestens eine gemeinsame Identifikationsvariable. Eine solche Identifikationsvariable kann aus dem Namen und der Adresse der Personen bestehen. Auf dieser Grundlage werden dann die Dateien verknüpft (ein Beispiel für record-linkage gibt MANN 1987:85ff.; zu den vielfältigen Möglichkeiten und auch Problemen des linkage vgl. KORTMANN/KRUPP 1977; FIELDING/FIELDING 1986).

Die Nutzung von prozeß-produzierten Daten für Sekundäranalysen ist stark von den Zugangsbedingungen zu den Datenbeständen abhängig. Neben der strikten Einhaltung aller Datenschutzgesetze kommt es dabei nicht selten auf das Geschick des Forschers an, sein Anliegen als sinnvoll und allgemein dienlich darzustellen.

5.2.3. Ereignisdatenanalyse

Die "Ereignisdatenanalyse" (auch Survival- oder Verlaufsdatenanalyse) ermöglicht die Schätzung der "Ankunftszeitverteilung", d.h. der Zeitdauer bis zum Eintritt eines bestimmten Ereignisses für eine Gruppe von Befragten (DIEKMAN 1988:9). Dafür benötigt man zeitbezogene Angaben über ein Ereignis von dessen Ausgangszustand bis zu seinem Zielzustand. Mögliche Ereignisse sind z.B. Arbeitslosigkeit, Ehescheidung, Parteigründung oder Studienabschluß. Diese Ereignisse werden dabei allgemein als Änderung der Merkmalsausprägung einer qualitativen (nominalen) Zustandsvariablen aufgefaßt. So kann die Variable "Familienstand" (unter anderem) die Ausprägungen "verheiratet" und "geschieden", die Variable "Berufstätigkeit" die Ausprägungen "erwerbstätig" und "arbeitslos" aufweisen. Für den Wechsel des Zustandes, in dem das Ereignis (z.B. Ehescheidung, Verlust des Arbeitsplatzes") liegt, müssen die entsprechenden Zeitangaben (z.B. wann geheiratet, wann geschieden), erhoben werden, so daß (mindestens) drei Angaben pro Untersuchungseinheit und Ereignis vorliegen: Ausgangszustandsdatum, Zielzustandsdatum[1] und daraus folgend die Verweildauer.
In der Forschungspraxis liegen meist "rechts-zensierte" Daten vor, in denen zum Erhebungszeitpunkt erst ein Teil der Befragten das Ereignis durchlaufen hat. Betrachtet man z.B. die Heiratskohorte des Jahres 1985, dann wird zu einem Befragungszeitpunkt im Jahre 1991 erst ein Teil von den Ehen geschieden sein, die insgesamt geschieden werden[2]. Die Ereignisdatenanalyse erlaubt nun eine Schätzung der Ankunftszeitverteilung für solche rechts-zensierten Daten.

---

[1] Für diejenigen Einheiten, für die das Ereignis nicht eingetreten ist, wird das Zensierungsdatum, also der Meßzeitpunkt zugrundegelegt.

[2] Häufig berechnet man auf der Grundlage von rechts-zensierten Daten die üblichen univariaten Verteilungsparameter, indem man die Fälle, bei denen ein Ereignis (noch) nicht eingetreten ist, als fehlende Werte behandelt. Würde man z.B. die durchschnittliche Ehedauer bis zur Scheidung aus der Heiratskohorte 1985 berechnen, dann würden die noch Verheirateten aus der Berechnung ausgeschlossen. Dies hat jedoch zur Konsequenz, daß die durchschnittliche Ehedauer bis zur Scheidung systematisch unterschätzt wird (DIEKMANN/MITTER 1984:21ff.; DIEKMANN 1988:9f.).

Dabei wird zunächst aufgrund theoretischer Überlegungen ein mathematisches Modell spezifiziert, welches die Wahrscheinlichkeit der Ankunftszeit, also des Eintreffens eines Ereignisses bzw. eines Zustandswechsels (Übergangsrate), über die Zeit hinweg beschreibt[1]. Diese Spezifikation kann für das Scheidungsbeispiel eine sogenannte Sichelfunktion darstellen (vgl. Abb. 5-10).

Abbildung 5-10: Sichelfunktion

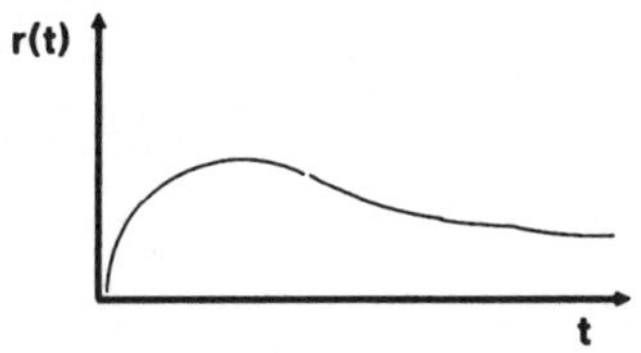

Auf der Y-Achse wird die Eintrittswahrscheinlichkeit ("Risiko-" oder "Hazardrate") r(t) abgetragen, die jeweils das Risiko eines Zustandswechsel (verheiratet zu geschieden) zu einem bestimmten Zeitpunkt (Ehedauer) wiedergibt. Danach werden anhand der empirischen Daten, z.B. der Heiratskohorte 1985, die Parameter dieser Verteilung geschätzt, d.h. die genaue Lage der Verteilung innerhalb des Koordinatensystems wird bestimmt. Das allgemeine Modell wird also an die Daten angepaßt ("gefittet")[2]. Wenn für die Modellanpassung nur die Daten einer einzigen Kohorte vorliegen, dann können natürlich auch nur die entsprechend Informationen genutzt werden. Liegen die Daten von mehreren (auch älteren) (Heirats-)Kohorten vor, dann kann das Modell über einen entsprechend "weiteren Bereich" (mehr Ausprägungen für t) angepaßt werden. Aus dem angepaßten Modell können nunmehr auch bei (stark) rechts-zensierten Daten Vorhersagen über das Risiko (Scheidung, Arbeitslosigkeit) für die Personen vorgenommen werden, bei denen das entsprechende Ereignis (noch) nicht eingetreten ist.

---

[1] Zur exakten Vorgehensweise und unterschiedlichen Modelltypen vgl. DIEKMANN/MITTER (1984), DIEKMANN (1988), KLEIN (1990).

[2] Über die zugrundeliegenden mathematischen Operationen informiert z.B. KLEIN (1990).

Innerhalb welcher Untersuchungsanordnung die Daten für eine Ereignisdatenanalyse erhoben werden, ist prinzipiell gleichgültig. Sie können sowohl in Querschnitts- als auch in Paneluntersuchungen ermittelt werden. Da die Chance sehr gering ist, mit einem bestimmten Erhebungszeitpunkt bei relativ vielen Befragten auch genau den interessierenden Eintrittszeitpunkt eines Ereignisses zu treffen, muß fast immer mit Retrospektivfragen gearbeitet werden. Innerhalb von Längsschnittuntersuchungen sind jedoch die Abstände zu Ereignissen tendenziell geringer als bei Querschnittserhebungen und damit sind zumindest Erinnerungsfehler weniger wahrscheinlich.

5.2.4. Netzwerkanalyse

Wie die Einzelfallstudie und die Sekundäranalyse ist die Netzwerkanalyse keine besondere experimentelle oder quasi-experimentelle Untersuchungsanlage, sondern eine bestimmte Forschungsstrategie, deren Anliegen in der Beschreibung und Erklärung von sozialen Beziehungen und daraus resultierenden Handlungen besteht. Die Netzwerkanalyse zielt auf die Erfassung aller ein Netzwerk bildenden Einheiten und deren Relationen untereinander. Dabei geht dieser Ansatz davon aus, daß "the structure of relations among actors and the location of individual actors in the network have important behavioral, perceptual, and attitudinal consequences both for the individual units and for the system as a whole" (KNOKE/KUKLINSKI 1982:13). Die Verflechtung der Untersuchungsobjekte in soziale Kontexte wird also explizit berücksichtigt: So kann man z.B. die Freundschafts- oder Mobilisierungsbeziehungen zwischen den Mitgliedern einer Bürgerinitiative untersuchen oder die privaten Kontakte von Berufspolitikern und deren Konsequenzen für ihr Abstimmungsverhalten zum Gegenstand der Analyse machen.

Unter einem Netz bzw. Netzwerk versteht man "a specific set of linkage among a defined set of persons ..." (MITCHELL 1969:2) oder auch anderer sozialer Einheiten wie etwa Firmen, Kommunen, Verbände oder Vereine etc.). Die Einheiten werden allgemein als Knoten bezeichnet und die Verbindungen zwischen den Knoten stehen für eine (oder mehrere) bestimmte Arten von sozialen Beziehungen bzw. Strukturen. Netzwerke lassen sich als Graphen darstellen. Abbildung 5-11 stellt ein Netzwerk von fünf Personen (A, B, C, D, E) dar. Die Datenerhebung[1] über das Netzwerk kann dann bei den einzelnen Einheiten des Netzes erfolgen.

Abbildung 5-11: Netzwerk

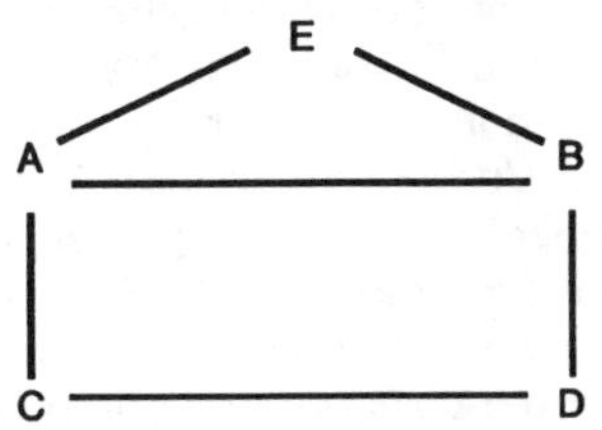

Die in einer Netzwerkanalyse erhobenen und analysierten Beziehungen können nach unterschiedlichen formalen und inhaltlichen Eigenschaften charakterisiert werden.
Zwei der wichtigsten formalen Eigenschaften stellen die Symmetrie und die Bewertung solcher Beziehungen dar (zu weitergehenden Differenzierungen vgl. PAPPI 1987:15f.; FEGER 1987:204; SCHENK 1984:42ff.). Eine symmetrische Beziehung liegt dann vor, wenn eine eventuelle Richtung der Beziehung nicht beachtet wird. Es wird also nur eine bestehende Verbindung A-B referiert, ohne Beachtung der zusätzlich möglichen Spezifikation, wer an wen z.B. eine Leistung erbringt, Informationen weitergibt, Geld leiht o.ä. Werden solche Richtungen hingegen berücksichtigt, spricht man von asymmetrischen Beziehungen, die als gerichteter Graph dargestellt werden. Eine bewertete Beziehung liegt dann vor, wenn auch Angaben über die Stärke oder Intensität einer Beziehung erhoben und analysiert werden.

Bezüglich der inhaltlichen Eigenschaften können prinzipiell beliebige Beziehungen Gegenstand der Analyse sein. Sie können privater, freundschaftlicher, geschäftlicher, rechtlicher oder anderer Art sein. Welche Beziehungsart erhoben und analysiert wird, ist von der theoretischen Fragestellung abhängig[2].

Netzwerke werden nach einer Reihe von Kriterien klassifiziert (vgl. PAPPI 1987:12ff., SCHENK 1984:30ff): Nach der Anzahl der Beziehungen unterscheidet man zwischen totalen Netzwerken, die ihrem Anspruch nach alle vorhandenen inhaltlichen Beziehungen berücksichtigen und partiellen Netzwerken, die lediglich

---

[1] Prinzipiell ist die Netzwerkanalyse an kein bestimmtes Datenerhebungsverfahren gebunden. Die Daten können also sowohl mit Hilfe einer Befragung, Beobachtung oder über sekundäre Quellen (Akten, Protokolle, Geschäftsunterlagen etc.) gewonnen werden.

[2] Zur Systematisierung der inhaltlichen Beziehungen wurden verschiedene Typologien entwickelt. Vgl. dazu KNOKE/KUKLINSKI (1982:15f.), BARNES (1972: 16ff.), PAPPI(1987).

eine oder mehrere Beziehungsarten erheben und analysieren. Innerhalb der partiellen Netzwerke können uniplexe und multiplexe unterschieden werden. In uniplexen Netzwerken wird ein Beziehungstyp, in multiplexen werden gleichzeitig mehrere untersucht. Totale Netzwerke sind somit gleich der Gesamtheit der partiellen Netzwerke.
Betrachtet man Netzwerke nach den Bezugspunkten bei der Datenerhebung, so können Gesamtnetzwerke und ego-zentrierte Netzwerke (persönliche Netzwerke) unterschieden werden. Bei Gesamtnetzwerken werden von jeder Einheit über alle anderen Einheiten Daten erhoben. Man hat also alle Verbindungen innerhalb des Netzwerkes, unabhängig von der Perspektive einer einzelnen Person. Ego-zentrierte Netzwerke hingegen erheben die Daten über das Netzwerk aus der Sicht einer bestimmten Person. Diese gibt gemäß ihrem subjektiven Kenntnisstand Auskunft über ihre Beziehungen zu anderen Personen und über die Beziehungen der anderen Personen untereinander.

In der Forschungspraxis werden jedoch lediglich partielle (also uni- und multiplexe) Netzwerke aus der Gesamt- oder Ego-Perspektive erhoben. Die Analyse von totalen Netzen ist mit einem derart großen Aufwand verbunden, daß sie praktisch bedeutungslos ist.

Den Vorteilen der Netzwerkanalyse bei der Erfassung und Analyse sozialer Beziehungen stehen jedoch auch einige nicht unbedeutende Probleme gegenüber:

Erstens: Netzwerke sind häufig nicht klar abgrenzbar, prinzipiell ist eine gesamte Gesellschaft vernetzt (MARSDEN 1990:439f.). Zur Untersuchung müssen jedoch Netzwerke immer auf einen handhabbaren Umfang beschränkt werden, auch auf die Gefahr hin, daß dadurch wichtige Einheiten ausgeschlossen werden.
Zweitens: Es existieren keine Zufallsauswahlverfahren, mit denen Netzwerke als solche zufällig ausgewählt werden können. Zufällig ausgewählt werden können nur bestimmte Gruppen, von denen man annimmt, daß sie ein Netzwerk bilden. Damit ist die Netzwerkanalyse vor allem ein strukturbeschreibender Ansatz.
Drittens: Nur wenn alle relevanten Einheiten eines Netzwerkes auch als Informanten zur Verfügung stehen, ist eine sinnvolle Analyse möglich. Verweigern Personen ihre Mitarbeit, dann kann durch diese Ausfälle bzw. fehlenden Werte die Struktur des "Restnetzwerkes" von der tatsächlichen stark abweichen.

Im Gegensatz zu einem Gesamtnetzwerk, umfaßt ein ego-zentriertes Netzwerk nur die Personen, mit denen ein Akteur in direkter Verbindung steht und die vom Akteur wahrgenommenen Relationen zwischen diesen Personen. Die dem Akteur unbekannten Verbindungen zwischen den Personen, mit denen er direkt verbunden ist, werden somit nicht durch ego-zentrierte Netzwerkstudien erfaßt. Damit entfällt aber auch die Möglichkeit, Effekte solcher objektiv vorhandenen, aber subjektiv nicht wahrgenommenen Verbindungen auf die Handlungen der Auskunftsperson zu überprüfen.

Die Vorgehensweise bei der Erhebung und Erfassung von ego-zentrierten Netzwerken entspricht weitgehend der üblichen Surveyforschung und wird auch in diese integriert. So wurden im General Social Survey (GSS) 1985 und im ALLBUS 1986 ego-zentrierte Daten erhoben. Üblicherweise wird dabei in einen Fragebogen ein sog. "Netzwerkgenerator" oder "Namensgenerator" und eine Reihe von Folgefragen aufgenommen. Der einfachste Generator besteht aus der Frage nach den "drei besten Freunden" einer Person, die z.B. mit A, B und C gekennzeichnet werden[1]. Der Befragte beantwortet danach inhaltliche Fragen zu den jeweiligen Eigenschaften von A, B und C. So können dann, in Orientierung an den Forschungsfragen, Informationen zu soziodemographischen Merkmalen, politischen Einstellungen, empfangenen Hilfeleistungen, Kontakthäufigkeiten etc. gesammelt werden. Weiter läßt sich über entsprechende Fragen auch feststellen, ob A, B oder C aus der Sicht des Befragten untereinander befreundet sind, bestimmte private Austauschbeziehungen pflegen oder geschäftliche Kontakte unterhalten.
Im Gegensatz zu herkömmlichen Vorgehensweisen in der Umfrageforschung, die ebenfalls z.B. Kontakte zu Verwandten, Freunden oder Kollegen oder Merkmale dieser Personenkreise erheben, werden bei der ego-zentrierten Vorgehensweise die relevanten Personen also nicht über festgelegte allgemeine soziale Kategorien (Freunde, Verwandte etc.) vorgegeben, sondern sie werden von ego als Personen spezifiziert, nach ihrer Bedeutung ausgewählt und bei einigen Netzwerkgeneratoren in ihrer Anzahl bewußt eingeschränkt. Danach können dann diese sozialen Beziehungen nach ihrer kategorialen Zugehörigkeit untersucht werden: Etwa danach, ob und wieviele der "besten Freunde" Arbeitskollegen oder Nachbarn sind (vgl. PAPPI 1987:20f.). Weitere Analysemöglichkeiten für ego-zentrierte Daten liegen z.B. in

---

[1] Vgl. LAUMANN (1973). Durch diesen Namensgenerator wird die maximale Größe des Netzwerkes forschungstechnisch bereits auf drei Personen beschränkt. Ferner ist die Formulierung "beste Freunde" mit verschiedenen Problemen verbunden, da die Befragten ihn verschieden interpretieren. Deshalb wurden weitere Namensgeneratoren vorgeschlagen, die diese Probleme zu umgehen versuchen (vgl. LAUMANN 1973, FISCHER 1982, BURT 1984, PAPPI/MELBECK 1988 und im Überblick PFENNING/ PFENNING 1987).

der Berechnung der Dichte dieses persönlichen Netzes, welche dann z.B. für das Ausmaß an sozialer Unterstützung von Relevanz ist.

Ego-zentrierte Netzwerke sind eine Ergänzung der üblichen Befragungstechniken, da mit ihrer Hilfe die soziale Umgebung detailliert erfaßt und analysiert werden kann[1]. Zudem ist diese Technik problemlos in konventionelle Forschungsdesigns zu integrieren.

5.3. Kombination von Untersuchungsformen

Wichtiger als weitergehende Differenzierung der genannten Untersuchungsformen, ist die Betonung der Wichtigkeit einer Entscheidung für ein bestimmtes Untersuchungsdesign im Sinne der Logik des Experiments (vgl. Kap. 5.1). Denn durch die Kontrollmöglichkeiten, die die Untersuchungsanordnung ermöglicht, wird die Aussagefähigkeit einer Studie wesentlich bestimmt.

Vor diesem Hintergrund ist auf die "Triangulation"[2] hinzuweisen. Sie versucht, durch den kombinierten Einsatz verschiedener Erhebungstechniken, Auswahlverfahren, Versuchsanordnungen und Meßtechniken die spezifischen Schwächen der einen Strategie durch den Einsatz einer anderen, die dort ihre besondere Stärke hat, zu kompensieren. Aus der Vielzahl der praktischen Triangulationsmöglichkeiten sei hier auf die "methodological-between-triangulation" hingewiesen, die unterschiedliche Untersuchungsanordungen zur Überprüfung einer Theorie bei den gleichen Personen einsetzt (DENZIN 1970:308). So könnte z.B. eine Korrelationsanordnung mit ihren Vorteilen (große Anzahl untersuchter Personen, relativ ausgeprägte externe Validität) in einer Studie zusammen mit (einer Reihe von) Experimenten im Labor (relativ hohe interne Validität) Anwendung finden. Auf diese

---

[1] Die so gewonnenen Daten sind mit Standardstatistikprogrammen zu analysieren.
[2] Zu den verschiedenen Triangulationsmöglichkeiten vgl. DENZIN (1970:297-313); FIELDING/FIELDING (1986:23-47).

Weise ist es möglich, eine Theorie einem Maximum an empirischen Tests auszusetzen und dabei verfahrensspezifische Fehlerquellen zu minimieren.

5.4. Weiterführende Literatur

Eine grundlegende und leicht verständliche Einführung in die Logik und den Aufbau von Untersuchungsanordnungen geben CAMPBELL und STANLEY (1963). HUCK/SANDLER (1979) zeigen an zahlreichen Beispielen die Möglichkeit alternativer Erklärungen experimenteller Ergebnisse. Reichliches Anschauungsmaterial und praktische Ratschläge für die Durchführung von (sozialpsychologischen) Experimenten gibt IRLE (1978); die Auswertung wird sehr elementar bei BROWN/MELAMED (1990) beschrieben. Zur Debatte um Feld- und Laborexperiment sind vor allem die Beiträge in dem von PATRY (1982) herausgegeben Band zu empfehlen. In BUNGARD (1984) wird ein sehr informativer Überblick über den Stand der Artefaktforschung geboten.

Einzelheiten zur Sekundäranalyse finden sich vor allem bei KIECOLT/NATHAN (1985), HAKIM (1982), FIELDING/FIELDING (1986) und DALE/ARBER/PROCTOR (1988). Über die Einzelfallanalyse gibt YIN (1985) einen umfassenden Überblick. Ein detailliertes Beispiel für den Entwurf eines Panels und einen Überblick über Panelstudien in der BRD gibt HANEFELD (1987); Arbeiten zu speziellen methodischen Problemen des Panels (z.B. Paneleffekte) finden sich bei KASPRZYK u.a. (1989). MARTIN (1983) behandelt erschöpfend methodische Probleme von Trendstudien. Eine neuere Darstellung der Netzwerkanalyse gibt SCOTT (1991). Über die vielfältigen Untersuchungsformen und deren Kombination informiert HAKIM (1987).

Kapitel 6
Auswahlverfahren

Zu den Fragen, die im Verlauf einer empirischen Untersuchung geklärt werden müssen, gehört die Frage nach dem Objektbereich, also danach, welche Personen bzw. Sachverhalte untersucht werden sollen. Im Fall rein deskriptiver Untersuchungen ist die Menge der interessierenden Objekte häufig relativ eng abgegrenzt, so z.B. wenn lediglich die soziale Zusammensetzung der Besucher eines bestimmten städtischen Theaters oder die Nutzung der Freizeiteinrichtungen einer Stadt untersucht werden soll. Bei einer theorietestenden Untersuchung ergeben sich zumeist Definitionsprobleme bei der Festlegung des Objektbereiches, da in sozialwissenschaftlichen Theorien nur in Ausnahmefällen exakt angegeben wird, auf welche Objekte sich die Aussagen beziehen. Wären sozialwissenschaftliche Theorien formalisiert, so wäre der Objektbereich genau diejenige Menge, auf die sich die "Quantoren" der Aussage beziehen (in dem Satz: "Für alle Arbeitsmigranten gilt..." entspräche der Objektbereich allen Migranten zu jedem beliebigen Zeitpunkt und an jedem beliebigen Ort mit einem speziellen Wanderungsmotiv). In der Regel sind sozialwissenschaftliche Theorien weder formalisiert noch besonders präzise; der Objektbereich wird zumeist allenfalls implizit angegeben ("Soziale Folgen der Anwendungen der Mikroelektronik" kann sich nur auf Industriegesellschaften oder bestimmte Elemente von Industriegesellschaften beziehen).

6.1. Definition der Grundgesamtheit

Die Festlegung des Objektbereichs erfolgt zumeist implizit mit der Festlegung der "Grundgesamtheit" einer Untersuchung, nämlich der Definition einer Menge von Objekten, für die die Aussagen der Untersuchung gelten sollen ("target population"). Eine exakte Definition der Grundgesamtheit präzisiert nicht nur eine (nicht formalisierte) Theorie, sondern ist zur Durchführung von exakten Untersuchungen unerläßlich: Aussagen einer Untersuchung gelten (selbst bestenfalls) nur für die Objekte der Grundgesamtheit: gehören bestimmte Elemente nicht zur Grundgesamtheit, kann über diese Objekte nichts gesagt werden.

Ein Beispiel mag die Probleme und Konsequenzen der Festlegung der Grundgesamtheit erläutern. Die Grundgesamtheit der "Allgemeinen Bevölkerungsumfrage der Sozialwissenschaften 1980" ("ALLBUS 1980") ist folgendermaßen definiert: "Alle Personen mit deutscher Staatsangehörigkeit, die zum Zeitpunkt der Befragung in der Bundesrepublik und in West-Berlin in Privathaushalten leben und die spätestens am 1.1.1962 geboren wurden" (KIRSCHNER 1984:117). Als Privathaushalte waren Gemeinschaften von Personen, die zusammen wohnten und wirtschafteten, definiert (PORST 1985:74). Diese Grundgesamtheit ist bereits eine Teilmenge der in der amtlichen Statistik als "Wohnbevölkerung" definierten Grundgesamtheit, die selbst wiederum nur eine Teilmenge der auf den Gebiet der Bundesrepublik lebenden Personen darstellt. Zur "Wohnbevölkerung" gehören nicht die Angehörigen der ausländische Streitkräfte und der diplomatischen Vertretungen. Die ALLBUS - Grundgesamtheit schließt zudem die ausländische Wohnbevölkerung (4.37 Millionen Personen am 30.9.1985) ebenso aus wie die "Anstaltsbevölkerung", also alle im Bereich einer Anstalt[1] wohnenden Personen, die keinen eigenen Haushalt führen. Diese Gruppe umfaßt ca. 1.5% der mindestens 18-jährigen Personen mit deutscher Staatsbürgerschaft, die in der Bundesrepublik und West-Berlin leben. Weiterhin sind Nichtseßhafte und Landfahrer ausgeschlossen[2]. Die zusätzliche Beschränkung auf die mindestens 18-jährigen findet sich in sehr vielen Untersuchungen und erleichtert die Durchführung einer Untersuchung wesentlich.

---

[1] Hierzu werden Klöster, Strafanstalten, Kasernen, Krankenhäuser, Altenheime usw. gezählt.

[2] Zusätzlich zu den über die Definition der Grundgesamtheit ausgeschlossenen Personen werden eine ganze Reihe von Personen faktisch ausgeschlossen, so z.B. geistig Behinderte, Seh- und Gehörbehindete, sowie eine hohe Zahl von Personen in besonderen Lebensumständen (z.B. Binnenschiffer). Eine Übersicht über die Art und Größe derjenigen Bevölkerungsgruppen (einschließlich der Anstaltsbevölkerung), die aus den Standarderhebungen der empirischen Sozialforschung ausfallen, findet sich bei SCHNELL (1991).

Andererseits sind die Implikationen solcher Ausschlüsse offensichtlich: z.B. sind Angaben über Schüler oder Soldaten auf der Basis der ALLBUS-Grundgesamtheit nur sehr begrenzt möglich.

Die exakte ALLBUS-Definition verdeutlicht weiterhin, daß die Grundgesamtheit keine feste Zielpopulation darstellt: Die Menge der Personen, für die die Definitionsmerkmale zutreffen, verändert sich ständig. Diese Fluktuation ist allerdings relativ gering, so daß für einen bestimmten Erhebungszeitraum (beim ALLBUS 1980 waren es 54 Tage zwischen dem 7.1.1980 und dem 29.2.1980) die Grundgesamtheit relativ genau angebbar wäre (vgl. KIRSCHNER 1984:117).

Wichtig bleibt festzuhalten, daß zur Durchführung einer empirischen Untersuchung die Definition der Grundgesamtheit erfolgen muß. Diese Definition stellt meist einen Kompromiß zwischen dem Gegenstandsbereich der zu testendenen Theorien bzw. dem Universum der interessierenden Objekte und den zur Verfügung stehenden Ressourcen dar. Eine aus technischen Gründen sehr restriktive Definition der Grundgesamtheit kann dazu führen, daß über einen großen Teil des Gegenstandsbereiches einer Theorie keine Aussagen mehr gemacht werden können: Eine allgemeine Theorie menschlichen Verhaltens kann nur sehr begrenzt durch eine Untersuchung der Grundgesamtheit amerikanischer Psychologiestudenten des ersten Semesters eines bestimmten Jahres getestet werden.

6.2. Vollerhebungen und Stichproben

Werden die Daten aller Elemente einer Grundgesamtheit erhoben, so spricht man von einer "Vollerhebung", wird nur eine Teilmenge der Grundgesamtheit untersucht, handelt es sich um eine "Teilerhebung". Werden die Elemente der Teilerhebung durch vor der Untersuchung festgelegte Regeln bestimmt, wird die Teilerhebung "Auswahl" oder "Stichprobe" genannt. Stichproben können danach klassifiziert werden, ob die Auswahl der Elemente der Grundgesamtheit auf einem

Zufallsprozeß[1] basiert oder nicht. Stichproben, die nicht auf einem Zufallsprozeß basieren, werden als "willkürliche Auswahlen" bzw. "bewußte Auswahlen" bezeichnet (vgl. Kap. 6.5).

"Zufallsstichproben" ("random samples") sind Stichproben, deren Auswahlregeln es dem Untersuchenden ermöglichen, vor Durchführung einer Auswahl für jedes Element der Grundgesamtheit die Wahrscheinlichkeit zu berechnen, daß dieses Element der Grundgesamtheit Teil der Stichprobe wird. Zusätzlich muß die Auswahlwahrscheinlichkeit für jedes Element der Grundgesamtheit auch größer als Null sein, ansonsten würden Teile der Grundgesamtheit systematisch ausgeschlossen. Über diese dann ausgeschlossenen Elemente ließen sich auf der Basis der dann realisierten Stichprobe keinerlei Aussagen machen. Lediglich Zufallsstichproben erlauben die Anwendung inferenzstatistischer Techniken, d.h. nur für Zufallsstichproben sind die Grenzen der Fehler, die beim Schluß von der Stichprobe auf die Grundgesamtheit entstehen, exakt berechenbar (vgl. auch Kap. 6.4.1).

Bevor einzelne Stichprobenverfahren näher definiert und in ihren Eigenschaften verglichen werden, soll die prinzipielle Frage nach den Vor- und Nachteilen von Vollerhebungen und Zufallsstichproben erörtert werden.

Vollerhebungen sind vor allem dann angebracht, wenn der Umfang der interessierenden Grundgesamtheit klein ist oder die Grundgesamtheit sehr heterogen in bezug auf ein interessierendes Merkmal ist (in diesem Fall kann der erforderliche Umfang einer Stichprobe so groß werden, das nahezu alle Elemente der Grundgesamtheit untersucht werden müssen)[2].

---

[1] Das sogenannte "Urnenmodell", z.B. die blinde Ziehung von gleichgroßen und gleichschweren Kugeln aus einer gut durchmischten Trommel wie bei der Ziehung der Lottozahlen, ist das anschaulichste Beispiel für einen solchen Zufallsprozeß.
[2] Auch die Anwendung spezieller Datenanalyseverfahren kann eine so große Fallzahl erfordern, daß eine Vollerhebung angebracht ist.

Vollerhebungen besitzen natürlich den Vorteil, daß die gesamte Verteilung der Merkmale ihrer Elemente bekannt ist. "Parameter" (z.B. der Mittelwert) einer Grundgesamtheit sind bei einer Vollerhebung bekannt; bei einer Stichprobe müssen diese Parameter aus den "Stichprobenstatistiken" (z.B. Mittelwert der Elemente der Stichprobe) geschätzt werden. Stichprobenstatistiken weichen durch zufällige Fehler vom "wahren Wert" eines Parameters ab; diese Abweichungen sind zwar berechenbar, bei einer Vollerhebung hingegen existiert diese Zufallsabweichung überhaupt nicht. Es stellt sich somit die Frage, warum dann Stichproben durchgeführt werden, wenn Vollerhebungen offensichtlich höchst wünschenswerte Eigenschaften besitzen.
Zunächst ist die Frage nach den Kosten einer Vollerhebung naheliegend. Sobald die Grundgesamtheit eine bestimmte Größe überschreitet, werden Vollerhebungen erheblich teurer als Stichproben; die Kosten steigen überproportional mit dem Umfang der Grundgesamtheit. Bei einigen Fragestellungen sind Vollerhebungen darüber hinaus unsinnig, weil die Untersuchung zur Zerstörung der Elemente der Grundgesamtheit führt ("destruktive Tests"): Den gesamten Ausstoß einer Brauerei auf Geschmacksqualität zu untersuchen, hätte unter anderem negative Folgen für den Umsatz[1]. Ein sozialwissenschaftliches Beispiel für einen destruktiven Test würde z.B. eine Untersuchung der Reaktion von Personen in ihrem ersten Interview darstellen: Nach einer Vollerhebung besäßen alle Mitglieder der Grundgesamtheit Interviewerfahrung und könnten nicht noch einmal auf ihre Reaktion in ihrem **ersten Interview** getestet werden[2].

Stichproben sind zudem in der Regel schneller durchzuführen; die Ergebnisse liegen eher vor als die Ergebnisse von Vollerhebungen. Ein (untypisches) Beispiel für eine

---

[1] Eine für die Inferenzstatistik wichtige Verteilung (die t-Verteilung) wurde von A.GOSSET 1908 entwickelt. GOSSET arbeitete in der Qualitätskontrolle der Guinness-Brauerei (vgl. MARSH 1982:26).

[2] Sie könnten zwar wiederholt befragt werden (u.a. nach ihrer Reaktion in ihrem ersten Interview), aber es würden Personen befragt, die bereits Interviewerfahrung besitzen.

Vollerhebung stellt eine Volkszählung[1] dar. Zwischen der Durchführung einer Volkszählung und der Veröffentlichung ihrer Ergebnisse können mehrere Jahre vergehen, Stichprobenergebnisse liegen (meist) eher vor. Auch aus diesem Grund führt das Statistische Bundesamt neben den Volkszählungen den "Mikrozensus" (eine Stichprobe, die 0.1% bzw. 1% der Bevölkerung umfaßt) durch, dessen Ergebnisse meist nach 6-9 Monaten vorliegen (HERBERGER 1985:25)[2].

Ein vielleicht zunächst überraschendes Argument für die Verwendung von Stichproben liegt darin begründet, daß die Ergebnisse von Stichproben genauer sein **können** als die Ergebnisse von Vollerhebungen. Die Ursache hierfür liegt in der (möglicherweise) besseren Ausbildung des Erhebungspersonals (wenige, speziell geschulte Interviewer vs. viele, wenig geschulte[3]), den größeren Kontrollmöglichkeiten gegenüber den Interviewern und besseren Möglichkeiten zur Eliminierung von Datenfehlern, die durch die Erhebung und Verarbeitung der Daten entstehen. So enthalten Interviewdaten in der Regel weniger als 1% widersprüchliche Angaben (z.B. männlich, jünger als 16 Jahre und verheiratet). Bei einer vergleichsweise kleinen Stichprobe (z.B. 1000 Befragte) sind somit nur 10 Fälle, beispielsweise durch eine Nachbefragung zu klären. Bei einer Volkszählung würde diese Nachbefragung den Umfang eines Mikrozensus annehmen; eine kaum zu bewältigende Aufgabe.

Stichproben, insbesondere Zufallsstichproben, können also durchaus Vorteile gegenüber Vollerhebungen besitzen. Da theorietestende Untersuchungen zumeist Aussagen über sehr große Grundgesamtheiten machen sollen (und die Ressourcen für Datenerhebungen knapp sind) stellen Stichproben im Rahmen empirischer Sozialforschung den Regelfall dar. Ausnahmen bestehen praktisch nur bei rein deskriptiven Untersuchungen sehr kleiner Grundgesamtheiten.

---

[1] Das Interesse von Sozialwissenschaftlern an den Ergebnissen einer Volkszählung beruht vor allem darauf, daß viele Auswahlverfahren die Kenntnis einiger Merkmale der Grundgesamtheit voraussetzen.

[2] Zu den unterschiedlichen Vor- und Nachteilen von Vollerhebungen und Stichproben vgl. KISH/VERMA (1986).

[3] Bei der Volkszählung 1987 wurden ca. 500.000 Zähler eingesetzt.

Abbildung 6-1: Übersicht über Auswahlverfahren

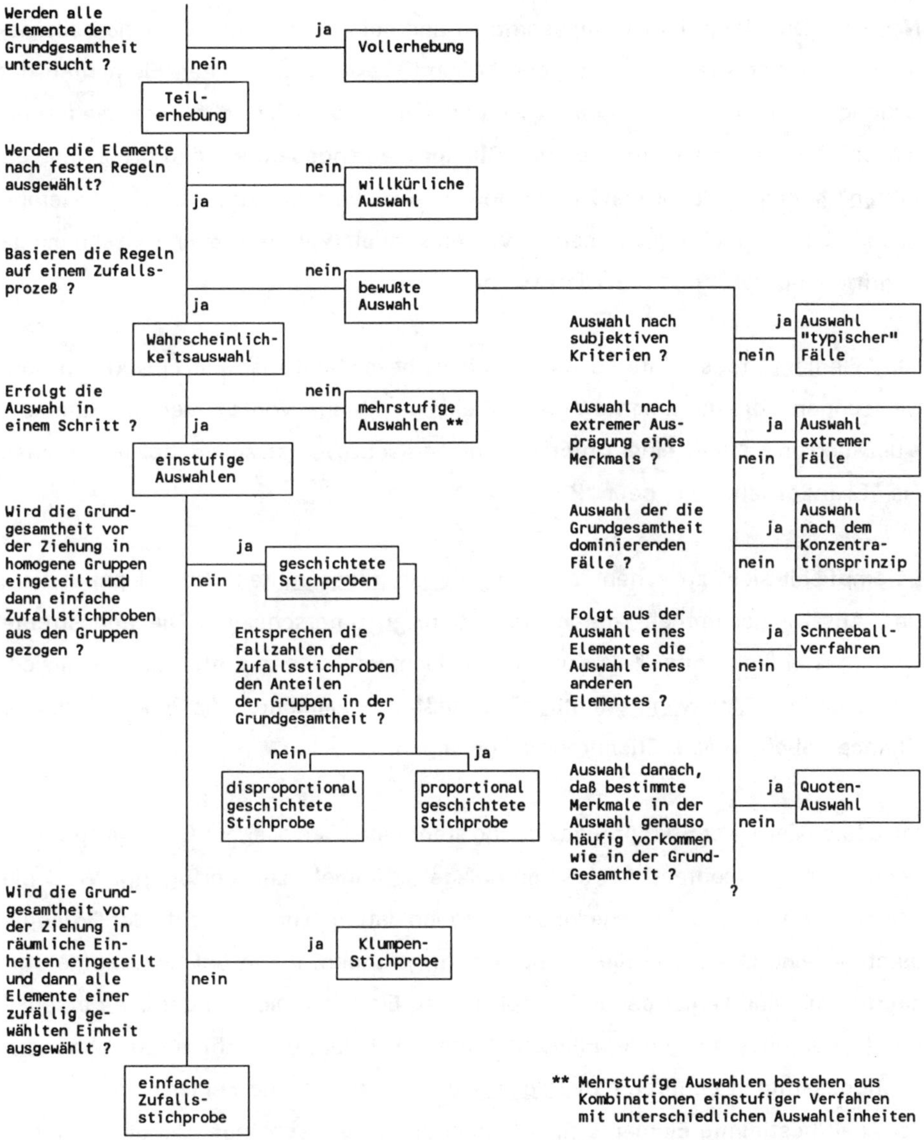

6.3. Angestrebte Grundgesamtheit, Auswahlgesamtheit und Inferenzpopulation

Nach der Definition der Grundgesamtheit und der Entscheidung für eine Teilerhebung stellt sich die Frage nach der Art und Weise, wie aus den Elementen der Grundgesamtheit eine Stichprobe gezogen werden kann. Verfahren, die die (prinzipiellen) Regeln zur Konstruktion von Stichproben angeben, werden "Auswahlverfahren" genannt. Bevor die wichtigsten Auswahlverfahren im Rahmen der empirischen Sozialforschung vorgestellt werden können (vgl. Abb. 6-1), müssen einige Begriffe eingeführt und präzisiert werden.

Als "Element" (oder Untersuchungseinheit) bezeichnet man ein Objekt, an dem Messungen vorgenommen werden. Diejenige Menge von Elementen, über die Aussagen im Rahmen einer Untersuchung gemacht werden sollen, bezeichnet man als "Grundgesamtheit" oder "Population".

Es empfiehlt sich, zwischen "angestrebter Grundgesamtheit" (target population) und Auswahlgesamtheit (frame population) zu unterscheiden. Die angestrebte Grundgesamtheit umfaßt als Konzept alle Elemente, über die Aussagen beabsichtigt sind; die "Auswahlgesamtheit" umfaßt alle Elemente, die eine prinzipielle Chance haben, in eine Stichprobe zu gelangen.

Im idealen Fall einer Stichprobenziehung steht eine Liste aller zur Grundgesamtheit gehörenden Elemente ("Auswahlgrundlage", "frame") zur Verfügung. Wird die Stichprobe aus dieser Liste gezogen, so haben natürlich nur Elemente der Grundgesamtheit eine Chance in die Stichprobe zu gelangen, die in der Liste aufgeführt sind. Somit sind Fehler dadurch möglich, daß Elemente nicht in der Liste erscheinen ("undercoverage") oder Elemente aufgeführt sind, die nicht zur angestrebten Grundgesamtheit gehören ("overcoverage"). Weiterhin sind Fehler dadurch möglich, daß bestimmte Elemente mehrfach in der Liste erscheinen: Bei einer Zufallsstichprobe besitzen diese mehrfach gelisteten Elemente eine größere Chance in die Stichprobe zu gelangen, als die nur einmal aufgeführten Elemente. Schließlich liegt eine weitere begriffliche Differenzierung nahe: Nach der Durchführung eines Auswahlverfahrens liegt eine Stichprobe vor, über deren Elemente dann Aussagen gemacht werden können. Die Auswahlregeln und die Durchführung der Erhebung können dazu führen, daß die Stichprobe nicht alle Elemente enthält, die gezogen werden sollten. Solche Ausfälle können z.B. dadurch entstehen, daß bestimmte Elemente sich der Erhebung entziehen (nicht erreichbar, Verweigerungen) oder Fehler bei der Datenverarbeitung zur Zerstörung der Daten einiger Elemente führen. Der tatsächlichen Stichprobe entspricht das Konzept der "Inferenzpopulation", die diejenige Grundgesamtheit darstellt, über die auf der Basis der vorliegenden Stichprobe tatsächlich Aussagen gemacht werden können; m.a.W: Die Inferenzpopulation stellt (konzeptuell) die Grundgesamtheit dar, aus der die vorliegende Stichprobe tatsächlich eine Zufallsstichprobe darstellt[1]. Ziel eines Auswahlverfahrens und der damit verbundenen Erhebung ist natürlich eine möglichst große Übereinstimmung zwischen angestrebter Grundgesamtheit und der Inferenzpopulation.

Abbildung 6-2: Verhältnis von angestrebter Grundgesamtheit, Auswahlgesamtheit und Inferenzpopulation

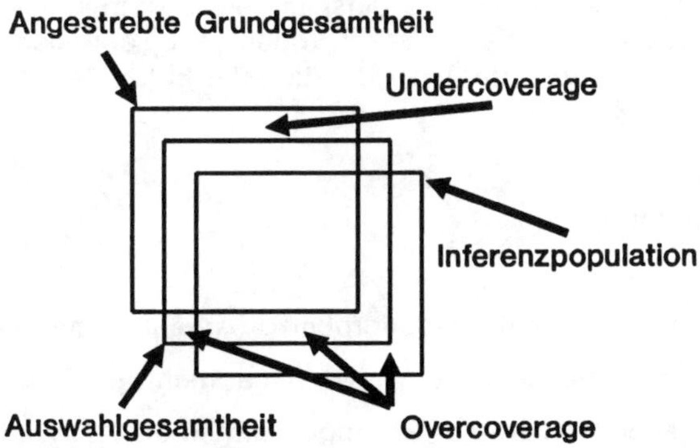

[1] Vgl. ausführlich MURTHY (1983:8-17).

Diese Begriffe lassen sich an einem einfachen Beispiel verdeutlichen. Angenommen, man möchte die Meinung der Einwohner einer bestimmten Stadt zu der Erhöhung der Subventionen des städtischen Theaters erfahren. Läßt sich der Begriff "Einwohner einer Stadt" trotz der damit verbundenen Probleme mit Zweitwohnsitzen und ungemeldeten Einwohnern exakt definieren, so ist die angestrebte Grundgesamtheit klar. Würde das Telefonbuch der Stadt als Auswahlgrundlage verwendet, so ergäben sich einige Probleme. Zunächst besitzen nicht alle Einwohner einer Stadt ein Telefon, weiterhin stimmen die Stadtgrenzen in der Regel nicht mit den Grenzen der Ortsnetze der Post überein; dadurch sind im Telefonbuch einerseits Einträge enthalten, die nicht zu Einwohnern der Stadt gehören, andererseits fehlen schon durch die unterschiedlichen Grenzen Einträge von Einwohnern. Schließlich sind einige Telefonbesitzer nicht in die öffentlichen Telefonbücher eingetragen. Bei Verwendung des Telefonbuchs sind somit sowohl "Undercoverage-" als auch "Overcoveragefehler" nahezu sicher. Die Ziehung einer Zufallsstichprobe aus dem Telefonbuch wird durch eine Reihe weiterer Probleme erschwert. So verfügen beispielsweise einige Teilnehmer über mehrere Anschlüsse; würde dies bei der Ziehung nicht beachtet, so hätten Teilnehmer mit mehreren Anschlüssen eine größere Chance in die Stichprobe zu gelangen. Schließlich sind in der Regel mehrere Personen über einen Anschluß erreichbar, da meist nur ein Anschluß pro Haushalt verfügbar ist. Gehört zu einem Anschluß ein Haushalt mit mehreren Personen, so muß eine Zufallsauswahl aus diesen Personen erfolgen, da ansonsten Personen, die in größeren Haushalten leben, eine geringere Auswahlwahrscheinlichkeit erhielten. Dadurch, daß ausgewählte Personen die Befragung verweigern oder überhaupt nicht erreicht werden können, entsteht eine Stichprobe aus einer (unbekannten) Inferenzpopulation, die sich so definieren ließe: "In Haushalten mit einem eingetragenen Telefonanschluß eines Ortsnetzes der Bundespost lebende Personen, die während des Untersuchungszeitraums hätten erreicht werden können und sich zu einer Teilnahme an der Befragung entschlossen hätten". Wie dieses etwas drastisches Beispiel zeigt, können angestrebte Grundgesamtheit und Inferenzpopulation stark voneinander abweichen. Diese Unterschiede müssen natürlich bei der Interpretation der Ergebnisse beachtet werden.

6.4. Zufallsstichproben

Wie bereits erwähnt, sind Zufallsstichproben Auswahlen, bei denen ein Zufallsprozeß über die Aufnahme eines Elementes in die Stichprobe entscheidet. Wichtig ist dabei, daß für jedes Element der Grundgesamtheit die Auswahlwahrscheinlichkeit angebbar (und größer als Null) ist. Alle komplizierteren Zufallsauswahlverfahren basieren auf der einfachen Zufallsstichprobe.

6.4.1. Einfache Zufallsstichproben

Wird aus einer Grundgesamtheit mit N Elementen[1] eine Stichprobe mit n Elementen so gezogen, daß jede mögliche Stichprobe mit n Elementen dieselbe Chance zur Realisierung besitzt, dann wird das Auswahlverfahren als "einfache Zufallsauswahl" (simple random sampling) und die resultierende Stichprobe als "einfache Zufallsstichprobe" (simple random sample, bzw. SRS) bezeichnet. Bei einer exakt definierten Grundgesamtheit existieren nur begrenzt viele mögliche unterschiedliche Stichproben. Angenommen, eine "Grundgesamtheit" besteht aus den vier Elementen A, B, C und D. Soll aus dieser Grundgesamtheit eine Zufallsstichprobe mit nur zwei Elementen gezogen werden, so gibt es nur sechs verschiedene mögliche Stichproben: {AB}, {AC}, {AD}, {BC}, {BD}, {CD}[2]. Bei einer einfachen Zufallsauswahl besitzt jede dieser möglichen Stichproben die gleiche Wahrscheinlichkeit tatsächlich gezogen zu werden. Ebenso besitzt jedes Element der Grundgesamtheit dieselbe Chance in eine bestimmte dieser Stichproben zu gelangen. Durch die Ziehung wird eine der möglichen Stichproben realisiert. Eine einfache Zufallsstichprobe weist unter anderem die Eigenschaft auf, daß alle Elemente einer Grundgesamtheit dieselbe Chance besitzen in die Stichprobe zu gelangen[3]. Eine andere Eigenschaft einer einfachen Zufallsstichprobe ist weiterhin, daß jede einfache Zufallsstichprobe aus einer einfachen Zufallsstichprobe ebenfalls eine ein-

---

[1] Großbuchstaben bezeichnen im allgemeinen die Kennwerte der Grundgesamtheit; Kleinbuchstaben die Kennwerte einer Stichprobe. "n" gibt die Anzahl der Elemente in der Stichprobe an.

[2] Allgemein gibt es nach den Formeln der "Kombinatorik", die aus einer Reihe von Rechenregeln besteht, wie die Wahrscheinlichkeit bestimmter Ereigniskombinationen berechnet werden kann (vgl. z.B. BORTZ (1977:73-77), bei N Elementen in der Grundgesamtheit

$$\frac{N!}{n! * (N-n)!}$$

verschiedene Stichproben vom Umfang n.

[3] Ein Auswahlverfahren mit dieser Eigenschaft wird als "equal probability sampling mechanism" ("epsem") bezeichnet. Eine einfache Zufallsstichprobe stellt nur die einfachste Form einer "epsem"-Stichprobe dar, es gibt wesentlich kompliziertere Auswahlverfahren, die ebenfalls "epsem"-Stichproben erzeugen.

fache Zufallsstichprobe aus der Grundgesamtheit darstellt. Einfache Zufallsstichproben werden zudem durch einen einzigen Auswahlvorgang aus einer Grundgesamtheit gezogen.

Der Mittelwert einer Zufallsstichprobe kann als Schätzung für den Mittelwert der Grundgesamtheit dienen[1]:

Abbildung 6-3: Grundgesamtheit und Stichprobe[2]

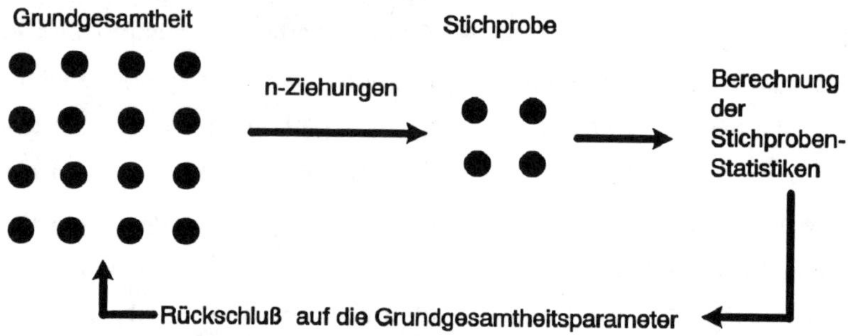

Die Schätzung auf der Basis einer Stichprobe stellt zwar die bestmögliche Schätzung des Parameters dar, die Schätzung ist allerdings mit einem zufälligen Fehler behaftet. Würde man nicht nur eine Stichprobe ziehen, sondern eine Reihe unabhängiger[3] Stichproben, so würden die Mittelwerte dieser unterschiedlichen Stichproben aufgrund rein zufälliger Abweichungen um einen bestimmten Wert herum streuen (vgl. Abb. 6-4).

---

[1] Maßzahlen (z.B. Mittelwert), die für eine Stichprobe berechnet werden, bezeichnet man als "Statistiken", die entsprechenden Maßzahlen für die Grundgesamtheit als "Parameter".
[2] Nach BOHLEY (1985:Kap.16, S.1).
[3] Der Ausdruck "unabhängige Stichproben" bedeutet hier, daß die Wahrscheinlichkeit, daß ein bestimmtes Element der Grundgesamtheit Element einer Stichprobe wird, nicht davon abhängt, daß dieses Element der Grundgesamtheit schon ein Element einer anderen Stichprobe war: Jede Ziehung erfolgt unabhängig von anderen Ziehungen.

Angenommen, wir würden den Mittelwert der Aufenthaltsdauer der 2000 Patienten einer Klinik mit 12 Tagen berechnen. Würden nun 10 verschiedene Zufallsstichproben vom Umfang 100 aus der Patientenkartei gezogen werden, so ergäben sich leicht unterschiedliche Mittelwerte in den einzelnen Stichproben, z.B. 12, 11, 12, 11, 13, 10, 10, 11, 18, 12. Der Mittelwert dieser 10 Mittelwerte ist 12 und in diesem Fall gleich dem Mittelwert in der Grundgesamtheit.

Allgemein gilt, daß bei einer genügend großen Zahl unabhängiger Stichproben der Mittelwert dieser Mittelwerte der unterschiedlichen Stichproben dem Mittelwert in der Grundgesamtheit, dem Parameter, entspricht. Es läßt sich zeigen, daß das Ausmaß der Streuung der einzelnen Mittelwerte der Stichproben um den Parameter der Grundgesamtheit von zwei Größen bestimmt wird: Der Varianz[1] in der Grundgesamtheit und der Stichprobengröße (vgl. Abb. 6-4). Die Streuung der Schätzungen wird als "Standardfehler" (σ_x) bezeichnet und ist umso kleiner, je kleiner die Varianz in der Grundgesamtheit (σ^2) und desto gößer der Umfang der Stichprobe (n) ist:

$$\sigma_{\bar{x}}=\sqrt{\sigma^2/n}\ .$$

Die Varianz in der Grundgesamtheit (σ^2) ist nur selten bekannt. Sie kann aber durch die Varianz in der Stichprobe geschätzt werden.

Lediglich Zufallsstichproben erlauben die Anwendung der Inferenzstatistik, d.h. die mathematische Schätzung der Grundgesamtheitsparameter aus den berechneten Stichprobenstatistiken einer **einzigen** Stichprobe. Es läßt sich zeigen, daß bei einer großen Zahl unabhängiger Stichproben 95% der Mittelwerte dieser Stichproben in einem bestimmten Intervall um den Mittelwert der Grundgesamtheit liegen. Die Grenzen dieses "95%-Konfidenzintervalls" lassen sich mit der Formel

$$x_{1,2}=\bar{x}\pm 1.96*\sigma_{\bar{x}}$$

berechnen[2].

---

[1] Im Beispiel ist dies die Varianz der Aufenthaltsdauer aller Patienten der Klinik.
[2] Da die Verteilung der Mittelwerte einer Normalverteilung entspricht, ergibt sich für ein 95%-Konfidenzintervall ein Wert von 1.96 für die Multiplikation des Standardfehlers, für ein 99%-Konfidenzintervall ein Wert von 2.576. Diese Werte entsprechen denjenigen Werten auf der x-Achse einer "Standardnormalverteilung" (einer Normalverteilung mit dem Mittelwert 0 und der Standardabweichung 1), jenseits dessen insgesamt 5%, bzw. 1% der Fläche unter der Kurve liegen, vgl. z.B.

Abbildung 6-4: Mittelwerteverteilung bei unterschiedlichem Stichprobenumfang bei jeweils 1000 Stichproben[1]

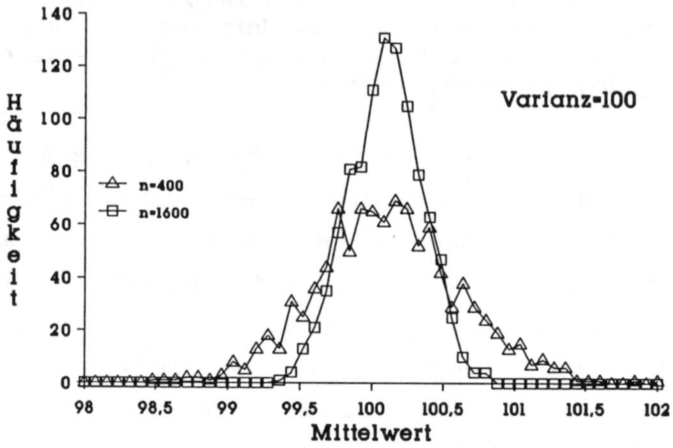

Erhält man durch eine einfache Zufallsstichprobe vom Umfang 400 einen Mittelwert von 100 und eine Varianz von 100, so liegen die Grenzen des Konfidenzintervalles bei

$$100 \pm 1.96 * \sqrt{100/400} = 100 * 1.96 * 0.5 \; bzw. \; 100 - 1.96 * 0.5$$

also bei 99.02 und 100.98. Somit werden 95% aller Stichproben aus dieser Grundgesamtheit einen Mittelwert zwischen 99.02 und 100.98 ergeben, der Mittelwert der Grundgesamtheit liegt mit hoher Sicherheit innerhalb dieses Intervalls. Die Abbildung 6-4 zeigt das Ergebnis der Ziehung von 1000 Stichproben (n = 400) aus einer entsprechenden Grundgesamtheit (N = 10000). Die Mittelwerte der 1000 Stichproben liegen zwischen minimal 98.48 und maximal 102.1. Nur sehr wenige Stichprobenmittelwerte (hier zufällig 6.4% statt der erwarteten 5%) liegen außerhalb der berechneten Grenzen 99.02 und 100.98. Anders formuliert: Wird eine einfache Zufallsstichprobe aus einer Grundgesamtheit gezogen, so läßt sich berechnen, innerhalb welcher Grenzen der Mittelwert der Grundgesamtheit mit 95% Sicherheit liegt. Wie die Formel zeigt, hängt die Genauigkeit der Schätzung von der Größe des Standardfehlers ab. Je kleiner der Standardfehler wird, desto genauer läßt sich der Parameter in der Grundgesamtheit schätzen, umso kleiner wird das Konfidenzintervall. Der Standardfehler sinkt mit der Wurzel aus der Stichprobengröße. Um eine Halbierung des Standardfehlers (und damit eine Halbierung des Konfidenzintervalls) zu erreichen, muß die Stichprobengröße vervierfacht werden (vgl. Abb. 6-4, n = 1600).

BORTZ (1977:92-101).

[1] Ergebnisse einer Computersimulation. Umfang der Grundgesamtheit 10.000; Mittelwert der Grundgesamtheit 100, Varianz 100.

Die Bestimmung des notwendigen Stichprobenumfangs erfolgt über die Festlegung, welche Fehlergrenzen bei der Schätzung noch toleriert werden können. Streuen die interessierenden Merkmale in der Grundgesamtheit stark und werden nur sehr kleine Fehler toleriert, muß dementsprechend eine große Stichprobe gezogen werden. Die Größe der Grundgesamtheit spielt hingegen fast keine Rolle: Ob die Grundgesamtheit aus den Einwohner einer Stadt oder der gesamten BRD besteht, ist für eine Schätzung auf der Basis einer Stichprobe in Hinsicht auf die erforderliche Stichprobengröße (bei konstanter Streuung in beiden Grundgesamtheiten) fast bedeutungslos, solange die Stichprobe weniger als ca. 5% der Grundgesamtheit umfaßt[1]. Im Rahmen empirischer Sozialforschung werden daher sowohl in den USA als auch in der BRD meist Stichprobengrößen zwischen 1000 und 3000 verwendet, wenn Aussagen über die Gesamtbevölkerung beabsichtigt sind (SCHEUCH 1974:49-56).

Der Gesamtfehler bei einer Schätzung besteht nicht nur aus dem Standardfehler ("sampling error"), sondern auch aus "sachlichen Fehlern" ("non sampling errors"), z.B. dem Ausmaß der Ausfälle, Fehlern bei der Datenverarbeitung etc. Eine Verringerung des Standardfehlers ist in der Regel nur durch Vergrößerung der Stichprobe möglich, dadurch steigen aber meist die sachlichen Fehler.

Es gibt mehrere Möglichkeiten eine einfache Zufallsstichprobe zu ziehen. Die Auswahl wird durch das Vorliegen einer vollständigen Auflistung aller Elemente der Grundgesamtheit wesentlich erleichtert. Verfahren, die auf der Verwendung von Listen basieren, werden als "Karteiauswahlen" bezeichnet.
Eine einfache Form der Karteiauswahl ist das "Lotterieverfahren". Das Lotterieverfahren entspricht völlig dem sogenannten "Urnenmodell", d.h. für jedes Element der Grundgesamtheit existiert in einer Mischtrommel eine Kugel oder ein Los. Nach

[1] Diese Berechnungen basieren auf der Annahme, daß die Streuung in der Grundgesamtheit bekannt ist (BÖLTKEN 1976:145-155). Schon aus diesem Grund spielen solche Berechnungen in der Praxis kaum eine Rolle.

einem Mischvorgang werden die Kugeln oder Lose zufällig gezogen, die entsprechenden Elemente der Grundgesamtheit bilden die Stichprobe. Das Verfahren ist offensichtlich nur bei sehr kleinen Grundgesamtheiten praktikabel.

Für größere Grundgesamtheiten, bei denen jedes Element eine Identifikationsnummer besitzt, eignen sich Verfahren, die auf der Verwendung von Zufallszahlen basieren[1]. Eine Stichprobe der Größe n erfordert n Zufallszahlen. Diese Zufallszahlen können entweder einer Zufallszahlentabelle entnommen oder durch einen Computer erzeugt werden. Zufallszahlentabellen (nahezu jedes Statistiklehrbuch enthält einen Auszug aus einer solchen Tabelle, z.B. BORTZ 1984:543) werden in der Regel durch einen physikalischen Prozeß gewonnen, von dem angenommen wird, daß er Zahlen hervorbringt, deren Abfolge rein zufällig und deren Häufigkeiten gleich sind. Mit einem Computer können keine "reinen" Zufallszahlen erzeugt werden, daher werden Verfahren, die Zufallszahlen mit einem Computer erzeugen als "Pseudo-Zufallszahlengeneratoren" bezeichnet. Diese Algorithmen erzeugen Zahlen, die allen Anforderungen an Zufallszahlen entsprechen[2].

Neben diesen Auswahlverfahren existieren eine Reihe praktischer Techniken, die zusammenfassend als "systematische Auswahlverfahren" bezeichnet werden, so z.B. das "Ziehen jeder n'ten Karte", das "Buchstabenverfahren" (Ziehen von Personen mit bestimmten Buchstaben ihrer Namen), das "Geburtstagsauswahlverfahren" und das "Schlußziffernverfahren". Alle diese systematischen Auswahlverfahren besitzen eine Reihe von Problemen, die u.a. mit einer möglicherweise systematischen Anordnung der Liste oder der Verteilung der Auswahlmerkmale zusammenhängen; für Einzelheiten sei auf BÖLTKEN (1976:163-178) verwiesen.

---

[1] vgl. auch die Anhänge B und C.

[2] Einfache Algorithmen, die in Taschenrechnern oder Mikrocomputern zu Verfügung stehen, entsprechen häufig nicht den Anforderungen an Zufallszahlengeneratoren. Einzelheiten eines brauchbaren Generators finden sich im Anhang B.

6.4.2. Geschichtete Zufallsstichproben

"Geschichtete Zufallsstichproben" werden gezogen, indem die Elemente der Grundgesamtheit so in Gruppen ("Schichten", strata) eingeteilt werden, daß jedes Element der Grundgesamtheit zu einer - und nur zu einer - Schicht gehört und dann einfache Zufallsstichproben aus jeder Schicht gezogen werden. Werden die Umfänge der einfachen Zufallsstichproben so gewählt, daß sie den Anteilen der Schichten in der Grundgesamtheit entsprechen, dann wird die gesamte Stichprobe als "proportional geschichtete Stichprobe" bezeichnet. Entsprechen die Fallzahlen der Zufallsstichproben nicht den Anteilen der Schichten in der Grundgesamtheit, so wird die gesamte Stichprobe als "disproportional geschichtete Stichprobe" bezeichnet. Geschichtete Stichproben besitzen vor allem drei Vorteile gegenüber einfachen Zufallsstichproben:

- Unterscheiden sich die Schichten in der Grundgesamtheit in der Streuung eines interessierenden Merkmals, so kann die Schätzung mit geschichteten Stichproben genauer sein als bei einfachen Zufallsstichproben.
- Gibt es Unterschiede zwischen den Schichten in Hinsicht auf die Kosten der Erhebung, so können geschichtete Stichproben kostengünstiger sein.
- Falls die Schichten in der Grundgesamtheit selbst von Interesse sind, so können unabhängige Schätzungen für jede Schicht erfolgen.

Andererseits setzen geschichtete Stichproben die Kenntnis (oder die Schätzung) einiger Parameter der Grundgesamtheit voraus. So benötigt man u.a. Schätzungen der Umfänge der Schichten in der Grundgesamtheit. Weiterhin ist die Schichteinteilung meist nur für ein Merkmal optimal, so daß bei Interesse an mehreren Merkmalen zumeist ein Kompromiß gefunden werden muß[1].

---

[1] Es gibt auch Beispiele für die unangebrachte Verwendung geschichteter Stichproben, so z.B. um alle demographischen Variablen mit Sicherheit entsprechend ihrer Häufigkeit zu ziehen oder um Ausfälle zu "korrigieren" (siehe Kapitel 6.7); für Einzelheiten vgl. SUDMAN (1976:108-110). Gelegentlich wird das Quota-Verfahren fälschlich als geschichtete Stichprobe bezeichnet, dies wird in Kapitel 6.5.2.5. genauer dargestellt.

Geschichtete Stichproben verfügen aber häufig über so große Vorteile gegenüber einfachen Zufallsstichproben, daß sie eine große Bedeutung in der Praxis besitzen. Erstens bieten sie die Chance zu genaueren Schätzungen bei gleichen Kosten der Erhebung (falls die Voraussetzungen dafür gegeben sind). Zweitens sind sie dann unumgänglich, wenn bestimmte Fragestellungen und Auswertungstechniken eine bestimmte Mindestfallzahl für bestimmte Gruppen von Elementen erfordern.

Will man z.B. den Einfluß der Ausländerkonzentration in Wohngebieten auf das Verhalten von Arbeitsmigranten untersuchen, so liegt eine disproportional geschichtete Stichprobe nahe: Um verläßliche Aussagen machen zu können, benötigt man ungefähr die gleiche Anzahl von Arbeitsmigranten, die in Gebieten mit hohem Ausländeranteil wohnen, wie Personen, die in Gebieten mit niedrigem Ausländeranteil wohnen. Da bestimmte Gruppen von Arbeitsmigranten überwiegend in Gebieten mit hohem Ausländeranteil leben, müssen Personen aus anderen Gebieten mit einem höheren Anteil in der Stichprobe vertreten sein, als es ihrem Bevölkerungsanteil entspricht.

Offensichtlich ist das Kriterium derselben Chance der Auswahl bei disproportionaler Schichtung verletzt, daher müssen bei der Datenauswertung die Mitglieder der Schichten unterschiedlich "gewichtet" werden, um unverzerrte Aussagen über die Grundgesamtheit machen zu können. Die Gewichtung erfolgt mit dem reziproken Wert der Auswahlwahrscheinlichkeit, d.h. ein Element mit hoher Auswahlwahrscheinlichkeit erhält ein niedriges Gewicht und umgekehrt. Mit modernen Datenanalysesystemen (vgl. Kap. 9) stellen Gewichtungsverfahren technisch zwar kein Problem dar, aber die Bestimmung der Gewichtungsfaktoren kann bei komplizierten Auswahlverfahren eine höchst anspruchsvolle Aufgabe sein[1]. Eine falsche Gewichtung kann erhebliche Verzerrungen hervorrufen.

---

[1] Ein Beispiel für eine Bestimmung der Gewichte findet sich anhand des ALLBUS 1980 bei KIRSCHNER (1984).

6.4.3. Klumpenstichproben

Als "Klumpenstichprobe" (cluster sample) wird eine einfache Zufallsstichprobe dann bezeichnet, wenn die Auswahlregeln nicht auf die Elemente der Grundgesamtheit, sondern auf zusammengefaßte Elemente ("Klumpen", Cluster) angewendet werden und jeweils die Daten aller Elemente eines Clusters erhoben werden. Klumpenstichproben besitzen dann Vorteile gegenüber anderen Auswahlverfahren, wenn eine Liste der Elemente der Grundgesamtheit nicht vorhanden ist, wohl aber eine Liste der zusammengefaßten Elemente oder wenn die Kosten der Erhebung mit der Entfernung zwischen den Elementen steigen.

Sollen z.B. medizinische Untersuchungen an Chemiearbeitern, die bei der Produktion eines bestimmten Stoffes mitwirken, erfolgen, so dürften vollständige Listen dieser Chemiearbeiter kaum zur Verfügung stehen. Mit einer Klumpenstichprobe ließe sich das Problem lösen: Eine Liste der Herstellungsunternehmen dürfte leicht beschaffbar sein. Aus dieser Liste der Unternehmen (in diesem Fall die Cluster) kann eine Zufallsstichprobe gezogen werden, innerhalb der ausgewählten Unternehmen wird dann jeder Arbeiter, der mit dem entsprechenden Stoff umgeht, untersucht. Bei diesem Vorgehen werden also keine Listen der Elemente der Grundgesamtheit (Chemiearbeiter mit Kontakt zu einem bestimmten Stoff) benötigt, weiterhin werden die Erhebungskosten niedriger liegen, falls die Unternehmen nicht ohnehin regional konzentriert sind.

Das Beispiel zeigt aber auch das zentrale Problem der Klumpenstichprobe. Unterscheiden sich die Cluster (z.B. Unternehmen in Hinsicht auf ihre Sicherheitseinrichtungen oder die Zusammensetzung des Personals) sehr stark, so sind sich die Elemente innerhalb dieser Cluster ähnlicher als die Elemente einer einfachen Zufallsstichprobe. Somit sind ungenaue Ergebnisse erwartbar als bei der Verwendung einer einfachen Zufallsstichprobe. Dieses Problem der Klumpenstichprobe wird als "Klumpeneffekt" bezeichnet. Der Klumpeneffekt besteht in dem Genauigkeitsverlust der Schätzungen auf der Basis einer Klumpenstichprobe gegenüber den Schätzungen auf der Basis einer einfachen Zufallsstichprobe[1]. Klumpenstichpro-

---

[1] Allgemein wird das Verhältnis der Varianz eines beliebigen Auswahlverfahrens zur Varianz einer einfachen Zufallsstichprobe als "design effect" oder "deff."

ben sind dann ungenauer als einfache Zufallsstichproben, wenn sich die Elemente eines Clusters sehr stark ähneln und die Cluster sich stark voneinander unterscheiden. Es läßt sich zeigen, daß die relative Ungenauigkeit einer Klumpenstichprobe gegenüber einer einfachen Zufallsauswahl sowohl von der Homogenität als auch von der Anzahl der Elemente pro Cluster abhängt: Je größer die Homogenität innerhalb der Cluster und je mehr Elemente pro Cluster, desto ungenauer sind Klumpenstichproben[1]. Eine große Anzahl Cluster mit sehr wenigen Elementen pro Cluster ermöglichen meist genauere Schätzungen als wenige Cluster mit vielen Elementen. Dies kann durch den Extremfall, indem jedes Cluster nur ein Element besitzt, verdeutlicht werden: In diesem Fall findet keine "Klumpung" statt, die Auswahl stellt eine einfache Zufallsstichprobe dar (MOSER/KALTON 1972:104). Schon eine relativ geringe Homogenität der Elemente der Cluster kann durch eine große Zahl von Elementen pro Cluster zu großen Ungenauigkeiten führen. Daher werden Klumpenstichproben zumeist mit anderen Auswahlverfahren kombiniert, so daß mehrstufige Auswahlverfahren entstehen.

6.4.4. Mehrstufige Auswahlverfahren

Die bisher beschriebenen Auswahlverfahren sind bei vielen Fragestellungen entweder unangebracht oder undurchführbar. Insbesondere bei Untersuchungen, die die "allgemeine Bevölkerung" als Population besitzen, müssen komplexere Auswahlverfahren verwendet werden, die aus der Kombination mehrerer Auswahlverfahren bestehen. "Mehrstufige Auswahlverfahren" werden Verfahren genannt, die Zu-

---

bezeichnet (SUDMAN 1976:76).

[1] Die Homogenität der Cluster läßt sich mit dem "intraclass correlation coefficient" (rho) angeben (KISH 1965:161-164). Im Regelfall liegt rho bei kleinen positiven Werten (meist kleiner als 0.15; KALTON 1983:31). In seltenen Fällen wird rho negativ, dann kann eine Klumpenstichprobe genauere Schätzungen ermöglichen als eine einfache Zufallsstichprobe. Obwohl rho immer nur für einige Variablen berechnet werden kann, da hierzu Kenntnisse der Grundgesamtheit benötigt werden (BÖLTKEN 1976:313), soll auf eine Übersicht über einige Werte von rho für bestimmte Merkmale bei SUDMAN (1976:227-230) hingewiesen werden.

fallsauswahlen in mehreren "Stufen" vornehmen. Die Grundgesamtheit wird dabei zunächst in Gruppen von Elementen eingeteilt. Diese Gruppen werden als "Primäreinheiten" (primary sampling units oder "PSUs") bezeichnet, die die Auswahlgrundlage der ersten Stufe darstellen. Aus diesen Primäreinheiten wird dann eine Zufallsstichprobe der "Sekundäreinheiten" gezogen, die dann bereits die Erhebungseinheiten bilden können. Häufig sind weitere Auswahlstufen notwendig, so daß dann die Sekundäreinheiten die Auswahlgrundlage der zweiten Stufe bilden. Mehrstufige Auswahlverfahren bestehen also aus einer Reihe nacheinander durchgeführter Zufallsstichproben, wobei die jeweils entstehende Zufallsstichprobe die Auswahlgrundlage der folgenden Zufallsstichprobe darstellt. Mehrstufige Auswahlverfahren werden verwendet, wenn keine Listen der Grundgesamtheit existieren, wohl aber Listen zusammengefaßter Elemente der Population. Wie vielleicht schon jetzt erkennbar ist, sind sowohl geschichtete Stichproben als auch Klumpenstichproben Spezialfälle mehrstufiger Auswahlverfahren.
Werden z.B. bei einer Klumpenstichprobe nicht alle Elemente der auswählten Cluster erhoben, sondern jeweils eine einfache Zufallsstichprobe aus jedem ausgewählten Cluster, so liegt eine zweistufige Auswahl vor.

Sehr häufig werden z.B. bei Erhebungen der allgemeinen Bevölkerung zunächst Flächen (Stimmbezirke, Kreise, etc.) ausgewählt. "Flächenstichproben" sind Zufallsstichproben, bei denen die Elemente der Grundgesamtheit räumliche Einheiten darstellen. Gelegentlich können auch im Rahmen empirischer Sozialforschung räumliche Einheiten bereits die Untersuchungseinheiten bilden, z.B. bei stadtplanerischen oder landwirtschaftlichen Fragestellungen. Meist werden Flächenstichproben aber in mehrstufigen Auswahlverfahren verwendet, wenn keine Listen der Elemente der Grundgesamtheit existieren. In diesem Fall werden die räumlichen Einheiten als "Cluster" von Elementen (Haushalte, Individuen) betrachtet. Bei mehrstufigen Auswahlverfahren mit einer Flächenstichprobe auf der ersten Stufe werden zunächst einige Flächen zufällig ausgewählt (Flächen als Primäreinheiten) und anschließend aus den ausgewählten Flächen wiederum zufällig die Sekundäreinheiten (z.B. Haushalte).

Nahezu immer enthalten die Primäreinheiten bei mehrstufigen Auswahlverfahren unterschiedlich viele Elemente, z.B. bestehen große Schwankungen zwischen den Stimmbezirken in Hinsicht auf die Zahl der Wahlberechtigten. Dies muß bei der Auswahl der Primäreinheiten berücksichtigt werden, da Elemente aus größeren Primäreinheiten eine niedrigere Auswahlwahrscheinlichkeit besitzen, falls alle Primäreinheiten mit gleicher Wahrscheinlichkeit gezogen werden. Eine Möglichkeit trotz ungleicher Größe der Primäreinheiten die gleichen Auswahlwahrscheinlichkeiten für jedes Element der Grundgesamtheit zu erhalten, besteht darin, Auswahlwahrscheinlichkeiten für die Primäreinheiten zu verwenden, die proportional zur Größe der Primäreinheiten sind und aus jeder Primäreinheit dieselbe Zahl von Sekundäreinheiten zu ziehen Verfahren, die diesen Ansatz verwenden, werden "PPS-Designs" (probability proportional to size) genannt[1].

Ein PPS-Design soll hier anhand eines einfachen Beispiels nach BABBIE (1979:189) erläutert werden[2]. Eine Stadt mit 100000 Haushalten sei in 2000 administrative Einheiten (Blocks) eingeteilt. Eine Liste aller Haushalte sei nicht verfügbar, daher soll eine Zufallsstichprobe von 1000 Haushalten mit einem PPS-Design gezogen werden.
Die Chance für einen bestimmten Haushalt in die Stichprobe zu gelangen ist gleich der Anzahl der auszuwählenden Haushalte dividiert durch die Anzahl aller Haushalte, also 1000/100000 = 0.01. Das PPS-Design muß gewährleisten, daß tatsächlich alle Haushalte diese 0.01-Wahrscheinlichkeit besitzen in die Stichprobe zu gelangen.
Das PPS-Design könnte z.B. so aussehen, daß im ersten Schritt 200 Blocks mit Auswahlwahrscheinlichkeiten proportional zu ihrer Größe (also der Anzahl der Haushalte im Block) und im zweiten Schritt aus jedem Block zufällig je 5 Haushalte ausgewählt werden.
Für einen Block mit 100 Haushalten ergibt sich eine zu realisierende Ziehungswahrscheinlichkeit von

$$\text{Anzahl auszuwählender Blocks} * \frac{\text{Anzahl der Haushalte im Block}}{\text{Anzahl der Haushalte der Stadt}} =$$

200 * 100/100000 = 0.2. Für einen Block mit 400 Haushalten ergibt sich eine Wahrscheinlichkeit von 200 * 400/100000 = 0.8, also eine viermal höhere

[1] Zu Einzelheiten vgl. z.B. KISH (1965:217-247), SUDMAN (1976:131-170).

[2] Diese Darstellung ist vereinfacht; es handelt sich bei den hier beschriebenen Auswahlchancen nicht um "Wahrscheinlichkeiten"; diese ergeben sich erst durch eine anschließende Normierung. Die tatsächliche Ziehung von PPS-Stichproben mit dem sogenannten "Kumulations-Verfahren" wird in Anhang C dargestellt.

Auswahlwahrscheinlichkeit (proportional zur Größe). Die Blocks müssen entsprechend diesen Wahrscheinlichkeiten ausgewählt werden.
Im zweiten Schritt müssen aus jedem ausgewählten Block 5 Haushalte ausgewählt werden. Ein Haushalt in einem Block mit 100 Haushalten besitzt eine Ziehungswahrscheinlichkeit von 5/100=0.05, ein Haushalt in einem Block mit 400 Haushalten eine Auswahlwahrscheinlichkeit von 5/400=0.0125. Die tatsächliche Auswahlwahrscheinlichkeit eines Haushaltes ergibt sich durch die Multiplikation der Auswahlwahrscheinlichkeiten der beiden Auswahlstufen. Ein Haushalt in einem Block mit 100 Haushalten besitzt somit eine Auswahlwahrscheinlichkeit von 0.2 * 0.05 = 0.01, ein Haushalt in einem Block mit 400 Haushalten eine Auswahlwahrscheinlichkeit von 0.8 * 0.0125 = 0.01. Die Auswahlwahrscheinlichkeiten sind für beide Haushalte gleich der geforderten Auswahlwahrscheinlichkeit einer einfachen Zufallsstichprobe von 1000 Haushalten aus einer Grundgesamtheit von 100000 Haushalten.

Im Zusammenhang mit Flächenstichproben wird häufig auf die vollständige Auflistung aller Sekundäreinheiten (z.B. Haushalte) innerhalb einer ausgewählten Fläche ("sampling points") verzichtet. Ein Verfahren, um ohne vollständige Auflistung eine Auswahlgrundlage zu erstellen ("Adressenermittlung") stellt der sogenannte "Zufallsweg" oder "Random Walk" (random route) dar.
Bei diesem Verfahren wird innerhalb einer ausgewählten Fläche eine Startadresse zufällig bestimmt, z.B. durch Auswahl einer Straße mit einem bestimmten Anfangsbuchstaben. Ausgehend von dieser Startadresse folgt ein Adressenermittler den Anweisungen einer sogenannten "Begehungsanweisung", die formale Regeln der Begehung enthält[1], z.B.: Aufsuchen der Startadresse, zweites Gebäude links vom Haupteingang der Startadresse ist die erste Zieladresse; in gleicher Richtung weitergehen bis zur nächsten rechten Abzweigung oder Querstraße, dort rechts abbiegen und die Staßenseite wechseln; weiter bis zur nächsten linken Straße usw. (nach NOELLE 1963:128). Folgen die Adressenermittler tatsächlich den Regeln, so kann eine "Zufallsauswahl" der Auswahlgrundlage (Adressen) "angenähert" werden. Aus den ermittelten Adressen werden dann einfache Zufallsauswahlen vorgenommen, so daß am Ende dieser Stufe eine Auswahl der Haushalte

[1] Die Begehungsanweisung ist für alle ausgewählten Flächen die gleiche, sie wurde ohne Rücksicht auf irgendwelche empirische Gegebenheiten an einem Schreibtisch als Ansammlung von "formalen Regeln" konstruiert.

vorliegt. Diese Trennung zwischen Adressenermittlung und Erhebung wird als "Adress-Random" bezeichnet (KIRSCHNER 1984: 132).
Eine Abwandlung des Verfahrens ist die "Standard-Random"-Technik, bei der zugleich mit der Adressenermittlung die Erhebung erfolgt. Bei dieser Modifikation wird aber die Handlungsweise der Interviewer schwer kontrollierbar, so daß ohne sehr intensive Kontrollen Verzerrungen durch nicht eingehaltene Regeln wahrscheinlicher werden. Andererseits können die Adressen bei der Adress-Random-Technik rasch veralten.

Beide Formen des Random-Walk besitzen dieselben Probleme. Die Begehungsanweisungen können mehrdeutig sein, so daß die Ermittlung der Haushalte nicht durch Kontrollen replizierbar sein kann. Die Ermittlung der Adressen kann sehr ungenau sein, falls die Ermittlung der Haushalte anhand der Haustürklingeln erfolgt. Die Adressenermittler können die Begehungsregeln willentlich verletzen, um ihre Aufgabe zu vereinfachen. Schließlich kann die Adressenermittlung in einem Gebiet unerwünschte Folgen auf die Antwortbereitschaft besitzen, da den Anwohnern der Sinn der Adressenermittlung meist nur schwer zu vermitteln ist. Systematische Verzerrungen der Ergebnisse aufgrund dieser Probleme erscheinen bei intensiven Kontrollen zwar unwahrscheinlich, können aber nicht mit Sicherheit ausgeschlossen werden.

Häufig bilden Haushalte die Elemente der vorletzten Auswahlstufe und Individuen die Untersuchungseinheiten. Dann stellt sich das Problem der Auswahl eines zu Befragenden aus einem ausgewählten Haushalt. Hierzu werden meist Tabellen mit Zufallszahlen verwendet, die nach der Auflistung aller im Haushalt lebenden potentiellen Befragten angeben, welche Person zu befragen ist. Solche Tabellen werden gelegentlich als "Schwedenschlüssel" (vgl. BÖLTKEN 1976:192-194) bezeichnet, in der amerikanischen Literatur als "Kish selection grid"[1].

---

[1] Leslie KISH schlug 1949 dieses Verfahren erstmals vor (KISH 1965:398-401).

Abbildung 6-5: "Schwedenschlüssel" (Kish selection grid)

Tab. Nr.	Anteil der zugewiesenen Tabellen	Falls die Anzahl Erwachsener im Haushalt					
		1	2	3	4	5	6 oder mehr
		beträgt, wähle Erwachsenen mit Nummer					
1	1/6	1	1	1	1	1	1
2	1/12	1	1	1	1	2	2
3	1/12	1	1	1	2	2	2
4	1/6	1	1	2	2	3	3
5	1/6	1	2	2	3	4	4
6	1/12	1	2	3	3	3	5
7	1/12	1	2	3	4	5	5
8	1/6	1	2	3	4	5	6

nach KISH (1965:399)

Die Abbildung 6-5 zeigt acht verschiedene Zufallszahlentabellen. Den Interviewern wird jeweils eine dieser Tabellen zugewiesen. Insgesamt wird jede Tabelle bei 1/6 bzw. 1/12 der durchzuführenden Interviews verwendet (vgl 2. Spalte). Erhält ein Interviewer z.B. die dritte Tabelle (1-1-1-2-2-2) und trifft er in einem ausgewählten Haushalt 5 Erwachsene an, so muß nach dieser Tabelle der zweite der nach einer bestimmten Reihenfolge (Geschlecht, Alter) aufgelisteten Erwachsenen befragt werden.

Die Verwendung solcher Tabellen garantiert, daß jede Person im Haushalt dieselbe Chance besitzt in die Stichprobe zu gelangen; die Auswahl der jeweils zuerst angetroffenen Person würde hingegen systematische Verzerrungen hervorrufen.

6.4.4.1. Anwendung: ALLBUS 1980

Im folgenden soll als Beispiel für eine mehrstufige Auswahl ein Überblick über den Stichprobenplan der bereits erwähnten "Allgemeinen Bevölkerungsumfrage 1980" (ALLBUS 1980) gegeben werden (vgl. KIRSCHNER 1984:120-134).
Der Arbeitskreis deutscher Marktforschungsinstitute (ADM) stellte 1978 ein Magnetband ("Ziehungsband") zusammen, das Daten (u.a. Anzahl der Stimmberechtigten, Wahlergebnisse, Anzahl der Haushalte und die "Boustedt-Zonen"[1]) über 49.380 als Primäreinheiten verwendete Stimmbezirke, bzw. zusammengefaßte Stimmbezirke der Bundesrepublik und West-Berlins enthielt (ADM 1979:22-23). Die Anzahl der Haushalte in allen Primäreinheiten belief sich auf

[1] "Boustedt-Zonen" entsprechen einer Einteilung von Stadtregionen in Zonen, die sich in Hinsicht auf Erwerbsstruktur, Pendler, Einwohner, Arbeitsplatzdichte usw. ähneln, vgl. BOUSTEDT (1975).

22.147.308. Aus dieser Datei wurde mit einem PPS-Design eine Stichprobe von 25.200 Primäreinheiten gezogen. Die Hauptstichprobe mit den 25.200 Primäreinheiten wird als "ADM-Mastersample" bezeichnet. Aus diesen 25.200 Primäreinheiten wurden dann 120 Unterstichproben mit je 210 Primäreinheiten gezogen. Diese Unterstichproben werden als "Netze" bezeichnet. Jedes Netz läßt sich als Stichprobe aus der Grundgesamtheit der Primäreinheiten auffassen. Für den ALLBUS 1980 wurden drei Netze verwendet, also 630 Primäreinheiten ("Sampling Points").
Auf der zweiten Stufe wurden für jede der 630 Primäreinheiten durch Begehungsregeln 200 Adressen von Privathaushalten erhoben. Aus den jeweils ersten 100 dieser Adressen wurden dann 8 bzw. 7 Privathaushalte ausgewählt, so daß insgesamt 4620 Haushaltsadressen zur Verfügung standen.
Auf der dritten Stufe wurden die zu Befragenden mit einer Zufallszahlentabelle zufällig aus den Mitgliedern der Privathaushalte ausgewählt.

6.4.4.2. Anwendung: Stichprobenziehung für telefonische Erhebungen

Stichprobenziehungen für telefonische Erhebungen sind ebenfalls meist mehrstufige Auswahlen, die jedoch mit einer Reihe von Problemen behaftet sind[1]. Eines der wichtigsten Probleme entsteht durch unvollständige Listen der Telefonanschlüsse. In den USA wird daher zunehmend mit einer Technik gearbeitet, die keine Liste aller Anschlüsse voraussetzt: das "Random Digit Dialing" ("RDD").
Die Grundidee des RDD besteht darin, daß Teile der Telefonnummern durch Zufallszahlen gebildet werden. Amerikanische Telefonnummern bestehen aus 10 Ziffern, von denen die ersten drei einer Region und die nächsten drei einer Vermittlungsstelle entsprechen; die letzten vier Ziffern geben die Teilnehmernummer an. Vollständige Listen der angeschlossenen ("aktiven") ersten sechs Ziffern (Region, Vermittlungsstelle) liegen vor.
Die einfachste Form des RDD besteht darin, eine Zufallsstichprobe aus der Liste der aktiven Region/Vermittlungsstellenkombinationen zu ziehen, und an diese Ziffern jeweils vierstellige Zufallszahl anzuhängen. Das Verfahren erbringt zwar eine echte Zufallsstichprobe, ist allerdings relativ ineffizient, da durchschnittlich 5 Telefonnummern erzeugt werden müssen, um einen Privatanschluß zu ziehen (KALTON 1983:88).

Eine effizientere Technik wurde von MITOWSKY (vgl. WAKSBERG 1978:40-41) vorgeschlagen, die auf einer zweistufigen Auswahl basiert. Die letzten vier Ziffern werden in 100 Gruppen ("banks") mit je 100 Nummern eingeteilt (andere Einteilungen sind möglich). Zunächst werden "banks" mit gleicher Wahrscheinlichkeit

---

[1] Zu den Problemen der Stichprobenziehung bei telefonischen Erhebungen in der Bundesrepublik vgl. Kapitel 7.1.3. sowie auch HORMUTH/BRÜCKNER (1985: 529-534) und ZEH (1987).

gezogen. Dann wird eine Nummer pro "bank" zufällig gewählt. Handelt es sich um einen Privatanschluß, so wird innerhalb der "bank" weiter zufällig gezogen, ansonsten scheidet die gesamte "bank" aus[1].

6.5. Willkürliche und bewußte Auswahlen

Obwohl nur Zufallsstichproben die Anwendbarkeit der Inferenzstatistik garantieren[2], finden sich neben den durch einen berechenbaren Zufallsprozeß gesteuerten Auswahlverfahren weitere Auswahlverfahren in der sozialwissenschaftlichen Literatur, die zumeist als "willkürliche Auswahlen" oder "bewußte Auswahlen" bezeichnet werden.

6.5.1. Willkürliche Auswahlen

"Willkürliche Auswahlen" ("Auswahlen aufs Geratewohl") sind Auswahlen, bei der die Entscheidung über die Aufnahme eines Elementes der Grundgesamtheit in die Stichprobe unkontrolliert durch einen Auswahlplan nur im Ermessen des Auswählenden liegt. Dieser leider weitverbreiteten Auswahlmethode bedienen sich unter anderem Rundfunkanstalten in ihren Hörerbefragungen, Marktforschungsunternehmen, die ihre Befragten vor der Eingangstür ihres Unternehmens rekrutieren, Sozialpädagogen, die Aussagen über alle Kinder türkischer Arbeitsmigranten

---

[1] Eine kurze Übersicht über technische Probleme findet sich bei KALTON (1983: 86-90), nahezu alle Aspekte des Telefoninterviews werden knapp von FREY (1989) behandelt. Technische Details für RDD-Verfahren finden sich in dem Band von GROVES u.a. (1988).

[2] Das ist etwas vereinfacht. Es gibt Möglichkeiten zur Anwendung der Inferenzstatistik auch bei "verzerrten" Stichproben, dann müssen aber zumindest die Parameter des Selektionsprozesses bekannt sein; bei verzerrten Auswahlen im Rahmen empirischer Sozialforschung ist der Selektionsprozeß fast immer unbekannt, die Parameter müssen dann geschätzt werden (BERK 1983). Die in solchen Fällen anzuwendenden Techniken sind vergleichsweise kompliziert und beruhen auf vielen unsicheren Annahmen; eine praktische Anwendung ist selten.

aus einer Stichprobe der Besucher ihrer Deutschkurse ableiten und Sozialwissenschaftler, die Aussagen über Sozialpädagogen aus der Stichprobe der ihnen bekannten Sozialpädagogen ableiten. Da weder die Grundgesamtheit sinnvoll definiert ist, noch vor der Stichprobenziehung für jedes Element der Grundgesamtheit die Auswahlwahrscheinlichkeit angebbar ist, sind willkürliche Auswahlen für wissenschaftliche Zwecke fast immer wertlos. Solche Auswahlen haben nur in der Vorbereitungsphase einer Erhebung einen sehr begrenzten Sinn, da bereits bei solchen Auswahlen bestimmte Probleme der Erhebung oder der Verarbeitung der erhobenen Daten auftreten können, die dann bei der eigentlichen Erhebung vermieden werden können. Aber selbst diese Aufgabe kann durch eine Zufallsstichprobe besser bewältigt werden. Aussagen auf der Basis einer willkürlichen Auswahl genügen elementaren Regeln wissenschaftlicher Arbeit nicht.

6.5.2. Bewußte Auswahlen

"Bewußte Auswahlen" ("Auswahlen nach Gutdünken") erfolgen zwar nach einem Auswahlplan, die diesem Plan zugrunde liegenden Kriterien sind sogar meist angebbar und überprüfbar, dennoch sind inferenzstatistische Techniken nicht anwendbar. Beispiele für bewußte Auswahlen sind Expertengespräche (sofern die "Experten" nicht zufällig aus einem vollständigen "Expertenverzeichnis" ausgewählt wurden, z.B. Ärzte aus den Verzeichnissen der Ärztekammern), die Auswahl "typischer Fälle" oder die Auswahl "extremer Fälle".

6.5.2.1. Auswahl extremer Fälle

Die "Auswahl extremer Fälle" besteht aus der Selektion derjenigen Fälle, die in bezug auf ein bestimmtes Merkmal eine "extreme" Ausprägung besitzen.

Interessiert man sich z.B. für das Verhältnis zwischen Trainingsaufwand und der Bestzeit im 100m-Lauf und betrachtet dabei nur diejenigen Sportler, die eine

Bestzeit von 10.5 Sekunden und weniger haben, so kann der ermittelte geringe Zusammenhang natürlich nicht auf diejenigen (Freizeit-)Sportler übertragen werden, die z.B. lediglich Zeiten über 15 Sekunden erzielen. Dies ist relativ leicht einzusehen, wenn man sich vorstellt, daß ein untrainierter Sportler mit jeder zusätzlichen Trainingsstunde auch eine beachtenswerte Verbesserung seiner Endzeit erreicht. Ein Spitzensportler braucht jedoch zu einer Zeitverbesserung von 10.4 auf 10.3 Sekunden nicht nur eine zusätzliche Stunde, sondern er muß seinen Aufwand um ein Vielfaches steigern.

Durch die Auswahl extremer Fälle wird die Grundgesamtheit implizit umdefiniert: Im oben genannten Beispiel kann eine Extremauswahl von Spitzensportlern bestenfalls also auch nur auf die "neue" Grundgesamtheit aller Spitzensportler verallgemeinert werden. Als generelles Auswahlverfahren ist die Auswahl extremer Fälle ungeeignet.

Als spezielle Form einer Auswahl extremer Fälle kann der folgende Ansatz aufgefaßt werden, der gelegentlich bei speziellen Populationen verwendet wird. Alle bisher in der Bundesrepublik durchgeführten "gesamtgesellschaftlichen Eliteuntersuchungen" (vgl. NEUMANN 1979:45) arbeiten mit dem sogenannten "Positionsansatz". Der Positionsansatz basiert auf der Annahme, daß "Macht" in der Bundesrepublik an formale Führungspositionen gebunden ist[1]. Das Auswahlverfahren verläuft in mehreren Stufen: Bestimmung der "Funktionsbereiche" (Politik, Verwaltung, Unternehmen usw.), Auswahl der Organisationen in jedem Funktionsbereich, Auswahl der Positionen. Die Auswahlkriterien basieren auf der vermuteten "Bedeutung" der Positionen in Hinsicht auf die Möglichkeit der Machtausübung (HOFFMANN-LANGE/KUTTEROFF/WOLF 1982:38). Das Problem solcher Untersuchungen liegt bei der unklaren Definition der Population (der Unbeobachtbarkeit des eigentlichen Kriteriums "Macht"), wodurch subjektive "Gewichtungen" notwendig werden.

6.5.2.2. Auswahl typischer Fälle

Die "Auswahl typischer Fälle" besteht in der Auswahl von Fällen, die als besonders "charakteristisch" für die Grundgesamtheit angesehen werden. Das mit diesem

---

[1] Literatur zu anderen Ansätzen und zur Kritik des Positionsansatzes sowie der Methodik der Eliteuntersuchungen generell findet sich bei HERZOG (1982:98-106) und SCHENK (1984:187-208).

Verfahren verbundene Problem ist offensichtlich: Welche Kriterien muß ein Fall besitzen, um in die Stichprobe zu gelangen? Die Definition der Kriterien kann nur aus dem Untersuchungsziel abgeleitet werden; werden dementsprechend Fälle ausgewählt, die dem Untersuchungsziel entsprechen, kann nichts über die Verteilung in der Grundgesamtheit ausgesagt werden.
Nun sind Situationen denkbar, in denen die Verteilung der Merkmale, die das Kriterium bilden, in der Grundgesamtheit bekannt ist. Um Aussagen über die Grundgesamtheit machen zu können, muß dann bei der Auswahl "typischer" Fälle angenommen werden, daß die "typischen" Fälle jeweils in jeder Hinsicht den nicht ausgewählten Fällen gleichen: Diese Annahme ist für sozialwissenschaftliche Untersuchungen meist nicht realistisch und nicht überprüfbar. Es gibt zwar für sehr spezielle Zwecke (umstrittene) Anwendungsmöglichkeiten dieses Auswahlverfahrens (BÖLTKEN 1976:26; SCHEUCH 1974:14), aber die Auswahl "typischer Fälle" bleibt in der Regel ein ungeeignetes Auswahlverfahren.

6.5.2.3. Auswahl nach dem Konzentrationsprinzip

Zu den "bewußten Auswahlen" wird auch die "Auswahl nach dem Konzentrationsprinzip" (auch als "Abschneideverfahren" bezeichnet) gezählt. Dieses in der amtlichen Statistik gelegentlich angewendete Verfahren basiert auf der Auswahl derjenigen Fälle, bei denen ein interessierendes Merkmal so stark ausgeprägt ist, daß diese Fälle nahezu die gesamte Verteilung in der Grundgesamtheit bestimmen (KRUG/NOURNEY 1982:96). Ein Beispiel könnte darin bestehen, nur die (wenigen) Unternehmen mit dem größten Umsatz innerhalb eines bestimmten Wirtschaftssektors zu untersuchen. Das Verfahren eignet sich nur bei speziellen und eingeschränkten Fragestellungen.

6.5.2.4. Schneeballverfahren

Die Analyse sozialer Netzwerke (Freundschaften, Konfliktgruppen usw.) wirft in Hinsicht auf die Auswahltechniken einige Probleme auf, falls keine Vollerhebung möglich ist. Lediglich sogenannte "ego-zentrierte Netzwerke" (vgl. McCALLISTER/ FISCHER 1978) lassen sich vergleichsweise einfach erheben und analysieren. Mit der genannten Ausnahme stehen zur Zeit keine Verfahren zur Verfügung, die generell die Anwendung inferenzstatistischer Techniken bei Netzwerkanalysen erlauben[1]. In diesem Zusammenhang wird jedoch sehr häufig das "Schneeball-Verfahren" angewendet, bei dem ausgehend von einer Person die von dieser benannten Personen befragt werden. Dieses Verfahren wird u.a. auch bei der Auswahl von Angehörigen seltener Populationen angewendet[2]. Das Schneeball-Verfahren stellt natürlich keine Zufallsauswahl, sondern eine bewußte Auswahl dar.

6.5.2.5. Quotaverfahren

Eine spezielle Form der bewußten Auswahl wird vor allem im der Markt- und Auftragsforschung verwendet: das "Quotaverfahren". Quotaverfahren basieren auf der Auswahl von Personen in der Art, daß bestimmte Merkmale in der Stichprobe exakt in derselben Häufigkeit vorkommen wie in der Grundgesamtheit; die endgültige Auswahl von Personen bleibt dabei dem Interviewer vorbehalten. Die Verteilung einiger Merkmale in der Grundgesamtheit ist in der Regel bekannt (z.B. durch eine Volkszählung). Bei der Erstellung einer Quotenauswahl wird den Interviewern eine "Quotenvorgabe" zugeteilt, die angibt, wieviele Personen mit einem bestimmten Merkmal oder einer bestimmten Kombination von Merkmalen er befragen muß. Der Quotenplan wird dabei so berechnet, daß (falls alle Interviewer ihre

---

[1] Literatur zu den wenigen Ansätzen für Auswahlverfahren bei Netzwerkanalysen findet sich bei KNOKE/KUKLINSKI (1982:26-30) und SCHENK (1984:180-186).
[2] Eine Erörterung von Durchführungsproblemen bei Schneeball-Auswahlen findet sich bei BIERNACKI/WALDORF (1981).

Quoten korrekt einhalten) die Verteilung in der Stichprobe für die quotierten Merkmale exakt der Verteilung in der Grundgesamtheit entspricht. Diejenigen Merkmale, die zur Quotierung dienen, werden als "Kontrollmerkmale" (controls) bezeichnet, das Resultat der Berechnung des Quotenplans anhand der bekannten Daten der Grundgesamtheit als "Quoten"; diese Quoten stellen die Quotenvorgaben für die Interviewer dar.

Als Kontrollmerkmale werden vor allem Geschlecht, Alter und soziale Schicht verwendet. Daneben finden sich auch Konfession, Familiengröße, Kinderzahl, Nationalität oder Hautfarbe, Befragungszeit und Befragungsort als Kontrollmerkmale (KOOLWIJK 1974:87). Beispielsweise werden bei Quotenerhebungen des "National Opinion Research Center" (NORC) der Universität Chicago Geschlecht, Alter und für Frauen Berufstätigkeit als Quoten verwendet (KING 1983:64-65).

Einfache Quotenverfahren verwenden "unabhängige Quoten", bei denen nur gefordert wird, das insgesamt die Merkmale in der gleichen Weise in der Stichprobe wie in der Grundgesamtheit vorhanden sind; kompliziertere Quotenverfahren verwenden "kombinierte Quoten", bei denen die Häufigkeiten der Kombinationen bestimmter Merkmale in der Stichprobe den Häufigkeiten der Kombinationen in der Grundgesamtheit entsprechen sollen. Beispielsweise könnte gefordert werden, daß in einer Stichprobe je zur Hälfte Männer und Frauen und je zur Hälfte Katholiken und Protestanten vertreten sind. Während bei unabhängigen Quoten viele verschieden zusammengesetzte Stichproben diese Bedingung erfüllen, gibt es nur eine Stichprobenzusammensetzung bei kombinierten Quoten, die mit der Forderung übereinstimmt:

Tabelle 6-1: Quotenvorgaben (in %)

a) unabhängige Quoten

	prot.	kath.	Summe
männlich	45	5	50
weiblich	5	45	50
Summe	50	50	100

b) kombinierte Quoten

	prot.	kath.	Summe
männlich	25	25	50
weiblich	25	25	50
Summe	50	50	100

Der wesentliche Unterschied zwischen mehrstufigen Quota-Verfahren und mehrstufigen Zufallsstichproben liegt in der Auswahl der Stichprobenelemente auf der letzten Auswahlstufe (MOSER/KALTON 1972:128): Beide Verfahren können auf den ersten Stufen der Auswahl identische Zufallsauswahlen darstellen (also z.B. zunächst eine Zufallsstichprobe aus den Regierungsbezirken, dann eine Zufallsstichprobe aus den Stimmbezirken innerhalb der Regierungsbezirke), die beiden Verfahren unterscheiden sich aber dann bei der Auswahl der zu befragenden Personen innerhalb der letzten Auswahlstufe. Während bei der Zufallsstichprobe lediglich eine weitere Zufallsstichprobe gezogen wird, um die Elemente der Stichprobe auszuwählen, bleibt beim Quota-Verfahren die Auswahl auf der letzten Stufe ausschließlich der Willkür der Interviewer (innerhalb der vorgegebenen Quoten) überlassen. Beim Quota-Verfahren legt auf der letzten Stufe der einzelne Interviewer fest, wen er befragen will[1].

Die Rechtfertigungen der Anwendung des Quota-Verfahrens basieren meist auf praktischen Argumenten. Das Quota-Verfahren ist in der Regel weit billiger als eine Zufallsauswahl und zudem schneller durchzuführen; insbesondere dann, wenn für die zu untersuchende Grundgesamtheit keine Liste vorliegt, aus der eine Zufallsstichprobe gezogen werden könnte (MOSER/KALTON 1972:134-135).
Selbst angesichts der Entwicklung von "echten" Zufallsstichproben bei den bisher als besonders für Quotenbefragungen als geeignet angesehenen Fragestellungen (Forderung nach schnellen Ergebnissen oder Auswahl sehr seltener Merkmalsträger), nämlich telefonischer Umfragen und spezieller Auswahlverfahren für "seltene Populationen"[2], verbleibt allerdings das Kostenargument zugunsten des Quota-Verfahrens.

---

[1] Interviewer orientieren sich dann verständlicherweise meist nach Verfügbarkeitskriterien, also danach, wen sie mit den geforderten Quotenmerkmalen kennen und wer sich ihrer Meinung nach befragen läßt.

[2] Als "seltene Population" werden meist sehr kleine Grundgesamtheiten von Personen mit speziellen und seltenen Merkmalen, z.B. Blinde, bezeichnet. Zu Auswahlverfahren bei diesen "rare populations" vgl. SUDMAN (1976:200-210) und SUDMAN/KALTON (1986).

Die meisten Einwände gegen das Quota-Verfahren richten sich gegen die theoretischen Begründungen des Quota-Verfahrens. KOOLWIJK (1974:85) unterscheidet drei mögliche theoretische Begründungen des Quota-Verfahrens:

- durch restriktive Quotenvorgaben werde der Ermessensspielraum des Interviewers so weit eingeschränkt, daß eine Zufallsauswahl angenähert wird;

- die Quotenauswahl entspräche einer geschichteten Zufallsstichprobe, die durch die Quoten gebildeten Schichten seien weitgehend homogen, so daß eine Zufallsauswahl nicht notwendig erscheint;

- die Quotenauswahl sei um so genauer in bezug auf die nicht kontrollierten Merkmale, je stärker die Kontrollmerkmale mit den nicht kontrollierten Merkmalen zusammenhängen und je weniger die Kontrollmerkmale untereinander zusammenhängen.

Das erste Argument setzt allerdings voraus, das die Interviewer exakt ihren Anweisungen folgen (vor allem, daß sie einen Befragten in bezug auf bestimmte Kontrollmerkmale nicht "umdefinieren", um ihre Quoten zu erfüllen). Weiterhin wird implizit angenommen, daß Personen, die nicht angetroffen wurden oder die die Befragung verweigerten in jeder interessierenden Hinsicht den tatsächlich Befragten ähneln: Eine unbeweisbare und auf der Basis des vorhandenen Wissens über Verweigerer und Schwer-Erreichbare (vgl. Kap. 6.7.) höchst unrealistische Annahme.
Das zweite Argument basiert auf der Annahme, daß durch die Quotierung entweder eine völlig homogene Schicht entsteht oder eine Homogenisierung der nichtquotierten Merkmale automatisch aus den quotierten Merkmalen folgt (KOOLWIJK 1974:86). Eine völlig homogene Schicht ist in sozialwissenschaftlichen Anwendungen ausgeschlossen; je differenzierter die Gesellschaftsstruktur, desto heterogener werden Schichten auf der Basis weniger Kontrollmerkmale. Die Homogenisierung der nicht-quotierten Merkmale setzt einen sehr starken Zusammenhang zwischen quotierten und nicht-quotierten Merkmalen voraus, der nur sehr selten gegeben sein wird; z.B. dann, wenn eine bestimmte "Einstellung" allen Mitgliedern einer Schicht gemein ist und die Schichtungsmerkmale fehlerfrei bestimmt werden können.

Aus diesem Punkt folgt eine weitere Kritik: Die Quotenmerkmale werden nicht nach ihrem Zusammenhang mit den Erhebungsmerkmalen ausgewählt, sondern nach praktischen Kriterien (der "Machbarkeit"). Demzufolge sind in der Regel nur schwache Zusammenhänge zwischen quotierten und nicht-quotierten Merkmalen nachweisbar.

Die Kritikpunkte am Quota-Verfahren sehen zusammengefaßt so aus:

- Das Quota-Verfahren stellt keine Zufallsauswahl dar; die Anwendung der Inferenztechniken ist erschwert, falls nicht unmöglich (WENDT 1960:37-38; KING 1983:66).
- Das Verfahren bedingt eine erhöhte Auswahlwahrscheinlichkeit für häufig an ihrem Wohnsitz anzutreffende Personen.
- Es besteht die Gefahr einer erheblichen Verzerrung durch die Interviewer, da diese vor allem Personen auswählen werden, die sich kooperativ verhalten[1]. Das Quota-Verfahren stellt somit keine "Lösung" des Problems der Ausfälle dar: Das Problem wird nur verdeckt (ADM 1979:60).

Trotzdem wird von kommerziellen Instituten regelmäßig darauf hingewiesen, "daß Quotenumfragen die gleichen Antworten liefern wie Random-Umfragen" (KAPLITZA 1982:167), die gegen die Quotenbefragung vorgebrachten Argumente seien empirisch widerlegt worden (KAPLITZA 1982:166). Die hierbei angeführten Untersuchungen wurden allerdings überwiegend von kommerziellen Instituten durchgeführt. Eine Reihe von empirischen Vergleichen, bei denen das Quota-Verfahren mit Zufallsstichproben verglichen wurden (KOOLWIJK 1974:95-96), zeigen jedoch häufig Differenzen. So gibt SUDMAN (1976:199) für den Vergleich eines Quota-Verfahrens mit einer Zufallsauswahl bei einer Reihe von Einstellungsfragen

---

[1] So zeigt HOAG (1986:125) Verzerrungen einer Quotenstichprobe durch selektive Auswahlen der Befragten durch die Interviewer. Bei einer schriftlichen Nachbefragung (bei der 49% der angeschriebenen Personen antworteten) gaben 86% der Befragten an, daß sie den Interviewer bereits **vor** der Befragung kannten. HOAG (1986:129) demonstriert die Folgen solcher "Interviewer-Bekannten-Stichproben" für die ermittelten Parteipräferenzen: Vergleichbare Zufallsstichproben erbrachten einen (eher den Wahlstatistiken entsprechenden) dreifach höheren Anteil von CDU-Anhängern als die Quotenstichprobe.

einen mittleren Unterschied von 6% an. Bei einer weiteren Aufgliederung des Datenmaterials (Kreuztabellierungen, Subgruppenanalysen) ist mit größeren Fehlern zu rechnen (SCHEUCH 1974:20).

Falls exakte Ergebnisse, deren Genauigkeit angebbar[1] ist, wichtiger sind als "kostengünstige" Lösungen, gibt es im allgemeinen keine Alternative zu Zufallsstichproben.

6.6. Zum Begriff der "Repräsentativität"

Zufallsstichproben stellen die einzige Gewähr dafür dar, daß aus Ergebnissen einer Stichprobe in bezug auf die Verteilung aller Merkmale (innerhalb bestimmter statistischer Fehlergrenzen) auf die Verteilung dieser Merkmale in der Grundgesamtheit geschlossen werden kann. Ein solcher "Repräsentationsschluß" kann also nur gezogen werden, wenn der Auswahlmechanismus eine Zufallsauswahl ist.

Die Bezeichnung einer Stichprobe als "repräsentativ" ist somit nur im Sinne des Prinzips der Zufallsauswahl zu verstehen: beide Begriffe sind im obigen Sinn synonym.
Allerdings sind die Begriffe "repräsentativ" und "Repräsentativität" in der Praxis, abseits dieser klar umgrenzten statistischen Bedeutung, zu schmückenden und vorwiegend inhaltsleeren Attributen für eine Vielzahl von Stichprobenuntersuchungen geworden, die keineswegs immer als Zufallsauswahlen konzipiert sind. So nennen KRUSKAL/MOSTELLER (1979a; 1979b; 1979c; 1980) neben dem adäquaten Wortgebrauch die folgenden Verwendungen des Begriffs "representative sampling":

---

[1] "Quota sampling is not one defined scientific method. Rather, each one seems to be an artistic production, hard to define or describe" (KISH 1965:563).

- als den Rezipienten positiv für die Erhebung beeinflussendes Attribut, das in der Regel nicht präzisiert wird;
- als Garant für die Abwesenheit von Faktoren, die die Auswahl verzerren;
- als ein der Spiegel- oder Modellauffassung einer Stichprobe ("verkleinertes Abbild der Grundgesamtheit") entsprechender Begriff;
- als Ausdruck für "typische" oder "ideale" Fälle;
- als Bezeichnung für Stichproben, die die Heterogenität einer Grundgesamtheit adäquat wiedergeben;
- als unklare Bezeichnung für andere Auswahlverfahren;
- als Bezeichnung für eine nicht exakt spezifizierte Auswahltechnik, die eine genaue Schätzung von Parametern der Grundgesamtheit erlaubt;
- als Bezeichnung für eine Stichprobe, die für einen bestimmten Zweck ausreicht.

Die Vielfalt und Verschwommenheit der verschiedenen Definitionen bewirkt, daß die bloße Feststellung, bei einer gegebenen Stichprobe handele es sich um eine "repräsentative Stichprobe" oder um eine "Repräsentativbefragung" **nichts** aussagt; erst recht handelt es sich um kein exakt definiertes Gütekriterium.
Die Verwendung des Begriffs ist, legt man wissenschaftliche Kriterien zugrunde, ungenau und unnötig: Entweder stellt eine Auswahl eine Zufallsstichprobe dar oder nicht. Um eine Untersuchung in bezug auf ihre Güte beurteilen zu können, benötigt man genaue Angaben über Grundgesamtheit, Ziehungsprozeß, Ausfälle und die verwendeten Instrumente.
Die nicht näher spezifizierte Aussage "Auf der Basis einer Repräsentativbefragung von 2000 Bundesbürgern..." sollte niemals einfach hingenommen werden. Zur Beurteilung der Güte einer Stichprobe reicht weder das bloße Etikett "repräsentativ" aus, noch die sogenannten "Repräsentanznachweise".
Etwas vereinfacht gesprochen bestehen diese "Nachweise" in der Untersuchung, ob bestimmte Merkmale in der Stichprobe in derselben Häufigkeit vorkommen wie in der Grundgesamtheit; diese Untersuchungen setzen also die Bekanntheit einiger Grundgesamtheitsparameter voraus. Weiterhin müssen die Daten der Grundge-

samtheit als fehlerfrei betrachtet werden, obwohl - wie oben erwähnt wurde - Stichproben durchaus genauer sein können als Vollerhebungen (vgl. KRUSKAL/ MOSTELLER 1979c:264). Diese "Repräsentanznachweise" (KAPLITZA 1982:169) können jedoch als grobe Kontrollen des Ziehungsprozesses Verwendung finden, wenn Zufallsstichproben auf gröbste Verletzungen der Auswahlregeln überprüft werden sollen oder sehr simple Untersuchungen zu den Gründen von Ausfällen erfolgen.

Keinesfalls reicht bei sozialwissenschaftlichen Erhebungen der Nachweis, daß bestimmte Merkmale in der Grundgesamtheit mit der selben Häufigkeit vorkommen wie in der Stichprobe, aus, um zu **beweisen**, daß die Stichprobe **alle** interessierenden Merkmale in der korrekten Häufigkeit wiedergibt. Dies wäre nur dann korrekt, wenn alle anderen Merkmale innerhalb der durch die bekannten Merkmale gebildeten Schichten vollständig homogen verteilt wären. Das Argument, daß der "Repräsentanznachweis" nicht beweist, daß die Stichprobe gegenüber einer "reinen" Zufallsstichprobe unverzerrt ist, gilt für Zufallsstichproben, die mit Ausfällen behaftet sind, ebenso wie für Quoten-Verfahren.

6.7. Ausfälle

Sozialwissenschaftliche Erhebungen verwenden in der Regel Personen als Untersuchungseinheiten. Neben einer Reihe anderer Probleme bedingt dies, daß kaum jemals alle zur Auswahl in die Stichprobe vorgesehenen Fälle tatsächlich in die Stichprobe gelangen, da Personen z.B. eine Befragung verweigern können. Das Problem dieser Ausfälle wird meist als "Nonresponse-Problem" bezeichnet.

Üblicherweise wird danach unterschieden, ob eine Untersuchungseinheit völlig ausfällt und somit keine Daten für diesen Fall zur Verfügung stehen ("Unit-Nonresponse") oder nur einige Variablen für den jeweiligen Fall fehlen ("Item-Nonresponse")[1].

---

[1] Zu Item-Nonresponse vgl. Kapitel 7.1.1.4 und 9.4.

Wichtig ist natürlich zunächst das Ausmaß des Unit-Nonresponse. Diese Frage nach der Nonresponsequote (bzw. dem Gegenteil, der "Ausschöpfungsquote") ist nicht einfach beantwortbar: Z.B. kann in Quotenbefragungen aufgrund des zugrundegelegten Auswahlmechanismus ("Ausfälle" werden durch den "Nächstbesten" mit gleichen Quotenmerkmalen ersetzt) Unit-Nonresponse nicht auftreten, obwohl Quotenbefragungen gerade durch Unit-Nonresponse verzerrt sein können. Zudem sind die Definitionen der Ausschöpfungsquote unterschiedlich.
Statt **einer** Zahlenangabe sollte ein Bericht über eine Erhebung sowohl den Umfang der tatsächlich realisierten Stichprobe, als auch den Umfang der "zu realisierenden" Stichprobe (die Anzahl der tatsächlich gezogenen Elemente) und eine möglichst detaillierte Aufgliederung aller "Ausfallursachen" mit deren Häufigkeit enthalten. Die schlichte Angabe einer "Ausschöpfungsquote" oder anderer Quoten ohne Angabe der Berechnungsformel ist hingegen weitgehend sinnlos.

Ein Beispiel für eine exakte Definition und Angabe einer "Ausschöpfungsquote" findet sich bei PORST (1985:91-92) für den ALLBUS 1980. Ausgehend von der gesamten Stichprobe ("Brutto-Ausgangsstichprobe"; 4620 Fälle) zieht PORST die "stichprobenneutralen Ausfälle" (Ausfälle aufgrund von Fehlern in der Adressenliste, z.B. kein Privathaushalt, Adresse existiert nicht; 367 Fälle), ab und setzt das Ergebnis gleich 100% ("bereinigte Stichprobe"; 4253 Fälle). Die 1226 anderen Ausfälle werden zusammen mit den zwar durchgeführten, aber nicht ausgewerteten 72 Interviews von der bereinigten Stichprobe abgezogen, die resultierenden 2955 Fälle entsprechen den durchgeführten und ausgewerteten Interviews. Die Ausschöpfungsquote ergibt sich dann als Quotient zwischen der Zahl ausgewerteter Interviews und dem Umfang der bereinigten Stichprobe: 2955/4253 * 100 = 69.5%.
Eine mögliche Berechnung der "Nonresponsequote" wäre demzufolge: 100% - Ausschöpfungsquote; im Beispiel also 30.5%.

Obwohl zwischen verschiedenen Erhebungsorganisationen (Meinungsforschungsinstitute, universitäre Foschungsinstitute, staatliche Stellen) zum Teil große Unterschiede in Hinsicht auf die Nonresponse-Quoten bestehen, zeigt die neuere Literatur einen Anstieg der Probleme bei Befragungen der allgemeinen Bevölkerung seit Beginn der siebziger Jahre. Galt zu Beginn der 70er Jahre noch eine Nonresponse-Quote von 20% als "typisch", so lagen zu Beginn der 80er Jahre "typische" Werte zwischen 25 und 30% an. Der zunächst vielleicht nicht dramatisch anmutende

Anstieg entstand allerdings trotz der verstärkten Bemühungen der Erhebungsorganisationen, die Ausschöpfungsquoten zu erhalten. Darüber hinaus gibt es Hinweise für eine veränderte Zusammensetzung der Ausfälle: der Anteil derjenigen Personen, die sich willentlich einer Befragung entziehen, scheint zu steigen[1].
Wichtig bleibt festzuhalten, daß in der Regel mindestens ein Viertel der zu untersuchenden Personen nicht befragt werden kann. Damit stellt sich die Frage nach den möglichen Konsequenzen der Ausfälle.
Betrachten wir zunächst die einfachste Möglichkeit, nämlich die, das die Ausfälle rein zufällig erfolgen. Sollte es sich bei der Auswahl um eine Zufallsstichprobe handeln, hätten die Ausfälle keine dramatische Konsequenz: Die tatsächlich Befragten wären dann wiederum nur eine Zufallsstichprobe aus unserer Zufallsstichprobe. Lediglich der Stichprobenumfang wäre kleiner und damit unsere Schätzungen von Populationsparametern zwar etwas ungenauer, aber unverzerrt. Könnten wir **beweisen**, daß die Ausfälle zufällig erfolgten, hätten wir mit Ausfällen keine Probleme.

Unglücklicherweise kann aber ein solcher Beweis prinzipiell nicht erfolgen, denn für diesen Beweis brauchen wir gerade die Daten, die wir nicht besitzen. Wie oben bei der Darstellung des "Repräsentativitätsproblems" schon erwähnt wurde, ist der Nachweis, daß **bestimmte** Merkmale in der Stichprobe mit derselben Häufigkeit auftreten wie in der Grundgesamtheit, kein Beweis dafür, daß **alle anderen** Merkmale und Merkmalskombinationen ebenfalls mit derselben Häufigkeit auftreten wie in der Grundgesamtheit.

Nehmen wir daher (realistischerweise) an, die Ausfälle erfolgten nicht zufällig, sondern systematisch. Unter "systematischen Ausfällen" werden Ausfälle verstanden, bei denen Variablen des Untersuchungsgegenstandes mit den Ursachen des Ausfalls zusammenhängen; also z.B. die Interviewer schrecken vor langen Anfahrtswegen zurück, die Bewohner ländlicher Gebiete fallen deshalb aus der

---

[1] Vgl. STEEH (1981) und GOYDER (1985).

Stichprobe heraus und Berufstätigkeit der Bevölkerung sei der Untersuchungsgegenstand. Da die Berufstätigkeit regionale Disparitäten aufweist, sind Schätzungen auf der Basis einer solchen Stichprobe systematisch verzerrt.

Das Problem systematischer Ausfälle liegt nun darin begründet, daß der Ausfallmechanismus in der Regel unbekannt ist und die Analyse der vorhandenen Fälle nur sehr bedingt Auskunft über den Ausfallmechanismus zu geben vermag. Die einzige Möglichkeit, Verzerrungen durch Ausfälle zu vermeiden, liegt darin, die Ausfälle weitgehend zu minimieren; denn alle "Korrekturverfahren" für Nonresponse[1] basieren auf mehr oder weniger schwer zu rechtfertigenden Annahmen.

Hier soll insbesondere das von Marktforschungsunternehmen häufig verwendete "Redressment" erwähnt werden. Hierbei werden die Häufigkeiten demographischer Merkmale durch Gewichtungsverfahren in der Stichprobe den Häufigkeiten in der Grundgesamtheit angeglichen. Ist z.B. bekannt, daß in der Grundgesamtheit 48% der Personen männlich sind, in der Stichprobe aber durch Ausfälle nur 30%, so könnten bei der Datenauswertung die Angaben der Männer (48/30 = 1.6) 1.6 mal gewertet werden. Zugleich müssen die Angaben der Frauen geringer (52/70 ≈ 0.72) gewichtet werden. Nach diesem Redressment entspricht der Anteil der Männer in der Stichprobe exakt dem Anteil der Männer in der Grundgesamtheit. Das Verfahren setzt implizit voraus, das innerhalb der zur Gewichtung verwendeten Klassen die Ausfälle absolut zufällig erfolgen. Diese Annahme ist meist unrealistisch[2]. Das Nonresponse-Problem wird durch Redressment also nur verdeckt.

Traditionell wird in der Literatur zwischen "Schwer-Erreichbaren" ("Not-at-homes"), den "Nicht-Befragbaren" ("unable to answer") und den "Verweigerern" ("Refusals") unterschieden[3].

Zu den "Nicht-Befragbaren" werden Personen gezählt, die aufgrund körperlicher Gebrechen oder schwerer akuter Erkrankung aus der Stichprobe ausscheiden. Der Prozentsatz dieser Ausfälle ist im allgemeinen sehr gering, so daß - obwohl diese

---

[1] Der dreibändige Bericht des "Panel on Incomplete Data" (MADOW u.a. 1983) enthält Arbeiten zu fast jeder bekannten "Korrekturtechnik".

[2] Vgl. hierzu ausführlich SCHNELL (1993); zu technischen Einzelheiten des Redressment vgl. ROTHE/WIEDENBECK (1987). Eine leicht verständliche, unkritische Darstellung der Durchführung von Gewichtungsverfahren gibt ELLIOT (1991).

[3] Beispiele für solche Klassifikationen finden sich bei SCHEUCH (1974:59-60), COCHRAN (1972:420-421) und KREUTZ (1970/1971:253).

Ausfälle vermutlich nicht zufällig über die Bevölkerung verteilt sind[1] - in der Regel keine verzerrende Wirkung dieser Ausfälle zu erwarten ist. Eine Ausnahme ist natürlich dann gegeben, wenn in irgendeiner Weise der Gesundheitszustand selbst eine Untersuchungsvariable darstellt: Dann müssen entsprechende Maßnahmen ergriffen werden, um auch die Daten dieser Personen zu erheben, z.B. durch Befragung des Pflegepersonals oder der gesetzlichen Vertreter.

Ein größeres Problem werfen die Schwer-Erreichbaren auf. Hierzu werden Personen gezählt, die trotz mehrfacher Kontaktversuche nicht an ihrem Wohnsitz angetroffen werden. Neben Personen, die längere Zeit verreist sind, gehören hierzu Personen, deren tatsächlicher Aufenthaltsort nicht mit ihrem Wohnsitz übereinstimmt (z.B. Montagearbeiter), Personen mit ungewöhnlichen Arbeitszeiten (z.B. Krankenpflegepersonal) und Personen mit besonders vielen Sekundärkontakten (z.B. politisch Aktive, Vereinsmitglieder usw.). Offensichtlich erfolgen solche Ausfälle nicht zufällig, sondern hängen mit bestimmten Merkmalen der Personen zusammen. Werden Schwer-Erreichbare völlig aus der Stichprobe ausgeschlossen (z.B. durch ein Quotenverfahren), so ist mit erheblichen Verzerrungen zu rechnen.

In Folge zunehmender Mobilisierung als Folge zunehmender gesellschaftlicher Differenzierung erhöht sich der Anteil der Schwer- Erreichbaren in Industriegesellschaften insbesondere bei der städtischen Bevölkerung (STEEH 1981:48-49). Damit stellt sich die Frage, wie die Schwer-Erreichbaren in Stichproben aufgenommen werden oder zumindest die durch den Ausfall dieser Personen entstehenden Verzerrungen ausgeglichen werden können. Hierzu wird vor allem versucht, durch mehrere Kontaktversuche ("Callbacks") zu verschiedenen Tageszeiten[2] (und

---

[1] Erkrankungen hängen z.T. sehr stark von den Lebensumständen ab. Daher lassen sich z.B. deutliche Unterschiede zwischen den Geschlechtern und den Altersgruppen in Hinsicht auf die Erkrankungshäufigkeiten zeigen.

[2] In der Regel liegen die Zeiten, zu denen Personen am besten an ihren Wohnsitzen angetroffen werden, am späten Nachmittag bis zum frühen Abend. Es gibt Versuche, die "optimalen" Zeitpunkte, an denen Kontaktversuche erfolgreich scheinen, zu bestimmen (WEEKS/JONES/FOLSOM/BENRUD 1980). Ein interessanter Aspekt dieser Arbeiten ist das Ergebnis, daß der Anteil derjenigen, die selbst zu

manchmal durch verschiedene Interviewer) einen Kontakt zum zu Befragenden herzustellen. Zusätzlich zum Versuch eines persönlichen Kontaktes werden Versuche mit schriftlichen oder telefonischen Kontakten unternommen. Durch extensive Call-backs (üblich sind mindestens 3 oder auch mindestens 6 Kontaktversuche, gelegentlich wird diese Zahl weit überschritten) läßt sich die Zahl der Nicht-Erreichten meist sehr stark senken. Allerdings wird es mit zunehmender Callback-Zahl immer schwieriger zusätzliche Interviews zu erhalten, so daß die Kosten pro Interview stark ansteigen.

Neben diesen Versuchen existiert eine[1] zwar selten angewendete, aber in Lehrbüchern gelegentlich beschriebene "Korrekturtechnik", die hier vor allem deshalb erwähnt werden soll, weil die mit dieser Technik verbundene Frage manchmal - unvermittelt - in einem Fragebogen erscheint. Diese von POLITZ/SIMMONS (1949) vorgeschlagene Technik besteht im wesentlichen aus der umgekehrt proportionalen Gewichtung der tatsächlich Befragten entsprechend ihrer Wahrscheinlichkeit, sie an ihrem Wohnsitz anzutreffen. Hierzu enthält der Fragebogen eine Frage danach, wie oft der Befragte an den vergangenen fünf Abenden an seinem Wohnsitz anzutreffen war. Ein Befragter, der an allen Abenden anzutreffen gewesen wäre, erhält das kleinste Gewicht, ein Befragter, der an keinem der vergangenen Abende anzutreffen gewesen wäre, das höchste Gewicht. Die Politz-Simmons-Korrektur besitzt vor allem den Nachteil, daß sie auf den möglicherweise falschen Angaben der Befragten basiert; schon ein kleiner systematischer Fehler bedingt durch die Gewichtung eine relativ große Verzerrung. Weiterhin besitzen die Schätzungen aufgrund der Gewichtung eine wesentlich höhere Streuung (COCHRAN 1972:434-437). Da auch empirische Studien zur Politz-Simmons-Korrektur (WARD/RUSSICK/RUDELIUS 1985) kaum befriedigende Ergebnisse der Anwendung dieser Technik zeigen, wird diese Technik kaum angewandt.

Die problematischste Kategorie der Ausfälle stellen Personen dar, die eine Befragung explizit verweigern. Für eine große Zahl von Befragungen liegt der Anteil der Verweigerungen an allen Ausfällen über 50%. Da sich Personen, die eine Befragung verweigern, von kooperativen Personen zumindest in Hinsicht auf ihr Teilnahmeverhalten unterscheiden, stellt sich die Frage danach, ob Teilnahmeverhalten

---

den "günstigsten Zeiten" nicht erreicht werden können, mit der "Zeit" (zwischen 1960 und 1976) ansteigt.

[1] Es gibt noch andere Techniken, hierfür soll auf DANIEL (1975: 298-303) verwiesen werden.

mit Variablen des Untersuchungsgegenstandes zusammenhängt. Sollten solche Zusammenhänge existieren, so sind Verzerrungen der Ergebnisse zu erwarten. Empirische Arbeiten zum Teilnahmeverhalten zeigen immer wieder bestimmte Regelmäßigkeiten auf. So fallen bei "Elitenstudien" in der Bundesrepublik meist ca. 45% der zu Befragenden aus; bei älteren Befragten liegt die Verweigerungsquote 3-4 mal so hoch als bei Befragten unter 40 Jahren. Demographische Merkmale zeigen jedoch nur unregelmäßige Zusammenhänge mit dem Verweigerungsverhalten. Alle bisher gewonnenen empirischen Ergebnisse zum Verweigerungsverhalten[1] machen deutlich, daß von einer homogenen und konstanten Zusammensetzung der "Gruppe der Verweigerer" nicht gesprochen werden kann. Da sich sowohl Einflüsse der Interviewer, der Erhebungsorganisation, des Wohnortes der Befragten und des Erhebungsgegenstandes zeigen lassen, kann es sich beim Verweigerungsverhalten nicht um ein unveränderliches "Persönlichkeitsmerkmal" handeln, sondern offensichtlich um ein Entscheidungshandeln, daß sowohl von Situationsmerkmalen, wie auch durch individuelle Präferenzen der Handelnden bedingt wird.

Eine Erklärungsskizze des Teilnahmeverhaltens (nach ESSER 1986b) soll kurz umrissen werden. Die grundlegende Annahme besagt, daß Personen immer dann eine bestimmte Handlung ausführen, wenn der erwartete "Nutzen" dieser Handlung die erwarteten "Kosten" dieser Handlung überschreiten und der erwartete Nutzen dieser Handlung höher liegt als der erwartete Nutzen aller anderen Handlungsmöglichkeiten (bzw. die erwarteten Kosten niedriger liegen als die Kosten anderer Handlungsalternativen). Der "Nutzen" einer Teilnahme an einer Befragung kann in einem besonderen Interesse am Befragungsthema, in der Erfüllung einer Höflichkeitsnorm gegenüber Fremden, dem Glauben an die Nützlichkeit wissenschaftlicher Forschung, der Loyalität gegenüber der Erhebungsorganisation oder deren Auftraggeber oder auch einfach in der Abwechslung durch eine neue Erfahrung liegen. Der Nutzen einer Verweigerung kann in der Demonstration subjektiver Werthaltungen, z.B. der Ablehnung quantifizierender Sozialforschung als kapitalistischem Herrschaftsinstrument oder staatlicher und wissenschaftlicher Institutionen allgemein, begründet sein. Die Kosten einer Teilnahme können (indirekt) in der Existenz anderer günstigerer Handlungsalternativen ("Zeitknappheit") oder durch

---

[1] Vgl. zu den hier genannten Ergebnissen BUNGARD (1979), ESSER (1973, 1975), GOYDER (1985), SINGER/FRANKEL/GLASSMANN (1983), HOUSE/WOLF (1978), HOFFMANN-LANGE/KUTEROFF/WOLF (1982), FITZGERALD/FULLER (1982), SMITH (1983).

Befürchtungen in Hinsicht auf die Konsequenzen der Teilnahme (unklare Verwendung der erhobenen Daten, generelle Befürchtungen bei Sekundärkontakten) entstehen.

Sollten diese theoretischen Überlegungen korrekt sein, so lassen sich Konsequenzen für die Anwendung der "Kompensationstechniken" bei einem hohen Ausmaß an Verweigerungen aufzeigen. Da es unwahrscheinlich erscheint, daß die erwarteten Kosten und Nutzen innerhalb der durch demographische Merkmale gebildeten Klassen gleich verteilt sind, sind alle "Korrekturverfahren", die die Homogenität innerhalb dieser Klassen voraussetzen, theoretisch schwer zu rechtfertigen. Zu diesen Verfahren gehören alle Gewichtungsmethoden ebenso wie die völlige Ignorierung des Problems, bei der die möglichen Verzerrungen durch die Ausfälle undiskutiert bleiben. Dazu gehört auch die Praxis, "Risikogruppen" zunächst überproportional in die Stichprobe aufzunehmen oder einfach so lange "nachzuziehen", bis die geforderte Stichprobengröße erreicht ist. Neben den hier genannten "Korrekturverfahren" werden in der Literatur eine Reihe weiterer Verfahren vorgeschlagen, die aber alle nur in Spezialfällen anwendbar sind oder ebenfalls auf der Homogenitätsannahme basieren[1].

Trotz sorgfältiger Erhebung muß damit gerechnet werden, daß ein Anteil von mindestens 20-25% der Stichprobe ausfällt. Ungefähr die Hälfte dieser Ausfälle geht auf Schwerereichbare zurück. Dieser Anteil kann durch intensive Call-backs (ggf. nur bei Unterstichproben) minimiert werden. Der Anteil der Verweigerer kann zwar in der Regel durch wiederholte Befragungsversuche mit speziell geschulten Interviewern weiter gesenkt werden, es verbleibt aber ein "hard core", der sich jedem Befragungsversuch entzieht. Über diesen Anteil können nur theoretische Annahmen, die sich nur partiell auf vorhandene Daten stützen können, gemacht werden. Da der "hard core" keine homogene Gruppe darstellt, ist im Regelfall auch nicht zu vermuten, daß gerade diese Gruppe ausschließlich aus den potentiellen Falsifikatoren der interessierenden Theorie besteht. Allerdings wird durch diese Ausfälle ein zusätzliches Unsicherheitselement geschaffen, daß prinzipiell nur in

---

[1] Hier sei vor allem auf die Methode von HANSEN/HURWITZ (1946) verwiesen, die auf einer zusätzlichen Unterstichprobe basiert, die aus den **Nichterreichten** gezogen wird (COCHRAN 1972:429-437). Weiterhin soll auf die "Basic Question Procedure" von KERSTEN/BETHLEHEM (1984) hingewiesen werden. Schließlich sollen noch die (meist) erfolglosen Versuche erwähnt werden, eine Schätzung auf der Annahme eines "Antwortbereitschaftskontinuums" zu unternehmen (vgl. FITZGERALD/FULLER 1982:16).

seinen möglichen Konsequenzen in Hinsicht auf Schlußfolgerungen, die aus der Erhebung gezogen werden sollen, abgeschätzt werden kann und in jedem konkreten Fall auch abgeschätzt werden sollte[1]. Selbst hier zeigt sich die Überlegenheit echter Zufallsstichproben: Im Gegensatz zu allen anderen Auswahlmethoden ist bei Zufallsstichproben diese zusätzliche Unsicherheit durch Ausfälle überhaupt mathematisch berechenbar.

6.8. Weiterführende Literatur

Die Beschäftigung mit Auswahlverfahren ist interessanter, als es die selbst für statistische Literatur ungewöhnlich langweiligen deutschen Lehrbücher zu Auswahlverfahren erwarten lassen. Die deutschsprachige Literatur konzentriert sich fast ausnahmlos auf die mathematischen Grundlagen, die weder in der Forschungspraxis bedeutsam sind noch bei der Lösung tatsächlicher Stichprobenprobleme helfen. Trotzdem ist die Kenntnis der recht einfachen mathematischen Grundlagen unverzichtbar. Bei der Bewältigung des Anfangsschocks zu Beginn der Beschäftigung mit statistischen Verfahren ist KENNEDY (1985) hilfreich. Eine Einführung in die mathematische Theorie der Auswahlverfahren findet sich bei BÖLTKEN (1976), ein weiterführendes Werk ist STENGER (1986). Bei der Durchführung von empirischen Forschungsprojekten sind die tatsächlich vorkommenden Probleme praktischer Art und hängen meist sehr eng mit den gegebenen Möglichkeiten der Datenerhebung zusammen. Hinweise auf solche praktischen Probleme und deren Lösungen finden sich bei SUDMAN (1976). In derselben Hinsicht kann KISH (1965) als Nachschlagewerk benutzt werden. Beispiele für das Design von Stichprobenuntersuchungen finden sich bei HENRY (1990). Eine Fülle von Details zur praktischen Durchführung von Zufallsstichproben aus der Bevölkerung der BRD findet man bei HANEFELD (1987). Einen Überblick über die empirischen Ergebnisse zum Teilnahmeverhalten und einige theoretische Ansätze gibt GOYDER (1987).

---

[1] Hierzu existieren zwei statistische Ansätze: Extremwertmethoden (COCHRAN 1972:417-420) und "Multiple Imputation" (RUBIN 1987), die auf der mehrfachen Zuweisung fehlender Werte auf der Basis theoretischer Annahmen über den Ausfallmechanismus basiert.

Kapitel 7
Datenerhebungstechniken

Nach der Entscheidung für ein bestimmtes Forschungsdesign und unter der Einbeziehung der Überlegung, ob eine Vollerhebung oder eine Teilerhebung geplant ist, wird nun eine weitere Entscheidung nötig, die sich auf die zu verwendenden Instrumente oder Techniken der Datenerhebung bezieht. Dabei wird hier zunächst nur eine Unterscheidung in die Verfahren der Datenerhebung durch

- Befragung
- Beobachtung
- Inhaltsanalyse

vorgenommen. Diese zunächst im Vergleich zu anderen Methodenlehrbüchern[1] einfache Unterteilung in drei Grundtechniken der Datenerhebung erscheint deshalb sinnvoll, weil alle anderen, mitunter genannten Erhebungstechniken oder -methoden entweder eigentlich Designentscheidungen betreffen (z.B. Paneluntersuchungen, Fallstudien, Experimente; vgl. Kap. 5) oder lediglich eine bestimmte inhaltliche Anwendung einer der Grundtypen der Datenerhebungsmethoden bzw. einer besonderen Meßtechnik darstellen (z.B. Soziometrie; vgl. dazu Kap. 4).

Prinzipiell lassen sich Erhebungsverfahren anhand mehrerer Kriterien unterscheiden. Als erstes Unterscheidungsmerkmal kann z.B. genannt werden, inwiefern der Einsatz einer bestimmten Erhebungstechnik Reaktionen (unerwünschter Art) oder Veränderungen bei den "Untersuchungsobjekten" hervorruft. Hier ist einsichtig, daß solche Fragen dann besonders wichtig werden, wenn Daten in konkreten Interaktionen mit Menschen erhoben werden müssen. Bei einer Befragung z.B. "reagiert" der/die Befragte nicht nur auf die gestellten Fragen, sondern möglicherweise auch auf die Person und das Auftreten desjenigen, der die Fragen stellt[2]. Es

---

[1] Vgl. z.B. FRIEDRICHS (1973); MAYNTZ/HOLM/HÜBNER (1978).
[2] Vgl. zu solchen Fragen der "Reaktivität" Kap. 7.1.1.4 und zu "Experimentereffekten" auch Kap. 5.

erscheint in diesem Zusammenhang plausibel, daß die Untersuchung schriftlicher Materialien (Zeitungen, Briefe, Tagebücher) - z.B. zur Feststellung der Auswirkungen langfristiger Arbeitslosigkeit - in diesem Sinne weniger "reaktiv" ist als eine Befragung von Arbeitslosen in Gesprächen oder Interviews bzw. die offene, unverdeckte Beobachtung von Arbeitslosen in einem Freizeitclub.

Andererseits bezieht sich eine Unterscheidung der Vorgehensweisen bei der Datenerhebung auf das Ausmaß der "Standardisierung" von Untersuchungs- oder Erhebungsinstrumenten. Diese Differenzierung nach dem Grad, in dem die Erhebungssituation strukturiert wird, bezieht sich auf jede der genannten Techniken: d.h. man kann z.B. Befragungen durchführen, denen ein Fragebogen mit für alle Befragten gleich formulierten Fragen zugrundeliegt, man kann aber auch ein nur thematisch festgelegtes Gespräch mit einer Untersuchungsperson führen und so dem (nicht-sozialwissenschaftlich ausgebildeten) Gesprächspartner die Verfolgung eigener Fragestellungen erlauben. Die Analyse von sprachlichen Inhalten ("Inhaltsanalyse") kann sich z.B. einerseits auf ein vorher festgelegtes Auswertungsschema beziehen und Sätze oder Absätze eines Textes daraufhin untersuchen, ob sich Indikatoren für die im Auswertungsschema festgelegten Kategorien auch im Text auffinden lassen. Andererseits wird mitunter auch die Interpretation eines Textes (z.B. aufgrund des Gesamteindrucks) bereits als Inhaltsanalyse verstanden.

Obgleich unter verschiedenen Gesichtpunkten sowohl eine Kombination z.B. von standardisierten und weniger standardisierten Verfahren oder von eher an Beobachtung orientierten Ansätzen und Befragungen sinnvoll erscheint, um systematische Mängel der Einzelverfahren zu minimieren, ist eine solche Problemannäherung aus unterschiedlicher methodischer Perspektive bei konkreten Forschungsarbeiten wohl eher die Ausnahme. Hier zeichnen die (in Kap. 2) dargestellten "Meta-Orientierungen" der Forscher als entweder "quantitativ" **oder** "qualitativ", als "erklärend" **oder** "verstehend" verantwortlich für die Präferenz ganz bestimmter Techniken.

Darüber hinaus sind - aus mitunter ganz verschiedenen Gründen - einzelne Datenerhebungstechniken mehr oder weniger "populär". So kann eine Entscheidung für den noch immer gültigen "Königsweg der empirischen Sozialforschung", das standardisierte Interview, aufgrund der Vorstellung fallen, daß der Entwurf eines Fragebogens und die Durchführung einer Befragung eine vergleichsweise simple, unaufwendige Verfahrensweise zur Datenerhebung sei. Zum anderen kann eine solche Entscheidung fallen, weil eine Befragung mit einem standardisierten Fragebogen als einzige Möglichkeit zur Erlangung verallgemeinerbarer und valider Daten gesehen wird.

Die Wahl nicht-standardisierter Gespräche und die wortwörtliche Transkription des Gesprächsverlaufs kann erfolgen, weil die technischen und statistischen Kenntnisse für die Auswertung anderer Materialien fehlen, aber auch, weil im Prozeß der Exploration einer Fragestellung die Überprüfung von Operationalisierungen ratsam erscheint.

Daß ein solches Spannungsfeld zwischen professioneller Nutzung von Erhebungstechniken und "schlechter" Forschung bestehen kann, gilt für jedes Erhebungsinstrument. Einfallslose, schlecht-konstruierte, undurchdachte und "theorielose" Fragebögen sind genauso ein Beispiel für Unprofessionalität, wie der Rückgriff auf nicht-standardisierte Methoden aus Gründen der Unvertrautheit mit anderen Techniken.

Trotz aller möglichen - individuell getroffenen - Vorentscheidungen, sollte die Wahl einer Erhebungstechnik **immer** an der Angemessenheit in bezug auf das spezielle sozialwissenschaftliche Untersuchungsziel beurteilt werden. So erbringt vielleicht die Inhaltsanalyse von Zeitungs- und Zeitschriftenartikeln z.B. für die Erforschung der zeitlichen Abfolge eines gesellschaftlichen Wertewandels bessere Ergebnisse als eine Befragung, die den Befragten eine Rückerinnerung an den Verlauf der letzten 20 Jahre abverlangt (vgl. SHEATSLEY 1983:195).

7.1. Befragung

Die Befragung gilt nach wie vor als das Standardinstrument empirischer Sozialforschung bei der Ermittlung von Fakten, Wissen, Meinungen, Einstellungen oder Bewertungen im sozialwissenschaftlichen Anwendungsbereich (vgl. PHILIPPS 1971:3; KAASE/OTT/ SCHEUCH 1983:17).
Nach der Form der Durchführung einer Befragung unterscheidet man zunächst die "mündliche Befragung (Interview)" (vgl. Kap. 7.1.1) und die "schriftliche Befragung" (vgl. Kap. 7.1.2), sowie in zunehmendem Umfang auch das "Telefoninterview" (vgl. Kap. 7.1.3).
Für alle drei Bereiche haben sich intensive Kunstlehren entwickelt. Diese Kunstlehren (vgl. z.B. SCHEUCH 1973) beziehen sich auf die "handwerkliche" Ausgestaltung der Fragebögen (Fragegestaltung, Fragebogenkonzeption) bzw. das erwünschte Verhalten von Interviewern bei diesen unterschiedlichen Datenerhebungsformen.

7.1.1. Das standardisierte Interview

Die Tatsache, daß jede Befragung (als Prozeß der Aufnahme von Antworten auf gestellte Fragen) eine soziale Situation darstellt, die insbesondere über verbale Kommunikation ihre Struktur erhält, ist für die Situation eines mündlichen Interviews, bei dem ein Interviewer anwesend ist, besonders leicht einsehbar. Die Erkenntnis dieser sozialen Gebundenheit durch wechselseitige Wahrnehmungen und Orientierungen (KAHN/CANNELL 1968:153) hat Versuche angeregt, den sozialen Prozeß der Befragung so zu gestalten, daß valide und substantielle Ergebnisse erwartbar werden.

Dabei lassen sich die einzelnen Formen der mündlichen Befragung danach unterscheiden, in welchem Ausmaß die Interviewsituation vom Forscher (z.B. durch Vorgabe eines Fragebogens) und vom Interviewer strukturiert wird. ATTESLANDER

(1984:108) unterscheidet dabei Befragungen in "wenig strukturierten", "teilstrukturierten" und "stark strukturierten" Interviewsituationen.

Eine "wenig strukturierte Interviewsituation" liegt dann vor, wenn bei mündlichen Interviews ohne Fragebogen gearbeitet wird und es dem Interviewer überlassen bleibt, die Anordnung der Fragen und ihre Formulierung den Bedürfnissen und Vorstellungen des Befragten anzupassen. Bei solchen Vorgehensweisen spielt der Interviewer eine eher passive Rolle und läßt den Befragten den Gang des Gesprächs bestimmen (vgl. z.B. die Anwendung bei ROETHLISBERGER/DICKSON/-WRIGHT 1949:203).
Eine Nutzung dieser Interviewtechnik bietet sich z.B. dann an, wenn in frühen Phasen einer Untersuchung der Forschungsgegenstand noch nicht in allen Dimensionen klar umrissen ist und eine Klärung notwendig erscheint, um Untersuchungen mit stärker standardisierten Methoden vorzubereiten oder zu ergänzen[1]. Solche stark am alltäglichen informellen Gespräch orientierten Vorgehensweisen können sich dabei sowohl auf die Befragung von Einzelpersonen (z.B. in "Expertengesprächen") wie auf die Diskussion in Gruppen ("Gruppendiskussion"[2]) beziehen.

Bei der Befragung in "teilstrukturierten Interviewsituationen" handelt es sich um Gespräche, die aufgrund vorbereiteter und vorformulierter Fragen strukturiert werden. Hierbei hat der Interviewer zwar die Möglichkeit, die Abfolge der Fragen je nach Verlauf des Gesprächs selbst festzulegen, ist jedoch gehalten, vorgegebene Frageformulierungen zu benutzen und den gesamten vorgegebenen Fragen-

[1] Die hier vertretene Einschätzung der Durchführung von Interviews unter wenig strukturierten Bedingungen als explorative Technik wird insbesondere bei stark an der Forschungsmethodologie des Symbolischen Interaktionismus orientierten Soziologen abgelehnt und der "vollwertige" Charakter dieser Form mündlicher Befragung betont. Nur durch eine Orientierung an Verfahren, die der Logik des Alltagshandelns folgen, könne der Vielschichtigkeit gesellschaftlicher Sachverhalte Rechnung getragen werden.

[2] Vgl. zur Methode der Gruppendiskussion MANGOLD (1973) sowie KROMREY (1986b).

katalog innerhalb der Befragung "abzuarbeiten". In der Regel basiert ein solches Interview auf einem Gesprächsleitfaden ("Leitfadengespräch").

Wird ein Interview auf der Grundlage eines vorgegebenen "standardisierten Fragebogens" (in dem für alle Befragten die gleichen Fragen in gleicher Formulierung und Reihenfolge vorliegen) von einem Interviewer, der sich an diese exakten Vorgaben auch hält, durchgeführt, spricht man von einer Befragung in einer "stark strukturierten Interviewsituation". Standardisierung und weitestgehende Neutralität des Interviewers als Übermittler von Fragen sind entsprechend die bedeutsamsten Unterscheidungsmerkmale dieser Befragungsform von den vorgenannten. Die Befragung von Einzelpersonen unter den Bedingungen einer so strukturierten Interviewsituation stellen die hauptsächliche Erhebungsform in der empirischen Sozialforschung dar (vgl. Abb. 7-1).

Abbildung 7-1: Formen mündlicher Befragung

Strukturierungsgrad der Interviewsituation	Einzelbefragung	Gruppenbefragung
wenig	Experteninterview; exploratives Interview	Gruppendiskussion
teilweise	Leitfadengespräch	Gruppenbefragung
stark	Einzelinterview	Gruppeninterview

Auf den Untersuchungstyp des mündlichen Einzelinterviews unter stark strukturierten Bedingungen, kurz: das "standardisierte Interview", bezieht sich im wesentlichen die im folgenden dargestellte Kunstlehre des Interviews. Gleichzeitig steht das standardisierte Interview wie kein anderes Datenerhebungsinstrument im Mittelpunkt einer intensiven Methodenforschung.

Die "klassische" Vorstellung der Verwendung standardisierter Interviews als Erhebungsinstrument basiert darauf, für alle Befragten durch die Vorgabe festgelegter Fragen (und in aller Regel auch festgelegter Antwortvorgaben) eine **Gleichheit der Interviewsituation** zu erzielen, um so nicht bereits durch wechselnde Formulierun-

gen derselben Fragen (wie in weniger strukturierten Konzepten) jedem Befragten unterschiedliche Interpretationsvorgaben für seine Antworten zu geben. Diese Vorgehensweise steht in enger Verknüpfung mit dem Grundprinzip der Messung, nämlich Informationen von Fall zu Fall vergleichbar zu machen. Ändert sich die Meßmethode, d.h. hier: die Fragestellung, von Fall zu Fall, dann ist nicht mehr zu entscheiden, ob (Antwort-)Unterschiede, die sich zwischen den Befragten ergeben, auf Unterschiede der Meßmethode (variierende Fragestellungen) oder auf tatsächliche Unterschiede der zu messenden Merkmale (z.B. Einstellungen) zurückzuführen sind (MACCOBY/MACCOBY 1965:40).
Eine bedeutende Rolle bei diesem Versuch des "Konstanthaltens" von (Stimulus-) Situationen kommt dabei neben dem Fragebogen dem Interviewer und seinem Verhalten während des Interviews zu. Das ideale Interviewerverhalten wird in der völligen **Neutralität** gegenüber Thema und Befragtem gesehen.

"In seinen Reaktionen muß sich der Interviewer in engen Grenzen halten - es ist sogar ein Grundprinzip jeder Befragung, daß der Interviewer versuchen muß, seine eigene Einstellung zum Untersuchungsgegenstand zu verbergen. Er darf auch kein Befremden oder Mißbilligung über irgendetwas zeigen, was der Befragte sagt, und auch nicht enthusiastisch nicken, wenn der Befragte die eigenen Ansichten des Interviewers zum Ausdruck bringt... Es hat sich als ein wirksamer Kompromiß herausgestellt, daß der Interviewer eine Haltung freundlichen Gewährenlassens annimmt. Er lacht über die Witze des Befragten, er macht Ausrufe, wenn der Befragte etwas sagt, das offensichtlich Erstaunen erregen soll ('wirklich?', 'was Sie nicht sagen?'), macht unterstützende Bemerkungen wie etwa: 'Ich sehe, was Sie meinen', ... und verwendet auch andere Ausdrucksweisen, die in der betreffenden Lage normal sein würden. Er vermeidet jedoch gewissenhaft eine direkte Zustimmung oder Ablehnung der Einstellungen des Befragten - kurz: er argumentiert niemals mit dem Befragten und sagt auch nicht: 'Ich denke genauso'." (MACCOBY/MACCOBY 1965:63).

Trotz dieser Maßgabe und Verweisen darauf, daß der Interviewer dem Befragungsklientel entsprechend gekleidet, einen seriösen, aber interessierten Eindruck (MACCOBY/MACCOBY 1965:63) vermitteln soll und in einer Interviewerschulung trainiert werden muß, sich als "austauschbares Instrument" (ERBSLÖH 1972:52) zu verstehen, ergeben sich im sozialen Prozeß der Befragung doch immer Reaktionen auf die Person des Interviewers, die dem angestrebten Ziel der Neutralität entgegenlaufen (vgl. Kap. 7.1.1.4). Auch aus diesem Grund wird bei Surveys eine große Zahl von Interviewern eingesetzt, die jeweils so wenige Interviews wie möglich (deutlich weniger als 10) durchführen sollten[1].

Die Gültigkeit und Zuverlässigkeit der Antworten in einem Interview (als mikrosoziales Interaktionssystem) ist somit abhängig von Effekten, die durch Fragen selbst erzeugt werden können, vom Einfluß des Interviewers und schließlich von Merkmalen des Befragten[2]. Datenerhebungstechniken, bei denen die für das Forschungsproblem interessierenden Informationen im Verlauf einer sozialen Interaktion eingeholt werden, können entsprechend nicht als einfacher "Datenabruf" aufgefaßt werden.

Obgleich die Formulierung von Interviewfragen in aller Regel bis heute in Anlehnung an das klassische Werk von S.PAYNE "The Art of Asking Questions" (1951) als "Kunst" bezeichnet wird (CONVERSE/PRESSER 1986), gibt es doch mittlerweise im Rahmen von Methodenforschung eine Reihe von experimentellen Studien, die die Auswirkungen von Änderungen in Fragetexten auf zu erwartende Antworten systematisch untersucht haben (z.B. SCHUMANN/PRESSER 1981).
Insgesamt erbrachte sowohl die Kunstlehre der Frageformulierung wie auch die systematische Methodenforschung eine Reihe von Hinweisen, die bei der Planung und dem Entwurf eines Fragebogens Berücksichtigung finden sollten. Betont werden muß jedoch, daß es keine allgemeingültigen und für jede Forschungsfrage geeigneten Regeln gibt, deren Befolgung einen "guten" Fragebogen garantiert.
Die folgenden Ausführungen können nur eine Reihe von Grundprinzipien darstellen, deren Verletzung normalerweise (aber durchaus auch nicht immer) auf Seiten des Befragten Verwirrung, Unverständnis oder "verzerrte" Antworten hervorrufen, also die Gültigkeit und Zuverlässigkeit der Datenerhebung in Frage stellen.

---

[1] Interviews, die von einem Interviewer durchgeführt werden, ähneln sich in der Regel mehr als durch Zufall zu erwarten wäre; vgl. dazu FOWLER/MANGIONE (1990:25ff).
[2] Vgl. SUDMAN/BRADBURN (1982).

7.1.1.1. Zur Konstruktion von Fragen und Antwortvorgaben

Planung und Entwurf eines Fragebogens müssen sich zunächst auf die Konstruktion der Fragen beziehen. In diesem Zusammenhang werden drei Fragen bedeutsam:
- Welche Art von Informationen werden gesucht?
- Welche formale Struktur sollen Fragen und Antwortvorgaben haben?
- Welche inhaltliche Struktur müssen Fragen und Antwortvorgaben haben?

7.1.1.1.1. Zum Bezug von Fragen und erwarteten Informationen

Eine erste Entscheidung, die den Entwurf von Fragen betrifft, bezieht sich auf die Problematik, welche Informationen durch eine Frage von Befragten gewonnen werden sollen. Dabei wird im allgemeinen unterschieden zwischen

- Fragen nach Einstellungen oder Meinungen von Befragten,
- Fragen nach Überzeugungen der Befragten,
- Fragen nach Verhalten der Befragten,
- Fragen nach Eigenschaften von Befragten.

"Einstellungsfragen" oder "Meinungsfragen" beziehen sich auf den Aspekt der Wünschbarkeit oder der negativen bzw. positiven Beurteilung, den Befragte mit bestimmten Statements verbinden. Charakteristische Wendungen, die in Meinungsfragen benutzt werden sind "erwünscht/unerwünscht", "lehne ab/stimme zu", "gut/schlecht", "sollte/sollte nicht" usw. Dabei kann die Wünschbarkeit eines Sachverhalts sowohl in der Fragestellung, wie auch in den Antwortvorgaben ausgedrückt werden (vgl. Abb. 7-2).

Abbildung 7-2: Beispiele für Einstellungsfragen

A. Sollten Ausländer, die länger als 10 Jahre in der Bundesrepublik Deutschland leben, das allgemeine Wahlrecht erhalten?

JA ( )
NEIN ( )

B. Stimmen Sie der folgenden Aussage eher zu oder lehnen Sie die folgende Aussage eher ab?
"Jeder der hier in der Bundesrepublik Deutschland Steuern bezahlt, sollte hier auch wählen dürfen."

STIMME ZU ( )
LEHNE AB ( )

"Überzeugungsfragen" ("questions that elicit beliefs"; DILLMAN 1978:82) fragen danach, was Befragte für wahr oder falsch halten. Dabei können sich solche Fragen sowohl auf das "Wissen" der Befragten in bezug auf bestimmte Sachverhalte beziehen, wie auch auf Problembereiche, zu denen niemand eine "richtige" Antwort weiß. In jedem Fall zielen Überzeugungsfragen auf die Wahrnehmung und Einschätzung vergangener, gegenwärtiger oder zukünftiger Realität. Charakteristische Wendungen in Überzeugungsfragen sind "falsch/richtig", "wahr/falsch" usw. (vgl. Abb. 7-3).

"Verhaltensfragen" in standardisierten Interviews beziehen sich prinzipiell auf Handlungen und Verhalten von Befragten bzw. eigentlich auf **Überzeugungen** der Befragten bezüglich ihres eigenen Verhaltens (DILLMAN 1978:83). Die Unterscheidung zu Überzeugungsfragen liegt mithin darin, daß sich die Verhaltensfrage auf "eigenes" Verhalten oder eigene Erfahrungen bezieht, die Überzeugungsfrage jedoch auf Ansichten über nur kognitiv erfahrene Sachverhalte.

Abbildung 7-3: Beispiele für Überzeugungsfragen

A. Ist die folgende Aussage richtig oder falsch?
"Im letzten Jahr wurden in der Bundesrepublik Deutschland mehr ausländische als deutsche Kinder geboren."

RICHTIG ( )
FALSCH ( )

B. Werden Frauen, die eine Abtreibung hatten, danach noch einmal ungewollt schwanger?

IMMER ( )
FAST IMMER ( )
MANCHMAL ( )
SELTEN ( )
FAST NIE ( )
NIE ( )

Der Fragentyp, der sich auf Eigenschaften von Personen bezieht ("Fragen nach Befragteneigenschaften"), umfaßt im allgemeinen Fragen nach personalen und demographischen Eigenschaften von Befragten wie Alter, Geschlecht, Ausbildung, Beruf, Einkommen, Familienstand, ethnische Zugehörigkeit, Parteizugehörigkeit, Konfession usw. Demographische Variablen werden in den meisten Fragebögen "routinemäßig" erhoben; im allgemeinen und im einfachsten Fall, um (statistische) Zusammenhänge zwischen demographischen Eigenschaften von Personen und ihren Einstellungen, Überzeugungen und Verhaltensweisen zu ermitteln[1].

Bereits die Betrachtung der verschiedenen Dimensionen der Informationen, die von Befragten erwartet werden, muß die Frage aufwerfen, was von Befragten eigentlich erfragt werden kann und welche analytische bzw. prognostische Kraft den erhaltenen Antworten überhaupt beigemessen werden kann.

---

[1] Vgl. zur Fragwürdigkeit der Verwendung demographischer Variablen ohne theoretischen Bezug als unabhängige Variable Kap. 2.1.3.3. Auch im Fall der Fragen nach Eigenschaften von Befragten muß die theoretische Bedeutung des durch die Frage operationalisierten theoretischen Konstrukts auf seine Relevanz für das spezifische Forschungsinteresse geprüft werden. Eine lediglich "routinemäßige" Abfrage von demographischen und/oder personalen Eigenschaften empfiehlt sich keinesfalls.

Abbildung 7-4: Beispiele für Verhaltensfragen

A. Werden Sie sich noch im Laufe dieses Jahres einen Neuwagen mit einem Katalysatorsystem kaufen?

JA	( )
WAHRSCHEINLICH JA	( )
WAHRSCHEINLICH NEIN	( )
NEIN	( )

B. Benutzen Sie empfängnisverhütende Mittel?

JA	( )
NEIN	( )

Die Tatsache, daß Verhaltensfragen ermitteln sollen, was Befragte in der Vergangenheit getan haben, in der Gegenwart tun bzw. für die Zukunft zu tun beabsichtigen (vgl. Abb. 7-4), darf nicht darüber hinwegtäuschen, daß in allen Fällen nur über Verhaltensweisen **berichtet** wird ("berichtetes Verhalten"). Die (in einer Interviewsituation) berichtete zukünftige Handlung ist etwas anderes als eine **tatsächlich ausgeführte** Handlung, die unter einer Vielzahl von anderen als in der Interviewsituation vorliegenden Rahmenbedingungen erfolgt (vgl. Kap. 7.1.1.4). Damit ergibt sich das Problem der Prognose von tatsächlich ausgeführten Handlungen aus Verhaltensfragen. Generell muß die Frage, ob das in einer Interviewsituation "berichtete" zukünftige Verhalten letztlich mit dem tatsächlichem Verhalten der Befragten korrespondiert, unter der Einschränkung betrachtet werden, daß die Interviewsituation für die Befragten eine andere Nutzen-Kosten-Kalkulation darstellt als eine Routinesituation im Alltag (vgl. Kap. 7.1.1.4.4).

Ein ähnliches Prognoseproblem wird deutlich bei der Vorhersage von tatsächlich ausgeführtem Handeln aus Einstellungsfragen. Obgleich die Debatte über den Zusammenhang zwischen "Einstellung" und "Verhalten" ("Attitude-Behavior-Kontroverse") bereits seit mehr als 20 Jahren geführt wird[1], hat sich wenig an der

[1] Vgl. z.B. WICKER (1969), BENNINGHAUS (1976), MEINEFELD (1977) und neuerdings AJZEN (1988) sowie TESSER/SCHAFFER (1990).

Praxis, "Einstellungen" (auch ohne jede theoretische Grundlage) erst einmal zu erheben und den Wert dieser "Einstellungsmessungen" für eine Verhaltensprognose nicht weiter zu problematisieren[1], geändert. Es bleibt bei einer solchen theorielosen Vorgehensweise immer unklar, wann, unter welchen Bedingungen und wie Einstellungen auf Verhalten wirken[2].

LABAW (1982:95f) expliziert eine Reihe von Annahmen, deren Gültigkeit unterstellt werden muß, wenn nach Einstellungen, Meinungen, Verhaltensabsichten gefragt wird, nämlich:

- daß die Befragten das benannte Problem sowohl in seinen einzelnen Aspekten wie auch in seiner Gesamtheit betrachten können,
- daß die Befragten dieses auch tun,
- daß die Befragten in der Lage sind, darüber zu sprechen,
- daß die Befragten bereit sind, dieses zu tun,
- daß die Befragten sich hypothetische Situationen vorstellen und ihre möglichen Gefühle in solchen Situationen beschreiben können,
- daß die Befragten sich zukünftige andere Verhaltensweisen für sich vorstellen können,
- daß die Befragten sich die Konsequenzen anderer Verhaltensweisen für sich vorstellen können.

---

[1] So muß davon ausgegangen werden, daß z.Z. in der Bundesrepublik bei einer "normalen" standardisierten Befragung schätzungsweise ein Drittel aller Fragen Einstellungsfragen sind, ca. 1/5 aller Fragen bezieht sich auf Verhalten, der Rest wird z.B. von Fragen zur Demographie oder zu Befragteneigenschaften gebildet. Generell läßt sich vermuten: Je unprofessioneller die Untersuchung, desto höher der Anteil von Einstellungsfragen.

[2] Neuere Ansätze, die im wesentlichen auf modernen Konzepten der Wissensrepräsentation und Wissensverarbeitung (z.B. ABELSON 1976, 1981, 1986, WYER/SRULL 1986) basieren, geben Bedingungen an, unter denen solche "Einstellungs"-Verhaltens-Beziehungen aktiviert werden bzw. stärker oder schwächer ausgeprägt sein können (z.B. FAZIO 1986, 1989, PRATKANIS 1989). Diese Bedingungen setzen ebenfalls an den unmittelbaren Kosten-Nutzen-Kalkülen der Handelnden (hier: Befragten) an.

Die praktische Konsequenz, die LABAW daraus zieht, ist, daß in Befragungen Fragen zu hypothetischem Verhalten (vgl. Kap. 7.1.1.1.2), zu Handlungsabsichten (vgl. Abb. 7-4, Beispiel A.) aber auch Einstellungs- und Meinungsfragen weitgehend vermieden werden sollten[1]. Statt dessen sollte der Schwerpunkt auf der Abfrage von aktuellem Verhalten (vgl. Abb. 7-4, Beispiel B.) sowie auf der Erhebung "objektiver" Umgebungsbedingungen und Strukturen liegen: "Behavior tells a complete story. Respondent testimony provides an incomplete story" (LABAW 1982:103)[2].

7.1.1.1.2. Zur Struktur von Fragen und Antwortvorgaben

Im Interview kann grob zwischen zwei Strukturtypen von Fragen unterschieden werden: "offene Fragen" und "geschlossene Fragen"[3].

Auf **offene Fragen** wird eine Antwort in den eigenen Worten des Befragten erwartet. Es werden keine Antwortmöglichkeiten vorgeschlagen; der Befragte übernimmt selbst die Formulierung seiner Antwort (vgl. Abb. 7-5).

---

[1] "Attitude questions demanding that the respondent imagine unexperienced, hypothetical situations are often simply a shifting of the responsibility for analysis from the researcher to the respondent, a lazy researcher's way of handling difficult thinking, which more often than not provides very weak data (LABAW 1982:100).

[2] LABAW (1982:103) zeigt eindrucksvoll am Beispiel "Einsamkeit", daß wesentlich mehr Informationen über die Befindlichkeit von Befragten zu erhalten sind, wenn statt nach Einstellungen, Meinungen und Gefühlen zusätzlich zu diesen "subjektiven" Fragen auch solche nach "objektiven" Gegebenheiten gestellt werden: nach Telefongesprächen pro Tag, nach Fernsehkonsum, nach Fähigkeiten zur physischen Mobilität, nach Freizeit- und Wochenendgewohnheiten u.a.

[3] Vgl. zur Geschichte der Kontroverse um beide Konzepte CONVERSE (1984).

Abbildung 7-5: Beispiel "Offene Frage"

Was könnte Ihrer Meinung nach getan werden, um die Lebenssituation ausländischer Familien in Deutschland zu verbessern?

....

....

....

....

Geschlossene Fragen ("Multiple-Choice-Questions") verlangen vom Befragten, sich zwischen Antwortalternativen zu entscheiden. In solchen Fragen können zwei Antwortalternativen vorgegeben werden (z.B. "ja"/"nein"; "stimme zu"/"lehne ab") (vgl. Abb. 7-6), aber auch jede beliebige andere Anzahl von möglichen Antworten. Bei der Mehrfachvorgabe von Antwortmöglichkeiten kann weiterhin danach unterschieden werden, ob die Antwortkategorien eine Rangordnung darstellen (vgl. Abb. 7-7), oder ob "ungeordnete" Antwortkategorien vorliegen (vgl. Abb. 7-8).

Abbildung 7-6: Beispiel "Geschlossene Frage/Alternativenvorgabe"

Haben Sie bereits **vor** Ihrer Immatrikulation an Vorlesungen, Seminaren oder Übungen teilgenommen?

JA ( )
NEIN ( )

Abbildung 7-7: Beispiel "Geschlossene Frage/Mehrfachvorgabe mit Rangordnung"

Haben sich Ihre Erwartungen bezüglich Ihres Studiums erfüllt?

JA, VOLLSTÄNDIG ERFÜLLT ( )
TEILWEISE ERFÜLLT ( )
NEIN, GAR NICHT ERFÜLLT ( )

Bei solchen Antwortvorgaben mit Rangordnung ("Antwortskalen", "Ratingskalen") werden den Befragten mitunter (farbige) Karten[1] vorgelegt. Bei der Beantwortung der jeweils verlesenen Fragen werden die Befragten gebeten, diese Antwortskalen zu verwenden. Üblich sind z.B. Antwortskalen wie "nie/selten/gelegentlich/oft/immer" für Häufigkeiten, "nicht/wenig/mittelmäßig/ziemlich/sehr" für Intensitäten, "stimmt nicht/stimmt wenig/stimmt mittelmäßig/stimmt ziemlich/stimmt sehr" für Bewertungen und "keinesfalls/wahrscheinlich nicht/vielleicht/ziemlich wahrscheinlich/ganz sicher" für Wahrscheinlichkeiten[2].

Abbildung 7-8: Beispiel "Geschlossene Frage/ungeordnete Mehrfachvorgabe"

Welcher der folgenden Gründe war für Ihre Entscheidung für Ihr jetziges Studienfach ausschlaggebend?

PERSÖNLICHES FACHINTERESSE	( )
GUTE ZUKUNFTSAUSSICHTEN	( )
BERATUNG DURCH ANDERE	( )
SELBSTVERWIRKLICHUNG	( )
ICH WUSSTE NICHTS ANDERES	( )

Der Hauptvorteil offener Fragen besteht darin, daß der Befragte innerhalb seines eigenen Referenzsystems antworten kann, ohne z.B. durch die Vorgabe möglicher Antworten bereits in eine bestimmte (durch die Vorstellung der Fragebogenentwickler begründete) Richtung gelenkt zu werden. Offene Fragen unterstützen somit besser als geschlossene Fragen Äußerungen, die auch "tatsächlich" im Wissensbestand bzw. Einstellungsrahmen des Befragten verankert sind. In bezug auf diesen Aspekt haben geschlossene Fragen eine Reihe von Nachteilen: Sie können

---

[1] SMITH (1987:S106) gibt an, daß bei 14.5% aller Fragen in amerikanischen Surveys im Jahr 1984/85 solche Antwortskalen verwendet wurden.

[2] Die empirische Entwicklung solcher Antwortvorgaben findet sich bei ROHRMAN (1978). Empirische Ergebnisse zum Verständnis von Antwortskalen durch die Befragten finden sich bei BELSON (1986). Neuerdings konnte SARIS (1988) zeigen, daß die Befragten zwar unterschiedlich auf Antwortvorgaben reagieren ("**response functions**"), diese Effekte sich jedoch bei eindeutiger Benennung der Extrema (z.B. "am allerwichtigsten"/ "am allerwenigsten wichtig") minimieren lassen.

z.B. Antworten vorgeben, an die der Befragte noch nie gedacht hat, und sie zwingen den Befragten, unter diesen, bisher nicht zu seinem "Alltagswissen" gehörenden Alternativen zu wählen.

Die Nachteile offener Fragen erscheinen jedoch schwerwiegender als ihre Vorteile. Zum einen kann nicht davon ausgegangen werden, daß alle Befragten eine gleich gute Artikulationsfähigkeit bezüglich ihrer Einstellungen und Meinungen haben. Antwortunterschiede sind somit mitunter nicht auf Einstellungsunterschiede zurückzuführen, sondern ergeben sich aus den unterschiedlichen Möglichkeiten der Befragten, ihre Einstellungen in Worte zu fassen. Zum anderen steigt bei offenen Fragen die Wahrscheinlichkeit für Interviewereffekte durch unterschiedliche Fähigkeiten der Interviewer beim Notieren der Antwort dem Redefluß des Befragten zu folgen oder durch eigenständiges "Editieren" der Antwort, d.h. durch Weglassen aus der Sicht des jeweiligen Interviewers unwichtiger oder sich wiederholender Antwortteile.
Nicht zuletzt erfordern offene Fragen einen erheblichen zusätzlichen Auswertungsaufwand insofern, als **im Nachhinein** Auswertungskategorien (mit den dazugehörigen Merkmalsausprägungen) gebildet werden müssen. Da hierbei in aller Regel auch wieder Zusammenfassungen von Antwortmustern vorgenommen werden müssen, um eine quantifizierende Analyse zu ermöglichen, sollte die Verwendung gut konzeptualisierter, theoretisch begründeter und durch einen Pretest geprüfter geschlossener Fragen vorgezogen werden[1].

In der Praxis werden vielfach Fragen mit einer Kombination von offenen und geschlossenen Antwortvorgaben verwendet, die die Möglichkeit bieten, zusätzlich

---

[1] Daß eine Abwägung der Vor- und Nachteile beider Fragenformen weitgehend zugunsten der Verwendung geschlossener Fragen ausgefallen ist, zeigt CAPLOVITZ (1983:119) in einer sehr informativen Übersicht über die Anteile offener Fragen bei einer Vielzahl von Untersuchungen. Seit den 40er Jahren und den Anfängen des Survey Research hat sich der Anteil offener Fragen von 16% auf 3% drastisch verringert (vgl. auch SMITH 1987:S106).

zu den formulierten Antwortvorgaben "bei Bedarf" eine andere Antwort aufzuführen ("Hybridfrage"; vgl. Abb. 7-9).

Abbildung 7-9: Beispiel einer "Hybridfrage"

Warum haben Sie Ihr Wunschstudium nicht aufgenommen?

FREUNDE HABEN MIR ABGERATEN ( )
ELTERN HABEN MIR ABGERATEN ( )
ICH HABE KEINE ZULASSUNG BEKOMMEN (NC) ( )
ICH WOLLTE DEN WOHNORT NICHT WECHSELN ( )

SONSTIGE GRÜNDE, UND ZWAR

....
....
....

Bei allen Fragen mit mehrfachen ungeordneten Antwortvorgaben sind auch Mehrfachnennungen, d.h. das gleichzeitige Ankreuzen mehrerer Antwortvorgaben möglich. Mehrfachnennungen sind nur dann theoretisch sinnvoll, wenn z.B. bei Verhaltensfragen eine Reihe von Verhaltensweisen, bei Eigenschaftenfragen mehrere Eigenschaften gleichzeitig möglich erscheinen. In solchen Fällen werden die jeweiligen Antwortvorgaben als Einzelstatements mit den Ausprägungen "trifft zu/trifft nicht zu" gewertet (vgl. Abb. 7-10). Die Tatsache, daß Mehrfachnennungen akzeptiert werden, muß bei der Fragestellung verdeutlicht werden.

Abbildung 7-10: Beispiel "Mehrfachnennungen"

Mit welchen technischen Geräten ist Ihr Haushalt ausgestattet? (Mehrfachnennungen möglich)

WASCHMASCHINE ( )
GESCHIRRSPÜLAUTOMAT ( )
FERNSEHGERÄT ( )
VIDEORECORDER ( )
HEIMCOMPUTER ( )
TELEFON ( )

Dabei ersetzt diese verkürzte Schreibweise folgende Bedeutung der Antwortvorgaben

	vorhanden	nicht vorhanden
WASCHMASCHINE	( )	( )
GESCHIRRSPÜLAUTOMAT	( )	( )
FERNSEHGERÄT	( )	( )
VIDEORECORDER	( )	( )
HEIMCOMPUTER	( )	( )
TELEFON	( )	( )

7.1.1.1.3. Frage- und Antwortformulierung

Die folgenden Hinweise zur Frage- und Antwortformulierung beziehen sich auf die Wortwahl und den Satzbau zu stellender Fragen und vorzugebender Antwortalternativen. Das Problem der Wortwahl ("Wording") ist sowohl Bestandteil der Kunstlehre des Interviews wie auch Anlaß für eine Vielzahl experimenteller Untersuchungen.

Traditionellerweise werden in Anlehnung an PAYNE (1951) für die Frageformulierung eine Reihe von Faustregeln gegeben (DILLMAN 1978:95ff; CONVERSE/PRESSER 1986):

- Fragen sollen einfache Worte enthalten[1]; d.h. im wesentlichen: keine Verwendung von nicht gebräuchlichen Fachausdrücken, keine Verwendung von Fremdworten, keine Verwendung von Abkürzungen oder Slangausdrücken,

- Fragen sollten kurz formuliert werden[2],

- Fragen sollten konkret sein, d.h. die Frage "Wie zufrieden sind Sie mit Ihrer Arbeitssituation?" ist besser als die Frage "Wie zufrieden sind Sie mit Ihrem Leben?"; abstrakte Begriffe sollten in konkrete überführt werden,

[1] Damit ist vor allem in der amerikanischen Literatur gemeint, daß Worte, die in Fragen verwandt werden, schon bei einem Umfang von 7-8 Buchstaben durch kürzere Worte ersetzt werden sollen.
[2] PAYNE (1951:136) bezeichnet die Verwendung von 20 Worten in einer Frage als Höchstgrenze.

- Fragen sollten keine bestimmte Beantwortung provozieren (Vermeidung von "Suggestivfragen"); die Frage "Haben Sie je den Film 'Vom Winde verweht' gesehen?" ist besser als die Formulierung: "Den Film 'Vom Winde verweht' haben mehr Menschen gesehen, als jeden anderen Film dieses Jahrhunderts. Haben Sie diesen Film gesehen?"

- Fragen sollten neutral formuliert sein, keine "belasteten" Worte (wie z.B. "Kommunist", "Bürokrat", "Boss" oder "Freiheit", "Leistungswille", "Ehrlichkeit") enthalten,

- Fragen sollten nicht hypothetisch formuliert werden; d.h. Fragen wie "Angenommen, Sie würden im Lotto gewinnen, würden Sie das Geld sofort ausgeben oder würden Sie das Geld sparen?" sind unzulässig,

- Fragen sollten sich nur auf einen Sachverhalt beziehen (Vermeidung von Mehrdimensionalität); die Frage "Würden Sie Marihuana zwar für den Gebrauch im Privatbereich, nicht aber für Gebrauch in der Öffentlichkeit legalisieren wollen?" ist eine Frage nach zwei Sachverhalten, sie sollte in zwei Fragen überführt werden,

- Fragen sollten keine doppelten Negationen enthalten,

- Fragen sollten den Befragten nicht überfordern; z.B. erfordert die Frage "Wieviel Prozent Ihres monatlichen Einkommens geben Sie für Miete aus?" die Berechnung eines Prozentsatzes; besser wäre eine Frage nach der Höhe des Einkommens und eine zweite Frage nach der Höhe der Miete,

- Fragen sollten zumindest formal "balanciert" sein, d.h. in der Frage sollten alle - negativen und positiven - Antwortmöglichkeiten enthalten sein, um die gleichwertige Berechtigung jeder vom Befragten gewählten Antwort zu demonstrieren. In einfachster Form sollte einer Frage wie "Sollte Frauen in den ersten Wochen einer Schwangerschaft ein Schwangerschaftsabbruch auf Wunsch erlaubt werden oder sollte dies nicht erlaubt sein?" der Vorzug vor einer Frage gegeben werden, die nur eine der Entscheidungsmöglichkeiten formuliert.

Ein besonderes Problem bei der Fragenkonzeption stellt die "Frage nach dem Grund" dar. Einige Autoren (z.B. FRIEDRICHS 1973:195) halten solche Fragen der Begründung von vorhergehenden Antworten in Formulierungen wie "Warum sind sie dieser Ansicht?" für außerordentlich wichtig, um Ablehnung oder Zustimmung zu differenzieren bzw. um den Bezugsrahmen einer Frage festzustellen. Diese Auffassung wird hier nicht geteilt. Fragen sollten so konzipiert werden, daß Hintergrundinformationen eingeholt werden können, ohne den Befragten **direkt** nach Begründungen, über die er sich noch nicht einmal in jedem Fall selbst klar sein muß, zu fragen. Die Ermittlung von Begründungen für die Ausprägungen von einzelnen Variablen gehört wesentlich zur Analysephase, nicht zu den Aufgaben eines Befragten.

Obgleich neben diesen allgemeinen Grundsätzen informelles Wissen und persönliche Erfahrung bei der Formulierung von Fragen eine nicht zu unterschätzende Rolle spielen, haben doch eine Reihe experimenteller Studien (z.B. SCHUMAN/PRESSER 1981) zusätzliche Informationen zur Gestaltung von Fragen und Antwortvorgaben erbracht.
Der wichtigste Hinweis bezieht sich in diesem Zusammenhang auf die Notwendigkeit, explizite "Weiß-nicht"-Kategorien bei den Antwortvorgaben vorzusehen. KATZ wies schon 1940 darauf hin, daß aus der Tatsache, daß ein Thema öffentlich diskutiert wurde, nicht auf das Vorliegen einer individuell meßbaren Meinung geschlossen werden könne (KATZ 1940:282). Trotzdem ist es bis heute üblich, Befragte durch die Fragestellung und das Fehlen einer expliziten "weiß-nicht"-Antwortmöglichkeit zur Abgabe einer "substantiellen" Antwort zu zwingen. Der Befragte hat bei einer solchen Vorgehensweise nur die Wahl, entweder eine der vorgegebenen inhaltlichen Antwortalternativen zu benennen, obgleich eine entsprechende Einschätzung nicht vorliegt oder seine Unwissenheit zu offenbaren, indem er eine nicht vorgegebene Antwortmöglichkeit wählt[1]. Im letzteren Fall wird seine "weiß-nicht"-Antwort dann bei der Auswertung in aller Regel unter die gleiche Kategorie anderer nicht-substantieller Antworten wie z.B. "keine Angabe", "Verweigerung der Beantwortung" subsummiert, obwohl der Befragte völlig korrekt seinen "wahren", gültigen Wert angegeben hat. Es sollte jedoch davon ausgegangen werden, daß auch das Nicht-Vorliegen einer spezifischen meßbaren

---

[1] In der deutschsprachigen Literatur wurde dieses Phänomen lange Zeit als **Meinungslosigkeit** bezeichnet (vgl. LEVERKUS-BRÜNING 1966), obgleich es sich tatsächlich eher um das Fehlen einer speziellen kognitiven Haltung gegenüber dem vorgestellten Thema handelt. Der Begriff "Non-Attitude" wird diesem Sachverhalt gerechter.

Einstellung oder Tatsacheneinschätzung ("Non-Attitude") als gültiger und interpretierbarer Wert zu betrachten ist.
Bei der Nicht-Ausweisung einer "weiß-nicht"-Kategorie bei den Antwortvorgaben ist davon auszugehen, daß bei Befragten, bei denen Non-Attitudes vorliegen und die sich gezwungen sehen, trotzdem eine inhaltliche Antwort zu geben, die "Wahl" der inhaltlichen Antwortkategorie eher zufällig erfolgt. Durch die Vorgabe einer entsprechenden "weiß-nicht"-Kategorie kann dann eher sichergestellt werden, daß die Nennung einer inhaltlichen Antwort systematisch auch mit anderen Variablen korreliert.
SCHUMANN/PRESSER (1981:117ff.) konnten zeigen, daß durch die Vorgabe einer expliziten "weiß-nicht"-Beantwortungsmöglichkeit die "weiß-nicht"-Anteile einzelner Fragen um 10 - 30% höher lagen, als in solchen Fällen, in denen eine solche Möglichkeit nicht gegeben war.

Zur Ausweisung von Non-Attitudes wird vorgeschlagen, entweder lediglich eine entsprechende Zusatzkategorie bei den Antwortvorgaben aufzunehmen oder besser: bereits in der Fragestellung die Legitimität einer "weiß-nicht"-Beantwortung zu verdeutlichen. Letzteres geschieht in der Regel durch eine zweistufige Fragestellung ("Filterung") (vgl. Abb. 7-11).

Abbildung 7-11: Filterung von "weiß-nicht"-Antworten

Die arabischen Staaten bemühen sich um einen wirklichen Frieden mit Israel. Haben Sie eine Meinung zu dieser Aussage?

NEIN ( )
JA ( ) Wenn ja, stimmen Sie dieser Aussage zu oder lehnen Sie diese Aussage ab?

STIMME ZU ( )
LEHNE AB ( )

CONVERSE/PRESSER (1986:36) betonen, daß eine solche Filterung von Non-Attitudes gerade am Beginn eines Interviews hilfreich ist, um dem Befragten zu zeigen, daß auch "weiß-nicht"-Antworten legitime Antworten sein können.

Ein weiterer Hinweis bezieht sich auf die Verwendung von Fragen, die "stimme zu/lehne ab" als Antwortmöglichkeiten vorsehen. LENSKI/LEGGETT (1960) konnten zeigen, daß gerade bei solchen Fragen sehr häufig Effekte auftreten können, die als "Zustimmungstendenz"[1] bezeichnet werden. Die Antwort "stimme zu" wird in solchen Fällen völlig unabhängig vom Inhalt der Aussagen gegeben bzw. es wird auch inhaltlich entgegengesetzten Statements zugestimmt.

Den Zusammenhang zwischen diesem Antwortverhalten und dem Bildungsstand der Befragten machen SCHUMAN/PRESSER (1981:223) deutlich: Bei einer Frage "Stimmen Sie der folgenden Aussage zu oder lehnen Sie diese Aussage ab: Die meisten Männer sind für die Politik vom Gefühl her besser geeignet als Frauen." ergaben sich für die Befragten sehr unterschiedliche Häufigkeiten in der "stimme-zu"-Kategorie je nach Schulausbildungsdauer. Befragte mit niedriger Ausbildungsdauer stimmten häufiger dieser Aussage zu als solche mit längerer Schulausbildung. Eine revidierte Fassung der Frage als "Würden Sie sagen, daß die meisten Männer für die Politik vom Gefühl her besser geeignet sind als Frauen, daß Frauen und Männer in dieser Beziehung gleich sind, oder daß Frauen vom Gefühl her besser für die Politik geeignet sind?" ergab für die Befragten unabhängig vom Bildungsstand gleiche Antworthäufigkeiten. Das inhaltliche Ergebnis steht also im direkten Zusammenhang zur Frageformulierung.

Als Konsequenz ist daraus abzuleiten, daß "stimme zu/lehne ab"-Fragen eher für bestimmte Verzerrungseffekte anfällig sind, als solche Fragen, in denen eine konkrete Entscheidung zwischen inhaltlichen Alternativantworten gefordert wird ("Forced-Choice-Questions"). Entsprechend wäre Forced-Choice-Questions der Vorzug zu geben.

Viele Sachverhalte, die durch Interviews erhoben werden sollen, gelten als "sensitiv" oder "unangenehm". Zu diesen unangenehmen Fragen werden im allgemeinen Fragen nach sozial unerwünscht geltenden Verhaltensweisen oder Eigenschaften wie Drogen- und Alkoholmißbrauch, eheliche Gewaltanwendung, spezielle Formen

---

[1] Vgl. dazu ausführlich Kap. 7.1.1.4.2.

des Sexualverhaltens usw. gezählt[1]. Für sensitive Fragen wird in aller Regel eine vergleichsweise hohe Zahl von Antwortverweigerungen[2] und eine niedrige Zuverlässigkeit der erhaltenen Angaben erwartet, da eine (wahrheitsgemäße) Antwort den Befragten z.B. mit dem Verlust der sozialen Anerkennung durch den Interviewer oder gar dem Risiko strafrechtlicher Verfolgung behaftet erscheinen kann. Dieses Problem wird insbesondere bei strafrechtlich relevanten Verhaltensweisen in der Regel dadurch angegangen, daß den Befragten in besonderer Weise die absolute Vertraulichkeit ihrer Angaben und damit die absolute Konsequenzenlosigkeit der Interviewsituation zugesichert wird. Bei weniger dramatischen Konsequenzen wird zumeist versucht, durch die Frageformulierung eine Abschwächung der Konsequenzenbefürchtungen zu erreichen. Dies kann z.B. durch die Einbettung eines "anstößigen" Sachverhalts in einen harmlosen Zusammenhang oder die Verallgemeinerung des heiklen Problems durch Einleitungssentenzen wie "Jeder hat schon einmal..." oder "Die meisten Menschen..." erfolgen (SCHEUCH 1973: 82)[3]. Mitunter wird der in Frage stehende Sachverhalt auch einfach unterstellt und eine Antwort dazu erbeten, beispielsweise die Beantwortung der Frage: "Wie alt waren Sie, als Sie zum ersten Mal Marihuana rauchten?" (CAPLOVITZ 1983:123). Diese beiden Verfahrensweisen sind allerdings bei besonders stark ausgepägten Konsequenzenbefürchtungen kaum geeignet, die Bedenken der Befragten völlig zu zerstreuen. Erst wenn es gelänge, die Zuordnung einer Antwort zu einem Befragten zu verhindern, könnte den Befragten die völlige Konsequenzenlosigkeit seiner Antworten garantiert werden.

---

[1] Allgemein läßt sich jedoch zeigen, daß mittlerweile viel weniger Themen und Fragen als sensibel betrachtet werden als in den frühen Jahren des Survey Research (CAPLOVITZ 1983:122). War bis vor einiger Zeit die Frage nach dem Einkommen oder nach religiösen Praktiken mit einem Tabu belegt, so gehört zumindest die Einkommensfrage mittlerweile zum Standardrepertoire vieler Fragebögen. Dagegen haben sich Fragestellungen ergeben, die erst in jüngerer Zeit den Status heikler Fragen erhalten haben, z.B. Fragen zum Bildungsstand.

[2] Vgl. z.B. die empirischen Ergebnisse bei BRADBURN/SUDMAN/BLAIR/STOCKING (1978:225), die einen sehr hohen Zusammenhang zwischen eingeschätzter "Unangenehmheit" der Fragen und der tatsächlichen Antwortbereitschaft zeigen.

[3] Vgl. dazu die ironische Betrachtungsweise bei BARTON (1958).

7.1.1.1.4. Randomized Response Technique (RRT)

Das Problem der Konsequenzenbefürchtung bei sensiblen Fragen läßt sich zusätzlich mit Techniken angehen, die zusammengefaßt als "Randomized Response Technique" (RRT)[1] bezeichnet werden. Das Vorgehen der RRT kann am besten mit einem Beispiel erläutert werden:
Angenommen, ein Forschungsprojekt soll den Anteil von Heroin-Nutzern in einer Bevölkerungsgruppe ermitteln. Die entsprechende Frage zur Operationalisierung soll nur zwischen Heroin-Nutzern und Nicht-Heroin-Nutzern unterscheiden. Beim Datenerhebungsvorgang, also während des Interviews, muß der Befragte aus einer Urne mit 10 Kugeln, von denen 2 blau und 8 grün sind, zufällig eine Kugel ziehen. Der Interviewer weiß **nicht**, welche Farbe die gezogene Kugel besitzt. Dem Befragten wird vom Interviewer mitgeteilt, daß er - falls er eine blaue Kugel gezogen hat - den Satz "Ich nehme Heroin" wahrheitsgemäß mit ja oder nein beantworten soll. Falls der Befragte jedoch eine grüne Kugel gezogen hat, soll er den Satz "Ich bin im Mai geboren" mit ja oder nein wahrheitsgemäß beantworten. Da der Interviewer die Farbe der gezogenen Kugel nicht kennt, weiß er nicht, auf welchen der beiden Sätze der Befragte mit seiner Antwort reagiert. Aus einer Ja- bzw. Nein-Antwort eines Befragten kann nicht mehr auf sein Verhalten geschlossen werden. Allerdings kann der Anteil derjenigen Personen, die Heroin nehmen, aus den Antworten geschätzt werden.

Die Gruppe der "ja"-Antwortenden setzt sich zusammen aus denen, die die Frage nach dem Heroingebrauch beantworten und tatsächlich Heroin verwenden und denen, die die Frage nach der Geburt im Mai beantworten und tatsächlich im Mai geboren sind. Bezeichnen wir mit p_J den Anteil der Personen, die mit "ja" antworten, mit p_M den Anteil der im Mai geborenen Personen (= 31/365), mit p_{FH} die Wahrscheinlichkeit, die Frage nach dem Heroingebrauch zu beantworten, und mit p_H die Wahrscheinlichkeit tatsächlich Heroinbenutzer zu sein. Dann ist die Wahrscheinlichkeit, auf eine Frage mit "ja" zu antworten gleich dem Produkt zweier unabhängiger Wahrscheinlichkeiten: Der Wahrscheinlichkeit, die Frage zu bekom-

[1] Der Begriff läßt sich nur umständlich übersetzen, z.B. als "Anonymisierte Befragung mit zufallsverschlüsselten Antworten" (DEFFAA 1982).

men und der Wahrscheinlichkeit, auf diese Frage mit "ja" zu antworten. Wir haben zwei Fragen und zwei Wahrscheinlichkeiten:

$p_{FH}*p_H$ (also: Frage nach Heroin und tatsächlicher Nutzer)

$(1-p_{FH})*p_M$ (also: Frage nach Mai und tatsächlich im Mai geboren)

Die Wahrscheinlichkeit für eine "ja"-Antwort ist gleich der Summe der beiden unabhängigen Wahrscheinlichkeiten:

$$p_J=p_{FH}*p_H+(1-p_{FH})*p_M$$

Wir kennen alle Größen bis auf den Anteil der Heroinnutzer (p_H). Stellt man die Gleichung um, erhält man:

$$p_J-(1-p_{FH})*p_M=p_{FH}*p_H$$

Daraus folgt die eigentliche Schätzformel:

$$p_H=\frac{p_J-(1-p_{FH})*p_M}{p_{FH}}$$

Im Beispiel ist p_H = 0.2 (2 von 10 Kugeln). Wenn insgesamt 10% der Befragten mit "ja" antworten, so ergibt sich:

$$p_H=\frac{0.1-(1-0.2)*31/365}{0.2}=0.1603$$

Damit wird der Anteil von Heroin-Nutzern auf 16.03% geschätzt[1].

[1] Auf ähnliche Weise kann man den Mittelwert einer quantitativen Variablen schätzen, nur benötigt man dann - da zwei Parameter unbekannt sind - zwei unabhängige Stichproben, in denen die sensitive Frage mit unterschiedlicher Wahrscheinlichkeit (p_1, p_2) gestellt wird. Da die empirisch beobachteten Mittelwerte (z_1, z_2) wie oben aus der Addition der mit den Wahrscheinlichkeiten gewichteten Mittelwerten zweier Variablen (einer sensitiven und einer harmlosen Variablen) resultieren, kann der Mittelwert der sensitiven Variablen x geschätzt werden:

$$m_x=\frac{(1-p_2)z_1-(1-p_2)z_2}{p_1-p_2}$$

Diese Art der RRT wird als "Unrelated Question Technique" bezeichnet. Die "Unrelated Question Technique" ist eine Weiterentwicklung des erstmals von WARNER (1965) vorgeschlagenen und als "WARNER-Modell" oder "Zufallsfragentechnik" bezeichneten Vorgehensweise. Das WARNER-Modell basiert auf der Verwendung nur einer Frage, die aber einmal positiv und einmal negativ formuliert wird, also z.B. "Ich nehme Heroin" vs. "Ich nehme niemals Heroin". In der Praxis wird jedoch überwiegend die "Unrelated Question Technique" verwendet.

Das Hauptproblem[1] der RRT dürfte darin bestehen, den Befragten die entsprechende Technik auf eine Art zu erläutern, die sie ihnen nicht als alberne Spielerei oder undurchschaubare Magie erscheinen läßt. Kann die Technik den Befragten nicht vollständig transparent gemacht werden, so sind zumindest bei Teilgruppen ungenauere Ergebnisse erwartbar als bei traditionellen Fragen. Da die RRT bisher noch nicht regelmäßig in der empirischen Sozialforschung verwendet wird, liegen für eine abschließende Beurteilung derzeit noch nicht genügend Ergebnisse vor[2].

---

[1] Ein häufig zusätzlich genannter Kritikpunkt der RRT bezieht sich darauf, daß durch RRT nur Schätzungen von Anteilswerten, nicht hingegen die Berechnung von Zusammenhängen möglich sei. Dieser Einwand ist in dieser allgemeinen Form unzutreffend, selbst Korrelationsschätzungen sind prinzipiell möglich. Für Einzelheiten muß auf FOX/TRACY (1984) verwiesen werden.

[2] Weitere Einzelheiten der RRT finden sich bei BORUCH/ENDRUWEIT (1973), DEFFAA (1982), sowie vor allem bei FOX/TRACY (1986) und CHAUDHURI/MUKERJEE (1988).

7.1.1.2. Fragebogenkonstruktion

Die Konstruktion eines Fragebogens bezieht sich auf zwei Aspekte: zum einen auf die inhaltliche Gestaltung des Gesamtfragebogens, zum anderen auf die optische Aufbereitung des Fragebogens.

7.1.1.2.1. Konstruktionskriterien

Daß die "Ratschläge" zur Frageformulierung oftmals nicht die gewünschten Ergebnisse erbringen, liegt mitunter daran, daß sie sich relativ abstrakt auf einzelne Fragen beziehen. Fragen werden in aller Regel jedoch für einen bestimmten Fragebogen geschrieben, in dem Fragen im Kontext mit anderen Fragen stehen. So kann jede Frage (und die dazugehörige Antwort) nachfolgende Fragen so beeinflussen, daß die Beantwortung der Folgefragen entweder an der vorhergehenden Frage orientiert wird oder an der bereits gegebenen Antwort ("Ausstrahlungseffekt", "Halo-Effekt").
Hervorgerufen wird dieser Effekt einerseits dadurch, daß jede Frage durch andere Fragen in einen Sinnzusammenhang gestellt wird, auf den ein Befragter reagiert, zum anderen durch das damit verknüpfte Bemühen des Befragten, seine Antworten konsistent zu halten.
In ähnlicher Weise können auch ganze Fragengruppen nachfolgende Fragengruppen "überstrahlen". Die Beantwortung von Fragen, die sich mit dem Thema "Sexuelle Praktiken" befassen, dürften in Abhängigkeit davon beantwortet werden, ob vorher der Themenbereich "Kenntnisse über Schutzmaßnahmen zur Verhinderung von Aids-Infektionen" oder aber das Thema "Selbstverwirklichung" abgehandelt wurde ("Plazierungseffekt"; SCHEUCH 1973:91).
Gelegentlich werden diese Ausstrahlungseffekte bei der Fragebogenkonstruktion gezielt eingesetzt, z.B. wenn durch die Fragefolge ein bestimmter Kontext geschaffen wird, der ausgehend von allgemeinen Fragen zu einem Thema eine immer stärkere Präzisierung des thematischen Bereichs möglich macht ("Trichterung").

Der Weg der "umgekehrten Trichterung" soll durch konkrete Beispiele beim Befragten die Möglichkeit erschließen, daran anschliessend auch Fragen zu der entsprechenden allgemeinen Themenstellung beantworten zu können.

Bei der Konstruktion eines Fragebogens sollte darauf geachtet werden, daß den ersten Fragen ("Einleitungsfragen") eines Interviews besondere Bedeutung zukommt. An ihnen entscheidet sich das Engagement des Befragten zur Beantwortung des gesamten Fragebogens. Sie sollten entsprechend interessant in das gesamte Thema einführen und leicht zu beantworten sein, um bestehende Ängste des Befragten über die Schwierigkeiten einer Befragung zu mildern. Vermeiden sollte man Einleitungsfragen, die vermutlich nur von einem Teil der Befragtengruppe beantwortet werden können ("Haben Sie sich innerhalb der letzten zwei Jahre ein neues Auto mit 3-Wege-Katalysator gekauft?"). Die Notwendigkeit, bereits bei der ersten Frage eine "trifft nicht zu"-Antwort geben zu müssen, erweckt beim Befragten leicht den Eindruck, daß das gesamte Interview ihn eigentlich nur wenig betrifft. Weiterhin sollte davon abgesehen werden, als Einleitung Fragen nach Geschlecht, Alter und anderen demographischen Merkmalen zu stellen. Eine solche Einführung läßt den Befragten zu lange im Unklaren über den "eigentlichen" Sinn des Interviews.

Darüber hinaus sollte bei der Fragebogenkonstruktion beachtet werden, daß

- zu einem Themenbereich immer mehrere Fragen gestellt werden (Konzept der multiplen Indikatoren; vgl. Kap. 4.2.3),
- Fragen, die denselben Aspekt des Themas behandeln (Fragenkomplexe) nacheinander abgefragt werden[1],
- neue Fragenkomplexe mit "Überleitungsfragen" eingeleitet werden.

---

[1] Die mitunter vorgeschlagene Technik, Fragen die inhaltlich zum gleichen Fragenkomplex gehören, an unterschiedlichen Stellen des Fragebogens abzufragen, um eine Kontrolle über die "wahrheitsgemäße" Beantwortung zu erlangen ("Kontrollfragen"), verwirrt den Befragten eher als daß sie den gewünschten Effekt hat.

Sollten einige Fragen oder ganze Fragenkomplexe nicht für alle Befragten relevant sein, z.B. wenn in einer Untersuchung zum Freizeitverhalten nach Vereinzugehörigkeiten der Befragten und danach nach Aktivitäten innerhalb des Vereins gefragt wird, so sollten Vorkehrungen getroffen werden, den Befragten von der Notwendigkeit zu entbinden, auf eine Vielzahl von Fragen die "trifft nicht zu"-Antwort geben zu müssen. Dies langweilt den Befragten und verlängert unnötigerweise das Interview. In der Regel wird in solchen Fällen versucht, nach einer "Filterfrage", in der das Vorliegen oder Nicht-Vorliegen des trennenden Merkmals (z.B. Mitgliedschaft in einem Verein) erhoben wird, sicherzustellen, daß die folgenden Fragen nur noch von den Befragten beantwortet werden müssen, bei denen die interessierende Ausprägung des Merkmals vorliegt (vgl. Abb. 7-12).
Eine weitere "Konstruktionsanweisung" bezieht sich auf den Umgang mit "schwierigen" oder "sensiblen" Fragen. Hier wird im allgemeinen der Ratschlag gegeben, solche Fragen an das Ende des Fragebogens zu stellen, um nicht einen frühzeitigen Abbruch des gesamten Interviews zu provozieren. Abgesehen davon, daß mitunter kaum entschieden werden kann, welche Fragen tatsächlich sensibel für den Befragten sind, kann diesem Ratschlag nur dann gefolgt werden, wenn nur eine oder nur sehr wenige sensible Fragen gestellt werden müssen.
Weiterhin besteht bei einer solchen Vorgehensweise die Gefahr, sensible Fragen völlig aus dem Kontext des spezifischen Fragenkomplexes zu reißen. DILLMAN (1978:125) schlägt entsprechend vor, sensible Fragen jeweils an das Ende des dazugehörigen Fragenkomplexes zu setzen.

Als letzter Schritt der Fragebogenkonstruktion sollte noch einmal überprüft werden, in welchem Verhältnis die in den Fragebogen aufgenommenen Fragen zum **Thema** der Befragung bzw. zu den die Untersuchung leitenden **Hypothesen** stehen. Für jede Frage muß letztlich geklärt werden, welche Variable mit dieser Frage gemessen werden soll und ob die Variable bedeutsam für den theoretischen Zusammenhang der Untersuchung ist. Diese nochmalige Vergewisserung über das **Ziel** der Untersuchung kann zur Vermeidung solcher Fragen beitragen, die lediglich "irgendwie interessant", jedoch ohne theoretischen Wert sind.

Abbildung 7-12: Beispiel "Filter"

19. Ist das Studienfach, das Sie jetzt studieren, das Studienfach, mit dem Sie ursprünglich Ihr Studium begonnen haben?

JA ( ) weiter mit Frage 23
NEIN ( ) weiter mit Frage 20

20. Welches Studium haben Sie ursprünglich begonnen?

ERSTSTUDIUM WAR ____________

21. Wie lange haben Sie dieses Fach studiert?

_____ SEMESTER

22. Wie zutreffend sind für Sie die folgenden Gründe für einen Studienfachwechsel gewesen?

1 = trifft stark zu
2 = trifft zu
3 = halb und halb
4 = trifft nicht zu
5 = trifft überhaupt nicht zu

ICH KONNTE MEINE VORSTELLUNGEN NICHT VERWIRKLICHEN	( )
ICH SAH NUR SCHLECHTE ZUKUNFTSAUSSICHTEN	( )
MEINE INTERESSEN HABEN SICH VERLAGERT	( )
ES HAT EINFACH NICHT GUT GEKLAPPT	( )
DIE ZUSAMMENARBEIT MIT DEN DOZENT/INN/EN WAR SCHLECHT	( )
DIE ZUSAMMENARBEIT MIT ANDEREN KOMMILITON/INN/EN WAR SCHLECHT	( )
ICH HATTE FAMILIÄRE GRÜNDE	( )

23. Ist das Studium, das sie begonnen haben, Ihr "Wunschstudium" gewesen?

JA ( )
NEIN ( )

7.1.1.2.2. Design, Format und Layout eines Fragebogens

Design und Layout eines Fragebogens, der als Grundlage eines durch einen Interviewer geführten persönlichen Interviews benutzt wird, müssen so angelegt sein, daß der Interviewer keine formalen Schwierigkeiten bei der Durchführung hat. FOWLER (1984:102) nennt u.a. drei Merkpunkte, die Beachtung finden sollten:

- Erstens sollte es dem Interviewer so leicht wie möglich gemacht werden, zwischen Fragen und Anweisungen an den Interviewer zu unterscheiden. Als allgemeine Konvention zur Lösung dieses Problems hat sich die Verwendung unterschiedlicher Schrifttypen, bzw. der Einsatz von Groß- und Kleinschrift, zur Unterscheidung der Intervieweranweisungen von zu verlesenden Texten bewährt.

- Zweitens sollte die Ausgestaltung von Filtern so angelegt sein, daß es dem Interviewer leicht möglich ist, der Filterführung zu folgen und kein langes Suchen nach der nächsten zu stellenden Frage nötig wird. Hilfreich ist dabei, stets dieselbe Art der Filterführung zu verwenden.

- Drittens sollte gewährleistet sein, daß alle Texte, die ein Interviewer sprechen muß, auch tätsächlich niedergeschrieben werden. Dies gilt nicht nur für den Wortlaut der Fragen, sondern auch für Ein- und Überleitungen, notwendige Definitionen und Erläuterungen.

Die Frage, wie lang ein Fragebogen sein darf, gehört ebenfalls in diesen Zusammenhang. Eine Begrenzung z.B. auf eine halbe Stunde erscheint kaum notwendig, da eine Vielzahl von Befragungen insbesondere im Rahmen universitärer Forschung gezeigt haben, daß auch die Interviewdauer von 1 bis 1 1/2 Stunden vom Befragten als nicht problematisch eingeschätzt wird (FOWLER 1984:105; SCHEUCH 1973:93)[1].

Trotz dieser Vorgabe kann eine entsprechende Fragebogengestaltung dazu beitragen, den Befragten die Zeit "vergessen" zu lassen: So ist es z.B. ratsamer, einen

---

[1] SCHEUCH (1973:93) verweist auf Kontrollbefragungen, die ergaben, daß Befragte nur eine relativ vage Vorstellung von der tatsächlichen Dauer eines Interviews hatten. SHARP/FRANKEL (1983:43-45) kommen aufgrund ihrer Untersuchung zu dem Schluß, daß weniger die Länge des Interviews als die allgemeine Einstellung gegenüber der Untersuchung die wahrgenommene Belastung beeinflußt.

Fragebogen vom Format her großzügig anzulegen als zu versuchen, möglichst viele Fragen auf eine Seite zu setzen. Die schnelle Abarbeitung vieler Seiten und die Sichtbarkeit dieser Abarbeitung für den Befragten kann kooperationsförderner sein als der Eindruck, daß das Interview nicht vorangeht.

7.1.1.3. Interviewerschulung und Pretest

Bevor eine Befragung "ins Feld" gehen kann, sind außer der Fragebogenkonstruktion und -gestaltung eine Reihe von weiteren Vorarbeiten notwendig. Dazu gehört im wesentlichen neben einem Pretest die Interviewerschulung. Die Interviewerschulung erhält dann besonderes Gewicht, wenn - wie im Rahmen akademischer Forschung nicht unüblich - nicht auf einen professionellen Interviewerstab zurückgegriffen werden kann, sondern "freiwillige" Laien-Interviewer (z.B. Studenten der Sozialwissenschaft) eingesetzt werden müssen[1].

In jedem Fall sollte die Schulung jedoch folgende Bereiche umfassen (FRIEDRICHS 1973:214; FOWLER 1984:115)[2]:

- Erläuterung der geplanten Untersuchung,
- Erläuterung des Fragebogens (aller Fragen, Filterführung, Besonderheiten einzelner Fragen usw.),
- Erläuterung der Dokumentation der Antworten,
- Darstellung der Möglichkeiten, Kontakt mit den Befragten aufzunehmen,

---

[1] Bei freiwilligen Interviewern ergeben sich eine Reihe von Problemen. Zum einen kann nicht erwartet werden, daß sich solche Interviewer einem längeren Training unterziehen, zum anderen ist der "Verschleiß" freiwilliger Interviewer sehr hoch, d.h. sie erbringen in der Regel nur wenige Interviews und scheiden dann aus. Entsprechend hoch ist die Fluktuation innerhalb des Interviewerstabs. Andererseits besteht auch keine Handhabe gegen schlechte Interviewer. Ergebnis davon sind ungewöhnlich hohe Verweigerungsraten bei freiwilligen Interviewern (vgl. dazu FOWLER 1984:114).

[2] Ein nützlicher Selbststudiumsleitfaden für Interviewer ist McCROSSAN (1991).

- Einübung der "Vorstellungsformel" bei Kontakt mit Befragten,
- Verhaltensregeln für die Erhebungssituation (Neutralität usw.), insbesondere auch für nonverbales Verhalten,
- Verweis auf die Konsequenzen bei Täuschungsversuchen.

Die Interviewerschulung sollte neben der theoretischen Abhandlung des Fragebogens möglichst auch Übungsinterviews und Rollenspielphasen enthalten. Die Forderung, in der Übungsphase auch Probeinterviews in Ernstsituationen unter Anleitung durch einen Supervisor durchführen zu lassen, ist bei nicht-professionellen Interviewern kaum zu erfüllen.

Neben der Interviewerschulung ist die Durchführung eines Pretests Voraussetzung wesentlicher Bestandteil der Vorarbeit für eine Umfrage. Ein Pretest bezieht sich auf die Überprüfung der Brauchbarkeit und Gültigkeit des Instruments. Ergebnisse eines Pretests können somit zur Revision einzelner Fragen, ganzer Teile des Fragebogens oder des gesamten Fragebogens führen. Entsprechend sollten im Pretest "Ernstbedingungen" simuliert werden. Die vielfach geübte Praxis, im Pretest die Freunde der Interviewer zu befragen, entspricht dieser Anforderung nicht.
Im einzelnen soll durch den Pretest für einzelne Fragen geklärt werden, ob die Bedeutung von Fragen vom Befragten verstanden wird, bzw. ob Befragte offensichtlich unterschiedliche Bedeutungszuweisungen vornehmen, ob die Beantwortung Schwierigkeiten bereitet und welche Fragen Interesse, welche Aufmerksamkeit beim Befragten auslösen. Darüber hinaus soll ermittelt werden, ob Fragen auch tatsächlich "Varianz" (Unterschiedlichkeiten) in den Antworten produzieren oder ob von allen Befragten dieselbe Antwortkategorie genannt wird, da eine Frage, auf die alle Befragten die gleiche Antwort geben, informationslos ist.
In bezug auf den Fragebogen richtet sich das Interesse im Pretest auf den "Fluß" und die "Natürlichkeit" der einzelnen Fragengruppen, auf mögliche Ausstrahlungseffekte und Veränderungen in der Aufmerksamkeit des Befragten im Gesamtverlauf des Interviews. Darüberhinaus können technische Fragen (Übersichtlichkeit der Filterführung, Dauer des Interviews) geklärt werden.

Hilfreich kann in diesem Zusammenhang die Verwendung eines Interviewerfragebogens sein, der z.B. u.a. die folgenden Fragen enthalten kann:

- Welche Fragen bereiteten dem Befragten Schwierigkeiten?
- Mußten Sie Fragen wiederholen?
- Welche Fragen interpretierte der Befragte falsch?
- Welche Fragen waren für Sie am schwierigsten zu stellen?
- Gibt es Fragen im Fragebogen, die Sie nicht mögen?
- Gab es Fragen oder Fragenkomplexe, bei denen Sie das Gefühl hatten, der Befragte hätte gern mehr gesagt?

Letztlich muß betont werden, daß die Vorgabe, ein Pretest sollte 20-30 Probeinterviews umfassen (z.B. FRIEDRICHS 1973:221), lediglich eine sehr grobe Überprüfung des Instruments ermöglicht ("Face-Validity"). Ein Pretest sollte jedoch auch bereits erste Rückschlüsse auf (Häufigkeits-)Verteilungen von Variablen bzw. auf Zusammenhänge zwischen Variablen ermöglichen, um die **theoretische** Aussagekraft des Fragebogens einschätzen zu können. Unter dieser Anforderung sollte ein Pretest für eine allgemeine Bevölkerungsumfrage einen wesentlich größeren Umfang haben (ca. 150-200 Interviews). Bei einer solchen Pretestgröße wird es dann auch möglich, unterschiedliche Frageformulierungen und Fragenplazierungen einem Test zu unterziehen. Dieser experimentelle Ansatz sieht z.B. vor, Teilgruppen der Pretest-Stichprobe mit Fragebögen zu konfrontieren, die sich nur in wenigen Fragen (oder nur der Anordnung von Fragen) unterscheiden und die Erhebungsergebnisse auf Unterschiedlichkeiten in der Beantwortung zu analysieren ("Split-Ballot-Technik").

7.1.1.4. Methodische Probleme des Interviews

Erhebungstechniken, bei denen sich die "Untersuchungsobjekte" bewußt darüber sind, daß sie Gegenstand einer Untersuchung sind und die Möglichkeit haben, auf den Datenerhebungsvorgang selbst zu reagieren, werden als "reaktive" Meßverfahren bezeichnet. Die Tatsache, daß Personen in Erhebungssituationen z.B. auf die Art der Fragestellung oder auf den Interviewer reagieren, wird "Reaktivität" genannt.

Die Reaktion auf den Meßvorgang kann häufig nicht von den "inhaltlichen Reaktionen", z.B. der sinnvollen Antwort auf eine Frage, getrennt werden: Es entstehen "Artefakte". Da Meßergebnisse durch Reaktivität verändert werden können, die erhaltenen Daten somit nichts über das angestrebte Meßobjekt aussagen, sondern lediglich Artefakte darstellen können, gefährdet Reaktivität die externe Validität von Laboruntersuchungen, die Interpretationsmöglichkeit von Interviewdaten usw.[1] Da der allergrößte Teil der Daten der empirischen Sozialforschung mit Interviews erhoben wird, ist das Interview auch das Erhebungsverfahren, zu dem die meiste Methodenforschung betrieben wurde. Unter anderem auch aus diesem Grund[2] liegen bisher lediglich für das Interview systematische Erklärungsansätze für die **Funktionsweise** der Erhebungsmethode, eine sogenannte "Instrumententheorie" vor.

---

[1] Zu den verschiedenen Artefaktmöglichkeiten im Labor vgl. BUNGARD/LÜCK (1974), BUNGARD (1984); zum Interview ESSER (1975); insbesondere zur Einstellungsmessung vgl. SECHREST/BELEW (1983); kritisch zur sog. "Artefaktforschung" vgl. ESSER (1986a).

[2] Ein anderer Grund dürfte wissenschaftssoziologische Ursachen besitzen: Methodenforschung wird fast ausschließlich von quantitativ orientierten Soziologen betrieben.

7.1.1.4.1. Formen der Antwortverzerrung im Interview (Response Errors)

Die Probleme, die sich beim Interview ergeben, werden in der angelsächsischen Literatur meist als "Response Errors", in der deutschsprachigen Literatur zumeist als "Antwortverzerrung" bezeichnet. Zu den Response Errors werden u.a. gezählt[1]:

- die explizite Verweigerung einer Antwort ("Item-Non-response"[2])
- die Abgabe einer "Weiß-nicht"-Antwort ("Meinungslosigkeit")
- die Abgabe einer inhaltlichen Antwort, obwohl keine Meinung zum erfragten Gegenstand ausgebildet worden ist ("Non-Attitudes")
- die Abgabe sozial erwünschter Antworten ("Social-Desirability-Response-Set")
- Reaktionen auf Merkmale des Interviewers ("Interviewereffekte")
- Reaktionen auf formale Aspekte von Fragen ("Frageeffekte")
- Reaktionen auf die Abfolge von Fragen ("Positionseffekte")
- Reaktionen auf die Anwesenheit Dritter beim Interview ("Anwesenheitseffekte")
- Reaktionen auf den Auftraggeber der Studie ("Sponsorship-Effekte")
- Zustimmung zu Fragen unabhängig vom Inhalt der Fragen ("Zustimmungstendenz", "Akquieszenz")

Mit Ausnahme von Frage- und Positionseffekten[3] sowie "Meinungslosigkeit" lassen sich die genannten Effekte jeweils als Spezialfall einer der beiden wichtig-

---

[1] Übersichten finden sich z.B. bei SUDMAN/BRADBURN (1974), BRADBURN/SUDMAN (1979) und DIJKSTRA/ZOUWEN (1982).

[2] Häufig wird sowohl die explizite Verweigerung einer Antwort als auch die Abgabe einer "Weiß-Nicht"-Antwort als Item-Nonresponse bezeichnet. Es empfiehlt sich aber die deutliche Trennung (vgl. Kap.7.1.1.1.3).

[3] Zur Erklärung solcher Effekte werden in der neueren Literatur zunehmend Theorien kognitiver Informationsverarbeitung herangezogen (einführend: TANUR 1991). Unter bestimmten Bedingungen (z.B. unzureichende kognitive Verankerung eines erfragten Sachverhaltes, wie etwa Fernsehkonsum eines Freundes) können die Befragten dem Erhebungsinstrument selbst Informationen entnehmen (z.B. über die Antwortvorgaben), die dann die Beantwortung beeinflussen.

sten Formen der Antwortverzerrung, der "Zustimmungstendenz" einerseits und der "Sozialen Erwünschtheit" andererseits, auffassen[1].

7.1.1.4.2. Zustimmungstendenz (Akquieszenz)

Als "Zustimmungstendenz" wird die Zustimmung zu einer Frage ohne Bezug zum Frageinhalt bezeichnet. Diese Zustimmungstendenz zeigt sich z.B. bei Personen, die zwei semantisch "gedrehte" Fragen, wie z.B. "Der Besitz von Marihuana sollte verboten werden" vs. "Der Besitz von Marihuana sollte erlaubt werden", beide Male zustimmen.

In der Literatur finden sich zwei Erklärungsansätze für Zustimmungstendenzen. Die Zustimmungstendenz wird einerseits als Persönlichkeitsmerkmal von Befragten mit geringer Ich-Stärke angesehen (BASS 1956; COUCH/KENISTON 1960). Sie wird hierbei als Strategie zur Minimierung unüberschaubarer Konsequenzen betrachtet. Andererseits wird die Akquieszenz als von unterprivilegierten Personen im Alltag erlernte Behauptungsstrategie erklärt (HARE 1960; LENSKI/LEGGETT 1960). Zusammenfassend läßt sich festhalten, daß Zustimmungstendenzen vor allem in unklar definierten Situationen bei Personen auftreten, die solche Situationen als lediglich durch Deferenz und Anpassung bewältigbar erlernt haben.

Beispielsweise kann ein Zusammenhang zwischen "autoritärer Einstellung" und "Schichtzugehörigkeit" derart, daß Unterschichtsangehörige autoritärer seien, ein reines Artefakt darstellen: Der Zusammenhang zwischen diesen beiden Variablen könnte ausschließlich über verstärkte Zustimmungstendenzen in der Unterschicht bedingt sein (vgl. KIRSCHT/DILLEHAY 1967:13-41).

[1] Die folgenden Abschnitte basieren auf den Arbeiten von ESSER (1977, 1986a).

7.1.1.4.3. Soziale Erwünschtheit

Zur Erklärung der Abgabe **sozial erwünschter** Antworten (des sog. "Social-Desirability-Response-Set"), also z.B. der Untertreibung des Alkoholkonsums, finden sich ebenfalls zwei Erklärungsansätze: einerseits soziale Erwünschtheit als Persönlichkeitmerkmal, das sich im Bedürfnis nach sozialer Anerkennung zeigt, andererseits als situationsspezifische Reaktion auf die Datenerhebung, wobei aufgrund bestimmter Konsequenzbefürchtungen die tatsächlichen Sachverhalte verschwiegen oder beschönigt werden.

Um die Abgabe sozial erwünscher Antworten entdecken zu können, wurden verschiedene Skalen zur Messung sozialer Erwünschtheit (EDWARDS 1957b; CROWNE/MARLOWE 1964; SCHUESSLER u.a. 1978) entwickelt. Alle diese Versuche basieren auf der Auffassung der sozialen Erwünschtheit als Persönlichkeitsmerkmal. Nach dieser Auffassung passen vor allem Personen mit geringem Selbstbewußtsein ihre Antworten den vermuteten Erwartungen ihrer Interaktionspartner an.

Diese Anpassung der Antworten hängt außer von den erfragten Merkmalen ("Trait Desirability") von den vom Befragten vermuteten Erwartungen ab[1]. Es kann zwischen "kultureller sozialer Erwünschtheit" und "situationaler sozialer Erwünschtheit" danach unterschieden werden, ob die vermuteten Erwartungen aus internalisierten Rollenerwartungen (z.B. der Geschlechtsrolle) oder aus konkreten Stimuli der Untersuchungssituation (z.B. den Interviewermerkmalen) hergeleitet werden.
Die Annahme, daß bestimmte Erwartungen der Befragten über die in der Befragungssituation als erwünscht geltenden Eigenschaften durch bestimmte Stimuli der Situation erst definiert werden (situationale soziale Erwünschtheit) erlaubt auch die Interpretation der (nur gelegentlich nachweisbaren) Antwortverzerrungen durch

---

[1] Eine Übersicht findet sich bei DEMAIO (1984).

den wahrgenommenen Auftraggeber der Studie (Sponsorship-Effekt) und durch die Anwesenheit Dritter beim Interview (z.B. REUBAND 1984) als Spezialfall sozialer Erwünschtheit.

Zum Problem sozialer Erwünschtheit gehören auch die sogenannten "unangenehmen Fragen": Bei tabuisierten Themen versucht ein Teil der Befragten z.B. durch "Meinungslosigkeit" oder Verweigerung die Antwort zu umgehen oder sozial unerwünschte Eigenschaften abzustreiten. Da diese Reaktion durch die befürchteten Konsequenzen der Antwort ausgelöst wird, hängt das Ausmaß der Meinungslosigkeit bzw. des Item-Nonresponse und der Antwortverfälschung vor allem von der (vermuteten) Überprüfbarkeit der Angaben und von der vermuteten Vertraulichkeit der Angaben ab[1].

7.1.1.4.4. Ansätze zu einer Theorie der Befragung

Die im Idealfall bei Befragungen vorliegende dyadische Interaktion zwischen Interviewer und Befragten schafft eine Reihe von Problemen bei der Datenerhebung, die als **Antwortverzerrung** bezeichnet wurden. Zur Erklärung der Entstehung solcher Antwortverzerrungen gibt es bisher **keine** einheitliche "Theorie der Befragung". Aus den bisher vorliegenden Arbeiten lassen sich aber einige wesentliche Gemeinsamkeiten herausarbeiten.

Alle speziellen Modelle[2] des Befragtenverhaltens im Interview erklären im Grunde das Verhalten des Befragten als Ergebnis einer nach Nutzen-Kosten-Erwägungen erfolgten Entscheidung zwischen Handlungsalternativen (vgl. z.B. DILLMAN 1978:12-16). ESSER (1986a:321) faßt das Grundprinzip einer solchen allgemeinen Erklärung menschlichen Handelns folgendermaßen zusammen: "Personen wählen

---

[1] Vgl. BRADBURN/SUDMAN/BLAIR/STOCKING (1978).

[2] Hingewiesen werden soll hier vor allem auf KAHN/CANNELL (1968), PHILIPPS (1971, 1973), HOLM (1974), ATTESLANDER/KNEUBÜHLER (1975), ESSER (1975), DILLMAN (1978), HOAG/ALLERBECK (1981), STEINERT (1984) und ESSER (1986a).

die ihnen vorstellbare Handlungsalternative, die am ehesten angesichts der vorfindbaren Situationsumstände bestimmte Ziele zu realisieren verspricht".
Dieses allgemeine Handlungsprinzip bedarf, um erklärungskräftig zu sein, der Spezifikation der Ziele, der wahrgenommenen Situationsumstände, der in Erwägung gezogenen Handlungsalternativen usw. Eine solche Spezifikation kann sich immer nur auf spezielle Befragtengruppen und spezielle Situationen beziehen (ESSER 1986a:325-332).
Allerdings läßt sich aus einer solchen Theorie ein einfacher Schluß ziehen: Sollte das Interviewgeschehen (wie jedes andere soziale Handeln auch) durch eine solche Theorie erklärbar sein, dann greifen alle Erklärungsansätze, die von den Intentionen der Akteure absehen, wie z.B. die Erklärung durch Variablen wie "Geschlecht", "Alter", "Bildung" usw. zu kurz.

Weiterhin erlaubt die Auffassung des Interviewverhaltens als Folge eines Kosten-Nutzen-Kalküls die Erklärung, warum bestimmte Phänomene, wie z.B. die Zustimmungstendenz, nur unter bestimmten Bedingungen beobachtbar sind (vgl. ESSER 1986a:321-325). Sollte die Zustimmungstendenz als Strategie zur Bewältigung unklar definierter Situationen eingesetzt werden, so setzt das Zustandekommen der Zustimmungstendenz neben der subjektiven Identifikation einer Situation als "unstrukturiert" sowohl die Abwesenheit anderer subjektiv wichtiger Ziele (dies kann z.B. eine Norm sein, die die "korrekte" Beantwortung einer Frage fordert) wie auch die Beurteilung der Zustimmungstendenz als geeignete Strategie voraus. Die so herleitbaren Hypothesen über die komplizierten Bedingungen, unter denen systematische situationale Effekte und Einflüsse des Erhebungsinstruments erwartbar werden, lassen sich teilweise empirisch belegen. So zeigt ANDREWS (1984: 424) aufgrund empirischer Daten, daß zwischen 50% und 83% der Varianz eines "typischen" Items durch eine valide Messung erklärt werden könne, nur 0% bis 7% der Varianz sei durch Methodeneffekte erklärbar. Allgemein kann davon ausgegangen werden, daß bei stabilen Einstellungen und Meinungen kaum Methodeneffekte auftreten (SMITH 1984:226).

7.1.1.4.5. Strategien

Die traditionelle **Kunstlehre** der empirischen Sozialforschung versucht, einen Teil der Reaktivitätseffekte durch **technische Tricks**, wie besonderen Frageformulierungen, speziellen Interviewerschulungen, Fragebogenaufbau usw. auszuschalten. Solche Maßnahmen können aber immer nur teilweise erfolgreich[1] sein: Da die Effekte durch den sozialen Charakter der Erhebungssituation bedingt sind, läßt sich der Einfluß der Situation weder völlig ausschalten noch vollständig durch weitere Messungen und der Entwicklung von Meßfehlermodellen[2] kontrollieren. Eine theoretische Analyse der Vielzahl der möglichen Verzerrungseffekte (ESSER 1986a) zeigt aber, daß bedeutsame Verzerrungseffekte nur unter speziellen Bedingungen erwartbar sind. Eine explizit theoriegeleitete Untersuchung kann solche Effekte nicht nur bei der Datenanalyse, sondern auch bei der Konstruktion des Instruments und dem Design der Untersuchung berücksichtigen.

Die erwähnten Probleme des Interviews sollten deutlich gemacht haben, daß weder das naive Akzeptieren des Interviews als relativ "valides" und "robustes" Erhebungsinstrument noch die Verwerfung zugunsten narrativer Interviews oder anderer Verfahren[3] der qualitativen Sozialforschung angemessen ist. Nur eine äußerst sorgfältige theoretische Vorbereitung und empirische Absicherung durch Voruntersuchungen des Interviews kann Ergebnisse erbringen, die das Potential dieser Erhebungstechnik voll nutzen. So kann dann auch die Gültigkeit der erhobenen Daten theoretisch und empirisch abgeschätzt werden.

---

[1] Unter bestimmten Umständen kann ein technisch perfektioniertes Instrument sogar stärkere "Verzerrungen" bedingen (vgl. ESSER 1986a:330f.).
[2] Vgl. z.B. REINECKE (1985).
[3] Für diese Verfahren sind Gütekriterien kaum formulierbar (vgl. Kap. 7.1.4), eine Fehlermethodologie existiert noch nicht einmal in Ansätzen. Die so gewonnenen Daten werden vielfach ohne jegliche Methodenkritik als "gültig" akzeptiert, ohne daß irgendein Nachweis der Gültigkeit erfolgt (vgl. z.B. HEINZE 1986, BERGER 1985).

7.1.2. Schriftliche Befragung

Von schriftlichen Befragungen spricht man unter zwei Bedingungen. Zum einen werden Befragungen, in denen eine Gruppe von gleichzeitig anwesenden Befragten Fragebögen in Anwesenheit eines Interviewers ausfüllt, "schriftliche Befragungen" genannt. Im allgemeinen bezieht sich die Verwendung des Begriffs "schriftliche Befragung" jedoch auf die Durchführung einer Befragung, bei der Fragebögen an Befragte **postalisch** versandt werden mit der Bitte, diese Fragebögen auszufüllen und an die Forschungsgruppe zurückzusenden. Bei solchen schriftlichen oder "postalischen Befragungen" ("Mail Survey") ist in der Befragungssituation entsprechend kein Interviewer anwesend.

Die Gründe, aus denen auf den Verfahrensweg einer postalischen Befragung zurückgegriffen wird[1], liegen vorwiegend im technischen und ökonomischen Bereich. Zum einen werden Untersuchungen, die mit persönlichen Interviews bei größeren Stichproben (mit mehr als 200 Befragten) arbeiten, durch die anfallenden Interviewerkosten immer kostspieliger. Zum anderen ist der Verwaltungsaufwand bei persönlichen Interviews durch Interviewerbetreuung und -kontrolle, die gegebenenfalls auch dezentral in verschiedenen Befragungsregionen durchgeführt werden muß, erheblich. Entsprechend verringert sich sowohl der notwendige Mitarbeiterstab als auch Aufwand und Kosten für Koordination bei postalischen Befragungen. Darüber hinaus werden jedoch auch methodische und inhaltliche Vorteile der postalischen Befragung genannt:

- Interviewerfehler würden vermieden,
- die Antworten seien entsprechend "ehrlicher" als bei Anwesenheit eines Interviewers,

[1] Vgl. zur ausführlichen Darstellung der Vor- und Nachteile postalischer Befragungen z.B. ANGER (1969:589), DILLMAN (1978: 39), KARMASIN (1977:219), MACCOBY/MACCOBY (1965:82), SCHEUCH (1973:124), WIEKEN (1974:146).

- die Antworten seien "überlegter", da mehr Zeit zum Ausfüllen des Fragebogens gegeben ist,
- entsprechend könne auch die Konzentration auf das Thema größer sein bzw. eine höhere Motivation zur Teilnahme bestehen, da der Beantwortungszeitpunkt selbst bestimmbar ist und der "Druck" durch einen Interviewer entfällt,
- die Zusicherung von Anonymität sei glaubwürdiger.

Demgegenüber sind jedoch eine Reihe von Nachteilen dieser Administrationsform formuliert worden. Zum einen sind höhere Ausfallquoten bei postalischen Befragungen als beim persönlichen Interview üblich. Solche Ausfälle können systematisch erfolgen, da z.B. Personen mit höherem Bildungsniveau, die Erfahrung im Umgang mit schriftlich fixierten Medien haben oder Personen, die stark am Thema interessiert sind, eher den Fragebogen zurücksenden. Da bei postalischen Befragungen kein Interviewer anwesend ist, der eine mögliche Teilnahme auch bei zunächst sich ablehnend verhaltenden Personen herbeiführen könnte oder intellektuelle und emotionale Verständigungsschwierigkeiten ausräumt, sind Stichprobenverzerrungen erheblichen Ausmaßes durch diese "Selbstrekrutierung" zu erwarten (vgl. Kap. 6.7). Zum anderen kann bei postalischen Befragungen die Datenerhebungssituation nicht kontrolliert werden. Dieser Mangel bezieht sich sowohl darauf, daß ein "Erhebungsstichtag" nicht ermittelt werden kann und mögliche externe Einflüsse für das Antwortverhalten kaum kontrolliert werden können, aber auch darauf, daß kein Einblick in die "Ernsthaftigkeit" beim Ausfüllen des Fragebogens möglich ist (wie, wo, wann und von wem wird der Fragebogen ausgefüllt?). Als weiterer Nachteil kann angesehen werden, daß über eine postalische Befragung keine spontanen Antworten erfaßt werden können. Da der Befragte sich z.B. vor dem Ausfüllen des Fragebogens einen Überblick über den kompletten Fragebogen verschaffen kann, werden eine Reihe von "Konstruktionstricks" zum Abfangen von verzerrten Antworten (z.B. aufgrund des Halo-Effekts oder dem Bestreben nach konsistent erscheinenden Antworten[1]) - wie aus der Fragebogenkonstruktion für persönliche Interviews bekannt - relativ nutzlos.

---

[1] Vgl. z.B. SCHEUCH (1973:167) oder HAFERMALZ (1976:229).

DILLMAN (1978) hat versucht, die Vorteile der postalischen Befragungsform[1] zu nutzen und ihre Nachteile durch eine Reihe von vorwiegend technischen Lösungsvorschlägen auszugleichen. Die von DILLMAN konzipierte "Total-Design-Method" (TDM) geht dabei von einer Analyse der zu erwartenden Schwierigkeiten aus, die sich sowohl aus der Konstruktion des Fragebogens wie auch aus der Erhebungssituation ohne Interviewer ergeben können. Die Teilnahme an einer postalischen Befragung wird dabei im wesentlichen als Nutzen-Kosten-Kalkül des potentiellen Befragten betrachtet. Die Total-Design-Method basiert nun darauf, daß versucht wird, dem Befragten einen Eindruck des möglichen Nutzens einer Kooperation zu vermitteln und gleichzeitig seine "Kosten" (Zeitaufwand, Auseinandersetzung mit "schwierigen" Fragen usw.) möglichst gering zu halten. Im folgenden wird vorwiegend anhand dieser Ausführungen Einblick in die wesentlichen Besonderheiten der postalischen Befragung gegeben.

7.1.2.1. Konstruktion eines Fragebogen für eine postalische Befragung

Die Konstruktion eines Fragebogens für eine postalische Befragung erfordert mehr Sorgfalt als bei jedem anderen Fragebogen, da der Befragte - ohne die Hilfe eines Interviewers - mit diesem Fragebogen allein gelassen wird. Die Abwesenheit eines Interviewers, der "traditionellen Krücke schlecht konstruierter Fragebögen" (DILLMAN 1978:119) jedoch bedeutet, daß der Befragte lediglich aus dem Fragebogen und einem möglichen Begleitschreiben Antwort auf eine Reihe von Fragen finden muß: Ist das ein Verkaufstrick oder ein Werbegag? Was hat dies alles mit mir und meinen Problemen zu tun? Wie lang wird das dauern? Ist es das wert? Sind die Fragen schwer?

---

[1] DILLMAN (1978) entwickelte seine "Total-Design-Method" vorwiegend für postalische Befragungen und Telefoninterviews, obgleich ein Großteil der Ausführungen auch für das persönliche Interview gelten können.

Für die Ausgestaltung des Fragebogens ergeben sich auf dieser Grundlage einige Besonderheiten gegenüber einem Fragebogen für persönliche Interviews.
Wesentliche Bedeutung kommt dabei der Fragenanordnung zu. DILLMAN (1978: 122f.) schlägt vor, insbesondere den Aspekten der Motivation des Befragten Rechnung zu tragen. So sollte gerade die erste Frage mit besonderer Sorgfalt erarbeitet werden.
Die erste Frage einer schriftlichen Befragung muß somit eng am Thema der Gesamtuntersuchung orientiert sein, um die Erwartungshaltung des Befragten nicht zu enttäuschen. Sie sollte eine einsehbare allgemeine Relevanz haben und für jeden Befragten interessant sein. Darüber hinaus sollte sie so einfach formuliert werden, daß der Befragte nur wenige Sekunden für die Beantwortung benötigt. Entsprechend bieten sich als Einstiegsfragen weder offene Fragen noch allzu lange geschlossene Fragen an. Die erste Frage sollte letztlich neutral formuliert sein und keine Zustimmung oder Ablehnung eines Sachverhalts erfordern.
Um all diesen Anforderungen gerecht zu werden und weil möglicherweise keine Frage des Fragebogens diesen Kriterien genügt, wird es mitunter notwendig, eine spezielle Einstiegsfrage zu konstruieren, die lediglich zur "Einstimmung" des Befragten beitragen soll ("Wegwerf-Frage").
Insgesamt sollten die Fragen in einem Fragebogen zur postalischen Befragung zusätzlich zu den bekannten Anordnungskriterien nach Überlegungen angeordnet werden, die sich auf die vermutliche Relevanz der Fragen für den Befragten beziehen. Was der Befragte für relevant hält, sollte dabei zuerst abgefragt werden.

7.1.2.2. Design, Format und Layout

Format und Layout eines Fragebogens für eine schriftliche Befragung spielen eine wesentlichere Rolle als bei persönlichen Interviews, die von einem Interviewer geführt werden. Ist bei Fragebögen für persönliche Interviews im wesentlichen "nur" die Übersichtlichkeit des Bogens für den Interviewer Gestaltungskriterium, so muß bei postalischen Befragungen die Wirkung des Fragebogens auf die Koope-

rationsbereitschaft des Befragten mitbedacht werden. Der erste Eindruck des übersandten Fragebogens sollte entsprechend Seriosität, Wichtigkeit und leichte Handhabbarkeit vermitteln, sowie ästhetischen Maßstäben genügen[1].
In diesem Zusammenhang kommt dem Deckblatt des Fragebogens Beachtung zu. Das Deckblatt muß den Titel der Studie enthalten, der so gewählt werden sollte, daß ein Eindruck des Inhalts der Untersuchung vermittelt und Interesse am Fragebogen geweckt wird. Zur möglichen Einordnung der gesamten Untersuchung sollte der Name und die Adresse des Auftraggebers der Studie auf dem Titelblatt vermerkt werden.

Bei der Gestaltung des Fragebogens sollten im einzelnen folgende Hinweise beachtet werden:

- Obwohl ein postalischer Fragebogen im wesentlichen aus sich selbst heraus verständlich sein sollte, sind zu Beginn einige kurze Hinweise auf die erforderliche Art der Antwortkennzeichnung zu geben (ankreuzen, vorgegebene Zahlen einkringeln usw.). Dabei ist zu beachten, daß die einmal gewählte Technik im gesamten Fragebogen durchgehalten wird.

- Antwortkategorien müssen dann in entsprechender (gleichbleibender) Weise identifizierbar sein.

- Fragen sollten in Kleinbuchstaben, Antworten in Großbuchstaben gesetzt werden, um das Augenmerk auf die Antwortvorgaben zu richten.

- Notwendige Filterführungen müssen deutlich gemacht werden.

- Die vollständige Frage mit allen Antwortvorgaben sollte möglichst auf einer Druckseite Platz finden, da sonst gegebenenfalls Antwortmöglichkeiten vom Befragten übersehen werden.

Die letzte Seite eines postalisch versandten Fragebogens sollte neben einer Dankesformel die Einladung zu einer Kommentierung der Untersuchung, sowie den entsprechenden freien Raum für Bemerkungen enthalten.

---

[1] DILLMAN (1978:121) gibt sehr ausführliche Hinweise über Formate, Papierqualität, Schrifttypen u.ä.

7.1.2.3. Durchführung einer schriftlichen Befragung

Zum postalischen Versand von Fragebögen gehört im Normalfall die gleichzeitige Versendung eines Begleitschreibens, in dem der Zweck der Untersuchung dargestellt wird. Das Begleitschreiben muß im wesentlichen drei Bestandteile aufweisen: erstens den Verweis auf die Nützlichkeit und die Relevanz der Untersuchung, zweitens die Versicherung der Wichtigkeit des Befragten für den Erfolg der Studie und drittens die Zusage, daß der ausgefüllte Fragebogen in jedem Fall vertraulich behandelt wird. Als nützlich hat sich in diesem Zusammenhang auch erwiesen, dem Befragten mit einfachen Worten zu erklären, auf welche Weise er für eine Befragung ausgewählt wurde.

Nach Versendung der Fragebögen wird im allgemeinen nach Verlauf einer Woche ein erstes Schreiben (Postkarte) an alle Befragten versandt, das einen Dank enthält für den Fall, daß der Fragebogen bereits zurückgeschickt wurde bzw. noch einmal an die Untersuchung erinnert.
Nach Ablauf von 3 Wochen sollte ein weiteres Erinnerungsschreiben an die Befragten verschickt werden, die noch nicht geantwortet haben und ein Ersatzfragebogen beigefügt werden.
DILLMAN (1978:168) schlägt darüber hinaus vor, nach 7 Wochen an alle "Noch-Immer-Verweigerer" einen weiteren Fragebogen per Einschreiben zu versenden. Dies macht den Kostenaufwand deutlich, mit dem auch eine postalische Befragung belastet sein kann.

Gleichzeitig wird durch die Technik der Erinnerungsschreiben und die damit einhergehende Benennung bisheriger Verweigerer auf das Problem der Identifizierung zurückgesandter Fragebögen verwiesen. Im Regelfall ist jeder Fragebogen mit einer Identifikationsnummer versehen, die ihre Entsprechung in der vorliegenden Adressenliste findet. Das Problem solcher Identifikationsnummern ist offensichtlich: Es fällt schwer, den Befragten davon zu überzeugen, daß die Identifizierung nur der Kontrolle des Rücklaufs, nicht aber zu einer Verletzung der Anonymitätszusicherung dient. Letztlich besteht allerdings zu dieser Vorgehensweise kaum eine Alternative, will man nicht Erinnerungsschreiben und Ersatzfragebögen an alle Personen der Stichprobe verschicken. Die mitunter versuchte Lösung des Problems durch die Bitte um Rücksendung einer vom Fragebogen getrennten Antwortpostkarte, auf der vermerkt ist, daß der Fragebogen zurückgesandt wurde, scheint wenig Erfolg zu bieten. Viele Befragte schicken zwar die Postkarte, nicht jedoch den Fragebogen zurück.

7.1.3. Telefoninterview

Galt bis zu Beginn der 70er Jahre die Technik, Interviews über das Telefon abzuwickeln, als "quick-and-dirty"-Methode[1], so zeichnet sich zunehmend die Tendenz ab, Telefoninterviews in verstärktem Maße anzuwenden und auch als geeignetes Datenerhebungsinstrument für allgemeine Bevölkerungsumfragen zu akzeptieren. Insbesondere in den USA hat der Anteil von Telefoninterviews in der Markt- und Meinungsforschung in den letzten Jahren zugenommen. CANNELL (1985:63) schätzt, daß zwischen 50 und 75% aller Marktforschungsinterviews mittlerweile per Telefon durchgeführt werden; ANDERS (1982:77) setzt für die USA sogar 90% Telefoninterviews an. Als Gründe für die Durchsetzung telefonischer Umfragen in den Vereinigten Staaten nennt FREY (1989:26):

- Die Komplexität der gesellschaftlichen Bezüge verlangt nach schnellerer Bereitstellung von Daten. "A Washington D.C. pollster employed by former President Nixon could complete a national survey in one night in response to an event that occured earlier in the day" (FREY 1989:29).

---

[1] Da diese Einschätzung offensichtlich auch noch in neueren Lehrbüchern zu den Methoden empirischer Sozialforschung vorherrscht bzw. die eigenständige Nutzbarkeit der Methode nicht gesehen wird (z.B. ATTESLANDER 1984:124), soll diese Datenerhebungstechnik an dieser Stelle sehr ausführlich in bezug auf Vor- und Nachteile und den Ablauf des Verfahrens dargestellt werden.

- Die gesunkene Akzeptanz von traditionellen Methoden und damit einhergehend die sinkenden Teilnahmequoten bei mündlichen Interviews,
- steigende Kosten bei mündlichen Interviews,
- eine verbesserte Telefontechnologie,
- die Tatsache, daß fast die gesamte Bevölkerung per Telefon erreichbar ist.

Obgleich die Forschung über die sog. "Telephone-Survey-Technique" seit Mitte der fünfziger Jahre in den Vereinigten Staaten Untersuchungen zu Interviewtechnik, Frageformulierung, Auswahlverfahren und Vergleichsuntersuchungen zwischen Telefoninterviews und mündlichen Interviews durchführt (vgl. GROVES/KAHN 1979), tritt die wissenschaftliche Umfrageforschung in der Bundesrepublik mit erheblicher Zeitverzögerung in diese methodische Diskussion ein (BRÜCKNER 1985:66).

7.1.3.1. Auswahl- und Stichprobenprobleme

Verfügten zu Zeiten des Literary Digest Polls (vgl. Kap.1) nur 36% der amerikanischen Haushalte - und insbesondere solche der höheren Einkommensschichten - über Telefonanschluß, so stellte das US-Bureau of the Census 1981 eine Telefondeckung von 98% fest. Nur 5 Staaten hatten weniger als 90% Telefonanschlüsse. In der Bundesrepublik Deutschland waren 1983 erst 88.1% der privaten Haushalte mit Telefon ausgestattet[1]. Bei leichten regionalen Schwankungen dürfte der Durchschnittswert in der Bundesrepublik inzwischen deutlich über 90% liegen. TREWIN/LEE (1988:15) geben für die BRD im Jahr 1985 eine Telefondeckung von 94% an. Diese Zahlen müssen jedoch immer unter dem Gesichtspunkt betrachtet werden, daß es sich bei den Haushalten ohne Telefonanschluß um spezifische "Rest"-gruppen handelt, die tendenziell eher Landbevölkerung und/ oder solche mit niedrigem ökonomischen Status und eher jüngste bzw. älteste Kohorten repräsen-

---

[1] Vgl. dazu: Statistisches Bundesamt, Datenreport 1987, S.115. Internationale Vergleiche finden sich bei TREWIN/LEE (1988).

tieren (vgl. ANDERS 1982:21f.). CANNELL betont als Hauptunterscheidungskriterium für Telefonbesitzer und -nichtbesitzer die Höhe des Einkommens und führt aus, daß eine solche systematische Verzerrung aufgrund dieses Merkmals eine Nutzung von Telefoninterviews bei Untersuchungen zu bestimmten sozialwissenschaftlichen Themen (z.B. zum Konsum- oder Sparverhalten) problematisch mache. Andererseits seien jedoch dramatische Effekte bei einer Telefondeckung von 90-95% bei einer Stichprobenziehung nicht zu erwarten (CANNELL 1985: 64)[1].

Die Stichprobenziehung erfolgt für Telefonsurveys in der Regel über zwei alternative Methoden:

- Generierung von Telefonnummern aus zufälligen Zahlenkombinationen (Random-Digit-Dialing, RDD)
- Benutzung des Telefonbuchs zur Auswahl der Stichprobe unter Verwendung eines einfachen Zufallsschlüssels.

Das insbesondere in den USA angewandte RDD (vgl. auch Kap. 6.4.4.2) läßt sich aufgrund der unterschiedlichen Struktur von Telefonnummern in der Bundesrepublik nur schwerlich übertragen. Allerdings entfällt in der Bundesrepublik auch einer der Hauptgründe für den Einsatz des Random-Digit-Dialing. Da die Deutsche Bundespost nur in Ausnahmefällen der Nicht-Aufnahme einer Telefonnummer ins Telefonbuch zustimmt, kann auch die große Zahl von Geheimnummern, die für die USA berichtet wird (RICH 1977) hier nicht erreicht werden. So gibt ZEH (1987:339) für die BRD 1% nicht gelistete Telefonnummern im Vergleich zu 10-30% in den USA an.

Für die Bundesrepublik erscheint der Rückgriff auf das jährlich neu verfügbare

---

[1] Daten zur ungleichen Telefondeckung in Subpopulationen der USA geben THORNBERRY/MASSEY (1988), für andere Länder vgl. TREWIN/LEE (1988:14-23).

Telefonbuch zur Stichprobengewinnung gerechtfertigt[1]. BRÜCKNER (1985:530) weist mit der plausiblen Behauptung, "daß normalerweise die Anmeldung eines Telefons vor der polizeilichen Anmeldung vorgenommen wird", daraufhin, daß das Telefonbuch dem statistischen Ideal einer Liste, die alle Mitglieder der Grundgesamtheit enthält, näherkommt als z.B. die Einwohnermeldekartei.
Die konkrete Anweisung für eine Stichprobenziehung aus dem Telefonbuch, bei der dem Interviewer das Ortsnetz und ein Startbuchstabe im Telefonbuch vorgegeben werden, skizziert ANDERS (1982:7) so: "Suchen Sie im örtlichen Telefonbuch für die Gemeinde X-dorf, den ersten Eintrag unter der Buchstabenkombination 'Ech'. Davon ausgehend wählen Sie jede dritte Telefonnummer aus. Berücksichtigen Sie nur private Telefonanschlüsse".

Für die Auswahl der Zielperson der Befragung (allgemein: "Screening") können dann die üblichen Verfahrensweisen des KISH-Selection-Grid oder Modifikationen dieser Technik angewendet werden (vgl. Kap. 6.4.4). Die zumeist verwendete Modifikation des KISH-Selection-Grid für Telefoninterviews[2] erfordert nach der Einleitung des Telefoninterviews die Fragen "Wieviele Personen über 18 Jahre (Sie selbst eingeschlossen) umfaßt Ihr Haushalt?" und "Wieviele dieser Personen sind Männer?". Nach Beantwortung dieser Fragen ermittelt der Interviewer anhand des Auswahlschemas die Zielperson. Ein anderes häufig verwendetes Auswahlschema ist die "Last-Birthday-" bzw. "Next-Birthday"-Methode" (vgl. FREY 1989:110-115). Hierbei wird nach einer kurzen Erklärung die Kontaktperson gefragt, wer von den Erwachsenen im Haushalt als letzter Geburtstag hatte bzw. als nächste Geburtstag haben wird. Die genannte Person ist dann die eigentliche Zielperson des Interviews und wird befragt.

---

[1] Einzelheiten zur Ziehung von Zufallsstichproben für Telefonsurveys in der BRD finden sich bei ZEH (1987).
[2] Diese Technik geht auf TROLDAHL/CARTER (1964) zurück. Da sich hierbei eine überproportionale Auswahl von Frauen ergibt, wurde diese Technik von BRYANT (1975) nochmals modifiziert, vgl. FREY (1989:110).

Ein Vergleich zweier BRD-Stichproben mit unterschiedlichem Auswahlverfahren für die Telefonnummern (Ziehung aus dem Telefonbuch und Zufallszahlengenerierung von Telefonnummern) führte bezüglich ihrer soziodemographischen Zusammensetzung zu keinerlei signifikanten Unterschieden (vgl. HORMUTH/BRÜCKNER 1985). Im Gegensatz zur Ziehung aus dem Telefonbuch verdoppelte sich jedoch der Bedarf an Telefonnummern bei Zufallszahlengenerierung (z.B. wegen der Anwahl von Firmenanschlüssen oder nicht angeschlossener Nummern).

7.1.3.2. Ausfälle und Ausschöpfungsquote

Neben den bei einer Telefonerhebung spezifischen stichprobenneutralen Ausfällen (vgl. Kap. 6.7) wie z.B. die Anwahl nicht angeschlossener Nummern oder die Anwahl von Firmenanschlüssen, muß bei Telefonumfragen mit den gleichen systematischen Ausfällen gerechnet werden wie bei mündlichen Befragungen.

Abbildung 7-13: Anteil der bearbeiteten Telefonnummern pro Kontaktversuch

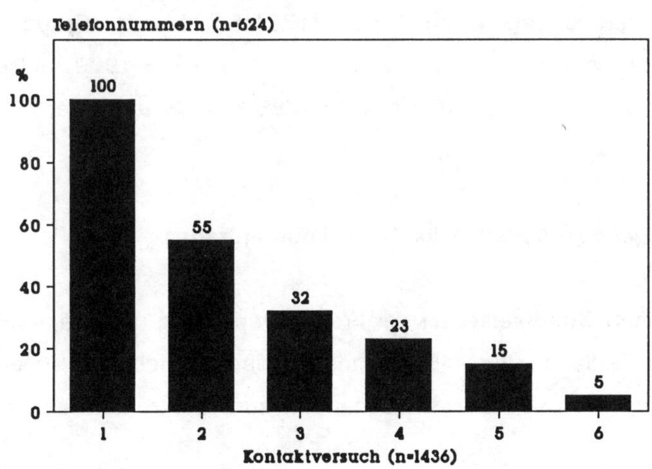

(nach: HORMUTH/BRÜCKNER 1985:535)

Die Ausschöpfungsquote wird auch hier durch Schwer-Erreichbare (bei Telefonbefragungen: ständiges Freizeichen auch bei mehrmaligen Rückrufen) und durch Verweigerer gesenkt.
Gesicherte Daten über die Höhe der Ausschöpfungsquoten bei telefonischen Befragungen liegen für die Bundesrepublik noch nicht vor. HORMUTH/BRÜCKNER (1985) verweisen allerdings auf den Zusammenhang zwischen Ausschöpfungsquote und der Erhöhung der Kontaktfrequenz (mehrmaliges Anrufen; Versendung eines Ankündigungsschreiben). Während nach dem ersten Kontaktversuch bereits 45% der Nummern bearbeitet wurden (d.h. entweder Interviews durchgeführt wurden oder Ablehnungen erfolgt sind), sind nach dem 6. Kontaktversuch 95% aller Nummern tatsächlich kontaktiert.
Zur Einschätzung der Verweigerungsquoten bei Telefoninterviews liegen bisher überwiegend amerikanische Studien vor. So berichten WISEMAN/McDONALD (1979:482) auf Grundlage von 182 Telefonstudien eine mittlere Verweigerungsquote von 28%. WISEMAN/McDONALD stellen dabei fest, daß die Verweigerungsquote dabei von der Länge des Interviews und des Themas der Befragung genauso unabhängig ist, wie von geographischen Besonderheiten im Milieu des Befragten[1].
Auch die Untersuchungen von STEEH (1981:54) auf der Grundlage von Konsumenten- und Wahlbefragungen aus den Jahren 1953-1979 weisen Verweigerungsquoten von 24% aus (vgl. auch GROVES/KAHN 1979 oder FREY 1989:54).

7.1.3.3. Fragebogenkonstruktion bei Telefonumfragen

Die allgemeinen Grundsätze bei der Frageformulierung und Fragebogenkonstruktion, wie sie für die mündliche Befragung skizziert wurden, sind sicherlich auch bei Telefonumfragen anwendbar. Im Gegensatz zur Konstruktion eines Fragebogens

---

[1] Neuere Arbeiten zu Ausfällen bei telefonischen Befragungen, insbesondere zum Einfluß von Interviewermerkmalen, sowie zu unterschiedlichen Auswahlmethoden, finden sich in dem von GROVES u.a. (1988) herausgegebenen Band.

für ein persönliches Interview oder eine postalische/schriftliche Befragung stellt die Konzeption einer Befragung als Telefoninterview jedoch besondere Bedürfnisse von Befragten und Interviewern in den Vordergrund.
Durch Reduzierung auf verbal-akustische Kommunikation entfallen z.B. alle visuellen Hilfen wie Antwortkarten, Diagramme usw. zur Fragenbeantwortung. Darüber hinaus hat der Interviewer nur geringe Möglichkeiten einzuschätzen, ob ein Befragter Fragen falsch versteht, unkonzentriert oder gelangweilt ist. Eine Einschätzung der Umgebung des Befragten (Wohnsituation, Familiensituation) für zusätzliche (nicht abgefragte) Daten oder die so auch mögliche Validierung von Angaben entfällt in diesem Zusammenhang ebenfalls. Andererseits hat auch der Befragte wenig "Reaktivitätsmöglichkeiten" (FREY 1989:62f.).

Bei der Konstruktion eines Fragebogens für eine Telefonbefragung muß diesen Schwierigkeiten auf Seiten des Interviewers und auf Seiten des Befragten deshalb in besonderer Weise Rechnung getragen werden. Ein solcher Fragebogen muß so gestaltet sein, daß er

- die Bereitschaft eines Befragten zur Teilnahme am Telefoninterview weckt,
- den Interviewer befähigt, die Aufmerksamkeit des Befragten für die Gesamtdauer des Interviews auf sich zu ziehen,
- vom Interviewer leicht zu handhaben ist, um Interviewerfehler zu vermeiden und
- es dem Befragten leicht macht, dem gesamten Interview zu folgen.

Besondere Bedeutung kommt dabei der Einleitung zu einem Telefoninterview zu. Der Einleitungstext muß dabei Aufgaben erfüllen, die sonst durch die physische Präsenz des Interviewers oder durch die Aufmachung des Begleitbriefs bei einer postalischen Befragung erfüllt werden: die Schaffung von Vertrauen und die Förderung von Teilnahmebereitschaft beim Befragten. Dies erscheint umso wichtiger, da gut dokumentiert ist (z.B. DILLMAN/GALLEGOS/FREY 1976; DILLMAN 1978:242-248; GROVES/KAHN 1979), daß die meisten Verweigerungen sich nach der Einleitung, aber vor der ersten Frage ereignen.

Einleitungsphase

Zur Herstellung des einführenden Kontaktes bei einem Telefoninterview bestehen prinzipiell zwei Möglichkeiten. Zum einen ist bei Auswahlen aus dem Telefonbuch oder bei Vorlage von Telefonlisten ein vorheriger Kontakt z.B. über einen Voranruf oder einen Ankündigungsbrief möglich. Bei Random-Digit-Dialing oder wenn Zeit und Geld für eine vorherige Kontaktaufnahme fehlen, müssen alle Informationen über die Telefonbefragung in das Einleitungsgespräch aufgenommen werden.

DILLMAN/GALLEGOS/FREY (1976) konnten zeigen, daß bei der Versendung von Ankündigungsbriefen die Verweigerungsraten in aller Regel sinken und die Datenqualität des Telefoninterviews verbessert wird. Neben der Bereitstellung von Informationen und der Reduktion von Überraschungen wird durch den Ankündigungsbrief die **Authentizität** der Befragung demonstriert, d.h. der Befragte kann nicht den Eindruck gewinnen, es handele sich bei dem Telefonanruf um den Beginn eines Verkaufsgesprächs oder um einen Scherz; zum anderen haben Interviewer bei Kontaktaufnahme weniger "Anfangsschwierigkeiten".

GROVES/MAGILAVY (1981) testeten in einem nationalen Survey als Äquivalent zur Versendung von Ankündigungsbriefen die "Doppel-Anruf-Technik" ("Foot-in-the-Door-Technique"). Die Foot-in-the-Door-Technique, die darauf basiert, daß bei der ersten Kontaktaufnahme nur um die Erfüllung eines "kleinen Gefallens" gebeten wird, das tatsächliche Interview dann erst bei einer zweiten Kontaktaufnahme geführt wird, sieht bei Telefoninterviews folgende Vorgehensweise vor: Beim ersten Anruf werden lediglich zwei Fragen (z.B. zu Gesundheitsthemen) gestellt und die Telefonnummer verifiziert. Der zweite Anruf beginnt dann mit der Einholung des Einverständnisses für ein ca. 30-minütiges Interview und die Durchführung des Interviews. Bei dieser Vorgehensweise ergab sich jedoch kein signifikanter Unterschied in bezug auf die Verweigerung zwischen der Doppel-Anruf-Technik und nur einem einzigen Anruf.

Sollte keine vorherige Kontaktaufnahme möglich sein, so muß die Einleitungsphase des Telefoninterviews eine Reihe von Informationen für den Befragten enthalten. Nach Nennung des ganzen Namen des Interviewers und der Quelle des Anrufs (Universität, Fakultät, Institut) sollten Informationen über den Auftraggeber, das verwendete Auswahlverfahren, das Thema der Untersuchung sowie ein Verweis auf Anonymitätszusicherung und die Freiwilligkeit des Interviews ebensowenig fehlen, wie eine Angabe der voraussichtlichen Länge des Interviews. Je nach Untersuchungsanlage sollte darüber entschieden werden, wieviel weitere Informationen dem Befragten gegeben werden sollen, z.B. über den Stil des Interviews (offene oder geschlossene Fragen), über unübliche Erwartungen an den Befragten (z.B. notwendige Erinnerungen an die Kindheit) oder auch eine detaillierte Diskussion der Untersuchungsziele bzw. Aussagen über den zukünftigen Gebrauch der Ergebnisse. In jedem Fall muß die Einführung jedoch neutral formuliert werden, um Reaktivität des Befragten zu vermeiden.

Gleichzeitig wird das Einleitungsstatement auch dazu genutzt zu ermitteln, ob der angerufene Haushalt ein Einpersonen- oder Mehrpersonenhaushalt ist. Im Falle eines Mehrpersonenhaushalts muß dann die zu befragende Person über die Screening-Prozedur ermittelt werden. Wird eine andere Person als der/die bisherige Gesprächspartner/in zum eigentlichen Interview ausgewählt, müssen die Eingangsbemerkungen über Anlaß des Anrufs und Umfang und Natur der durchgeführten Untersuchung noch einmal wiederholt werden.

Den Abschluß der Einleitung sollte die Frage nach dem Einverständnis zu einem Interview sein. An dieser Stelle sollte dem Befragten auch die Möglichkeit gegeben werden, Fragen zu stellen. Entsprechend müssen die Interviewer geschult sein, eine Vielzahl von Fragen bezüglich Auftraggeber, Umfang der Auswahl usw. zu beantworten. Nützlich erscheint in diesem Zusammenhang die Aushändigung einer Liste mit zu erwartenden Fragen und den entsprechenden Antworten an die Interviewer.

Erste Fragen

Den ersten Fragen kommt im beginnenden Telefoninterview entscheidende Bedeutung zu, um das durch die Einleitung geweckte Interesse des Befragten am Interview aufrechtzuerhalten. DILLMAN (1978) hält bei der Formulierung erster Fragen die folgende Strategie für hilfreich: Die erste Frage sollte themenbezogen, interessant und als geschlossene Frage leicht zu beantworten sein; die zweite Frage hingegen sollte mit offener Antwortmöglichkeit formuliert werden, um dem Befragten gleich zu Beginn des Interviews die Möglichkeit zu bieten, eine eigene Meinung zu formulieren und seine "Telefonstimme" zu finden. FREY (1989:144) verweist darauf, daß bei nicht-themenbezogenen Anfangsfragen oder z.B. bei häufig zu Beginn eines Interviews üblicher Abfrage demographischer Variablen das Interesse und die Bereitschaft zur Interviewteilnahme erheblich gemindert wird, da der Befragte glauben kann, er habe sich unter falschen Voraussetzungen zum Interview bereitgefunden. Ein Beispiel für eine sinnvolle Fragensequenz zu Beginn findet sich in Abb. 7-14. Insgesamt sollen die ersten Fragen lediglich als Einführung in komplexere Fragestellungen dienen.

Fragenformat und "Respondent Burden"

Die gewöhnlicherweise richtige Maxime, möglichst kurze und einfache Fragen bei einem Telefoninterview zu verwenden, reicht in manchen Fällen nicht aus, um auch eine detaillierte oder komplexe Themenstellung mit Hilfe dieser Erhebungstechnik zu bearbeiten. Schwierigkeiten ergeben sich besonders immer dann, wenn dem Befragten eine Reihe von Antwortalternativen vor der Beantwortung der Frage präsentiert werden müssen. Der Wegfall visueller Hilfen macht bei solchen langen Fragen ein Ausweichen auf die letztgenannten Antwortalternativen wahrscheinlich. Als Lösung des Problems schlägt DILLMAN (1978:205f.) die Verwendung eines "Key-Word-Summary" als Zusammenfassung aller Antwortalternativen am Ende der Frage vor.
Diese Schaffung von zusätzlicher Redundanz durch Wiederholung und auch durch die Hinwendung zu einem leichteren Konversationston ist allerdings nur dann erfolgreich, wenn in der Zusammenfassung auch tatsächlich alle Alternativen genannt werden und auch hier keine "belasteten" Worte (vgl. Kap. 7.1.1.1.3) enthalten sind.

Nicht nur zu lange Fragen, sondern auch die Vorgabe zu vieler Antwortmöglichkeiten können den Befragten "belasten". Der von SCHUMANN/PRESSER (1981:77) berichtete "Response-Order-Effekt", d.h. die bevorzugte Auswahl der ersten oder letzten Antwortvorgabe, bekommt bei Telefoninterviews besondere Bedeutung, da in der Regel auch bei Wiederholung aller Antwortmöglichkeiten keine vollständige Erinnerung an alle Kategorien vorausgesetzt werden kann. Zudem erscheint auch die Möglichkeit des Erkennens einer Rangordnung von negativen hin zu positiven Extremwerten bzw. die interne Abstufung der Rangskala bei nicht-visueller Präsentation der Antwortmöglichkeiten erschwert. Befragte können z.B. die bei schriftlicher Befragung problemlose Differenzierung zwischen "sehr zufrieden" und "ganz zufrieden" am Telefon schwerer nachvollziehen (DILLMAN 1978:208).

Die einfachste Lösung, die Reduzierung von Antwortvorgaben z.B. bei Skalen (DILLMAN (1978:208) schlägt eine Reduzierung auf 5 Vorgaben vor) verhindert jedoch mitunter eine differenzierte Datenaufnahme. Deshalb hat sich die "Unfolding-Tactic" (GROVES 1979), d.h. das Aufbrechen einer Frage in Haupt- und eine differenzierende Folgefrage bewährt. Diese sog. "Zwei-Stufen-Technik" bietet sich immer dann an, wenn die Hauptfrage in ihren Antwortvorgaben eine klare Dichotomie enthält, z.B. "stimme zu/lehne ab" oder "zufrieden/unzufrieden". Auf der Basis einer solchen dichotomen Antwort wird für jede Antwortalternative in einer gesonderten Folgefrage der Grad bzw. das Ausmaß z.B. der Zustimmung/Ablehnung ermittelt (vgl. Abb. 7-15).

Abbildung 7-14: Beispiel einer Fragesequenz zu Beginn eines Telefoninterviews[1]

Hallo. Mein Name ist ______________________
(Name des Interviewers)

Ich rufe an im Auftrag der Gesellschaft für sozialwissenschaftliche Forschung und Analysen, GESA e.V. Wir führen eine Telefonbefragung bei Einwohnern des Ruhrgebiets durch, um ihre Einstellung zu Fragen der Lebensqualität in dieser Region zu ermitteln. Ihre Telefonnummer wurde nach einem Zufallsverfahren per Computer ermittelt.

Wir haben einige Fragen, die wir Ihnen gerne stellen würden. Ihre Antworten werden absolut vertraulich behandelt und ohne namentliche Kennzeichnung ausgewertet. Das ganze Interview wird nicht länger als 10 Minuten dauern. Sie können auch jederzeit Fragen stellen. Wären Sie einverstanden, an dieser Befragung teilzunehmen?

1. Zuerst möchte ich Sie fragen, wie Sie das Ruhrgebiet als Region, in der man wohnen möchte, einschätzen.

   Halten Sie das Ruhrgebiet in dieser Hinsicht für______________________?
   Verlesen Sie die Alternativen)

   (1) sehr attraktiv
   weiter mit Frage 1A
   (2) attraktiv

   (3) unattraktiv
   weiter mit Frage 1B
   (4) völlig unattraktiv

   (8) keine Meinung, weiß nicht

   (9) Befragter verweigert Beantwortung

1A. Was im Besonderen finden Sie attraktiv daran, im Ruhrgebiet zu wohnen?

1B. Was im Besonderen finden Sie unattraktiv daran, im Ruhrgebiet zu wohnen?

---

[1] nach FREY (1989:142).

So stellt auch BRÜCKNER (1985:70) fest, daß viele Instrumente der persönlichen Umfrage auch ohne optische Befragungshilfen beim Telefoninterview anwendbar sind: "Itembatterien mit bis zu 5 Ausprägungen können ebenso eingesetzt werden wie numerische Skalen mit wechselnden, verbalisierten Extrempunkten und Zahlenwerten innerhalb eines leicht überschaubaren Vorstellungsraumes (u.a. Kontinua von 0 bis 10, 'Thermometer' mit einem Bereich von -5 bis +5 sowie Schulnotenskalen)". Sie gibt allerdings zu bedenken, daß ein häufiger Wechsel der Darbietungsform in einem Telefoninterview nicht empfehlenswert sei.

Abbildung 7-15: Beispiel der Reduktion von Schwierigkeiten bei einem Telefoninterview durch Verwendung zweistufiger Fragestellungen[1]

Bitte denken Sie doch nun einmal an ihre körperliche Verfassung und Ihr Wohlbefinden. Sind Sie mit ihrem Gesundheitszustand im Augenblick ____________________?
(Verlesen Sie die Alternativen)

ERSTE STUFE	(6) zufrieden Wie zufrieden sind Sie mit Ihrem Gesundheitszustand?	(1) unzufrieden Wie unzufrieden sind Sie mit Ihrem Gesundheitszustand?
ZWEITE STUFE	(6) völlig (5) überwiegend (4) einigermaßen	(1) völlig (2) überwiegend (3) einigermaßen

7.1.3.4. Datenqualität

Die Frage der Datenqualität beim Telefoninterview richtet sich im wesentlichen auf Effekte der Fragebogenlänge, auf die Verweigerung einzelner Fragen, die Bereitschaft, auch sensible Fragen zu beantworten und auf Interviewereffekte.

Insbesondere die bei sozialwissenschaftlichen Untersuchungen bestehende Notwendigkeit der Verwendung mitunter sehr langer Fragebögen galt lange Zeit als

[1] nach MILLER (1984:771).

Argument gegen die wissenschaftliche Nutzung von Telefoninterviews. Die nicht ungewöhnliche Befragungsdauer von 60-90 Minuten in einem mündlichen Interview schien sich per Telefon nicht realisieren zu lassen (FREY 1989:67). BRÜCKNER konnte in ihrer ZUMA-Methodenstudie jedoch nachweisen, daß sich ein aus dem Alltag bekanntes Phänomen, nämlich "das man die Zeit beim Telefonieren leicht vergißt" (BRÜCKNER 1985:69) auch bei der Einschätzung der Dauer von Telefoninterviews bemerkbar macht. Ermüdungserscheinungen traten auch nach extrem langen Interviews (75 Minuten) nicht auf. Dieses Ergebnis entspricht durchaus den Befunden aus anderen Studien. Selbst einstündige Telefoninterviews lassen sich problemlos durchführen (COLOMBOTOS 1969; ROGERS 1976).

In bezug auf Interviewereffekte bei Telefoninterviews stehen die Befunde (FREY 1989:62ff.) in direktem Zusammenhang mit der Administrationsform der meisten Telefonumfragen als Umfragen, die zentral von einer Instituts-Telefonanlage mit "Überwachungsmöglichkeit" durch einen Supervisor oder den Forscher selbst konzipiert sind. Selbständig vom Interviewer vorgenommene Veränderungen von Fragestellungen oder Antwortmöglichkeiten, wie sie aus mündlichen Befragungen bekannt sind, können durch diese direkte Kontrolle nahezu ausgeschlossen werden. Hilfreich in diesem Zusammenhang ist eine die Telefonsituation berücksichtigende Konstruktion des Fragebogens, die z.B. ein leichtes Auffinden von Fragen ermöglicht und Intervieweranweisungen enthält. Eine gut vorstrukturierte Filterführung verringert in jedem Fall die Wahrscheinlichkeit von Interviewerfehlern.
Gleichwohl sind die Möglichkeiten von Reaktivität beim Befragten durch die im Vergleich zum mündlichen Interview unpersönlichere Datenerhebungssituation wesentlich eingeschränkt. Denkbare Auswirkungen z.B. eines bestimmten Slangs oder Akzents, die dem Befragten einen Anhaltspunkt in der Einschätzung des Interviewers geben und Anlaß für Reaktivität sein können, sollten durch gezielte Auswahl der Interviewer im Vorhinein verhindert werden.

Eine Beeinträchtigung der Datenqualität durch häufige Verweigerung von Einzelfragen scheint beim Telefoninterview nicht in größerem Umfang vorzuliegen als bei persönlichen Befragungen. Gleichzeitig werden jedoch, insbesondere bei sensiblen Fragen, mehr ausweichende und nicht-substantielle Antworten ("weiß nicht") konstatiert (ROGERS 1976; GROVES/KAHN 1979; JORDAN u.a. 1980).

7.1.3.5. Durchführung von Telefonbefragungen

Grundsätzlich unterscheidet man zwischen **zentralen** und **dezentralen** Administrationsformen, wobei zentral die Durchführung einer Telefonumfrage von einem Erhebungsinstitut aus, dezentral die Umfrage von den jeweiligen Telefonanschlüssen der Interviewer aus genannt wird.

Während in den Vereinigten Staaten seit den 60er Jahren nahezu alle Telefonumfragen zentral durchgeführt werden und dabei Institute auf den "Wide Area Telephone Service" (WATS), d.h. reduzierte Gebühren für große Mengen von Ferngesprächen, zurückgreifen können, werden in der Bundesrepublik, insbesondere wegen der hohen Kosten für Ferngespräche, dezentrale oder teilzentrale (Schaffung einer Reihe von kleineren "Telefonzentren" in Ballungsgebieten) Erhebungsformen bevorzugt.

Außer dem für die Situation in der Bundesrepublik geltenden Kostenvorteil bei teil- oder dezentralen Administrationsformen, liegen jedoch alle methodischen Vorteile und Möglichkeiten bei zentralen Umfragen. FREY (1989:197ff.) nennt u.a. folgende Vorteile einer zentralen Anlage bei Telefonumfragen:

- Interviewer können in allen Befragungsregionen eingesetzt werden,
- die Qualitätskontrolle ist mittels Supervision möglich,
- Fragen des Befragten oder des Interviewers können sofort durch den Supervisor oder den Projektleiter geklärt werden,
- bei auftauchenden Problemen können "Gegenmaßnahmen" sofort umgesetzt werden (z.B. Wegfall schlecht laufender Fragen),
- es stellt sich unmittelbar heraus, bei welchen Interviewern weitere Schulung notwendig ist,
- die beteiligten Forscher können jederzeit feststellen, wie der Fragebogen vom Befragten eingeschätzt wird,

- Interviews können bei Verweigerungen durch solche Interviewer wiederholt werden, die Erfahrung im Umgang mit Verweigerungen haben,
- Interviews können sofort nach Fertigstellung überprüft werden,
- Personaleinsparungen sind insbesondere auf der Ebene der Supervisor möglich.

Abbildung 7-16: Vergleich der Feldkosten bei Telefonumfragen in der Bundesrepublik Deutschland (800 Interviews von 15 Minuten Dauer; alle übrigen Kosten des Projekts blieben unverändert)[1]

(Kosten für persönliche Interviews = 100%)	Telefoninterviews		
	zentral	teilzentral	dezentral
Interviewer-Honorare incl. Prämie	71%	86%	86%
Telefongebühren (beim persönlichen Interview = Fahrtkosten)	477%	90%	38%
Porto, Material	0%	30%	67%
interne Kosten für Feldsteuerung	29%	59%	76%
Gesamtkosten	120%	75%	74%

Insbesondere bei Einsatz von "Computer Assisted Telephone Interview-Systemen (CATI)" kann der Erhebungs- und Auswertungsaufwand erheblich verringert werden[2]. Bei solchen Systemen arbeitet der Interviewer an einem Bildschirm interaktiv mit einem Programm, das im Idealfall alle Verwaltungsaufgaben sowie die eigentliche Interviewdurchführung steuert (Filterführung, direkte Eingabe der Codes usw.).

Den ersten Methodenvergleich mit CATI in der Bundesrepublik führte ZUMA (Mannheim) durch, das im Herbst 1984 das CATI-System QUANCEPT als Pilot-Installation implementierte. QUANCEPT unterstützt folgende Aufgaben:

---

[1] nach ANDERS (1982:14).

[2] Zu allen Aspekten des Einsatzes von Mikrocomputern bei Befragungen vgl. SARIS (1991).

- automatische Bereitstellung von Telefonnummern,
- computergeleitete Befragung per Telefon auch für komplexere Fragebogendesigns mit komplizierten Filterführungen,
- computergestütze Kontrolle der Interviewer durch einen Supervisor,
- direkte Vercodung offen gestellter Fragen,
- Quotenanweisung und -kontrolle nach bis zu sechs Variablen.

Erste Ergebnisse zur CATI-Technologie belegen die Praktikabilität der CATI-Methode nicht nur in der Markt- und Meinungsforschung, sondern auch im universitären Bereich (NICHOLLS/GROVES 1985) und bei sozialwissenschaftlichen Fragestellungen im engeren Sinne.

7.1.4. Sonderformen der Befragung

Als Sonderformen der Befragung werden im folgenden solche Konzepte verstanden, die in mehr oder weniger großem Umfang von der dargestellten standardisierten Einzelbefragung abweichen und deren Anwendung vorwiegend in den explorativen Bereichen quantitativer Sozialforschung zu finden ist, bzw. die zu den Handwerkszeugen qualitativer Spielarten der Sozialforschung gehören. Je nach Grad der "Nicht-Standardisierung" und entsprechend der Zugehörigkeit zu unterschiedlichen Paradigmata finden sich in der entsprechenden Literatur die verschiedensten Benennungen solcher Interviewformen: "offenes Interview" (SCHEUCH 1973; KOHLI 1978), "narratives Interview" (SCHÜTZE 1976), "qualitatives Interview" (HOPF 1978), "fokussiertes" oder "zentriertes Interview" (MERTON/KENDALL 1979; MERTON/FISKE/KENDALL 1952), "Intensivinterview" (FRIEDRICHS 1973) oder "Leitfadengespräch" (KROMREY 1986b). Gemeinsam ist allen diesen Interviewformen - mit Ausnahme des "narrativen Interviews" - die Zugrundelegung eines sog. "Leitfadens" statt eines standardisierten Fragebogens.

Die Diskussion um die angemessene Interviewtechnik als standardisiertes Interview oder als "offenes" Leitfadengespräch hat die gleichen institutionellen Wurzeln wie die Diskussion um geschlossene oder offene Fragen im Rahmen von standardisierten Interviews, nämlich die Kontroversen zwischen den von der amerikanischen

Regierung während des zweiten Weltkriegs eingerichteten rivalisierenden Instituten im Office of Facts and Figures (OFF). Die sog. "Polling Division" in Zusammenarbeit mit ROPER und GALLUP bevorzugte standardisierte Fragetechniken, die "Survey Division" unter Leitung des Psychologen LIKERT führte Leitfadengespräche durch. Der von LAZARSFELD (1944) als Vermittlungsleistung zwischen diesen beiden Positionen gemachte Vorschlag einer "Arbeitsteilung": neben der regulären standardisierten Befragung sollte sowohl ein an offenen Konzepten orientierter Pretest zur Vorbereitung des Fragebogens wie auch eine auf Leitfadengesprächen basierte Abschlußuntersuchung als Analysehilfe der Ergebnisse vorgenommen werden[1], wurde von den Vertretern nicht-standardisierter Verfahren abgelehnt (CONVERSE 1984:270ff.). Die Begründung, qualitative Forschung sei nicht der "junior-partner" der "richtigen" empirischen Sozialforschung, dem lediglich Pretest und Pilot-Studien überlassen werden, gehört seither zum Argumentationsmuster qualitativ orientierter Sozialforscher.

7.1.4.1. Leitfadengespräche

Leitfadengespräche werden in der empirischen Sozialforschung hauptsächlich in folgenden Bereichen eingesetzt:

- zur Exploration, als Pretest, zur Hypothesenentwicklung, zur Systematisierung vorwissenschaftlichen Verständnisses (SCHEUCH 1973:123),
- zur Analyse seltener oder interessanter Gruppen, die auch in großen Stichproben nur in kleiner Zahl repräsentiert sind (FRIEDRICHS 1973:226),
- als Ergänzung und zur Validierung anderer Forschungsinstrumente,
- als Instrument einer qualitativen Sozialforschung.

Ziel und Vorteil von Leitfadengesprächen werden im allgemeinen darin gesehen, daß durch die offene Gesprächsführung und die Erweiterung von Antwortspielräumen der Bezugsrahmen des Befragten bei der Fragenbeantwortung miterfaßt

[1] Die Untersuchung "Mass Persuasion" (MERTON/FISKE/CURTIS 1946) wurde von LAZARSFELD auf dieser Grundlage vorgeschlagen; mit 100 Intensivinterviews und 1000 standardisierten Kurzinterviews scheint hier die weitestgehende Annäherung an dieses Design vorzuliegen.

werden kann, um so einen Einblick in die Relevanzstrukturen und die Erfahrungshintergründe des Befragten zu erlangen.

Dabei wird die Befragung auf der Basis eines Interview-Leitfadens geführt, der garantieren soll, daß alle forschungsrelevanten Themen auch tatsächlich angesprochen werden, bzw. daß eine zumindest rudimentäre Vergleichbarkeit der Interviewergebnisse gewährleistet werden kann. Entsprechend enthält dieser Leitfaden im wesentlichen Stichpunkte zu abzuarbeitenden Themenkomplexen, sowie Fragen, die in jedem Interview gestellt werden sollen ("Schlüsselfragen") und solche, die je nach Verlauf des Interviews relevant werden können ("Eventualfragen")(FRIEDRICHS 1973:227). Im allgemeinen wird die Ausformulierung und die Reihenfolge der Themenbearbeitung bzw. Fragestellung vom Interviewer geleistet, um einen an den Ablauf des Gesprächs angepaßten "natürlichen" Interaktionsfluß zu erreichen.

Damit stellt diese Befragungsform Anforderungen an den Interviewer, die ansonsten dem Forscher obliegen. Mit abnehmendem Standardisierungsgrad wird das Leitfadengespräch für den Interviewer zunehmend zu einem "Prozeß permanenter spontaner Operationalisierung" (HOPF 1978:111), in dem ständig allgemeine Forschungsfragen in konkret bezogene Interviewfragen umgesetzt werden müssen und gleichzeitig Bewertungen der Antworten des Befragten erfolgen müssen, um Form und Ansatzpunkt eines Weiterfragens zu bestimmen.

Auch die Dokumentation der Leitfadengespräche stellt besondere Anforderungen an den Interviewer. Leitfadengespräche werden entweder durch Notizen des Interviewers während der Befragung oder durch die Anfertigung von Gedächtnisprotokollen nach der Befragung protokolliert oder durch Tonbandaufzeichnungen konserviert.

Aus dieser Vorgehensweise ergeben sich eine Reihe von Nachteilen dieser Befragungsform gegenüber dem standardisierten Interview:

- höhere Anforderungen an den Interviewer und die Notwendigkeit einer besonderen Interviewerschulung,

- stärkere Interviewereinflüsse, Abhängigkeit der Datenqualität von der Qualität der Interviewer,
- höhere Anforderungen an die Bereitschaft der Befragten zur Mitarbeit und an seine sprachliche und soziale Kompetenz,
- höherer Zeitaufwand als bei standardisierten Befragungen,
- geringe Vergleichbarkeit der Ergebnisse und damit schwierigere Auswertbarkeit.

Darüber hinaus liegt ein wesentlicher Nachteil in der prinzipiellen Konzeption von Leitfadengesprächen. Zwar wird einerseits das spontane "... Kommunikationsverhalten des Befragten unterstützt und gefördert, andererseits wird es aber durch das Informationsinteresse des Forschers kontrolliert und unterdrückt" (HOPF 1978:114).

7.1.4.2. Narrative Interviews

Narrative Interviews können als Extremform einer offenen Befragung betrachtet werden. In aller Regel liegt diesem Verfahren weder ein Fragebogen noch ein Leitfaden zugrunde. Wichtigstes Ziel dieses Vorgehens ist nämlich nicht mehr die Schaffung von Vergleichbarkeiten oder die Herstellung einer Systematik in bezug auf vom Forscher vorgegebene Variablen und noch viel weniger die Überprüfung von Hypothesen, sondern das Verstehen von Sichtweisen und Handlungsweisen von Personen und deren Erklärung aus sozialen Bedingungen (HERMANNS 1981:16) durch Anregung einer sukzessiv retrospektiven Erfahrungsaufbereitung durch den Befragten. Ein narratives Interview ist die "Erzählung eigenerlebter Geschichten" (SCHÜTZE 1976:163).
Dabei unterscheidet sich ein narratives Interview im wesentlichen von anderen Interviewformen dadurch, daß dem Interviewpartner (Befragten) vom Interviewer nur ein Grobthema vorgegeben wird, zu dem er seine Erlebnisse erzählen soll, z.B. die Geschichte seines Lebens, die Geschichte seiner Schulkarriere, seine Krank-

heitsgeschichte oder die Geschichte einer mißlungenen Verhinderung der Startbahn-West. In der "Erzählphase" erzählt der Interviewpartner nun seine Geschichte ohne vom Interviewer unterbrochen zu werden. Erst wenn die Geschichte zu Ende geführt ist, kann der Interviewer in der sog. "Rückgriffphase" den Erzähler bitten, noch einmal einzelne Episoden zu wiederholen, ausführlichere Darstellungen zu geben. Solche Nachfragen richten sich im wesentlichen auf Phasen der Geschichte, die dem Interviewer widersprüchlich erscheinen, in denen "Sprünge" einzelne Episoden unverständlich machen usw. Der Erzähler kann dann auf solche Nachfragen eingehen und seine Geschichte verdeutlichen oder modifizieren ("Bilanzierungsphase").

Der Aufrechterhaltung der Interaktion durch den Interviewer kommt dabei besondere Bedeutung zu. Seine wichtigste Funktion ist der Erhalt des Redeflusses z.B. durch Anstachelung der Erzählbereitschaft und die Dokumentation der eigenen Zuhörbereitschaft durch Nicken, Zustimmung, Bitten um Verdeutlichung. Fragen nach Begründungen und die Formulierung von Zweifeln sind in diesem Zusammenhang verboten.

Narrative Interviews werden in ihrer Gesamtheit auf Video- oder Tonband mitgeschnitten und anschließend verschriftlicht ("transkribiert")[1]. Der immer wieder betonte Vorteil narrativer Interviews, als Medium die Situationsgebundenheit von Gesprächen und Interaktionen ernst zu nehmen und nachvollziehen zu können, wird allerdings spätestens bei der Transkription als Überführung des Gesprächsverlaufs in situationsunabhängige Daten aufgehoben. So beschränkt sich die Darstellung der Ergebnisse narrativer Interviews in nicht-linguistischen sozialwissenschaftlichen Darstellungen auch im wesentlichen auf die Illustration von Hypothesen durch "markante", "typische", "verdeutlichende" Gesprächsfragmente.

---

[1] Zu den eher trivialen "Transkriptionsverfahren", vgl. LAMNEK (1989:104-106) und SPÖHRING (1989:158ff).

Das Hauptproblem dieser Interviewform liegt jedoch darin, daß hauptsächlich der Interviewpartner spricht bzw. sprechen soll. Damit sind die Ergebnisse in wesentlichem Umfang von der Sprachkompetenz des Befragten, seiner retrospektiven Kompetenz sowie von der Bedeutung, die dem Forschungsgegenstand zugemessen wird, abhängig.

7.2. Beobachtung

Die Beobachtung wird im allgemeinen als die "ursprünglichste" Datenerhebungstechnik betrachtet, da hier die Nähe zu alltäglichen Techniken zur Erlangung von Informationen besonders deutlich wird. Der Übergang von der alltäglichen "naiven" Beobachtung, die fallweise bei Interesse oder Notwendigkeit eingesetzt wird, zur **wissenschaftlichen** Beobachtung[1] erfolgt jedoch, indem das Verfahren der Beobachtung kontrolliert und systematisch abläuft und Beobachtungsinhalte systematisiert werden. CRANACH/ FRENZ (1969:269ff.) bezeichnen entsprechend die "wissenschaftliche" Beobachtung als "systematische Beobachtung". Im gleichen Sinne sehen JAHODA/DEUTSCH/COOK (1965:77) die wissenschaftliche Komponente der Beobachtung als empirische Datenerhebungstechnik dann gewährleistet, wenn die Beobachtung "a) einem bestimmten Forschungszweck dient, b) systematisch geplant und nicht dem Zufall überlassen wird, c) systematisch aufgezeichnet und auf allgemeinere Urteile bezogen wird, nicht aber eine Sammlung von Merkwürdigkeiten darstellt und d) wiederholten Prüfungen und Kontrollen hinsichtlich der Gültigkeit, Zuverlässigkeit und Genauigkeit unterworfen wird...".

---

[1] Einige Autoren (z.B. BABBIE 1979) sehen die wissenschaftliche Beobachtung als Grundform jeder Datenerhebungstechnik, insofern als alle methodischen Verfahren der empirischen Sozialforschung auch Beobachtungen mit unterschiedlichen Schwerpunktsetzungen und unterschiedlichen Beobachtungsobjekten seien. So können Befragungen als Beobachtungen der verbalen Reaktion auf gestellte Fragen betrachtet werden, oder Inhaltsanalysen als Beobachtungen bestimmter Textinhalte usw.

7.2.1. Beobachtungsverfahren

Trotz aller Maßgaben zur Charakterisierung wissenschaftlicher Beobachtungen ist keine allgemeine Theorie der Beobachtung entwickelt worden, sondern die meisten methodischen Ausführungen beschränken sich auf die taxonomische Beschreibung unterschiedlicher Beobachtungsverfahren. Dabei wird zu allererst die Beobachtung als "direkte Beobachtung" von anderen Datenerhebungstechniken abgegrenzt, die als "indirekte Beobachtung" bezeichnet werden. Während unter direkter Beobachtung dann Verhaltensbeobachtung im engeren Sinne verstanden wird, werden als indirekte Beobachtungen solche Verfahren bezeichnet, die sich "nicht auf das Verhalten selbst, sondern auf dessen Spuren, Auswirkungen, Objektivationen" beziehen (GRAUMANN 1966:93), so z.B. einige Techniken nicht-reaktiver Meßverfahren (vgl. Kap. 7.4) aber auch Inhaltsanalysen (vgl. Kap. 7.3) oder sogar Befragungen.
In aller Regel wird eine Abgenzung der einzelnen Verfahren direkter Beobachtung nach folgenden Kriterien vorgenommen:

- Haben die Beobachtungsobjekte Kenntnis vom Beobachtungsvorgang?

  Wird die Beobachtung den beobachteten Personen bekanntgemacht, wissen Personen also, daß sie beobachtet werden, liegt eine "offene Beobachtung" vor. Werden Beobachtungen durchgeführt, ohne daß die beobachteten Personen von diesem Vorgang wissen, spricht man von "verdeckten Beobachtungen".

- Nimmt der Beobachter an den Interaktionen der beobachteten Personen teil oder nicht?

  Entsprechend werden Beobachtungen, in denen der Beobachter ablaufende Handlungen lediglich protokolliert "nicht-teilnehmende Beobachtung" und solche Beobachtungen, in denen der Beobachter selbst Interaktionspartner der beobachteten Personen ist, "teilnehmende Beobachtung" genannt.

- Erfolgt eine Beobachtung mittels eines ausführlichen Beobachtungsschemas oder liegt der Beobachtung nur eine relativ grobe Anweisung auf die Beobachtungsinhalte zugrunde?

Bei ausführlicher Strukturierung der Beobachtung durch ein Beobachtungsschema spricht man von einer "strukturierten Beobachtung", in allen anderen Fällen von einer "unstrukturierten Beobachtung".

- Findet die Beobachtung unter Feld- oder Laborbedingungen statt?

  Dieses Kriterium bezieht sich darauf, ob Interaktionen und Verhaltensweisen in ihrer "natürlichen" Entstehungssituation oder in einem Labor unter "standardisierten" Bedingungen beobachtet werden. Entsprechend wird zwischen "Beobachtungen in natürlichen Beobachtungssituationen" und "Beobachtungen in künstlichen Beobachtungssituationen" unterschieden.

- Handelt es sich bei der durchgeführten Beobachtung um eine Beobachtung des Verhaltens anderer Personen oder der eigenen Person?

  Hiermit wird der Unterschied zwischen "Selbstbeobachtung" und "Fremdbeobachtung" angesprochen. Im allgemeinen beschränken sich im sozialwissenschaftlichen Anwendungsbereich Beobachtungen auf Fremdbeobachtungen. Besonderheiten stellen im Zusammenhang interaktionistisch orientierter Methoden die "Introspektion" als Selbstbeobachtung, sowie aus der Psychoanalyse bekannte Formen der Selbstbeobachtung ("Selbstanalyse") dar.

Obgleich eine Vielzahl von Kombinationsmöglichkeiten von Beobachtungsverfahren auf Grundlage dieser Kriterien denkbar sind, entsprechen nur wenige Beobachtungstypen tatsächlich entwickelten und angewandten Beobachtungstechniken in der empirischen Sozialforschung.
Dabei sind insbesondere Variationen nach den Dichotomien "strukturiert/unstrukturiert" und "nicht-teilnehmend/teilnehmend" von Bedeutung.

Abbildung 7-17: Beobachtungstypen

	nicht-teilnehmend	teilnehmend
unstrukturiert	1	2
strukturiert	3	4

Beobachtungstyp 1 (unstrukturiert/nicht-teilnehmend) entspricht dabei weitgehend der "nicht-wissenschaftlichen" Alltagsbeobachtung. Beobachtungstyp 2 (unstrukturiert/teilnehmend) kennzeichnet grob die (früher) in Anthropologie und Ethnologie verbreiteten Vorgehensweisen. Die dargestellten Typen 3 und 4 (strukturiert/teilnehmend oder nicht-teilnehmend) entsprechen den gängigen Beobachtungsverfahren in der empirischen Sozialforschung (GRÜMER 1974:34). Ob die zur Anwendung gelangenden Beobachtungsverfahren dabei "verdeckt" oder "offen" eingesetzt werden, hängt im wesentlichen von der Forschungsfragestellung ab. So sind z.B. Beobachtungen, die die Struktur in Sekten, Logen oder subkulturellen Gruppen betreffen sollen, kaum als offene und auch nur in Ausnahmefällen als nicht-teilnehmende Beobachtungen durchzuführen[1].

7.2.2. Konstruktion eines Beobachtungsinstruments

Eine sozialwissenschaftliche Datenerhebung oder **Messung** durch ein Beobachtungsverfahren beinhaltet in der Regel zwei Elemente, auf die sich die Konzeption des Verfahrens beziehen muß: Bei einer systematischen Beobachtung selektiert, klassifiziert und codiert ein "Beobachter" Handlungsabläufe oder Elemente von Handlungen nach den Anweisungen eines "Beobachtungssystems". CRANACH/FRENZ (1969:272) unterscheiden in Anlehnung an Ausführungen von MEDLEY/MITZEL (1963) drei Arten von Beobachtungssystemen:

- "Zeichen-Systeme", die vom Beobachter lediglich das Aufzeichnen des Auftretens eines oder mehrerer Ereignisse erwarten. Welche Ereignisse bzw. Verhaltensweisen (z.B. Gähnen während einer Diskussion) aufgezeichnet werden sollen und ob die Dauer des Verhaltens registriert werden soll, ist festgelegt. Charakteristisch für solche Beobachtungssysteme ist, daß der weitaus größte Teil des ablaufenden Handlungsprozesses für die Beobachtung uninteressant ist.

- "Kategorien-Systeme", in denen jede auftretende Handlung nach festgelegten Kategorien klassifiziert wird. Die Entwicklung eines Kategoriensystems, das es möglich macht, ablaufende soziale Prozesse zu registrieren und im Ablauf der

[1] Vgl. für Beispiele verdeckter und offener Beobachtungsverfahren, sowie zur ethischen Angemessenheit verdeckter Beobachtungen z.B. BABBIE (1979:224f.). Vgl. zu den ethischen Problemen teilnehmender Beobachtungen insbesondere FRIEDRICHS/LÜDTKE (1973:27ff.).

zeitlichen Aufeinanderfolge zu protokollieren, ist die Hauptschwierigkeit bei der Konzeption eines Beobachtungsverfahrens.

- "Schätz-Skalen" ("Rating-Verfahren"), die vom Beobachter eine Beurteilung des Ausprägungsgrades eines beobachteten Verhaltens (z.B. Gestik in einer Diskussion) durch Zuordnung einer Zahl oder einer verbalen Bestimmung (z.B. stark-mittel-schwach) verlangen. Schätz-Skalen werden in aller Regel in Kombination mit Zeichen- oder Kategoriensystemen eingesetzt. Da durch die erforderliche Bewertungsleistung Beobachter, sofern es sich nicht um Laborexperimente handelt, relativ stark belastet werden, wird dieses Verfahren in der empirischen Sozialforschung nur relativ selten genutzt (GRÜMER 1974:132).

Bei allen drei Beobachtungssystemen wird deutlich, daß sich die Aufzeichnungen eines Beobachters immer nur auf einen Ausschnitt des ablaufenden Gesamtvorgangs beziehen. Beobachtungen sind in diesem Sinne immer **selektiv**.

Die erste Hauptaufgabe bei der Konstruktion eines solchen Meßverfahrens, z.B. eines Kategoriensystems als empirisch häufigster Form der Beobachtungssysteme, muß also darin bestehen, eine Auswahl der für den Untersuchungszweck bedeutsam erscheinenden und theoretisch adäquaten Verhaltenseinheiten zu ermitteln, nach denen das beobachtete Geschehen klassifiziert werden kann. Diese Verhaltenseinheiten oder "Kategorien" stellen die Variablen in einem Beobachtungssystem dar. Zur Entwicklung eines Kategoriensystems werden als prinzipielle Möglichkeiten der "rationale Ansatz" und der "empirische Ansatz" benannt (WEICK 1968:402; CRANACH/FRENZ 1969:289). Bei der rationalen Vorgehensweise werden die Kategorien als Operationalisierungen der in Hypothesen einer Theorie enthaltenen Begriffe abgeleitet. Im empirischen Ansatz wird auf der Grundlage von bereits zuvor beobachteten Verhaltenselementen ein umfassender Bezugsrahmen konstruiert. Da diese empirische Vorgehensweise jedoch sehr zeitaufwendig ist, andererseits aber auch der deduktive Transfer von allgemeinen Verhaltenstheorien zu konkreten Forschungsfragestellungen kaum leistbar ist, wird in der Praxis eine Kombination der beiden vorgestellten Verfahrensweisen die gängige Technik sein. In jedem Fall sind jedoch eine Reihe von formalen und inhaltlichen Anforderungen an Kategorien und Kategoriensystem zu stellen (GRÜMER 1974:43):

- Eindimensionalität der Messung,
- Ausschließlichkeit der Kategorien, d.h. jedes beobachtete Ereignis darf nur einer Kategorie zugeordnet werden können,
- Vollständigkeit der Kategorien, d.h. ein Kategorienschema muß so erschöpfend sein, daß alle möglichen zum Forschungsgegenstand gehörenden Beobachtungen erfaßt werden können,
- Konkretion der Kategorien, d.h. die Kategorien müssen beobachtbaren Sachverhalten zugeordnet werden können,
- Begrenzung der Anzahl von Kategorien, d.h. aus praktischen Gründen der begrenzten Wahrnehmungsfähigkeit von Beobachtern sollte die Zahl der Kategorien nicht zu groß werden[1].

FRIEDRICHS/LÜDTKE (1973:221f.) benennen als typische Fehler, die bei der Konstruktion eines Kategoriensystems auftauchen können, die Unvollständigkeit eines Kategorienschemas (z.B. finden relevante Ereignisse keine Entsprechung in den Kategorien), die Unanwendbarkeit eines Kategorienschemas (z.B. lassen sich einzelne Kategorien nicht anwenden, die ablaufenden Ereignisse sind durch das vorgegebene Schema nicht zu erfassen), sowie das Auseinanderklaffen von Kategorien und zu beobachtenden Einheiten (d.h. die beobachteten Einheiten sind umfassender oder strukturierter als die Kategorienvorgabe berücksichtigt). Diese Fehlermöglichkeiten machen auch bei der Anwendung von Beobachtungsverfahren einen ausführlichen Pretest nötig.

7.2.3. Stichprobenprobleme

Der hier angesprochene Zusammenhang zwischen Kategorien und den beobachteten Inhalten, auf die sich die Kategorien beziehen ("Beobachtungseinheiten"), wird deutlich in der Diskussion um die Stichprobenziehung bei Beobachtungen: auf welche Beobachtungseinheiten bezieht sich die Beobachtung bzw. aus welchen

---

[1] Im allgemeinen wird von einem Umfang von 10 Kategorien ausgegangen; vgl. dazu z.B. WEICK (1968) oder MEDLEY/MITZEL (1963).

Beobachtungseinheiten kann eine Stichprobe gezogen werden. CRANACH/ FRENZ (1969:286) resümieren aus den praktizierten Anwendungen, daß als Beobachtungseinheit derjenige Bestandteil in einem Verhaltensablauf bezeichnet werde, "der dem Untersucher als kleinstes, nicht reduzierbares Ereignis zur Analyse des Verhaltens notwendig erscheint". Diese Anlehnung an die klassische Definition von BALES (1951:158) ist jedoch nicht ohne Probleme, da hier dem einzelnen Beobachter überlassen wird, "Trennstriche zu ziehen, um einzelne Ereignisse von anderen zu unterscheiden" (CRANACH/FRENZ 1969:286). Die Genauigkeit, mit der der jeweilige Beobachter die Einheiten bildet (und die Enge oder Weite ihrer Grenzen), determiniert, welche Ereignisse als verschieden oder gleichartig klassifiziert werden.
Obgleich Beobachtungseinheiten auf nahezu jede beliebige Weise gebildet und abgegrenzt werden können, lassen sich neben der Verwendung von Einheiten, die Ereignisse (acts) beinhalten, hauptsächlich Verwendungen von Zeiteinheiten (time-units) unterscheiden. Bei der Verwendung von Zeiteinheiten als Beobachtungseinheiten werden Zeiträume zwischen 5 Sekunden und 20 Minuten Dauer als möglich angegeben (CRANACH/FRENZ 1969:290). Allerdings kann bei zu langen Zeitintervallen die Aufmerksamkeit des Beobachters so stark belastet sein, daß die Beobachtungsgenauigkeit (d.h. die korrekte Zuordnung von beobachteten Ereignissen zu Kategorien) leidet. Bei zu kurzen Beobachtungszeiten besteht andererseits sehr leicht die Gefahr, daß nur Verhaltensfragmente beobachtet werden und z.B. gruppendynamische Vorgänge bzw. individuelle Handlungssequenzen nicht früh genug erkannt und entsprechend falsch klassifiziert werden.

Die Nutzung von Zeitintervallen als Beobachtungseinheiten bietet gleichzeitig die Möglichkeit, innerhalb einer Beobachtung Beobachtungsstichproben vorzunehmen. Da die meisten sozialen Vorgänge, die untersucht werden, in der Regel so schnell ablaufen, daß ein Beobachter bei längerer Protokollierung kaum noch dem Handlungsablauf folgen kann, wird oftmals versucht, durch den systematischen Wechsel von Beobachtungsphasen und Nicht-Beobachtungsphasen das Stichprobenprinzip auf Beobachtungen anzuwenden ("Multi-Moment-Verfahren").

Im allgemeinen stellt jedoch die Stichprobenkonstruktion bei Beobachtungen den Bereich mit den meisten ungelösten Problemen dar (CRANACH/FRENZ 1969:294). Zwar ist es möglich, Abgrenzungen von Raum- und Zeiteinheiten vorzunehmen, in denen Beobachtungen durchgeführt werden sollen. Hierbei ist z.B. ein mehrstufiges Auswahlverfahren von Zeitpunkten und räumlichen Bezugspunkten möglich. Letztlich bezieht sich jedoch die Schwierigkeit bei der Entwicklung eines Auswahlplans für Beobachtungen auf die Auswahl von zu beobachtenden **Ereignissen**, die zum Zeitpunkt der Stichprobenkonstruktion noch nicht stattgefunden haben. D.h. weder ist eine Grundgesamtheit empirisch definierbar, noch sind alle Erhebungs-(Beobachtungs-)einheiten eindeutig bestimmbar oder im Moment der Auswahl greifbar (KROMREY 1986a:192). Die Nutzung der relativ unproblematischen Auswahl von Zeit- und Raumeinheiten bei der Stichprobenziehung von Ereignissen ist in diesem Zusammenhang dann möglich, wenn unterstellt wird, daß sich die - in bezug auf die Forschungsfragestellung - interessierenden Ereignisse in bestimmten Raum-Zeit-Situationen wahrscheinlicher ereignen als in anderen. Solange jedoch keine formalisierten Wahrscheinlichkeitsmodelle existieren, die die Ableitung von Annahmen über das Auftreten bestimmter Ereignisse möglich machen, stellt jede Stichprobenentnahme unter den Bedingungen einer Beobachtung ein "unberechenbares" Risiko dar, daß auch kaum durch die Vergrößerung der Stichprobe ausgeglichen werden kann (CRANACH/FRENZ 1969:296).

7.2.4. Beobachtertätigkeit und Beobachterfehler

Neben den Schwierigkeiten, die sich bei der Strukturierung des Verfahrens durch das Beobachtungsschema und bei der Festlegung der Stichprobe ergeben, spielen Probleme, die mit der Person des Beobachters in seiner Funktion "als Meßinstrument" verbunden sind, eine erhebliche Rolle (McCALL 1984:227ff).

Dabei muß für alle Beobachtungsverfahren zunächst auf die Aufgaben des Beobachters verwiesen werden. Beobachter "entdecken" Daten (Aufnahme der Daten), sie "verarbeiten" Daten beurteilend (Beurteilung und Vercodung) und sie zeichnen Daten auf (Protokollierung). Von Beobachtern werden aufgrund des (wie auch immer ausgestalteten) Beobachtungsschemas in jedem Fall Wahrnehmungs-, Selektions- und Reduktionsleistungen gefordert. Dabei können eine Reihe von Fehlern auftreten, die die Qualität der Beobachtung beeinflussen.

7.2.4.1. Beobachterfehler

In der Phase der "Entdeckung" von Daten, also z.B. von Verhaltensweisen, die durch ein Zeichen- oder Kategoriensystem als Beobachtungsvariablen vorgegeben sind, hängt die Qualität, d.h. die Zuverlässigkeit der Beobachterleistung im wesentlichen von der Zahl der zu beobachtenden Zeichen/Kategorien und der Häufigkeit ihres Vorkommens ab. Relativ selten vorkommende Zeichen/Kategorien können relativ leicht übersehen werden; sehr häufig vorkommende Zeichen/Kategorien sind nur dann zuverlässig zu registrieren, wenn das zugrundeliegende Zeichen- oder Kategorienschema nicht zu umfangreich ist. Besonders "anfällig" für Beobachterfehler ist jedoch die Verarbeitungsphase, da hier Urteile gebildet und Schlußfolgerungen gezogen werden müssen. Als häufige Urteilsfehler bezeichnen CRANACH/ FRENZ (1969:280ff.)

- die zentrale Tendenz, d.h. die "verschobene" Wahrnehmung extremer Ereignisse und entsprechende Vercodung in einer Mittelkategorie,

- die Neigung, zu milde und großzügig zu urteilen (z.B. in der Persönlichkeitsbeurteilung),

- Einflüsse der zeitlichen Abfolge (z.B. die Festlegung von Beurteilungen aufgrund "erster Eindrücke"),

- Halo-Effekte, d.h. eine Verzerrung von Urteilen aufgrund eines besonderen Merkmals einer Person oder Situation oder des "Gesamteindrucks", die für alle weiteren Urteile leitend sind,

- die Tendenz, Eigenschaften, Verhaltensweisen und Situationselemente nach der "Logik" ihrer Zusammengehörigkeit bzw. nach Maßgabe einer implizit zugrundegelegten "Theorie" des Beobachters zu beurteilen.

Darüber hinaus stellt sich das Problem der Schlußfolgerung als Erschließung von nicht direkt beobachtbaren Sachverhalten bzw. der Absicht des Handelnden. Während im Rahmen eines Zeichensystems die Codierung "Person X lacht" relativ einfach ist, erscheint der Erschließungsaufwand in bezug auf eine Kategorie "Person X zeigt Solidarität" ungleich höher. Schon die einfach erscheinende Feststellung von Blickrichtungen kann mitunter nur aus der Kopfhaltung und den situativen Bedingungen insgesamt erschlossen werden. CRANACH/FRENZ (1969: 285) fordern auf dieser Grundlage, den Beobachter im unkontrollierbaren, unwiderruflichen Verarbeitungsprozeß so wenig Entscheidungszwängen wie möglich auszusetzen.

Bei teilnehmenden Beobachtungen werden eine Reihe zusätzlicher Probleme wirksam, die aus der z.T. gewünschten intensiven Interaktion zwischen Beobachtern und Beobachteten entstehen[1]. Obgleich der teilnehmende Beobachter in aller Regel ermitteln soll, was z.B. in einer Jugendgruppe oder in der Personalabteilung eines Großunternehmens "normalerweise" geschieht und nicht, was durch seine Tätigkeit dort entsteht, lassen sich solche Beeinflussungen kaum vermeiden[2]. Mögliche **intersubjektive Fehlerquellen** können daraus abgeleitet werden, daß es dem Beobachter nicht gelingt, im sozialen Kontext seines Beobachtungsfeldes eine **Rolle** einzunehmen, die es ihm möglich macht, sowohl Informationen zu erlangen wie auch einen möglichst geringen Einfluß auf die ablaufenden Interaktionen zu nehmen. Weitere Schwierigkeiten können darüber hinaus auftreten, wenn der Beobachter keinen Zugang zu zuverlässigen Informanten hat bzw. wenn er nicht das Vertrauen von sog. "Schlüsselpersonen" gewinnen kann, die ihm den Zugang zum Untersuchungsfeld eröffnen.

---

[1] Vgl. dazu ausführlich FRIEDRICHS/LÜDTKE (1973:41ff.) bzw. GRÜMER (1974:93-117).

[2] FRIEDRICHS/LÜDTKE (1973:42) raten als minimale Kontrolle solcher Effekte, die Protokollierung von vermuteten Einflußnahmen bzw. von Veränderungen, von denen der Beobachter glaubt, sie provoziert zu haben, im Beobachtungstagebuch an.

Weitere mögliche Fehlerquellen ergeben sich aus der Intensität, in der Interaktionen mit Angehörigen der beobachteten Gruppe gepflegt werden. Dabei muß immer entschieden werden, ob und inwieweit eine höhere Interaktionsintensität die Standardisierungsmöglichkeit und die Kontrolle der Beobachtung verringert. Hierbei treten zwei wesentliche **intra-subjektive** Schwierigkeiten auf, die zu Beobachtungsfehlern führen können. Zum einen ist die Tendenz zu beobachten, daß, je länger und/oder intensiver der Beobachter im zu beobachtenden Feld und den dort ablaufenden Interaktionen engagiert ist, die Möglichkeit verlorengeht, dem Beobachtungsschema angemessene Kategorisierungen von Situationen, Verhaltensweisen und Einstellungen vorzunehmen. Der Beobachter übernimmt teilweise die Sicht der zu beobachtenden Akteure ("going native"). Diese Aufhebung der Distanz oder Neutralität zum zu beobachtenden Geschehen unter den Bedingungen des spezifischen Forschungsinteresses verstärkt die ohnehin vorhandenen **Intra-Rollenkonflikte** des Beobachters durch die Trennung von Teilnahme und Beobachtung. Folgen davon können ungenaue Beobachtungen und unzureichende Aufzeichnungen sein. Intra-Rollenkonflikte, die sich aus der Doppelfunktion des teilnehmenden Beobachters ergeben, stellen somit den zweiten Problembereich dar, der die Beobachtungsqualität teilnehmender Beobachtungen verringern kann.

7.2.4.2. Beobachtereinflüsse

Die hier kurz dargestellten Beobachterfehler beziehen sich im wesentlichen auf die Fähigkeiten des Beobachters, den besonderen Anforderungen seiner Aufgabe nachzukommen. Anders als bei den Untersuchungen zum persönlichen Interview finden sich jedoch kaum Hinweise auf die systematische Überprüfung von Verzerrungen durch die **Interaktion** von "offen" agierenden Beobachtern und Beobachteten[1].

---

[1] Vgl. zu den "Experimenter-Effekten" bei Laborbeobachtungen Kap. 5 bzw. ROSENTHAL/ROSNOW (1969) sowie zur teilnehmenden Beobachtung ausführlich ROETHLISBERGER/DICKSON/WRIGHT (1949).

Obgleich eine Reihe von Autoren darauf verweisen, daß die Anwesenheit eines Beobachters keine gravierenden Effekte auf die Verhaltens- und Handlungsweisen der Beobachteten hat, daß solche Effekte allenfalls in der Anfangsphase einer Beobachtung auftreten und daß im wesentlichen die Anwesenheit eines Beobachters nach relativ kurzer Zeit "vergessen" wird[1], müssen doch eine Reihe möglicher Effekte, wie sie im Zusammmenhang des persönlichen Interviews diskutiert wurden, auch für das Verfahren der Beobachtung zumindest in Betracht gezogen werden. Mit Reaktivität der Beobachteten muß nach den Maßgaben der Handlungstheorie[2] immer dann gerechnet werden, wenn den Beobachteten bewußt ist, Ziel von Forschungsinteressen zu sein und wenn gleichzeitig die Konsequenzen dieses Forschungskontaktes von den Beobachteten als bedeutsam für sich selbst eingeschätzt werden. Nur wenn beide Bedingungen erfüllt sind, ist mit längerfristigen reaktiven Strategien zu rechnen.

Bedeutsam werden solche möglichen Reaktivitätseffekte vor allem bei teilnehmenden oder nicht-teilnehmenden Feldbeobachtungen, die "offen" durchgeführt werden. Allerdings ergibt sich in diesen Beobachtungssituationen ein wesentlicher Unterschied zum persönlichen Interview. Während beim Interview die Aufmerksamkeit des Befragten im wesentlichen auf den Interviewer gerichtet ist, ist bei Beobachtungen die Aufmerksamkeit der Akteure weitgehend auf den abzuwickelnden Handlungsablauf (Arbeitsablauf, Diskussionsablauf usw.) und nicht auf den Beobachter gerichtet. Dies ergibt sowohl für die Bewußtheit über die Forschungssituation wie auch für die Gegenwärtigkeit von Konsequenzeneinschätzungen erhebliche Unterschiede. Insofern lassen sich die berichteten empirischen Befunde der Bedeutungslosigkeit von Beobachtereinflüssen auf die Reaktivität von Beobachteten in diesem theoretischen Rahmen stützen.

---

[1] Vgl. dazu die Zusammenfassung bei CRANACH/FRENZ (1969:307f.).
[2] Vgl. dazu Kap. 7.1.1.4.4.

Bei Laborbeobachtungen gleich welcher Art[1] ist demgegenüber immer zu unterstellen, daß die "Ausnahmesituation" eines solchen Forschungskontaktes mögliche Effekte, die durch die offene Teilnahme von Beobachtern im Gegensatz zum Ablauf bei verdeckten Beobachtungen auftreten könnten, in weitem Umfang überdeckt.

7.2.4.3. Beobachterschulung

Um sicherzustellen, daß das Ergebnis einer Datenerhebung durch Beobachtung nicht lediglich die Weltsicht des Forschers bzw. diejenige einzelner Beobachter reflektiert, ist es notwendig, immer mehrere Beobachter einzusetzen[2]. Aus dem Einsatz mehrerer Beobachter ergibt sich allerdings ein weiteres Problem: die Zuordnung von Beobachtungen zu Kategorien darf sich zwischen den Beobachtern nicht unterscheiden. Erst wenn mehrere unabhängige Beobachter gleiche oder ähnliche Codierungen des gleichen beobachteten Ereignisses vornehmen[3], kann von einer reliablen Messung ausgegangen werden (vgl. Kap. 4.3.2.1.). Um dieses Ziel der "Intercoder-Reliabilität" zu erreichen, ist eine intensive Beobachterschulung unabdingbar. CRANACH/FRENZ (1969:304f.) empfehlen in Anlehnung an HEYNS/ ZANDER (1953) folgende Trainingsschritte:

---

[1] Vgl. dazu die unterschiedlichen Versuchsanordnungen zur Überprüfung des Beobachtereinflusses bei BALES (1951).

[2] Vgl. dazu auch das analoge Verfahren beim Interview (Kap. 7.1.1.) bzw. bei der Codierung im Rahmen von Inhaltsanalysen (Kap. 7.3.3.).

[3] Um das Ausmaß der Übereinstimmungen zwischen Beobachtern festzustellen werden Übereinstimmungsmaße berechnet. Häufig wird der Koeffizient Kappa verwendet, da Kappa eine Korrektur für zufällige Übereinstimmungen in quadratischen Kreuztabellen vornimmt (COHEN 1960). Wenn r die Zahl der Zeilen der Tabelle, F_{ii} die Häufigkeit in der Hauptdiagonalen, N die Anzahl der Fälle und R_i und C_i die Zeilen- bzw. Spaltenrandsummen darstellen, dann ergibt sich Kappa als

$$\kappa = \frac{N\sum_{i=1}^{r} F_{ii} - \sum_{i=1}^{r} R_i C_i}{N^2 - \sum_{i=1}^{r} R_i C_i}$$

- Information der Beobachter über die Absicht der Studie[1],
- Probebeobachtungen ohne endgültiges Beobachtungsschema, um die Schwierigkeiten der Methode kennenzulernen und Sensibilität gegenüber relevanten Verhaltensweisen zu erlangen,
- Information und Diskussion über die Items des Beobachtungsschemas,
- Anwendung des Beobachtungsschemas in einem Rollenspiel,
- Diskussion der ersten Erfahrungen und gegebenenfalls die Revision des Beobachtungsinstruments,
- Pretest unter "Ernstbedingungen",
- Prüfung der Übereinstimmung der Beobachter.

Darüber hinaus erscheint es notwendig zu prüfen, ob die Codierungen eines Beobachters konsistent über die Zeit sind ("Intracoder-Reliabilität"). BAKEMAN/GOTTMAN (1986:73ff) schlagen vor, im Rahmen von periodisch ablaufenden Beobachterschulungen, alle Beobachter erneut Codierungen von Standardbeobachtungssequenzen (Videoaufzeichnungen) vornehmen zu lassen und die Ergebnisse sowohl mit der Standardcodierung wie mit auch früheren Codierungsversionen des jeweiligen Beobachters selbst zu vergleichen.
Die Vorbereitung auf die Durchführung einer teilnehmenden Beobachtung sollte in jedem Fall darüber hinaus auf die besonderen Probleme dieser Beobachtungsart hinführen. FRIEDRICHS/LÜDTKE (1973:211f.) verweisen auf umfangreiche Pretest-Phasen, in denen die Beobachter sowohl einem Training zur Übernahme bestimmter Rollen im Feld unterzogen werden, wie auch durch Simulation bestimmter Situationen auf das Feld und die Auswahl von Schlüsselpersonen vorbereitet werden.

---

[1] BAKEMAN/GOTTMAN (1986:71) verweisen jedoch darauf, daß die Standardpraxis bei Beobachtungen gerade darin besteht, den Beobachter "naiv" in bezug auf die zur Untersuchung anstehenden Hypothesen zu lassen, um Einflüsse der subjektiven Weltsicht des Beobachters auf die Art und Weise der Protokollierung von Beobachtungselementen zu reduzieren.

Insbesondere bei teilnehmenden Beobachtungen erscheint es angemessen, wenn sich Instruktionen nicht nur auf die Schulungsphase beziehen, sondern auch während der Feldphase eine kontinuierliche Kontrolle und Überwachung der Beobachter stattfindet (GRÜMER 1974:118).

7.2.5. Technische Hilfsmittel

Bei der konkreten Durchführung von Beobachtungen sind im allgemeinen und traditionellerweise Papier (Kategorienschema bzw. Beobachtungstagebuch bei nicht strukturierten Beobachtungen) und Bleistift die hauptsächlichen Werkzeuge. Hinzu tritt insbesondere bei Beobachtungen in sozialpsychologischen Untersuchungsansätzen in größerem Umfang die Nutzung von technischen Hilfsmitteln wie Tonbandgeräten oder Film- und Videoaufnahmen. Der Vorteil der zusätzlichen Verwendung solcher Hilfsmittel kann z.B. in der Möglichkeit des Vergleichs der Analyse von Videoaufnahmen mit den von einem Beobachter angefertigten Beobachtungsprotokollen zur Erhöhung der intersubjektiven Überprüfbarkeit liegen. Im Einzelfall sind jedoch die Effekte, die mit der Verwendung solcher technischen Hilfsmittel und dem damit notwendigen Agieren vor Kameras verbunden sind, in Betracht zu ziehen.

7.2.6. Zur Relevanz der Beobachtung als Datenerhebungstechnik

Beobachtungen können in vielfältiger Hinsicht im wissenschaftlichen Prozeß der Datenerhebung genutzt werden; sie können in explorativen Untersuchungen dazu dienen, Einblicke in ein noch wenig bearbeitetes Forschungsgebiet zu bekommen, um Hypothesen zu ermitteln, die später getestet werden können. Beobachtungen können auch ergänzendes Datenmaterial bereitstellen zu Ergebnissen, die mit anderen Methoden erzielt wurden oder sie können in deskriptiven Studien die einfachste Methode der Datensammlung darstellen (NACHMIAS/NACHMIAS 1976:

75). Darüber hinaus gibt es im sozialwissenschaftlichen Bereich Forschungsfelder, die andere Methoden der Datenerhebung nahezu ausschließen: z.B. bei der Erfassung komplexer Interaktionen, die von den beteiligten Akteuren weder angemessen wahrgenommen noch zuverlässig berichtet werden können oder wenn verbale Auskünfte entweder nicht eingeholt werden können (z.B. von Kindern) oder aber prinzipiell nicht im Mittelpunkt des Interesses stehen (z.B. bei Untersuchungen zur nonverbalen Kommunikation) (FRIEDRICHS 1973:274). Trotz all dieser möglichen Anwendungsfelder ist die Beobachtung jedoch ein weitgehend problematisches Verfahren, das aufgrund der sich ergebenden Schwierigkeiten z.B. bei der Erarbeitung des Kategorienschemas oder bei der Durchführung der Beobachtung nur relativ selten oder nur in einzelnen Disziplinen der Sozialwissenschaft als "systematisches" Instrument (vorwiegend in der Sozialpsychologie) angewandt wird. Dies könnte sich allerdings durch die neue Möglichkeiten der Datenanalyse von Sequenzdaten, wie sie z.B. durch Beobachtungen gewonnen werden können, teilweise ändern[1].

Mit dem Verschwinden der Feldforschung aus den gängigen Praktiken der empirischen Sozialforschung reduzierte sich auch die Anwendung weniger systematischer Varianten der Beobachtung (wie z.B. aus der Anthropologie oder Ethnologie, aber auch aus älteren soziologischen Studien z.B. WHYTE (1943) oder WARNER/ LUNT (1941/42) bekannt) mit all ihren Problemen weitgehend auf den Bereich alltagsweltlich-interaktionistischer "qualitativer" Forschung.

7.3. Inhaltsanalyse

Im Gegensatz zu Datenerhebungstechniken wie Befragungen und einigen Beobachtungsverfahren, bei denen sich die untersuchten Individuen oder Kollektive bewußt darüber sind, daß sie Gegenstand einer Untersuchung sind und entsprechende

---

[1] vgl. GOTTMAN/ROY (1990).

Reaktivitätseffekte erwartbar werden, ist die "Inhaltsanalyse" ("Content Analysis") eine Methode, die in der Hauptsache Texte aller Art (aber auch Rundfunk- und Fernsehsendungen, Filme usw.) einer quantifizierenden Analyse unterzieht[1]. Die Tatsache, daß weder Produzenten noch Leser z.B. von Zeitschriftenartikeln durch eine Inhaltsanalyse direkt betroffen sind, macht den Vorteil dieser Methode als im wesentlichen nicht-reaktiv aus (vgl. zu weiteren nicht-reaktiven Verfahren Kap. 7.4)[2].

Darüber hinaus wird als Vorteil dieses Verfahrens die Vielfältigkeit des einer Analyse zur Verfügung stehenden Materials genannt bzw. die disziplinenübergreifende Verwendbarkeit dieser Methode. So werden z.B. in der Literaturwissenschaft Inhaltsanalysen u.a. zur Feststellung umstrittener Autorenschaften genutzt, zur Analyse der Verständlichkeit von Texten; in der psychologischen Forschung beruhen eine Reihe von Wortschatzüberprüfungen auf inhaltsanalytischen Vorgehensweisen (FRIEDRICHS 1973:317). Die Hauptanwendungsbereiche liegen jedoch in der Erforschung politischer Kommunikation[3], in der Analyse von Massenmedien, aber auch im engeren soziologischen Bereich, z.B. in der Analyse des Wandels von Einstellungen, Lebensstilen usw. (FRIEDRICHS 1973:317)[4]. WEBER (1990:10) betont in diesem Zusammenhang die Tatsache, daß unterschiedlichste schriftliche Dokumente für sehr lange Zeiträume verfügbar seien und so die Möglichkeit der Bereitstellung sogar Jahrhunderte übergreifender Daten in bezug auf ökonomischen, sozialen, politischen und kulturellen Wandel bestehe.

---

[1] Inhaltsanalysen stellen eher eine Mischform von "Analysetechnik" und Datenerhebungsverfahren dar.

[2] Bezieht sich Inhaltsanalyse jedoch z.B. auf die Analyse von offenen Fragen in einem Fragebogen eines mündlichen Interviews (RITSERT 1972:16) oder auf Transkripte von narrativen Interviews oder allgemein: von Kommunikation (WEBER 1990:10), dann ist dieser Vorteil nicht mehr gegeben.

[3] So verdankt die Inhaltsanalyse ihren ersten großen Aufschwung sicherlich der amerikanischen Propagandaforschung während des zweiten Weltkriegs und in der Nachkriegszeit; vgl. dazu LASSWELL/LEITES (1949) oder LASSWELL/KAPLAN (1950).

[4] Vgl. zu den vielfältigen Anwendungsmöglichkeiten die "klassischen" Vorschläge von BERELSON (1952).

7.3.1. Inhaltsanalytische Techniken

Es lassen sich vier gebräuchliche Formen der empirischen Inhaltsanalyse unterscheiden[1]:

- "Frequenzanalysen", in denen Textelemente lediglich klassifiziert werden und die Häufigkeit ihres Vorkommens ausgezählt wird (vgl. Abb. 7-18).
- "Valenzanalysen"; hierbei wird eine schon spezifischere Beschreibung von Inhalten durch die Angaben von Bewertungen (negativ, neutral, positiv), die im Zusammenhang mit der Nennung von interessierenden Begriffen stehen, möglich. Beispielsweise wäre bei einer Analyse von 1500 Tageszeitungsartikeln aus dem Zeitraum von Oktober bis Dezember 1987 zu Fragen der kommunalen Finanzen zu untersuchen, welche Bewertungen mit dem Begriff "Steuerreform" verbunden sind (sofern dieser Begriff genannt wird).
- "Intensitätsanalysen" erfassen zusätzlich die Intensitäten von Bewertungen.
- "Kontingenzanalysen" überprüfen schließlich das Auftreten bestimmter sprachlicher Elemente im Zusammenhang mit anderen Begriffen. So könnte im genannten Beispiel analysiert werden, ob und wie häufig der Begriff "Steuerreform" im Zusammenhang mit anderen Kategorien (z.B. "finanzieller Ruin der Städte", "Ausgrenzungspolitik" oder "Umverteilung") auftaucht.

7.3.2. Phasen einer Inhaltsanalyse

Alle diese Techniken basieren auf der gleichen Vorgehensweise bei der Ermittlung und Aufbereitung des zu untersuchenden Materials:

Zunächst muß eine **Festlegung der Art oder der Klasse von Texten**, die in Hinsicht auf ein spezifisches Forschungsproblem analysiert werden sollen, vorgenommen werden. Sei zum Beispiel als Forschungsproblem "Der Wandel in der Einstellung zum Stillen im Zeitraum von 1967-1987" benannt, könnten Zeitschriftenartikel aus Frauen- und Elternzeitschriften dieses Zeitraums, die sich mit dem "Problem" des

[1] Einen weitaus differenzierteren Überblick über - auch weniger gebräuchliche - Techniken der Inhaltsanalyse gibt MERTEN (1981).

Stillens befassen, als interessierende Texte ermittelt werden. HARDER (1974:236) nennt als wesentliche Kriterien bei dieser Festlegung, daß die Texte relevant für den Zweck der Untersuchung sein müssen, daß sie tatsächlich existieren und daß sie auch zugänglich sind.

In einem zweiten Schritt muß aus der so ermittelten Klasse von relevanten Texten eine Stichprobe von zu untersuchenden Texten festgelegt werden, die sich - sofern keine Gesamtanalyse angestrebt wird - am Modell der Zufallsstichprobe orientieren sollte[1].

Bei einer quantitativen Inhaltsanalyse müssen dann die Zähleinheiten (d.h. die zu zählenden Texteinheiten; Merkmalsträger) vorgegeben werden. Zähleinheiten können sein: Worte (entweder alle Worte eines Textes oder bestimmte Worte, die listenmäßig aufgeführt sind), Fremdworte, Wortgruppen (z.B. Idiome), Substantive, Adjektive, Verben, Sätze, Artikel, Seiten, Überschriften usw. (vgl. HARDER 1974:239)[2]. Bei dem genannten Beispiel könnten z.B. Artikel als Zähleinheit benannt werden.

Die wesentlichste Entscheidung bei einer Inhaltsanalyse besteht jedoch in der Entwicklung eines "Kategorienschemas". Da bei einer Inhaltsanalyse im allgemeinen mehrere Kategorien betrachtet werden, also z.B. nicht nur der Wandel in der Bewertung des Stillens interessiert, sondern im Zusammenhang damit z.B. auch solche Dimensionen wie "Mütterlichkeit", "Frauenerwerbstätigkeit", "Moralvorstellungen" u.a., müssen Kategorien aufgrund einer gründlichen theoretischen Aufarbeitung des Forschungsproblems festgelegt und **definiert** werden. "Kategorien" im inhaltsanalytischen Sinn sind also zunächst "Oberbegriffe", die mit den definierten Begriffen für die problemrelevanten Dimensionen identisch sind oder sie in Teildimensionen untergliedern. Darüber hinaus müssen "Unterkategorien" gebildet werden, die angeben, welche Art von Aussagen je Kategorie unterschieden werden sollen. Unterkategorien entsprechen somit den Merkmalsausprägungen von Variablen (vgl. HARDER 1974:239).

---

[1] Vgl. dazu allgemein Kap. 6, speziell zur Inhaltsanalyse KOPS (1977).
[2] Vgl. auch WEBER (1990:22f.) und ausführlich KRIPPENDORF (1980:57-63).

Abbildung 7-18: Beispiel einer Frequenzanalyse ("Programmatische Äußerungen der US-Präsidentschaftsanwärter 1980")[1]

Jimmy Carter			Ronald Reagan		
Rang	Wort	Häufigkeit	Rang	Wort	Häufigkeit
1	unser	430	1	unser	347
2	müssen	321	2	ihr/e	161
3	demokratisch	226	3	Verwaltung	131
4	Bundes-	177	4	Regierung	128
5	Unterstützung	144	5	republikanisch	126
6	Partei	139	5	Bundes-	126
7	Regierung	133	6	amerikanisch	119
8	Programme	129	7	Republikaner	116
9	Verwaltung	127	8	Carter	112
10	alle	122	9	müssen	104
10	wirtschaftlich	122	10	wirtschaftlich	101
11	ihr/e	112	11	Politik	100
12	weiterführen	109	12	sowjetische	98
13	Energie	107	13	Staaten	93
14	sollten	99	14	militärisch	89
15	andere	96	15	Steuer	85
16	Politik	89	16	Unterstützung	83
17	Anstrengungen	87	17	Energie	81
17	Entwicklung	87	17	mehr	81
18	Rechte	86	18	Partei	79
19	Gesundheit	85	19	Volk	74
20	amerikanisch	84	20	vereinigt/e	73
21	Programm	81	21	Programme	72
21	mehr	81	21	Sie	72
22	national	80	22	alle	70
23	neu	79	22	Politik	70
24	Staaten	73	23	Amerikaner	68
25	Sicherheit	72	24	sollten	64
26	Frauen	70	25	neu	63
27	Arbeit	69	26	Glaube	62
28	Ausbildung	65	26	Abwehr	62
29	Jahre	64	26	national	62
30	Bedürfnisse	62	26	wer	62

[1] gekürzt nach WEBER (1990:51).

Das Kategorienschema, das vor der Datenerhebung entwickelt werden sollte, sollte einigen formalen Anforderungen genügen. So darf sich jede Kategorie nur auf eine Bedeutungsdimension beziehen; Kategorien müssen einander ausschließen, erschöpfend und unabhängig voneinander sein. Trotzdem ist jedes inhaltsanalytische Kategorienschema selektiv in bezug auf bestimmte Fragestellungen: es muß nicht eine vollständige Erfassung aller im Text auftretenden Inhalte erlauben; es wird lediglich gefordert, daß es alle **interessierenden** Bedeutungsdimensionen vollständig erfaßt. Diese vollständige Erfassung interessierender Bedeutungsdimensionen ist zum einen durch eine möglichst intensive theoretische Bearbeitung der Forschungsfragestellung - ähnlich wie bei der Konstruktion eines Fragebogens - zu gewährleisten, zum anderen erscheint es auch zweckmäßig einen ersten Entwurf des Schemas an einem Teil der Zähleinheiten zu testen. Auf Grundlage eines solchen **Pretests** kann die Einführung zusätzlicher Kategorien oder Unterkategorien, die Unterteilung von Kategorien sowie die Umdefinition uneindeutiger Kategorien nötig werden.

Ein anderer Ansatz der Inhaltsanalyse bezieht sich auf die Entwicklung und Anwendung von "Wörterbüchern". "Inhaltsanalyse-Wörterbücher" enthalten Kategoriennamen, Definitionsregeln für die Zuweisung von Worten zu Kategorien und Musterzuweisungen für bestimmte Worte. Ein solches Wörterbuch enthält soviele Kategorien, daß die meisten Texte anhand dieser Vorgaben klassifiziert werden können (WEBER 1990: 25) und hat die Vorteile, daß die Arbeitsschritte der Aufstellung eines Kategorienschemas, der Validierung und der Überarbeitung verkürzt werden, Klassifizierungen standardisiert werden können und damit Vergleiche zwischen einzelnen Untersuchungen möglich werden. Beispiele für vorliegende Wörterbücher[1] sind das "Harvard IV Psychosocial Dictionary" und das "Lasswell Value Dictionary (LVD)" (LASSWELL/NAMENWIRTH 1968).

Auf Grundlage des komplett fertiggestellten Kategorienschemas können dann - in einer traditionellen Inhaltsanalyse - die Inhalte der Zähleinheiten ermittelt und (maschinenlesbar) verschlüsselt ("codiert") werden. Diese Codierung des Inhalts ist

---

[1] Einen Überblick über deutsche Diktionäre geben KLINGEMANN/MOHLER (1980) und MOHLER (1980; 1981).

die letzte arbeitsaufwendige Phase der Vorbereitung einer statistischen Auswertung des Materials als Frequenz-, Valenz-, Intensitäts- oder Kontingenzanalyse.

Neuere - weitgehend computergestützte - inhaltsanalytische Vorgehensweisen verkürzen diesen Vercodungsprozeß ganz erheblich. In früheren Zeiten - schon traditioneller - Inhaltsanalyse war nach der Vercodung das "Ablochen" aller Codierungen auf Lochkarten notwendig. Mitunter wurde auch die komplette Wiederholung dieses Vorganges als "Verifikation" der Ersteingabe genutzt, so daß z.B. das Ablochen, Überprüfen und Korrigieren der Eingabe von ca. 500.000 Worten und Interpunktionszeichen nahezu 9 Mannmonate Arbeit erforderte. Mittlerweile können durch die Nutzung von "Scannern" (optische Einlesegeräte) zur Übertragung von ganzen Texten auf ein elektronisches Speichermedium (Magnetband oder Magnetplatte) diese Arbeitsschritte einschließlich der Vercodung drastisch reduziert werden. WEBER (1985:44) gibt an, daß mit der entsprechenden Technik ca. 100.000 Worte und Interpunktionszeichen in einer Zeit von 4 1/2 Stunden "gescannt" werden können und zwar bei einer Fehlerquote von weniger als 0.1%. Mit derzeit verfügbaren PCs und Scannern sowie Standardsoftware läßt sich eine Textseite je nach Qualität der Vorlage in ca. zwei bis vier Minuten mit weniger als 1% Fehlern erfassen (HAUPTMANNS/SCHNELL 1992:137). Für die Erfassung eines vollständigen Buches benötigt man so ca. 20 Stunden.

Damit entfällt auch weitgehend eine weitere Fehlerquelle der Inhaltsanalyse. Nur noch bei Codierung und Ablochung durch "menschliche" Coder spielen Fragen der Zuverlässigkeit[1] von Codierungen eine elementare Rolle[2].

---

[1] Vgl. zum Problem der Gültigkeit die allgemeinen Ausführungen in Kap.4.

[2] Inhaltsanalyse-Wörterbücher können mittlerweise zusammen mit den neuen Versionen des Computerprogramms des "General Inquirer" auch unterschiedliche Bedeutungen englischer Homonyme aufgrund des Kontextes, in dem die betreffenden Worte stehen, ermitteln (WEBER 1990:30).

7.3.3. Probleme inhaltsanalytischer Verfahren

Die zentralen Probleme der Inhaltsanalyse liegen im Prozeß der Datenreduktion, bei dem die Vielzahl der Wörter eines Textes in nur wenigen Kategorien klassifiziert werden muß. Der Hauptproblembereich bezieht sich dabei auf die Konsistenz oder Zuverlässigkeit dieser Klassifikationen, die z.B. durch die Mehrdeutigkeit von Begriffen oder eine Mehrdeutigkeit bei der Definition von Kategorien beeinträchtigt sein kann.

KRIPPENDORF (1980:130-154) nennt als Elemente der Zuverlässigkeit bei Inhaltsanalysen "Stabilität", "Wiederholbarkeit" und "Genauigkeit".

"Stabilität" bezieht sich dabei darauf, inwieweit Inhaltsklassifikationen im Zeitverlauf stabil und unverändert bleiben. Sie ist dann gegeben, wenn der gleiche Inhalt von einem Coder jeweils gleich vercodet wird ("Intracoder-Reliabilität"). Treten Inkonsistenzen in der Vercodung auf, dann können diese aus einer Vielzahl von Gründen entstanden sein: Neben Mehrdeutigkeiten im Text oder im Kategorienschema können Lernprozesse des Coders oder einfache Fehler, Unachtsamkeiten oder Müdigkeit des Coders verantwortlich sein. Da sich die Frage der Stabilitätsprüfung nur auf einen einzigen Coder bezieht, ist dies die schwächste Form der Reliabiltät (WEBER 1990:17).

"Wiederholbarkeit", oftmals auch als "Intercoder-Reliabilität" bezeichnet, bezieht sich auf das Ausmaß, in dem gleiche Klassifizierungen vorgenommen werden, wenn der gleiche Text von mehr als einem Coder vercodet wird. Unterschiedliche Codierungen resultieren aus kognitiven Unterschieden zwischen Codern, mehrdeutigen Codieranweisungen oder aus einfachen Fehlern der Coder. Hohe Intercoder-Reliabilität ist der Minimum-Standard einer Inhaltsanalyse.

Schließlich bezieht sich "Genauigkeit" auf die Übereinstimmung eines hand-codierten Fragebogens mit einer bekannten "Standardcodierung" oder "Codierungsnorm". Diese - wegen weitgehenden Fehlens von Standardcodierungen - nur selten anwendbare Reliabilitätsprüfung ist der härteste Zuverlässigkeitstest für Codierungen. Er wird mitunter in Trainingsphasen für Codierer angewandt, wenn eine Standardcodierung durch Experten verfügbar ist (KRIPPENDORF 1980:131).

7.4. Nicht-reaktive Meßverfahren

Als **Reaktivität** war der Einfluß des Meßvorgangs auf die Reaktionen von Versuchspersonen bzw. von Befragten bezeichnet worden (vgl. Kap. 7.1.1.4). Eine naheliegende Lösung dieses Problems scheint darin zu bestehen, zu verhindern, daß den untersuchten Personen bewußt wird, daß sie sich in einer Untersuchungssituation befinden. Datenerhebungstechniken mit genau dieser Zielsetzung werden "nicht-reaktive Meßverfahren" genannt. Genauer lassen sich nicht-reaktive Meßverfahren als Erhebungsmethoden bezeichnen, die eine Rückwirkung der Erhebung auf die Reaktion der untersuchten Personen weitgehend dadurch ausschließen, daß den untersuchten Personen durch die Art der Untersuchung nicht bewußt werden kann, daß ihre Handlungen oder die Folgen ihrer Handlungen Gegenstand einer wissenschaftlichen Datenerhebung sind.

Die intensive Beschäftigung mit nicht-reaktiven Meßverfahren in den Sozialwissenschaften begann 1966 mit der Veröffentlichung "Unobstrusive Measures: Nonreactive Research in the Social Sciences" von WEBB/CAMPBELL/SCHWARTZ/SECHREST. WEBB u.a. demonstrierten die Anwendbarkeit zahlreicher nicht-reaktiver Meßverfahren auf unterschiedlichste Fragestellungen. Dabei zählten sie zu den nicht-reaktiven Meßverfahren eine große Zahl von Meßmethoden wie z.B. bestimmte Beobachtungsverfahren, Inhaltsanalysen und Feldexperimente, aber auch die Analyse von Archivdaten und physischen Spuren. Einige Beispiele für verschiedene Arten nicht-reaktiver Meßverfahren sollen kurz erwähnt werden[1].

---

[1] Die Methoden und Probleme der Inhaltsanalyse wurden an anderer Stelle (vgl. Kap. 7.3) erörtert. Feldexperimente sind nur unklar gegenüber anderen Methoden abgegrenzt (vgl. Kap. 5.2): die eigentliche Datenerhebung geschieht zumeist durch die Anwendung eines Beobachtungsverfahrens oder durch die Analyse von Spuren. Allgemein zur Feldforschung vgl. die Arbeiten in dem von PATRY (1982) herausgegebenen Band, der auch umfassende weiterführende bibliographische Hinweise enthält.

7.4.1. Physische Spuren

Wie jeder Leser von Kriminalromanen weiß, können physische Spuren vergangenen Verhaltens als Datenquelle verwendet werden. Im Rahmen nicht-reaktiver Meßverfahren richtet sich das Interesse auf zwei Arten solcher "Spuren": auf Abnutzungsspuren und Ablagerungsspuren.

Das berühmteste Beispiel für die Analyse von Abnutzungsspuren bei WEBB u.a. (1975:57) besteht aus der Feststellung, daß die Teppichfliesen rund um einen bestimmten Ausstellungsgegenstand eines Chicagoer Museums - es handelte sich bei diesem Exponat um lebendige schlüpfende Küken - alle sechs Wochen ausgewechselt werden mußten, obwohl gleiche Fliesen in anderen Teilen des Museums mehrere Jahre überstanden. Die Erneuerungsrate der Fliesen ergibt somit ein Maß für die Popularität der Ausstellungsgegenstände. In ähnlicher Weise können Abnutzungserscheinungen von Büchern in Präsenz-Bibliotheken verwendet werden, um deren Popularität zu ermitteln.
Ein Beispiel für Ablagerungsspuren ist die Ermittlung der Popularität verschiedener Rundfunksender durch die Feststellung, auf welche Sender Autoradios eingestellt waren, als die Fahrzeuge in eine Reparaturwerkstatt gebracht wurden.
Die Durchsuchung von Haushaltsmüll, um anhand der dort gefundenen Flaschen den Alkoholkonsum innerhalb eines Wohngebiets zu schätzen, kann ebenso zur Analyse von Ablagerungsspuren gezählt werden, wie die Untersuchung rassischer Vorurteile anhand von Graffiti in Aufzügen und Toiletten. Schließlich ist auch die Anzahl der Nasenabdrücke auf den Glasscheiben von Ausstellungsvitrinen ein Indikator für Interesse gegenüber dem Exponat.

7.4.2. Nicht-reaktive Beobachtung

Bei nicht-reaktiven Beobachtungen werden durch die Beobachter nur äußerliche Erscheinungsmerkmale von Personen oder Objekten registriert. So wurden Tätowierungen von Gefängnisinsassen, Wohnungseinrichtungen, Blickkontakte, Sitzordnungen, Passantengespräche, Autoaufkleber usw. für nicht-reaktive Messungen durch Beobachtung verwendet. Bei vielen Interviewstudien werden die Interviewer gebeten, einige Merkmale z.B. der Wohnumgebung, des Wohnhauses (Alter, Zustand), der Wohnung (Einrichtungsstil, Geräteausstattung) oder des Befragten (Kleidung, Mundartgebrauch) zu vermerken.

7.4.3. Analyse laufender Berichte

Als weitere Datenquelle für nicht-reaktive Messungen können in Industriegesellschaften kontinuierlich erstellte, zu einem Großteil öffentlich zugängliche Berichte aller Art, die für die verschiedensten Zwecke produziert werden, genutzt werden. Hierzu gehören z.B. Mitgliederverzeichnisse, Börsenkurse, Haushaltspositionen in kommunalen Etats, Inventurlisten usw. Der Vorteil solcher Berichte liegt vor allem in der Möglichkeit, kontinuierlich vergleichbare Daten über lange Zeiträume zu erhalten.

Beispielsweise setzten BUNGARD/LÜCK (1974:98f.) den Wasserverbrauch in der Stadt Leverkusen an einzelnen Wochentagen mit dem Zeitpunkt des Endes verschiedener Fernsehsendungen in Beziehung: Nach sehr populären Sendungen steigt der Wasserverbrauch durch simultane Betätigung der Toilettenspülungen sprunghaft an. Weiterhin wurden Personenstandsregister z.B. zur Untersuchung vorehelicher Geschlechtsbeziehungen in verschiedenen Gesellschaften verwendet, sowie Wahlkreisstatistiken, Polizeiberichte, Gerichtsurteile, Bibliotheksausleihen, Kündigungsraten, Krankmeldungen usw. für sozialwissenschaftliche Messungen eingesetzt.

7.4.4. Nicht-reaktive Feldexperimente

Ein Beispiel[1] für nicht-reaktive Feldexperimente ist die sog. "Lost-Letter-Technique" ("Technik der verlorenen Briefe"). Sie basiert darauf, daß eine große Zahl frankierter, aber nicht abgestempelter Briefe einzeln entweder auf Bürgersteigen ausgelegt oder unter Windschutzscheiben parkender Wagen geklemmt (mit dem Vermerk: "Lag neben Ihrem Wagen") werden. Den Findern dieser Briefe sollen die Briefe als verloren erscheinen. Die Finder haben die Möglichkeit, den Brief aufzugeben, zu zerreißen oder liegenzulassen. In der Regel wird bei dieser Technik die Adresse variiert; zumeist werden Organisationsnamen und -adressen verwendet (z.B. MILGRAM (1969) verwendete die Adressen "Friends of the Communist Party", "Friends of the Nazi Party" und "Medical Research Associates"). Aus den unterschiedlichen Rücklaufquoten der "verlorenen" Briefe soll auf die Einstellung (meist innerhalb eines bestimmten, lokal abgegrenzten Gebietes) gegenüber den benannten Organisationen geschlossen werden.

Trotz vereinzelter Erfolge dieser Technik (z.B. bei Wahlprognosen) und einiger Modifikationen[2] muß die Zuverlässigkeit dieser Technik aufgrund empirischer Studien bezweifelt werden (vgl. SECHREST/ BELEW 1983:35-42). Das Hauptproblem besteht darin, daß unklar bleibt, wer der Finder eines Briefes war. Weiterhin sind störende Einflüsse durch den Ort des "Verlierens" und durch die Wetterbedingungen möglich. Schließlich können dem Nicht-Weiterleiten eines Briefes andere Ursachen zugrunde liegen als die Einstellung gegenüber den jeweiligen Organisationen: Neugier, der Wunsch, die Briefmarke zu behalten, die Möglichkeit, daß der Brief Geld enthält usw. (SECHREST/BELEW 1983:42).

---

[1] Andere Beispiele finden sich bei BOCHNER (1980).

[2] Beispielsweise die "Misdirected Letter Technique": ein offenkundig an jemand anderen adressierter Brief wird zugestellt; vgl. KREMER/BARRY/McNALLY (1986).

7.4.5. Einstellungsmessungen mit nicht-reaktiven Meßverfahren

Nicht-reaktiven Meßverfahren liegen meist einfache implizite Hypothesen über ihre Funktionsweise zugrunde. Die Objekte nicht-reaktiver Meßverfahren müssen in irgendeiner Weise mit den Verhaltensweisen oder Einstellungen der Personen, über die etwas gesagt werden soll, verbunden werden. Beispielsweise wird die Anzahl der Nasenabdrücke auf einer Glasscheibe einer Ausstellungsvitrine über die Hypothese "Je größer das Interesse von Kindern an einem ausgestellten Gegenstand ist, desto näher versuchen sie an die Ausstellungsobjekte heranzukommen" mit den Einstellungen von Kindern verbundern. Für Einstellungsmessungen mit nicht-reaktiven Meßverfahren unterscheiden SECHREST/BELEW (1983:33f.) sieben verschiedene Prinzipien, mit denen Verhaltensweisen über solche Hypothesen mit Einstellungen verbunden werden.

Als Einstellungsindikatoren können verwendet werden:

- Verhaltensweisen als direkter Ausdruck von Einstellungen (politische Graffiti, Autoaufkleber);
- Interesse an einem Objekt (aktive Informationssuche, Wegwerfen von Flugblättern);
- verzerrte oder falsche Ansichten über ein bestimmtes Faktum (falsche Schätzungen der Rückfallquote bei jugendlichen Straftätern);
- Vermeidungs- oder Annäherungsverhalten gegenüber bestimmten Objekten (Sitzordnungen, Nasenabdrücke);
- Verhaltensweisen, die einen bestimmten Aufwand erfordern (Freiwilligenmeldungen);
- physiologische Messungen (Handschweiß, elektrischer Hautwiderstand, Pupillengröße, Stimmveränderungen)[1].

---

[1] Aufgrund des mit der Durchführung physiologischer Messungen verbundenen apparativen Aufwands erscheint es höchst fragwürdig, direkte physiologische Messungen als "nicht-reaktiv" zu bezeichnen. Da diese Verfahren ohnehin nur Messungen des Erregtheitszustandes, nicht aber der Richtung der damit verbunde-

All diesen Prinzipien von Einstellungsindikatoren liegen Hypothesen über menschliches Verhalten zugrunde. Werden diese Prinzipien für eine nicht-reaktive Einstellungsmessung verwendet, so muß der empirische Gehalt dieser Operationalisierungen überprüft werden. Ohne systematische Validierungsstudie sollte kein nicht-reaktives Meßverfahren für Einstellungsmessungen als "gültig" akzeptiert werden.

7.4.6. Probleme nicht-reaktiver Meßverfahren

Daß nicht-reaktive Meßverfahren mit einer Reihe von Problemen behaftet sind, zeigt schon das Beispiel der Lost-Letter-Technik. Abgesehen davon, daß für kaum ein nicht-reaktives Verfahren klare Gütekriterien (Reliabilität, Validität) existieren, stellen Auswahlprobleme die größten Schwierigkeiten dieser Verfahren dar.

Insbesondere bei der Untersuchung von Spuren ist es fast immer unmöglich anzugeben, welche Population untersucht wird. Weil alle eventuell zu findenden Unterschiede auch durch Unterschiede der untersuchten Population bedingt sein können, erschwert die unklare Populationsdefinition zeitliche oder räumliche Vergleiche der gefundenen Ergebnisse.
Wird z.B. die Anzahl der nach jeder Vorstellung in einem Programmkino auf dem Boden liegenden Gummibärchen-Tüten als nicht-reaktive Messung des Anteils von Nicht-Cineasten im Publikum verwendet (Hypothese: Für einen Cineasten ist es ein barbarischer Akt, während der Vorstellung Gummibärchen zu essen), so kann die Vergleichbarkeit des Messungen dadurch gefährdet sein, daß sich die Kaufkraft des Publikums in verschiedenen Vorstellungen unterscheidet.

Bei vielen nicht-reaktiven Meßverfahren treten darüber hinaus Selektivitätsprobleme auf. D.h.: Selbst wenn die Population, auf die das Meßverfahren bezogen ist,

---

nen Emotionen erlauben, ist die Anwendung solcher Verfahren nur in sehr wenigen Ausnahmefällen sinnvoll.

angegeben werden kann, so stellt die Stichprobe der tatsächlich untersuchten Personen bzw. Objekte keine Zufallsauswahl dar. Beispielsweise verschwinden bestimmte Spuren im Laufe der Zeit, wobei die Verfallszeiten unterschiedlich sein können. Nach unseren Erfahrungen variieren z.B. die Intervalle, in denen in Universitäten die Graffiti in Fahrstühlen und Toiletten entfernt werden. Ein anderes Beispiel berührt die Analyse von Grabsteininschriften. Die Auswahl der Grabsteinempfänger ist ebenso systematisch wie der Verfall der Gräber: Wohlhabende (und Männer) erhalten eher einen Grabstein; ebenso werden vermutlich die Gräber von Wohlhabenden besser gepflegt.
Andere Verfahren beziehen sich von vorne herein nur auf spezielle Populationen, z.B. die Untersuchung von Autoaufklebern nur auf bestimmte Teilgruppen von Autobesitzern.

Letztlich sind nicht-reaktive Meßverfahren inhaltlich relativ begrenzt, d.h. sie können nur in wenigen Forschungsgebieten eingesetzt werden. So stellen BUNGARD/LÜCK (1982:326) für das Feldexperiment eine Häufung der Anwendung dieser Methode in bestimmten Teilgebieten der Sozialpsychologie (Altruismus-, Einstellungs-, Konformitäts- und Aggressionsforschung) fest. Die inhaltliche Begrenzung vieler Verfahren kann damit begründet werden, daß nur Meßverfahren mit sehr einfachen "Instrumententheorien" (z.B. "Je größer das Interesse an einem Gegenstand, desto kleiner ist der Beobachtungsabstand") beim derzeitigen Stand der Theoriebildung möglich sind. Somit sind nur Verhaltensweisen oder Spuren von Verhaltensweisen für die Messung einsetzbar, bei denen die Verbindung zu den theoretischen Konstrukten (z.B. Einstellungen) relativ "offensichtlich" sind. "Offensichtlich" sind jedoch solche Verbindungen nur dann, wenn das beobachtbare Verhalten bzw. dessen Spuren nur durch wenige, klar strukturierte und stark ausgeprägte Faktoren verursacht wird. Sobald diese Bedingungen verletzt sind, kann ohne Bezug auf (nur potentiell reaktiv erhebbare) Kognitionen der Akteure vermutlich keine valide Messung erfolgen.

Teilweise stehen der Anwendung nicht-reaktiver Verfahren auch rechtliche und ethische Probleme entgegen. So ist es z.B. fraglich, ob bestimmte Techniken nicht reaktiver-Messung, die bereits angewendet wurden, wie z.B. das Abhören von Telefonen oder das Vortäuschen von Notsituationen, legitimiert werden können (vgl. BUNGARD/LÜCK 1982:331f.).

Die Fehlerquellen und Probleme nicht-reaktiver Meßverfahren lassen die generelle Anwendbarkeit der Verfahren kritisch erscheinen. Neben einigen anderen Gründen (erhöhter Aufwand, Mangel an Phantasie, befürchtete Unseriosität der Forschung, inhaltliche Begrenztheit der Verfahren), dürfte die weitgehend ungeklärte Frage nach den Gütekriterien dazu geführt haben, daß nicht-reaktive Verfahren weitaus seltener angewendet werden, als nach der anfänglichen Begeisterung zu Beginn der 70er Jahre erwartbar gewesen wäre. Die ausschließliche Anwendung nicht-reaktiver Meßverfahren zur Überprüfung einer bestimmten Hypothese erscheint heute nicht weniger zweifelhaft als die ausschließliche Verwendung von Interviewdaten oder Laborexperimenten. Nicht-reaktive Meßverfahren eignen sich eher als eine Methode neben anderen bei Anwendung mehrerer unterschiedlicher Methoden (**Triangulation**; vgl. Kap 5.5.2) zur Untersuchung einer bestimmten Fragestellung.

7.5. Weiterführende Literatur

Stark praxisorientierte Einblicke in die Datenerhebungstechniken der empirischen Sozialforschung geben amerikanische Methodenlehrbücher. Neben vielen illustrativen Beispielen werden auch ganz praktische Informationen zur konkreten Durchführung von sozialwissenschaftlichen Untersuchungen gegeben. Empfehlenswert aus der Reihe solcher Arbeitsbücher erscheinen DILLMAN (1978) und BABBIE (1979, 1986). Zur postalischen Befragung sei insbesondere auf das Arbeitsbuch von BERDIE/ANDERSON/NIEBUHR (1986) hingewiesen, das eine umfangreiche kommentierte Bibliographie und vollständige Beispiele für Fragebögen enthält. Praktische Hinweise für eine weitergehende Standardisierung der Interviewsituation geben FOWLER/MANGIONE (1990).

MARSH (1982) erörtert in einem brillanten - eher theoretisch ausgerichteten - Buch nahezu alle Einwände gegenüber der Survey-Methode.

Die Literatur zu "Response-Errors" umfaßt einige der langweiligsten Texte der empirischen Sozialforschung. Einige Arbeiten sind allerdings bei einer intensiven Beschäftigung mit Problemen des Interviews unverzichtbar, z.B. der Band von BRADBURN/SUDMAN (1979), der einige wichtige Arbeiten zu speziellen Antwortverzerrungen enthält. DEMAIO (1984) gibt einen Überblick über die Literatur zur "sozialen Erwünschtheit"; NEDERHOFF (1985) beschreibt einige einfache Techniken, mit denen das Problem in der Praxis angegangen werden kann. SMITH (1984) referiert die Literatur zu "Non-Attitudes". Zusammenfassend werden "Response-Errors" ausführlich in einem Sammelband von BIEMER u.a. (1991) behandelt. Das derzeitige Referenzwerk ist GROVES (1989). Die z.Z. wichtigste theoretische Arbeit zur Interviewforschung ist der Aufsatz von ESSER (1986a).

Als lohnende Lektüre zu den Methoden qualitativer Sozialforschung sei auf HOPF/WEINGARTEN (1979) und SPÖHRING (1989) verwiesen. Als schlechtes Beispiel für "typische" qualitative Argumente sei auf GIRTLER (1984) verwiesen.

Zur vertiefenden Darstellung der Anwendung von Beobachtungsverfahren ist noch immer GRÜMER (1974) hilfreich. CRANACH/FRENZ (1969) stellen die Verwendung der Beobachtung im sozialpsychologischen Bereich dar, eine modernere Darstellung bieten BAKEMAN/GOTTMAN (1986).

Einen ausgezeichneten Überblick über die Methodologie und Anwendung von Inhaltsanalysen gibt KRIPPENDORFF (1980). Als Ergänzung dazu ist insbesondere für den Bereich computergestützter inhaltsanalytischer Verfahren WEBER (1990) zu empfehlen. Das Buch von ZÜLL/MOHLER/GEIS (1991) ist das Handbuch eines Computerprogramms zur Unterstützung von Inhaltsanalysen.

Das klassische Werk von WEBB/CAMPBELL/SCHWARTZ/SECHREST (1975) zu nicht-reaktiven Meßverfahren beinhaltet sowohl eine Einführung in die Hintergründe solcher Methoden, wie auch eine Vielzahl von Anwendungsbeispielen.

Kapitel 8
Datenaufbereitung

Bei einer Untersuchung werden von den "Untersuchungseinheiten" (z.B. Personen, Haushalte, Städte oder auch Gesellschaften) die interessierenden Merkmale (Variablen) erhoben. Zumeist werden für jede Untersuchungseinheit mehrere Variablen erhoben, bei einer mündlichen Befragung z.B. Geschlecht, Alter, Familienstand, Beruf des Ehegatten usw. Schon mit wenigen Untersuchungseinheiten und wenigen Variablen stehen soviel Informationen zur Verfügung, daß ohne quantitative Analyse kein Überblick über die erhobenen Informationen mehr möglich ist. Die quantitative Analyse der erhobenen Daten setzt eine bestimmte Aufbereitung der Daten, eine ganz bestimmte Struktur der Daten voraus.

8.1. Die Erstellung einer Datenmatrix

Man kann sämtliche tatsächlich erhobenen Daten (z.B. die erhaltenen Antworten auf alle Fragen aller tatsächlich Befragten) in einer Tabelle darstellen, deren Zeilen jeweils eine Untersuchungseinheit (z.B. eine befragte Person) und deren Spalten jeweils eine Variable (z.B. die Antworten auf eine Frage) darstellen. Eine solche Tabelle ist eine "Datenmatrix" (vgl. Abb. 8-1).

Abbildung 8-1: Beispiel für eine Datenmatrix

Untersuchungs-einheit	Variable					
	1	2	3	4	...	m
1	X_{11}	X_{12}	X_{13}	X_{14}	...	X_{1m}
2	X_{21}	X_{22}	X_{23}	X_{24}	...	X_{2m}
3	X_{31}	X_{32}	X_{33}	X_{34}	...	X_{3m}
...	...	...	...	...	...	...
n	X_{n1}	X_{n2}	X_{n3}	X_{n4}	...	X_{nm}

Eine Datenmatrix X, die Daten von n Untersuchungseinheiten (z.B. Befragten) mit m Variablen enthält, besteht aus n*m Elementen (Daten). Jedes Datum kann durch die Angabe der Nummer der Untersuchungseinheit und der Angabe der Nummer der Variablen eindeutig bezeichnet werden, z.B. enthält das Element X_{34} der Datenmatrix das Datum der 3. Untersuchungseinheit für die 4. Variable. Voraussetzung für die Möglichkeit der eindeutigen Zuordnung ist natürlich, daß eine bestimmte Spalte immer nur Daten zu einer bestimmten Variablen und eine bestimmte Zeile immer nur Daten einer bestimmten Untersuchungseinheit enthält. Hingegen ist es zunächst völlig belanglos, welche Untersuchungseinheit in welcher Zeile und welche Variable in welcher Spalte steht (solange nur die Abfolge der Variablen für alle Untersuchungseinheiten gleich ist).

Die Nützlichkeit der Anordnung der erhobenen Daten in einer Datenmatrix zeigt sich, sobald statistische Verfahren eingesetzt werden sollen. Fast alle statistischen Verfahren gehen von einer Datenmatrix der Form der Abb. 8-1 aus[1]. Das einfachste Beispiel hierfür ist die Berechnung des arithmetischen Mittelwertes einer Variablen: Hierfür werden einfach alle Zahlen einer Spalte addiert und die Summe durch die Anzahl der Zeilen dividiert.

Wenn also diese Datenstruktur offensichtliche Vorteile besitzt, stellt sich das Problem, wie man aus dem scheinbar weitgehend ungeordneten Datenberg einer Erhebung (z.B. einem Stapel ausgefüllter Fragebögen einer Interviewstudie) eine elegante Datenmatrix erstellt. Die Lösung dieses Problems besteht aus drei Schritten:

---

[1] Einige Verfahren basieren auf anderen Matrizen, z.B. Distanzmatrizen (die Entfernungstabelle in einem Autoatlas ist ein Beispiel für eine symmetrische Distanzmatrix). Distanzmatrizen werden aber auch erst aus Datenmatrizen berechnet. Komplexere Datenstrukturen als die erwähnte sogenannte "rechteckige Datenstruktur" (Datenmatrix der Abbildung 8-1) und die Datenstruktur von Distanzmatrizen kommen in der Praxis häufig vor, lassen sich aber auf diese Struktur letztlich (wenn auch nicht immer praktisch) reduzieren. Zu anderen Datenstrukturen vgl. WILKE (1983) und die dort angegebene Literatur.

1. Es muß eine Liste aller erhobenen Variablen mit allen möglichen Ausprägungen jeder Variablen erstellt werden, wobei jeder möglichen Kategorie jeder Variablen genau ein spezieller Wert (Code) zugeordnet wird. Diese Liste bezeichnet man als "Codeplan";

2. Die erhobenen Informationen müssen gemäß dem Codeplan in die zulässigen Codes umgesetzt (codiert, vercodet) werden;

3. Die codierten Daten müssen in einer bestimmten Weise niedergeschrieben oder gespeichert werden, die eine sinnvolle Verarbeitung der Daten ermöglicht.

8.1.1. Erstellen eines Codeplans

Als Beispiel soll ein Codeplan (vgl. Abb. 8-3) für die erste Seite eines Fragebogens (vgl. Abb. 8-2) erläutert werden. Die codierten Daten sollen dabei zunächst auf "Codeblätter" eingetragen werden. Codeblätter sind leere Formulare mit 80 Spalten[1] und meist 25 Zeilen.
Für Kontrollzwecke wird in der Regel jedem Befragten eine Identifikationsnummer zugewiesen. Zumeist wird diese Identifikationsnummer als erste Variable in einer Datenmatrix berücksichtigt. Der Codeplan enthält daher als erste Variable die Nummer des Befragten (laufende Nummer: LFN). Da diese Nummer nicht erhoben, sondern festgelegt wird, findet sich keine Frage nach dieser Nummer im Fragebogen. Da Interviewstudien meist weniger als 2000 Befragte umfassen, scheint eine 4-stellige Zahl als Identifikationsnummer auszureichen. Die Variable LFN wird daher in die Spalten 1 bis 4 des Code-Blattes eingetragen.
Der Fragebogen enthält als erste "Frage" die Variable "Geschlecht". Der Codeplan sieht hierfür zwei Ausprägungen vor, denen willkürlich zwei verschiedene Zahlen ("1"; "2") zugeordnet wurden. Es wird nur eine Ziffer für die Codierung benötigt,

---

[1] Daten wurden (und werden gelegentlich auch heute noch) auf "Lochkarten" (siehe weiter unten) gespeichert. Lochkarten besitzen 80 Spalten. Die Orientierung an 80 Spalten findet sich heute noch in vielen technischen Details in der elektronischen Datenverarbeitung. So sind z.B. fast alle Terminals und Drucker auf die Darstellung von 80 Zeichen in einer Zeile ausgelegt.

daher auch nur eine Spalte des Code-Blattes. Da die Spalten 1-4 schon mit LFN belegt sind, werden die Codes für "Geschlecht" in die Spalte 5 geschrieben. Um später einfache Kürzel als Bezeichnung für die Variablen verwenden zu können, enthält der Codeplan auch die Kürzel für die Variablennamen (z.B. "LFN" für "laufende Nummer").

Abbildung 8-2: Beispiel für eine Seite aus einem Fragebogen

```
1. Geschlecht

    weiblich             [ ] (Interviewer: Zutreffendes ankreuzen!)
    männlich             [ ]

2. Wie alt sind Sie ?

   Alter in Jahren     _____ (Interviewer: Ziffern eintragen!)

   Weiß nicht            [ ]
   Angabe verweigert     [ ]

3. Sind Sie

   ledig                 [ ] (Interviewer: Zutreffendes ankreuzen!)
   verheiratet           [ ]
   geschieden            [ ]
   getrennt lebend       [ ]
   verwitwet             [ ]
   sonstiges             [ ]
   Weiß nicht            [ ]
   Angabe verweigert     [ ]

 Interviewer: Nächste Frage nur derzeit Verheirateten stellen !
              Alle Anderen: Weiter mit Frage 5! (nächste Seite)

4. Welchen Beruf übt ihr Ehepartner zur Zeit aus ?

   ____________________________________________

(Interviewer: Angaben in BLOCKBUCHSTABEN eintragen
              oder Zutreffendes ankreuzen !)

   Hausfrau          [ ]          Weiß nicht          [ ]
   Arbeitslos        [ ]          Angabe verweigert   [ ]
   In Ausbildung     [ ]
```

Abbildung 8-3: Beispiel für einen Codeplan

Variable	Variablen-Name	CODES	SPALTE
LFN	Befragtennummer		1-4
V1	1. Geschlecht		5
	weiblich	[1]	
	männlich	[2]	
V2	2. Alter in Jahren		6-7
	Weiß nicht	[98]	
	Angabe verweigert	[99]	
V3	3. Familienstand		8-9
	ledig	[1]	
	verheiratet	[2]	
	geschieden	[3]	
	getrennt lebend	[4]	
	verwitwet	[5]	
	sonstiges	[6]	
	Weiß nicht	[98]	
	Angabe verweigert	[99]	
V4	4. Berufliche Stellung des Ehepartners		10-11
	(Coder: Eintrag klassifizieren:)		
	Ungelernter Arbeiter	[1]	
	Facharbeiter	[2]	
	Meister	[3]	
	Angestellter	[4]	
	Leitender Angestellter	[5]	
	Selbständiger	[6]	
	Hausfrau	[7]	
	Arbeitslos	[10]	
	In Ausbildung	[11]	
	Weiß nicht	[98]	
	Angabe verweigert	[99]	
	Frage nicht gestellt (nicht verheiratet)	[97]	

Meist ist es nützlich, für die Variablenkürzel einen gemeinsamen Anfangsbuchstaben zu verwenden und sie dann durchzunumerieren. "Geschlecht" wird daher als "V1" bezeichnet.

Die nächste Frage nach dem Alter (V2) läßt als Antworten (positive) ganze Zahlen zu. Der Codeplan sieht hier zwei Ziffern (in den Spalten 6 und 7) als Codes vor. Zahlen werden in das Codeblatt fast immer "rechtbündig" eingetragen, also " 7", bzw. "07" statt "7". Da kaum jemals ein Befragter älter als 97 Jahre sein wird, können die Zahlen 98 und 99 für zwei spezielle Antworten verwendet werden: Für die Angabe "Weiß nicht" und für explizite Verweigerung der Antwort. In beiden Fällen erhält man auf die Frage keine brauchbare Antwort, die Datenmatrix darf aber keine "Leerstelle" enthalten: Man braucht daher für die "fehlenden Werte" ("missing values") spezielle Codes, die a) den Sachverhalt "fehlend" symbolisieren und b) die "Ursache" beschreiben ("Weiß nicht-verweigert"). Da LFN festgelegt und nicht erhoben und "Geschlecht" durch den Interviewer beobachtet und nicht erfragt wird, wurde für LFN und V1 kein "missing-value-code" festgelegt. Es empfiehlt sich für alle Variablen dieselben Missing-Value-Codes für "Weiß nicht", "Verweigert", "Frage nicht gestellt-nicht anwendbar" usw. zu verwenden. Diese speziellen Codes dürfen aber dann bei keiner Variablen einen gültigen Wert darstellen: Die Zahl "0" z.B. bei Kinderzahl schließt die Verwendung der "0" als allgemeinen Missing-Value-Code aus.

Die dritte Frage nach dem Familienstand (V3) weist neben 5 inhaltlich spezifizierten Antwortvorgaben und einer Sammelkategorie ("Sonstige") zwei Kategorien für "missing data", "Weiß nicht" (so unwahrscheinlich das auch sein mag) und "Angabe verweigert" auf. Der Sinn der Sammelkategorie besteht darin, daß alle anderen Antworten, auch wenn vermutlich nur sehr wenige Personen andere Antworten auf die Frage nach dem Familienstand geben werden, auch "irgendwie" vercodet werden müssen. Wenn vermutlich nur sehr wenige Personen solche Antworten produzieren werden und kein spezielles Interesse an solchen Fällen besteht, kann eine Sammel- oder Restkategorie wie "Sonstige" verwendet werden. Prinzipiell wichtig ist die Notwendigkeit, Codes für alle möglichen Reaktionen auf eine Frage vorzusehen. Trotz aller Bemühungen wird man in der Praxis häufig feststellen, daß doch (sinnvolle) Antworten existieren, an die man ursprünglich nicht dachte, und die nicht in eine der festgelegten Kategorien passen. Solche Fälle sollten dann spezielle Codes erhalten[1], die natürlich sorgfältig im Codeplan doku-

---

[1] Allerdings stellt sich die Frage, ob die Einführung zusätzlicher Codes außerhalb von Pretests gerechtfertigt werden kann: Dadurch erhalten einige Befragte andere

mentiert werden müssen[1]. Um bei solchen Fällen nicht in Probleme zu geraten, wurden für V3 zwei Spalten (8 und 9) vorgesehen, obwohl zunächst nur 8 verschiedene Codes möglich erscheinen. Um mehr als zwei zusätzliche Codes vergeben zu können, wurde V3 zweispaltig vercodet.

Die vierte Frage nach dem Beruf des Ehepartners (V4) weist zwei Besonderheiten auf.

Die Frage kann nur den derzeit Verheirateten sinnvoll gestellt werden, es handelt sich also um eine Frage innerhalb eines (kleinen) "Filters". Personen, die bei V3 nicht "Verheiratet" (Code 2) angaben, wurde diese Frage nicht gestellt. Hier entstünde wieder eine "Leerstelle" in der Datenmatrix, wenn kein "Missing-Value-Code" vergeben würde. Die "Ursache" für das Fehlen des Datums liegt hier nicht beim Befragten, sondern in der Konstruktion des Fragebogens. Daher sollte für diesen Fall ein spezieller "Missing-Value-Code" vorgesehen werden; hier wurde der bisher noch nicht verwendete Code "97" (= Frage nicht gestellt, nicht anwendbar: nicht verheiratet) vergeben.

Die zweite Besonderheit der Frage 4 ist offensichtlich: Es handelt sich um eine offene Frage.

Offene Fragen werfen bei der Codierung erhebliche Probleme auf. Um die Angaben bei offenen Fragen überhaupt in irgendeiner Weise sinnvoll auswerten zu können, müssen die Antworten früher oder später klassifiziert werden. Meist wird diese Klassifikation so durchgeführt, daß nach Durchsicht aller Antworten auf eine offene Frage zunächst eine Liste aller verschiedenen Antworten und deren Häufigkeit erstellt wird. Ähnliche oder vergleichbare Antworten werden in einem zweiten

---

Antwortmöglichkeiten als alle anderen, hierdurch kann die Vergleichbarkeit der Antworten erheblich gefährdet werden.

[1] Erfahrungsgemäß entstanden die meisten Codierungsprobleme durch Fälle, in denen "neue" Codes nicht dokumentiert oder nicht einheitlich vergeben wurden. Coder (Personen, die die Codierung vornehmen) neigen dazu, "problematische Fälle" willkürlich einfach eine der existierenden Kategorien zuzuorden. Solche Probleme lassen sich nur durch eine intensive Kontrolle der Codierung bewältigen, vgl. BATESON (1984:123-129).

Arbeitsschritt zu neuen Kategorien zusammengefaßt. In einem dritten Arbeitsschritt werden den neu gebildeten Kategorien Zahlen zugeordnet. Zumeist ist der Arbeitsaufwand bei der Codierung offener Fragen außerordentlich hoch, schon allein deshalb sollten offene Fragen nur in wenigen begründeten Ausnahmefällen verwendet werden. Da für eine Auswertung die Antworten schließlich doch in nur wenigen Kategorien zusammengefaßt werden müssen, kann der Sinn offener Fragen (außer bei der Exploration eines weitgehend unbekannten Forschungsgegenstands) bezweifelt werden. Zwar ist es in der Regel leichter, offene Fragen als Fragen mit Antwortvorgaben zu entwickeln, die bei der Entwicklung eingesparte Zeit muß in der Regel mehrfach bei der Codierung doch aufgewendet werden[1]. Das Beispiel der Frage vier zeigt die nachträgliche Klassifikation der offenen Frage in nur sieben inhaltlich spezifizierte Kategorien. Solche Klassifikationen sind meist mit größeren Fehlerquoten behaftet, da verschiedene Personen dieselben Antworten auf offenen Fragen unterschiedlich klassifizieren.

Bisher mag der Eindruck entstanden sein, daß einer Frage jeweils genau eine Variable entspricht. Dieser Eindruck ist nur bedingt richtig. Viele Fragen lassen "Mehrfachantworten" zu, z.B. die Frage nach dem Besitz von bestimmten Haushaltsgeräten. Es gibt zwei prinzipielle Möglichkeiten, Antworten auf solche Fragen in Variablenwerte umzusetzen:

1. Die Antworten bilden ein spezielles Muster, die Muster werden numeriert und diese Codes als eine Variable erfaßt. Beispielsweise betrachtet man den gemeinsamen Besitz oder Nicht-Besitz der Geräte als jeweils ein Muster und vergibt für jedes Muster einen speziellen Code. Beispiel: Angenommen, es würde nur nach dem Besitz von Videorecordern und Homecomputern gefragt. Dann gibt es die Muster "Keins von Beiden", "Nur Videorecorder", "Nur Homecomputer" und "Beide". Durch Numerieren (1-4) erhält man für jedes Muster einen Code. Diese Methode wird bei mehr als 3 Gegenständen sehr umständlich.

---

[1] Falls man in sehr seltenen Fällen tatsächlich nicht auf einzelne offene Fragen verzichten zu können glaubt, dann sollte der vollständige Antworttext maschinell lesbar so in einer einfachen Datenbank gespeichert werden, daß der Text bei der Datenanalyse einem Befragten auch dann wieder zugespielt werden kann, wenn das Analyseprogramm nur numerische Daten verarbeiten kann (vgl. dazu ALLERBECK/HOAG 1985b:43-48).

2. Man löst jede Frage in so viele Variablen auf, wie es Antwortkategorien gibt. Beispielsweise könnte man mit einer Frage nach den regelmäßig gelesenen Zeitschriften fragen und zwanzig verschiedene Titel vorgeben. Man erhält bei dieser Methode dann zwanzig Variablen ("Regelmäßiger Leser von XYZ: ja-nein") mit je zwei Ausprägungen. Dies ist die gebräuchliche Art der Codierung von Mehrfachantworten.

8.1.2. Vercoden und erfassen

Man könnte die Informationen einer Untersuchung wie oben beschrieben mit Hilfe eines Codeplans auf Codeblätter übertragen, die Codeblätter als Datenmatrix betrachten und diese Matrix ausschließlich mit der Hand oder eventuell einem Taschenrechner auswerten. Mit nur sehr wenigen Ausnahmen werden quantitative sozialwissenschaftliche Untersuchungen mit Hilfe von Computern ausgewertet. Sowohl auf den Großcomputern der Universitätsrechenzentren, als auch auf leistungsfähigen Mikrocomputern stehen Sozialwissenschaftlern umfangreiche und leicht zu bedienende Statistikprogrammpakete zur Verfügung. Die z.Z. wichtigsten allgemeinen Statistikprogrammpakete für Sozialwissenschaftler heißen SAS, BMDP und SPSS[1]. SPSS ("Statistical Package for the Social Sciences") ist in seinen verschiedenen Versionen[2] seit vielen Jahren das Standardpaket für Sozialwissenschaftler. Mit jedem dieser Programme sind computergestützte Datenanalysen relativ leicht und problemlos durchzuführen. Voraussetzung für eine computergestützte Datenanalyse ist die maschinelle Lesbarkeit der erhobenen Daten.

Früher wurden die Informationen aus den Fragebögen zunächst auf Codeblätter und die Zahlen aus den Codeblättern in einem weiteren Arbeitsschritt auf Lochkarten übertragen. Eine Lochkarte ist ein Stück fester Karton (18.73 mal 8.25 cm, Dicke ca. 0.16 mm). Die obere linke Ecke ist schräg abgeschnitten, die anderen Ecken sind gerundet. Lochkarten (oder auch "IBM-cards") sind in 80 Spalten und

[1] Literaturhinweise zu den Programmen finden sich in Kapitel 8.3.
[2] Die neueren Versionen von SPSS heißen SPSS-X bzw. SPSS-PC.

12 Zeilen eingeteilt. Mit Hilfe von "Kartenlochern" (elektro-mechanische Geräte in der Größe eines Schreibmaschinentisches, die mit einer Tastatur ausgestattet sind) werden in die 12 Zeilen für ein Zeichen jeweils eine bestimmte Kombination von Löchern ausgestanzt. Eine Lochkarte enthält also maximal 80 Zeichen oder Ziffern. Bis in die späten sechziger Jahre wurden quantitative Analysen fast ausschließlich mit sogenannten "Sortiermaschinen" vorgenommen (vgl. z.B. BABBIE 1979:358-362), die einen aus Lochkarten bestehenden Datensatz nach einer Lochung an einer bestimmten Stelle der Lochkarte sortieren und die Anzahl der jeweiligen Lochkarten zählen konnten. Alle größeren Datensätze werden heute ausschließlich durch Computer verarbeitet, Lochkarten werden nur noch in sehr wenigen Rechenzentren (und dann meist als "exotische Ein- und Ausgabemedien") verwendet.

Heute werden die Informationen aus den Fragebögen meist mit Hilfe von Terminals erfaßt. Man kann mit bestimmten Programmen "Bildschirm-Masken" erzeugen, die so aussehen wie ein Fragebogen. In die Leerstellen der Bildschirm-Masken können die Informationen aus den Fragebögen abgetippt werden. Unter bestimmten Bedingungen kann so der Umweg über die Codeblätter vermieden werden. Manchmal, wie z.B. bei CATI, existieren die "Fragebögen" ohnehin nicht mehr als Papierheft, sondern nur noch als schon bei der Erhebung elektronisch gespeicherte Informationen[1].

---

[1] Versuche, in "normalen" Fragebögen spezielle Markierungen oder Schrifttypen zu verwenden, die mit elektronischen Geräten ("Optical Character Readers: OCR" oder "Optical Mark Readers: OMR") direkt maschinell gelesen werden können, werden - unter anderem, weil die Befragten auf solche Markierungen mit Mißtrauen reagieren, aber auch auf Grund der hohen Kosten leistungsfähiger OCR's - nur sehr selten durchgeführt.

In der Praxis hat sich die Dateneingabe mit Hilfe eines einfachen "Datenbanksystems" bewährt[1]. Datenbanksysteme sind Computerprogramme für die Erfassung, Verwaltung und das Wiederauffinden von gespeicherten Daten. Ein solches Programm ist z.B. DBASE[2]. Man ruft DBASE auf, gibt den Befehl "CREATE", das Programm fragt nach einem Namen für den neuen Datensatz (hier:"DEMO"). Danach erscheint eine Eingabemaske, die nach "Feldnamen", "Typ", "Länge" und "Dez" fragt. Bei "Feldnamen" trägt man den gewünschten Variablennamen ein, bei "Typ" ändert man durch Betätigen der Leertaste die Vorgabe in der Regel so lange, bis "Numerisch" erscheint, bei "Länge" gibt man die Zahl der Stellen der Variablen (aus dem Codeplan) ein, bei "Dez" die Zahl der gewünschten Stellen nach dem Komma, in der Regel bei sozialwissenschaftlichen Daten 0 (vgl. Abbildung 8-4).

Abbildung 8-4: Die DBASE-Datenbankdefinition des Beispiels

	Feldname	Typ	Länge	Dez
1	LFN	Numerisch	4	0
2	V1	Numerisch	1	0
3	V2	Numerisch	2	0
4	V3	Numerisch	2	0
5	V4	Numerisch	2	0

Nachdem man alle Variablen definiert hat, betätigt man bei der nächsten Abfrage nach dem Feldnamen "Return". Das Programm fragt dann, ob sofort Daten eingegeben werden sollen. Antwortet man mit "Ja", so erhält man eine neue Eingabemaske, bei der die Variablennamen links stehen und man rechts die Daten eintragen werden können. Die Daten werden hierbei nacheinander für die Fälle eingegeben, also fragebogenweise. Für fehlende Werte werden die Missing-Value-Codes eingetragen, Leerstellen werden ansonsten als "0" interpretiert. Nach der Dateneingabe verläßt man das Programm mit "Quit". Man ruft SPSS-PC auf und liest die

[1] Die Vorteile liegen hier in einer übersichtlichen Eingabemaske, den Möglichkeiten der Fehlersuche und Fehlerbereinigung in den Daten, erweiterten Datentransformationmöglichkeiten und extensiver Hilfe für Anfänger. Nicht zuletzt sind diese Programme wesentlich stabiler als die meisten Statistikprogramme, d.h. sie reagieren auf Fehlbedienung und ungewöhnliche Rechnerkonfigurationen nicht so häufig durch einfachen Systemabsturz wie viele Statistikpakete.

[2] Auch andere Programme (z.B. DataPlus, WAMPUM) eignen sich, solange DBASE-kompatible ".DBF"-Dateien geschrieben werden können; DBF-Files können von fast allen Statistikprogrammen gelesen werden.

Datenbank mit dem Kommando "TRANSLATE 'DEMO.DBF'/TYP=DB3." ein. Man definiert danach die Variable Label, die Value Label und die Missing Values exakt genau so, wie im obigen Beispiel. Der Datensatz ist danach fertig für die Analyse.

Sehr häufig wird in der Praxis noch zunächst traditionell auf Codeblätter codiert, und diese dann mit Terminals - zeilenweise - mit Hilfe eines "Editors" (ein Programm zur Bearbeitung von Dateien) direkt in einen Rechner eingegeben.
Eine Zeile eines Codeblattes entspricht einem sogenannten "Record". Reichen 80 Spalten nicht aus, um für eine Untersuchungseinheit alle Informationen zu speichern, so werden für eine Untersuchungseinheit mehrere Records (Zeilen, "Lochkarten") verwendet. Die Anzahl der Untersuchungseinheiten multipliziert mit der Anzahl der Records pro Fall ist die Gesamtzahl der Records, die zusammen eine einzige "Datendatei" (ein "File") bilden. Diese (physisch existierende) Datei enthält alle Informationen der Erhebung, den "Datensatz". Der Datenfile ist das physisch existierende Äquivalent des theoretischen Konzepts "Datenmatrix".

8.1.3. Steuerkarten für ein Statistikprogrammpaket erstellen

Durch die Kodierung und die Dateneingabe entsteht also eine Datei, die in unserem Beispiel für jeden Befragten eine Zeile (ein "Record") enthält. Als Beispiel dienen hier die ersten beiden Records des Datensatzes:

```
000112501971245487545445447299964545464687878787847888747445
000222702071544887847873232656526454596989399644647764364782
```

Die beiden Zahlenreihen sind ohne Codeplan für einen Menschen genauso bedeutungslos wie für das Statistikprogramm, das bei Auswertung verwendet werden soll. Dem Programm muß neben dem Datensatz eine Beschreibung des Datensatzes eingegeben werden. Die Details dieser Beschreibung variieren etwas zwischen den verschiedenen Programmen, ähneln sich aber sehr stark. Für das Beispiel soll hier eine Beschreibung für das Programmpaket SPSS-X gegeben werden. SPSS-X arbeitet zunächst meist mit zwei verschiedenen Dateien: eine Datei enthält die Daten, eine andere Datei die Befehle ("Steuerkarten", "Setup") für das Programm. Die Steuerkarten für das Beispiel zeigt Abbildung 8-5.

Abbildung 8-5: Beispiel für ein SPSS-Setup

```
FILE HANDLE REIN /FILE='CODEPLAN.DAT'
DATA LIST FILE=REIN FIXED RECORDS=1 TABLE
 /1 LFN 1-4 V1 5 V2 6-7 V3 8-9 V4 10-11
MISSING VALUES V2,V3 (98,99) V4 (97,98,99)
VARIABLE LABELS LFN 'LAUFENDE NUMMER'
                V1  'GESCHLECHT'
                V2  'ALTER'
                V3  'FAMILIENSTAND'
                V4  'BERUFL.STELLUNG EHEP.'
VALUE LABELS    V1  1 'WEIBLICH' 2 'MAENNLICH'
                V2  98 'WEISS NICHT' 99 'VERWEIGERT'
                V3  1 'LEDIG' 2 'VERHEIRATET' 3 'GESCHIEDEN'
                    4 'GETRENNT LEBEND' 5 'VERWITWET'
                    6 'SONSTIGES'
                V4  1 'UNGELERNTER ARBEITER'
                    2 'FACHARBEITER'
                    3 'MEISTER' 4 'ANGESTELLTER'
                    5 'LEIT. ANGESTELLTER'
                    6 'SELBSTAENDIGER'
                    7 'HAUSFRAU' 10 'ARBEITSLOS'
                    11 'IN AUSBILDUNG'
                    97 'NICHT VERHEIRATET'
                    98 'WEISS NICHT' 99 'VERWEIGERT'
FREQUENCIES VARIABLES=V1 TO V4
```

Diese Steuerkarten sind kaum etwas anderes als eine Kurzfassung des Codeplans (vgl. Abb. 8-3). Die erste Zeile definiert einen Namen für die Datendatei (REIN) und teilt dem Programm mit, in welcher physikalischen Datei die Daten zu finden sind (hier: "CODEPLAN.DAT"). Die zweite Zeile gibt an, welche Datendatei gelesen werden soll (REIN), daß die Daten einer Variablen jeweils in derselben Spalte verschiedener Records stehen (FIXED), daß die Datei REIN einen Record (Zeile) pro Fall umfaßt und daß der Rechner eine Liste aller Variablen und ihrer Spaltenpositionen zur Kontrolle ausgeben soll (TABLE). Die dritte Zeile (die zweite Zeile des DATA LIST-Kommandos) gibt an, daß die erste Zeile für jede Untersuchungseinheit (/1) in den Spalten 1-4 die laufende Nummer (LFN), in der Spalte 5 die Angaben für das Geschlecht, in den Spalten 6 und 7 die Angaben für das Alter, die Spalten 8 und 9 für den Familienstand und die Spalten 10 und 11 die Daten zum Beruf des Ehepartners enthalten. Erst diese Zuordnung der Spalten zu den Variablen erlaubt das sinnvolle Lesen der Daten, z.B. wird jetzt klar, daß die erste Datenzeile zu einer 25-jährigen, ledigen Frau mit der laufenden Nummer 1 gehört. Das MISSING

VALUE-Kommando teilt dem Programm mit, daß die genannten Werte in den Berechnungen nicht berücksichtigt werden sollen. Um die Ausgabe des Programms (den "Output") besser lesen zu können, werden den Variablenkürzeln noch längere Bezeichnungen (VARIABLE LABELS) zugeordnet. Weiterhin werden die Zahlen verschiedener Variablen mit unterschiedlichen "Werteetiketten" (VALUE LABELS) versehen, so daß auch noch nach Monaten in einem Output die Bezeichnung "V3 = 2" als "Familienstand = verheiratet" verstanden werden kann. Die letzte Zeile fordert vom Programm eine Häufigkeitsauszählung (wie oft kommt jeder Wert bei den genannten Variablen vor) der Variablen V1, V2, V3 und V4.

Die Umsetzung eines korrekten Codeplans in eine Steuerkartendatei und die Erstellung einer Häufigkeitsauszählung ist mit moderneren Computern und Programmen eine relativ simple Angelegenheit. Trotzdem sind Fehler bei den ersten Versuchen absolut sicher, hier hilft nur eine intensivere Beschäftigung mit dem Programm und dem Computer weiter.

8.2. Datenbereinigung

Wie auch immer die Daten eingegeben werden, eine erste Häufigkeitsauszählung aller Variablen wird mit Sicherheit einige Codes für bestimmte Variablen zeigen, die nicht im Codeplan stehen (sogenannte "wild codes"). Die Ursachen für solche Fehler können unter anderem sein:

1. Nicht-dokumentierte Codes;
2. Fehler in den Steuerkarten (z.B. zu wenige oder zu viele Records pro Fall angegeben);
3. Falsche Spaltenangaben für die Variablen;
4. Fehlerhafte Zeichen in den Eingabedaten, z.B. Punkte, Leerzeichen;
5. Eingabetippfehler (falsche Zahlen im Datensatz);

6. Spaltenfehler: Bei der Eingabe einer Zeile wurde eine Spalte oder mehrere Spalten übersprungen oder vertauscht);

7. Abfolge der Records innerhalb einer Untersuchungseinheit falsch (werden mehrere Records für eine Untersuchungseinheit verwendet, so muß zuerst das erste Record, dann das zweite Record usw. einer bestimmten Untersuchungseinheit im Datensatz folgen, bevor das erste Record der nächsten Untersuchungseinheit folgen darf).

Das Auffinden und Beseitigen solcher Fehler in einem Datensatz wird als "Datenbereinigung" oder "Editing" bezeichnet. Die Durchführung der Datenbereinigung ist ohne spezielle Programme sehr mühselig und zeitaufwendig, da meist für jede einzelne Fehlerquelle zunächst nach den Fällen gesucht werden muß, bei denen die Fehler auftreten. Dann muß der Fehler geklärt und beseitigt werden. Schließlich muß nochmals kontrolliert werden, ob der Fehler tatsächlich beseitigt wurde und ob durch die Beseitigung des Fehlers nicht neue Fehler entstanden[1]. Die Datenbereinigung sollte auch "Konsistenztests" umfassen, bei denen nicht nur eine Variable kontrolliert wird, sondern mehrere gleichzeitig: Ein Datensatz sollte z.B. keine schwangeren Männer, Verheiratete unter 10 Jahren usw. enthalten. Weiterhin sollten die Filterführungen in Fragebögen kontrolliert werden. Im Beispiel (Abb. 8-2) sollten alle Personen, die bei V3 eine 2 aufweisen (Verheiratete) bei V4 einen anderen Wert als 90 (nicht verheiratet) aufweisen, ebenso sollten alle Personen, die bei V3 keine 2 aufweisen, den Wert 90 bei V4 besitzen.

Einige Statistikprogrammpakete enthalten einen mehr oder weniger komfortablen "Dateneditor", der die Datenbereinigung wesentlich vereinfachen kann. Z.B. SPSS-PC erlaubt solche Bereinigungen etwas mühselig mit dem Zusatzmodul "Data-Entry". Einen wesentlich einfacher zu handhabenden Dateneditor enthält SYSTAT bzw. MYSTAT. Der Bildschirm des Editors enthält die Fallnummer, die Variablennamen und die Daten (vgl. Abbildung 8-6, gekürzter Output).

---

[1] Mit SPSS-X ergibt sich meist die Abfolge der Kommandos "FREQUENCIES VARIABLES=(...)" - "SELECT IF (Fehlerbedingung, z.B. ALTER < 0)" - "LIST LFN"- dann Datenkorrektur der Fälle mit den ausgegebenen laufenden Nummern - dann wieder "SELECT IF (Fehlerbedingung)" - "LIST LFN"- und wieder "FREQUENCIES VARIABLES=(...)" zur Kontrolle auf Folgefehler.

Abbildung 8-6: Beispiel für einen Dateneditor

Case	STATE$	REGION$	POPDEN	PERSON	PROPERTY
1	ME	New England	32.000	21.000	588.000
2	NH	New England	80.000	14.000	556.000
3	VT	New England	47.000	19.000	608.000
4	MA	New England	719.000	51.000	1181.000
5	RI	New England	879.000	51.000	1355.000

```
> FIND POPDEN > 100 AND PERSON < 100
```

Die Kommandozeile (unten, nach dem ersten " > ") bewirkt die Lokalisierung des ersten Falls des Datensatzes, bei dem die angegebenen Bedingungen erfüllt sind. Der Editor findet also den Fall 4, der Cursor bleibt auf 719 stehen. Der entsprechende neue Wert kann einfach eingetippt werden.

Der Zeitaufwand für die Datenbereinigung wird meist erheblich unterschätzt. Bei einem komplizierten Fragebogen, einigen Tausend Befragten und ohne spezielle Programme[1] kann eine wirklich intensive Datenbereinigung mehrere "Mann-Monate" beanspruchen.

8.3. Weiterführende Literatur

Zum Themenbereich dieses Kapitels existiert nur sehr wenig weiterführende Literatur. So stellt z.B. BATESON (1984) den ersten Versuch dar, den Bereich dieses Kapitels theoretisch zu fassen. Viele praktische Hinweise, die allerdings weitgehend auf die Verarbeitung von Lochkarten bezogen sind, finden sich in den etwas veralteten Büchern von SONQUIST/DUNKELBERG (1977), WARWICK/LININGER (1975:234-291) sowie bei MOSER/KALTON (1971:410-438). Eine modernere, aber lediglich elementare Darstellung geben BOURQUE/CLARK (1992).

[1] Einige kommerzielle Institute verwenden Datenbereinigungsprogramme, die Unstimmigkeiten in den Eingabedaten ohne menschlichen Eingriff beseitigen. Solche automatischen Korrekturen lösen das Problem der Datenbereinigung in keiner Weise, sondern verdecken es lediglich. Die Daten sind nach der Korrektur entweder immer noch fehlerhaft (was man ihnen aber nicht mehr ansieht) oder sie werden fälschlich als "fehlend" ausgewiesen oder sie stellen Schätzungen dar, die aber als solche nicht mehr erkennbar sind. Werden Datensätze durch Datenbereinigungsprogramme bearbeitet, so muß im resultierenden Datensatz die Änderung bzw. Schätzung von Daten als Änderung erkennbar sein ("flagging").

Einzelheiten der Anforderungen der Statistikprogrammpakete an die Datenbeschreibung finden sich in den jeweiligen Handbüchern oder deutschen Kurzanleitungen (für SPSS: SCHUBÖ u.a.(1991), KÄHLER (1984; 1986), UEHLINGER/HERMANN/HUEBNER (1991); für SAS: NAGL (1992); KÄHLER/SCHULTE (1987); für BMDP: BOLLINGER/HERRMANN/MÖNTMANN (1983); für alle drei Systeme einführend: KÜFFNER/WITTENBERG (1985)).

Zur Datenbereinigung geben ROISTACHER (1976) und SMITH (1986) einige einfache Hinweise. NAUS (1975) gibt einen einführenden Überblick über eine Reihe technischer Arbeiten, die bisher kaum beachtet wurden. WILKE (1983) erörtert Probleme des "Datenmanagements" mit Programmpaketen allgemein und gibt weitere Literaturhinweise. KARWEIT/MEYERS (1983) geben u.a. einen ausgezeichneten Überblick über verschiedene Möglichkeiten der Dateneingabe und der Datenbereinigung sowie verschiedene Datenstrukturen.

Kapitel 9
Datenanalyse

Nachdem die Daten einer Untersuchung erhoben und aufbereitet wurden, müssen sie ausgewertet werden. Erst durch die Auswertung der erhobenen Daten sind Aussagen über die Annahme oder Verwerfung von Hypothesen möglich. Datenanalyse setzt neben technischem (statistischen, mathematischen) Wissen vor allem klare inhaltliche theoretische Vorstellungen voraus. Ohne klare theoretische Ideen endet jede Datenanalyse im Chaos: Die erhobenen Daten "sagen" von sich aus überhaupt nichts, kein Computer und kein Programm kann ein in irgendeiner Hinsicht theoretisch interessantes Ergebnis liefern, wenn den Analysen keine sinnvollen Theorien zu Grunde liegen.

Der Prozeß der Datenanalyse ist keineswegs ein einfacher, gradliniger Vorgang, bei dem zu Beginn die Abfolge der einzelnen Arbeitsschritte absolut klar ist. Datenanalyse ist in der Praxis der empirischen Sozialforschung fast immer ein iterativer Prozeß: Ausgehend von bestimmten theoretischen Vorstellungen werden die Daten in bestimmter Weise analysiert, entsprechend den empirischen Ergebnissen werden die Hypothesen verworfen, modifiziert oder verfeinert, neue Analysen mit eventuell durch mathematische Transformationen veränderten Variablen durchgeführt, die theoretischen Vostellungen wiederum modifiziert usw. Trotzdem lassen sich bestimmte Phasen einer Datenanalyse sinnvoll unterscheiden: Randauszählung, Subgruppenanalyse und multivariate Analyse.

9.1. Randauszählung

Der erste Schritt einer Datenanalyse besteht aus der Erstellung einer "Randauszählung". Eine Randauszählung ist das Ergebnis der Berechnung der "Häufigkeitsverteilung" für jede Variable im Datensatz. Die Häufigkeitsverteilung einer Variablen gibt an, wie oft jeder einzelne Code dieser Variablen im Datensatz vorkommt. Ein Beispiel für die Druckausgabe ("Output") der Berechnung einer Häufigkeitsverteilung für die Variable V1 (Geschlecht) mit dem Statistikprogramm SPSS[1] zeigt die Tabelle 9-1.

Tabelle 9-1: Beispiel für eine Häufigkeitsverteilung

V1 Geschlecht

Value Label	Value	Frequency	Percent	Valid Percent	Cum Percent
weiblich	0	131	25.1	25.8	25.8
männlich	1	377	72.2	74.2	100.0
keine Angaben	99	14	2.7	MISSING	
	TOTAL	522	100.0	100.0	

Die Häufigkeitsverteilung der Variablen V1 (Geschlecht) informiert über die Anzahl der Frauen (131 Personen mit dem Code '0') und Männer (377 Personen mit dem Code '1') in der Untersuchung. Insgesamt wurden 522 Personen in der Untersuchung berücksichtigt. Für 14 Personen (= 2.7%) liegen keine Angaben (Code '99', hier der "missing value code") für das Geschlecht vor. Für 508 (= 522-14 = 131 + 377) Personen liegen gültige Werte für die Variable vor, ihr Geschlecht ist somit bekannt. Nun können Häufigkeitstabellen meist leichter interpretiert werden, wenn die Angaben in der Tabelle prozentuiert werden. Da hier 14 Angaben fehlen, können die Häufigkeiten entweder auf alle Personen bezogen prozentuiert werden oder nur auf diejenigen Personen, für die gültige Werte vorliegen. Die Tabelle 9-1 enthält beide Angaben: Die 131 Frauen entsprechen 25.1% aller Personen (=522) und 25.8% aller Personen, von denen das Geschlecht bekannt ist (=508). Die 377 Männer entsprechen 72.2% aller Personen und 74.2% aller Personen, von denen das Geschlecht bekannt ist. Die Spalte "Cum Percent" bezieht sich auf die kumulierten (addierten) Prozente (der gültigen Werte), wenn die Codes aufsteigend geordnet werden (hier nur 0 und 1). Werte bis einschließlich "0" besitzen 25.8%, Werte bis "1" besitzen 100% aller Fälle.

---

[1] SPSS-X erzeugt eine solche Ausgabe durch das Kommando: "FREQUENCIES VARIABLES=V1".

Die Randauszählung enthält die Häufigkeitsverteilung aller erhobenen Variablen. Sie dient zunächst dazu, einen allgemeinen ersten Überblick über die erhobenen Daten zu gewinnen. Zusammen mit der Berechnung[1] geeigneter "deskriptiver" (beschreibender) Statistiken[2] (z.B. gegebenenfalls das arithmetische Mittel) ist die erste, rein deskriptive "Analyse" mit der Erstellung der Randauszählung abgeschlossen.

Solche "univariaten" (nur auf eine Variable bezogenen), rein deskriptive Darstellungen sind allein meist kaum von größerem Interesse. Sehr häufig wird bei einer Datenanalyse anschließend an die Randauszählung eine "Subgruppenanalyse" durchgeführt.

9.2. Subgruppenanalyse

Die einfachste Form einer Subgruppenanalyse besteht aus dem Vergleich der deskriptiven Statistiken (z.B. der Mittelwerte) und der Häufigkeitsverteilung einer bestimmten Variablen in verschiedenen Subgruppen. So kann z.B. der Anteil von ÖTV-Mitgliedern bei Frauen mit dem Anteil der ÖTV-Mitglieder bei Männern einer bestimmten Verwaltung bei der Durchführung einer organisationssoziologischen Untersuchung verglichen werden. Ein Beispiel für den SPSS-Output[3] einer solchen Subgruppenanalyse zeigt die Tab. 9-2.

---

[1] Zumeist werden bestimmte Statistiken (Mittelwerte, Standardabweichung, Minimum und Maximum usw.) bei der Randauszählung mitberechnet. Mit SPSS-X erhält man die genannten Statistiken durch das Kommando " /STATISTICS=DEFAULTS" nach dem FREQUENCIES-Kommando. Defaults sind Voreinstellungen, die die Programme dann ausführen, wenn der Benutzer keine anderen Angaben (z.B. " /STATISTICS=MEAN") angibt.

[2] Vgl. hierzu etwa BENNINGHAUS (1974) oder PATZELT (1985).

[3] Eine solche Tabelle produziert SPSS nach dem Kommando 'CROSSTABS V2 BY V1 /OPTIONS=4'. Die Angabe der Option 4 bewirkt die zusätzliche Ausgabe der Prozentwerte auf der Basis der Spaltensummen, vgl. hierzu weiter unten.

Tabelle 9-2: Beispiel für eine Subgruppenanalyse mit SPSS

```
Crosstabulation:     V2  ÖTV-Mitgliedschaft
                  By V1  Geschlecht

              Count  |weiblich|männlich|
    V1 ->   Col Pct  |        |        |   Row
                     |       0|       1|  Total
V2          ---------+--------+--------+
                  0  |     99 |    239 |    338
  kein Mitglied      |   79.2 |   66.2 |   69.5
                     +--------+--------+
                  1  |     26 |    122 |    148
  Mitglied           |   20.8 |   33.8 |   30.5
                     +--------+--------+
             Column       125      361      486
              Total      25.7     74.3    100.0

Number of Missing Observations =      36
```

Eine solche Tabelle heißt "Kreuztabelle" ("crosstabulation") oder auch "Kontingenztabelle" ("contingency table"). Da diese Tabelle aus der "Kreuzung" zweier Variablen (V1 und V2: Geschlecht und ÖTV-Mitgliedschaft) besteht, handelt es sich um eine "bivariate Kreuztabelle". Da beide Variablen nur je zwei verschiedene Werte annehmen können, wird eine Tabelle dieser Form auch als "2*2-Tabelle" bezeichnet.

Eine Kreuztabelle enthält neben den Häufigkeitsverteilungen beider Variablen ("Column Total" für V1: 125 Frauen, 361 Männer; "Row Total" für V2: 338 Nicht-Mitglieder, 148 Mitglieder) die "gemeinsame" (bivariate) Verteilung der beiden Variablen. So setzt sich die gesamte Stichprobe von 486 Fällen (die Angaben von 36 Personen fehlen entweder für das Geschlecht, für die ÖTV-Mitgliedschaft oder für beide Variablen) aus den vier Teilgruppen "Frauen-Nicht-Mitglieder" (99 Personen), "Frauen-Mitglieder" (26 Personen), "Männer-Nicht-Mitglieder" (239 Personen) und "Männer-Mitglieder" (122 Personen) zusammen.

Das Ergebnis dieser Tabelle läßt sich deutlicher erkennen, wenn die Häufigkeiten ("Count") der einzelnen Felder der Tabelle ("Zellen") als Prozentzahlen ausgedrückt werden. Es gibt drei Möglichkeiten, die Häufigkeiten als Prozentzahl auszudrücken, je nachdem, auf welche Vergleichszahlen die Prozentwerte bezogen werden:

1. Die Häufigkeit in einer Zelle wird auf die Gesamtzahl der Fälle (486) bezogen, somit ergäben sich in diesem Beispiel (99/486)*100=20.3%, (239/486)*100=49.2%, (26/486)=5.3% und (122/486)*100=25.1%. Die Gesamtsumme aller Prozentzahlen ist gleich 100. In einem SPSS-Output wird diese Art der Prozentuierung als "Total Percentage" bezeichnet.

2. Die Häufigkeit in einer Zelle wird auf die Gesamtzahl der Fälle in einer Zeile der Tabelle bezogen, somit ergäben sich im Beispiel für die erste Zeile (kein Mitglied): (99/338)*100=29.3% und (239/338)*100=70.7%. Für die zweite Zeile (Mitglieder) ergäben sich (26/148)*100=17.6% und (122/148)*100= 82.4%. Die Prozentzahlen summieren sich in jeder Zeile zu 100%. In einem SPSS-Output wird diese Art der Prozentuierung als "Row Percentage" (Zeilenprozente) bezeichnet.

3. Die Häufigkeit in einer Zelle wird auf die Gesamtzahl der Fälle in einer Spalte der Tabelle bezogen, wie dies auch die Prozentzahlen der Tab. 9-2 zeigen. Die Prozentzahlen jeder Spalte summieren sich zu 100%. Diese Art der Prozentuierung wird als "Column Percentage" ("Col Pct", Spaltenprozente) bezeichnet.

Obwohl es prinzipiell gleichgültig ist, welche Variable im "Kopf" der Tabelle (oben) und welche Variable am Rand der Tabelle steht, ist es üblich, das im Kopf der Tabelle die unabhängige Variable und am Rand der Tabelle die abhängige Variable steht (vgl. Kapitel 4).

Bei einer Subgruppenanalyse wie im Beispiel kann häufig (aber nicht immer) davon ausgegangen werden, daß die Variable, die die Zugehörigkeit zu einer Subgruppe angibt (hier das Geschlecht) nicht durch die jeweils betrachtete andere Variable (hier ÖTV-Mitgliedschaft) erklärt werden kann. Da das Geschlecht nicht von der Mitgliedschaft oder Nicht-Mitgliedschaft in einer Gewerkschaft abhängen kann (oder wir zumindest keine entsprechende plausible Hypothese kennen), wurde im Beispiel "Geschlecht" als unabhängige Variable, "ÖTV-Mitgliedschaft" als abhängige Variable aufgefaßt. Da im Kopf der Tabelle das Geschlecht steht, kann mit Hilfe der Spaltenprozente nun übersichtlich der Einfluß der unabhängigen Variablen "Geschlecht" auf die abhängige Variable "ÖTV-Mitgliedschaft" dargestellt werden (vgl. Tab. 9-3).

Tabelle 9-3: Beispiel für eine Tabelle mit Spaltenprozenten

	Geschlecht		
	weiblich	männlich	
nicht Mitglied	79%	66%	338
Mitglied der ÖTV	21%	34%	148
	125	361	486

Die Aussage der Tabelle ist leicht erkennbar[1]: Nur 21% der befragten Frauen, aber 34% der befragten Männer sind Mitglied der ÖTV. Männer sind also eher Mitglied der ÖTV als Frauen, der Unterschied beträgt -13%. Bei einer 2*2-Tabelle wie in diesem Beispiel ist diese "Prozentsatzdifferenz" als einfaches "Zusammenhangsmaß" (auch: "Kontingenzmaß" oder "Assoziationmaß") interpretierbar. Ein Zusammenhangsmaß gibt die Stärke des Zusammenhangs zwischen zwei Variablen an. Im Beispiel wäre der Zusammenhang dann am stärksten, wenn entweder kein Mann, aber alle Frauen Mitglied der ÖTV oder aber alle Männer, aber keine Frau Mitglied der ÖTV wäre. Im ersten Fall wäre die Prozentsatzdifferenz 100%-0% = 100%, im zweiten Fall 0%-100% = -100%. Gegenüber 100% als maximal möglicher Prozentsatzdifferenz ist die Differenz im Beispiel mit 13% nicht sehr groß, der Zusammenhang also eher schwach.

In den Sozialwissenschaften werden neben der Prozentsatzdifferenz eine Reihe anderer Zusammenhangsmaße verwendet, die zum Teil mit griechischen Buchstaben bezeichnet werden, z.B. phi, gamma, eta, lambda und tau. Fast alle Zusammenhangsmaße besitzen genau wie der Korrelationskoeffizient von Pearson den Wertebereich -1 bis +1, wobei -1 einen starken negativen Zusammenhang

[1] Je mehr Felder eine Tabelle besitzt, um so deutlicher wird der Vorteil, Tabellen auf diese Weise über die Spaltenprozente zu interpretieren. So ist z.B. eine 20*5 Tabelle mit 100 Feldern, die lediglich absolute Zahlen (oder als anderes Extrem: sowohl absolute Zahlen, als auch "Total Percentage", Zeilenprozente und Spaltenprozente, somit 400 Zahlen) enthält, nur mit größeren Mühen interpretierbar.

("immer wenn x hoch ist, ist y niedrig"), 0 die Abwesenheit eines Zusammenhangs ("es läßt sich nicht sagen, welchen Wert y besitzt, wenn x hoch oder niedrig ist") und +1 einen starken positiven Zusammenhang ("immer wenn x hoch ist, ist auch y hoch") wiedergibt[1].

9.3. Multivariate Analyse

In den meisten Fällen erfordern sozialwissenschaftliche Theorien, daß nicht nur die Verteilung einer Variablen oder die gemeinsame Verteilung zweier Variablen untersucht wird, sondern daß eine großen Zahl von Variablen gleichzeitige beachtet wird. Für "multivariate Datenanalysen" stehen eine große Zahl verschiedener Analysetechniken zur Verfügung. Die mit diesen Verfahren möglichen Analysen gehen weit über das hinaus, was hier auch nur angedeutet werden kann[2]. Die Notwendigkeit multivariater Datenanalyse läßt sich an einem fiktiven Beispiel mit einer einfachen Technik, der multivariaten Kreuztabellierung, demonstrieren. ROSENBERG (1968:94-96)[3] gibt ein Beispiel für eine Untersuchung des Zusammenhangs zwischen sozialer Schicht und der Einstellung gegenüber den Bürgerrechten. In diesem Beispiel sind beide Variablen dichotom: Bei der sozialen Schicht wird zwischen "Mittelschicht" und "Arbeiterklasse", bei der Einstellung gegenüber den Bürgerrechten zwischen "hoch" (liberal-progressiv) und "niedrig" (konservativ) unterschieden. Eine Untersuchung von 240 Personen ergäbe die Tabelle 9-4.

---

[1] Einzelheiten zu allen erwähnten Koeffizienten finden sich bei BENNINGHAUS (1974).

[2] Die Verfahren setzen zudem zumindest eine intensivere Beschäftigung mit statistischen Verfahren voraus. Eine kommentierte knappe Liste mit weiterführender Literatur findet sich am Ende dieses Kapitels.

[3] Die Tabelle bei ROSENBERG (1968:94) enthält einen Druckfehler.

Tabelle 9-4: Zusammenhang zwischen Schicht und Einstellung gegenüber den Bürgerrechten.

Bürgerrechte	Mittelschicht	Arbeiterklasse
hoch	37%	45%
niedrig	63%	55%
	120	120

Die Prozentsatzdifferenz beträgt 8%. Damit mag es zunächst so scheinen, als ob Arbeiter eher als Mittelschichtangehörige positiv gegenüber den Bürgerrechten eingestellt sind. Die Einstellung gegenüber den Bürgerrechten wird aber durch die Rassenzugehörigkeit stark beeinflußt. Dann liegt es nahe, die gemeinsame Verteilung von Rassenzugehörigkeit, sozialer Schicht und Einstellung gegenüber den Bürgerrechten zu betrachten. Damit ergeben sich zwei verschiedene Teiltabellen ("Partialtabellen"): Eine für Weiße, und eine für Farbige (vgl. Tab. 9-5).

Tabelle 9-5: Zusammenhang zwischen Schicht und Einstellung gegenüber den Bürgerrechten bei Kontrolle von Rassenzugehörigkeit.

	Farbige		Weiße	
Bürger-rechte	Mittel-schicht	Arbeiter-klasse	Mittel-schicht	Arbeiter-klasse
hoch	70%	50%	30%	20%
niedrig	30%	50%	70%	80%
	20	100	100	20

Die beiden Partialtabellen zeigen Prozentsatzdifferenzen von -20% und -10%. Der Zusammenhang zwischen sozialer Schicht und Einstellung gegenüber den Bürgerrechten ist bei "Kontrolle" oder "Konstanthaltung" von Rassenzugehörigkeit nicht nur in beiden Teilgruppen stärker als in der bivariaten Tabelle (Prozentsatzdifferenz nur 8%), sondern der Zusammenhang kehrt sich in beiden Teilgruppen um: Je höher die soziale Schicht, desto positiver die Einstellung zu den Bürgerrechten.

Durch die gleichzeitige Berücksichtigung von drei Variablen kann also die Schlußfolgerung gegenüber der bivariaten Analyse eine andere sein. Die Kontrolle zusätzlicher Variablen (sogenannte "Drittvariablenkontrolle") ist im Rahmen der multivariaten Analyse bei der Überprüfung sozialwissenschaftlicher Theorien in der Regel unverzichtbar, wenn auch die Ergebnisse nur selten so dramatische Differenzen zwischen bivariater und multivariater Analyse zeigen wie im Beispiel.

Viele sozialwissenschaftliche Theorien sind so komplex, daß sie nur mit relativ komplizierten multivariaten Auswertungsmethoden überprüft werden können. Hierzu gehören insbesondere sogenannte "Kausalmodelle", die eine kausale Interpretation von Variablenbeziehungen mit Hilfe von "Pfadanalysen" versuchen.

Z.B. versuchte HILL (1984:369) die soziale Distanz von Deutschen gegenüber Ausländern durch 10 Variablen zu erklären: Alter, Berufsposition, Ausländeranteil im Stadtteil, Ausländeranteil im Wohngebiet, Autoritarismus, Arbeitsplatzunsicherheit, wahrgenommene Vorbehalte der Bezugsgruppe gegenüber Ausländern, wahrgenommene Ausländerkonzentration im Wohngebiet, tatsächliche Kontakte zu Ausländern und Vorurteile gegenüber Ausländern. Zwischen diesen 10 Variablen und der abhängigen Variablen "Soziale Distanz" ergab sich ein folgendes Kausalmodell:

Abbildung 9-1: Pfadmodell zur Erklärung der sozialen Distanz

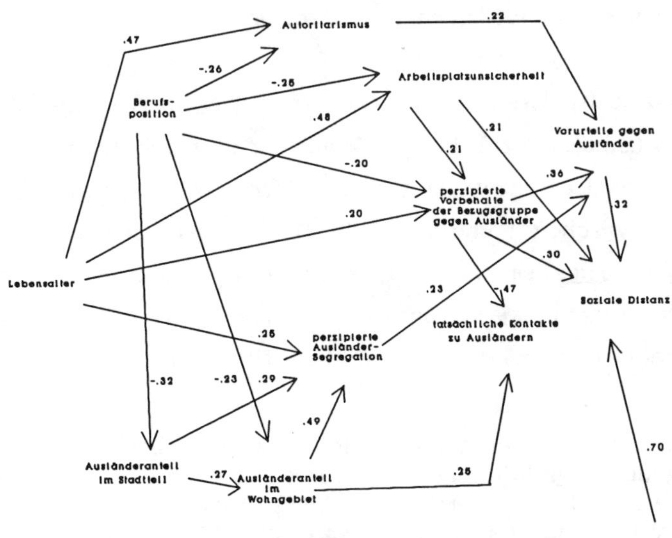

Die Pfeile in solchen Pfadmodellen entsprechen angenommenen kausalen Beziehungen zwischen den Variablen, wobei die Richtung des Pfeils die angenommene kausale Abfolge angibt. Die Zahlen an den Pfeilen (die "Pfadkoeffizienten") sind Zusammenhangsmaße, die Werte zwischen -1 und +1 annehmen können. Die Pfadkoeffizienten geben den Zusammenhang zwischen je zwei Variablen wieder, wenn alle anderen im Pfadmodell enthaltenen Variablen statistisch (durch eine spezielle Art der Drittvariablenkontrolle) konstant gehalten werden.

Werden in solche Kausalmodelle noch zusätzliche theoretische Annahmen über die Entstehung von systematischen Meßfehlern eingebaut, so können solche komplexen Modelle nur noch mit relativ aufwendigen multivariaten Methoden durch sogenannte "lineare Strukturgleichungsmodelle" überprüft werden. Solche Auswertungen sind nur noch mit Computern möglich. Das am häufigsten für solche Modelle eingesetzte Computerprogramm heißt "LISREL" (für "Linear Structural Relationships"). Allgemein werden solche komplexen Modelle daher auch als "LISREL-Modelle" bezeichnet.

9.4. Datenanalyse mit unvollständigen Datensätzen

Bei der Analyse sozialwissenschaftlicher Datensätze existiert ein spezielles Problem in größerem Ausmaß als z.B. bei der Analyse meterologischer oder genetischer Daten: Üblicherweise fehlen bei den Variablen einer sozialwissenschaftlichen Untersuchung zwischen 1 und 10% aller Daten einer Variablen. Die Ursachen dieser "Missing Values" sind neben Datenfehlern (vgl. Kapitel 8) und nicht erhobenen Daten ("trifft nicht zu", z.B. unangemessene Fragen: z.B. "Alter der Kinder?" falls der Befragte keine Kinder hat) vor allem "Weiß nicht"-Antworten[1] und ex-

[1] In manchen Fällen stellt eine "Weiß-nicht"-Antwort keinen "fehlenden Wert" dar, sondern gibt durchaus Informationen über den Befragten: Eine "Weiß nicht"-Antwort kann z.B. als Indikator für das "Nicht-Vorhandensein" einer Einstellung interpretiert werden, damit kann diese spezielle Einstellung auch nicht verhaltens-

plizite Verweigerungen der Antwort. Üblicherweise werden Erhebungseinheiten mit fehlenden Werten aus der Analyse ausgeschlossen, zumindest aber bei der Analyse der Variablen, für die keine Daten vorhanden sind. Dieses Vorgehen ist für fehlende Werte auf Grund von Datenfehlern und nicht erhobener Daten ("trifft nicht zu") meist angemessen. Bei der Behandlung von Fällen mit "Weiß nicht"-Antworten und expliziten Verweigerungen ist der einfache Ausschluß dieser Fälle aus der Analyse höchst fragwürdig.

Das Hauptproblem bei der Analyse von Datensätzen mit fehlenden Werten besteht darin, daß die Ursachen für das Fehlen mit inhaltlichen Aspekten der Untersuchung in systematischem Zusammenhang stehen, die Daten also meist nicht "zufällig" fehlen. Ein Beispiel stellt die simple Hypothese dar, daß ein Befragter um so eher eine Antwort auf die Frage nach dem Einkommen verweigern wird, je höher sein Einkommen ist. Auf Grund solcher systematischer Zusammenhänge zwischen inhaltlicher Fragestellung und der Ursache für das Fehlen von Daten können Analysen, die alle unvollständigen Fälle ausschließen, zu erheblichen Fehlschlüssen führen.

Um solche Fehlschlüsse zu vermeiden, sollte mit speziellen Untersuchungen geklärt werden, ob die Daten systematisch fehlen oder nicht[1]. Weiterhin können fehlende Daten mit einigen statistischen Verfahren auch geschätzt werden. Solche Schätzverfahren basieren aber auf schwer prüfbaren und meist unrealistischen theoretischen Annahmen[2].

---

wirksam sein.

[1] Eine Zusammenstellung solcher Tests findet sich bei MÖNTMANN/BOLLINGER/HERRMANN (1983). Solche einfachen Tests sind zwar nicht in der Lage, mit Sicherheit darüber zu entscheiden, ob Daten zufällig fehlen oder nicht, reichen aber in der Praxis meist aus, um zu demonstrieren, daß systematische Ausfälle vorliegen.

[2] Eine Übersicht sowie eine empirische Untersuchung solcher Schätzverfahren findet sich bei SCHNELL (1985). Um den Einfluß fehlender Werte auf die Ergebnisse einer bestimmten Analyse beurteilen zu können, kann eine Reihe verschiedener Schätzungen der fehlenden Werte mit unterschiedlichen inhaltlichen theoreti-

Keinesfalls sollte eine Datenanalyse akzeptiert werden, die auf die Existenz fehlender Werte nicht eingeht. Fehlen in einem Datensatz Daten, so muß dies bei der Analyse und der Publikation der Ergebnisse ausdrücklich berücksichtigt werden.

9.5. Weiterführende Literatur

Die meisten Studenten der Sozialwissenschaften empfinden gegenüber der Beschäftigung mit Statistik und Datenanalyse zunächst Unwillen. Zwei Gründe erscheinen hierfür besonders wichtig zu sein:

1. Es gelingt selten, rasch den Sinn der Beschäftigung mit statistischen Fragestellungen zu vermitteln;

2. Insbesondere durch die deutsche Lehrbuchliteratur zur Statistik wird häufig der Eindruck vermittelt, daß ohne ein vollständiges Mathematikstudium die Bewältigung statistischer Probleme kaum möglich sei.

Die genannten Anfangsschwierigkeiten lassen sich durch die Lektüre einiger z.T. unterhaltsamer Einführungen überwinden. So gibt KENNEDY (1985) eine völlig informelle, lockere Einführung in die Statistik. Etwas ernsthafter, aber hervorragend klar, deutlich und anwendungsbezogen ist das ebenfalls in deutscher Sprache erhältliche Buch von EHRENBERG (1986), das in jeder Hinsicht als erstes Lehrbuch dringend empfohlen werden kann. Eine verständliche Einführung in die sozialwissenschaftliche Statistik von der Randverteilung bis zur Pfadanalyse geben BOHRNSTEDT/KNOKE (1982). Nicht so umfassend und noch etwas leichter verständlich ist das an SPSS-orientierte Buch von BENNINGHAUS (1991), das den Nachfolger des älteren Standardlehrbuch der deskriptiven Statistik für Soziologen von BENNINGHAUS (1974) darstellt. Statistische Grundlagen und detaillierte Hinweise für die praktische Arbeit mit Statistikprogrammpaketen bieten BROSIUS (1988) für SPSS-PC und NORUSIS (1986) für SPSS-X.

Als Einführung in die Analyse von mehrdimensionalen Tabellen eignet sich das etwas ältere, aber mit vielen Beispielen versehene und äußerst leicht verständliche Werk von ZEISEL (1970). Zum selben Themenbereich finden sich vertieftere Darstellungen bei ROSENBERG (1968) und (wieder extrem leicht verständlich) bei HELLEVIK (1984). Als Einführung in etwas modernere Analysemethoden (sogenannte log-lineare Modelle) sei trotz des Vorliegens deutschsprachiger Texte auf

---

schen Annahmen durchgeführt werden. Die Durchführung solcher "multiple imputations" (vgl. RUBIN 1987) ist allerdings mit vielen theoretischen und praktischen Problemen behaftet.

den entsprechenden Abschnitt in dem hervorragenden Lehrbuch von TABACHNICK/FIDELL (1989:236-315) hingewiesen. Umfassend und trotzdem lesbar wird dieses Gebiet von WICKENS (1989) dargestellt. Ein vollständiges, aber recht anspruchsvolles Nachschlagewerk für diesen Bereich ist AGRESTI (1990).

Zu multivariaten Verfahren existiert eine kaum zu überblickende Fülle von Literatur, hier gibt es zu jedem Verfahren mittlerweile auch deutschsprachige Einführungswerke. Literaturhinweise finden sich z.B. in den deutschen Kurzfassungen der Programmhandbücher. Als leicht verständliches Nachschlagewerk für eine große Zahl multivariater Verfahren sei DILLON/GOLDSTEIN (1984) empfohlen. JOBSON (1991) behandelt den gleichen Stoff ausführlicher und berücksichtigt auch neuere Entwicklungen.

Die beiden besten uns bekannten Lehrbücher multivariater Statistik sind leider nicht in deutscher Sprache erhältlich: NORUSIS (1985) und TABACHNICK/FIDELL (1989). NORUSIS zeigt mit sehr vielen Beispielen (und sehr wenig mathematischer Theorie), wie multivariate Datenanalysen mit SPSS-X durchgeführt werden können. Etwas stärker mathematisch-theoretisch orientiert (aber immer noch weit lesbarer als vergleichbare deutschsprachige Titel) ist das Lehrbuch von TABACHNICK/FIDELL. Dieses Buch zeigt mit vielen Beispielen aus der Forschungspraxis, wie bestimmte Probleme mit multivariaten Verfahren angegangen werden können. Dabei werden sowohl die theoretischen Grundlagen der Verfahren als auch ihre praktischen Probleme erläutert. Das Buch zeichnet sich für Anfänger insbesondere dadurch aus, daß der tatsächliche Programmausdruck von SPSS, BMDP, SAS und SYSTAT erklärt und dessen Umsetzung in einen Forschungsbericht dargestellt wird.

Das man Pfadanalyse und Strukturgleichungsmodelle auch ohne großen mathematischen Aufwand erlernen kann, demonstriert LOEHLIN (1987) in einem hervorragenden Lehrbuch. Neben LISREL gibt es es einige andere Programme, mit denen Strukturgleichungsmodelle gerechnet werden können, z.B. EQS und EzPATH, wobei EzPATH (STEIGER 1989) besonders einfach zu benutzen ist. Zusammen mit EzPATH erlaubt das Buch von LOEHLIN jedem, der sich zwei Wochen Zeit nimmt, das Erlernen dieser Klasse von Verfahren. Die derzeit beste und gründlichste Einführung in LISREL gibt HAYDUK (1987), das derzeitige Referenzwerk ist BOLLEN (1989).

Anhang A

Parallele, tau-äquivalente und kongenerische Items

Eine latente Variable X sei durch vier Indikatoren X1, X2, X3, X4 gemessen worden. Die gemessenen Variablen sind nicht mit der latenten Variablen identisch, also wirken sich auf die gemessenen Variablen auch noch Störgrößen aus. Folglich kann ein gemessener Indikator durch eine Kombination der latenten Variablen mit einer Störvariablen erklärt werden.

Abbildung 1 Parallele Items

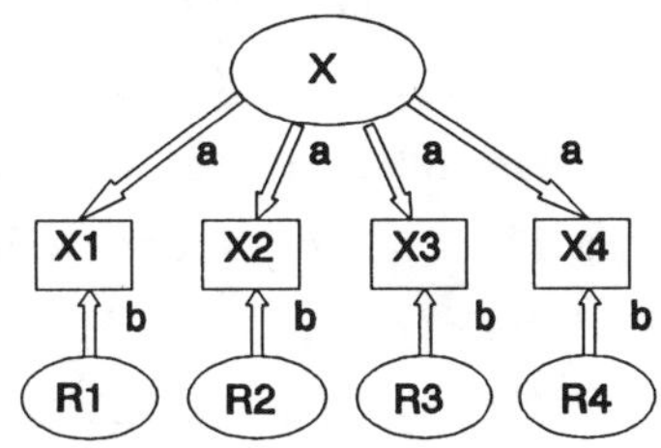

Ein einfaches Meßmodell könnte davon ausgehen, daß die latente Variable auf alle vier Items gleich stark wirkt und die Störgrößen (R1, R2, R3, R4) ebenfalls gleich stark auf die Items wirken (vgl. Abbildung 1). Items, die diese Forderung erfüllen, heißen "parallele Items". Parallele Items messen dieselbe Eigenschaft gleich gut.

Abbildung 2 Tau-äquivalente Items

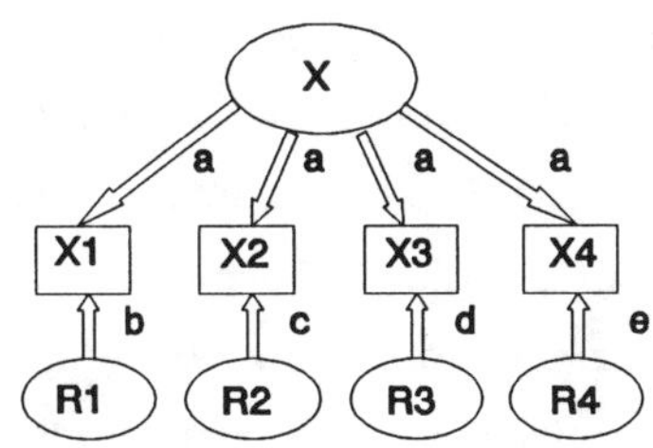

Nimmt man an, daß zwar die latente Variable auf alle Items gleich stark wirkt, die Störgößen aber auf jedes Items anders, so spricht man von "tau-äquivalenten Items" (vgl. Abb. 2).

Nimmt man an, daß die latente Variable unterschiedlich stark auf die Items wirkt und auch die Störgrößen unterschiedlich stark auf die Items wirken, so werden die Items als "kongenerische Items" bezeichnet (vgl. Abb. 3).

Abbildung 3 Kongenerische Items

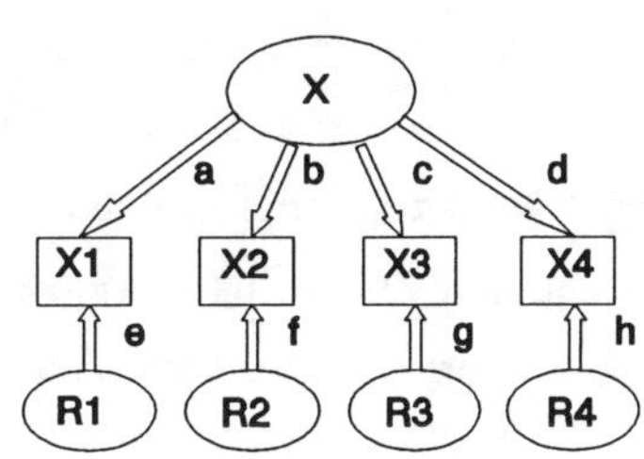

Der Test, ob eine Sammlung von Items die Forderungen an parallele, tau-äquivalente oder kongenerische Messungen erfüllt, läßt sich mit verschiedenen Programmen durchführen. Eines dieser Programme ist EzPATH (STEIGER 1989). Die notwendigen Kommandos für einen solchen Test zeigt die Abbildung 4. Die Anweisung "USE KONGEN" bewirkt, daß die in der Datei "KONGEN.SYS" gespeicherte Korrelationen[1] als Ausgangsdaten verwendet wird. NUMBER teilt dem dem Programm die Stichprobengröße mit, der Output soll in die Datei "DRUCK.DAT" geschrieben werden. Um die Ausgabe für uns lesbarer zu machen, geben wir mit NOTE eine Überschrift ein. Dann folgt das Modell für parallele Tests: Ein einziger Koeffizient für den Zusammenhang zwischen den vier Items X1-X4 und der latenten Variablen X, ein anderer Koeffizient für den Zusammenhang zwischen den Items und den Störvariablen R1-R4. ESTIMATE bewirkt die Schätzung der Koeffienten des Modells. Das nächste Modell sieht jeweils einen eigenen Koeffizienten für den Zusammenhang zwischen den gemessenen Variablen und den Störvariablen vor, damit ist dieses Modell der Test auf Tau-Äquivalenz. Das letzte Modell sieht sowohl unterschiedliche Zusammenhänge zwischen gemessenen Variablen und latenter Variable als auch unterschiedliche Zusammenhänge zwischen den gemessenen Variablen und den Störvariablen vor: Das kongenerische Modell.

```
USE KONGEN
NUMBER 126
OUT DRUCK
NOTE  'Parallel Model'
MODEL
 (X)-1->[X1]
 (X)-1->[X2]
 (X)-1->[X3]
 (X)-1->[X4]
 (R1)-2->[X1]
 (R2)-2->[X2]
 (R3)-2->[X3]
 (R4)-2->[X4]
ESTIMATE
NOTE  'Tau-equivalent Model'
MODEL
 (X)-1->[X1]
 (X)-1->[X2]
 (X)-1->[X3]
 (X)-1->[X4]
 (R1)-2->[X1]
 (R2)-3->[X2]
 (R3)-4->[X3]
 (R4)-5->[X4]
ESTIMATE
NOTE  'Congeneric Model'
MODEL
 (X)-1->[X1]
 (X)-2->[X2]
 (X)-3->[X3]
 (X)-4->[X4]
 (R1)-5->[X1]
 (R2)-6->[X2]
 (R3)-7->[X3]
 (R4)-8->[X4]
ESTIMATE
```

1 Beispiel für den Test von vier Items auf Parallelität und Tau-Äquivalenz mit EzPATH

[1] Genau genommen sind es Kovarianzen, also nicht auf 0-1 standardisierte Korrelationen.

Die (stark gekürzte) Druckausgabe des Programms zeigt die Abbildung 5. Zunächst findet sich die Stichprobengröße, danach der "Freiheitsgrad" des Modells. Je mehr verschiedene Parameter wir schätzen, desto geringer ist die Zahl der Freiheitsgrade. Daten erfüllen die Forderungen eines Modells um so besser, je geringer die Abweichungen zwischen dem vom Modell geforderten und den tatsächlichen Strukturen sind. Ein Maß für die Abweichung ist der Chi-Quadrat-Wert. Das Modell paßt um so besser, je kleiner dieser Wert ist. Man kann diesen Abweichungswert dadurch klein halten, daß man viele Parameter verwendet: Dies führt zu Modellen mit vielen Parametern. Diese sind aber keine sparsame Erklärung: Man will Modelle mit möglichst wenig Parametern und damit mit möglichst vielen Freiheitsgraden. Der "Probability Level" gibt an, mit welcher Wahrscheinlichkeit der berechnete Chi-Quadrat-Wert zufällig auftauchen würde (hierbei wird der Freiheitsgrad des Modells berücksichtigt). Wie man sieht, ist in den ersten beiden Modellen die Wahrscheinlichkeit für den jeweils beobachteten Chi-Quadrat-Wert gleich null: Der Chi-Quadrat-Wert ist daher zu groß, das Modell paßt nicht. Im letzten Modell ist die Wahrscheinlichkeit für den beobachteten Chi-Quadrat-Wert 0.3198. In der Regel wird (konventionell) eine Wahrscheinlichkeit von 0.05 als Grenze zwischen zufälligen und "über-zufälligen" Ergebnissen betrachtet. Eine solche Abweichung zwischen Modell und Daten kann also als zufällig betrachtet werden, das Modell ist somit akzeptabel: Die Items können als kongenerische Messungen betrachtet werden[1].

```
                         Parallel Model
Sample Size (N)              =         126
Degrees of Freedom           =           8
Chi-Square                   =    109.1230
Probability Level            =       .0000

                       Tau-equivalent Model
Sample Size (N)              =         126
Degrees of Freedom           =           5
Chi-Square                   =     40.4232
Probability Level            =       .0000

                         Congeneric Model
Sample Size (N)              =         126
Degrees of Freedom           =           2
Chi-Square                   =      2.2801
Probability Level            =       .3198

Here are the results for the fitted model.

MODEL
(X)-1{ 4.573}->[X1]
(X)-2{ 2.676}->[X2]
(X)-3{ 2.651}->[X3]
(X)-4{ 4.535}->[X4]
(R1)-5{ 2.040}->[X1]
(R2)-6{ 4.587}->[X2]
(R3)-7{ 3.964}->[X3]
(R4)-8{ 1.141}->[X4]
```

2 EzPATH-Druckausgabe des Beispiels (stark gekürzt)

Unter dieser Annahme können die in der Ausgabe zu findenden Schätzungen der Koeffizienten ("results for the fitted model") interpretiert werden: Die geschätzten Koeffizienten finden sich in geschweiften Klammern hinter den Parameternummern.

[1] Genau genommen ist eine solche Interpretation des Chi-Quadrat-Wertes nicht ganz korrekt, weil bestimmte Annahmen, auf denen die Berechnungen beruhen (multivariate Normalverteilung, Ausgangsmatrix ist die Kovarianzmatrix, große Stichprobe), fast nie gegeben sind. Daher sollten die "Probability Level" nur mit großer Vorsicht als Hilfen bei der Entscheidung, aber nicht als einziges Kriterium verwendet werden.

Anhang B
Erzeugung von Zufallszahlen

Ohne spezielle zusätzliche Hardware können Computer keine "echten" Zufallszahlen erzeugen. Die durch Computerprogramme erzeugten Zufallszahlen werden daher als "Pseudo-Zufallszahlen" bezeichnet. Die Erzeugung von solchen Zufallszahlen, die allen Kriterien genügen (z.B. gleiche Häufigkeit aller Ziffern, keine Änderung der Abfolgewahrscheinlichkeit zwischen Ziffern etc.), ist ein spezielles Gebiet der Mathematik. Programme, die Zufallszahlen erzeugen, heißen "Zufallszahlen-Generatoren". Zwar ist die Konstruktion eines solchen Generators kompliziert, die Funktionsweise aber sehr einfach. Ein Beispiel für einen einfachen, aber sehr leistungsfähigen Generator stellt die folgende PASCAL-Funktion dar:

```
FUNCTION Random : real;
{
Die Funktion lehnt sich an Steve K. Park and Keith W. Miller "Random Number
Generators: Good Ones are Hard to Find", Communications of the ACM (Oktober
1988, 31, 10) an. Testmöglichkeit: Nach 10,000 Aufrufen mit dem Startwert 1
muß sich 1043618065 ergeben.

Im aufrufenden PASCAL-Programm muß die Variable "Seed" global als "longint"
deklariert und mit einem Wert ungleich Null vor dem ersten Aufruf von Random
initialisiert werden.
}
CONST
  a  =  16807;
  m  =  2147483647;  { 2^31 - 1 }
  q  =  127773;      { M div A  }
  r  =  2836;        { M mod A  }
VAR lo, hi, test : longint;
BEGIN
  hi := seed DIV q;  { Ganzzahldivision }
  lo := seed MOD q;
  test := a * lo - r * hi;
  IF test > 0  THEN seed := test
               ELSE seed := test + m;
  Random := seed / m;
END;
```

Eine willkürlich gewählte Startzahl ("Seed") wird durch geeignet gewählte (s.o.) Konstante ganzzahlig dividiert[1], mit anderen Konstanten multipliziert und das Ergebnis auf einen Wertebereich normiert. Beginnt man mit SEED = 1, so ergeben sich nacheinander die SEED-Werte bzw. die Zufallszahlen der folgenden Tabelle:

Tabelle B-1: Startwerte und Zufallszahlen des Generators

SEED	RANDOM
1	0.000007826
16807	0.131537788
282475249	0.755605322
1622650073	0.458650132
984943658	0.532767237
1144108930	0.218959186
470211272	0.047044616
101027544	0.678864717
1457850878	0.679296406

Ausführliche Hinweise zur Konstruktion und den Tests von Zufallszahlengeneratoren finden sich bei KENNEDY/GENTLE (1980:133-241).

[1] "DIV" ist eine Ganzzahldivision, "MOD" die Bildung des Ganzzahlrests. Zum Beispiel: 11 DIV 3 = 3, 11 MOD 3 = 2.

Anhang C
Verfahren zur Ziehung von Zufallsstichproben

Die einfachste Art eine Zufallsstichprobe zu ziehen, besteht darin, eine Zufallszahl Z zwischen 0 und 1 zu erzeugen (z.B. durch den oben beschriebenen Generator) und diese Zahl Z mit der Größe der Grundgesamtheit N zu multiplizieren. Das Ergebnis wird zur ganzen Zahl abgerundet, so daß 1 addiert werden muß, um N als maximale Zahl erhalten zu können[1]. Das Ergebnis liegt also immer zwischen 1 und N. Wenn die Elemente der Grundgesamtheit von 1 bis N durchnummeriert worden sind, dann wird das dem gerundeten Wert entsprechende Element der Grundgesamtheit Bestandteil der Stichprobe. Dieser Prozeß wird solange wiederholt, bis die gewünschte Stichprobengröße erreicht ist[2].

Eine Ziehung, bei der die Ziehungswahrscheinlichkeit proportional zur Größe (PPS) ist, kann am einfachsten mit dem sogenannten "Kumulationsverfahren" realisiert werden[3]. Man benötigt eine Liste aller Primäreinheiten mit der jeweiligen Größenvariablen, also z.B. eine Liste aller Wohnblocks mit den jeweiligen Bewohnerzahlen (vgl. Tabelle C-1). Die Zahl der Bewohner (N) wird kumuliert (Ncum), so daß neben der Identifikationsnummer des Blocks die Gesamtsumme aller vorherigen Bewohnerzahlen steht[4].

Um eine PPS-Stichprobe der Primäreinheiten zu ziehen, erzeugt man so viele gleichverteilte Zufallszahlen (zwischen 1 und der Gesamtzahl der Elemente der Grundgesamtheit), wie man Primäreinheiten in der Stichprobe wünscht. Sollen z.B.

---

[1] Also: R = TRUNC(Z * N) + 1.

[2] Bei großen Stichproben ist dieses Verfahren ineffizient, da auch die Größe der Grundgesamtheit bekannt sein muß. Ein Verfahren zur effizienten maschinellen Ziehung von Zufallsstichproben findet sich bei KENNEDY/GENTLE (1980: 237-240).

[3] Für solche Ziehungsverfahren stehen eine Reihe von Computer-Programmen zur Verfügung. Ein solches Programm ist SAMPLE (FRANKEL/SPENCER 1990). SAMPLE ist ein Zusatzmodul für das Programm SYSTAT bzw. MYSTAT. Mit SAMPLE können Zufallsstichproben, geschichtete Stichproben, systematische Stichproben sowie PPS-Stichproben aus SYSTAT-Files gezogen werden.

[4] Die Liste der Primäreinheiten kann ungeordnet sein.

4 der 14 Blocks größenproportional ausgewählt werden, so müssen 4 Zufallszahlen zwischen 1 und 631 (der Gesamtzahl der Bewohner) erzeugt werden. Der in Anhang B beschriebene Generator liefert für den Startwert 8152 (willkürlich gewählt) als die ersten vier Zahlen zwischen 1 und 631 die Zufallszahlen 41, 187, 439 und 578. Stellt man sich die Bewohner in den Blocks durchnumeriert vor, so wohnt der Bewohner 41 im Block 3, Bewohner 187 im Block 4, der Bewohner 439 im Block 10 und der Bewohner 578 im Block 14. Somit werden die Blocks 3, 4, 8 und 12 als Primäreinheiten ausgewählt.

Tabelle C-1: Kumulationsverfahren

Block	N	Ncum	ps	pb	ps * pb
1	6	6	0.1667	0.0095	0.0016
2	29	35	0.0345	0.0460	0.0016
3	69	104	0.0145	0.1094	0.0016
4	91	195	0.0110	0.1442	0.0016
5	12	207	0.0833	0.0190	0.0016
6	95	302	0.0105	0.1506	0.0016
7	51	353	0.0196	0.0808	0.0016
8	11	364	0.0909	0.0174	0.0016
9	62	426	0.0161	0.0983	0.0016
10	61	487	0.0164	0.0967	0.0016
11	30	517	0.0333	0.0475	0.0016
12	28	545	0.0357	0.0444	0.0016
13	3	548	0.3333	0.0048	0.0016
14	83	631	0.0120	0.1315	0.0016

Die Wahrscheinlichkeit, innerhalb eines Blocks ausgewählt (ps) zu werden, ist gleich dem Kehrwert der Zahl der Bewohner des Blocks n_i, also $ps = 1/n_i$. Die Wahrscheinlichkeit, daß ein Block ausgewählt (pb) wird, ist gleich dem Anteil der Einwohner n_i des Blocks an allen Einwohnern n, also $pb = n_i/n$. Die Wahrscheinlichkeit, daß ein bestimmter Bewohner ausgewählt wird (pa), ist gleich dem Produkt der beiden Wahrscheinlichkeiten: $pa = ps * pb$. Also gilt: $pa = 1/n_i * n_i/n$. Die Zahl der Einwohner im Block kürzt sich aus der Gleichung, so daß die Wahrscheinlichkeit für alle Elemente der Grundgesamtheit gleich 1/n ist.

Anhang D
Adressen

Software

Die mehrfach erwähnten Programme EzPATH, SAMPLE, TESTAT und MYSTAT werden von SYSTAT (Systat Inc., 1800 Sherman Av., Evanston, Ill. 60201, USA) vertrieben. Systat stellt das Statistik-Programm MYSTAT kostenlos zur Verfügung, eine Diskette mit MYSTAT liegt z.B. DENZ (1989) bei.

Datenarchive

Die genannten Datenarchive stellen Datensätze der empirischen Sozialforschung kostenlos oder gegen geringe Gebühren zur Verfügung.

Belgien:	Belgian Archives for the Social Sciences, Place Montesquieu, 1 Boite 18, B-1348 Lovain-la-Neuve, Belgium
BRD:	Zentralarchiv für empirische Sozialforschung, Bachemerstr. 40, 50931 Köln 41, Tel. 0221/476940
England:	SSRC Survey Archive, University of Essex, Wivenhoe Park, Colchester, Essex, England.
Niederlande:	Steinmetz Archives, Information and Dokumentation Center for the Social Sciences, Royal Netherlands Academy of Arts and Sciences, Keizersgracht 569-572, Amsterdam, The Netherlands
USA[1]:	Behavioral Sciences Laboratoy, University of Cincinnati, Cincinnati, Ohio 45221
	Data and Program Library Service, University of Wisconsin, 4451 Social Science Building, Madison, Wis. 53706
	Institute for Research in Social Science, Manning Hall, University of North Carolina, Chapel Hill, N.C.27514
	Inter-University Consortium for Political And Social Research, University of Michigan, Ann Arbor, Mich. 48106
	National Opinion Research Center, University of Chicago, 1155 east 60th Street, Chicago, Ill. 60637
	Roper Center, University of Connecticut, Storrs, Conn. 06268
	Survey Research Center, University of California, Berkeley, Calif. 94720.

[1] Quelle: BRADBURN/SUDMAN (1988:62).

Bibliographien

Die Erasmus-Universität Rotterdam veröffentlicht mehrmals im Jahr eine Bibliographie der Methoden der empirischen Sozialforschung; für 795 Gulden ist diese auch als CD-ROM erhältlich. Die Bibliographie kann von folgender Adresse bezogen werden: Social Research Methodology Documentation Center, Erasmus Universität, P.O. Box 1738, 3000 DR Rotterdam, The Netherlands, Tel. 311304082195. Die e-Mail Adresse lautet: info@SRM.EUR.NL

Sonstiges

Informationszentrum Sozialwissenschaften, Lennéstr. 30, 53113 Bonn 1, Tel. 0228/2281-0

Zentrum für Umfragen, Methoden und Analysen, ZUMA e.V., B2-1, Postfach 122155, 68072 Mannheim 1, Tel. 0621/180040

Literatur

ABEL,B. (1983): Grundlagen der Erklärung menschlichen Handelns, Tübingen.
ABELSON,R.P. (1976): Script Processing in Attitude Formation and Decision Making; in: CARROL,J.S./PAYNE,J.W. (eds.): Cognition and Social Behavior, Hillsdale, S.33-45.
ABELSON,R.P. (1981): The Psychological Status of the Script Concept; in: American Psychologist, 1981, 36, S.715-729.
ABELSON,R.P. (1986): Beliefs are like Possessions; in: Journal for the Theory of Social Behaviour, 16, 3, S.223-250.
ADM - Arbeitskreis Deutscher Marktforschungsinstitute (1979): Muster-Stichproben-Pläne, München.
AGRESTI,A.(1990): Categorical Data Analysis, New York.
AJZEN,I. (1988): Attitudes, Personality and Behavior, Stony Stratford.
ALBERT,H. (1969): Traktat über kritische Vernunft, 2. Auflage, Tübingen.
ALBERT,H. (1972a): Theorie und Prognose in den Sozialwissenschaften; in: TOPITSCH,H. (Hrsg.): Logik der Sozialwissenschaften, 8. Auflage, Köln, S.126-143.
ALBERT,H. (1972b): Der Mythos der totalen Vernunft; in: ADORNO,T.W. u. a. (Hrsg.): Der Positivismusstreit in der deutschen Soziologie, Neuwied/Berlin, S.193-234.
ALBERT,H. (1972c): Im Rücken des Positivismus?; in: ADORNO,T.W. u. a. (Hrsg.): Der Positivismusstreit in der deutschen Soziologie, Neuwied/Berlin, S.267-308.
ALBERT, H. (1972d): Modell-Platonismus. Der neoklassische Stil des ökonomischen Denkens in kritischer Beleuchtung; in: TOPITSCH, E. (Hrsg.): Logik der Sozialwissenschaften, 8. Auflage, Köln, S. 406-434.
ALBERT,H. (1973): Konstruktivismus oder Realismus? Bemerkungen zu Holzkamps dialektischer Überwindung der modernen Wissenschaftslehre; in: ALBERT,H./ KEUTH,H. (Hrsg.): Kritik der kritischen Psychologie, Hamburg, S.9-40.
ALBRECHT,G. (1975): Nicht-reaktive Messung und Anwendung historischer Methoden; in: KOOLWIJK,J.V./WIEKEN-MAYSER,M. (Hrsg.): Techniken der empirischen Sozialforschung, Bd. 2, München, S.9-81.
ALEMANN,H.v (1977): Der Forschungsprozeß, Stuttgart.
ALEMANN,H.v./ORTLIEB,P. (1975): Die Einzelfallstudie; in: KOOLWIJK,J.v./ WIEKEN-MAYSER,M. (Hrsg.): Techniken der empirischen Sozialforschung, Bd. 2, München, S.157- 177.
ALLERBECK,K. (1985): Mündliche, schriftliche, telefonische Befragungen - ein Überblick; in: KAASE,M./ KÜCHLER,M. (Hrsg.): Herausforderungen der Empirischen Sozialforschung, Mannheim, S. 56-65.
ALLERBECK,K./HOAG,W. (1985a): Jugend ohne Zukunft, München.
ALLERBECK,K./HOAG,W.J. (1985b): Zur Methodik der Umfragen, Erhebungsbericht zum Projekt Integrationsbereitschaft der Jugend im sozialen Wandel, Johann Wolfgang Goethe Universität, Frankfurt/ Main.
AMERICAN PSYCHOLOGICAL ASSOCIATION (1974): Standards for Educational and Psychological Tests, Washington.

ANDERS,M. (1982): Das Telefoninterview in der Bevölkerung, Infratest-Forschung, München.
ANDERSEN,E.B. (1973): A Goodness of Fit Test for the Rasch Model; in: Psychometrika, 38, 1, S.123-140.
ANDERSON, N. (1956): Die Darmstadt-Studie, ein informeller Rückblick, in: Kölner Zeitschrift für Soziologie und Sozialpsychologie, Sonderheft 1, Zur Soziologie der Gemeinde, Köln.
ANDERSSON,G. (1988): Kritik und Wissenschaftsgeschichte: Kuhns, Lakatos' und Feyerabends Kritik des Kritischen Rationalismus, Tübingen.
ANDREWS,F.M. (1984): Construct Validity and Error Components of Survey Measures: A Structural Modeling Approach; in: Public Opinion Quarterly, 48, 409-442.
ANDRICH,D. (1988): Rasch Models for Measurement, Beverly Hills.
ANGER,H. (1969): Befragung und Erhebung; in: GRAUMANN,C.F. (Hrsg.): Handbuch der Psychologie, Bd 7: Sozialpsychologie, Göttingen, S.567-618.
ATKINSON,J.W. (1975): Einführung in die Motivationsforschung, Stuttgart.
ATTESLANDER,P. (1984): Methoden der empirischen Sozialforschung, 5.Auflage, Berlin.
ATTESLANDER,P./KNEUBÜHLER,H.-U. (1975): Verzerrungen im Interview. Zu einer Fehlertheorie der Befragung, Opladen.
BABBIE,E.R. (1979): The Practice of Social Research, Belmont.
BABBIE,E.R. (1986): The Practice of Social Research, 4. Auflage, Belmont.
BACKSTROM,C.H./HURSH-CÉSAR,G. (1981): Survey Research, New York.
BAILEY,K.D. (1973): Monothetic and Polythetic Typologies and their Relation to Conceptualization, Measurement, and Scaling; in: American Sociological Review, 38, S.18-33.
BAILEY,K.D. (1982): Methods of Social Research, New York.
BAILEY,K.D. (1986): Philosophical Foundations of Sociological Measurement: A Note on the Three Level Model; in: Quality and Quantity, 20, S.327-337.
BAILEY,K.D. (1988): The Conceptualization of Validity: Current Perspectives; in: Social Science Research, 17, S.117-136.
BAINBRIDGE,W.S. (1987): Sociology Laboratory. Computer Simulations for Learning Sociology, Belmont.
BAKEMAN,R./GOTTMAN,J.M. (1986): Observing Interaction: An Introduction to sequential analysis, Cambridge.
BALES,R.F. (1951): Interaction Process Analysis, Cambridge, Mass.
BALZER,W. (1982): Empirische Theorien: Modelle - Strukturen - Beispiele. Die Grundzüge der modernen Wissenschaftstheorie. Braunschweig.
BARNES,J.A. (1972): Social Networks, Reading/Mass.
BARTON,A.H. (1955): The Concept of Property-Space in Social Research; in: LAZARSFELD,P./ROSENBERG,M. (Hrsg.): The Language of Social Research, New York/London, S.40-53.
BARTON,A.H. (1958): Asking the Embarrassing Question; in: Public Opinion Quarterly, 22, S.67-68.

BARTON,A.H./LAZARSFELD,P.F. (1979): Einige Funktionen von qualitativer Analyse in der Sozialforschung; in: HOPF,C./ WEINGARTEN,E. (Hrsg.): Qualitative Sozialforschung, Stuttgart, S.41-89.
BASS,B.M. (1956): Development and Evaluation of a Scale for Measuring Social Acquiescence; in: Journal of Abnormal and Social Psychology, 53, S.296-299.
BATESON,N. (1984): Data Construction in Social Surveys, London.
BECKERMANN,A. (1985): Handeln und Handlungserklärungen; in: BECKERMANN,A. (Hrsg.): Analytische Handlungstheorie, Bd. 2: Handlungserklärungen, Frankfurt, S.7-84.
BELSON,W.A. (1986): Validity in Survey Research, Aldershot.
BENNINGHAUS,H. (1974): Deskriptive Statistik, Stuttgart.
BENNINGHAUS,H. (1976): Ergebnisse und Perspektiven der Einstellungs-Verhaltensforschung, Meisenheim.
BENNINGHAUS,H. (1991): Einführung in die sozialwissenschaftliche Datenanalyse, 2. Auflage, München.
BERDIE,D.R./ANDERSON,J.F./NIEBUHR,M.A. (1986): Questionnaire: Design and Use, Metuchen, NJ.
BERELSON,B. (1952): Content Analysis in Communication Research, New York.
BERGER,H. (1985): Untersuchungsmethode und soziale Wirklichkeit, 3. Auflage, Königstein.
BERGLER,R. (Hrsg.) (1975): Das Eindrucksdifferential, Bern.
BERK,R.A. (1983): An Introduction to Sample Selection Bias in Sociological Data; in: American Sociological Review, 48, S.386-398.
BERNARD,H.R./KILLWORTH,P./KRONENFELD,D./SAILER,L. (1984): The Problem of Informant Accuracy: The Validity of Retrospective Data; in: Annual Review of Anthropology, 13, S.495-517.
BERNER,H. (1983): Die Entstehung der empirischen Sozialforschung, Gießen.
BERNSTEIN,R.J. (1979): Restrukturierung der Gesellschaftstheorie, Frankfurt.
BESOZZI,C./ZEHNPFENNIG,H. (1976): Methodologische Probleme der Index-Bildung; in: KOOLWIJK,J.v./ WIEKEN-MAYSER,M. (Hrsg.): Techniken der empirischen Sozialforschung, Bd. 5, München, S.9-55.
BICK,W./MANN,R./MÜLLER,P.J. (Hrsg.) (1984): Sozialforschung und Verwaltungsdaten, Stuttgart
BICK,W./MÜLLER,P.J. (1984): Sozialwissenschaftliche Datenkunde für prozeßproduzierte Daten: Entstehungsbedingungen und Indikatorenqualität; in: BICK,W./ MANN,R./MÜLLER,P.J. (Hrsg.): Sozialforschung und Verwaltungsdaten, Stuttgart, S.123-159.
BIEDERMANN,E. (1991): Bemerkungen zur Willensfreiheit; in: Zeitschrift für philosophische Forschung, 45, 4, S.585-595.
BIEMER,R.P./GROVES,R.M./LYBERG,L.E./MATHIOWETZ,N./SUDMAN,S. (eds.) (1991): Measurement Errors in Surveys, New York.
BIERNACKI,P./WALDORF,D. (1981): Snowball Sampling. Problems and Techniques of Chain Referral Sampling; in: Sociological Methods and Research, 10, 2, S.141-163.
BLALOCK,H.M. (1969): Theory Construction. From Verbal to Mathematical Formulations, Englewood Cliffs.

BLALOCK,H.M. (1982): Conceptualization and Measurement in the Social Sciences, Beverly Hills.
BLAUG,M. (1986): The Methodology of Economics or How Economists Explain, Cambridge.
BLOSSFELD,H.P./HAMERLE,A./MEYER.K.U. (1986): Ereignisanalyse, Frankfurt.
BLUMER,H. (1973): Der methodologische Standort des symbolischen Interaktionismus; in: Arbeitsgruppe Bielefelder Soziologen (Hrsg.): Alltagswissen, Interaktion und gesellschaftliche Wirklichkeit, Reinbek, S.80-146.
BLUMER,H. (1978): Die soziologische Analyse und die "Variable"; in: ACHAM,K. (Hrsg.): Methodologische Probleme der Sozialwissenschaften, Darmstadt, S.386-402.
BOCHNER,S. (1980): Unobstrusive Methods in Cross-Cultural Experimentation; in: TRIANDIS,H.C./ BERRY,J.W. (Hrsg.): Handbook of Cross-Cultural Psychology, Vol. 2: Methodology, Boston, S.319-387.
BÖLTKEN,F. (1976): Auswahlverfahren, Stuttgart.
BOGARDUS,E.S. (1925): Measuring Social Distance; in: Journal of Applied Sociology, 9, S.299-308.
BOGARDUS,E.S. (1926): The New Social Research, Los Angeles.
BOHLEY,P. (1985): Statistik, München.
BOHRNSTEDT,G.W. (1983): Measurement; in: ROSSI,P.H./WRIGHT,J.D./ ANDERSON,A.B. (Hrsg.): Handbook of Survey Research, Orlando, S.69-121.
BOHRNSTEDT,G.W./KNOKE,D. (1982): Statistics for Social Data Analysis, Itasca.
BOLLEN,K.A. (1989): Structural Equations with Latent Variables, New York.
BOLLINGER,G./HERRMANN,A./MÖNTMANN,V. (1983): BMDP Statistikprogramme für die Bio-, Human- und Sozialwissenschaften, Stuttgart.
BONSS,W. (1983): Die Einübung des Tatsachenblicks, Frankfurt.
BORGATTA,E.F./BOHRNSTEDT,G.W. (1981): Level of Measurement: Once over Again; in: BOHRNSTEDT,G.W./BORGATTA,E.F. (Hrsg.): Social Measurement: Current Issues, Beverly Hills, S. 23-37; Wiederabdruck aus: Sociological Methods and Research, 9, 2, 1980, S.147-160.
BORTZ,J. (1977): Lehrbuch der Statistik, Berlin.
BORTZ,J. (1984): Lehrbuch der empirischen Forschung für Sozialwissenschaftler, Berlin.
BORUCH,R.F./ENDRUWEIT,G. (1973): Mathematische Methoden zur Sicherung der Vertraulichkeit und Anonymität von Forschungsdaten, in: Zeitschrift für Soziologie, 2, S.227-238.
BOUDON,R. (1979): Widersprüche sozialen Handelns, Darmstadt/Neuwied.
BOUDON,R. (1980): Die Logik gesellschaftlichen Handelns, Darmstadt/Neuwied.
BOURQUE,L.B./CLARK,V.A.(1992): Processing Data, London.
BOUSTEDT,O. (1975): Stadtregionen in der Bundesrepublik Deutschland 1970, Hannover, Akademie für Raumforschung und Landesplanung, Bd. 103.
BRADBURN,N.M./SUDMAN,S./BLAIR,E./STOCKING,C. (1978): Question Threat and Response Bias; in: Public Opinion Quarterly, 42, S.221-234.
BRADBURN,N.M./SUDMAN,S. u.a. (1979): Improving Interview Method and Questionnaire Design, San Francisco.

BRADBURN,N.M./SUDMAN,S. (1988): Polls & Surveys. Understanding What They Tell Us, San Francisco.
BRAUN,H./HAHN,A. (1973): Wissenschaft von der Gesellschaft, Freiburg/ München.
BREDENKAMP,J. (1969): Experiment und Feldexperiment; in: GRAUMANN,G.F. (Hrsg.): Handbuch der Psychologie, Bd. 7: Sozialpsychologie, Göttingen, S.332-364.
BRIDGMAN,P.W. (1927): The Logic of Modern Physic, New York.
BRONFENBRENNER,U. (1981): Die Ökologie der menschlichen Entwicklung. Natürliche und geplante Experimente, Stuttgart.
BROSIUS,G. (1988): SPSS/PC+ Basics und Graphics. Einführung und praktische Beispiele, Hamburg.
BROWN,S.R./MELAMED,L.E. (1990): Experimental Design and Analysis, Newbury Park.
BRÜCKNER,E. (1985): Telefonische Befragungen - Methodischer Fortschritt oder erhebungsökonomische Ersatzstrategie? in: KAASE,M./KÜCHLER,M. (Hrsg.): Herausforderungen der Empirischen Sozialforschung, Mannheim, S.66-70.
BRÜCKNER,E./HORMUTH,S./SAGAWE,H. (1982): Telefoninterviews - Ein alternatives Erhebungsverfahren? Ergebnisse einer Pilotstudie; in: ZUMA-Nachrichten, 11, S.9-36.
BRYANT,B.E. (1975): Respondent Selection in a Time of Changing Household Composition; in: Journal of Marketing Research, 12, S.129-135.
BRYSON,M.C. (1976): The Literary Digest: Making of a Statistical Myth; in: The American Statistician, 30, S.184-185.
BUNGARD,W. (1979): Methodische Probleme bei der Befragung älterer Menschen; in: Zeitschrift für experimentelle und angewandte Psychologie, 26, 2, S.211-237.
BUNGARD,W. (1984): Sozialpsychologische Forschung im Labor, Göttingen.
BUNGARD,W./LÜCK,H.E. (1974): Forschungsartefakte und nicht-reaktive Meßverfahren, Stuttgart.
BUNGARD,W./LÜCK,H.E. (1982): Nichtreaktive Meßverfahren; in: PATRY,J.L. (Hrsg.): Feldforschung, Bern, S.317-340.
BUNGARD,W./BAY,R. (1982): Feldexperimente in der Sozialpsychologie; in: PATRY,J.-L. (Hrsg.): Feldforschung, Bern/Stuttgart/Wien, S.183-205.
BURT,R.S. (1984): Network Items and the General Social Survey; in: Social Networks, 6, S.293-339.
BYRNE,B.M. (1989): A Primer of LISREL. Basic Applications and Programming for Confirmatory Factor Analytical Models, New York.
CAMPBELL,D.T. (1957): Factors Relevant to the Validity of Experiments in Social Settings; in: Psychological Bulletin, Vol. 54, 4, S.297-312.
CAMPBELL,D.T. (1969): Reforms as Experiments; in: American Psychologist, 24, S.409-429.
CAMPBELL,D.T./FISKE,D.W. (1959): Convergent and Discriminant Validation by the Multitrait-Multimethod-Matrix; in: Psychological Bulletin, 56, 2, S.81-105.

CAMPBELL,D.T./STANLEY,J.C. (1963): Experimental and Quasi-Experimental Designs for Research on Teaching; in: GAGE,N.L. (Hrsg.): Handbook of Research on Teaching, Chicago, S.171-246.

CANNEL,C.F. (1985): Interviewing in Telephone Surveys; in: BEED,T.W./STIMSON,R.J. (Hrsg.): Survey Interviewing. Theory and Techniques, Sidney, S.63-84.

CAPLOVITZ,D. (1983): The Stages of Social Research, Chichester.

CAPORASO,J.A./ROOS,L.L. (Hrsg.) (1973): Quasi-Experimental Approaches. Testing Theory and Evaluating Policy, Evanston.

CARNAP,R. (1960): Theoretische Begriffe der Wissenschaft; in: Zeitschrift für Philosophische Forschung, Bd. XIV, Heft 1 u. 4, S.209-233 und S.571-598.

CARNAP,R. (1974): Einführung in die Philosophie der Naturwissenschaft, 2. Auflage, München.

CHAIKEN,S./STANGOR,C. (1987): Attitudes and Attitude Change; in: Annual Review of Psychology, 38, S.575-630.

CHALMERS,A.F. (1986): Wege der Wissenschaft, Berlin.

CHAUDHURI,A./MUKERJEE,R. (1988): Randomized Response: Theory and Techniques. New York.

CHURCHLAND,P.M. (1985): Der logische Status von Handlungserklärungen; in: BECKERMANN,A. (Hrsg.): Analytische Handlungstheorie, Bd.2: Handlungserklärungen, Frankfurt, S.304-331.

CICOUREL,A.V. (1974): Methode und Messung in der Soziologie, Frankfurt.

COCHRAN,W.G. (1972): Stichprobenverfahren, Berlin.

COHEN,J. (1960): A coefficient of agreement for nominal scales; in: Educational and Psychological Measurement, 1960, 20, S.37-46.

COHEN,B.P. (1980): Developing Sociological Knowledge, Englewood Cliffs.

COLEMAN,J.S. (1990): Foundations of Social Theory, Cambridge/Mass.

COLOMBOTOS,J. (1969): Personal versus Telephone Interviews: Effect on Responses; in: Public Health Reports, 84, S.773-782.

CONVERSE,J.M. (1984): Strong arguments and weak evidence: The open/closed questioning controverse of the 1940s; in: Public Opinion Quarterly, 48, S.267-282.

CONVERSE,J.M. (1987): Survey Research in the United States: Roots and Emergence 1890-1960, Berkeley.

CONVERSE,J.M./PRESSER,S. (1986): Survey Questions. Handcrafting the Standardized Questionnaire, Beverly Hills.

COOK,T.D./CAMPBELL,D.T. (1976): The Design and Conduct of Quasi-Experiment and True Experiments in Field Settings; in: DUNETTE,D. (Hrsg.): Handbook of Industrial and Organizational Psychology, Chicago, S.223-326.

COOK,T.D./CAMPBELL,D.T. (1979): Quasi-Experimentation: Design and Analysis Issues for Field Settings, Chicago.

COOK,T.D./LEVITON,L.C./SHADISH,W.R. (1985): Program Evaluation; in: LINDZEY,G./ARONSON,E. (Hrsg.): Handbook of Social Psychology, Vol. 1, 3. Auflage, New York, S.699-777.

COOMBS,C.H./COOMBS,L.C./LINGOES,J.C. (1978): Stochastic Cumulative Scales; in: SHYE,S. (Hrsg.): Theory Construction and Data Analysis in the Behavioral Sciences, San Francisco, S.280-298.
COOMBS,C.H./DAWES,R.M./TVERSKY,A. (1975): Mathematische Psychologie, Weinheim/Basel.
COTE,J.A./BUCKLEY,M.R. (1987): Estimating Trait, Method, and Error Variance: Generalizing across 70 Construct Validation Studies; in: Journal of Marketing Research, 24, 3, S.315-318.
COUCH,A./KENISTON,K. (1960): Yeasayers and Naysaysers: Agreeing Response Set as a Personality Variable; in: Journal of Abnormal and Social Psychology, 60, S.150-174.
CRANACH,M./FRENZ,H.-G. (1969): Systematische Beobachtung; in: GRAUMANN,C.F. (Hrsg.): Handbuch der Psychologie, Bd 7: Sozialpsychologie, Göttingen, S.269-330.
CRANO,W.D./BREWER,M.B. (1975): Einführung in die sozialpsychologische Forschung, Köln.
CRIDER,D.M./WILLITS,F.K./BEALER,R.C. (1973): Panel Studies: Some Actual Problems; in: Sociological Methods and Research, 2, S.3-19.
CROWNE,D./MARLOWE,D. (1964): The Approval Motive, New York.
DALE,A./ARBER,S./PROCTOR,S. (1988): Doing Secondary Analysis, London.
DANIEL,W.W. (1975): Nonresponse in Sociological Surveys; in: Sociological Methods and Research, 3, S.291-307.
DAUMENLANG, K. (1984): Querschnitt- u. Längsschnittmethoden; in: ROTH,E. (Hrsg.): Sozialwissenschaftliche Methoden, München, S.319-336.
DAWES,R.M. (1977): Grundlagen der Einstellungsmessung, Weinheim/Basel.
DEFFAA,W. (1982): Anonymisierte Befragungen mit zufallsverschlüsselten Antworten, Frankfurt.
DEJONG-GIERVELD/KAMPHUIS,F. (1985): The Development of a Rasch-Type Loneliness Scale; in: Applied Psychological Measurement, 9, 3, S.289-299.
DEMAIO,T.J. (1984): Social Desirability and Survey Measurement: A Review; in: TURNER,C.F./MARTIN,E. (Hrsg.): Surveying Subjective Phenomena, Vol. 2., New York, S.257-282.
DENZ,H. (1976): Trennschärfebestimmung von Items und Likert-Skalierung; in: HOLM,K. (Hrsg.): Die Befragung, Bd. 4, München, S.96-108.
DENZ,H. (1982): Analyse latenter Strukturen, München.
DENZ,H. (1989): Einführung in die empirische Sozialforschung, Wien/New York.
DENZIN,N.K. (1970): The Research Act. A Theoretical Introduction to Sociological Methods, Berkeley.
DE VAUS,D.A. (1990): Surveys in Social Research, 2. Auflage, London.
DIEHL,B./SCHÄFER,B. (1975): Techniken der Datenanalyse beim Eindrucksdifferential; in: BERGLER,R. (Hrsg.): Das Eindrucksdifferential, Bern, S.157-211.
DIEKMANN,A. (1982): Eine additiv verbundene Messung des Sozialprestiges; in: Zeitschrift für Sozialpsychologie, 13, S.22-31.

DIEKMANN,A. (1988): Ereignisdatenanalyse - Beispiele, Probleme und Perspektiven; in: ZUMA-Nachrichten 23, S.7-25.

DIEKMANN,A./MITTER,P. (1984): Methoden zur Analyse von Zeitverläufen, Stuttgart.

DIERKES,M. (1977): Die Analyse von Zeitreihen und Longitudinalstudien; in: VAN KOOLWIJK,J./WIEKEN-MAYSER,M. (Hrsg.): Techniken der empirischen Sozialforschung, Bd. 7, Datenanalyse, München, S.111-162.

DIJKSTRA,W./VAN DER ZOUWEN,J. (Hrsg.) (1982): Response Behaviour in the Survey-Interview, London.

DILLMAN,D.A. (1978): Mail and Telephone Surveys. The Total Design Method, New York.

DILLMAN,D.A./GALLEGOS,J./FREY,J.H. (1976): Reducing Refusal Rates for Telephone Interviews; in: Public Opinion Quarterly, 40, S.66-78.

DILLON,W.R./GOLDSTEIN,M. (1984): Multivariate Analysis. Methods and Applications, New York.

DINGLER,H. (1928): Das Experiment. Sein Wesen und seine Geschichte, München.

DOLLASE,R. (1973): Soziometrische Techniken, Weinheim/Basel.

DUNCAN,G.J./KALTON,G. (1987): Issues of Design and Analysis of Surveys Across Time; in: International Statistical Review, 55, S.97-117.

DUNCAN,O.D. (1984a): The Latent Trait Approach in Survey Research: The Rasch Measurement Model; in: TURNER,C.F./MARTIN,E. (Hrsg.): Surveying Subjective Phenomena, Vol. 1, New York, S.210-229.

DUNCAN,O.D. (1984b): Rasch Measurement in Survey Research: Further Examples and Discussion; in: TURNER,C.F./MARTIN,E. (Hrsg.): Surveying Subjective Phenomena, Vol. 2, New York, S.367-403.

DUNCAN,O.D. (1984c): Notes on Social Measurement. Historical and Critical, New York.

EBERLE,G./GROSSMANN,H.-P. (1978): Film und Aggressivität. Eine experimentalpsychologische Untersuchung mit jungen Strafgefangenen; in: IRLE,M. (Hrsg.): Kursus der Sozialpsychologie, Teil 1: Theorie, empirische Forschung und Praxis, Darmstadt, S.130-154.

EDWARDS,A.L. (1957a): Techniques of Attitude Scale Construction, New York.

EDWARDS,A.L. (1957b): The Social Desirability Variable in Personality Assessment and Research, New York.

EHRENBERG,A.S.C. (1986): Statistik oder der Umgang mit Daten, Weinheim.

ELESH,D. (1972): The Manchester Statistical Society: A Case Study of Discontinuity and the History of Empirical Social Research; in: OBERSHALL,A. (Hrsg.): The Establishment of Empirical Sociology, New York.

ELLIOT,D. (1991): Weighting for non-response. A survey researchers guide, London.

ENGELHARD,G. (1984): Thorndike, Thurstone and Rasch: A Comparison of their Methods of Scaling Psychological and Educational Tests; in: Applied Psychological Measurement, 8, 1, S.21-38.

ERBSLÖH,E. (1972): Interview, Stuttgart.

ESSER,H. (1973): Kooperation und Verweigerung beim Interview; in: ERBSLÖH,E./ ESSER,H./RESCHKA,W./SCHÖNE,D.: Studien zum Interview, Meisenheim, S.71-141.
ESSER,H. (1975): Soziale Regelmäßigkeiten des Befragtenverhaltens, Meisenheim.
ESSER,H. (1977): Response Set - Methodische Problematik und soziologische Interpretation; in: Zeitschrift für Soziologie, 6, 3, S.253-263.
ESSER,H. (1980): Aspekte der Wanderungssoziologie, Darmstadt.
ESSER,H. (1984a): Fehler bei der Datenerhebung, Kurseinheit 1: Methodologische Probleme der empirischen Kritik von Theorien, Fernuniversität Hagen.
ESSER,H. (1984b): Fehler bei der Datenerhebung, Kurseinheit 2: Meßfehler bei der Datenerhebung und die Techniken der empirischen Sozialforschung, Fernuniversität Hagen.
ESSER,H. (1984c): Fehler bei der Datenerhebung, Kurseinheit 3: Datenerhebung als sozialer Prozeß, Fernuniversität Hagen.
ESSER,H. (1984d): Fehler bei der Datenerhebung, Kurseinheit 4: Meßfehler in Kausalmodellen, Fernuniversität Hagen.
ESSER,H. (1986a): Können Befragte lügen? Zum Konzept des "wahren Wertes" im Rahmen der handlungstheoretischen Erklärung von Situationseinflüssen bei der Befragung; in: Kölner Zeitschrift für Soziologie und Sozialpsychologie, 38, 2, S.314-336.
ESSER,H. (1986b): Über die Teilnahme an Befragungen; in: ZUMA-Nachrichten, 18, S.38-47.
ESSER,H. (1989): Verfällt die "soziologische Methode"?; in: Soziale Welt, 40, 1, S.57-75.
ESSER,H. (1990): Habits, Frames und Rational Choice; in: Zeitschrift für Soziologie, 19, 4, S.231-247.
ESSER,H./KLENOVITS,K./ZEHNPFENNIG,H. (1977a): Wissenschaftstheorie, Bd. 1: Grundlagen der Analytischen Wissenschaftstheorie, Stuttgart.
ESSER,H./KLENOVITS,K./ZEHNPFENNIG,H. (1977b): Wissenschaftstheorie, Bd. 2: Funktionalanalyse und hermeneutisch-dialektische Ansätze, Stuttgart.
FAULBAUM,F. (1988): Panelanalyse im Überblick; in: ZUMA-Nachrichten, 23, S.26-44.
FAZIO,R.H. (1986): How do attitudes guide behavior ? in: SORRENTINO,R.M./ HIGGINS,E.T. (Hrsg.): The Handbook of Motivation and Cognition: Foundations of Social Behavior, New York, S.204-243.
FAZIO,R.H. (1989): On The Power and Functionality of Attitudes: The Role of Attitude Accesibility; in: PRATKANIS,A.R./BRECKLER,S.J./GREENWALD,A.G. (Hrsg.): Attitude Structure and Function, Hillsdale, S.153-179.
FEGER,H. (1987): Netzwerkanalyse in Kleingruppen: Datenarten, Strukturregeln und Strukturmodelle; in: PAPPI,U. (Hrsg.): Methoden der Netzwerkanalyse, München, S.203-266.
FEICK,J. (1980): Wirkungsforschung in den USA; in: Soziale Welt, 31, S.396-412.
FEIX,N. (1978): Werturteil, Politik und Wirtschaft. Werturteilsstreit und Wissenschaftstransfer bei Max Weber, Göttingen.
FELDT,L.S./BRENNAN,R.L. (1989): Reliability; in: LINN,R.L. (ed.): Educational Measurement, 3. Auflage, New York/London, S.105-146.

FESTINGER,L./RIECKEN,H.W./SCHACHTER,S. (1956): When Prophecy Fails, New York.
FEYERABEND,P.K. (1974): Kuhns Struktur wissenschaftlicher Revolutionen. Ein Trostbüchlein für Spezialisten?; in: LAKATOS,I./MUSGRAVE,A. (Hrsg.): Kritik und Erkenntnisfortschritt, Braunschweig, S.191-222.
FEYERABEND,P.K. (1976): Wider den Methodenzwang, Frankfurt.
FEYERABEND,P.K. (1981): Erkenntnis für freie Menschen, 2. Auflage, Frankfurt.
FEYERABEND,P. (1989): Irrwege der Vernunft, Frankfurt.
FIELDING,N.G./FIELDING,J.L. (1986): Linking Data, Beverly Hills.
FIREBAUGH,G./GIBBS,J.P. (1985): User's Guide to Ratio Variables; in: American Sociological Review, 50, S.713-722.
FISCHER,A./KOHR,H. (1980): Politisches Verhalten und empirische Sozialforschung: Leistung und Grenzen von Befragungsinstrumenten, München.
FISCHER,C.S. (1982): To Dwell Among Friends. Personal Networks in Town and City, Chicago/New York.
FISCHER,G.H. (1974): Einführung in die Theorie psychologischer Tests, Bern/ Stuttgart/Wien.
FISCHER,G.H. (1983): Neuere Testtheorie; in: FEGER,H./BREDENKAMP,J. (Hrsg.): Messen und Testen, Götttingen, S.604-692.
FITZGERALD,R./FULLER,L. (1982): I Hear You Knocking, but You Can't Come in; in: Sociological Methods and Research, 11, 1, S.3-32.
FOWLER,F.J. (1984): Survey Research Methods, Beverly Hills.
FOWLER,F.J./MANGIONE,T.W. (1990): Standardized Survey Interviewing: Minimizing Interviewer-Related Error, Newbury Park.
FOX,J.A./TRACY,P.E. (1984): Measuring Associations with Randomized Response; in: Social Science Research, 13, S.188-197.
FOX,J.A./TRACY,P.E. (1986): Randomized Response. A Method for Sensitive Surveys, Beverly Hills.
FRANKEL,M.R./SPENCER,B.D. (1990): Sample: A Supplementary Module for SYSTAT and SYGRAPH, Evanston, Ill. (SYSTAT, Inc.).
FREESE,L. (1980): Formal Theorizing; in: Annual Review of Sociology, 6, S.187-212.
FREY,J.H. (1989): Survey Research by Telephone, 2. Auflage (1. Auflage: 1983), Beverly Hills.
FREY,S./FRENZ,H.-G. (1982): Experiment und Quasi-Experiment; in: PATRY,J.-L. (Hrsg.): Feldforschung, Bern/Stuttgart/Wien, S.229-258.
FRIEDRICH,W./HENNIG,W. (1975): Der sozialwissenschaftliche Forschungsprozeß, Berlin.
FRIEDRICHS,J. (1973): Methoden empirischer Sozialforschung, Reinbek.
FRIEDRICHS,J./LÜDTKE,H. (1973): Teilnehmende Beobachtung, 2. Auflage, Weinheim.
GACHOWETZ,H. (1984): Feldforschung; in: ROTH,E. (Hrsg.): Sozialwissenschaftliche Methoden, München, S.255-276.
GADENNE,V. (1976): Die Gültigkeit psychologischer Untersuchungen, Stuttgart.
GADENNE,V. (1984): Theorie und Erfahrung in der psychologischen Forschung, Tübingen.

GAITO,J. (1986): Some Issues in the Measurement-Statistics Controversy; in: Canadian Psycholoy, 27, 1, S.63-68.
GAITO,J. (1987): Confusion of Empirical and Statistical Aspects that lead to Controversy; in: Bulletin of the Psychonomic Society, 25, 4, S.283-285.
GALTUNG,J. (1967): Theory and Methods of Social Research, Oslo.
GALTUNG,J. (1969): Theory and Methods of Social Research, 2. Auflage, London.
GARFINKEL,H. (1967): Studies in Ethnomethodology, Englewood Cliffs.
GEIGER,T. (1967): Die soziale Schichtung des deutschen Volkes, (zuerst 1932), Stuttgart.
GESCHEIDER,G.A. (1985): Psychophysics: Method, Theory, and Application, Hillsdale.
GIGERENZER,G. (1981): Messung und Modellbildung in der Psychologie, München.
GIRTLER,R. (1984): Methoden der qualitativen Sozialforschung, Wien.
GLENN,N. (1977): Cohort Analysis, Beverly Hills.
GOLDSTEIN,H./WEDGE,P.J. (1975): The British National Child Development Study; in: World Health Statistics Report, 28, S.202-212.
GORDEN,R.L. (1977): Unidimensional Scaling of Social Variables: Concepts and Procedures, New York.
GOTTMAN,J.M./ROY,A.K. (1990): Sequential Analysis. A Guide for Behavioral Researchers, Cambridge.
GOYDER,J. (1985): Face-to-Face Interviews and Mailed Questionnaires: The Net Difference in Response Rate; in: Public Opinion Quarterly, 49, S.234-252.
GOYDER,J. (1987): The Silent Minority. Nonrespondents on Sample Surveys, Cambridge.
GRAUMANN,C.F. (1966): Grundzüge der Verhaltensbeobachtung; in: MEYER,E. (Hrsg.): Fernsehen in der Lehrerbildung, München, S.86-107.
GREENWOOD,E. (1972): Das Experiment in der Soziologie; in: KÖNIG,R. (Hrsg.): Beobachtung und Experiment in der Sozialforschung, 8. Auflage, Köln, S.171-220.
GROEBEN,N./WESTMEYER,H. (1981): Kriterien psychologischer Forschung, 2.Auflage, München.
GROSOF,M.S./SARDY,H. (1985): A Research Primer for the Social and Behavioral Sciences, Orlando.
GROVES,R.M. (1979): Actors and Questions in Telephone and Personal Interview Surveys; in: Public Opinion Quarterly, 43, S.190-205.
GROVES,R.M. (1989): Survey Costs and Survey Errors, New York.
GROVES,R.M./KAHN,R.L. (1979): Surveys by Telephone: A National Comparison with Personal Interviews, New York.
GROVES,R.M./MAGILAVY,L.J. (1981): Increasing Response Rates to Telephone Surveys: A Door in the Face for Foot-in-the-Door; in: Public Opinion Quarterly, 45, S.346-358.
GROVES,R.M./BIEMER,P.P./LYBERG,L.E./MASSEY,J.T./NICHOLLS,W.L./WAKSBERG,J. (Hrsg.) (1988): Telephone Survey Methodology, New York.
GRÜMER,K.-W. (1974): Beobachtung, Stuttgart.
GUMIN,H./MEIER,H. (Hrsg.) (1992): Einführung in den Konstruktivismus, München.

GUTTMAN,L. (1947): The Cornell Technique for Scale and Intensity Analysis; in: Educational and Psychological Measurement, 7, S.247-280.
GUTTMAN,L. (1950): The Basis for Scalogram Analysis; in: STOUFFER,S.A. u.a.: Measurement and Prediction, Princeton, S.60-90.
HABERMAS,J. (1972a): Analytische Wissenschaftstheorie und Dialektik; in: ADORNO,T.W. u.a.: Der Positivismusstreit in der deutschen Soziologie, Neuwied/Berlin, S.155-192.
HABERMAS,J. (1972b): Gegen einen positivistisch halbierten Rationalismus; in: ADORNO, T.W. u.a. (Hrsg.): Der Positivismusstreit in der deutschen Soziologie, Neuwied/Berlin, S.235-266.
HABERMAS,J. (1981): Theorie kommunikativen Handelns, Frankfurt.
HAFERMALZ,O. (1976): Schriftliche Befragung - Möglichkeiten und Grenzen, Wiesbaden.
HAGENAARS,J.A. (1990): Categorical Longitudinal Data. Log-Linear Panel, Trend and Cohort Analysis, Newbury Park.
HAKIM,C. (1982): Secondary Analysis in Social Research, London.
HAKIM,C. (1987): Research Design. Strategies and Choices in the Design of Social Research, London.
HAMBLETON,R.K./SWAMINATHAN,H./ROGERS,H.J. (1991): Fundamentals of Item Response Theory, London.
HAMERLE,A. (1979): Über die messtheoretischen Grundlagen von Latent-Trait-Modellen; in: Archiv für Psychologie, 132, S.19-39.
HANEFELD,U. (1987): Das Sozio-ökonomische Panel, Frankfurt.
HANSEN,M.H./HURWITZ,W.N. (1946): The Problem of Nonresponse in Sample Surveys; in: Journal of the American Statistical Association, 41, S. 517-529.
HARDER,T. (1974): Werkzeug der Sozialforschung, München.
HARE,A.P. (1960): Interview Responses: Personality or Conformity? in: Public Opinion Quarterly, 24, S.679-685.
HARRISON,S.M. (1920): Social Conditions in an American City: A Summary of the Findings of the Springfield Survey, New York.
HARTMANN,P.H. (1985): Die Messung sozialer Ungleichheit, Pfaffenweiler.
HATTIE,J. (1985): Methodology Review: Assessing Unidimensionality of Tests and Items; in: Applied Psychological Measurement, 9, 2, S.139-164.
HAUPTMANNS,P./SCHNELL,R. (1992): Erleichterung computerunterstützter Inhaltsanalysen durch verbesserte automatische Texterkennung; in: ZA-Information, 30, S.135-139.
HAYDUK,L.A. (1987): Structural Equation Modeling with LISREL, Baltimore.
HECKMANN,F. (1979): Max Weber als empirischer Sozialforscher; in: Zeitschrift für Soziologie, 8, 1, S.50-62.
HEIDENREICH,K. (1987): Entwicklung von Skalen; in: ROTH,E. (Hrsg.): Methoden empirischer Sozialforschung, 2. Auflage, München, S. 417-449.
HEIDTMANN,F. (1985): Wie finde ich Literatur zur Volkswirtschaft, Betriebswirtschaft, Psychologie, Soziologie, Politologie, Publizistik und Statistik?, Berlin.
HEINZE,T. (1986): Qualitative Sozialforschung: Erfahrungen, Probleme und Perspektiven, Wiesbaden.

HEISE,D.R. (1969): Some Methodological Issues in Semantic Differential Research; in: Psychological Bulletin, 72, 406-422.
HEISE,D.R. (1970): The Semantic Differential and Attitude Research; in: SUMMERS,G. (Hrsg.): Attitude Measurement, Chicago, S.235-253.
HELLEVIK,O. (1984): Introduction to Causal Analysis. Exploring Survey Data by Crosstabulation, London.
HEMPEL,C.G. (1975): Die Logik funktionaler Analyse; in: GIESEN,B./SCHMID,M. (Hrsg.): Theorie, Handeln und Geschichte, Hamburg, S.134-168.
HEMPEL,C.G. (1977): Aspekte wissenschaftlicher Erklärung, Berlin/New York.
HEMPEL,C.G./OPPENHEIM,P. (1948): Studies in the Logic of Explanation; in: Philosophy of Science, Vol. 15, No. 2, April, S.135-175.
HENNING,H.J. (1976): Die Technik der Mokken-Skalenanalyse; in: Psychologische Beiträge, 18, S.410-430.
HENNING,H.J. (1987): Skalierung qualitativer Daten und latenter Strukturen; in: ROTH,E. (Hrsg.): Methoden empirischer Sozialforschung, 2. Auflage, München, S.489-532.
HENRY,G.T. (1990): Practical Sampling, Newbury Park.
HERBERGER,L. (1985): Aktualität und Genauigkeit der repräsentativen Statistik der Bevölkerung und des Erwerbslebens; in: Allgemeines Statistisches Archiv, 69, S.16-55.
HERMANNS,H. (1981): Das narrative Interview in berufsbiografisch orientierten Untersuchungen, Kassel (Arbeitspapiere des wissenschaftlichen Zentrums für Berufs- und Hochschulforschung an der GH-Kassel, Nr. 9).
HERZOG,D. (1982): Politische Führungsgruppen, Darmstadt.
HEYNS,R.W./ZANDER,A.F. (1953): Observation of Group Behavior; in: FESTINGER,L./KATZ,D. (Hrsg.): Research Methods in Behavioral Sciences, New York, S.381-417.
HILL,P.B. (1984): Räumliche Nähe und soziale Distanz zu ethnischen Minderheiten; in: Zeitschrift für Soziologie, 13, 4, S.363-370.
HOAG,W.J. (1981): Realisierte Stichproben bei Panels: Eine vergleichende Analyse; in: ZUMA-Nachrichten, 9, S.6-18.
HOAG,W.J. (1986): Der Bekanntenkreis als Universum: Das Quotenverfahren der SHELL-Studie; in: Kölner Zeitschrift für Soziologie und Sozialpsychologie, 38, S.123-132.
HOAG,W.J./ALLERBECK,K.R. (1981): Interviewer- und Situationseffekte in Umfragen: Eine log-lineare Analyse; in: Zeitschrift für Soziologie, 10, S.413-426.
HOFFMANN-LANGE,U./KUTTEROFF,A./WOLF,G. (1982): Projektbericht: Die Befragung von Eliten in der Bundesrepublik Deutschland; in: ZUMA-Nachrichten, 10, S.35-53.
HOFSTÄTTER,P.R. (1966): Einführung in die Sozialpsychologie, Stuttgart.
HOLM,K. (1970): Zuverlässigkeit von Skalen und Indizes; in: Kölner Zeitschrift für Soziologie und Sozialpsychologie, 22, S.356-386.
HOLM,K. (1974): Theorie der Frage; in: Kölner Zeitschrift für Soziologie und Sozialpsychologie, 26, S.316-341.
HOLM,K. (1976): Die Gültigkeit sozialwissenschaftlichen Messens; in: HOLM,K. (Hrsg.): Die Befragung, Bd. 4, München, S.123-133.

HOLZKAMP,K. (1968): Wissenschaft als Handlung, Berlin.
HOLZKAMP,K. (1972): Kritische Psychologie, Frankfurt.
HOLZKAMP,K. (1981): Theorie und Experiment in der Psychologie, Berlin/New York.
HOPF,C. (1978): Die Pseudo-Exploration. Überlegungen zur Technik qualitativer Interviews in der Sozialforschung; in: Zeitschrift für Soziologie, 2, S.97-115.
HOPF,C./WEINGARTEN,E. (Hrsg.) (1979): Qualitative Sozialforschung, Stuttgart.
HORMUTH,S.E./BRÜCKNER,E. (1985): Telefoninterviews in Sozialforschung und Sozialpsychologie; in: Kölner Zeitschrift für Soziologie und Sozialpsychologie, 37, 3, S.526-545.
HOUSE,J.S./WOLF,S. (1978): Effects of Urban Residence on Interpersonal Trust and Helping Behavior; in: Journal of Personality and Social Psychology, 36, S.1029-1043.
HOVLAND,C. (1970): Reconciling Conflicting Results from Experimental and Survey Studies of Attitude Change; in: DENZIN,N.K. (Hrsg.): Sociological Methods, London, S.476-494.
HOWARD,K./SHARP,J. (1983): The Management of a Student Research Project, Aldershot.
HOX,J.J./DEJONG-GIERVELD,J. (Hrsg.) (1990): Operationalization and Research Strategy, Amsterdam.
HUBER,H. (1973): Psychometrische Einzelfalldiagnostik, Weinheim/Basel.
HUCK,S.W./SANDLER,H.M. (1979): Rival Hypotheses: Alternative Interpretations of Data Bases Conclusions, New York.
HÜBNER,K. (1979): Kritik der wissenschaftlichen Vernunft, 2. Auflage, Freiburg.
HUMMELL,H.J./OPP,K.-D. (1969): On the Relation between Theory and Research in Sociology. A Critique of Empirical Studies in Sociology, Demonstrated with "Union Democracy"; in: Quality and Quantity, Bd. 3, S.23-61.
HUMMEL,H.J./ZIEGLER,R. (Hrsg.) (1976): Korrelation und Kausalität, Stuttgart.
HUNT,M. (1991): Die Praxis der Sozialforschung. Reportagen aus dem Alltag einer Wissenschaft, Frankfurt/New York.
INFRATEST (Hrsg.) (1986): Das sozio-ökonomische Panel, Welle 2, Methodenbericht zur Haupterhebung, München.
IRLE,M. (Hrsg.) (1978): Kursus der Sozialpsychologie, 3 Bände, Darmstadt/ Neuwied.
JACKSON,R.H. (1984): Ethnicity; in: SARTORI,G. (Hrsg.): Social Science Concepts, Beverly Hills, S.205-233.
JAHODA,M./DEUTSCH,M./COOK,S. (1965): Beobachtungsverfahren;in: KÖNIG,R. (Hrsg.): Beobachtung und Experiment in der Sozialforschung, 3.Auflage, Köln, S.77-96.
JAHODA,M./LAZARSFELD,P.F./ZEISEL,H. (1975): Die Arbeitslosen von Marienthal, Frankfurt (zuerst Leipzig 1933).
JENNINGS,M.K./DETH,J.W.V. (1990): Continuities in Political Action, Berlin/New York.
JOBSON,J.D. (1991): Applied Multivariate Data Analysis, New York (2 Bände).
JÖRESKOG,K.G./SÖRBOM,D. (1988): LISREL 7 - A Guide to the Program and Applications, Chicago (SPSS Inc.).

JORDAN,L.A./MARCUS,A.C./REEDER,L.G. (1980): Response Styles in Telephone and Household Interviewing: A Field Experiment; in: Public Opinion Quarterly, 44, S.210-222.

KAASE,M./OTT,W./SCHEUCH,E.K. (Hrsg.) (1983): Empirische Sozialforschung in der modernen Gesellschaft, Frankfurt.

KÄHLER,W.M. (1984): Einführung in das Datenanalysesystem SPSS, Braunschweig.

KÄHLER,W.M. (1986): SPSSx für Anfänger, Braunschweig.

KÄHLER,W.M./SCHULTE,W. (1987): SAS für Anfänger, Braunschweig.

KAHN,R.L./CANNELL,C.F. (1968): Interviewing; in: SILLS,D.L. (Hrsg.): International Encyclopedia of the Social Sciences, Bd. 8, S.149-161, New York.

KALTON,G. (1983): Introduction to Survey Sampling, Beverly Hills.

KAPLITZA,G. (1982): Die Stichprobe; in: HOLM, K. (Hrsg.): Die Befragung, Bd. 1, 2. Auflage, München, S.136-186.

KARMASIN,F. (1977): Einführung in die Methode und Probleme der Umfrageforschung, Köln.

KARWEIT,N./MEYERS,E.D. (1983): Computers in Survey Research; in: ROSSI,P.H./WRIGHT,J.D./ANDERSON,A.B. (Hrsg.): Handbook of Survey Research, Orlando, S.379-414.

KASPRZYK,D./DUNCAN,G./KALTON,G./SINGH,M.P. (Hrsg.) (1989): Panel Surveys, New York.

KATZ,D. (1940): Three Criteria: Knowledge, Conviction, Significance; in: Public Opinion Quarterly, 4, S.277-284.

KELLOGG,P.U. (Hrsg.) (1909): The Pittsburgh Survey, New York.

KENNEDY,G. (1985): Einladung zur Statistik, Frankfurt.

KENNEDY,W.J./GENTLE,J.E. (1980): Statistical Computing, New York.

KENNY,D. (1979): Correlation and Causality, New York.

KENT,R. (1982): A History of British Empirical Sociology, Guildford.

KERLINGER,F.N. (1975): Grundlagen der Sozialwissenschaften, Bd. 1, Weinheim.

KERLINGER,F.N. (1979): Grundlagen der Sozialwissenschaften, Bd. 2, Weinheim.

KERN,H. (1982): Empirische Sozialforschung, München.

KERSTEN,H.M.P./BETHLEHEM,J.G. (1984): Exploring and Reducing the Nonresponse Bias by asking the Basic Question; in: Statistical Journal of the United Nations, United Nations Economic Commission of Europe, 2, S.369-380.

KESSLER,R.C./GREENBERG,D.F. (1981): Linear Panel Analysis, New York.

KIECOLT,K.J./NATHAN,L.E. (1985): Secondary Analysis of Survey Data, Beverly Hills.

KIM,B.-H. (1991): Kritik des Strukturalismus, Amsterdam/Atlanta.

KING,B.F. (1983): Quota Sampling; in: MADOW,W.G./OLKIN,I./RUBIN,D.B. (Hrsg.): Incomplete Data in Sample Surveys, New York, Vol. 2, S.63-71.

KINSEY,A.C. (1964): Das sexuelle Verhalten des Mannes, Frankfurt.

KIRSCHNER,H.P. (1984): ALLBUS 1980: Stichprobenplan und Gewichtung; in: MAYER,U./ SCHMIDT,P. (Hrsg.): Allgemeine Bevölkerungsumfrage der Sozialwissenschaften, Frankfurt, S.114-182.

KIRSCHT,J.P./DILLEHAY,R.C. (1967): Dimensions of Authoritarianism, Lexington.

KISH,L. (1965): Survey Sampling, New York.

KISH,L./VERMA,V. (1986): Complete Censuses and Samples; in: Journal of Official Statistics, 2, 4, S.381-395.
KLEIN,T. (1990): Wiederheirat nach Scheidung in der Bundesrepublik; in: Kölner Zeitschrift für Soziologie und Sozialpsychologie, 42, 1, S.60-80.
KLINGEMANN,H.-D./MOHLER,P. (1980): Deutsche Diktionäre für computerunterstützte Inhaltsanalyse I; in: ZUMA-Nachrichten, 6, S.53-57.
KNOKE,D./KUKLINSKI,J.H. (1982): Network Analysis, Beverly Hills.
KÖNIG,R. (1965): Praktische Sozialforschung; in: KÖNIG,R. (Hrsg.): Praktische Sozialforschung, Bd.1: Das Interview, 4.Auflage, Köln, S.13-33.
KOHLI,M. (1978): "Offenes" und "geschlossenes" Interview: Neue Argumente zu einer alten Kontroverse; in: Soziale Welt, 29, S.1-25.
KOOLWIJK,J. (1974): Das Quotenverfahren; in: KOOLWIJK,J./WIEKEN-MAYSER, M. (Hrsg.): Techniken der empirischen Sozialforschung, Bd. 6, München, S.81-99.
KOPS,M. (1977): Auswahlverfahren in der Inhaltanalyse. Meisenheim.
KORTMANN,K./KRUPP,H.-J. (1977): Verknüpfung und Generierung von Mikrodaten; in: MÜLLER,P.J. (Hrsg.): Die Analyse prozeßproduzierter Daten, Stuttgart, S.109-178.
KRAFT,V. (1968): Der Wiener Kreis, Wien/New York.
KRANZ,H.T. (1979): Einführung in die klassische Testtheorie, Frankfurt.
KREBS,D. (1981): Gewaltdarstellungen im Fernsehen und die Einstellungen zu aggressiven Handlungen bei 12-15jährigen Kindern. Bericht über eine Längsschnittstudie; in: Zeitschrift für Sozialpsychologie, 12, S.281-302.
KREMER,J./BARRY,R./McNALLY,A. (1986): The Misdirected Letter and the Quasi-Questionaire: Unobstrusive Measures of Prejudice in Northern Ireland; in: Journal of Applied Social Psychology, 16, 4, S.303-309.
KREUTZ,H. (1970/71): Die tatsächliche Repräsentativität soziologischer Befragungen; in: Angewandte Sozialforschung, Heft 3/4, S.342-362.
KRIPPENDORFF,K. (1980): Content Analysis, Beverly Hills.
KRIZ,J. (1981): Methodenkritik empirischer Sozialforschung, Stuttgart.
KROMREY,H. (1986a): Empirische Sozialforschung, 3. Auflage, Opladen.
KROMREY,H. (1986b): Gruppendiskussionen; in: HOFFMEYER-ZLOTNIK,J.H.P. (Hrsg.): Qualitative Methoden in der Arbeitsmigrantenforschung, Mannheim.
KRUG,W./NOURNEY,M. (1982): Wirtschafts- und Sozialstatistik: Gewinnung von Daten, München.
KRUGLANSKI,A.W./KROY,M. (1976): Outcome Validity in Experimental Research: A Re-Conceptualization; in: Representative Research in Social Psychology, 7, S.166-178.
KRUSKALL,W./MOSTELLER,F. (1979a): Representative Sampling, I: Non-scientific Literature; in: International Statistical Review, 47, S.13-24.
KRUSKALL,W./MOSTELLER,F. (1979b): Representative Sampling, II: Scientific Literature, Excluding Statistics; in: International Statistical Review, 47, S.111-127.
KRUSKALL,W./MOSTELLER,F. (1979c): Representative Sampling, III: the Current Statistical Literature; in: International Statistical Review, 47, S.245-265.

KRUSKALL,W./MOSTELLER,F. (1980): Representative Sampling, IV: the History of the Concept in Statistics, 1895-1939; in: International Statistical Review, 48, S.169-195.
KÜFFNER,H./WITTENBERG,K. (1985): Datenanalysesysteme für statistische Auswertungen. Eine Einführung in SPSS, BMDP und SAS, Stuttgart.
KUHN,T.G. (1976): Die Struktur wissenschaftlicher Revolutionen, 2. Auflage, Frankfurt.
KUHN,T.S. (1978): Die Funktion des Messens in der Entwicklung der physikalischen Wissenschaften; in: KUHN,T.S.: Die Entstehung des Neuen: Studien zur Struktur der Wissenschaftsgeschichte, Frankfurt, S.254-307.
KUTSCHERA,F.v. (1982): Grundfragen der Erkenntnistheorie, Berlin/New York.
LABAW,P.J. (1982): Advanced Questionnaire Design, Cambridge/Mass.
LAKATOS,I. (1974): Falsifikation und die Methodologie wissenschaftlicher Forschungsprogramme; in: LAKATOS,I./MUSGRAVE,A. (Hrsg.): Kritik und Erkenntnisfortschritt, Braunschweig, S.89-189.
LAMNEK,S. (1989): Qualitative Sozialforschung, Bd.2: Methoden und Techniken, München.
LANGEHEINE,R. (1986): Log-Lineare Modelle; in: KOOLWIJK,J./WIEKENMAYSER, M. (Hrsg.): Techniken der empirischen Sozialforschung, Bd. 8: Kausalanalyse, München, S.122-195.
LANGENHEDER,W. (1975): Theorie menschlicher Entscheidungshandlungen, Stuttgart.
LASSWELL,H.D./KAPLAN,A. (1950): Power and Society: A Framework for Political Inquiry, New Haven.
LASSWELL,H.D./LEITES,N. (Hrsg.) (1949): The Language of Politics: Studies in Quantitative Semantics, New York.
LASSWELL,H.D./NAMENWIRTH,J.Z. (1968): The Lasswell Value Dictionary, 3 Bände, New Haven.
LAUMANN,E.O. (1973): Bonds of Pluralism, New York.
LAUMANN,E.O./PAPPI,F.U. (1973): New Directions in the Study of Community Elites; in: American Sociological Review, 38, S.212-230.
LAUMANN,E.O./PAPPI,F.U. (1976): Networks of Collective Action, New York.
LAVRAKAS,P.J. (1987): Telephone Survey Methods, Beverly Hills.
LAZARSFELD,P.F. (1937): Some Remarks on the Typological Procedures in Social Research; in: Zeitschrift für Sozialforschung, S.119-139.
LAZARSFELD,P.F. (1944): The Controversy over detailed Interviews - an Offer for Negotiation; in: Public Opinion Quarterly, 8, S.38-60.
LAZARSFELD,P.F. (1961): Notes on the History of Quantification in Sociology; in: WOOLF,H. (Hrsg.): Quantification. A History of the Meaning of Measurement in the Natural and Social Sciences, Indianapolis.
LAZARSFELD,P.F. (1962): Die Panel-Befragung; in: KÖNIG,R. (Hrsg.): Das Interview, 3. Auflage, Köln, S.253-268.
LAZARSFELD,P.F. (1976): Die Interpretation statistischer Beziehungen als Forschungsoperation; in: HUMMELL,H.J./ZIEGLER,R. (Hrsg.): Korrelation und Kausalität, Bd. 1, Stuttgart, S.1-15.

LAZARSFELD,P.F./BERELSON,B./GAUDET,H. (1944): The People's Choice, New York.

LENK,H. (1989): Pragmatische Wende und "Erklärung" in der Wissenschaftstheorie; in: Zeitschrift für allgemeine Wissenschaftstheorie, 20, 1, S.87-96.

LENSKI,G./LEGGETT,J.C. (1960): Caste, Class, and Deference, in: American Journal of Sociology, 65, S.463-467.

LEPSIUS,M.R. (1979): Die Entwicklung der Soziologie nach dem Zweiten Weltkrieg 1945-1967; in: LÜSCHEN,G. (Hrsg.): Deutsche Soziologie seit 1945, Kölner Zeitschrift für Soziologie und Sozialpsychologie Sonderheft 21, S.25-70.

LEVERKUS-BRÜNING,I. (1966): Die Meinungslosen, Berlin.

LIENERT,G.A. (1969): Testaufbau und Testanalyse, 3. Auflage, Weinheim.

LIKERT,R. (1932): A Technique for the Measurement of Attitudes; in: Archives of Psychology, 140, New York, S.1-55.

LINDENBERG,S. (1977): Individuelle Effekte, kollektive Phänomene und das Problem der Transformation; in: EICHNER,K./HABERMEHL,W. (Hrsg.): Probleme der Erklärung sozialen Verhaltens, Meisenheim, S.46-84.

LINDENBERG,S. (1985): Rational Choice and Sociological Theory: New Pressures on Economics as a Social Science; in: Zeitschrift für die gesamte Staatswissenschaft, 141, S.244-255.

LINDENBERG,S. (1989): Choice and Culture: The Behavioral Basis of Cultural Impact on transactions; in: HAFERKAMP,H. (Hrsg.): Social Structure and Culture, Berlin/New York, S.175-200.

LIPSET,S.M./TROW,M./COLEMAN,J.S. (1956): Union Democracy. The Internal Politics of the International Typographical Union, Glencoe.

LITTLE,R.J.A./RUBIN,D.B. (1990): The Analysis of Social Science Data with Missing Values; in: FOX,J./LONG,J.S. (Hrsg.): Modern Methods of Data Analysis, Newbury Park, S.374-409.

LODGE,M. (1981): Magnitude Scaling. Quantitative Measurement of Opinions, Beverly Hills.

LOEHLIN, J.C. (1987): Latent Variable Models: An Introduction to Factor, Path, and Structural Analysis. Hillsdale.

LOHAUS,A. (1983): Möglichkeiten individuumzentrierter Datenerhebung, Münster.

LONG,J.S. (1983): Confirmatory Factor Analysis, Beverly Hills.

LORD,F.M./NOVICK,M.R. (1968): Statistical Theories of Mental Test Scores, Reading Mass.

MACCOBY,E.E./MACCOBY,N. (1965): Das Interview: Ein Werkzeug der Sozialforschung; in: KÖNIG,R. (Hrsg.): Praktische Sozialforschung, Bd. 1, 4. Auflage, Köln, S.37-85.

MADOW,W.G./NISSELSON,H./OLKIN,I. (Hrsg.) (1983): Incomplete Data in Sample Surveys, Bd. 1, Orlando.

MADOW,W.G./OLKIN,I./RUBIN,D.B. (Hrsg.) (1983): Incomplete Data in Sample Surveys, Bd. 2, Orlando.

MADOW,W.G./NISSELSON,H./OLKIN,I. (Hrsg.) (1983): Incomplete Data in Sample Surveys, Bd. 3, Orlando.

MANGOLD,W. (1973): Gruppendiskussionen; in: KÖNIG,R. (Hrsg.): Handbuch der empirischen Sozialforschung, Bd. 2, 3. Auflage, Stuttgart, S.228-259.
MANN,R. (1987): Protest und Kontrolle im Dritten Reich. Nationalsozialistische Herrschaft im Alltag einer rheinischen Großstadt, Frankfurt.
MARKUS,G. (1979): Analyzing Panel Data, Beverly Hills.
MARSDEN,P.V. (1990): Network Data and Measurement; in: Annual Review of Sociology, 16, S.435-463.
MARSH,C. (1982): The Survey Method: The Contribution of Surveys to Sociological Explanation, London.
MARTIN,E. (1983): Surveys as Social Indicators: Problems in Monitoring Trends; in: ROSSI,P.H./ WRIGHT,J.D./ANDERSON,A.B. (Hrsg.): Handbook of Survey Research, Orlando, S.677-743.
MAUS,H. (1973): Zur Vorgeschichte der empirischen Sozialforschung; in: KÖNIG,R. (Hrsg.): Handbuch der empirischen Sozialforschung, Bd.1, 3. Auflage, Stuttgart, S.21-56.
MAYER,K.U. (1979): Berufliche Tätigkeit, berufliche Stellung und beruflicher Status; in: PAPPI,F.U. (Hrsg.): Sozialstrukturanalysen mit Umfragedaten, Königstein, S.79-123.
MAYNTZ,R. (1958): Soziale Schichtung und sozialer Wandel in einer Industriegemeinde, Stuttgart.
MAYNTZ,R./HOLM,K./HÜBNER,K. (1978): Einführung in die Methoden der empirischen Soziologie, 5. Auflage, Opladen.
McCALL,G.J. (1984): Systematic Field Observation; in: Annual Review of Sociology, 10, S.263-282.
McCALLISTER,L./FISCHER,C.S. (1978): A Procedure for Surveying Personal Networks; in: Sociological Methods and Research, 7, S.131-148.
McCROSSAN,L. (1991): A Handbook for Interviewers, London (3.Auflage).
McCUTCHEON,A.L. (1987): Latent Class Analysis, Beverly Hills.
McIVER,J.P./CARMINES,E.G. (1981): Unidimensional Scaling. Beverly Hills.
McKENZIE,R.B./TULLOCK,G. (1984): Homo oeconomicus: Ökonomische Dimensionen des Alltags, Frankfurt/Main.
MEDLEY,D.M./MITZEL,H.E. (1963): Measuring Classroom Behavior; in: GAGE,N.L. (Hrsg.): Handbook of Research on Teaching, Chicago.
MEINEFELD,W. (1977): Einstellung und soziales Handeln, Reinbek.
MERTEN,K. (1981): Inhaltsanalyse, Opladen.
MERTON. R.K. (1972): Die Eigendynamik gesellschaftlicher Voraussagen; in: TOPITSCH,E. (Hrsg.): Logik der Sozialwissenschaften, 8. Auflage, Köln, S.144-161.
MERTON,R.K./FISKE,M./CURTIS,A. (1946): Mass Persuasion, New York.
MERTON,R.K./FISKE,M./KENDALL,P.L. (1952): The focussed Interview, Glencoe, Ill.
MERTON,R.K./KENDALL,P.L. (1979): Das fokussierte Interview; in: HOPF,C./ WEINGARTEN,E. (Hrsg.): Qualitative Sozialforschung, Stuttgart, S.169-203.
MESSICK,S. (1989): Validity; in: LINN,R.L. (ed.): Educational Measurement, 3. Auflage, New York/London, S.13-103.

MEYER,P.W./HERMANNS,A. (1984): Panel-Untersuchungen; in: ROTH,E. (Hrsg.): Sozialwissenschaftliche Methoden, S.292-302.

MICHELL,J. (1986): Measurement Scales and Statistics: A Clash of Paradigms; in: Psychological Bulletin, 100, 3, S.398-407.

MILGRAM,S. (1969): The Lost-Letter Technique; in: Psychology Today, 1, 3, S.30-33, S.66-68; wiederabgedruckt in: COCHRANE,R. (Hrsg.) (1973): Advances in Social Research, London, S. 72-80.

MILLER,P. (1984): Alternative Question Forms for Attitude Scale Questions in Telephone Interviews; in Public Opinion Quarterly, 48, 766-778.

MITCHELL,J.C. (1969): The Concept and Use of Social Networks; in: MITCHELL,J.C. (Hrsg.): Social Networks in Urban Situations, Manchester, S.1-50.

MÖNTMANN,V./BOLLINGER,G./HERRMANN,A. (1983): Tests auf Zufälligkeit von "Missing Data"; in: WILKE,H. (Hrsg.): Statistik-Software in der Sozialforschung, Berlin, S.87-101.

MOHLER,P. (1980): Deutsche Diktionäre für computerunterstützte Inhaltsanalyse II; in: ZUMA-Nachrichten, 7, S.42-44.

MOHLER,P. (1981): Deutsche Diktionäre für computerunterstützte Inhaltsanalyse III; in: ZUMA-Nachrichten, 8, S.51-53.

MOKKEN,R.J. (1971): A Theory and Procedure of Scale Analysis, The Hague.

MOLENAAR,I.W. (1983): Some improved Diagnostics for Failure of the Rasch Model; in: Psychometrika, 48, 1, S.49-72.

MORENO,J.L. (1967): Die Grundlagen der Soziometrie, Köln/Opladen. (entspricht: Who Shall Survive? New York 1953).

MOSER,C.A./KALTON,G. (1971): Survey Methods in Social Investigation, 2. Auflage, London.

MOSER,H. (1975): Aktionsforschung als kritische Theorie der Sozialwissenschaften, München.

MOSER,H./ORNAUER,H. (Hrsg.) (1978): Internationale Aspekte der Aktionsforschung, München.

MUELLER,J.H./SCHUESSLER,K.F./COSTNER,H.L. (1977): Statistical Reasoning in Sociology, 3. Auflage, Boston.

MÜNCH,R./SCHMID,M. (1973): Konventionalismus und empirische Forschungspraxis; in: ALBERT,H./KEUTH,H. (Hrsg.): Kritik der kritischen Psychologie, Hamburg, S.113-130.

MURTHY,M.N. (1983): A Framework for Studying Incomplete Data, with a Reference to the Experience in Some Countries of Asia and the Pacific; in: MADOW,W.G./OLKIN,I. (Hrsg.): Incomplete Data in Sample Surveys, Bd. 3, Orlando, S.7-24.

MUSGRAVE,A. (1993): Alltagswissen, Wissenschaft und Skeptizismus, Tübingen.

NACHMIAS,D./NACHMIAS,C. (1976): Research Methods in the Social Sciences, London.

NAGEL,E. (1972): Probleme der Begriffs- und Theoriebildung in den Sozialwissenschaften; in: ALBERT,H. (Hrsg.): Theorie und Realität, 2. Auflage, Tübingen, S.67-85.

NAGEL,E. (1975): Der sozialwissenschaftliche Funktionalismus; in: GIESEN,B./ SCHMID,M. (Hrsg.): Theorie, Handeln und Geschichte, Hamburg, S.169-184.
NAGL,W.(1992): Statistische Datenanalyse mit SAS, Frankfurt/New York.
NARENS,L./LUCE,R.D. (1986): Measurement: The Theory of Numerical Assignments; in: Psychological Bulletin, 99, 2, S.166-180.
NAUS,J.I. (1975): Data Quality Control and Editing, New York.
NEDERHOF,A.J. (1985): Methods of Coping with Social Desirability Bias: A Review; in: European Journal of Social Psychology, 15, 3, S.263-280.
NEUMANN,H. (1979): Zur Machtstruktur in der Bundesrepublik Deutschland, Melle.
NEURATH,O. (1979): Statistik und Sozialismus; in: NEURATH,O.: Wissenschaftliche Weltauffassung, Sozialismus und Logischer Empirismus (hrsg. von HEGSELMANN,R.), Frankfurt, (zuerst in: Lebensgestaltung und Klassenkampf, Berlin 1928, S.288-294.
NICHOLLS,W.L./GROVES,R.M. (1985): The Status of Computer Assisted Telephone Interviewing: 1985; in: Bulletin of the International Statistical Institute, Volume LI, Book 3: Proceedings of the 45th Session, Amsterdam, S.18.1/1-18.2/5.
NOELLE,E. (1963): Umfragen in der Massengesellschaft, Reinbek.
NOELLE-NEUMANN,E./PIEL,E. (Hrsg.) (1983): Eine Generation später. Bundesrepublik Deutschland 1953-1979, München.
NORUSIS,M.J. (1985): SPSS-X Advanced Statistics Guide, New York.
NORUSIS,M.J. (1986): The SPSS Guide to Data Analysis, Chicago.
NOWOTNY,H./KNORR,K.D. (1975): Die Feldforschung; in: KOOLWIJK,J./WIEKENMAYSER,M. (Hrsg.): Techniken der empirischen Sozialforschung, Bd.2: Untersuchungsformen, München, S.82-112.
NÜSE,R./GROEBEN,N./FREITAG,B./SCHREIER,M. (1991): Über die Erfindung/en des Radikalen Konstruktivismus, Weinheim.
O'BRIEN,R.M. (1985): The Relationship Between Ordinal Measures and Their Underlying Values: Why All the Disagreement? in: Quality and Quantity, 19, S.265-277.
OPP,K.D. (1970): Methodologie der Sozialwissenschaften, Reinbek.
OPP,K.D. (1972): Verhaltenstheoretische Soziologie, Reinbek.
OPP,K.D. (1979): Individualistische Sozialwissenschaft, Stuttgart.
OPP,K.D. (1983): Die Entstehung sozialer Normen, Tübingen.
OPP,K.D./BUROW-AUFFARTH,K./HARTMANN,P./V.WITZLEBEN,T./PÖHLS,V./ *SPITZLEY,T.*(1984): Soziale Probleme und Protestverhalten, Opladen.
ORNE,M.T. (1969): Demand Characteristics and the Concept of Quasi-Controls; in: ROSENTHAL,R./ROSNOW,R. (Hrsg.): Artifact in Behavioral Research, New York, S.143-179.
ORTH,B. (1974): Einführung in die Theorie des Messens, Stuttgart/Berlin/ Köln/Mainz.
ORTH,B. (1983): Grundlagen des Messens; in: FEGER,H./BREDENKAMP,J. (Hrsg.): Messen und Testen, Göttingen, S.136-180.
OSGOOD,C.E./SUCI,G.J./TANNENBAUM,P.H. (1957): The Measurement of Meaning, Urbana.

PAPPI,F.U. (Hrsg.) (1987): Methoden der Netzwerkanalyse, München.
PAPPI,F.U./MELBECK,C. (1988): Die sozialen Beziehungen städtischer Bevölkerungen; in: FRIEDRICHS,J. (Hrsg.): Soziologische Stadtforschung, Sonderheft 29 der Kölner Zeitschrift für Soziologie und Sozialpsychologie, Opladen, S.223-250.
PATRY,J.-L. (1979): Feldforschung in den Sozialwissenschaften; in: Zeitschrift für Klinische Psychologie und Psychotherapie, 27, S.317-335.
PATRY,J.-L. (1982): Laborforschung - Feldforschung; in: PATRY.J.-L. (Hrsg.): Feldforschung, Bern/ Stuttgart/Wien, S.17-42.
PATZELT,W.J. (1985): Einführung in die sozialwissenschaftliche Statistik, München.
PAWLOWSKI,T. (1980): Begriffsbildung und Definition, Berlin.
PAWSON,R. (1986): On the Level: Measurement Scales and Sociological Theory; in: Bulletin de Methodologie Sociologique, 11, 49-82.
PAYNE,S. (1951): The Art of Asking Questions, Princeton.
PERLINE,R./WRIGHT,B.D./WAINER,H. (1979): The Rasch model as additive conjoint measurement; in: Applied psychological measurement, 3, S.237-255.
PETERMANN,F. (Hrsg.) (1989): Einzelfallanalyse, München/Wien.
PETERMANN,F./HEHL,F.-J. (1979): Einzelfallanalyse - Ein Überblick; in: PETERMANN,F./HEHL,F.-J. (Hrsg.): Einzelfallanalyse, München, S.1-14.
PFENNING,A./PFENNING,U. (1987): Ego-zentrierte Netzwerke: Verschiedene Instrumente - verschiedene Ergebnisse?; in: ZUMA-Nachrichten, 21, S.64-77.
PHILLIPS,D.L. (1971): Knowledge from what? Chicago.
PHILLIPS,D.L. (1973): Abandoning Method, London.
PLEWIS,I. (1985): Analyzing Change: Measurement and Explanation Using Longitudinal Data, Chichester.
POLITZ,A./SIMMONS,W. (1949): An Attempt to get the "not-at-homes" into the Sample without Callbacks; in: Journal of the American Statistical Association, 44, S.9-31.
POPITZ,H./BAHRDT,H.P./JÜRES,E.A./KESTING,H. (1957): Das Gesellschaftsbild des Arbeiters. Soziologische Untersuchungen in der Hüttenindustrie, Tübingen.
POPPER,K. (1958): Die offene Gesellschaft und ihre Feinde, Bern.
POPPER,K.R. (1971): Das Elend des Historizismus, 3. Auflage, Tübingen.
POPPER,K.R. (1972): Die Logik der Sozialwissenschaften; in: ADORNO, T.W. u.a. (Hrsg.): Der Positivismusstreit in der deutschen Soziologie, Neuwied/Berlin, S.103-123.
POPPER,K.R. (1974): Objektive Erkenntnis, 2. Auflage, Hamburg.
POPPER,K.R. (1976): Logik der Forschung, 6. Auflage, Tübingen.
PORST,R. (1983): Allgemeine Bevölkerungsumfrage der Sozialwissenschaften, Kurseinheit 1: Ziele, Anlagen, Methoden und Resultate, Fernuniversität Hagen.
PORST,R. (1985): Praxis der Umfrageforschung, Stuttgart.
PRATKANIS,A.R. (1989): The Cognitive Representation of Attitudes; in: PRATKANIS,A.R./BRECKLER, S.J./ GREENWALD,A.G. (Hrsg.): Attitude Structure and Function, Hillsdale, S.71-98.

PREISENDÖRFER,P. (1987): "Life Histories": Neuere Verfahren zur Sammlung retrospektiver Daten, insbesondere Berufsverlaufsdaten, Sonderforschungsbereich 333, Arbeitspapier 1, Institut für Soziologie, Universität München.
PRIM,R./TILMANN,H. (1975): Grundlagen einer kritisch-rationalen Sozialwissenschaft, 2. Auflage, Heidelberg.
PRYTULAK,L.S. (1975): Critique of S.S.Stevens' Theory of Measurement Scales Classification; in: Perceptual and Motor Skills, 41, 3, S.28ff.
RASCH,G. (1960): Probabilistic Models for Some Intelligence and Attainment Tests, Copenhagen, Denmarks Paedagogiske Institut; erweiterte Neuauflage 1980, Chicago.
REINECKE,J. (1985): Kausalanalytischer Erklärungsversuch von Verzerrungen durch soziale Erwünschtheit: Die Schätzung von Kern-, Meß- und Methodentheorie; in: Zeitschrift für Soziologie, 14, 5, S.386-399.
RENDTEL,U. (1990): Teilnahmeentscheidung in Panelstudien; in: Kölner Zeitschrift für Soziologie und Sozialpsychologie, 42, 2, S.280-299.
REUBAND,K.-H. (1984): Dritte Personen beim Interview - Zuhörer, Adressaten oder Katalysatoren der Kommunikation?; in: MEULEMANN,H./REUBAND,K.-H. (Hrsg.): Soziale Realität im Interview, Frankfurt, S.117-156.
RICH,C. (1977): Is Random Digit Dialing really necessary?; in: Journal of Marketing Research, 14, S.300-305.
RIECKEN,H.W./BORUCH,R.F. (Hrsg.) (1974): Social Experimentation. A Method for Planning and Evaluating Social Intervention, New York.
RITSERT,J. (1972): Inhaltsanalyse und Ideologiekritik, Frankfurt.
ROBERTS,F.S. (1979): Measurement Theory with Applications to Decisionmaking, Utility and the Social Sciences, Reading Mass.
ROETHLISBERGER,F.J./DICKSON,W.J./WRIGHT,H.A. (1949): Management and the Worker, 9. Auflage, Cambridge/Mass.
ROGERS,T. (1976): Interviews by Telephone and in Person: Quality of Responses and Field Performance; in: Public Opinion Quarterly, 40, S.51-65.
ROHRMANN,B. (1978): Empirische Studien zur Entwicklung von Antwortskalen für die sozialwissenschaftliche Forschung; in: Zeitschrift für Sozialpsychologie, 1978, 9, S.222-245.
ROISTACHER,R.C. (1976): A General Consistency Check Procedure for Machine-readable Data; in: Sociological Methods and Research, 4, 3, S.301-320.
ROKKAN,S. (1976): Data Services in Western Europe. Reflections on Variations in the Conditions of Academic Institution-Building; in: American Behavioural Scientist, 19, S.443-454.
ROSE,A.M. (1973): Systematische Zusammenfassung der Theorie der symbolischen Interaktion; in: HARTMANN, H. (Hrsg.): Moderne amerikanische Soziologie, 2. Auflage, Stuttgart, S.264-282.
ROSENBERG,M. (1968): The Logic of Survey Analysis, New York.
ROSENTHAL,R. (1978): Combining Results of Independent Studies; in: Psychological Bulletin, 85, S.185-193
ROSENTHAL,R./ROSNOW,R. (Hrsg.) (1969): Artifact in Behavioral Research, New York

ROSSI,P.H./WRIGHT,J.D./ANDERSON,A.B. (1983): Sample Surveys: History, Current Practice, and Future Prospects; in: ROSSI,P.H./WRIGHT,J.D./ ANDERSON,A.B. (Hrsg.): Handbook of Survey Research, Orlando, S.1-20.
ROSSI,P.H./FREEMAN,H.E./HOFMANN,G.(1988):Programm-Evaluation,Stuttgart.
ROTHE,G./WIEDENBECK,M. (1987): Stichprobengewichtung: Ist Repräsentativität machbar? in: ZUMA-Nachrichten, 21, S.43-58.
RUBIN,D.B. (1987): Using Multiple Imputations to Handle Survey Nonresponse, New York.
RUDINGER,G./CHASELON,F./ZIMMERMANN,E.J./HENNING,H.J. (1985): Qualitative Daten, München.
RYAN,A. (1973): Die Philosophie der Sozialwissenschaften, München.
RYDER,N. (1968): Cohort Analysis; in: International Encyclopedia of the Social Sciences, Vol. 2, New York, S.546-550.
SACHS,L. (1991): Angewandte Statistik, 7. Auflage, Berlin.
SARIS,W.E. (1988): Variation in Response Functions: A Source of Measurement Error in Attitude Research, Sociometric Research Foundation, Amsterdam.
SARIS,W.E. (1991): Computer-Assisted Interviewing, Newbury Park.
SCHÄFER,B. (1983): Semantische Differential Technik; in: FEGER,H./BREDENKAMP,J. (Hrsg.): Datenerhebung, Göttingen, S.154-221.
SCHEFFLER,I. (1964): The Anatomy of Inquiry, London.
SCHENK,M. (1982): Kommunikationsstrukturen in Bürgerinitiativen, Tübingen.
SCHENK,M. (1984): Soziale Netzwerke und Kommunikation, Tübingen.
SCHEUCH,E.K. (1973): Das Interview in der Sozialforschung; in: KÖNIG,R. (Hrsg.): Handbuch der empirischen Sozialforschung, Bd. 2, Stuttgart, S. 66-190.
SCHEUCH,E.K. (1974): Auswahlverfahren in der Sozialforschung; in: KÖNIG, R. (Hrsg.): Handbuch der empirischen Sozialforschung, Bd. 3a, 3. Auflage, Stuttgart, S.1-96.
SCHEUCH,E.K./DAHEIM,H. (1970): Sozialprestige und soziale Schichtung; in: Kölner Zeitschrift für Soziologie und Sozialpsychologie, Sonderheft 5, 4. Auflage 1970, S.65-103.
SCHEUCH,E.K./ZEHNPFENNIG,H. (1974): Skalierungsverfahren in der Sozialforschung; in: KÖNIG,R. (Hrsg.): Handbuch der empirischen Sozialforschung, Bd. 3a, Stuttgart, 3. Auflage, S.97-203.
SCHMITT,N./STULTS,D.M. (1986): Methodology Review: Analysis of Multitrait-Multimethod-Matrices; in: Applied Psychological Measurement, 10, 1, S.1-22.
SCHNELL,R. (1985): Zur Effizienz einiger Missing-Data-Techniken; in: ZUMA-Nachrichten 17, S.50-74.
SCHNELL,R. (1990): Computersimulation und Theoriebildung in den Sozialwissenschaften; in: Kölner Zeitschrift für Soziologie und Sozialpsychologie, 42, 1, S.109-128.
SCHNELL,R. (1991): Wer ist das Volk? Zur faktischen Grundgesamtheit bei allgemeinen Bevölkerungsumfragen; in: Kölner Zeitschrift für Soziologie und Sozialpsychologie, 1, S.106-137.
SCHNELL,R. (1993): Homogenität sozialer Kategorien als Voraussetzung für "Repräsentativität" und Gewichtungsverfahren; in: Zeitschrift für Soziologie, 22, 1, S.16-32.

SCHUBÖ,W./UEHLINGER,H.-M./PERLETH,C./SCHRÖGER,E./SIERWALD,W. (1991): SPSS, Handbuch der Programmversionen 4.0 und SPSS-X 3.0, Stuttgart.
SCHUESSLER,K. (1971): Analyzing social data, Boston.
SCHUESSLER,K.F./HITTLE,D./CARDASCIA,J. (1978): Measuring Responding Desirability with Attitude-Opinion Items; in: Social Psychology, 41, S.224-235.
SCHÜTZE,F. (1976): Zur Hervorlockung und Analyse von Erzählungen thematisch relevanter Geschichten im Rahmen soziologischer Feldforschung; in: Arbeitsgruppe Bielefelder Soziologen (Hrsg.): Kommunikative Sozialforschung, München, S.162-200.
SCHUMAN,H./PRESSER,S. (1981): Questions and Answers in Attitude Surveys, New York.
SCHURZ,G. (Hrsg.) (1988): Erklären und Verstehen in der Wissenschaft, München.
SCHWARZER,R. (1983): The Evaluation of Convergent and Discriminant Validity by Use of Structural Equations, in: Archiv für Psychologie, 135, 3, S.219-243.
SCOTT,J. (1991): Social Network Analysis. A Handbook. London.
SECHREST,L./BELEW,J. (1983): Nonreactive Measures of Social Attitudes; in: L.BICKMAN (Hrsg.): Applied Social Psychology Annual, Beverly Hills, S.23-63.
SHEATSLEY,P.B. (1983): Questionnaire Construction and Item Writing; in: ROSSI,P.H./ WRIGHT,J.D./ ANDERSON,A.B. (Hrsg.): Handbook of Survey Research, Orlando, S.195-230.
SIMON,H.A. (1976): Scheinkorrelationen: Ihre kausale Interpretation; in: HUMMELL,H.-J./ZIEGLER,R. (Hrsg.): Korrelation und Kausalität, Bd. 1, Stuttgart, S.55-67.
SINGER,E./FRANKEL,M.R./GLASSMAN,M.B. (1983): The Effect of Interviewer Characteristics and Expectations on Response; in: Public Opinion Quarterly, 47, S.68-83.
SIX,B. (1977): Zur Systematisierung des Einstellungskonzepts; in: DAWES,R.M.: Grundlagen der Einstellungsmessung, Weinheim/Basel, S.44-62.
SIXTL,F. (1982): Meßmethoden der Psychologie, 2. Auflage, Weinheim.
SKIRBEKK,G. (Hrsg.) (1977): Wahrheitstheorien, Frankfurt.
SMITH,P.C. (1986): Guidelines for Clean Data: Detection of Common Mistakes; in: Journal of Applied Psychology, 71, 3, S.457-460.
SMITH,T.W. (1983): The Hidden 25 Percent: An Analysis of Nonresponse on the 1980 General Social Survey; in: Public Opinion Quarterly, 47, S.386-404.
SMITH,T.W. (1984): Nonattitudes: A Review and Evaluation; in: TURNER,C.F./ MARTIN,E. (Hrsg.): Surveying Subjective Phenomena, Vol. 1., S.215-255.
SMITH,T.W. (1987): The Art of Asking Questions, 1936-1985; in: Public Opinion Quarterly, 51, S.S95-S108.
SONDERFORSCHUNGSBEREICH 3 (1988): Das sozio-ökonomische Panel, Benutzerhandbuch, Version 1 - Mai/88, Berlin.
SONQUIST,J.A./DUNKELBERG,W.C. (1977): Survey and Opinion Research: Procedures for Processing and Analysis, Englewood Cliffs.
SPECTOR,P.E. (1982): Research Designs, Beverly Hills.
SPÖHRING,W. (1989): Qualitative Sozialforschung, Stuttgart.
STENSON,H. (1990): Testat. A supplementary modul for SYSTAT and SYGRAPH, Evanston, Ill. (SYSTAT Inc.).

STAPF,K.H. (1987): Laboruntersuchungen; in: ROTH,E. (Hrsg.): Sozialwissenschaftliche Methoden, 2. Auflage, München, S.238-254.
STARK,R./BAINBRIDGE,W.S. (1987): A Theory of Religion, New York.
STATISTISCHES BUNDESAMT (Hrsg.) (1985): Datenreport 2, Stuttgart.
STEEH,C.G. (1981): Trends in Nonresponse Rates, 1952-1979; in: Public Opinion Quarterly, 45, S.40-57.
STEGMÜLLER,W. (1973): Probleme und Resultate der Wissenschaftstheorie und Analytischen Philosophie, Bd. II, 2. Halbband, Theorienstrukturen und Theoriendynamik, Berlin/Heidelberg/ New York.
STEGMÜLLER,W. (1974a): Probleme und Resultate der Wissenschaftstheorie und Analytischen Philosophie, Bd. I, Wissenschaftliche Erklärung und Begründung, Berlin/Heidelberg/New York.
STEGMÜLLER,W. (1974b): Probleme und Resultate der Wissenschaftstheorie und Analytischen Philosophie, Bd. II, 1. Halbband, Begriffsformen, Wissenschaftssprache, empirische Signifikanz und theoretische Begriffe, Berlin/Heidelberg/New York.
STEGMÜLLER,W. (1976): Hauptströmungen der Gegenwartsphilosophie, Bd. I, 6. Auflage, Stuttgart.
STEGMÜLLER,W. (1979): Hauptströmungen der Gegenwartsphilosophie, Bd. II, 6. Auflage, Stuttgart.
STEGMÜLLER,W. (1986a): Rationale Rekonstruktion von Wissenschaft und ihrem Wandel, Stuttgart.
STEGMÜLLER,W. (1986b): Probleme und Resultate der Wissenschaftstheorie und Analytischen Philosophie, Bd. II, 3. Halbband, Die Entwicklung des neuen Strukturalismus seit 1973, Berlin/Heidelberg/New York.
STEIGER,J.H. (1989): EzPATH: A Supplementary Module for SYSTAT and SYGRAPH, Evanston, Ill., SYSTAT, Inc.
STEINERT,H. (1984): Das Interview als soziale Interaktion; in: MEULEMANN,H./ REUBAND,K.-H. (Hrsg.): Soziale Realität im Interview. Empirische Analysen methodischer Probleme, Frankfurt, S.17-59.
STELZL,I. (1984): Experiment; in: ROTH,E. (Hrsg.), Sozialwissenschaftliche Methoden, München/ Wien, S.220-237.
STENGER,H. (1986): Stichproben, Heidelberg/Wien.
STEPHAN,E. (1990): Zur logischen Struktur psychologischer Theorien, New York/Berlin/Heidelberg.
STEVENS,S.S. (1946): On the Theory of Scales of Measurement; in: Science, 103, S.677- 680.
STINCHCOMBE,A.L. (1968): Constructing Social Theories, New York.
STOUFFER,S.A. u.a. (1947-1950): Studies in Social Psychology in World War II, 4 Bände, Princeton.
STROEBE,W. (1978): Das Experiment in der Sozialpsychologie; in: STROEBE,W. (Hrsg.): Sozialpsychologie, Bd. 1: Interpersonale Wahrnehmung und soziale Einstellungen, Darmstadt, S.3-49.
SUDMAN,S. (1976): Applied Sampling, New York.
SUDMAN,S./BRADBURN,N.M. (1974): Response Effects in Surveys, Chicago.

SUDMAN,S./BRADBURN,N.M. (1982): Asking Questions. A practical Guide to Questionnaire Design, San Francisco.
SUDMAN,S./KALTON,G. (1986): New Developments in the Sampling of Special Populations; in: Annual Review of Sociology, 12, S.401-430.
SULLIVAN,J.L./FELDMAN,S. (1979): Multiple Indicators. An Introduction. Beverly Hills.
SWOBODA,H. (1974): Knaurs Buch der modernen Statistik, München.
TABACHNICK,B.G./FIDELL,L.S. (1989): Using Multivariate Statistics, 2. Auflage, New York.
TANUR,J.M. (ed.) (1991): Questions about Questions. Inquiries into the Cognitive Bases of Surveys, New York.
TESSER,A./SHAFFER,D.R. (1990): Attitudes and Attitude Change; in: Annual Review of Psychology, 41, S.479-523.
THORNBERRY,O.T./MASSEY,J.T. (1988): Trends in United States Telephone Coverage across Time and Subgroups; in: GROVES,R.M./BIEMER,P.P./ LYBERG,L.E./MASSEY,J.T./ NICHOLLS, W.L./WAKSBERG,J. (Hrsg.) (1988): Telephone Survey Methodology, New York, S.25-49.
THURSTONE,L.L./CHAVE,E.J. (1964): The Measurement of Attitude, Chicago (1. Auflage 1929).
TÖNNIES,F. (1929): Soziologische Studien und Kritiken, Band 3, Jena.
TORGERSON,W.S. (1958): Theory and Methods of Scaling, New York.
TOWNSEND,J.T./ASHBY,F.G. (1984): Measurement Scales and Statistics: the Misconceptions Misconceived; in: Psychological Bulletin, 96, 2, S.394-401.
TREWIN,D./LEE,G. (1988): International Comparisons of Telephone Coverage; in: GROVES,R.M./BIEMER,P.P./LYBERG,L.E./MASSEY,J.T./NICHOLLS, W.L./ WAKSBERG,J. (Hrsg.): Telephone Survey Methodology, New York, S.9-24.
TRIANDIS,H. (1975): Einstellungen und Einstellungsänderungen, Weinheim/Basel.
TROLDAHL,V.C./CARTER,R.C. (1964): Random Selection of Respondents within Households in Phone Surveys; in: Journal of Marketing Research, 1, S.71-76.
TUNNELL,G.B. (1977): Three Dimensions of Naturalness: An Expanded Definition of Field Research; in: Psychological Bulletin, 1977, 84, S.426-437.
TURNER,J. (1991): The Structure of Sociological Theory, 5. Auflage, Belmont.
ÜBERLA,K. (1971): Faktorenanalyse, Berlin.
UEHLINGER,H.-M./HERMANN,D./HUEBNER,M. (1991): SPSS/PC+, Benutzerhandbuch der Version 4, Band 1, Stuttgart.
URBAN,D. (1982): Regressionstheorie und Regressionstechnik, Stuttgart.
VAGT,R. (1975): Forschungspraxis und Forschungsobjekt; in: HAAG,F./KRÜGER, M./ SCHWÄRZEL,W./WILDT,J. (Hrsg.): Aktionsforschung, 2. Auflage, München, S.9-21.
VANBERG,V. (1975): Die zwei Soziologien, Tübingen.
VEN,A.v.d. (1980): Einführung in die Skalierung, Bern.
WAKSBERG,J. (1978): Sampling Methods for Random Digit Dialing; in: Journal of the American Statistical Association, 73, 361, S.40-46.
WALLRAFF,G./KARSUNKE,Y./MARX,K. (1970): Fragebogen für Arbeiter 1880/ 1970; in: Kursbuch 21, Berlin, S.1-16.

WARD,J.C./RUSSICK,B./RUDELIUS,W. (1985): A Test of Reducing Callbacks and Not-at-Home Bias in Personal Interviews by Weighting At-Home Respondents; in: Journal of Marketing Research, 22, S.66-73.

WARNER,S.L. (1965): Randomized Response: A Survey Technique for Eliminating Evasive Answer Bias; in: Journal of the American Statistical Association, 60, S.63-69.

WARNER,W.L./LUNT,P.S. (1941): The Social Life of a Modern Community (Yankee City Series, I), New Haven.

WARNER,W.L./LUNT,P.S. (1942): The Social Life of a Modern Community (Yankee City Series, II), New Haven.

WARWICK,D.P./LININGER,C.A. (1975): The Sample Survey: Theory and Practice, New York.

WEBB,E.J./CAMPBELL,D.T./SCHWARZ,R.D./SECHREST,L. (1975): Nicht-reaktive Meßverfahren, Weinheim/Basel (Original: Unobstrusive Measures: Nonreactive Research in the Social Sciences, Chicago 1966).

WEBB,E.J./CAMPBELL,D.T./SCHWARZ,R.D./SECHREST,L./GROVE,J.B. (1981): Nonreactive Measures in the Social Sciences, Boston.

WEBER, M. (1968): Methodologische Schriften, Studienausgabe, Frankfurt.

WEBER,M. (1980): Wirtschaft und Gesellschaft, 5. Auflage, Tübingen.

WEBER,R.P. (1990): Basic Content Analysis, 2. Auflage (1. Auflage 1985), Newbury Park.

WEEDE,E./JAGODZINSKI,W. (1977): Einführung in die konfirmatorische Faktorenanalyse; in: Zeitschrift für Soziologie, 6, 3, S.315-333.

WEEKS,M.F./JONES,B.L./FOLSOM,R.E./BENRUD,C.H. (1980): Optimal Times to Contact Sample Households; in: Public Opinion Quarterly, 44, 1, S.101-114.

WEGENER,B. (1978): Einstellungsmessung in Umfragen: Kategorische vs. Magnitude-Skalen; in: ZUMA-Nachrichten, 3, S.3-27.

WEGENER,B. (1980): Magnitude-Messung in Umfragen: Kontexteffekte und Methode; in: ZUMA-Nachrichten, 6, S.4-40.

WEGENER,B. (Hrsg.) (1982): Social Attitudes and Psychophysical Measurement, Hillsdale.

WEGENER,B. (1983): Wer skaliert? Die Meßfehler-Testtheorie und die Frage nach dem Akteur; in: ZUMA - Zentrum für Umfragen, Methoden und Analysen (Hrsg.): ZUMA-Handbuch Sozialwissenschaftlicher Skalen, Mannheim/ Bonn, S. 1-110.

WEGENER,B. (1985): Gibt es Sozialprestige? in: Zeitschrift für Soziologie, 14, 3, S.209- 235.

WEICK,K.E. (1968): Systematic Observational Methods; in: LINDZEY,G./ ARONSON,E. (Hrsg.): Handbook of Social Psychology, 2. Auflage, Reading, Mass, S.357-451.

WENDEL,H.J. (1992): Radikaler Konstruktivismus und Konstruktionismus; in: Zeitschrift für allgemeine Wissenschaftstheorie, 23, S.323-352.

WENDT,F. (1960): Wann wird das Quotenverfahren begraben? in: Allgemeines Statistisches Archiv, S.35-40.

WESTERMANN,R. (1985): Empirical Tests of Scale Type for Individual Ratings; in: Applied Psychological Measurement, 9, 3, S.265-274.

WHYTE,W.F. (1943): Street Corner Society, Chicago, (erw. Neuauflage 1955).

WICKENS,T.D. (1989): Multiway Contingency Tables Analysis for the Social Sciences, Hillsdale.
WICKER,A.W. (1969): Attitudes versus Action: The Relationship of Verbal and Overt Behavioral Responses to Attitude Objects; in: Journal of Social Issues, 25, S.41-78.
WIEKEN,D. (1974): Die schriftliche Befragung; in: KOOLWIJK,J./WIEKEN-MAYSER,M. (Hrsg.): Techniken der empirischen Sozialforschung, Band 4, München, S.146-161.
WILKE,H. (1983): Datenmanagement mit Statistischen Programmpaketen - Möglichkeiten und Grenzen; in: WILKE,H. (Hrsg.): Statistik-Software in der Sozialforschung, Berlin, S.211-258.
WILSON,T.P. (1973): Theorien der Interaktion und Modelle soziologischer Erklärung; in: Arbeitsgruppe Bielefelder Soziologen (Hrsg.): Alltagswissen, Interaktion und gesellschaftliche Wirklichkeit, Reinbek, S.54-79.
WILSON,T.P. (1982): Qualitative "oder" quantitative Methoden in der Sozialforschung; in: Kölner Zeitschrift für Soziologie und Sozialpsychologie, Jg. 34, S. 487-508.
WINKLER,J./KARHAUSEN,R.-R./MEIER,R. (1985): Verbände im Sport, Schorndorf.
WIPPLER,R./LINDENBERG,S. (1987): Collective Phenomena and Rational Choice; in: ALEXANDER,J.C. u.a. (Hrsg.): The Micro-Macro Link, Berkeley, S.135-152.
WISEMAN,F./McDONALD,P. (1979): Noncontact and Refusal Rates in Consumer Telephone Surveys; in: Journal of Marketing Research, 16, S.478-484.
WOLINS,L. (1978): Interval Measurement: Physics, Psychophysics and Metaphysics; in: Educational and Psychological Measurement, 38, S.1-9.
WOTTAWA,H. (1979): Grundlagen und Probleme von Dimensionen in der Psychologie, Meisenheim am Glan.
WOTTAWA,H. (1980): Grundriß der Testtheorie, München.
WRIGHT,B.D./STONE,M.H. (1979): Best Test Design, Chicago.
WRIGHT,G.H.v. (1974): Erklären und Verstehen, Frankfurt.
WYER,R.S./SRULL,T.K. (1986): Human Cognition in its social context; in: Psychological Review, 93, S.322-359.
YIN,R.K. (1985): Case Study Research, 2. Auflage, London.
YOUNG,C.H./SAVOLA,K.L./PHELPS,E. (1991): Inventory of Longitudinal Studies in the Social Sciences, Newbury Park, Sage.
ZEH,J. (1987): Stichprobenbildung bei Telefonumfragen; in: Angewandte Sozialforschung, 14, 4, S.337-347.
ZEISEL,H. (1970): Die Sprache der Zahlen, Köln.
ZEISEL,H. (1975): Zur Geschichte der Soziographie. Anhang zu JAHODA,M./LAZARSFELD,P.F./ZEISEL,H.: Die Arbeitslosen von Marienthal, Frankfurt.
ZELDITCH,M. (1970): Some Methodological Problems of Field Studies; in: DENZIN,N.K. (Hrsg.): Sociological Methods, London, S.495-511.
ZELLER,R.A./CARMINES,E.G. (1980): Measurement in the Social Sciences. The Link between Theory and Data, Cambridge.
ZETTERBERG,H.L. (1973): Theorie, Forschung und Praxis in der Soziologie; in: KÖNIG,R. (Hrsg.): Handbuch der empirischen Sozialforschung, Bd. 1., 3. Auflage, Stuttgart, S.103-160.

ZIEGLER,R. (1973): Typologien und Klasifikationen; in: ALBRECHT,G./DAHEIM,J./SACK,F. (Hrsg.): Soziologie. Sprache - Bezug zur Praxis - Verhältnis zu anderen Wissenschaften, Opladen, S.11-47.
ZIMMERMANN,E. (1972): Das Experiment in den Sozialwissenschaften, Stuttgart.
ZÜLL,C./MOHLER,P./GEIS,A. (1991): Computerunterstützte Inhaltsanalyse mit TEXTPACK PC, Stuttgart.
ZUMA - Zentrum für Umfragen, Methoden und Analysen (1983): ZUMA-Handbuch Sozialwissenschaftlicher Skalen, Mannheim/Bonn.
ZVULUN,E. (1978): Multidimensional Scalogram Analysis: The Method and its Application; in: SHYE,S. (Hrsg.): Theory Construction and Data Analysis in the Behavioral Sciences, San Francisco, S.237-264.

Index